康力电梯志

(1993—2018)

《康力电梯志》编纂委员会 编

复旦大学出版社

《康力电梯志》编纂委员会

主　　任　王友林
副 主 任　孙全根　宋丽红　崔清华
委　　员　沈舟群　张利春　秦成松　朱瑞华　吴　贤
　　　　　　　陈振华　朱玲花　朱琳懿　陈金云　朱林荣
　　　　　　　毛桂金　金云泉　王立凡　朱琳昊　孟庆东
　　　　　　　李　革　李七斤　陈龙海　李慧勋　高　敏
主　　编　王友林
执行主编　宋丽红　崔清华
总 顾 问　陈　载
编写顾问　蔡留金　柏引新　陈浩坤　徐　溠

领导关怀
LEADERSHIP CARE

▲ 2005年5月8日
时任苏州市市长阎立（左二）、时任吴江市委书记朱民（右二）、时任吴江市市长徐明（右一）调研康力

▲ 2008年4月25日
时任江苏省委副书记王国生（中）调研康力

▲ 2009年4月3日
时任江苏省委书记、省人大常委会主任梁保华（左）调研康力

▲ 2011年9月6日
时任江苏省委常委、苏州市委书记蒋宏坤（左二），在时任苏州市副市长、吴江市委书记徐明（左一）陪同下调研康力

▲ 2012年6月1日
江苏省委第五巡视组在时任吴江市委副书记、市长梁一波（左二）、时任市委常委吴新明（右一）等领导陪同下调研康力

▲ 2012年6月13日
江苏省委原书记、省人大常委会原主任陈焕友（左二）调研康力

▲ 2012年6月26日
时任江苏省副省长史和平（左）调研康力

▲ 2012年8月21日
时任四川省金堂县委书记王波（右四）调研康力

▲ 2012年12月12日
中国工业经济联合会长李毅中（左四）调研康力

▲ 2013年5月21日
时任吴江区副区长李卫珍（左二）和时任汾湖高新区管委会副主任顾国文（左一）调研康力

▲ 2014年2月12日
时任吴江区委副书记、区长沈国芳（右二）调研康力

▲ 2014年4月4日
时任苏州市人大常委会副主任朱建胜（左二）一行在时任吴江区委常委吴新明（右二）陪同下调研康力

▲ 2014年5月9日
时任四川省委副书记柯尊平（前排右二）调研康力

▲ 2014年7月24日
时任吴江区委常委、组织部部长李铭（右一）与时任吴江区委常委吴新明（左一）调研康力

▲ 2014年12月3日
时任江苏省委副书记、苏州市委书记石泰峰（中）调研康力

▲ 2015年3月5日
时任江苏省商务厅厅长马明龙（右二）调研康力

▲ 2015年3月9日
时任国家发改委西部开发司司长田锦尘（右三）调研康力

▲ 2015年3月25日
时任吴江区委书记梁一波（右二）调研康力288米电梯试验塔

▲ 2015年11月8日
中国电梯协会理事长李守林（右一）、时任四川省金堂县委书记金城（左二）在成都康力电梯有限公司120米试验塔奠基仪式上

▲ 2016年2月5日
时任国家质检总局副局长孙大伟（前排右一）调研康力

▲ 2016年8月18日
广东省中山市南朗镇党委书记刘锐濠（左四）出席广东康力电梯有限公司揭牌仪式

▲ 2017年2月17日
时任成都市委书记唐良智（左二）调研成都康力电梯有限公司

▲ 2017年6月8日
时任苏州市委副书记、代市长李亚平（左四）在时任吴江区委书记、副区长吴琦（左一），时任吴江区委书记沈国芳（左三），时任吴江区委副书记、代区长李铭（右二）陪同下调研康力

▲ 2018年11月6日
苏州市委常委、组织部部长陆新（右二）在时任区委书记王庆华（右三）等领导陪同下调研康力

▲ 2018年11月18日
董事长王友林（左）与时任吴江区委书记王庆华（右）合影

▲ 2019年2月21日
江苏省委副书记、省长吴政隆（右三）一行考察康力电梯

▲ 2019年3月7日
上海市政府副秘书长、发改委主任马春雷（右二）在时任吴江区委书记王庆华（右一）、时任吴江区副区长吴琦（左一）陪同下考察康力电梯

社会活动
Social Activity

▲ 2014年12月13—15日
董事长王友林随同李克强总理在哈萨克斯坦参加中哈企业家代表委员会举行的第二次会议并作主旨发言

▲ 2015年11月16—18日
董事长王友林出席在菲律宾首都马尼拉举行的亚太经合组织（APEC）工商领导人峰会，与中国国际商会姜增伟会长等合影

▲ 2016年2月1日
康力电梯股份有限公司董事长王友林（右七）参加"苏州市十大自主品牌"颁奖典礼，苏州市市长周乃翔（右一）与获奖单位代表合影

▲ 2016年9月4日
康力电梯股份有限公司董事长助理朱琳昊出席2016年二十国工商集团峰会

▲ 2016年9月4日
康力电梯股份有限公司董事长助理朱琳昊出席2016年二十国工商集团峰会，与亨通集团董事长崔根良合影

▲ 2016年11月17—18日
董事长王友林参加在秘鲁首都利马举行的亚太经合组织（APEC）工商领导人峰会

社会活动
Social Activity

▲ 2017年3月22—24日
董事长王友林参加中国－澳大利亚经贸合作论坛，与中国国际贸促会会长姜增伟（中）、新希望集团董事长刘永好（左）合影

▲ 2017年9月3—5日
董事长王友林在厦门参加2017年金砖国家工商论坛

▲ 2017年11月10日
董事长王友林应邀参加在越南岘港举行的2017年亚太经合组织（APEC）工商领导人峰会

▲ 2017年11月10日
在越南岘港举行的亚太经合组织（APEC）工商领导人峰会上，董事长王友林接受新华社记者采访

▲ 2017年11月10日
在越南岘港举行的亚太经合组织（APEC）工商领导人峰会上，董事长王友林与东航集团董事长刘绍勇合影

社会活动
Social Activity

▲ 2017年10月28日
江苏百名企业家同唱"One Belt One Road"的MV在康力电梯取景拍摄，中国国际商会副会长、康力电梯董事长王友林协同江苏优秀企业家代表及康力部分中高层骨干共二百余人，同唱"One Belt One Road"，为党的十九大胜利召开献礼

▲ 2018年1月26—31日
董事长王友林首次参加江苏省人民代表大会

▲ 2018年7月25—27日
董事长王友林参加在南非约翰内斯堡举行的2018年金砖国家工商论坛

基础建设
Infrastructure

▲ 原新达厂区当年俯瞰图（现奔一机电） 摄于2002年

▲ 康力一期俯瞰图（改造前） 摄于2004年

▲ 康力二期俯瞰图 摄于2008年

▲ 部件产业园俯瞰图 摄于2016年

▲ 广东康力和广东广都俯瞰图 摄于2017年

▲ 成都康力电梯有限公司 摄于2017年

▲ 康力一期俯瞰图（改造后） 摄于2017年

▲ 新研发中心及288米新试验塔 摄于2018年

公司实力
Company Strength

▲ 康力电梯车间——萨瓦尼尼自动门板生产线 (摄于2012年)

▲ 新里程电控智能车间 (摄于2014年)

▲ 康力总公司 WEMO 门板自动化智能车间 (摄于2017年)

▲ 50米大高度扶梯样梯 (摄于2017年)

▲ 康力电梯技术中心实验室 (摄于2017年)

公司实力
Company Strength

▲ 2008年7月,康力电梯SAP资源管理信息化项目启动

▲ 康力电梯400客服中心

▲ 信息系统集成机房

▲ 苏州新达电泳车间

公司发展
Company Development

▲ 1989年，王友林董事长花100元买下这辆二手三轮车，创业萌芽由此而生

▲ 1993年，王友林董事长花500元自己设计、加工了一台当时市场上近3000元且买不到的多功能辊圆机，从此跨出了创业之路的第一步

公司发展
Company Development

▲ 2008年1月20日
康力电梯在人民大会堂召开全球营销会议

▲ 2009年6月26日
康力电梯—浙江大学院士工作站在公司二期阶梯教室签约

▲ 2010年10月29日
康力电梯自主研发的7m/s高速电梯在公司二期会议室通过鉴定

▲ 2015年2月2日
康力电梯在三亚亚龙湾喜来登国际度假酒店举行全球代理商工作年会

▲ 2015年10月13—16日
康力电梯在德国奥格斯堡卡拉奇展览中心参加第13届全球电梯展

▲ 2017年10月17—20日
康力电梯在德国奥格斯堡卡拉奇展览中心参加第14届全球电梯展

公司发展
Company Development

▲ 2010年3月12日
康力电梯股份有限公司在深圳证券交易所成功上市

公司发展
Company Development

▲ 2006年9月28日
康力集团占地8万平方米的二期工程动工

▲ 2010年10月11日
全资子公司中山广都机电有限公司奠基

▲ 2012年3月6日
成都康力电梯有限公司节能电梯产业园奠基

▲ 2012年10月18日
康力电梯产业园奠基

▲ 2015年11月8日
成都康力电梯有限公司120米试验塔奠基

▲ 2015年11月10日
中山广都机电有限公司100米试验塔奠基

公司发展
Company Development

▲ 2012 年 3 月
康力电梯中标苏州轨道交通 2 号线，为其提供总计 315 台 KLXF 大高度重载公交型自动扶梯，是国内公共交通电扶梯招标单次中标台数最多的工程项目

▲ 2013 年 12 月 28 日
康力电梯张家界天门山观光隧道自动扶梯交付运行

▲ 2014 年 7 月
康力电梯中标苏州轨道交通 4 号线，全线总计 352 台 KLXF 大高度重载公交自动扶梯

▲ 2010 年 9 月
康力电梯成功中标"龙之梦"项目 6m/s 超高速电梯

企业文化
Company Culture

▲ 2015 年 2 月 11 日
康力电梯 2014 年度总结表彰大会

▲ 2015 年 2 月 11 日
扶梯二车间电气组被评为康力电梯 2014 年度优秀班组

▲ 2017 年 1 月 20 日
康力电梯 2016 年度总结表彰大会

▲ 2018 年 2 月 9 日
康力电梯 2017 年度总结表彰大会

▲ 2012 年 1 月 15 日
常熟理工学院康力电梯学院签约成立

▲ 2014 年 4 月 7 日
康力电梯工程实训"雏鹰班"开学典礼

▲ 2015 年 7 月 31 日
应届大学毕业生"起航"培训圆满结束

▲ 2016 年 1 月 8 日
康力电梯职工代表大会召开

企业文化
Company Culture

▲ 2016年4月22—23日
康力电梯"传统文化"系列培训

▲ 2016年12月23日
康力电梯"董事长爱心帮扶基金"启动，王友林董事长个人捐助100万元，全集团共筹得启动资金110.5万元

▲ 2017年8月19日
康力学院首期中层管理人员培训班结业典礼暨表彰会议在学院教室隆重举行

企业文化
Company Culture

▲ 2017年9月26日
康力电梯股份有限公司20周年庆典——新产品发布会暨288米试验塔落成典礼

员工活动
Employee Activity

▲ 2013年7月5日
康力新进大学生拓展活动

▲ 2013年9月18日
康力大学生中秋晚宴及猜谜活动

▲ 2014年10月1—6日
"康力电梯·领军杯"国际少儿足球邀请赛成功举办

▲ 2014年10月15日—11月7日
汾湖高新区举行首届"康力杯"篮球联赛，康力电梯队获得冠军

▲ 2015年6月18日
康力电梯迎端午员工包粽子比赛成功举办

▲ 2015年7月27日—8月1日
"康力电梯杯"2015国际男篮赛在苏州举行

▲ 2015年11月6日
康力电梯健身房启用，图为员工日常健身活动

▲ 2016年6月24日
康力电梯中高层学习井冈山革命传统

员工活动
Employee Activity

▲ 2017 年 4 月 9 日
由康力电梯赞助的星湾学校在与园区中小学体育联赛中夺得小学男子乙组冠军

▲ 2017 年 5 月 20 日
康力电梯员工联谊活动

▲ 2017 年 6 月 14—27 日
康力电梯员工运动会

▲ 2017 年 6 月 30 日—7 月 2 日
在"大明杯"篮球邀请赛中，康力电梯队获得冠军

▲ 2017 年 11 月 12 日
康力电梯代表队在"鲁班杯"全国首届电梯安装维修工职业技能竞赛中获得多个奖项

▲ 2018 年 6 月 23 日
康力电梯子公司拓展活动

▲ 2018 年 7 月 14 日
康力营销中心在太湖举行系统拓展活动

▲ 2018 年 10 月 28 日
康力电梯承办汾湖高新区电焊工职业技能竞赛，康力电焊工在竞赛中获得一等奖

党工团活动
Party Labor League Activity

▲ 2012年9月3日
中国共产党康力电梯股份有限公司委员会、中国共产党康力电梯股份有限公司纪律监督委员会成立

▲ 2012年7月1日
康力电梯党员赴绍兴考察学习

▲ 2016年6月30日
康力电梯在嘉兴南湖开展党建活动

▲ 2017年8月22日
康力电梯参加吴江区"两新"组织"学党章、跟党走，喜迎十九大"知识竞赛，荣获二等奖

▲ 2018年4月10日
康力电梯参加汾湖高新区青年党员干部"奋斗吧，青春"主题活动

党工团活动
Party Labor League Activity

▲ 2014年10月25日
康力电梯共青团组织"情系汾湖·牵手格林"活动

▲ 2015年2月13日
康力电梯工会主席王小林（左）一行走进莘塔敬老院开展关爱老人慰问活动

序一

《康力电梯志》在吴江区地方志办公室领导的指导下,在公司各部门领导的支持下,经编撰人员和资料采集人员的共同努力,终于完成了。

《康力电梯志》编撰工作是康力电梯股份有限公司(以下简称"康力电梯")发展史上的又一件大事,同时,也是康力电梯企业文化建设的一项新的重要成果,可喜可贺。《康力电梯志》是吴江区第一部,也是苏州市为数不多的企业志。这部公司志展现了吴江区民营经济发展,特别是电梯产业的发展历程,具有重要的参考价值。

《康力电梯志》是一部记载康力电梯二十五年来从无到有、从小到大、从弱到强的奋发图强、自强不息的创业史,从各个方面、各个角度真实记录了康力电梯创业的艰难、成长的喜悦,以及面临挑战的勇敢、历经改革的智慧,这是一个企业的成功史,也是一个企业的英雄榜。康力电梯的发展历程可以说是中国民营企业的一个缩影。

回首二十五年来公司建设业绩,提炼凝聚文化精髓,以志书的形式记录历史、总结经验、启迪后人,是编纂《康力电梯志》的主要目的。

本志书以"尊重历史、尊重事实"为原则,根据公司多年来积累的各种资料,通过有关当事人的回忆,以及访谈、调查等多种形式,总结记录了公司1993—2018年所走过的二十五年历程。

二十五年来,康力电梯创造了中国电梯发展史上的多项第一。2010年公司在深交所成功上市(证券代码:002367),为中国电梯行业第一家上市公司;2017年,康力作为首个中国自主品牌电梯企业跻身"全球电梯制造商TOP10"榜单;2018年,公司以68.65亿元品牌价值稳居自主品牌首位。

二十五年来，康力电梯锐意改革、励精图治，历经市场经济大潮的洗礼，完善了企业机制、增强了竞争力、拓展了市场份额，成为中国民族电梯品牌的领航者，为吴江乃至苏州、江苏的民营企业树立了榜样，为中国电梯业的发展写下了浓墨重彩的一页。

不止电梯，还有梦想。康力电梯以建树民族品牌、振兴中国智造为己任，顺时而生、应势而变，二十五年风雨，二十五年磨炼，如今，已发展成为具有较强行业影响力的科技创新型企业，为国家和地方的发展做出了应有的贡献。

康力人一直走在追梦的路上。我们相信，怀有美丽梦想的康力人，将继续拼搏、马不停蹄，把企业不断推向前进。康力人创造了昨天的辉煌，明天他们也必将谱写一曲更动人、更绚丽多彩的乐章。

《康力电梯志》图文并茂、赏心悦目，是康力电梯企业文化的结晶，同时，也是吴江区企业志编撰新的实践。这部志书对康力来说，意义非凡，不仅是对过去二十五年的总结记录，更是为了从中汲取经验教训、更好地前行。记住历史，展望未来，插上理想的翅膀，康力电梯将飞得更高更远。

苏州市吴江区副区长

江苏省汾湖高新技术产业开发区党工委副书记　吴　琦

江苏省汾湖高新技术产业开发区管委会主任

2019 年 9 月

序二

经过编纂小组一年半的努力,《康力电梯志》终于完稿,这是康力电梯发展史上的一件大事。翻阅这本《康力电梯志》,作为"康力电梯"的创始人,二十五年间许多被锁住的记忆又浮现在眼前,值得欣慰的是,无论个人的快乐和痛苦、心血和汗水、激情和梦想,还是企业的顺境和逆境,都将伴随着这本志书与我们这个波澜壮阔的时代一同留下历史的印记。

2018年初,企业正在经历外部的国家宏观调控、艰难转型,内部管理必须励精图治、变革创新的特殊时期,二十五年的直线型快速发展,如今突然面临内外部困难,使企业的经营面临前所未有的压力,公司各级管理人员思想上产生很大的困惑,怎样应对残酷的市场环境,怎样提升管理、强化内功、永续经营,成为我们必须思考和面对的问题。虽然中国历来都有"盛世修志"一说,但我觉得在企业面临经营压力和思想迷茫之时,更需要回归初心、借鉴历史、树立信心、规划未来。此时,正好受到吴江档案管理部门的启发和鼓舞,我决定组织力量编制公司志。编修公司志在吴江并无先例,特别是对于康力这样白手起家的民营企业来说,还是有相当难度的。创业初期,条件艰苦,管理不完善,档案和资料等存留不全,但是,编撰小组不懈努力,并在公司各部门的大力支持下,对公司从初创以来经营和管理方方面面的资料、数据和事迹等进行了搜集、整理、调查和采访,终于完成了这部《康力电梯志》。

我们这一代人是幸运的。虽然我在青少年时期经历了贫穷,但改革开放之际,正是风华正茂之时,而且我出生、成长和奋斗的这块土地又自古就是富饶而重商之地。改革开放以来,吴江更是成为民营经济最发达的地区。天时、地利、人和使得我有幸全程经历了国家经济和社会史无前例的变革和发展过程,而更加幸运的是,在这一过程中,自己也创立了一番事业,并将其发展成为上市公司。康力的发展历程可以从一个侧面反映改革开放以来国家经济社会的发展,更加可以从中透视苏南民营经济的发展脉络。

我国电梯行业起步较晚,改革开放之前,电梯对于绝大多数老百姓来说,恐怕都是"听说过而没见过",国内电梯安装使用量大约只有1万台。而改革开放40多年来,腾飞的经济建设使国家发生了翻天覆地的变化。如今,中国已经成为电梯安装使用最多(每年约650万台)的国家,也是世界电梯制造中心。中国电梯行业的飞速发展是从引进外资品牌和技术开始的,20世纪八九十年代,巨大的市场需求,使得世界各电梯巨头先后进入中国,从而带动了电梯前后端产业链的发展。康力作为一家本土民营企业,就是从为外资企业提供配套零部件发展起来,通过学习、积累和摸索,开始进行电梯整机生产,并逐步发展壮大到今天的规模和水平,进入世界十大电梯品牌之列。"康力电梯"的发展,见证了中国电梯行业从无到有,从小到大的发展,特别是电梯民族品牌的崛起。

这本志书遵循"横不缺项,纵不断线"的原则,系统地记录了1993—2018年康力创业和发展的过程,包括公司整体经营业绩的发展、顶层组织建设和文化建设历程,营销、技术、制造、工程维保等业务方面的建设和发展、各管理职能机构的建立和完善以及分公司、子公司的建立和发展等,涵盖全面,脉络清晰。一个只有二十几个人的小机械厂,用了二十五年的时间,励精图治、埋头苦干,发展成为完全可以与具有百年电梯制造历史的世界巨头同台竞争的民族品牌,回想起来,确实令人心潮澎湃,这些成绩靠的是全体员工不畏困难的勇气、脚踏实地的拼搏精神以及发展电梯民族品牌的激情和梦想,靠的是公司独特的企业文化、创新驱动的管理理念和体制、团结奋进的领导团队。于公司而言,企业发展到今天,每一个重要的阶段、每一个发展里程碑,都值得回忆和记录,都有总结和思考的价值。而于个人而言,这一路的点点滴滴,也必将印入我们生命的历程,汇聚成一首人生奋斗的赞歌。

"修志为用",希望这本志书能够让读者了解改革开放浪潮中一个民营企业的发展过程,一个有行业代表性的电梯民族品牌的奋斗经历。更希望这本志书能够唤起所有参与康力建设和发展的人的记忆,掩卷沉思,感受创业的艰难和成功的骄傲,并将这些记忆传承给子孙后代。所有的激情、梦想、汗水和欢乐,所有的成功、失败、经验和教训,都会成为今后企业和个人前进的支撑和动力。

二十五年来,无论是面对困境还是诱惑,"康力电梯"一直坚守民族品牌,坚持独立生存和发展的原则。实现我们心中的梦想:让民族品牌的电梯走向世界。

最后,借此机会谨向二十五年来为公司的发展做出贡献的每一位同人、朋友致敬!向《康力电梯志》编撰人员以及为志书编撰提供支持和帮助的地方志办公室领导、公司各级员工表示感谢!

王友林

2019 年 9 月

凡 例

一、本志书客观记述了康力电梯股份有限公司历史发展过程的全貌。

二、本志书概述和各章节内容记述时间范围为1993—2018年,大事记和图片部分包含2019年重要活动。本志书追溯到康力电梯股份有限公司前身,涵盖公司创始人的全部创业经历。

三、本志书记述的内容以康力电梯股份有限公司总公司为主线,概括描述了下属独资和控股子公司的发展历程。

四、本志书对公司名称使用全称或简称。

部分重要简称如下:

1. 公司:泛指康力电梯股份有限公司及其前身。

2. 康力电梯:泛指康力电梯股份有限公司(含子公司和分公司)及其各发展阶段名称,初期名称为"苏州康力电梯有限公司",后变更为"江苏康力集团有限公司",后再次变更为"康力集团有限公司",股改后正式变更为"康力电梯股份有限公司"。

3. 康力:特指康力电梯股份有限公司母公司。

4. 新达部件:初期名称为"吴江市新达电扶梯成套部件有限公司",后更改为"苏州新达电扶梯成套部件有限公司"。

5. 康力运输:全称"苏州康力运输服务有限公司"。

6. 奔一:全称"苏州奔一机电有限公司"。

7. 广州广都:全称"广州广都电扶梯配件有限公司",2012年12月工厂搬迁注销。

8. 广东康力:全称"中山广都机电有限公司",后变更为"广东康力电梯有限公司"。

9. 新里程:全称"苏州新里程电控系统有限公司"。

10. 成都康力:全称"成都康力电梯有限公司"。

11. 苏州润吉:全称"苏州润吉驱动技术有限公司"。

12. 江苏粤立：全称"江苏粤立电梯有限公司"。

13. 粤立安装：全称"江苏粤立电梯安装工程有限公司"。

14. 苏州和为：全称"苏州和为工程咨询服务有限公司"。

15. 广东广都：全称"广东广都机电有限公司"。

16. 康力机器人：全称"苏州工业园区康力机器人产业投资有限公司"。

17. 法维莱：全称"杭州法维莱科技有限公司"。

18. 幸福加装梯：全称"康力幸福加装电梯（苏州）有限公司"。

19. 电梯秀：全称"苏州电梯秀装饰有限公司"。

五、本志书按照"横分门类，纵述史实"的原则，采用述、记、志、传、图、照、表、录等体裁，设章、节、目、子目、孙目五个层次，用语体文编写。大事记以编年体为主，辅以纪事本末体。

六、本志书纪年方法采用公元纪年，志文中出现"现""今"均指下限年时间。

七、本志书图片按属性分类，各类别中以年度顺序排列。

八、本志书所有的专业术语、名词、名称，符合企业管理和电梯专业、行业和公司经营管理惯例。

九、本志书遵循企业志编撰的总体原则和范例，以基本设定的提纲和内容要求，按照公司内部业务和管理分工，分别指定编写负责人和撰稿人编写初稿。初稿经公司内部主编审核修改、编委会审核通过。

十、本志书资料来源于公司各类档案、系统数据和文件资料，某些早期信息通过调研和回忆取得。一些行业数据来源于正规网络和杂志。所有资料均经核实载入，一般不注明出处。

目　　录

概述 …………………………………………………………………………………… 1
大事记 ………………………………………………………………………………… 23

第一章　企　业　建　设

第一节　总公司建设 …………………… 40
　　一、总公司主要建设历程 …………… 40
　　二、全国性产业布局………………… 41
　　三、生产制造设备建设 ……………… 42
　　四、营销服务网络建设 ……………… 43
第二节　子公司建设 …………………… 44
　　一、子公司建设历程 ………………… 44
　　二、苏州新达电扶梯部件有限公司 ………… 46
　　三、苏州康力运输服务有限公司 …………… 47
　　四、苏州奔一机电有限公司 ………………… 47
　　五、广东康力电扶梯有限公司 ……………… 47
　　六、苏州新里程电控系统有限公司 ………… 48
　　七、成都康力电梯有限公司 ………………… 49
　　八、江苏粤立电梯安装工程有限公司 ……… 49
　　九、苏州润吉驱动技术有限公司 …………… 50
　　十、江苏和为工程咨询有限公司 …………… 50
　　十一、广东广都电扶梯配件有限公司 ……… 50
　　十二、康力机器人产业投资股份有限公司 … 51
　　十三、杭州法维莱科技有限公司 …………… 51
　　十四、康力幸福加装电梯（苏州）有限公司 … 52
　　十五、苏州电梯秀装饰有限公司 …………… 52
第三节　分公司建设 …………………………… 52

第二章　基　建　管　理

第一节　基建组织机构 ………………… 56
第二节　基建办职能 …………………… 56
第三节　主要基本建设项目 …………………… 57

第三章　组　织　建　设

第一节　组织建设历程 ………………… 60
　　一、前身阶段（1993—1996年）……… 60
　　二、电梯部件业务阶段（1997—1999年）……… 60
　　三、整机业务和部件业务合并管理阶段
　　　　（2000—2004年）…………………… 60
　　四、上市前期阶段（2005—2009年）………… 60
　　五、上市后阶段（2010—2018年）…………… 61
第二节　公司主要管理人员任职情况 ………… 63
第三节　公司各主要阶段组织机构图 ………… 67

第四章 品牌管理

第一节 品牌管理组织机构 …………… 74
第二节 品牌的发展历程 ……………… 74
第三节 品牌战略规划 ………………… 76
第四节 品牌传播 ……………………… 76
　　一、广告传播 ……………………… 76
　　二、公益活动 ……………………… 77
　　三、会展传播 ……………………… 77
　　四、文化传播 ……………………… 78
第五节 品牌国际化 …………………… 78
第六节 品牌维护和管理 ……………… 79
第七节 知识产权保护 ………………… 79
　　一、商标注册 ……………………… 79
　　二、专利 …………………………… 80
　　三、知识产权管理体系 …………… 80

第五章 国内营销

第一节 国内营销管理机构 …………… 82
第二节 国内营销发展历程 …………… 90
　　一、公司前身阶段（1993—1996年）… 90
　　二、电梯部件业务阶段（1997—2000年）… 90
　　三、整机业务发展初期阶段（2001—2006年）…………………………… 90
　　四、股改阶段（2007—2009年）…… 91
　　五、全面发展阶段（2010—2015年）… 91
　　六、改革创新阶段（2016—2018年）… 92
第三节 制度建设 ……………………… 93
第四节 营销管理信息系统 …………… 95
第五节 主要营销管理工作实施 ……… 95
　　一、市场营销管理 ………………… 95
　　二、销售队伍管理 ………………… 101
　　三、营销网络管理 ………………… 102
　　四、客户反馈管理 ………………… 106

第六章 海外营销

第一节 国际业务管理机构 …………… 108
第二节 国际业务的发展历程 ………… 109
　　一、起步阶段（2003—2004年）…… 109
　　二、稳步发展阶段（2005—2009年）… 109
　　三、快速发展阶段（2010—2018年）… 110
第三节 国际市场开发与管理 ………… 110
　　一、业务模式 ……………………… 110
　　二、销售渠道拓展 ………………… 111
　　三、国外代理商开发和管理 ……… 112
　　四、制度建设 ……………………… 112
　　五、绩效考核 ……………………… 113
第四节 品牌国际影响力的提升 ……… 113

第七章 技术开发

第一节 技术开发组织机构 …………… 116
第二节 整机产品研发历程 …………… 119
　　一、垂直电梯整机产品研发历程 … 119
　　二、自动扶梯整机产品研发历程 … 121
第三节 关键核心技术研发历程 ……… 124
　　一、垂直电梯关键核心技术的开发应用 …… 124
　　二、扶梯关键技术的开发应用 …… 127
第四节 技术管理 ……………………… 129
　　一、制度建设 ……………………… 129
　　二、绩效管理 ……………………… 130

三、技术资料管理 …………………… 131
第五节　技术标准及技术规范 ………… 131
　　一、国家/协会技术标准制定 ………… 131
　　二、公司内部技术标准/规范的制定 ……… 133
第六节　研发设施和平台建设 …………… 138
　　一、电梯试验塔 ……………………… 138
　　二、扶梯负载测试架 ………………… 139
　　三、研发大楼 ………………………… 139
　　四、研发实验室 ……………………… 139
　　五、技术研发信息化 ………………… 141
第七节　"产学研"建设 ………………… 142
　　一、院士工作站 ……………………… 142
　　二、博士后科研工作站 ……………… 143
　　三、南京工业大学合作项目 ………… 143
　　四、哈尔滨工业大学合作项目 ……… 144
第八节　知识产权及专利 ………………… 144
　　一、知识产权管理体系 ……………… 144
　　二、专利 ……………………………… 145
第九节　科技成果 ………………………… 146
　　一、高新技术产品 …………………… 146
　　二、科技成果 ………………………… 147
　　三、计算机软件著作权专利 ………… 148

第八章　生产制造

第一节　生产制造组织机构 ……………… 152
第二节　生产制造主要发展历程 ………… 156
　　一、前身及初创时期(1993—1996年) … 156
　　二、行业内起步阶段(1997—2000年) … 156
　　三、稳定发展阶段(2001—2006年) …… 156
　　四、快速发展阶段(2007—2018年) …… 156
第三节　生产管理 ………………………… 158
　　一、生产工艺、工装及设备 ………… 158
　　二、生产管理制度和流程 …………… 164
　　三、生产计划及物料管理 …………… 166

第九章　采购管理

第一节　采购管理机构 …………………… 170
第二节　采购制度建设 …………………… 173
第三节　采购管理发展历程 ……………… 173
　　一、初级物料采购阶段(1997—2008年) … 173
　　二、专业化采购管理阶段(2009—2012年) … 173
　　三、集约化采购阶段(2013—2018年) …… 174
第四节　主要采购工作实施 ……………… 175
　　一、采购管理 ………………………… 175
　　二、供应商管理 ……………………… 176

第十章　工程管理

第一节　工程管理组织机构 ……………… 180
第二节　工程管理制度建设 ……………… 184
第三节　工程管理绩效考核 ……………… 187
　　一、分支机构工程人员绩效考核 …… 187
　　二、售后服务销售绩效考核 ………… 187
第四节　工程质量监督检验 ……………… 187
第五节　工程分包方管理 ………………… 188
第六节　工程项目管理实施 ……………… 189
　　一、项目安装过程控制 ……………… 189
　　二、大项目工程管理 ………………… 189
　　三、轨道交通项目工程管理 ………… 190
第七节　售后服务管理 …………………… 191
　　一、维修保养站点建设 ……………… 191
　　二、维修保养实施 …………………… 192
　　三、备品备件管理 …………………… 193
　　四、产品更新改造 …………………… 194

第十一章 质 量 管 理

第一节 质量管理组织机构 …………… 196
第二节 质量管理体系建设 …………… 198
 一、管理体系建立与认证 ………… 198
 二、质量管理制度建设 …………… 199
 三、质量管理信息化系统建设 …… 201
第三节 质量管理理念和意识 ………… 201
第四节 产品认证 ……………………… 202
 一、许可证 ………………………… 202
 二、安全认证标志 ………………… 203
 三、产品测试 ……………………… 204
第五节 制造过程质量管理 …………… 207

第六节 供应链质量管理 ……………… 209
 一、供应商准入制度 ……………… 209
 二、供应商质量保证协议 ………… 209
 三、供应商质量绩效考核 ………… 209
 四、供货质量问题调查分析 ……… 210
 五、产品审核 ……………………… 210
第七节 质量改进活动 ………………… 210
 一、重大技术质量攻关 …………… 210
 二、质量QC小组活动 …………… 211
第八节 质量管理主要荣誉 …………… 212

第十二章 企 业 文 化

第一节 企业文化组织机构 …………… 216
 一、企业文化管理部门 …………… 216
 二、《康力电梯》杂志编辑部 …… 217
第二节 文化理念建设 ………………… 218
第三节 制度建设 ……………………… 218
第四节 教育、文化平台及体育场馆 … 219
 一、康力学院 ……………………… 219
 二、文化展厅 ……………………… 219
 三、党群服务中心 ………………… 220
 四、车间宣传栏 …………………… 220
 五、图书室和阅览室 ……………… 220
 六、体育活动场所 ………………… 220
第五节 宣传载体 ……………………… 221
 一、公司官网 ……………………… 221

 二、OA自动化办公信息系统 …… 221
 三、微信公众号 …………………… 222
 四、内刊 …………………………… 222
 五、电子杂志《康力点滴知识乐园》… 223
 六、《康力电梯·论文专辑》和《康力特刊》… 223
 七、画册、样本 …………………… 224
 八、著作 …………………………… 224
第六节 文化活动 ……………………… 224
 一、经典阅读和征文活动 ………… 224
 二、主要体育活动 ………………… 225
 三、主要文艺活动 ………………… 226
 四、讲座和演讲 …………………… 227
第七节 精神文明建设 ………………… 228

第十三章 人力资源管理

第一节 人力资源组织机构 …………… 230
第二节 员工概况 ……………………… 232
第三节 人力资源管理的主要发展历程 … 234
 一、初级阶段(1997—2000年) … 234
 二、起步阶段(2000—2003年) … 234

 三、职能化阶段(2004—2010年) … 235
 四、系统化、专业化阶段(2010—2018年) … 235
第四节 人力资源管理体系建设 ……… 236
 一、人力资源战略规划 …………… 237
 二、人力资源管理制度建设 ……… 237

三、人力资源信息管理系统建设 ……… 240
　　四、人力资源管理体系标准和模型建设 … 240
第五节　主要人力资源管理工作实施 ……… 241
　　一、招聘和人才引进 ………………… 241

　　二、职位与职务管理 ………………… 243
　　三、劳动关系和员工关系管理 ………… 245
　　四、薪酬管理 ………………………… 248
　　五、人事档案和信息管理 …………… 251

第十四章　财务管理

第一节　财务管理组织机构 ………………… 254
　　一、财务机构设置的变化 …………… 254
　　二、1997—2018年财务中心机构及主要负责人
　　　　情况 ……………………………… 256
第二节　财务管理情况 ……………………… 260
　　一、公司初期的财务管理（1997—
　　　　2004年） ………………………… 260
　　二、公司股改前阶段的财务管理（2005—
　　　　2007年） ………………………… 261

　　三、公司股改后阶段的财务管理（2008—
　　　　2015年） ………………………… 262
　　四、共享模式下的财务管理（2016—
　　　　2018年） ………………………… 263
第三节　财务发展中的其他重要事项 ……… 267
　　一、资金募集 ………………………… 267
　　二、对外投资 ………………………… 267
　　三、收购兼并 ………………………… 268
　　四、对外合作 ………………………… 268

第十五章　行政后勤管理

第一节　机构建设 …………………………… 270
第二节　厂区设施与环境管理 ……………… 272
第三节　厂区安防管理 ……………………… 273
第四节　员工宿舍管理 ……………………… 274
　　一、宿舍资源建设情况 ……………… 274
　　二、宿舍管理 ………………………… 275
第五节　车辆管理 …………………………… 275
第六节　绿化管理 …………………………… 276
第七节　食堂管理 …………………………… 277

第八节　员工福利 …………………………… 278
　　一、节假日物资 ……………………… 278
　　二、员工体检 ………………………… 278
　　三、员工工作服 ……………………… 279
第九节　档案管理 …………………………… 280
　　一、档案管理职能及制度建设 ……… 282
　　二、档案管理员培训取证 …………… 282
　　三、档案归档管理 …………………… 283
　　四、档案借阅管理 …………………… 283

第十六章　教育与培训

第一节　培训管理组织机构 ………………… 286
第二节　培训体系建设 ……………………… 287
　　一、硬件设施 ………………………… 287
　　二、制度建立 ………………………… 287
　　三、内部讲师队伍建设 ……………… 288
　　四、课程体系建设 …………………… 288
　　五、移动学习系统建立和线上课程开发 … 293
第三节　培训项目实施 ……………………… 294

　　一、新员工入职培训 ………………… 294
　　二、专业培训班（系统培训课程） …… 295
　　三、单项培训课程 …………………… 297
　　四、职业技能竞赛 …………………… 297
　　五、特种作业及特殊岗位持证上岗培训及资格
　　　　考试 ……………………………… 299
　　六、职业技能培训和等级鉴定 ……… 300
　　七、对客户及合作方的培训 ………… 301

八、历年培训实施总体数据汇总 …………… 302　　　第四节　知识管理和分享 ……………………… 302

第十七章　信息管理

第一节　信息管理机构 ……………………………… 304
第二节　信息管理发展历程 ………………………… 305
　　一、起步期(1997—2006年) ………………… 305
　　二、快速发展期(2007—2010年) …………… 305
　　三、集团集约期(2011—2014年) …………… 306
　　四、深度融合期(2015—2018年) …………… 306
第三节　信息管理规划 ……………………………… 306
　　一、实现四大战略目标 ……………………… 307
　　二、打造四大信息化核心能力 ……………… 307
　　三、实现信息化三大战略转型 ……………… 307
　　四、战略措施 ………………………………… 307
第四节　制度建设 …………………………………… 307
第五节　网络建设 …………………………………… 308
　　一、网络和机房建设 ………………………… 308
　　二、服务器维护和管理 ……………………… 309
　　三、基础应用系统 …………………………… 309
　　四、远程会议系统 …………………………… 310
　　五、网络安全管理 …………………………… 310
第六节　应用软件系统建设 ………………………… 310
　　一、ERP系统建设 …………………………… 310
　　二、OA办公自动化系统建设 ……………… 311
　　三、营销及工程应用系统建设 ……………… 312
　　四、生产制造应用系统建设 ………………… 313
　　五、其他主要管理应用系统建设 …………… 313
第七节　系统应用开发 ……………………………… 314
第八节　信息设备及耗材管理 ……………………… 314
　　一、信息硬件设备和耗材管理 ……………… 314
　　二、信息化建设投入 ………………………… 314

第十八章　资本运作

第一节　资本运作组织机构 ………………………… 318
第二节　上市历程 …………………………………… 319
　　一、股份制改革 ……………………………… 319
　　二、上市过程 ………………………………… 320
　　三、上市后股本变化 ………………………… 322
　　四、募集资金 ………………………………… 323
第三节　股权激励 …………………………………… 324
第四节　股份回购 …………………………………… 325
第五节　非公开发行股票 …………………………… 325
第六节　员工持股 …………………………………… 326
第七节　股东回报 …………………………………… 326
第八节　对外投资 …………………………………… 327
第九节　证券事务管理 ……………………………… 328
　　一、证券事务日常管理 ……………………… 328
　　二、董事会 …………………………………… 329
　　三、监事会 …………………………………… 330
　　四、股东大会 ………………………………… 330
　　五、信息披露 ………………………………… 331
　　六、投资者关系管理 ………………………… 331

第十九章　审计与风控

第一节　审计与风控组织机构 ……………………… 334
　　一、审计组织机构 …………………………… 334
　　二、风控中心组织机构 ……………………… 335
　　三、监察部组织机构 ………………………… 335
第二节　审计监察工作主要发展历程 ……………… 336
　　一、遵循审计阶段(2011—2013年) ………… 336
　　二、管理控制审计阶段(2013—2016年) …… 336
　　三、全面风险管理审计阶段(2016年
　　　　至今) ……………………………………… 336
第三节　制度建设 …………………………………… 337

第四节 审计工作开展 …………… 337		第五节 风险管理与控制 …………… 350	
一、重大投资项目审计 …………… 338		一、风险管理组织形式 …………… 350	
二、经济活动审计 ………………… 339		二、风险管理发展历程 …………… 351	
三、干部廉洁自律审计 …………… 349		三、风险管理的实施 ……………… 351	

第二十章　党　工　团

第一节 党组织 ……………………… 356		二、工代会、职代会与民主协商机制 … 361	
一、党组织建设 …………………… 356		三、工会工作 ……………………… 362	
二、思想建设 ……………………… 357		四、工会荣誉 ……………………… 367	
三、党内纪检监察工作 …………… 359		第三节 共青团 ……………………… 368	
四、党建荣誉 ……………………… 360		一、共青团组织机构 ……………… 368	
第二节 工会 ………………………… 360		二、共青团工作 …………………… 368	
一、工会组织机构 ………………… 360		三、共青团荣誉 …………………… 369	

第二十一章　社　会　责　任

第一节 股东权益保护 ……………… 372		第四节 爱心活动 …………………… 375	
第二节 税收上缴 …………………… 373		第五节 村企结对 …………………… 376	
第三节 慈善捐款 …………………… 373			

第二十二章　人　物　与　荣　誉

第一节 人物 ………………………… 380		专家的人员和在职返聘人员） ……… 406	
一、集团公司主要管理人员 ……… 380		第二节 荣誉 ………………………… 407	
二、历届"董监高" ………………… 397		一、集体荣誉 ……………………… 407	
三、历届独立董事 ………………… 400		二、个人荣誉（不包括科学技术类获奖	
四、曾任主要管理人员 …………… 401		人员） …………………………… 412	
五、其他主要高层和中层干部 …… 401		三、科技类获奖项目和人员 ……… 415	
六、司龄20年以上老员工 ………… 404		四、获表彰的优秀员工 …………… 416	
七、中层以上党员干部 …………… 405		五、历年优秀党员 ………………… 420	
八、早期技术和专业老专家 ……… 406		六、历年优秀集体 ………………… 423	
九、早期主要退休干部和人员（不包括已经列入			

第二十三章　公　共　关　系

第一节 公共关系管理组织机构 …… 426		第三节 董事长重要活动 …………… 427	
第二节 产学研活动 ………………… 427		第四节 社会团体、协会情况 ……… 428	

第二十四章　典　型　工　程

第一节　公共交通项目 ………………………… 432
　　一、张家界天门山观光隧道天梯 …………… 432
　　二、苏州轨道交通1号、2号、3号、4号线 …… 433
　　三、深圳地铁3号、5号、9号线 …………… 433
　　四、长沙地铁1号、4号线 …………………… 434
　　五、成都地铁3号、17号线 ………………… 434
　　六、乌鲁木齐地铁1号线 …………………… 435
　　七、福州地铁2号、6号线 …………………… 435
　　八、常州地铁2号线 ………………………… 436
　　九、长春地铁2号线 ………………………… 436
　　十、哈尔滨地铁1号线 ……………………… 437
　　十一、石家庄地铁3号线 …………………… 437
　　十二、大连地铁5号线 ……………………… 438
　　十三、徐州地铁2号线 ……………………… 438
　　十四、东莞至惠州城际轨道交通 …………… 439
　　十五、穗莞深城际铁路 ……………………… 439
　　十六、大连金州新区至普湾新区城际
　　　　　铁路 ………………………………… 440
　　十七、江西上饶高铁站 ……………………… 440
　　十八、西宝高铁 ……………………………… 441
　　十九、无锡东站 ……………………………… 441
　　二十、呼张高铁 ……………………………… 442
　　二十一、京张高铁 …………………………… 442
　　二十二、石济高铁 …………………………… 443
　　二十三、渝万铁路 …………………………… 443
　　二十四、青连铁路 …………………………… 444
　　二十五、深圳龙华新区有轨电车 …………… 444
　　二十六、南昌昌北国际机场 ………………… 445
　　二十七、成贵高铁 …………………………… 445
　　二十八、白鹿原影视城观光天梯 …………… 446

第二节　大型商业综合体项目 ………………… 446
　　一、四川成都新世纪环球中心 ……………… 446
　　二、上海龙之梦雅仕大厦 …………………… 447
　　三、太湖龙之梦乐园 ………………………… 447
　　四、成都龙之梦商业综合体 ………………… 448
　　五、沈阳龙之梦商业综合体 ………………… 449
　　六、重庆中迪广场 …………………………… 449
　　七、贵阳世纪城 ……………………………… 449
　　八、贵安新天地 ……………………………… 450
　　九、河北塔坛国际商贸城 …………………… 451
　　十、郑州百荣世贸商城 ……………………… 451
　　十一、贵阳西南国际商贸城 ………………… 452
　　十二、重庆朝天门国际商贸城 ……………… 452
　　十三、重庆綦江红星国际广场 ……………… 453
　　十四、苏州湾水秀天地 ……………………… 453
　　十五、苏州花样年喜年广场 ………………… 454
　　十六、重庆国际博览中心 …………………… 454
　　十七、万达西双版纳国际度假区 …………… 455
　　十八、苏州知音温德姆酒店（五星级） ……… 455
　　十九、拉萨圣地天堂洲际大饭店
　　　　　（五星级） …………………………… 456
　　二十、贵阳世纪金源大饭店（五星级） ……… 456
　　二十一、福州贵安君豪大饭店 ……………… 457
　　二十二、贵州六盘水福朋喜来登酒店 ……… 457

第三节　城市综合体项目 ……………………… 458
　　一、罗源湾滨海新城 ………………………… 458
　　二、合肥世纪城 ……………………………… 458
　　三、宁波杭州湾世纪城 ……………………… 459
　　四、长沙湘江世纪城 ………………………… 459
　　五、金州体育城 ……………………………… 460

第四节　国外工程 ……………………………… 460
　　一、印度德里地铁 …………………………… 460
　　二、韩国地铁 ………………………………… 461
　　三、伊朗地铁 ………………………………… 462
　　四、土耳其地铁 ……………………………… 462
　　五、墨西哥地铁 ……………………………… 463
　　六、印度尼西亚雅加达国际机场 …………… 463
　　七、韩国济州岛江汀港人行道 ……………… 464
　　八、土耳其伊兹密尔人行天桥 ……………… 464
　　九、俄罗斯克拉斯诺亚尔斯克国际机场 …… 465
　　十、墨西哥火车站 …………………………… 465
　　十一、卡塔尔多哈E环路人行天桥 ………… 466

十二、印度火车站 …… 466	十八、俄罗斯格拉夫奥尔洛夫高级公寓 …… 469
十三、坦桑尼亚摩洛哥广场 …… 467	十九、意大利那不勒斯坎普弗莱格瑞和梅格利那火车站 …… 470
十四、墨西哥普特广场 …… 467	
十五、马来西亚关丹电讯塔 …… 468	二十、中国援卢旺达政府综合办公楼 …… 471
十六、马来西亚关丹别墅区 …… 468	二十一、哥伦比亚财政部大楼 …… 472
十七、菲律宾敦洛区综合体 …… 469	二十二、哥伦比亚 Solsticio 高级公寓 …… 472

丛 录

一、新闻选录 …… 474	四、董事长讲话 …… 490
二、文章选摘 …… 479	五、《升腾》——康力电梯之歌 …… 496
三、董事长新年致辞 …… 483	六、语录及标语选摘 …… 497

《康力电梯志》参与编纂人员 …… 500

概述

一、历史沿革

二十几个年头在历史的长河中只是弹指一挥间,但对于一个经过艰苦拼搏而快速发展成为中国电梯行业自有品牌龙头的民营企业而言,则必定是一段波澜壮阔、精彩纷呈的难忘历程。

1993年9月,王友林从南汽吴江跃进客车厂工艺科科长位置上下海创业,借2万元,从一个工人开始,挂靠一家小型私营企业——南灶金属制品厂,承揽一些钣金加工业务,如鼓风机机壳、铁砂皮生产线设备和光纤光缆用设备等。

1995年7月,已经下海创业两年的王友林承包了一个挂靠在莘塔机电站的小型机械加工厂——莘塔通用机械厂,承揽一些机械零部件的加工业务。这一时期,正值外资电梯制造业巨头开始全力进军并垄断中国市场,从而带动了零部件配套和电梯产业链相关服务的庞大的市场需求,吴江地区一些民营企业开始涉足电梯零部件加工业。

1997年11月,"吴江市新达电扶梯成套部件有限公司"(后更名为"苏州新达电扶梯成套部件有限公司",以下简称"苏州新达"),在莘塔通用机械厂基础上成立,开始主营电梯机械零部件配套生产。

2000年11月,旨在从事整机生产的"苏州康力电梯有限公司"(以下简称"苏州康力")单独成立,并开始着手申办电梯整机生产的相关资质。此时,公司旗下已经有两家企业,即"苏州康力"和"苏州新达"。

2001年7—8月,为响应当时国家和地方对于特种设备安全许可取(换)证的相关政策,公司对"苏州新达"和"苏州康力"进行了名称以及资产和业务互换,使"苏州康力"成立年限可以追溯到1997年11月,具备申办"生产许可证"的条件。

2004年2月,考虑到当时的情况以及未来公司将不断增加电梯零部件制造种类,向电梯产业链上下游扩大和延伸,而电梯产品涉及的领域非常广泛,多种零部件不可能集中在一个工厂生产,势必会有更多的下属企业成立,因此将"苏州康力电梯公司"更名为"江苏康力电梯集团有限公司",开始了业务范围的拓展和集团化运作。

2005年11月,由于业务范围超出电梯行业,公司又更名为"康力集团"。至2006年,集团旗下已有9个子公司。

2007年10月,公司进行了股份制改革,开始筹备上市。为了股改和整体上市的需要,公司正式更名为"康力电梯股份有限公司",以总公司下辖若干子公司的模式运作至今。详细的公司名称历史沿革过程参见图1。

二、区域环境背景

公司总部和主要生产基地位于江苏省苏州市吴江区、汾湖高新技术产业开发区内。汾湖高新区为省级高新区,占地面积约260 km²,西滨太湖,东临上海,南接浙江,北与昆山和苏州市区接壤,地处江苏、浙江、上海两省一市交汇的"金三角"腹地,是中国沿海和长江三角洲经济圈的中心区域。这里自古是吴越交汇之地,早在春秋战国时期,"汾湖"就是吴越界湖,具有极其重要的战略地位。该区域地势平坦、湖

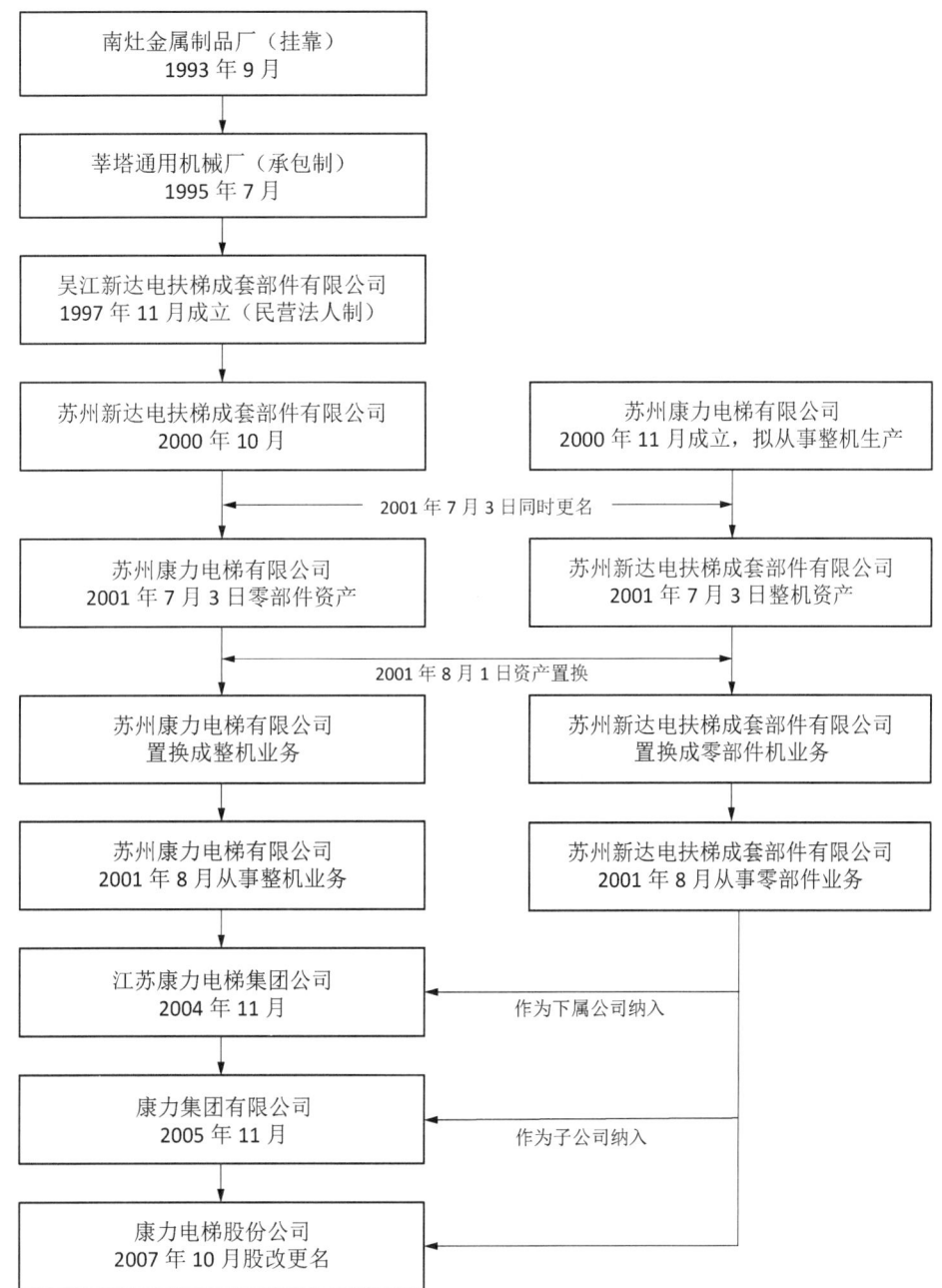

图 1 公司名称历史沿革过程

泊纵横、环境优美、交通发达,而且人民勤劳、物产丰足,自古以来,就是富饶的鱼米之乡,也是商贾云集的商业发达地区。

作为吴越文化的发祥地之一,吴江具有崇文重教、厚德守信的民风,自古人才辈出。吴江人民传承了典型的吴越文化,勤劳、精明、踏实、温良,且大气隐忍,具有经商头脑。这些特点,形成了许多吴江民营企业家的性格特征,造就了他们的创业意志。

由于地理位置的特殊性,吴江民营经济在起步和发展过程中,不断借鉴和利用周边地区的发展经验和优势。如接壤的浙江省自古就是商业重地,改革开放初期,浙江人以个体为主,思想更加解放,政策更加灵活,这种模式和机制对苏南经济体制的进一步开放产生了一定的促进作用,如 20 世纪 90 年代初当地政府推出的"承包责任制"政策等。同时,浙商对开发市场的重视以及灵活的经营理念,也对苏南民营企业家给予了一定的启发。两地民营经济发展模式虽有差别,但也不断相互影响和交融。

汾湖地区东距上海青浦区仅 1.5 km,处于"上海半小时经济圈"的中心位置,是江苏临沪经济区最具优势的地区。1990 年代初,随着浦东的开发建设,上海的经济迅速发展,成为长三角地区乃至全国的经济和金融中心之一。紧邻上海西大门的吴江汾湖更是具有了与企业发展密不可分的市场、信息、人才、管理知识等方面的优越条件,并且可以接受上海的经济辐射,甚至融入上海的经济发展。

独特的地理环境、民风特点与人文精神,促使吴江乃至苏南地区政府极力创造发展条件,民营企业家们满怀激情投入改革开放大潮,乘风破浪、披荆斩棘,推动了这一地区民营经济的迅猛发展。再加上周边重要经济区域的相互交融和辐射效应,公司所在的吴江地区已经成为全国著名的民营经济发展基地,创造了民营经济发展奇迹。发展至今,吴江民营经济占工业经济的比重已经超过 80%,且呈现合理而鲜明的产业结构和产业集群,实力雄厚,具有一批在全国乃至世界范围内的行业龙头企业,而"电梯制造"所代表的装备制造业正是吴江四大产业支柱之一。

三、产品及业务特点

公司主营业务是电梯开发、制造、销售、安装、改造和维修保养业务,以及上下游产业链的配套。

电梯产品包括:垂直梯(通常称为电梯)、自动扶梯和自动人行道。

(一)产品分类和组成结构

表 1　　　　　　　　　　　　　　电梯产品主要分类

分　类	种　类
用途	乘客电梯、载货电梯、医用电梯、杂物电梯、观光电梯、消防电梯、汽车电梯、船舶电梯和其他类型的特殊用途电梯等
驱动方式	曳引驱动电梯、液压电梯、直线电机驱动电梯、齿轮齿条驱动电梯和螺杆式电梯等
操纵控制方式	手柄开关操纵、按钮控制、信号控制、集选控制、并联控制和群控等
机房位置	上机房、下机房、侧机房和无机房(曳引系统和控制柜置于井道中)等
运行速度	低速电梯(1m/s 以下)、中速电梯(1~2.5 m/s)及高速电梯(2.5 m/s 以上)

表 2　　　　　　　　　　　　　　电梯(直梯)产品基本组成

组成部分		主要部件	功能及应用
机械系统	曳引驱动系统	曳引机、钢丝绳、导向轮、反绳轮	输出与传递动力,驱动电梯运行
	轿厢	轿厢体、轿厢架	运送乘客或货物的"容器"
	门系统	轿厢门、层门、门机	启闭层站和轿厢入口
	重量平衡系统	对重装置、补偿装置	平衡轿厢自重和部分的额定载重、减小轿厢侧与对重侧钢丝绳长度变化对电梯平衡的影响,在电梯运行中保持轿厢与对重间的重量差在限定值之内,保证电梯正常的曳引传动

(续表)

组成部分		主要部件	功能及应用
机械系统	导向系统	导轨、导靴和导轨支架	限制轿厢和对重的活动自由度,使轿厢和对重只能沿着导轨作升降运动
	机械安全保护系统	制动器、超速保护装置、限速器和安全钳、缓冲器、极限开关和门锁装置	超速保护、冲顶和撞底保护、轿厢位置异常保护等
电气系统	电力拖动系统	电动机、供电系统、速度反馈装置、电动机调速装置	提供电源和动力,控制电梯运行速度
	电气控制系统	主控电脑板、操纵装置、位置显示装置、控制屏(柜)、平层装置、选层器	对电梯的运行实行操纵和控制,显示电梯运行方向和轿厢所在的层站
	电气安全保护系统	电气安全回路、门锁装置、强迫减速开关、限位开关、称重装置	在电梯运行异常时,立刻切断安全回路,保证电梯的使用安全

表3　　　　　　　　　　　自动扶梯产品主要分类

分　类	种　类
用途	商用扶梯、公共交通型扶梯、地铁用重载交通型扶梯
提升高度	普通扶梯型(H≤6 m)、中等高度扶梯(6 m＜H≤10 m)、大高度扶梯(H＞10 m)
驱动控制方式	单速型和变频调速型
驱动装置位置	端部驱动式(或称链条式)和中间驱动式(或称齿条式)

表4　　　　　　　　　　　自动扶梯产品基本组成

组成部分		功能及应用
机械系统	驱动装置	用于驱动自动扶梯运行的动力系统
	梯路导轨系统和张紧装置	固定在自动扶梯的桁架内,用于供滚轮运行,支撑由梯级主轮和辅轮传递来的梯路载荷,直接支承和引导梯级的循环运动
	桁架	架设在建筑结构上,供安装和支承自动扶梯的各个部件,并承受各种载荷
	梯级链	带动梯级运动的部件
	梯级	沿自动扶梯的梯路导轨循环运行,直接承载乘客的运动部件
	围裙板	与梯级两侧相邻的金属围板
	扶手装置	供站立在扶梯梯级上的乘客扶手之用,对乘客起到安全防护作用
	内、外盖板	内盖板在护壁板内侧,连接围裙板和护壁板的金属板;外盖板在护壁板外侧,外装饰板上方,连接装饰板和护壁板的金属板
	前沿板	位于自动扶梯的出入口,与梳齿板连接的金属板
	梳齿板与梯级定中心和防偏装置	位于运行梯级的出入口,防止梯级与梯路固定端之间嵌入异物而造成安全事故,控制梯级的横向游离,避免造成机件损坏或运行产生噪声、撞击声
	压带装置	通过调整压带装置的弹簧,增大滚轮压力以保持摩擦轮与扶手带之间具有足够的摩擦力,从而保证扶手带与梯级运行同步
	润滑装置	减缓机件磨损,减小扶梯运行噪声,增加机件使用寿命

(续表)

组成部分		功能及应用
电气系统	电气控制系统	通常安装在自动扶梯的上部机房内,对扶梯的运行实行控制
	运行监测系统	主要用于监测曳引电机速度,并起到安全保护的作用
	故障显示系统	设置故障显示器,显示自动扶梯故障状态

(二)产品和业务特殊性

作为公共设施使用的大型机电特种设备,电梯产品具有极其特殊的属性,正是这些特点,形成了公司乃至行业经营管理的模式和业务发展的脉络。

电梯产品属于特种设备,国家出台一系列法规和政策对这一产品及相关经营活动进行不同程度的监管,包括国务院颁布的《特种设备安全监察条例》以及相关的制造供应许可和产品验收检验制度等。基于这些监管政策,从事电梯(整机)制造、安装、改造和维修保养等业务具有一定的门槛,如厂房面积、试验塔、人员数量和资质等,对业务开展的各个环节都有明确的要求和监管,包括许可证核发、产品和主要部件的认证以及成品的验收检验等。根据国家监管政策规定,电梯的安装、改造和维修,必须由电梯制造企业或其通过合同委托、同意的、具有许可资质的单位进行,并且电梯制造企业要对电梯产品最终的质量和安全负责。

一方面,电梯是涉及领域十分广泛、业务周期较长的技术密集型产品,属于大型机电设备行业,包含了机械加工、金属材料、非金属材料、五金、电子、自动化、网络信息技术、供应链、物流运输、装饰装潢、工程安装等,电梯行业是整机制造商与零部件配套和服务商协同发展的行业。另一方面,电梯在业务过程中涉及的关系方很多,包括生产制造方、零部件供应商、物流运输方、安装分包方、顾客、工程总包方、工程监理方、业主方、物业管理方、政府监管单位等。再加上"散件出厂、异地安装"的属性,使得电梯整机业务过程十分复杂,业务周期也比较长,对企业的经营管理水平要求很高。

电梯产品是非标准化的定制产品,并且具有很强的工程属性,在整体结构基本不变的基础上依据建筑物和安装地点的不同而各有不同,这使得制造厂家必须严格控制销售过程的各个环节,明确产品的现场条件和技术要求。电梯产品的运行安全性、可靠性和舒适性除了取决于产品的设计和制造外,很大程度上受安装、维修和保养服务质量的影响。因此,与批量生产的标准化产品比较,电梯生产对销售合同、技术处理能力、安装项目管理能力和维保能力等企业的综合管理能力和服务能力要求很高。

此外,电梯产业区域性较高,集中度明显。由于电梯需要大量的零配件企业配套,要求周边的工业体系完整,所以我国电梯业的生产中心主要集中在长江三角洲、珠江三角洲以及京津冀地区的三大经济圈,特别在长三角地区形成了电梯行业的生产基地,汇聚了国内外的众多电梯企业,尤其是在江苏,整机和配件企业数量众多,形成了一个以吴江尤其是汾湖经济开发区为中心的电梯、扶梯及零部件产业集群,该产业集群已经列入江苏省100个重点培育产业集群。电梯销售的区域性特征与生产情况类似,华东、华北、华南三个地区的电梯销售占总销量的70%左右,集中于长三角、珠三角和京津冀地区的大城市。

四、行业发展简述

一个企业的发展历程必定与国家宏观经济特别是行业的发展息息相关。

我国电梯行业相对于发达国家起步较晚,在新中国成立以后至改革开放前的约30年间,电梯生产厂家基本限于原建设部定点的8家国有电梯生产企业,这一时期,国内电梯行业年产量不过数百台,电梯保有量也只有1万台左右,行业发展十分缓慢。

改革开放以来,随着国内经济的发展,电梯的市场需求加大。考虑到我国本土制造资金与技术实力的严重不足,在国家政策的引导下,电梯行业率先引入外资,世界电梯巨头陆续进入中国,先后分别与8家国有电梯企业合资,合资企业开始使用外资品牌在国内生产电梯,这些外资品牌包括奥的斯、迅达、三菱、蒂森克虏伯和通力等。随后几年,绝大部分国有资本退出,几大外资巨头开始大刀阔斧地占领中国电梯市场,电梯行业呈现外资巨头垄断的局面。整机市场的发展势必会带动产业链的形成,这一时期,国内配套能力还很薄弱,但是需求已经开始萌动,民营资本已经开始嗅到了商机。

20世纪90年代,在外资电梯企业聚集的长三角、珠三角、京津冀和东北地区,民营企业开始进入这一完全市场化的行业,为外资电梯厂提供零部件配套,这一阶段的发展形成了电梯产业链集中度高的特点。电梯民营企业一边应对激烈的市场竞争,一边不断学习和摸索,消化技术、积累经验、积累资本。在为外资品牌提供零部件配套的过程中,民营企业直接学到了国际化的技术标准、管理模式和经营理念,我国的电梯技术标准和安全规范直接与国际接轨,为我国本土电梯企业高起点、跨跃式发展打下了坚实的基础。

进入21世纪后,一些民族企业逐渐掌握了整机制造技术,并且在技术水平和管理水平方面都有了显著提高,电梯产品的民族品牌开始萌生。包括康力电梯在内的几家具有一定规模的民族企业迅速完成了从研发设计、制造、销售到安装维保在内的完整产业链建设,初步具备了角逐整机市场的能力。特别是在中低速电梯产品方面,凭借较高的性价比、灵活的经营模式和良好的服务,逐渐打破了具有百年历史的外资品牌对我国电梯市场的垄断,开启了民族电梯产业发展的征程。

2000—2014年,受宏观投资驱动、城镇化进程加快、保障房建设以及铁路、轨道交通和机场等公共设施建设规模增长的影响,电梯市场蓬勃发展,中国已经成为全球电梯生产基地。其中的2008年,世界金融危机爆发,电梯行业随着国内房地产市场的收缩而短暂受到影响,但随后国家出台的强劲经济刺激政策,使得房地产市场快速复苏,国家基本建设全面启动,自2009年开始,电梯行业转而进入了更快速的发展阶段。这一时期,在竞争激烈的市场中摸爬滚打十几年的民营电梯企业也进入了成长阶段,民族电梯品牌的市场地位和影响快速提升,龙头民族企业开始借助资本市场的力量,快速发展和扩张。它们已经不再局限于中低端市场的角逐,开始进入高速梯和大功率重载交通型交通扶梯等高端市场和国际市场,并且在极其激烈的市场竞争中赢得了一席之地。虽然外资品牌仍占主导地位,但市场份额在缩小,民族品牌的市场占有率在提高。

2015年以来,随着我国国民经济进入高质量发展阶段,经济增长进入新常态,国内房地产市场开始告别高速发展阶段,特别是一二线城市以外的房地产市场面临较大的去库存压力,电梯行业的发展进程明显趋缓。同时,受国家宏观调控政策影响,包括供给侧改革造成的钢材等原材料价格上涨、金融去杠杆、环保变严等压力,企业利润空间被严重压缩,市场甚至出现不计成本拼价格的白热化竞争现象。虽然经过了十多年的快速发展,但民族企业在品牌影响力、发展时间、市场应对经验以及管理效率等方面与外资企业还有明显差距。在这种形势下,民族电梯企业的经营受到了空前的压力,发展遇到了极大的挑战。严酷的外部环境促使它们调整思路、转换经营理念和模式、寻求变革,以图生存和发展。

五、公司发展概述

(一) 初创(1993—1996年)

1993年6月,虽然大学毕业后回到吴江跃进客车厂的王友林已经担任工艺科科长,但当时企业不景气,个人家庭经济压力日益增加,同时想到自己多年来想要创造一番事业的梦想,他毅然下海,走上了个人创业的艰苦道路。下海初期,王友林借了 2 万元,从仅有 1 个工人开始,靠自己东奔西走承揽一些钣金加工业务,并挂靠在一家小型私营企业——南灶金属制品厂,如鼓风机机壳、铁砂皮生产线设备和光纤光缆用设备等,这些业务往往批量很小且加工难度大,只能赚取一些加工费,年产值不到 10 万元。

1995 年 7 月,下海两年的王友林承包经营了莘塔通用机械厂,这是一个挂靠在镇机电站下、设施简陋的小型机械加工作坊,员工只有十几个人,接一些零散的零部件加工生意,年产值只有 30～40 万元。这一时期,企业缺技术、缺资金、缺设备,生存是唯一目标。承包负责人终日奔波于找资金、找生意、找原材料、拉货、送货等。

从 1996 年开始,工厂有了较为稳定的业务,除了继续为上海鼓风机厂加工机械零部件,同时生产加工一些扶梯配件,员工也增加到 25 人左右,至 1997 年产值达 200 万元。

(二) 耕耘(1997—2000 年)

20 世纪 90 年代正值中国基础建设和房地产市场即将全面起飞之际,电梯市场开始萌动,外资电梯制造业巨头基本完成了在中国的整机制造布局。苏浙沪交界的长三角中心区域电梯产业迅速发展,带动电梯零部件配套和产业链相关服务的庞大的市场需求,正在艰苦创业、摸索潜行的民营企业家们敏锐地嗅到了这一巨大商机,吴江及周边地区民营电梯零部件企业开始陆续发展起来。

1997 年,正带着 25 人艰苦创业的王友林及时抓住了电梯市场潜在的发展机遇,确定了电梯零部件配套加工的业务方向。是年 11 月,在莘塔通用机械厂基础上,吴江新达电扶梯成套部件有限公司成立,后更名为苏州新达电扶梯成套部件有限公司,主要为整机厂加工生产扶梯上下部配套组件。此时,公司有了稳定的业务来源和明确的发展方向。

1998 年,新达的产值就达到了 400 万元,远远超出了预期目标。这一时期,公司在资金、技术、厂房设备等方面仍然非常欠缺,而且已经有上百年发展经验的外资电梯整机厂对供货质量、交期等要求非常严格,管理人员和员工艰苦奋斗,因陋就简,不断学习和磨合。

1999 年,新达在位于莘塔镇府时路北侧、政府出让的约 30 亩土地上建设新工厂,并于 2000 年下半年迁入新的厂房和办公楼。迁入新工厂后,生产条件和能力有了较大的提升,生产加工的配套零部件品种也不断增加。

这一时期,公司非常重视融入行业、开拓品牌,树立和维护企业形象。1999 年春,董事长王友林加入了电梯工程协会。2000 年春季,公司以电梯零部件配套加工企业形象,亮相当年全国电梯展览会,引起了多家外资巨头的注意,并来厂洽谈业务。

一分耕耘,一分收获。这一时期,通过电梯零部件配套加工和部分整机 OEM 业务的运行和发展,公司不断学习和消化产品技术,领悟先进的管理理念,学习管理方法,产品质量日趋稳定,规模和产量不断增加,经营管理开始提升,资金也有了一定的积累。在业务功能和体制机构上基本具备了整机产品研发设计、营销、制造、安装和维保的业务开展能力。

(三) 发展(2001—2006 年)

万事俱备,只欠东风,埋藏于胸中的电梯民族品牌梦想即将喷薄而出。

2001 年,公司开始进军电梯整机市场,这也是在电梯行业创立和发展自有品牌的必由之路。是年 11 月,公司单独注册成立苏州康力电梯公司,主营业务为电梯整机产品,并在现康力大道北侧启动整机厂一期工程的建设。

2001 年 7—8 月,为了申办整机制造许可资质,依据当时国家相关政策,公司对苏州新达和苏州康力同时进行了名称和资产业务相互置换,这一举措的目的是为了使苏州康力电梯公司成立年限可以提前到1997年,满足申办整机制造许可证的条件。是年11月,苏州康力取得了电梯整机制造许可资质。至此,公司明晰了电梯生产两块业务的运营,即苏州新达从事零部件配套生产业务,苏州康力从事整机生产业务,正式进入了当时几乎被外资巨头完全垄断的电梯整机市场,开始了民族品牌的奋勇开拓和艰难跋涉。随后几年,公司依托中国经济及房地产行业的迅猛发展以及自身的努力耕耘,逐步发展壮大,以自有民族品牌,在整机市场赢得了一席之地。

从这一时期开始,公司加强整机产品的技术开发,着重建设技术研发队伍,加强与科研院所的合作,加强自主知识产权的整机产品研发及科技成果的推广和应用。2001—2006年,整机技术水平得到了快速发展,产品基本覆盖了中低端完整系列,技术能力稳步提升。自行研发的产品或主要部件开始不断获得国家专利,部分产品还被认定为国内领先水平。2001年9月,自主研发的康力牌电梯、自动扶梯和自动人行道三项成果在第十三届全国发明博览会上获得银奖。是年12月,苏州康力获得省科技厅认定的"江苏省民营科技企业"称号;2003年12月获得"江苏省高新技术企业"称号;2006年6月,获得国家科技部认定的当年度国家火炬计划重点高新技术企业。

随着整机业务的发展,公司及时投入资金,加大制造基地建设,提高制造能力,不断学习外资品牌和其他先进企业的管理经验,提高生产管理水平,加强管理体系的建设,全面提高产品质量和生产效率。2002年11月,占地超过7万m^2、建筑面积3.5万m^2的康力电梯一期工程开始动工建设,并于2004年竣工投入使用,由此大大提高了整机生产能力。2002年3月,康力电梯获得ISO9001质量体系认证,是年4月,又通过了ISO14001环境管理体系认证;2005年9月,获得了GB/T 28001职业健康和安全管理体系认证。至此,公司建立了完整的产品质量管理体系,为业务发展和品牌开拓提供了充分的保证。

为促进业务的发展,公司全力进行"康力"品牌的推广和营销渠道建设。2003年8月,公司获得第三方国际咨询评估机构评定的"企业资信等级AAA级企业"称号,同时,公司内刊——《康力电梯》创刊,正式开始企业文化传播和品牌推广;是年12月,公司获得江苏省名牌推进委员会颁发的"江苏省名牌产品证书"。2004年8月,公司获得苏州市政府授予的"重合同守信用企业"称号;2005年3月,"康力"荣获江苏省著名商标。

在开展整机业务的最初几年,公司整机产品销售主要采用经销商代理模式,公司以产品高性价比、灵活的销售模式、快速响应机制和良好的服务,吸引和培育了各地优秀的代理经销商,再加上品牌知名度的不断提升,销售业绩不断提升。

2003年起,公司产品开始进入国际市场。为了进一步扩大产品出口,2004年公司专门成立海外部,正式启动了海外市场的营销,随后,公司电扶梯产品逐步出口到中东、东欧、东南亚等地。

这一阶段,公司电梯成套零部件业务也顺利发展,苏州新达在扶梯上下部总成以及电梯子系统零部件生产方面具备了明显的优势,成为多家顶级外资品牌的主要零部件供应商,业绩有较大幅度的增长。

由于公司整机业务的快速增长以及国内电梯市场对零部件配套需求的加大,公司开始考虑对自身电梯产业链进行延伸,完善零部件业务体系,同时加大拓展供货区域部署。2005年,公司更名为康力集团,以便纳入更多的子公司。2006年3月,奔一机电有限公司成立(简称"奔一机电"),主营业务为生产销售自动扶梯和自动人行道不锈钢梯级,隶属于新达部件;2006年9月,为了提高对现有华南重要客户的快速响应能力,缩短物流成本,同时拓展电梯产业高度集中的华南地区零部件配套业务,新达部件在广州注册成立广都电扶梯配件有限公司(简称"广都配件"),主营业务为电扶梯零配件的销售和生产加工。

至此,康力集团旗下包含有:康力电梯有限公司、苏州新达电扶梯成套部件有限公司、苏州康力安装工程有限公司、苏州康力维保有限公司、苏州康力运输有限公司、苏州奔一机电有限公司、广州广都电扶梯配件有限公司、苏州康力房地产开发有限公司、苏州康力物业管理有限公司。

年轻的电梯民族品牌"康力"开始在几乎被外资垄断的电梯整机市场显露锋芒，并赢得良好的口碑。康力电梯进入了快速发展期。2005年起，公司跃居全国市场同类产品内资品牌销量第一。

（四）腾飞（2007—2016年）

2007—2016年，伴随着行业的快速度发展以及全体员工的努力拼搏，公司进入了迅猛发展时期，技术实力不断提升、制造规模和能力不断扩大和加强、营销和工程网络建设日益成熟、品牌影响力显著提升，经营管理效率不断增强，业绩快速增长。

这一阶段，公司加大制造基地投入，生产规模和制造能力不断提升，并开始进行区域性布局。2008年1月，经过一年半建设，占地8万m^2的康力电梯二期工程，即亚洲最大的自动扶梯和自动人行道生产制造中心以及配套办公大楼投入使用，该厂房车间面积4.58万m^2，配有10条自动扶梯生产流水线，具有每年7000台自动扶梯和自动人行道的生产能力。2010年9月，中山生产基地建成，同时具备电梯零部件和整机生产能力。2011年10月，成都康力电梯有限公司成立。至此，公司完成了长三角、珠三角和西南地区制造基地的战略布局。2014年，公司总部288 m世界最高试验塔及技术中心大楼开工建设。至2016年，公司已经形成总部产业园、部件产业园、成都产业园、中山产业园四大生产基地。同时，公司加大力度推进智能制造，引进世界最先进的威猛智能钣金加工流水线，建设工业物联网平台，提高供应链信息化水平。

公司产品的研发能力和技术水平迅速提高，整机产品类型进一步丰富，系列进一步完善。更重要的是，在高端产品的开发和销售上有了重大突破。2008年，电梯产品的最高速度已经达到6 m/s，电梯产品的最大载重量达到1 600 kg，扶梯最大提升高度达到20 m，并研发成功"高速、大容量、智能化"电梯的群控技术。2008年12月，公司中标贵阳世纪金源大饭店4 m/s、提升高度150 m、8台群控电梯项目合同，以及苏州轨道交通1号线199台重载交通性扶梯项目，实现了内资品牌在该领域零的突破。2009年6月，取得沈阳龙之梦大型商业广场12台6 m/s、提升高度240 m电梯项目。是年6月，中标南昌昌北机场12台重载扶梯和1台人行步道项目。至此，公司成为打破外资品牌垄断、成功进军高速梯市场的第一家电梯整机民族品牌。2010年10月，7 m/s高速电梯研发成功，并投入商业运行，填补国内空白。2012年3月，又中标苏州轨道交通2号线315台重载交通型扶梯。2014年5月，中标长沙轨道交通1号线，6月又中标苏州轨道交通4号线。2015年，天门山观光隧道工程获得6个世界第一，成为世界扶梯史上里程碑式的项目。至今，公司在大型综合体、国内外铁路和轨道交通以及机场等公共基础设施项目上取得了长足的发展，并成为这一市场具有与外资一线品牌同台竞争能力的公司。

这一阶段，公司开始进行"实现民族品牌崛起"之梦想的战略布局。2011年12月，公司在南京工业大学的帮助下完成了第一个五年发展战略规划。

2011年开始，公司投入巨大的人力和资金，在全国范围内全力推进营销和工程网络建设并取得了显著的成效，这一举动开创了民族品牌电梯企业的先河。截至2018年年末，公司已在全国范围内设立了100多家分公司和服务中心，拥有500多家签约经销商，在国外具有60多家代理服务网点，为扩大销售和提供良好的工程维保服务奠定了坚实的基础。

这一时期，公司全力推进品牌建设，每年都以崭新的面貌、雄厚的实力亮相国内外各大行业展览会，扩大品牌影响力，开拓市场，拓展渠道，发展经销商，结交四海宾朋。2008年1月，公司在北京人民大会堂举行了"全球经销商年会暨新产品发布会"，这一举动充分展示了一个行业民族品牌崛起的决心和信心。基于产品技术水平的提高，品牌影响力不断提升，营销网络和销售渠道的日益完善，公司开始分别与全国顶级地产商签署战略合作协议，进入政府采购供应商名单，频繁获得品牌影响力、优秀供应商、优秀工程服务等方面的各类奖项。公司整机销售业绩快速提升,每年均获全国市场同类产品内资品牌销量第一。

这一时期,公司核心零部件业务也快速发展壮大,除了苏州新达、奔一和广州广都的零部件业务稳步发展之外,2010年9月,以广州广都电扶梯配件有限公司为前身的中山广都机电有限公司成立;2011年6月,苏州新里程电控系统有限公司成立,为公司进一步掌握电梯自动控制核心技术铺平了道路。2012年11月,苏州润吉驱动有限公司成立(合资控股),公司具有了生产制造驱动曳引机的能力。2016年10月,法维莱科技有限公司成立,从事门机系统的研发和生产。至此,公司基本具备了电梯主要核心部件自行杭州研发和生产的能力。

这一时期,为了配合业务的飞速发展,提高管理效率和效果,公司大力强化经营管理,包括推进企业文化建设、建立健全组织机构、理顺流程、完善制度、推进信息化建设等。2008年,公司在电梯行业内资品牌中率先引入世界最先进的企业资源管理信息系统——SAP,于2009年2月成功上线且运行良好。这一覆盖了产品销售、生产、供应链、质量和财务管理等各业务过程的信息系统极大地提高公司管理水平和管理效率。

"不止电梯,还有梦想",2007年12月,集团公司完成股份制改革,剥离了电梯以外的业务,正式更名为"康力电梯股份有限公司",开启了向资本市场进军的步伐。2010年3月12日,公司在深圳证券交易所成功上市,成为中国电梯行业首家上市公司。成功登陆资本市场,给公司在资金、品牌、社会影响力、人才吸引力等方面带来飞跃发展,竞争力大大加强。整个行业都见证了一个民族电梯品牌的崛起。

(五)创新(2016—2018年)

进入2015年以来,受宏观经济环境、行业发展以及企业自身经营管理问题的影响,公司经营发展遇到了前所未有的困难。从2016年开始,公司的经营数据显示,营收停滞不前,利润严重下滑。为了克服困难,使企业向高质量和高效率方向转型,公司开始自身的创新和变革。

1. 宏观经济和行业形势变化影响

电梯是机电一体化产品,属于装备制造业,受社会固定资产投资影响很大,与国民经济增长和宏观经济政策相关性很强。随着我国国民经济进入高质量发展阶段,经济增长进入平稳增长的新常态,国内房地产市场开始告别高速发展阶段,特别是一二线城市以外的房地产市场面临较大的去库存压力,房地产行业出现了前所未有的低迷态势。经历了十多年直线型高速发展的电梯行业,受宏观经济影响,包括房地产市场的低迷,行业需求增速减缓。再加上供给侧改革造成的钢材等原材料价格上涨、金融去杠杆、环保压力等,企业利润空间被严重压缩,电梯企业为了生存,开始全力压低价格,电梯行业从粗放的高速发展阶段,进入了拼质量、拼效率的白热化竞争和洗牌阶段。

2. 企业内部问题影响

康力经历了十多年的直线形高速发展,没有经历过宏观经济周期的剧烈波动,对因国家宏观经济政策密集调整、经济周期性的快速演变以及国际经济政治环境等因素累加而对市场产生的影响没有足够的预期和思想准备,在品牌影响力、市场应对经验以及管理效率等方面与拥有超过一百年发展历史的外资企业相比还有明显差距,在日益严峻的市场竞争环境下,企业自身存在的问题更加凸显。

自2010年成功上市以来,公司依据"百亿产值"战略规划进行业务布局,五六年间,营销服务体系快速扩张,使得组织机构在纵向和横向方面急速扩展,管理层级不断增加,人员快速膨胀,而管理和控制能力未能及时与之相适应。随着业务规模的迅速扩大以及募集资金的不断投入,固定资产规模迅速增加,固定资产净额2006年为9 000多万元,到2016年总资产已经超过52亿元。

随着企业规模的不断扩大,公司组织机构日益庞大,组织层级不断增加,组织建设却相对薄弱,领导力和执行力不足,各类官僚主义和形式主义现象开始涌现。伴随着组织机构的扩张,人员总数从2006年1 000人左右迅速增加,到2017年已超过5 000人。在运营管理方面,体系越来越多,流程越来越复杂,内外部沟通不畅,整体运行效率不高。

外部环境的严酷以及内部暴露出的问题,使得公司经营受到了空前的压力,发展遇到了极大的挑战。一方面,2016年以来,公司的营收增长缓慢,销售费用降不下来,应收款快速增加。另一方面,固定资产过大,原材料价格上涨及人工成本的增加使得生产成本和固定费用居高不下,盈利能力急剧下降,净利润下滑明显。

3. 公司战略思路调整

公司最高管理层充分认识到形势的严峻和公司内部的问题,从2016年起,召开了一系列现状和未来发展方向研讨会,包括2016年6月在江西井冈山召开了为期三天的"战略发展研讨会",2018年初,在西塘召开了全体高管参加的内外部形势和公司现状分析会议,同时在公司内部召开了多次数据分析和流程改进会议等,通过认真的分析、梳理和思考,公司上下统一思想,坚定信心,秉持变革和创新理念,"外塑形象,内练苦功""促经营、提效率、谋发展",努力实现从粗放的直线形发展模式向高质量和高效率发展模式转型。

2016年,为了全面提升产品质量和服务质量,董事长王友林结合电梯行业业务特点和公司实际情况,正式提出抓好"七个质量"。所谓"七个质量"是指贯穿电梯业务流程关键环节的各个质量,即合同质量(重点指产品技术和交付要求)、设计质量、制造质量、包装发运质量、安装质量、安装过程中的沟通质量和维保质量,这些过程的质量好坏会严重影响产品交付及运行质量甚至安全性能,而且也会影响项目的成本和利润。

2017年2月,为了进一步提升管理,贯彻"十九大"精神,董事长王友林在全体中层干部大会上又提出了"九大创新"的理念,以引导公司上下以创新的理念,促进管理和运行模式的转型升级,实现突破。

文化理念创新:大力推广企业文化,坚守公司使命、愿景、价值观;弘扬优秀道德品质,做有正念、有正气、有正行的康力人。解放思想,消除故步自封,用新思想、新理念,持续改进,推进变革和创新。

营销模式创新:开拓营销思路,推广"价值营销""解决方案营销"和"服务营销"等手段;拓展营销渠道,深耕基础设施(轨道交通和机场等)和战略客户(实力强大的地产集团)市场,同时推进加装和改造梯业务的开展。

技术研发创新:深入研究市场需求,以市场和用户为导向研发新产品,提高产品的市场竞争力;持续不断地加强对现有产品设计的改进和优化,提高产品可靠性和稳定性;加强产品系列化、标准化、通用化,提高产品性价比,为产品整个环节的质量控制奠定基础。

信息化创新:以生产和业务管理为基础,实现全流程信息化。

制度创新:推进全方位绩效考核制度,在文化提升的基础上实现"最小单元"绩效考核。

制造创新:全面提升智能制造水平,包括人员素质和流程管理信息化水平,实现真正的智能制造,即不只是生产设备自动化,还要生产流程信息化,生产管理精益化。

安装维保创新:培养高素质的安装维保管理和作业人员,提高对安装过程的管控力度和效果。加大"维保业务"的开展,大幅度提高"质保期"以外维保业务台量,使维修保养成为公司今后重要的利润增长点。

采购管理创新:密切跟进市场价格变化,采取各种手段,控制采购价格、质量和交货期;运用信息化手段,建立采购平台,提升采购过程的管理水平和采购物料的性价比。

质量管理创新:进一步推行"质量零缺陷"和卓越绩效管理理念和方法,加强产品销售质量(称为用户需求质量或合同质量)、设计质量、制造质量、包装发运质量、安装质量、安装过程沟通协调质量、维保质量等全过程七个质量,以及经营管理全流程的质量管理。

围绕"七个质量"和"九大创新"的战略方针,2017年5月,公司针对不同的业务和职能,分别成立14个"九大创新"工作组,各机构开始调整思路,深化改革,努力提升管理效率和水平,推进业务发展,促进业绩回升。

4. 营销业务创新和变革

(1) 外塑品牌。在这一时期,公司加大品牌宣传和推广力度,改进品牌宣传的效率和效果。首先,为了提升广告投放的效果,除了在央视投放广告之外,2015年和2016年,康力电梯代表中国电梯品牌连续两年登陆美国纽约时代广场大屏幕及纳斯达克大屏幕滚动广告。另外,2016年开始,公司更加广泛地参与国内外"电梯展会",特别是加大了国外展会的参加次数和频率,以便增加品牌的曝光度,开拓新的市场,发现潜在的客户。

公司积极参与各类国际和国内政治经济峰会和交流论坛,公司董事长及高层管理人员分别参加了2016年在中国杭州以及2017年在德国汉堡举行的20国集团工商峰会。2017年11月10日,公司董事长又出席了亚太经合组织工商领导人峰会。在这些重要会议上,现场聆听了国家最高领导人的演讲,一方面与国内外顶级经济界和企业界人士进行交流,充分了解宏观形势和发展机遇,吸收先进企业的管理理念和方法,另一方面也对外宣传了公司品牌,提高公司(品牌)知名度。

为了在广大民众中树立品牌形象,公司组织人员深入大中型居住社区,开展各类"安全乘梯和电梯知识"宣传公益活动,提高公司品牌在民众中的知名度。2016年,"康力电梯"品牌经权威机构评估,品牌价值43.63亿元,荣登"中国品牌价值榜单",位列"机械制造类"第七,2018年,品牌价值上升为68.5亿元。2017年3月,在北京举行的中国房地产500强测评结果发布会上,公司荣获"2016—2017年度中国房地产500强十大首选供应商"电梯类七大品牌,跻身世界一流电梯品牌行列。

(2) 精准定位和价值营销。在产品营销方面,发挥自身的优势,扩大和深耕轨道交通、战略客户等高端市场,全力提高销售收入,同时提倡价值营销,为保证利润水平打好基础。

自2016年开始,公司全力推进轨道交通等公共基础设施项目的营销,从产品开发和优化、结构性降本、质量保证,到全方位项目跟踪、报价和投标等各个环节精心策划,代表民族品牌龙头在这一市场中与一线外资巨头展开了激烈的竞争并取得了骄人的成绩。2016—2018年,公司中标石家庄地铁、成都地铁、哈尔滨地铁、乌鲁木齐地铁、长春地铁、常州地铁、徐州地铁、福州地铁、大连地铁等地铁项目,另有济南高铁东站、京沪高铁、京张高铁、青连铁路、渝万铁路以及印尼和伊朗火车站等铁路设施项目。至2018年年底,公司累计销售5 000多台高附加值的轨道交通项目电梯和重载扶梯,成为这一市场中当之无愧的一线品牌。

一方面,公司加大战略客户合作和营销工作。另一方面,公司以"全国性房企"前200强、"地方性房企"前10强为目标,全力争取战略客户资源,先后与万达、万科、世纪金源、碧桂园、荣盛、远洋等全国著名地产商达成战略合作协议,成为民族品牌首个入选中国房地产开发企业500强首选供应商之列,并在战略协议的框架下加大营销力度,在行业不景气的环境下,战略客户项目方面仍然保持了稳定的销售量。

在严峻的市场竞争环境下,公司在轨道交通等公共基础设施项目上的突破式增长和战略客户项目的稳定销售,极大程度上缓解了经营压力,稳定了生产经营形势。

(3) 开拓新梯后市场,创造新的业务增长点。为了开拓电梯维修保养和改造业务,增加新梯后市场的业务收入,提高安装和售后服务水平和质量。自2015年初开始,公司加大了工程业务的组织建设和业务管理,在总部层面建立了工程中心。2016—2018年,先后在全国37个地区设立了维修保养服务点,建立健全了工程技术、项目管理和操作队伍,努力开拓维修、改造业务市场,使得工程维修保养和改造业务稳定增长。同时,提高产品售后服务质量,为产品的运行质量和安全提供了保障,保持了公司品牌在民众中的良好口碑。截至2018年底,公司工程维保和改造收入超过5亿元。

公司瞄准国内既有建筑加装梯业务需求和未来市场的潜力,2017年9月,正式注册成立"康力幸福加装电梯(苏州)有限公司",全力开拓加装梯市场,创造新的利润增长点。截至2018年底,公司加装梯项目销售236台,实现订单额3 200万元。

5. 产品技术创新

高水平和高质量的产品是在日益激烈的市场竞争中取得胜利的必要条件,公司不断加强技术投入,一方面坚持新产品、特别是高端产品的研发,另一方面加强对现有产品的技术优化。

(1)坚持高端产品的开发。秉持着"创新、引领"的发展理念,加大高端产品的研发。2016—2018年,公司先后成功开发出了10 m/s超高速电梯、高速大载重观光电梯(5 m/s,2 000 kg)、50 m提升高度无支撑自动扶梯、100 m超长人行步道等当前应用市场最高端的产品。截至2018年底,公司拥有电梯产品9大梯种、29个系列、168种规格,扶梯产品6大梯种、6个系列、64种规格,覆盖了国内和国际市场各种需求。同时,公司具有强大的非标设计能力,可以满足各种特殊的产品和工程要求。在极其严酷的市场形势下,公司的产品竞争力不断提升,特别是在公共交通性扶梯领域,已经进入一线品牌。

(2)系统性地对现有产品进行技术优化。从2017年开始,公司特别设立项目组,针对现有产品下大力气进行优化,全面提高产品的可靠性、稳定性和性价比。

首先,通过"改进布置、优化结构、根据市场需要增加或调整产品的覆盖范围和配置"等措施,对产品设计结构进行优化。例如,2017—2018年,先后对电梯产品主推型号"新凌燕"的"驱动系统""轿架系统""对重系统"和"轿顶空间"等设计结构进行了优化,并对产品配置进行了调整和改进;对KLW无机房电梯轿厢结构、主机等系统配置进行了优化调整;对常用的地铁扶梯也进行了结构和配置方面的优化。

其次,制定详细的实施方案和计划,系统地推进产品的标准化,降低非标率,减少物料号,以促进产品业务流程的效率和质量的提升。

最后,在项目非标技术处理过程中,推行参数化处理程序,提高技术处理效率和质量,至2018年,已对30种以上非标因素引入了参数化设计程序。

6. 生产制造创新

早在2015年5月,在工业4.0的大环境影响和电梯行业的竞争压力下,公司管理层就召开了"智能制造和智慧管理"启动大会,部署了集团公司推进智能制造的总体方向和计划。2016—2018年,公司加大智能制造的推进力度,通过引进先进的自动化设备和流水加工生产线、加强生产流程中的信息化建设、推进精益生产管理等措施,努力打造智慧工厂,提升制造水平、效率和质量。

(1)推进智能制造和精益生产。2016年10月,公司在已经拥有萨瓦尼尼全自动钣金生产加工线的情况下,仍然花巨资在总公司、成都和中山的三个整机厂同时引进了三条世界最先进的荷兰"威猛"钣金加工自动化设备,并在国内进行了机器人等前后端设备的配套,建立了全自动化门板加工流水线,大大提高生产制造的自动化水平和效率。此外,随着2015年新达部件园的竣工和投入使用,新达的制造环境、工艺布局、生产设备和物流条件等都有了极大的改善,提高了电梯零部件生产加工的自动化水平。至2018年,公司三大制造基地,特别是整机制造厂,已经配备了非常先进的自动化生产设备。

2016年5月,总公司生产运营中心建立了SCM供应链管理信息系统,实现了供应商和公司之间采购物料的信息化管理。是年,又完善了物料条码系统,提高电梯部件的包装和发运效率和质量。2017年,总公司生产运营中心结合门板自动化设备的引进,全力打造门板生产"智能车间",将SAP管理系统与设备工控系统和各种生产模式进行信息化链接,实现了门板生产从计划下达到最后入库的全自动化。2018年,又完成了通过设备工程监控的人机界面进行相关数据的动态统计和自动处理,以图表的形式反映生产计划的完成情况和设备的运行状态,实现产品全生命周期的可视化管理。是年,又改进了车间网络建设,实现了将设备和生产加工各个环节的数据与 SAP 和 MES 系统实时链接,提升了精细化管理水平。2018 年 10 月,总公司"门板生产车间"和子公司"新里程控制系统车间"同时被评为"江苏省智能制造车间",并获得了政府奖励。

(2)提升供应链水平。2016 年以来,由于经济下行压力以及环保和金融去杠杆等宏观政策的影响和成本压力,电梯行业中小零部件生产厂的经营十分困难,这对公司的供应链造成很大的冲击,主要体现在外购件交货周期受到严重影响,甚至不能保证供货。2018 年开始,公司对采购政策和供应链管理进行了重大调整,包括进一步强化供应商的选择和优化,提高供应商质量,特别是重要外购件,要选择实力较强、在产品质量和供货能力信誉良好的供应商,并推进战略合作。强化了供应商管理部的作用和职责,将采购商务协议、技术协议和质量协议合并由供应商管理部统一负责签署和跟踪执行,以提高效率和效果。

7. 内部管理的创新优化

为了提高组织效率和管理水平,应对严酷的外部形势,公司加强了组织建设并借此推动"减员增效"。2017 年 10 月—2018 年初,重点调整了营销系统组织机构和管理人员,取消了"分营销中心"层级及其所属全部职能部门,使营销中心管理机构由原来 4 级层级变为 3 级。2018 年底,在总部层面将营销中心和工程中心合并管理,并设立了营销项目部,下辖按区域项目对合同执行全过程进行跟踪管理的项目小组,引入矩阵式管理模式。同时进一步取消了营销区域"大区"管理层级,以省级分公司作为区域管理的最高单元。至此,营销区域组织机构从原来 4 级缩减到 2 级,大大提高组织效率,减少了人员数量。与此同时,新达部件也依据业务和管理需要,进行了大幅度的内部组织机构的调整和重组。结合机构调整和减员增效政策措施,2018 年底,集团公司总人数较上年减少 300 多人。

为了进一步提升产品质量,提高品牌声誉,促进公司高质量发展,2018 年下半年,公司在集团层面成立"质量提升委员会",由董事长亲自担任主任,各大业务机构一把手担任副主任。委员会明确了职责分工,制定了例行的工作内容和要求,定期召开会议,对各方面反馈的质量问题进行全面的分析,逐一改善。

根据内部管理暴露出的问题,2017 年底,公司在集团层面建立了监察部,加强对员工职业道德和行为规范的监督管理,加强对内部违反职业道德行为的监察和处理,坚决打击内部腐败行为。2017—2018 年,共调查处理了 5 起涉及不同层次管理人员违反职业道德、触犯公司相关制度的事件,采取约谈、警告、调岗和解除劳动合同等措施,共处理违规人员 5 人。这些措施和行动在公司内部敲响了警钟,对强化内控、堵住漏洞、杜绝违规起到了积极的作用。

白热化的市场竞争和成本的攀升,原有的利润空间被急剧压缩,为了全力以赴创造利润,公司全方位推进"开源节流"活动,深化内部挖潜,从各个方面增加收入、减少费用、降低成本、增加利润。2017 年底,公司调整了营销分公司绩效考核方案,在考核指标中增加并强化了利润指标。2018 年底,又在此基础上引入了"超额利润分享政策"。在以利润为中心不断优化绩效考核方案的同时,公司加强了绩效考核力度,将被考核人员的收入完全与考核结果挂钩。考核方案的变革从根本上可以促进营销区域争取订单,同时降低销售费用和成本。

为了解决固定资产过大、使用效率不高的问题,2017 年底,公司在集团层面单独设立了"资产管理部",对现有固定资产进行了全面梳理和评估,并采取有效的措施,最大限度提高资产利用率,盘活富余资产,降低固定资产负担,增加收益,提高利润率。一方面,在建筑设施方面,对总公司和子公司制造基地拥有的厂房和办公设施,以及营销区域分公司购置或抵货款的办公室和公寓等进行了集中清理和腾挪,对富余的建筑设施,依据性质和未来使用预期选出租或出售。另一方面,对营销区域分公司的车辆进行了清理盘点,制定了新的车辆保留和使用规则,并按照新的制度对多余车辆进行了处理,截至2018年年底,营销区域车辆资产原值已经减少了800万元,账面净值减少了约500万元。

2016年以来,公司大力倡导厉行节约,全方位降低运行成本,减少各项费用。集团直属"高管"带头降低薪酬。2018年,为了降低差旅费用,公司调整了员工出差政策,取消出差伙食补助,降低了住宿标准,将原来出差机票由员工个人打电话预订变更为按规定的流程进行线上预订。2018年初,公司在集团层面建立了"财务共享中心",并借此强化了各项费用的管控。

通过上述各项措施的实施,公司在"开源节流"方面取得了一定的成果。2018年第三季度开始,利润下滑趋势得到遏制,业绩出现触底回升的势头。

六、经营管理

(一) 组织建设

公司初创时期,由于条件极其艰苦以及未来的不确定性,主要员工基本都是创始人的亲属,根本谈不上组织形式和机制,也没有十分明确的管理幅度和管理层次。三个管理人简单分工,一切围绕着企业生存开展工作。创始人既跑业务,又管技术和生产工艺,属于个体作坊式的经营。从1998年苏州新达成立以来,由于明确了产业方向,生产业务趋于稳定并开始发展,人员有所增加,围绕生产业务的需要,开始有了基本的管理责任和分工。总经理负责对外销售和技术把关,一名常务副总经理负责生产和内部管理,内部划分了财务、销售、技术质量和生产采购多个基本职能。

1998—2001年,为了谋求公司业务的快速发展,在创始人王友林的感召下,当时几个小型电梯整机厂的管理人员加入公司,包括苏州伟达电梯副厂长、申龙电梯副厂长、上海建达电梯副厂长、西安电梯厂技术处处长等。2000年,公司已经开始筹划整机生产业务,康力电梯注册成立,公司又任命了副总工程师,内部设立了营销部、技术部、质量部、制造部、采购部、基建办和财务部,其他人事、行政和基建管理等综合职能合并管理,此期间一直保持新达和康力"两个公司、一套班子"管理,一直运行到2003年。

2004年,康力一期工程即将竣工,整机业务推进迫在眉睫,公司着手将苏州新达和康力的管理机构完全分开,董事长王友林兼任整机工厂"康力"总经理,陈金云担任新达部件总经理。组织建设更进一步,两个工厂有了各自正式的书面组织机构图,但职责没有书面明确,管理层级也很模糊。

2005—2006年,为了快速推进整机业务,董事长王友林聘请了具有整机厂管理经验的人员担任康力电梯总经理,协助其管理整机业务,快速培养整机厂管理团队。康力电梯的组织机构设置也依据整机业务的特性进行了调整,业务机构主要分为营销、技术和生产三大机构,另设立财务、人力资源、法务、行政等基本职能管理部门。各职能的管理幅度和管理层级进一步清晰,但没有书面的分工和职责文件。

2006年下半年,公司开始筹划向资本市场进军,为股份制改革做准备,从外部引进了技术、财务和证券方面的具有丰富经验的人员。2007年,公司完成了股份制改革,按照现代企业制度建立了整体组织机构,董事长王友林直接兼任康力股份有限公司总经理,亲自管理整机业务。依据股份制公司建制,设立了股东大会、监事会、董事会,健全了内部控制监督机构,下设11个业务和职能管理机构,发布了主要职务任命书,在任命书中明确了基本的管理范围和职责,组织建设迈上了一个新台阶。成立10多年后,康力电梯股份有限公司开始以现代企业制度和开放的思想理念投入市场竞争,做大做强,实现电梯民族品牌的崛起。到2009年,公司在这一组织框架下,吸收现代企业管理的理念,努力完善企业管理制度,强化组织建设和内部治理,向现代化公众企业转型。2010年3月12日,康力电梯成功在深交所上市,符合上市公司内控要求及公司业务发展需要的组织架构趋于成熟。

上市之后,作为募投资金的重要使用项目之一,公司开始全力推进全国范围内营销服务网络建设。

2011年,引入一位具有一线外资企业营销管理经验的资深人士担任营销中心总经理,开始在各省级主要城市建立分公司,不断吸引招聘各级各类人员,逐步建立健全区域营销和服务机构组织,完善运行管理机制。2010—2014年,先后建立了省级和重要城市分公司32个,基本覆盖了全国主要省份地区。这一举措,开创了内资品牌电梯企业的先河。

2012年,公司组织机构的编制进一步细化,书面制定了各直属机构的管理范围和职责。2012年之后的组织机构基本保持上市之后的框架和模式,子公司依据业务拓展的需要有所增加,直属机构依据管理需要合并或分开,数量有所增加。2013年开始,由于子公司和分公司不断增加,组织和业务规模不断扩大,干部数量和员工人数持续增长,组织机构也不断扁平化,最高层的管理幅度不断扩大,公司开始强调集团化管理,增加了总部职能机构在集团层面的管理要求,并先后建立了一些专项委员会,以加强纵向管控。

2014—2017年,由于营销政策导向变化,营销及工程服务组织机构前后变化很大。首先是2014年,工程总部从营销系统分离,单独成立工程中心,负责工程和售后服务管理。2016年,新聘营销中心负责人到位,营销中心按照业务区域划分,增设了9个"分营销中心"和2个"直属大区"作为区域营销行政管理机构,在分营销中心之下逐层设有大区、分公司,使得区域营销组织架构至分公司一级增加到四级,再加上工程人员的快速增加,2014—2017年,营销中心所属机构(不含工程中心总部)人员总数增加超过60%。为了比对营销系统(国内)的组织架构设计,"海外营销"和"工程中心"纷纷效仿扩大内部组织机构建制,增设相对应的层级,扩充部门设置。2016年起,公司在董事长/总裁以下,设立了7个副总裁,并任命4大业务中心(营销、工厂运营、工程和市场传媒)负责人担任机构执行总裁职务。鉴于干部的层级和数量越来越多,当年组织机构和任命文件详细说明了机构名称设置和职务名称、级别设定的基本原则。这一时期的组织机构已经显现出庞大和臃肿,造成业务管理流程层层审批,复杂和烦琐,沟通和组织效率低下。

2017年底,公司对"营销中心"负责人进行了调整。2017—2018年,大力精简了营销系统组织机构,分两次取消了"分营销中心"和"大区"两个组织层级及其所辖部门,使得营销区域以分公司为最高管理层级,同时合并了营销中心总部和工程中心总部。随着组织层级和部门数量的缩减,干部数量和员工总数有所减少。

(二)制度和体系建设

与大多数白手起家的民营企业相同,公司在初创时期,管理人员很少,制度建设十分薄弱,运行管理的大政方针和基本原则基本靠口头传达。1998年开始,作为外资品牌的供应商,应顾客"供应商管理"的要求,逐步在产品质量控制方面建立了一些基本的书面制度和标准。

2000—2002年,伴随电梯整机制造许可证的申办和质量管理体系的建立,公司按照"许可证"验收准则和ISO9001标准要求,制定了涉及管理体系的所有制度文件,包括手册、程序文件和操作指引的文件。这一时期,除了营销绩效考核等政策外,其他管理体系的相关制度和文件在执行层面并未深入。

随着企业的不断发展,公司管理层开始充分认识到制度建设的重要性,董事长王友林非常重视流程和制度建设。2006年,公司管理层开始全面促进制度建设,统一组织内部各机构以部门为单位编制各自业务运营和管理工作手册,明确各自实际工作流程和标准。2007—2010年,各部门的工作手册和管理制度相继发布,涵盖了营销、技术、制造、质量和职能管理部门,人力资源和行政管理也建立了较为全面的制度文件,发布了《员工手册》(第一版)、《文化手册》和《安全手册》等,在制度建设方面前进了一大步。

2010年后,公司已经登陆资本市场,业务开始迅猛发展,随着营销服务网络和外地子公司的建设,规模不断扩大,员工人数不断增加,更加系统化的管理制度显得极为重要。2011年初,公司开始成立专门小组,对管理制度进行系统化的梳理和补充编制,规范了制度文件格式和编号规则,明确了内容深度。2012年9月,《康力电梯企业管理制度汇编》(四册)正式印刷发布,包括第一分册《综合管理制度汇编》(含25个制度),第二分册《人事行政及培训管理制度汇编》(含25个制度),第三分册《财务管理制度汇编》(含5个制度)和第四分册《安全管理制度汇编》(含2个制度)。从此,公司制度建设的思想理念进一步加深,除了集中发布的管理制度之外,各机构开始不断依据管理的需要,单独发布一些书面的制度和政策,包括各类执行标准、实施流程、操作细则、控制规定等。同时,为了确保制度的适应性,随时对制度进行修订更新。

为了加强对快速拓展的营销服务网络的管理,2011年开始,公司学习先进公司经验并充分结合本公司实际,全力进行营销管理制度建设,先后发布了营销业务管理、人事和行政管理等制度。2012年起,依据公司业务发展总目标和各地分公司业务发展实际情况,公司每年都制定详细的《经济责任目标和绩效考核制度》。2014年开始,公司又重点完善了工程安装和维保相关的管理制度和标准文件。

自2002年成功取得ISO9001质量体系认证以来,为了深化管理以及不断满足日益增长的客户和市场的需求,公司不断建立各类管理体系并申请认证。各类管理体系的建立和科学管理系统和理念的引入,不但大大提高了企业管理水平,也提高了品牌价值和营销竞争力。随着业务发展,各类管理体系不断引入、深化,公司的制度建设也不断发展,技术、生产和质量管理的各类书面文件制定也有了良好的发展,比如技术管理、产品内部标准和规范、工艺文件、各类质量检验标准和规范等,都进行了不断补充和完善。

表5　　　　　　　　　　　　　　　2018年各类制度、标准和规范数量

序　号	制度规范分类	份　数	
		总公司	子公司
1	产品和工艺标准/规范	246	45
2	技术管理类	13	15
3	生产管理类	39	95
4	营销管理类	39	12
5	工程服务规范和管理类	82	0
6	质量标准和规范	72	60
7	体系管理/质量管理类	105	131
8	综合/职能管理类	111	103
9	环境和安全类	21	83
10	绩效管理类	37	29
	合　计	765	573

表6　　　　　　　　　　　　　　　　2018年各类管理体系建设

序　号	体　系　名　称	获得认证年份
1	GB/T19001质量管理体系	2002年
2	GB/T24001环境管理体系	2005年
3	GB/T28001职业健康安全	2005年

(续表)

序 号	体 系 名 称	获得认证年份
4	GB/T19022-2003 测量管理体系	2013 年
5	TSG Z0004-2007 特种设备制造安装改造维修质量保证体系	2014 年
6	苏州市长质量奖（GB/T19580 卓越绩效评价准则）	2014 年
7	GB/T29490-2013 知识产权管理体系	2015 年
8	江苏省质量奖（GB/T19580 卓越绩效评价准则）	2016 年
9	TUV ISO 3834-2 焊接质量认证体系	2016 年
10	两化融合管理体系	2016 年
11	国家安全二级标准化	2017 年

（三）文化建设

优秀的企业文化是企业核心竞争力的重要因素之一，当今中国，所有在市场屹立不倒的优秀企业，无不拥有独特而优秀的企业文化。只有创建优秀的企业文化，才可以确保企业在激烈的市场经济中始终保持活力和良好的效益状态，从而永续经营。

公司在业务经营稳定之后便开始进行企业文化建设，2003 年，公司成立企业文化办公室，推进企业文化建设。是年 7 月，开始编印公司内部刊物《康力电梯》，用以宣传公司的文化建设和经营管理活动，这一刊物以月刊或双月刊形式定期编印，一直延续至今。

2010 年 6 月，公司编制了《文化手册》，并发放给全体员工。"不止电梯，还有梦想"，公司致力于成为中国电梯行业国产品牌的旗帜，并通过艰苦奋斗，努力拼搏，向世界电梯先进行业迈进。在十多年的艰苦创业实践中，以创始人的思想理念为核心，不断积累和孕育产生了公司特有的企业文化。例如，开放意识、创新理念、奋斗精神、变革勇气等，这些已经融入了公司日常经营活动中，形成了公司的经营哲学。

2011 年，在公司与南京工业大学联合制定的企业五年发展战略中，公司对发展十余年形成的独特的文化理念进行了分析和梳理，正式书面确定了公司的企业宗旨：用户满意、员工成长、企业发展、社会认可。同时，以此为核心将企业文化进一步具体化，落实到实际行动，形成了企业目标、作风和行动方针。

企业目标：打造现代化先进企业，力求国内领先，国外知名
企业作风：踏实、勤奋、前瞻、敏锐
企业方针：以员工为本，以技术为先，以管理为实，以品牌为重
创新观：只有创新，才有出路，创新从我开始，人无我有，人有我新，人新我优
质量观：人以企业为家，心以质量为本
人才观：人才创造康力，康力造就人才

是年，公司正式制定了 VIS（视觉系统）标准文件，创建了系统的、统一的视觉符号系统，通过可视化的符号和图形展现公司的理念、精神和独特的形象。VIS 系统的颁布以及在各类活动和场所的应用，大大增加了企业文化和公司形象宣传的渠道和方式，促进了企业文化宣传效果，同时也提升了企业形象。

2013 年初，结合企业和社会的发展，公司又与苏州大学教授合作，对企业文化描述进行了重新修订。

企业目标：世界品牌，中国领跑

企业宗旨：服务全球，勇担责任，创新引领，安全舒适
企业精神：诚信、感恩、超越、创新
企业作风：敬业、争先、担当、和合

2016年，公司再次对企业文化描述进行了修订，最终确定了以愿景、价值观和使命为基本要素的企业文化理念。

公司愿景：世界品牌，基业长青
公司价值观：诚信、感恩、创新、引领
公司使命：为用户提供亲人般的电梯和卓越的服务

随着企业文化建设的推进，公司利用多种渠道和方法进行文化宣传，在提高公司和品牌的知名度方面效果显著。比如员工教育培训、会议宣讲、内部刊物、新闻资讯、网站、OA系统、标语、各种宣传活动、会议、庆典、员工征文和摄影作品以及各种文化活动等。

企业的管理制度的完善是企业文化落地实施的重要标志。

（四）信息化建设

信息系统建设是提高管理水平和效率的重要手段，代表着一个企业的现代化管理水平。公司在整机产品起步阶段就开始进行管理信息化建设，尽管当时企业在资金、硬件设备、人才等方面还十分薄弱，但还是因陋就简，一步一步推进信息化发展。

2003年4月，公司首先引进国产ERP软件——新中大SE"银色快车"信息系统财务模块。2004年4月又引入同款软件销售模块。2005年7月，引入了新中大ERP系统各主要模块，使得业务资源管理基本被覆盖，2006年7月又对该系统进行了版本升级。

2007年股份制改革之后，由于战略投资者的引入，公司资金条件得到了很大改善，为了全力发展业务，提高管理水平，登陆资本市场，实现民族电梯崛起之梦想，公司经过慎重分析和评估，下定决心引进世界最先进的企业资源管理系统——德国SAP软件系统，以实现业务管理信息化一步到位。这在当时整个电梯行业是非常前瞻的战略决定，在内资品牌企业首屈一指。2007年7月，公司抽调各业务部门骨干员工成立项目组。经过大半年的艰苦奋战，2008年2月，SAP在母公司正式上线运行，此后几年陆续在各子公司上线。这一先进的资源管理系统的全面运行，标志着公司业务管理基本实现了信息化和数字化。

2010年成功上市之后，全国各地营销服务网络的快速建设以及子公司的增加，公司规模不断扩大，员工人数快速增加，远程办公带来的问题日益凸显。2011年，公司引入OA自动化办公信息系统，大大提高了办公效率。

2012—2013年，配合营销服务网络的快速建设，特别是工程维保业务的推进，公司集中进行了销售和工程相关业务信息系统的建设，包括销售报价系统、IS安装管理系统、SS维保管理系统以及EOS工程服务管理系统。2014年，又引入了电梯物联网，实现电梯业务全链条信息化和可视化管理。

2016年，公司的规模不断扩大，组织机构日益增加，集团职能管理难度和复杂程度不断增加，公司引入E-HR人力资源信息化管理系统，实现了人力资源管理信息化。

2017年，支撑集团财务共享中心运作的信息化系统也上线运行，至此，公司实现了主要职能管理的信息化。

七、社会责任

公司自成立以来，一直致力于企业的长期发展，努力承担对社会应尽的责任。

公司初创至 2000 年,作为社会经济体中相对弱小的一员,为了确保独立生存和发展,必须努力创造利润。即便条件艰苦,竞争激烈,公司仍然秉持着货真价实、诚实守信的原则,合法经营。

2000 年以后,公司业务和规模不断发展,更加重视诚实、守信,并将这一原则上升为公司的企业文化,包括在经营过程中遵守合约和承诺,在经济往来中互惠共赢,不追求利润的最大化。自 2004 年起,公司多次被苏州市政府授予"重合同守信用企业"称号。

公司一直以向社会提供高质量的产品和服务为经营宗旨。2002 年,公司依据 ISO9001 国际标准建立了质量管理体系,并取得了第三方认证;2013 年又取得了测量体系认证;2016 年,通过了 TUV ISO 3834-2 焊接质量认证体系。这些管理体系的建立和保持,为公司、最终为客户提供优质产品和服务提供了有力的保证。公司在产品质量上追求持续改进、精益求精,2014 年,依据 GB/T19580 卓越绩效评价准则,获得了"苏州市长质量奖",2016 年又获得了"江苏省质量奖"。作为一家民营特种设备生产厂家,公司认为,对产品和服务质量的不懈追求,是最重要的履行社会责任的方式。

公司全力以赴谋求健康、稳定的发展,承担企业对国家经济社会应有的责任。以发展为中心,以发展为前提,不断加大经济投入,扩大企业规模,接收更多的人员就业,依法纳税,并不断扩大纳税份额,为行业、地区和国家的经济发展做出贡献。截至 2018 年年底,公司向国家缴纳税款合计超过 20 亿元。

公司在用工制度上严格遵守国家和地方法律法规,实施劳动合同制,依法为员工提供合理的劳动报酬。随着业务的稳定和发展,公司不断努力提高员工的薪酬水平,特别是上市之后,2012—2016 年,员工薪酬每年平均增长超过 15%。为了创建以奋斗者为本的文化,公司建立了科学合理的绩效激励政策,鼓励员工依靠创造高效业绩,取得个人高收入。2011 年,公司对各级业务骨干实施了股权激励。

公司依法为员工提供必要的社会保障,按时缴纳五险一金,2006—2008 年,公司连续三年被苏州市政府授予"苏州市劳动关系和谐企业"称号。同时,连续三年被评定为吴江市"劳动保障 A 级诚信单位"。公司设有宿舍和食堂,为员工提供住宿和工作午餐。公司建立了合理的薪酬福利制度,包括节假日物资福利、生日津贴、住房和交通补贴、通信补贴等。

公司秉持公平公正的人力资源管理理念,自 2003 年起建立了完善的工会组织和职工代表大会制度,维护良好和谐的工作环境和员工关系。所有员工不分种族、性别、年龄、籍贯、婚姻状态、生育状况等,在公司均享有公平公正的待遇,可获得同等的尊重和机会。公司依据不同发展阶段的条件和能力,因地制宜地为员工提供各种培训,包括入职培训、上岗培训、职业技能培训、岗位知识和业务培训、管理能力培训等。2015 年,公司建立了自己的企业大学——康力学院,使得职工教育培训更加系统化。

作为经济社会的一员,为了人类的生存和可持续发展,公司在环境保护中努力承担自己的责任,包括:在运营过程中,采取各种措施节约用水和用电;在产品设计和生产过程中,采取措施节约材料,避免浪费;在生产作业过程中,严格执行国家环境保护法律法规,控制污染物排放。2005 年,公司依据 GB/T24001 标准,建立了科学的环境管理体系并通过了认证。

公司重视保护职工健康,为员工创建良好的工作环境,定期为全体员工进行体检。公司建立安全委员会和一系列制度和标准文件,对集团安全工作进行管理。2005 年,公司依据 GB/T28001 职业健康安全标准建立了职业健康和安全管理体系并通过了认证。

2007 年 10 月,公司实施股份制改革之后,在企业稳步成长的同时,公司践行企业对股东的责任,与投资者分享企业发展、效益增长的成果,2008—2017 年,公司现金分红合计金额达到 179 162.05 万元,成为 A 股市场现金分红的佼佼者。

二十多年来,公司伴随着国家改革开放的大潮,取得了巨大的发展,但是董事长王友林和公司董事会清醒地认识到,作为一个有着14亿人口的大国,国家各地区发展很不均衡,还有很多贫困区域和人口需要帮助和扶持。自创建以来,依据不同时期的能力和条件,董事长王友林本人和公司一直不忘参与社会慈善事业,为扶贫济困贡献一份力量。截至2018年末,公司各类社会捐款捐物合计超过5 500万元。其中,董事长王友林个人捐款捐物合计1 500万元。

大事记

1993 年

6 月,公司创始人王友林辞去公职,下海创业,挂靠经营南灶金属制品厂。

1995 年

7 月,王友林承包挂靠在莘塔机电站名下的小型机械加工厂——莘塔通用机械厂。该厂注册地址位于莘塔镇莘塔大街 39 号,承揽机械零部件的加工业务。

1997 年

11 月 3 日,成立吴江市新达电扶梯成套部件有限责任公司。公司注册地址位于莘塔镇莘塔大街 39 号,主要从事电梯零部件配套的生产和销售。同时,注销莘塔通用机械厂。

1998 年

6 月,公司拍得伟达集团的吴江曳引机厂(莘塔大街 58 号),总资产 131.9 万元。是年,将吴江市新达电扶梯成套部件有限责任公司搬迁至莘塔大街 58 号。

1999 年

8 月 5 日,吴江市新达电扶梯成套部件有限责任公司董事长王友林当选吴江市人民代表大会代表。

10 月,吴江市新达电扶梯成套部件有限责任公司一期(新达一期)工程开工(莘塔镇府时路 57 号)。2000 年 5 月,工程竣工,工程占地面积 1.96 万 m^2,建筑面积 0.75 万 m^2,资金总投入 1 500 万元。

2000 年

10 月,吴江市新达电扶梯成套部件有限责任公司更名为苏州新达电扶梯成套部件有限公司。

11 月,苏州康力电梯有限公司成立,开始从事电梯整机生产。

2001 年

9 月 10 日,苏州康力电梯有限公司的康力牌(KONL)电梯、自动扶梯、自动人行道等三项成果,在云南省昆明市举办的第十三届全国发明展览会上,被中国发明协会授予银牌。

11 月 1 日,苏州康力电梯有限公司获江苏省技术监督局颁发的"特种设备制造安全认可证""特种设备安装安全认可证"。

12月,苏州康力电梯有限公司被江苏省科学技术厅认定为"江苏省民营科技企业"。

苏州康力电梯有限公司第一座电梯试验塔工程开工,到2002年6月,工程竣工。试验塔建筑面积2 900 m²,资金投入630万元。

2002年

1月18日,苏州康力电梯有限公司获国家质量监督检验检疫总局核发的"全国工业产品生产许可证",走上建设自主品牌的经营之路。

3月12日,苏州康力电梯有限公司通过ISO9001:2000质量管理体系认证。

4月16日,苏州康力电梯有限公司通过ISO4001:1996环境管理体系认证。

5月4日,苏州康力电梯有限公司党支部成立,支部书记金云泉,党员王希生、刘菊华。

6月18日,苏州康力电梯有限公司建成高80 m、可测试速度6 m/s的电梯试验塔,是中国第一高度的国产电梯试验塔。

6月20日,苏州康力电梯有限公司被江苏省科学技术厅评为"江苏省民营科技企业"。

11月18日,苏州康力电梯有限公司一期工程在康力大道888号(原莘塔镇联南东路)奠基动工。占地面积7.22万 m²,建筑面积3.50万 m²,其中厂房面积1.68万 m²,办公、仓库等辅助用房面积1.82万 m²,到2004年,工程竣工。

是月,苏州康力电梯有限公司获人民大会堂全国精品展示中心2002—2003年度参展资格。

是年,苏州康力电梯有限公司与南京工业大学电梯研究所组建康力电梯测试中心。

是年,苏州康力电梯有限公司登上"人民大会堂全国精品展示金榜"。

2003年

4月18日,苏州康力电梯有限公司与中国建筑科学院建筑机械化研究分院合作组建"康力电梯研发中心"。

5月6日,苏州康力电梯有限公司工会成立。工会召开成立大会,产生第一届工会委员5人,职工代表21人,工会主席毛桂金。

8月21日,苏州康力电梯有限公司被东宇国际咨询评估有限公司评定为"企业资信等级AAA级企业",获企业资信等级证书。

是月,苏州康力电梯有限公司内刊《康力电梯》创立,董事长王友林题写刊名。

是月,苏州康力电梯有限公司自动扶梯出入口盖板外观获国家专利。

10月19日,时任中共江苏省委书记、省人大常委会主任李源潮等一行考察苏州康力电梯有限公司,并试乘康力电梯、自动扶梯。

是月,苏州康力电梯有限公司ISO9001:2000质量体系通过东北认证中心专家监督审核。

11月6日,苏州康力电梯有限公司开拓海外市场,与马来西亚、印度尼西亚签订32台自动扶梯合同。

12月19—23日,苏州康力电梯有限公司的电梯系列产品参加在北京举办的中国名牌战略推进成果展览会。

是月,苏州康力电梯有限公司被江苏省科学技术厅评为"江苏省民营技术企业"。

2004 年

2月,苏州康力电梯有限公司更名为江苏康力电梯集团有限公司。

3月26日,时任中国电梯协会理事长任天笑(已故)为江苏康力电梯集团有限公司题词"中国电梯业的希望和骄傲"。

4月15—18日,江苏康力电梯集团有限公司参加在上海国际展览中心举办的第六届上海国际电梯展览会。

4月27日—5月7日,江苏康力电梯集团有限公司董事长王友林等一行应乌克兰共和国利沃夫州州长邀请,赴乌克兰考察访问。先后考察该州的优里电梯公司、基尼赫电梯公司,与两家电梯公司总经理进行亲切友好交流。

5月18日,江苏康力电梯集团有限公司TWJ1000/JXW无机房电梯科研项目列入"江苏省2004年火炬计划项目"。

6月26日,江苏康力电梯集团有限公司引进德国和日本的数控切割机、数控折弯机、数控刨槽机车、数控冲床,提高公司生产力。

是月,江苏康力电梯集团有限公司自主开发的KTL大高度自动扶梯研制成功并投放市场,落户重庆金源大饭店。

7月1日,党支部改选,成立江苏康力电梯集团有限公司党支部,支部书记王友林。

7月8日,江苏康力电梯集团有限公司团支部成立,团支部书记李雪芳,团员85人。

8月16日,江苏康力电梯集团有限公司获国家质量监督检验检疫总局颁发的特种设备制造、安装改造维修A级资质。

9月15日,江苏康力电梯集团有限公司获法国国际检验局颁发的欧洲CE安全认证、韩国EK认证、俄罗斯GOST认证。

是月,江苏康力电梯集团有限公司获"2004年全国民营科技创新奖"。

是月,江苏康力电梯集团有限公司的"康力牌"无机房电梯产品被列为国家康居示范工程选用产品,并列入建设部"国家康居示范工程住宅部产品与产品选用指南"。

是月,江苏康力电梯集团有限公司与南京工业大学电梯技术研究所组建"南京工业大学康力研发基地"。

12月30日,江苏康力电梯集团有限公司获江苏省工商行政管理局颁发的"江苏省著名商标证书"。

是年,江苏康力电梯集团有限公司自主研发成功KLT30-1000重载公交型自动扶梯,产品技术水平国内领先。

2005 年

1月28日,江苏康力电梯集团有限公司当选为"中国电梯协会第六届理事单位"。

3月,江苏康力电梯集团有限公司的"康力电梯"商标获江苏省著名商标。

4月13—16日,江苏康力电梯集团有限公司举办2005年度第一期工程技术培训班。学员为康力子公司、销售安装公司及委托安装公司等的60人,其中3人是阿联酋人。培训由公司安装部主办,技术部、电控部技术人员担任讲师,培训内容为电梯机械电气、安装调试。

是月,江苏康力电梯集团有限公司获江苏省"质量安全效益型百强企业"称号。

8月,江苏康力电梯集团有限公司获国家A级制造、安装单位资质。

9月，江苏康力电梯集团有限公司通过GB/T28001职业健康安全管理体系、GB/T24001-2004环境管理体系认证审核。

10月28日，苏州康力运输服务有限公司成立，主要从事公司产品及苏州新达电扶梯整机与零部件产品的专业运输服务。

11月8日，江苏康力电梯集团有限公司更名为康力集团有限公司。11月15日，办理工商变更登记手续。

是年，康力集团有限公司外观设计获10项专利，自主研发成功KLK2/VF1600/3.0高速电梯、KLF"嶺秀"（Lingshow）高端商用苗条型自动扶梯、ECO自动扶梯节能技术。

2006年

2月19日，康力集团有限公司在重庆召开2006年全国营销工作年会。

3月18—21日，康力集团有限公司参加在河北廊坊举行的"2006中国国际电梯展"，展位面积432 m^2。展会期间，公司举办"创新、自主知识产权、自主品牌"论坛。

3月21日，苏州奔一机电有限公司成立，专业从事扶梯梯级产品的开发、生产、销售，为康力集团有限公司整机产品生产配套梯级零件。

5月4日，康力集团有限公司团支部升格为康力集团有限公司团总支，团总支书记吴伊静，团员155人。

5月18日，康力集团有限公司董事长王友林当选中共苏州市第十次代表大会代表。

是月，康力集团有限公司董事长王友林当选中共吴江市第十一次代表大会代表。

6月14—17日，康力集团有限公司董事长王友林一行三人前往韩国参加韩国G&P电梯公司举办的康力电梯韩国市场说明推介会，并考察韩国大田地铁、光州地铁、火车站工地。

6月30日，康力集团有限公司被国家科学技术部认定为"国家火炬计划重点高新技术企业"。

是月，康力集团有限公司被评为"江苏省创建学习型企业工作先进单位"，公司董事长王友林被评为"江苏省先进个人"。

9月18日，中共康力集团有限公司党支部升格为中共康力集团有限公司党总支，党总支书记王友林，党员45人。

9月27日，广州广都电扶梯配件有限公司成立。公司位于广东省广州市花都区，公司专业从事电梯零部件的开发销售（2007年8月，该公司成为康力集团有限公司全资子公司）。

9月28日，康力集团有限公司二期工程在康力大道899号奠基动工。工程占地面积8万 m^2，建筑面积4.41万 m^2，其中厂房面积3.32万 m^2，办公用房面积1.09万 m^2，总投资1.62亿元（2007年7月18日，工程竣工并投入使用。该厂房用于生产自动扶梯。产能7 000台自动扶梯）。

是月，康力集团有限公司研制的"康力牌"电梯（自动扶梯）被评为"2006年度全国用户满意产品"。

是月，康力集团有限公司获"江苏省质量管理奖"。

10月16日，康力集团有限公司与哈尔滨工业大学联合攻关的国家科技支撑计划课题——"既有建筑设备改造关键技术研究"正式启动。

11月21日，康力集团有限公司被评为"江苏省民营企业纳税大户"。

2007年

3月30日，时任中国社会保障基金理事会理事长、党组书记项怀诚等一行考察康力集团有限公司，项怀诚为康力集团有限公司题词"稳定、安全、节能、省钱"。

4月15日，苏州新达电扶梯成套部件有限公司二期工程在康力大道788号奠基动工。工程占地面积7.1万 m²，建筑面积3.5万 m²，其中厂房面积3.0万 m²，办公、食堂等辅助用房面积5 000 m²。资金投入8 100万元（2008年7月，工程竣工，投入使用，产值可达到10亿元电扶梯部件）。

8月16日，康力集团有限公司获国家工商总局颁发的"全国守合同重信用企业"称号。

10月20日，康力集团有限公司第一届董事会由股东大会选举产生：董事长王友林，董事陈金云、顾兴生、刘占涛、倪祖根、王惠忠，独立董事任天笑、马建萍、顾峰。第一届监事会主席王惠忠，监事金云泉、任建华。

10月22日，康力集团有限公司更名为康力电梯股份有限公司，并正式挂牌。公司具有国家质量监督检验检疫总局颁发的电梯制造、安装改造维修A级资质。是月，康力电梯股份有限公司获哈萨克斯坦电梯GOST认证。

11月26日，康力电梯股份有限公司获2006年度全国大中型工业企业（起重运输设备制造业）"自主创新能力十强"称号。

是年，康力电梯股份有限公司自主研发成功KLXF重载公交型斜扶手自动扶梯，额定速度0.65 m/s，最大提升高度21 m。

2008年

1月20日，康力电梯股份有限公司在北京人民大会堂召开"康力2008年全球工作年会暨新产品推介会"。

4月23日，苏州市轨道交通产业协会正式成立，公司董事长王友林当选为苏州市轨道交通产业协会会长。

5月13日，公司向四川汶川地震灾区捐款300万元。

5月19日，下午14时28分，康力电梯股份有限公司全体员工集会，悼念四川汶川大地震中受难同胞，公司员工向灾区捐款70万元。7月，公司向地震灾区绵竹市城南中学赠送价值3万元的文化体育用品。

7月18日，康力电梯股份有限公司二期自动扶梯、自动人行道生产制造中心及办公大楼竣工，建筑面积4.5万 m²。

9月26日，康力电梯股份有限公司自主研发的大高度重载公交型KLF27.3度自动扶梯、KLK2NF1600/4.0高速乘客电梯、KLJNF320/0.4家用电梯等三项科技成果通过国家级鉴定。

11月18日，康力电梯股份有限公司主编的《杂物电梯制造与安装安全规范》（国家新标准）通过全国电梯标准化技术委员会审核，由国家质检总局和国家标准委员会发布执行。

12月18日，康力电梯股份有限公司中标苏州轨道交通1号线工程，提供199台自动扶梯。这是电梯民族品牌第一次中标国内全线地铁项目。

2009年

2月28日，康力电梯股份有限公司资源管理系统SAP-ERP项目成功上线。

4月3日，时任中共江苏省省委书记、省人大常委会主任梁保华一行考察康力电梯股份有限公司。

5月16日，康力电梯股份有限公司中标江西南昌昌北机场自动扶梯和自动人行道项目，"康力电梯"品牌结束外资品牌在机场工程中的垄断地位。

6月26日,"康力电梯-浙江大学院士工作站"正式成立。浙江大学教授谭建荣院士与时任中共吴江市委常委、组织部部长钱能共同为工作站揭牌。

是月,康力电梯股份有限公司为上海长峰集团上海"龙之梦"、沈阳"龙之梦"项目提供包括6 m/s高速电梯和4 m/s高速电梯669台,开创民族品牌在超高速电梯市场的先河。

11月30日,"康力电梯"商标被中华商标协会2009年第三届中国商标节组委会评为"2009最具竞争力的商品商标"。

12月4日,康力电梯股份有限公司首次公开募股,经中国证券监督管理委员会发审委审核通过。

是年,康力电梯股份有限公司董事长王友林被江苏省人民政府评为"江苏省优秀企业家"。

2010年

3月12日,康力电梯股份有限公司在深圳证券交易所上市(证券代码:002367),是中国电梯行业首家上市公司。

4月21—24日,康力电梯股份有限公司参加在河北廊坊国际展馆举办的"2010中国国际电梯展"。

8月18—19日,康力电梯股份有限公司参加在巴西圣保罗举办的2010年巴西第三届国际电梯展览会。

是月,康力电梯股份有限公司引进世界先进的意大利萨瓦尼尼P4多边折弯中心安装、调试完毕,正式生产、运行。

9月10日,康力电梯股份有限公司全资子公司中山广都机电有限公司成立。10月11日,公司奠基建厂房,占地面积12.62万m^2,建筑面积8.8万m^2,资金投入2.2亿元。

9月26日,康力电梯股份有限公司负责起草编制国家电梯标准——《杂物电梯制造与安装安全规范》,经国家质检总局、国家标准化管理委员会批准,在《中华人民共和国国家标准批准发布公告》(2010年第6号,总第161号)向社会公开发布。

是月,康力电梯股份有限公司研制成功KLK2/VF超高速乘客电梯,额定载重1 600 kg,额定速度7 m/s,填补国内空白;同时开发电梯多体动力学仿真分析系统及核心部件结构静力学分析系统。

12月18—30日,时任国土资源部部长徐绍史、时任中共福建省委副书记于广洲、原质监总局严冯敏一行分别考察了康力电梯股份有限公司。

2011年

1月10日,康力电梯股份有限公司在第六届全国政府采购集采年会上获"2010年度政府采购电梯自主创新品牌"称号。

1月17日,康力电梯股份有限公司子公司苏州新里程电控系统有限公司成立并投产。公司从事电扶梯电控系统、电扶梯部件、电子元器件、电器设备的研发、生产、加工、销售等业务。

1月18日,康力电梯股份有限公司子公司苏州新达电扶梯部件有限公司三期工程在康力大道799号开工。2012年5月,工程竣工,工程占地面积4.13万m^2,建筑面积3.13万m^2,资金投入4 300万元。

1月23日,在第七届中国品牌影响力高峰论坛年会上,康力电梯股份有限公司的"康力电梯"品牌获"中国电梯行业最具影响力品牌""中国电梯行业售后服务用户最满意品牌",公司董事长王友林获"中国经营管理创新杰出贡献奖"。

2月28日,在苏州市电梯业商会成立大会上,公司董事长王友林当选苏州市电梯业商会会长。

3月10日,以"快速高效·持续共赢"为主题的2011年康力电梯股份有限公司全球代理商工作年会在吴江汾湖镇召开。

4月8日,康力电梯股份有限公司第二届董事会由股东大会选举产生:董事长王友林,董事陈金云、顾兴生、刘占涛、陈孝勇、倪祖根,独立董事马建萍、顾峰、杨菊兴;第二届监事会主席莫林根,监事金云泉、任建华。

9月1日,康力电梯股份有限公司限制性股票激励计划获中国证券监督管理委员会批准通过。

10月20日,康力电梯股份有限公司子公司成都康力电梯有限公司成立。公司从事电梯、自动扶梯、自动人行道整机和零部件生产。

11月1日,康力电梯企业技术中心被国家五部委认定为"企业技术中心",成为中国电梯行业内资电梯企业首家国家认定的企业技术中心。

2012年

1月10日,康力电梯股份有限公司董事长王友林当选汾湖经济开发区总商会第一届总商会会长。

1月15日,康力电梯股份有限公司与常熟理工学院签约成立康力电梯学院。该学院是校企共建的国内首个本科类电梯专业院校。

3月6日,康力电梯股份有限公司子公司成都康力电梯有限公司"成都工厂"工程动工。2015年12月,工程竣工。工程占地面积20.6万 m^2,建筑面积10.1万 m^2,资金投入2.8亿元。

6月1日,中共江苏省委第五巡视组一行考察康力电梯股份有限公司。

6月13日,中共江苏省省委原书记、省人大常委会原主任陈焕友考察康力电梯股份有限公司。

6月26日,时任江苏省人民政府副省长史和平等一行考察康力电梯股份有限公司。

7月1日,康力电梯股份有限公司董事长王友林被中华人民共和国国务院授予"全国就业创业优秀个人"称号。

8月31日,时任国家工信部副部长苏波、规划司司长肖华、时任装备司司长张相木一行考察康力电梯股份有限公司。

9月3日,中共康力电梯股份有限公司委员会、纪律检查委员会成立,公司董事长王友林任公司党委书记,孙全根、金云泉为副书记,高新其任纪律检查委员会书记,朱玲花任纪律检查委员会副书记。

9月28日,康力电梯股份有限公司举行"首届质量月系列活动颁奖典礼暨国庆中秋文艺晚会",公司领导为质量月标语口号、图表和"梦想与收获"主题演讲比赛获奖者颁奖。

10月18日,康力电梯股份有限公司15周年庆典暨康力电梯"部件产业园"一期工程奠基。中国电梯协会理事长、国家电梯质量监督检验中心主任李守林等为康力部件产业园一期工程奠基。

是月,康力电梯股份有限公司董事长王友林的作品《求索》由复旦大学出版社出版。

11月2日,苏州润吉驱动技术有限公司成立。公司从事研发制造永磁同步无齿轮电梯曳引系列产品。

是月,康力电梯股份有限公司出席国家财政部政府采购集采年会,被评为"政府采购十年十大优秀供应商"。

2013 年

4月19日,在江苏省经济和信息化委员会、江苏省中小企业局等五个单位主办的省用户满意服务明星表彰大会上,康力电梯股份有限公司获"2012年度江苏省用户满意服务单位"称号。

5月4日,共青团康力电梯股份有限公司委员会召开成立大会。团委书记朱琳懿,团员达923人。

是月,康力电梯股份有限公司全资子公司苏州和为工程咨询管理有限公司成立,法定代表人孙全根。公司位于吴江区汾湖高新区康力大道888号。

6月1日,康力电梯股份有限公司被江苏省经济和信息化委员会命名为"江苏省两化融合产品装备智能化示范企业"。

9月6日,在北京举行的"电梯工业品品牌营销之路高峰论坛"上,"康力电梯"品牌获"十大用户信赖品牌"。

11月20日,康力电梯股份有限公司288 m试验塔工程开工。试验塔建筑面积1.78万 m^2,资金投入1.3亿元。

11月30日,康力电梯股份有限公司被中国质量协会建设机械行业分会授予"2013年第二届全国建设机械与电梯行业质量金奖"。

12月23日,康力电梯股份有限公司"部件产业园"一期工程竣工,工程占地面积28万 m^2,建筑面积3.88万 m^2,资金投入6 900万元。

12月28日,康力电梯股份有限公司在张家界天门山观光隧道安装的自动扶梯正式交付运行。该超大高度重载公交型自动扶梯的总提升高度340 m、总跨距692 m,堪称世界电梯史"巅峰之作"。

12月31日,康力电梯股份有限公司的电梯升降机、升降设备、自动扶梯获江苏省工商行政管理局颁发的"江苏省著名商标证书"。

是年,康力电梯股份有限公司获"测量管理体系AAA级认证证书",成为国内电梯行业首家获此证书企业。

2014 年

2月24日,康力电梯股份有限公司"2014全球代理商工作年会"在西安市召开。

3月11日,康力电梯股份有限公司综合楼一区、二区改造工程动工(2016年8月,工程竣工,工程建筑面积1.65万 m^2)。

3月12日,康力电梯股份有限公司获由一览电梯英才网举办的"2013年电梯行业最佳雇主之最幸福企业"称号。

5月9日,康力电梯股份有限公司第三届董事会由股东大会选举产生:董事长王友林,董事陈金云、顾兴生、刘占涛,独立董事杨菊兴、强永昌、徐志炯;第三届监事会主席莫林根,监事金云泉、任建华。

5月26日,康力电梯股份有限公司的"康力"商标和图形商标被认定为"江苏省著名商标"。

6月3日,康力电梯股份有限公司被中共江苏省委、省人民政府评为"2013年度江苏省优秀民营企业"。

6月12日,时任中共江苏省委副秘书长顾介康率调研组一行考察康力电梯股份有限公司。

6月15日,康力电梯股份有限公司"部件产业园"二期工程动工。2016年8月16日,工程竣工,工程建筑面积4.34万 m^2,资金投入6 900万元。

是月,康力电梯股份有限公司的"康力电梯"品牌入选"中国房地产开发企业500强首选供应商品牌",跻身世界一流电梯品牌行列。

8月22日,康力电梯股份有限公司通过8 m/s超高速乘客电梯(KLK2/VF)、30 m大高度自动扶梯(KLXF)两个新产品项目省级鉴定。

10月1—6日,康力电梯股份有限公司独家冠名的首届苏州"康力电梯·领军杯"国际少儿足球邀请赛在苏州市吴中现代文体中心开赛。

10月23日,康力电梯股份有限公司"技术中心大楼"工程动工。2017年9月25日,工程竣工。大楼占地面积9 875 m²,建筑面积8 322 m²,资金投入5 200万元。

11月23日,康力电梯股份有限公司董事长王友林应邀出席"2014苏商大会暨苏商十年(2004—2014)盛典"。盛典上,公司获"江苏省地标型企业"称号。

12月3日,时任中共江苏省委副书记、中共苏州市委书记石泰峰调研康力电梯股份有限公司企业发展情况。

12月13—15日,康力电梯股份有限公司董事长王友林应中国经贸代表团邀请,随同国务院总理李克强访问哈萨克斯坦,参加中哈企业家代表委员会第二次会议,并在"创新与深化中小企业合作"分组会议上发言。

12月17日,康力电梯股份有限公司投资北京紫光优蓝机器人技术有限公司(CANBOT),以现金方式出资5 330万元增资参股紫光优蓝,持紫光优蓝40%股权。康力电梯股份有限公司进入服务型机器人行业。

是年,康力电梯股份有限公司上缴税款27 545.99万元,成为吴江区"十大纳税企业"之一。

2015年

1月17日,康力电梯股份有限公司获"2014年度全国政府采购电梯自主创新品牌"称号。

1月28日,康力电梯股份有限公司入围中央国家机关电梯定点采购供应商名录,并又一次中标成为国家机关电梯定点采购供应商。

是月,康力电梯股份有限公司的"康力电梯"品牌获江苏省商务厅颁发的"江苏省重点培育和发展的国际知名品牌"称号。

是月,康力电梯股份有限公司在张家界天门山观光隧道安装的天梯工程获"2015年度电梯世界工程奖——新安装自动扶梯"一等奖。

2月2日,"2015康力电梯全球代理商工作年会"在海南省三亚市召开,年会主题"携手康力 成就梦想——新征程 新跨越 新未来"。

3月19日,时任国家发改委西部开发司司长田锦尘、国家发改委信息中心副主任马中玉等一行考察康力电梯股份有限公司。

4月29日,康力电梯股份有限公司获"江苏省五一劳动奖状"。

6月27日,康力电梯股份有限公司获"2014年度中国上市公司金牛奖"。

8月16日,康力电梯股份有限公司出席2015年中国企业科学发展大会暨颁奖盛典,康力电梯获"中国AAA级信用企业"称号,董事长王友林获"全国优秀诚信企业家"称号。

8月24日,康力电梯股份有限公司入围国家两化融合贯标试点企业。

9月11日,康力电梯股份有限公司出席在北京召开的2015年中国房地产品牌价值研究成果发布会暨第十二届中国房地产品牌发展高峰论坛,"康力电梯"品牌获"2015中国房地产关联服务优秀品牌"

称号。

9月18日,在赛尔传媒主办的2015年电梯行业用户品牌评选颁奖盛典上,康力电梯股份有限公司的"康力电梯"品牌获"2015电梯行业用户优选十大值得信赖整梯品牌",董事长王友林被评为"2015电梯行业十大年度风云人物"。

9月19日,康力电梯股份有限公司获中知(北京)认证有限公司颁发的知识产权管理体系认定证书——GB/T29490-2013。

9月25日,在北京召开的国家质量监督检验检疫总局中国质量诚信企业表彰大会上,康力电梯股份有限公司获"中国质量诚信企业"称号。

10月11日,中山广都机电有限公司更名为广东康力电梯有限公司,同时成立广东广都电扶梯部件有限公司。

10月26日,康力电梯股份有限公司与海尔、华为、蒙牛、TCL等各行业龙头企业代表,汇集各大领域中国优秀企业"走向世界的66个中国品牌",集体亮相美国纽约时代广场,向世界展示中国品牌魅力。

11月8日,康力电梯股份有限公司子公司成都康力电梯有限公司120 m电梯试验塔奠基动工。2018年3月,工程竣工。工程建筑面积4 365 m^2,资金投入2 100万元。

11月10日,康力电梯股份有限公司子公司中山广都机电公司100 m电梯试验塔和厂房奠基动工。2018年,工程竣工。工程建筑面积3.67万m^2,资金投入1.8亿元。

11月16—18日,康力电梯股份有限公司董事长王友林参加由国家主席习近平率团的在菲律宾马尼拉举行的亚太经合组织工商领导人峰会。

11月23—25日,在世界机器人大会上,北京康力优蓝机器人科技有限公司推出的国内首个大型服务机器人产品"优友"首次公开亮相。公司董事长王友林出席大会,并在"优友"发布会上发表讲话。

12月17—19日,在中国电梯协会第七届第六次理事会暨第八次会员大会上,康力电梯股份有限公司董事长王友林当选中国电梯协会副会长。

是年,康力电梯股份有限公司董事长王友林出资200万元,为汾湖高新区龙泾村修筑石佛浜与任家湾两个自然村之间的道路,长700 m,宽5 m,取名康力路;建造水泥平板桥1座,跨度30 m,宽5 m,取名康力桥。

2016年

1月8日,康力电梯股份有限公司第三届第五次职工代表大会暨工会会员代表大会召开。公司132名职工代表参加大会。大会主要议程调整工会领导机构,调整后的工会代理主席为孙全根,副主席为马仲林、陈连兴、任建华。

1月10日,康力电梯股份有限公司出席在北京举行的第十一届政府采购集采年会,获"2015年度全国政府采购十佳电梯供应商"年度大奖。

1月28日,康力学院成立。第一期分公司总经理班开班,学员50人。是年6月,首期中层班开学,学院56人。

2月15日,时任国家质检总局副局长孙大伟一行考察康力电梯股份有限公司,详细了解公司进出口情况、国际业务经验做法和政策诉求。

3月,苏州工业园区康力机器人产业投资有限公司成立。公司经营范围是机器人事业投资、咨询等。

5月21日,康力电梯股份有限公司党委书记王友林当选中共吴江区第十三届代表大会代表。

6月16—18日，康力电梯股份有限公司董事长王友林当选第四届吴江区电梯行业协会会长。

7月18日，康力电梯股份有限公司全资子公司中山广都机电有限公司分置为两个公司：广东康力电梯有限公司、广东广都电扶梯部件有限公司。

是月，康力电梯股份有限公司荣登江苏省"2016苏商地标型企业"榜单。

8月8日，印度德里地铁局领导一行到康力电梯股份有限公司考察，并出席德里地铁重载型自动扶梯（KLXF提升高度15.65 m）交付仪式。

8月15日，康力电梯股份有限公司"总部物流和参观通道工程"开工。2017年9月25日，工程竣工。

8月28日，康力电梯股份有限公司获江苏省人民政府颁发的"第三届江苏慈善奖"。

9月4日，康力电梯股份有限公司董事长助理朱琳昊出席"2016年20国集团工商峰会"（简称B20峰会）。

10月21日，康力电梯股份有限公司召开第三届第六次职工代表大会，通过"关于第一期员工持股计划相关事宜"。

10月27日，康力电梯股份有限公司子公司杭州法维莱科技有限公司正式成立。公司位于杭州余杭经济开发区。公司从事研究、设计电梯前沿的控制技术，制造和销售电梯门机、层门装置、四象限一体机产品与新能源相关产品。

10—12月，康力电梯股份有限公司在总公司、成都康力和广东康力同时引进三条世界最先进的威猛智能钣金自动生产流水线，并先后正式投产，极大地提高了自动化制造水平。

11月15日，康力电梯股份有限公司召开党委、纪委选举大会。王友林当选公司党委书记，高新其当选公司纪委书记。

11月17—18日，康力电梯股份有限公司董事长王友林应邀参加在秘鲁首都利马举行的亚太经合组织高峰论坛。

12月22日，康力电梯股份有限公司董事长王友林出席中国国际商会第八届会员大会暨2016年中国国际商会年会，当选中国国际商会第八届理事会副会长。

12月23日，康力电梯股份有限公司"董事长爱心帮扶基金"启动暨募捐仪式在公司总部举行。董事长王友林个人捐助100万元，全公司部长级以上516名领导干部积极响应，慷慨解囊。

12月28日，康力电梯股份有限公司董事长王友林出席在南京举行的"第十一届苏商领袖年会"，获"2016年度江苏新经济领军人物"称号。

是日，康力电梯股份有限公司的"康力电梯"品牌荣登"2016年中国品牌价值评价榜单"，品牌价值43.63亿元，位列"机械制造类"榜单第七位。

12月30日，康力电梯股份有限公司获江苏省工商行政管理局颁发的"江苏省著名商标证书——康力电梯升降机、电梯升降机设备（滑雪运送机除外）"。

2017年

1月4—6日，康力电梯股份有限公司出席在北京召开的第十二届全国政府采购集采年会，公司获"2016年度全国政府采购电梯十佳供应商"年度大奖。

1月10—11日，康力电梯股份有限公司出席在北京举行的第六届中国公益节盛会，公司获"2016年度第六届中国公益节责任品牌奖"。

是月，康力电梯股份有限公司入围深港通优选标股。

2月17日,康力电梯股份有限公司获江苏省人民政府颁发的"2016年江苏省质量奖"。

2月17日,时任中共成都市委书记唐良智一行调研成都康力电梯有限公司。

2月22日,以"凝心聚力,砥砺前进"为主题的"2017康力电梯股份有限公司全球代理商工作会议"在上海佘山召开。

3月22日,康力电梯股份有限公司总监崔清华出席在南京举行的江苏省制造业大会。会上,董事长王友林被评为"江苏省制造融合创新发展优秀企业家"。

3月22日,在北京举行的"2017中国房地产500强"测评成果发布会上,康力电梯股份有限公司入选"2016—2017年度中国房地产500强十大首选供应商",电梯类7大品牌,跻身世界一流电梯品牌行列。

3月22—24日,康力电梯股份有限公司董事长王友林出席"中国-澳大利亚经贸合作论坛",聆听国务院总理李克强与澳大利亚总理特恩布尔的主题演讲。

5月11—12日,康力电梯股份有限公司董事长王友林出席在上海举行的第七届机场建设与发展国际峰会,并发表演讲。会上,康力电梯获"2017年度机场最佳智能设备供应商"年度大奖。

5月12日,康力电梯股份有限公司第四届董事会由股东大会选举产生:董事长王友林,董事沈舟群、张利春、朱林懿,独立董事耿成轩、强永昌、夏永祥;第四届监事会主席莫林根,监事朱玲花、崔清华。

6月28日,在南京举行的第六届江苏省非公有制经济人士优秀中国特色社会主义事业建设者表彰大会上,公司董事长王友林获江苏省"优秀中国特色社会主义事业建设者"称号。

8月7—9日,康力电梯股份有限公司出席在海南召开的第十七届博鳌房地产论坛,入围中国房地产500强十大首选电梯供应商位列第7。

8月8日,康力电梯股份有限公司出席在南京举行的"2017苏商大会暨江苏省苏商发展促进会第二届第一次会员大会",公司董事长王友林获"2016—2017年度苏商富民强省新领军者"称号。

8月27日,第十三届全运会开幕式上,吉祥物"津娃"和机器人康力"优友"共同点燃全运会主火炬塔。

9月3—5日,中国国际商会副会长、康力电梯股份有限公司董事长王友林出席在厦门召开的"2017金砖国家工商论坛"。

9月6日,康力电梯股份有限公司荣登"全球TOP10电梯制造商"榜单,"康力电梯"品牌是电梯行业中首个进入全球十强的中国自主品牌。

9月8日,在上海举行的第二届电梯行业用户优选品牌评选颁奖盛典暨L形经济转型和升级——房地产和电梯行业高峰论坛上,康力电梯股份有限公司获"十大年度智能制造企业""'一带一路'高效践行企业"称号,"康力电梯"品牌入选"2017电梯行业用户优选十大知名整梯品牌"。

9月26日,康力电梯股份有限公司开展20周年庆典系列活动:新产品发布会、试验塔与户外物流参观通道工程落成典礼、2017中国品牌电梯质量提升高峰论坛、公司20周年庆典文艺晚会等。500余名嘉宾与康力人共庆康力电梯股份有限公司20周年生日。

11月8—10日,康力电梯股份有限公司董事长王友林参加在越南岘港召开的"2017亚太经合组织(APEC)工商领导人峰会"。

11月18—19日,康力电梯股份有限公司承办的"长三角房地产高峰论坛"在汾湖高新区举行。50余家企业、上市公司的董事长、总裁等嘉宾300余人出席"开启新思路、抓住新机遇、探索新路径"主题论坛。

11月23日,康力电梯股份有限公司董事长王友林出席在北京举行的2017金融界中国上市公司创新发展高峰论坛暨"金智奖"上市公司价值评选颁奖盛典,获"2017年度中国上市公司实业领袖奖"。

11月26日，康力电梯股份有限公司子公司康力幸福加装电梯（苏州）有限公司成立。公司提供覆盖整个加梯工程的全产业链服务，解决电梯加装难题。

12月，康力电梯股份有限公司科技项目"电梯永磁同步曳引机系统关键技术及应用"获"2017年中国商业联合会科学技术奖——全国商业科技进步一等奖"。

是年，康力电梯股份有限公司的"康力电梯"品牌价值68.65亿元，比上一年品牌价值增长57%。

2018年

1月7—8日，康力电梯股份有限公司获"2017年度政府采购电梯十佳供应商""政府采购十五年十佳优秀电梯供应商"两项大奖。

1月19—20日，康力电梯股份有限公司董事长王友林出席在南京召开的江苏省苏商发展促进会第十二届苏商领袖年会，获江苏省"2017年度苏商智能制造领军人物"称号。

1月23日，"践行新使命，打造新标杆"康力电梯2018年度合作伙伴工作会议在汾湖高新区召开，全国优秀代理商500余人出席会议。

1月24日，康力电梯股份有限公司子公司康力幸福加装电梯（苏州）有限公司电梯品牌发布暨城市加盟启动大会在苏州举行，康力幸福加装电梯（苏州）有限公司推出"既有建筑加梯服务旗舰品牌"。

1月26—31日，江苏省人大代表、康力电梯股份有限公司董事长王友林出席江苏省第十三届人民代表大会第一次会议，提交"关于加快既有住宅加装电梯的提案"，受到代表们广泛关注与热烈讨论。

1月29—30日，在北京举行的第七届中国公益节大会上，康力电梯股份有限公司获"2017年度责任品牌奖"。

1月30日，康力电梯股份有限公司子公司苏州电梯秀装饰有限公司成立。公司从事电梯的装饰设计与加工。

3月20日，康力电梯股份有限公司在苏州召开"2018海外代理商工作会议"，五大洲（大洋洲、非洲、美洲、亚洲、欧洲）30余个国家的海外核心代理伙伴出席会议。

3月21日，在北京举行的"2018中国房地产500强"测评成果会上，康力电梯股份有限公司获500强房企首选供应商，电梯类7大品牌首选率稳居民族品牌前列。

5月9日，在上海举行的2018中国品牌价值评价信息发布暨第二届中国品牌发展论坛信息发布："康力电梯"品牌强度917，品牌价值68.65亿元，居电梯行业第4位。

5月10日，康力电梯股份有限公司2017年跻身全球电梯制造商前十名（TOP10），该消息重磅发布于纽约时代广场。

6月15日，康力电梯股份有限公司董事长王友林出席江苏省电梯产业质量安全提升现场推进会。会上，中国电梯协会理事长李守林讲话，董事长王友林提出"聚焦质量提升，强化安全运行"倡议。

6月20日，康力电梯股份有限公司技术中心实验室通过中国合格评定国家认可委员会（CNAS）认证。康力电梯技术中心实验室具备全球其他互认国和地区认可的管理水平和检验检测能力。

7月10日，时任共青团江苏省委书记王伟一行参观、调研康力电梯股份有限公司，详细了解企业发展、高质量人才建设及"创二代薪火工程"等相关情况。

7月23日，全国质量品牌价值提升交流推广研讨会上，康力电梯被评为"中国品牌优秀会员单位"。

7月25—27日，中国国际商会副会长、康力电梯股份有限公司董事长王友林随团出访南非约翰内斯堡，参加"2018南非金砖国家工商论坛"。

9月26日，康力电梯股份有限公司当选"江苏省工业互联网发展联盟首批联盟联席理事单位"。

10月11—13日,康力电梯股份有限公司携"EOS电梯工业互联网平台",在南京举行的2018年世界智能制造大会上亮相,展示公司在智能制造领域的创新成果和产品升级服务。

11月18日,康力电梯股份有限公司参与编制《电梯、自动扶梯和自动人行道安全相关的可编程电子系统的应用》第一部分:电梯(PESSRAL)。

12月1日,康力电梯股份有限公司的电梯门板智能制造车间、子公司苏州新里程电控系统有限公司的SMT智能制造车间被江苏省工业和信息化厅选为"2018年江苏省示范智能车间"。

12月20日,康力电梯股份有限公司"10 m/s超高速电梯的关键技术及创新"获"2018年江苏省科技创新成果转化奖一等奖"。

是年,康力电梯股份有限公司在第十四届全国政府采购集采年会上,获"2018年度全国政府采购电梯服务十强供应商"证书。康力电梯股份有限公司董事会在第十四届中国上市公司董事会"金圆桌"论坛暨"金圆桌奖"颁奖典礼上,获"第十四届'金圆桌'优秀董事会奖"。

2019年

1月,王友林董事长获评苏商领袖年会"2018年度苏商风云人物"。

1月17日,王友林董事长出席省第十三届人大第二次会议。

2月21日,江苏省委副书记、省长吴政隆考察康力电梯。公司董事长王友林接待吴省长一行并汇报公司发展形势。

4月8日,国务院总理李克强出席欧盟中国商会揭牌仪式、亲切接见王友林董事长等企业家代表。

4月18日,王友林出席长三角一体化示范区建设暨汾湖区域价值高峰论坛。

4月25日,董事长王友林出席2019年"一带一路"企业家大会。

5月9日,2019中国品牌价值评价榜权威发布,康力电梯品牌价值72.7亿元,稳居中国电梯行业第1位。

5月30日,康力电梯股份有限公司与陕西建工金牛集团股份有限公司合作设立的陕西建工康力电梯有限公司在西安揭牌,标志着双方战略合作正式启动。

7月6日,机场专用车辆院士合作项目座谈会在康力电梯股份有限公司举行。中国工程院院士吴光辉、孙逢春、邓宗全就机场专用车辆项目的实施、落地和与会人员进行了深入交流。

10月10日,康力电梯实力跻身"2019全球电梯制造商10强",是全球十强中唯一中国品牌,并领衔"2019中国电梯制造商15强"之首;公司全资子公司苏州新达跻身"2019中国电梯零部件供应商20强"。

12月28日,苏商发展促进会副会长、康力电梯董事长王友林荣膺"2019年度数字经济与实体经济融合发展新领军者"。

第一章 企业建设

第一节 总公司建设

一、总公司主要建设历程

康力电梯有限公司的建立最早可以追溯到 1993 年 6 月,创始人王友林借了 2 万元人民币,带领 3 个亲戚和同乡,挂靠在一家小民营企业下,成立钣金加工厂——南灶金属制品厂,承揽一些零星钣金加工业务,基本以个体生意模式经营,业务不稳定,既无资金,又缺设备,只雇用了一个工人,条件十分艰苦。

1995 年 7 月,王友林承包莘塔通用机械厂,这是一个挂靠在莘塔机电站下的小钣金加工厂,位于莘塔镇机电站,租用的车间面积 300 m²,生产设备有一台冲床、一台车床、一台导轨滚弯机及一套上下部总装工装。主要业务仍然是承揽钣金加工,加工的零部件包括:鼓风机机壳、铁砂皮生产线设备、光纤光缆用设备等,并且开始接到一些周边电梯厂的电梯零部件加工订单,如"扶梯上下部组件"等,生产规模有所扩大,员工人数增加到 25 人,当年实现营业收入 4 万元,无盈利。

1997 年 11 月,吴江市新达电扶梯成套部件有限责任公司在莘塔通用机械厂基础上成立。1998 年,董事长王友林购入原吴江电梯厂精工分厂,地址为莘塔大街(现康力小区原址)。公司厂址迁往新购厂房,厂房面积约 3 000 m²。公司的主营业务转向电扶梯零部件加工,生产的主要部件有扶梯上下部配套组件,有稳定的业务来源和明确的发展方向。员工增加到 35 人左右。

1998 年 9 月,公司拍得莘塔镇府时路 57 号地块,规划新建厂房,这是公司首个自主投资建设的生产场所。厂房占地面积 19 655 m²,建造厂房等辅助设施建筑面积 9 785 m²,投资 1 400 万元。

2000 年 5 月,公司迁入新的厂房和办公楼。迁入新工厂后,公司引入台湾先进的立式加工中心生产流水线,生产条件和能力有较大的提升,生产加工的配套零部件品种不断增加,如梯级链轮等。同一时期,公司以电梯零部件配套加工企业形象,亮相全国电梯展览会,引起多家外资巨头的注意,并到厂洽谈业务。在市场开拓和生产条件都有较大提升的情况下,新达部件当年产值达到 400 万元,远远超出预期目标。员工人数 150 人,公司规模进一步扩大。

2000 年 10 月,吴江市新达电扶梯成套部件有限责任公司更名为苏州新达电扶梯部件有限公司。11 月,公司另外单独注册成立苏州康力电梯公司,开始从事电梯整机业务。是时,依据原国家经贸委于 1999 年 8 月 9 日颁发的《工商投资领域制止重复建设目录》中,对 1999 年 9 月 1 日后新成立的公司不发放工业产品生产许可证(即当时的电梯生产许可证),于是,2001 年 7—8 月,公司对苏州新达和苏州康力进行名称以及资产和业务互换,使得苏州康力成立年限可以追溯到 1997 年 11 月,原苏州新达成为康力总公司的前身,现苏州新达的成立年限变更为 2000 年。

2001 年 11 月 1 日,苏州康力取得原江苏省技术监督局颁发的"特种设备制造许可证",2002 年 1 月 18 日又取得原国家技术监督检验检疫总局颁发的"全国工业产品生产许可证"。至此,公司确立苏州康力从事电梯整机业务、苏州新达生产电梯成套部件的业务布局。

2002 年 11 月,占地 7 万余 m²,建筑面积 3.5 万 m² 的"康力电梯"一期工程在康力大道 888 号(原莘塔镇联南东路北侧)破土动工,其中生产厂房 1.7 万 m²,办公、仓库、食堂、宿舍等辅助设施 1.7 万 m²,第

第一章　企业建设

一座21层85 m高的试验塔2 900 m²。工程于2004年竣工投入使用，主要生产产品为电梯。

2003年8月，公司获得第三方国际咨询评估机构评定的"企业资信等级AAA级企业"，公司产品开始进入国际市场，出口到中东、东欧、东南亚等地。

2004年6月，公司引进德国和日本的数控切割机、数控折弯机、数控刨槽机、数控冲床等一系列先进的生产设备，大大提高公司的生产力。11月，为适应公司发展需要，"苏州康力电梯公司"更名为"江苏康力电梯集团有限公司"，加大整机市场拓展和集团化运作。苏州新达作为下属子公司纳入。此时康力集团有员工271人，子公司新达有员工197人，共计员工人数为468人。是年，康力整机业务实现年收入1.2亿元，净利润785万元。

2005年，公司的电扶梯产品销量跃居全国市场同类产品内资品牌第一。是年10月，公司成立全资子公司——苏州康力运输服务有限公司。由于集团业务范围超出电梯行业，11月，公司由原来的"江苏康力电梯集团有限公司"更名为"江苏康力集团有限公司"。

2006年3月，集团成立全资子公司——苏州奔一机电有限公司，主要生产扶梯不锈钢梯级，隶属于新达部件，对内销售给康力和新达。9月，为提高对现有华南重要客户的快速响应能力，降低物流成本，同时拓展电梯产业高度集中的华南地区零部件配套业务，新达部件在广州租赁厂房，注册成立广州广都电扶梯配件有限公司（后简称"广都配件"），主营业务为电扶梯零配件的销售和生产加工。国内业务逐渐扩展到珠三角地带。

2006年在集团不断扩建子公司的同时，公司基础建设进一步推进。9月，康力电梯股份有限公司二期工程在康力大道899号（原莘塔镇联南东路南侧）破土动工。2008年1月，占地8万 m²的"康力电梯"二期工程，即亚洲最大的自动扶梯和自动人行道生产制造中心以及配套办公大楼投入使用，总建筑面积为4.58万 m²，配有10条自动扶梯生产流水线，具有每年7 000台自动扶梯和自动人行道的生产能力。至此，原莘塔镇联南路北侧为康力一期厂房，生产电梯整机产品，南侧为康力二期厂房，为自动扶梯整机装配。

2007年4月，苏州新达电扶梯部件有限公司二期工程在康力大道788号正式动工，建筑面积3.5万 m²，2008年1月竣工后，新达迁入新厂房。是年10月，公司进行股份制改革，开始筹备上市。公司正式更名为"康力电梯股份有限公司"，以总公司下辖若干子公司的模式运作。

2008年1月，公司在北京人民大会堂举行"全球经销商年会暨新产品发布会"，基于产品技术水平的提高，品牌影响力不断提升，营销网络和销售渠道的日益完善，公司开始与全国顶级地产商分别签署战略合作协议，进入政府采购供应商名单，频繁获得品牌影响力、优秀供应商、优秀工程服务等方面的各类奖项。公司整机销售业绩快速提升，每年均获"全国市场同类产品内资品牌销量第一"。

2010年3月12日，公司在深圳证券交易所成功上市，成为中国电梯行业首家上市公司。9月，研制成功国内首台有完全自主知识产权的7 m/s高速电梯，打破外资品牌在高速电梯领域的垄断地位。公司开始进入快速发展阶段。

自2000年整机业务启动以来，至2015年，康力总公司整机业务快速发展，2016年显示的营业收入超过28亿元，净利润超过4.7亿元。

2016年后，受国家经济政策和形势、房地产市场调控、原材料涨价以及电梯行业竞争日益激烈等多种因素影响，公司的经营发展遇到挑战。2017—2018年，净利润开始下滑。

二、全国性产业布局

成功上市后，公司开始在广东、成都及公司总部进行生产基地建设，形成长三角、珠三角和西南地区制造基地的战略布局。

（一）珠三角生产基地建设

2010年9月，公司在中山置地建厂，总建筑面积8.8万 m²，建有厂房和办公楼等辅助设施、100 m试验塔，成立"中山广都机电有限公司"，同时具备电梯零部件和整机生产能力。2006年租赁厂房成立的"广州广都电扶梯配件有限公司"的业务因此逐渐向中山转移，最终于2011年注销。2015年，公司开始对中山电梯零部件及整机业务进行拆分。10月，成立"广东广都电扶梯配件有限公司"，专门从事电梯零部件生产业务。2016年6月，"中山广都机电有限公司"更名为"广东康力电扶梯有限公司"，提供整机业务，专门配套为康力总公司提供电扶梯配件及大配套扶梯产品。

（二）西南地区制造基地建设

2011年10月，在四川省成都市成立全资子公司"成都康力电梯有限公司"（简称"成都工厂"），地址金堂县成都阿坝工业集中发展区成阿大道一段康力路1号。2012年，"成都工厂"工程破土动工，占地面积20.6万 m²，建筑面积10.71万 m²。2013年6月建成投产，主要有电梯车间、扶梯车间，每个车间4万 m²，两个车间有一条高度6.5 m的空中景观通道。2015年11月8日，成都公司举行电梯试验塔奠基仪式，试验塔高120 m，配备5个测试井道，建筑面积4 302 m²。

（三）部件产业园建设

2011年1月，苏州新达电扶梯部件有限公司三期工程在康力大道799号正式动工，建筑面积3.1万 m²，其中厂房建筑面积1.1万 m²，5层办公大楼1.9万 m²，2012年5月竣工。该厂区计划用于生产整机控制系统和人机界面，2011年6月，全资子公司"苏州新里程电控系统有限公司"成立，主体厂房竣工，为公司进一步掌握电梯自动控制核心技术铺平道路。

2012年下半年，苏州新达电扶梯部件有限公司立项在黎里镇汾杨路888号规划建设苏州新达部件产业园，分两期建成1号、2号厂房及动力中心等辅助房，部件产业园共有土地面积286 100 m²。2016年8月全部竣工。苏州新达电扶梯部件有限公司迁入新址。

2012年，12月，成立合资控股公司——"苏州润吉驱动技术有限公司"，地址在康力大道799号，公司具有生产制造驱动曳引机的能力。

2013年11月，公司总部全球电梯行业最高测试塔及技术中心大楼项目在江苏路2288号启动。34层测试塔高度为288 m，其中地面268 m，地下20 m。建筑面积2.6万 m²，包含8层技术中心大楼及提升高度为50 m的重载型自动扶梯一台，于2016年投入使用。

至此，公司形成总部产业园、部件产业园、成都产业园、中山产业园四大生产基地，总计面积141万 m²。

三、生产制造设备建设

2008年和2011年，公司斥资4 200万元，引入两条当时世界上最先进的意大利萨瓦尼尼钣金柔性生产线，使门板的加工水平和效率得到大幅提高。

2016年10月，公司在总公司、成都和中山三个整机厂投入巨资，同时引进三条世界最先进的荷兰"威猛"钣金加工自动化设备，并在国内进行机器人等前后端设备的配套，建立全自动化门板加工流水线，大大提高生产制造的自动化水平和效率。

公司还拥有扶梯桁架焊接生产线、梯级生产线、扶梯总装生产线、喷涂喷塑流水线、热处理、电泳等表面处理生产线,控制系统、门机、层门、制造生产线。此外,公司还开发曳引机、扶梯型材、电梯型材生产线。公司拥有全套先进的检验、检测仪器设备。

四、营销服务网络建设

2011年开始,公司全力推进营销服务网络建设,开始在各省级主要城市建立分公司,逐步建立健全区域营销和服务机构组织。截至2018年,公司在全国范围内设立118个分支机构,其中46个分公司、72个服务中心,拥有500余家签约经销商。海外市场进一步拓展,设有3个海外营销部,60余家代理服务网点。

2015年起,受宏观经济环境、行业发展以及企业自身经营管理问题的影响,公司经营发展遇到前所未有的困难。从2016年开始,公司的经营数据显示,营收停滞不前,利润下滑严重。为克服困难,使企业向高质量和高效率方向转型,公司开始自身的创新和变革。

围绕"七个质量"和"九大创新"的战略方针,2017年5月,公司针对不同的业务和职能,分别成立14个"九大创新"工作组,各机构开始调整思路,深化改革,努力提升管理效率和水平,推进业务发展,促进业绩回升。

表 1-1　　　　　　　　　　　　集团公司历年经营业绩

年　份	营业收入(万元)	净利润(万元)	资产总额(万元)
1995 年	4	0	22
1996 年	100	15	86
1997 年	400	45	127
1998 年	812	80	402
1999 年	1 001	95	480
2000 年	2 230	180	4 056
2001 年	5 700	430	8 240
2002 年	7 500	521	12 859
2003 年	12 630	890	18 637
2004 年	17 000	1 326	24 695
2005 年	27 579	914	27 898
2006 年	38 513	1 714	50 955
2007 年	52 883	4 156	49 332
2008 年	69 014	5 025	56 935
2009 年	82 394	8 420	94 299
2010 年	108 994	11 987	210 352
2011 年	160 274	15 110	240 280
2012 年	182 334	18 698	264 614
2013 年	222 840	27 777	297 671
2014 年	282 128	40 241	377 825

(续表)

年份	营业收入(万元)	净利润(万元)	资产总额(万元)
2015 年	327 031	48 876	404 897
2016 年	331 406	42 407	520 883
2017 年	327 994	32 616	560 972
2018 年	309 184	14 713	550 765

注：2018年净利润未包括理财减值损失预提额。

表 1-2　　　　　　　　　　康力电梯股份有限公司整机经营业绩数据

年份	出厂台数(台)	营业收入(万元)	净利润(万元)	资产总额(万元)
2001 年	200	2 202	220	4 809
2002 年	236	2 615	266	7 812
2003 年	490	5 121	510	11 088
2004 年	1 102	9 461	940	15 109
2005 年	2 216	18 691	524	21 857
2006 年	3 008	24 677	1 332	32 830
2007 年	3 519	35 503	2 860	38 748
2008 年	4 012	47 927	3 553	44 562
2009 年	4 918	56 166	5 416	79 551
2010 年	6 765	75 858	8 340	190 474
2011 年	8 179	116 324	11 628	214 211
2012 年	9 395	147 200	14 689	233 463
2013 年	13 957	184 417	22 060	255 488
2014 年	16 482	236 554	31 753	317 640
2015 年	17 951	275 767	34 886	345 476
2016 年	18 319	284 628	47 190	457 336
2017 年	21 211	283 308	28 045	494 960
2018 年	24 404	264 558	26 758	500 818

第二节　子公司建设

一、子公司建设历程

2004年11月，为适应公司发展需要，苏州康力电梯公司更名为"江苏康力电梯集团有限公司"，开始业务范围的拓展和集团化运作。成立于1997年的苏州新达作为集团的第一家下属子公司被纳入。公司在全力推进整机业务的同时，大力发展电梯延伸产业，围绕电梯产业链布局，陆续成立子公司。

2005年10月，成立全资子公司——苏州康力运输服务有限公司，从事整机产品运输发运。

第一章　企业建设

2006年3月,集团成立全资子公司——苏州奔一机电有限公司,主要生产扶梯不锈钢梯级。

2006年9月,新达部件在广州租赁厂房,注册成立广州广都电扶梯配件有限公司。2011年注销。

2010年9月,公司在中山置地建厂,成立中山广都机电有限公司,同时具备电梯零部件和整机生产能力,广东的业务由广州逐渐向中山转移。

2011年1月,苏州新里程电控系统有限公司(简称新里程公司)成立,生产制造电扶梯控制系统和人机界面。

2011年10月,成都康力电梯有限公司成立,成为公司布局西南的整机制造子公司。

2012年11月,公司与沈阳蓝光以合资控股的形式,成立苏州润吉驱动技术有限公司,生产经营电梯曳引机。

2012年12月,收购江苏粤立电梯安装工程有限公司,从事电梯安装和保养业务,公司地点在南京。

2013年5月,成立江苏和为工程咨询有限公司,从事建设工程管理咨询。

2015年,公司对中山康力电梯零部件及整机业务进行拆分。10月,成立广东广都电扶梯配件有限公司,专门从事电梯零部件生产业务。2016年6月,中山广都机电有限公司更名为"广东康力电扶梯有限公司",从事整机业务。

2016年6月,公司投资参股成立康力机器人产业投资股份有限公司,地址在北京。

2016年7月,成立杭州法维莱科技有限公司,生产电梯门系统配套零部件。

2017年9月,成立康力幸福加装电梯(苏州)有限公司,从事既有建筑加装电梯业务。

2018年1月,成立苏州电梯秀装饰有限公司,从事电梯装潢业务。

表1-3　　　　　　　　　　　　康力电梯股份有限公司旗下子公司一览表

子公司简称	主营产品	所在地	成立时间	备注
苏州新达电扶梯部件有限公司	电扶梯零部件	苏州汾湖	2000年11月	
苏州康力运输服务有限公司	电扶梯产品运输	苏州汾湖	2005年10月	
苏州奔一机电有限公司	扶梯不锈钢梯级	苏州汾湖	2006年3月	
广州广都电扶梯配件有限公司	电扶梯零部件	广东广州	2006年9月	2011年注销
广东康力电扶梯有限公司	电扶梯整机	广东中山	2010年9月	前身为"中山广都机电有限公司",2016年更名
苏州新里程电控系统有限公司	电扶梯电控系统	苏州汾湖	2011年1月	
成都康力电梯有限公司	电扶梯整机	四川成都	2011年10月	
江苏粤立电梯安装工程有限公司	电梯安装服务	江苏南京		2012年12月收购
苏州润吉驱动技术有限公司	电扶梯曳引机	苏州汾湖	2012年11月	合资控股
江苏和为工程咨询有限公司	工程咨询服务	苏州汾湖	2013年5月	2019年4月股权全部转让
广东广都电扶梯配件有限公司	电扶梯零部件	广东中山	2015年10月	
康力机器人产业投资股份有限公司	投资	苏州工业园区	2016年6月	合资参股
杭州法维莱科技有限公司	电梯零部件	浙江杭州	2016年7月	
康力幸福加装电梯有限公司	既有建筑加装电梯	苏州汾湖	2017年9月	
苏州电梯秀装饰有限公司	电梯装潢业务	苏州汾湖	2018年1月	

二、苏州新达电扶梯部件有限公司

1997年11月,吴江市新达电扶梯成套配件有限责任公司成立,利用原吴江电梯厂车间作厂房,地址在莘塔镇莘塔大街。在康力电梯成立之前,新达为公司的前身。

1999年初,新达移址莘塔镇府时路57号。

2000年4月,新达通过ISO9001国际质量体系认证。10月,吴江市新达电扶梯成套配件有限责任公司更名为"苏州新达电扶梯部件有限公司"。

苏州新达专业从事电扶梯零部件的研发、生产及销售,主要产品包括扶梯上下部驱动总成、扶梯曳引机和电梯零部件等,新达还根据客户的具体需求,提供扶梯大配套业务。

2006年3月10日,新达通过奥的斯质量认证。10月,公司移址康力大道788号,是康力电梯股份有限公司全资子公司。是年,公司被评为江苏省"AAA"级企业。

2007年4月,新达二期工程动工,占地面积7.1万 m^2,建筑面积4.19万 m^2,总投资8100万元。是年,获"江苏省高新技术企业"称号。2007年,新达主要产品扶梯上下部驱动总成在国内市场占有率为23.63%。

2008年,苏州新达研发完成SZG0718大高度自动扶梯上下部驱动总成、SZG0719高速系统控制总线技术应用、SZG080371超大高度自动扶梯上下部驱动总成、SZG080372无障碍功能轿厢、SZG080373自动扶梯扶手带智能调整系统、SZG080374电梯开门机生产流水线技术改造、SZG080375自动扶梯踏板迎宾灯设计。

2009年,苏州新达研发完成新型智能地铁屏蔽门、电梯双向停层用夹绳器、无障碍升降平台、电梯一体化轿厢、具有应急通道功能的自动扶梯、自动人行道、智能型电梯装饰顶。是年,生产的"莘达牌"自动扶梯、自动人行道上下部驱动总成及其装备连续三年获"苏州市名牌产品"称号。

2010年,苏州新达研发完成新型大长度水平人行道、大高度自动扶梯与自动人行道节能主机、节能型自动扶梯自动人行道智能驱动控制系统。

2011年1月,新达三期工程动工,占地面积4.12万 m^2,建筑面积2.96万 m^2,总投资4300万元。10月,公司研发完成1600 mm超宽水平自动人行道、1600 mm超宽水平自动人行道上下部驱动总成。

2012年4月,新达通过ISO14000环境管理体系认证和ISO28000职业健康安全管理体系认证。是年,新达研发完成智能型中分直流永磁同步门机、中分层门装置(双圆弧)。

2013年,新达研发完成XDT23.2大曲率半径自动扶梯、经济型中分交流永磁同步门机、23.2度大高度自动扶梯上下部总成。

2014年1月27日,新达取得自动扶梯、自动人行道安全认证(CE认证)。是年,公司研发成功新型电梯防火门、中分高速梯门系统、接插集成式扶梯控制柜、集成轿门锁同步门刀。严格的质量管理、专业的生产团队、先进的生产设备、一流产品,赢得客户的青睐。定点配套的协作单位有:苏州快速电梯有限公司、上海华升富士达有限公司、通力电梯有限公司、蒂森克虏伯扶梯(中国)有限公司、广州奥的斯电梯有限公司等国内众多知名电扶梯生产企业。

2015年8月,新达公司移址汾湖高新区汾杨路888号。占地面积28.6万 m^2,建筑面积8.3万 m^2,注册资本7.85亿元,投资总额4.47亿元。公司设立管理中心、营销中心、技术中心、制造中心及质量部、供应商管理部、成本管理部、财务部。主要设备有:数控火焰切割机、激光切割机、多工位数控车床、自动焊接机器人、加工岛、电泳涂装生产线等,各种生产设备、工艺装备300余台(套)和智能化生产线30余条,零件自动化生产线14条。经营范围是小机房乘客电梯、无机房乘客电梯、自动扶梯上下部驱动总成、智能控制柜、曳引机、桁架、自动扶梯、自动人行道配件、轿厢总成及井道部件系列、门机系列等。

新达公司注重引进高素质科技人员,建立一支由老、中、青科技人员组成的研发队伍,完善研发流程,从调研、立项、审批、方案设计、工程设计、样机试制、批量生产等环节严把质量关。2015年,新达公司实现营业收入7.3亿元,利润6100万元,税收4949万元,员工909人,其中科技人员279人。

2016年8月,苏州新达取得计量检测体系认证、测量管理体系认证证书、质量管理体系认证证书。11月,新达获苏州市诚信认证企业证书。12月,公司获特种设备制造许可证。是月,莘达牌自动扶梯、人行道上下部驱动总成及其装备被江苏省名牌战略委员会授予"江苏名牌产品"称号。新达共研发科技项目27项,有效授权专利272项,其中发明专利19项。

2017年8月,苏州取得ISO3834焊接认证与TUV焊接体系认证。

2018年,苏州新达推进智能化建设,投资建造486 m^2的电泳生产线投入使用,引领电梯制造行业涂装工艺新模式。

三、苏州康力运输服务有限公司

苏州康力运输服务有限公司成立于2005年10月28日,注册资本1280万元,地址在吴江市汾湖高新区联南路北侧(今康力大道)。

运输公司主要从事康力及苏州新达电梯、扶梯整机与零部件产品的专业运输服务。

历年员工人数一直维持在4~5人。

四、苏州奔一机电有限公司

2006年3月,苏州奔一机电有限公司(简称"奔一公司")成立,是康力电梯股份有限公司全资子公司,占地面积1.96万 m^2,建筑面积6480 m^2,注册资本2000万元。地址在吴江市汾湖高新区莘塔社区府时路341号(原新达一期)。

2007年9月,由于股东变更,苏州奔一机电有限公司成为苏州新达全资子公司。

苏州奔一生产销售自动扶梯不锈钢梯级、自动人行道不锈钢梯级。有各种机电工艺设备115台(套),其中数控自动点焊机11台,装配生产线5条,精密冲床生产线11条,数控电泳生产线1条,工件自动悬推输送线2条,产品装配线4条,数控剪板生产线1条,其他大型工艺设备68台(套)。

2008年,通过ISO9001:2015质量体系认证。获发明专利3项、实用新型专利50项、外观专利7项。

2013—2015年,苏州奔一陆续购进先进的自动化面板螺钉锁紧设备,扩大产能。

2016年,苏州奔一获得高新技术企业评定证书。

2018年,苏州奔一对现有梯级进行升级换代,调整部件原材料,避免环保风险。是年,获三级安全生产标准化评定。

截至2018年年底,苏州奔一员工97人,其中研发人员16人。

五、广东康力电扶梯有限公司

2006年9月,新达部件在广州市花都区租赁厂房,注册成立"广州广都电扶梯配件有限公司"。

2010年9月,公司在中山置地建厂,成立"中山广都机电有限公司",同时具备电梯零部件和整机生产能力,广东的业务由广州逐渐向中山转移。

2011年注销"广州广都电扶梯配件有限公司"。

"中山广都机电有限公司"是康力电梯股份有限公司全资子公司,注册资本1.6亿元。地址在广东省中山市南朗镇华南现代中医药城于意路8号。公司占地面积12.6万 m^2,建筑面积8.8万 m^2,项目工程分二期建设,建成三幢厂房及一幢宿舍楼,总投资2.2亿元。中山广都机电有限公司设财务部、销售部、综合管理部、技术部、质量部、计划部、电梯车间办公室及电梯车间、电控车间、仓储发运。是年,主要业务是生产蒂森电梯部件箱、奥的斯桁架。

2011年9月,通过ISO9001质量管理体系认证。2013年起,逐步加大投入,添置电控生产线、扶梯上下部驱动生产线、电泳生产线、梯级生产线、蒂森重型梯桁架生产线、康力电梯门系统生产线、全自动喷粉线、数控激光切割机、小松数控折弯机、剪板机、压力机、抛丸机、冲床等。检测设备有电梯限速器测试仪、电梯加减速度测试仪、接地电阻测试仪等。

2015年10月,通过ISO4001环境管理体系和OHSAS18001职业健康安全管理体系认证。11月10号,举行电梯试验塔奠基仪式,试验塔高100 m,地面16层、地下1层,总建筑面积3 670 m^2,配备5个测试井道,总投资1 800万元。产品有乘客电梯、观光电梯、医用电梯、载货电梯、液压货梯、杂物电梯、自动扶梯、自动人行道等配套的零部件和OEM扶梯整机,是华南地区电梯、扶梯重要制造基地。

2015年11月,公司对广东中山工厂的整机业务和部件业务进行分拆,单独成立全资子公司"广东广都电扶梯部件有限公司",从事电梯零部件业务。

2016年6月,将"中山广都机电有限公司"更名为"广东康力电扶梯有限公司"。广东康力电梯有限公司占地面积5.6万 m^2,注册资本1.6亿元,总投资2亿元。主要生产、销售康力电梯、扶梯整机业务。8月,公司获特种设备安装改造维修许可证(A级)和特种设备制造许可证(A、B、C级)。

2018年,广东康力电扶梯有限公司员工125人。

六、苏州新里程电控系统有限公司

2011年1月,苏州新里程电控系统有限公司(简称"新里程公司")成立,公司是康力电梯股份有限公司全资子公司,注册资本3 700万元。地址在吴江市汾湖高新区联南路(今康力大道)799号。公司占地面积11 176 m^2,建筑面积15 331 m^2。

车间设置有电子车间、电气车间、电控车间、成套车间等。主要设备有贴片机、无铅波峰焊机、高速端子压着机、高温型冷干机、无铅回流焊机等。经营范围是电梯、扶梯电控系统,电梯、扶梯部件,电子元器件,电器设备的研发、生产、加工、销售等。

2011年5月,研发完成以一体式操纵盘和无底盘召唤指示器为主体的人机界面产品,并批量投产。7月,研发完成以节能环保为特色的LED轿顶照明产品,并批量投产。

2012年1月,开发完成全系列人机界面产品的开发。

2013年7月,人机界面生产流水线全面投产运行。

2014年4月,研发完成嵌入式残疾人操纵盘。5月,研发完成分体式操纵盘设计。9月,通过GB/T 19001/ISO 9001质量管理体系认证。

2015年4月,研发完成有底盒欧式外呼、到站灯设计、横式指示器、旋转式操纵盘。12月,获D10D622、D10D632一体机系列控制柜、KL230C系列一体化操纵盘的高新技术产品认定证书。

2016年3月,研发完成无底盒扩展系列产品、超薄型锁梯盒、无底盒消防盒。4月,研发完成第二代无底盒召唤指示器和消防梯操纵盘。11月,获江苏省高新技术企业证书。

2017年3月,研发完成九宫格操纵盘。8月,机房电源箱产品获高新技术3C认定证书。是月,KL630H系列超薄型召唤指示器获高新技术产品证书。12月,研发完成运用于KL233系列操纵盘的大液晶显示板。

2018年3月,KL/VF一体化电梯控制柜以及电磁平层开关DC24V两个研发项目,通过江苏省新产品新技术鉴定验收。2018年7月研发完成KLF311H系列无底盒召唤指示器。2018年12月,SMT智能制造车间被评为"江苏省示范智能车间"。是年,员工188人,其中技术人员19人。截至2018年12月,共获得实用新型专利32项,外观专利2项。

七、成都康力电梯有限公司

2011年10月20日,成都康力电梯有限公司(简称"成都公司")成立,成都公司是康力电梯股份有限公司全资子公司,注册资本2.8亿元。地址在四川省成都市金堂县成都阿坝工业集中发展区成阿大道一段康力路1号。

成都公司占地面积20.6万 m^2,建筑面积10.71万 m^2。

2012年起,成都公司先后取得原国家质量监督检验总局颁发的特种设备制造许可证、原四川省质量技术监督局颁发的特种设备安装改造维修许可证、国家安全生产标准化三级证书等。

2013年6月,成都公司厂房建成投产,主要有电梯车间、扶梯车间,每个车间4万 m^2,两个车间有一条高度6.5 m的空中景观通道,总投资超4亿元。

2015年11月8日,成都公司举行电梯试验塔奠基仪式,试验塔高120 m,配备5个测试井道,建筑面积4 302 m^2,总投资2 300万元。

是年,成都公司生产设备有荷兰进口全自动威猛流水线、进口高性能数控冲床、剪板机、折板机、钣金生产线、高精度激光切割机和两条喷塑电泳喷涂流水线。主要经营范围是电梯、自动扶梯、自动人行道、加工桁架、上下部驱动、层门、门套、轿门、轿厢围壁、控制柜体、轿厢上下梁等,年生产整机能力2万台,能够满足西部地区的产品需求。

是年,成都公司设总经理办公室、人事行政部、财务部、技术部、质量部、供应商管理部、计划采购部、仓储部、信息管理部、制造部等。

2016年,成都公司及其产品获"全国电梯整机产品用户满意服务单位""全国用户满意产品"称号。是年,实现营业收入3.41亿元,利润3 364万元,税金2 225万元。

2017年12月,成都公司生产产品入选四川省名优产品推广应用目录。

2018年7月,成都公司被评为"成都市重点民营企业现代管理制度示范单位",12月获得阿坝州、金堂县优秀民营企业称号。是年,成都康力员工265人,其中技术人员9人、质量管控人员12人。

八、江苏粤立电梯安装工程有限公司

2013年1月,康力电梯股份有限公司收购江苏粤立电梯安装工程有限公司。

江苏粤立电梯安装工程有限公司成立于2001年9月25日,其前身是广州电梯工业公司南京分公司。江苏粤立电梯安装工程有限公司是康力电梯股份有限公司全资子公司,占地面积325 m^2,注册资本1 060万元,地址在南京市鼓楼区建宁路31号金盛国际家居。

江苏粤立电梯安装工程有限公司以销售、安装、维保日立、广日电梯为主要经营项目。主要经营范围为电梯、机械式停车设备安装、改造、维修、保养、工程装饰、工程咨询、电梯配件销售、砝码租赁服务,自营和代理各类商品及技术的进出口业务。粤立安装设立总部、财务部、综合管理部、工程一部、工程二部、工程三部、质量安全部、南京维保部、镇江维保部、产品更新部。

江苏粤立电梯安装工程有限公司具有国家级特种设备安装、改造、维修 A 类资质证书，是江苏省第一批四星级维保单位。公司核心理念是精益求精，满足客户新需求——以诚相待，提供更优良服务。

2018 年，粤立安装有大专以上学历 24 人，高中级职称 7 人，项目经理 7 人（其中持国家一级资质证 2 人），持技术监督局操作证 45 人。

九、苏州润吉驱动技术有限公司

2012 年 11 月，苏州润吉驱动技术有限公司（简称"润吉公司"）成立，是康力电梯股份有限公司控股子公司，注册资本 5 555 万元。地址在汾湖高新区康力大道 799 号。苏州润吉占地面积 1.35 万 m^2，建筑面积 1.2 万 m^2。经营范围是研发、生产和销售电动机、自动控制系统、电梯曳引机等，是研发制造永磁同步无齿轮电梯曳引机系列产品的专业公司。12 月，完成 KGT-T 系列（载重量 800 kg 和 1 000 kg）无齿轮永磁同步曳引机产品研发，并通过国家电梯质量监督检验中心检测，获认证证书。

是年，苏州润吉设总经理室、销售部、研发部、质量部、企管部、财务部、生产计划部及机架车间，整机装配车间。

2013 年 5 月起，连续三次获质量管理体系认证证书。

2014 年 5 月，完成 KGT-U 系列和 KGT-Y 系列无齿轮永磁同步曳引机产品研发，并获型式试验证书。9 月，完成 KGT-TS 系列无齿轮永磁同步曳引机产品研发，并获型式试验证书。

2015 年 5 月，完成 KGT-Y 系列无齿轮永磁同步曳引机增大功率设计研发，并获型式试验证书。

2016 年 3 月，研发完成 KGT-G 系列无齿轮永磁同步曳引机，并获型式试验证书。9 月，生产的 10 m/s 永磁同步无齿轮曳引机获高新技术产品认定证书。

截至 2017 年 7 月，苏州润吉完成 11 项新产品的研发，产品涵盖梯速 0.5～4 m/s，载重 450～2 000 kg，年生产能力 2 万台，公司研发的 KGT-T、KGT-U 永磁同步无齿轮曳引机获高新技术产品认定证书。11 月，获高新技术企业证书。苏州润吉的核心理念是以产品质量为核心，坚持质量兴企、科技兴企的企业理念。

2018 年，苏州润吉完成 KGT-L 系列卧式曳引机的开发、KGT-V 别墅梯曳引机的开发、速度 4 m/s，载重 2 000 kg 双支撑曳引机的开发。苏州润吉共取得有效专利授权共 23 项，其中发明专利 3 项，实用新型 20 项。是年，员工 67 人，其中硕士 1 人，本科生 11 人。有高级职称者 2 人，有中级职称者 3 人，有初级职称者 3 人。

十、江苏和为工程咨询有限公司

2013 年 5 月，江苏和为工程咨询有限公司成立，主要从事建筑工程咨询、工程管理、工程监理及建筑工程施工业务。注册资本 1 000 万元。和为自成立以来，主要承担集团公司内部基建工程管理任务。2018 年 11 月，康力转让和为 75% 股权，2019 年 4 月，将剩余 25% 股权全部转让。

十一、广东广都电扶梯配件有限公司

2015 年 11 月，公司对广东中山工厂的整机业务和部件业务进行分拆，成立全资子公司——广东广都电扶梯部件有限公司,为奥的斯等其他电梯厂商提供电扶梯配件、OEM 及大配套扶梯产品。地址在广东省中山市南朗镇华南现代中医药城于意路 8 号 B 幢。

广东广都主要设备有焊接机器人、折弯机、抛丸机、钻床、电泳涂装设备、冲床、万能升降台铣床、滚齿机、切割机等。公司设管理总部、综合管理部、财务部、销售部、技术部、质量部、计划部、车间办公室及桁架车间、上下部车间、梯级车间、ODM 整机车间等。

经营范围是电梯、自动扶梯、自动人行道等配套的零部件和 ODM 整机,承接建筑幕墙工程和钢结构工程。其中扶梯桁架、扶梯 ODM、电梯轿厢的批量定制是企业的强项。

国内外客户有蒂森电梯、奥的斯电梯、菱王电梯、快意电梯、珠海三洋电梯、住友富士电梯、永日电梯和珠江中富电梯等华南地区 44 家品牌电梯公司。

2015 年,广东广都电扶梯部件有限公司运用德国的 SAP/R3 管理系统,通过 ISO9001:2015 质量管理体系认证、CWB 北美焊接认证、欧标 EN1090 认证、ISO3834 国际焊接体系认证等。当年公司员工 215 人。

2017 年,广东广都成功设计开发高度 13.5 m 无支撑扶梯、11 度不锈钢人行道、蒂森梯级。5 月,获特种设备制造许可证(B 级)。是年,广东广都员工 233 人。

2018 年,广东广都获钢结构工程专业承包三级、幕墙专业承包二级资质及安全生产许可证。公司员工 224 人。

十二、康力机器人产业投资股份有限公司

2016 年 3 月,苏州工业园区康力机器人产业投资有限公司成立,是康力电梯股份有限公司全资子公司,注册资本 2 亿元。地址在苏州市苏州工业园区。

康力机器人经营范围是机器人产业投资、投资咨询等。寻找工业自动化、智能制造领域的投资机会,通过投资、并购,布局在自动化、智能物流及与电梯产品有较强相关性的电机、驱动、运动控制、机器视觉等核心技术方面的产业。先后投资北京康力优蓝机器人科技有限公司、苏州瑞步康医疗科技有限公司、江苏元泰智能科技有限公司、常州市璟胜自动化科技有限公司、苏州市坤厚自动化科技有限公司、上海音锋机器人股份有限公司、宁波梅山保税港区将门创业投资中心(有限合伙)等,总投资金额 2 310 万元。

十三、杭州法维莱科技有限公司

2016 年 7 月,杭州法维莱科技有限公司(简称"杭州法维莱")成立,是康力电梯股份有限公司全资子公司,建筑面积 2 500 m²(租厂房),注册资本 2 000 万元。地址在杭州市余杭经济技术开发区(钱江经济开发区)。

杭州法维莱主营业务:研发、设计电梯前沿的控制技术,制造和销售电梯门机、层门装置、四象限一体机产品等与新能源相关的产品。

2018 年,杭州法维莱在发展过程中,共完成新产品研发项目 31 项,其中包括经济型中分永磁门机、经济型中分层门装置、斜行电梯门系统、旁开和中分双折单导轨门系统、集成轿顶板门机控制器、蓝牙门机等。同时完成 47 份层门摆锤型式试验报告,6 份门锁型式试验报告,1 份委托试验报告。永磁门机研发项目通过三体系认证,获国家发明专利 1 项、实用新型专利 8 项,获软件著作权 2 个。是年,公司员工 100 人。

十四、康力幸福加装电梯(苏州)有限公司

2017年9月,康力幸福加装电梯(苏州)有限公司(简称"幸福加装公司")成立,是康力电梯股份有限公司全资子公司,注册资本5 000万元。地址在汾湖高新区康力大道888号。

幸福加装公司主要从事经营电梯及配件的制造和销售,为既有建筑提供电梯安装、改造、修理、维护保养、技术咨询、地基基础工程、建筑幕墙工程、装饰装修工程、钢结构工程、机电设备安装工程、土石方工程、建筑工程设计等服务。以"一城一策、一楼一方案"的服务理念,从产品思维提升至工程思维,提供覆盖整个加梯工程的全产业链服务,以"六+"服务优势(定位+、平台+、品质+、服务+、效率+、价值+)和加梯解决方案,采取"六步加梯,一步到位"(免费咨询—制定方案—现场保护—施工安装—验收移交—终身服务)的标准,提供多种井道规格和入户方案,切实解决加装难题。

幸福加装公司依托康力电梯的品牌、技术、制造、服务、网络等综合优势,经过广泛调研,分析市场特点和客户需求,结合企业的优势和实力,将为老旧小区楼房加装电梯作为主营业务,把工作重点转向开放加装电梯审批窗口的城市,重点布局如南京、北京、杭州、济南、石家庄、武汉、苏州、无锡、成都、广州等已有政策的城市,并与当地政府、有关部门、物业公司及业主一起制定各方都能接受的加装方案。

2018年,幸福加装梯共有员工29人。

十五、苏州电梯秀装饰有限公司

苏州电梯秀装饰有限公司(简称"电梯秀公司")成立于2018年1月30日,是康力电梯股份有限公司全资子公司,公司占地面积2 560 ㎡,注册资本2 000万元。地址在吴江市汾湖高新区康力大道799号。

苏州电梯秀主要经营范围为电(扶)梯装潢、电(扶)梯零配件、金属产品的设计、研发、制造、加工、销售、安装、维修、保养。主要产品包括观光梯轿厢、客梯轿厢、吊顶、扶手、厅轿门、门套和自动扶梯的装饰设计与加工。

2019年苏州电梯秀通过ISO9001:2015质量体系认证证书,获轿厢设计外观专利60项。是年,苏州电梯秀有员工49人,其中技术人员12人。

第三节 分公司建设

2006年,公司成立销售中心,销售中心总部下辖市场部、合同管理部、工程部、维保部、销售一部到销售十一部,并初步在重要城市设立分公司及办事处。

2006—2009年,陆续在北京、哈尔滨、重庆、福建、四川、陕西六地成立分公司,在上海、天津、苏州、南京、辽宁、江西、湖南、广东、山东、浙江、安徽、广西、新疆、河北、常州、湖北、贵州、内蒙古18个地区建立办事处或服务中心。

公司上市后,从2011年开始,在全国范围内全力推进营销和工程网络建设,引入销售大区概念,将国内营销网络划分为若干个大区,并陆续将服务中心升级为注册营业执照的分公司。到2014年,32家营销网络中的一级分公司基本升级完毕。2015—2018年,又新增大量二级分公司和服务中心,共新增79家之多,营销网络迅速向各省份的其他地市扩张。其间,又有14家分公司取得营业执照。

2018年,公司开始精简收缩二级分公司,撤销盘锦分公司及吉林、辽源、牡丹江等33个服务中心,新增粤北服务中心。

表 1-4　　　　　　　　2010—2018 年康力电梯股份有限公司营销分公司建立情况表

成立年份	分公司个数	分公司所在地
2010 年	7	广东　苏州　上海　南京　湖北　湖南　辽宁
2011 年	11	重庆　四川　陕西　安徽　山东　黑龙江　河北　广西　云南　河南　北京
2012 年	4	吉林　福建　贵州　山西
2013 年	4	无锡　浙江　青岛　大连
2014 年	6	内蒙古　新疆　甘肃　江西　徐州　天津
2015 年	12	吴江　常州　宁波　锦州　芜湖　唐山　廊坊　珠海　深圳　衡阳　襄阳　海南
2016 年	1	厦门
2017 年	1	宁夏
2018 年	0	
小　计	46	

表 1-5　　　　　　　　2018 年康力电梯股份有限公司国内营销网络情况表

省（区、市）	营 销 网 点	所在城市	省（区、市）	营 销 网 点	所在城市
黑龙江	黑龙江分公司	哈尔滨	江苏	常州分公司	常州
吉林	吉林分公司	长春		南通服务中心	南通
辽宁	辽宁分公司	沈阳		镇江服务中心	镇江
	锦州分公司	锦州		苏州分公司	苏州
	大连分公司	大连		吴江分公司	吴江
北京	北京分公司	北京		无锡分公司	无锡
天津	天津分公司	天津	山东	山东分公司	济南
内蒙古	内蒙古分公司	呼和浩特		临沂服务中心	临沂
河北	河北分公司	石家庄		菏泽服务中心	菏泽
	唐山分公司	唐山		淄博服务中心	淄博
	廊坊分公司	廊坊		青岛分公司	青岛
山西	山西分公司	太原		烟台服务中心	烟台
安徽	安徽分公司	合肥		潍坊服务中心	潍坊
	芜湖分公司	芜湖	上海	上海分公司	上海
	阜阳服务中心	阜阳	河南	河南分公司	郑州
	安庆服务中心	安庆		洛阳服务中心	洛阳
	蚌埠服务中心	蚌埠		驻马店服务中心	驻马店
浙江	浙江分公司	杭州		商丘服务中心	商丘
	义乌服务中心	义乌		周口服务中心	周口
	宁波分公司	宁波		信阳服务中心	信阳
江苏	南京分公司	南京		南阳服务中心	南阳
	徐州分公司	徐州	福建	福建分公司	福州

(续表)

省(区、市)	营 销 网 点	所在城市	省(区、市)	营 销 网 点	所在城市
福建	厦门分公司	厦门	江西	赣州服务中心	赣州
广东	广东分公司	广州	陕西	陕西分公司	西安
广东	珠海分公司	珠海	陕西	陕南服务中心	汉中
广东	佛山服务中心	佛山	陕西	陕北服务中心	延安
广东	东莞服务中心	东莞	甘肃	甘肃分公司	兰州
广东	粤北服务中心	粤北	宁夏	宁夏分公司	宁夏
广东	深圳分公司	深圳	青海	青海服务中心	青海
广东	惠州服务中心	惠州	新疆	新疆分公司	乌鲁木齐
广西	广西分公司	南宁	四川	四川分公司	成都
海南	海南分公司	海口	四川	泸州服务中心	泸州
湖南	湖南分公司	长沙	四川	绵阳服务中心	绵阳
湖南	衡阳分公司	衡阳	四川	南充服务中心	南充
湖南	常德服务中心	常德	四川	乐山服务中心	乐山
湖南	怀化服务中心	怀化	重庆	重庆分公司	重庆
湖南	邵阳服务中心	邵阳	重庆	万州服务中心	重庆
湖北	湖北分公司	武汉	云南	云南分公司	昆明
湖北	襄阳分公司	襄阳	贵州	贵州分公司	贵阳
湖北	宜昌服务中心	宜昌	贵州	遵义服务中心	遵义
江西	江西分公司	南昌	贵州	兴义服务中心	兴义
江西	上饶服务中心	上饶			

第二章

基建管理

第一节 基建组织机构

2000年11月,苏州康力电梯有限公司成立,公司开始建立基建管理组织职责,当时的基建工作由负责行政人事的副总经理兼管。

2004年,康力、新达基建规模逐步扩大,公司成立基建办公室,分管副总经理1人,办公室人员2~3人,集团所有新建、扩建、改建工程由基建办归口管理。

2013年,苏州和为工程咨询管理有限公司成立,为康力电梯股份有限公司全资子公司,负责对接康力集团公司基建的咨询管理工作,同时对外承接工程咨询业务,康力电梯测试塔技术中心项目、综合楼改扩建项目、物流和参观通道项目,新达部件工业园一、二期工程项目,在基建办领导下委托该公司监督管理,基建办负责对接各项工作,完成各工程基建任务。

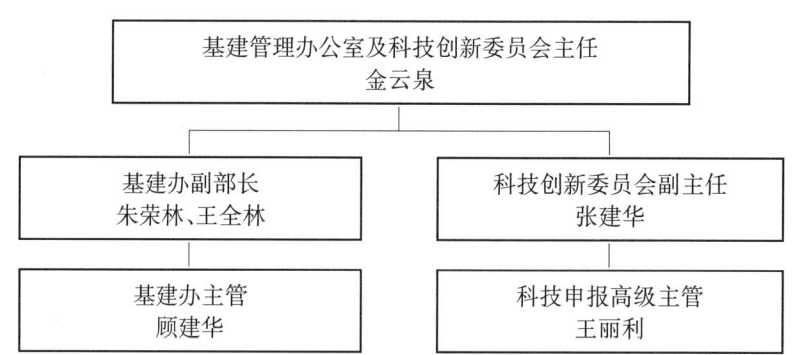

图2-1 2018年基建管理办公室组织架构图

第二节 基建办职能

基建办负责公司基建工程的新建、扩建、大型改造及零星维修项目的质量监督和现场管理,负责全集团新建土建、安装及维修、技改工程项目等专业技术管理工作,负责工程技术监管、施工方案制定及审定、技术质量把控等管理工作。

施工管理工作内容包括开工前设计交底、组织施工隐蔽验收、轴线和标高的复核、设计变更、质量控制、进度控制过程的技术和质量问题处理。

根据公司批准的土建工程项目施工审批书,严格监督控制土建工程项目施工成本,参加土建工程现场的经济签证、技术核定单,确保土建工程项目成本按控制目标实现。

现场员对工程施工进行质量跟踪管理,做好质量监督工作,与施工单位签订质量及安全合同,并要求施工单位做好工程质量分部、分项质量自析记录。对在工程施工中出现的质量问题,责令施工单位立即进行停工整顿,提出整改意见,直到返工整改合格后,再继续下步工序。充分发挥质量监督的作用,确保工程质量达到验收标准。

负责拟定标准基建合同版本(有时委托咨询公司拟定),经集团采购部、法务部、财务部、资产管理部门会审后采用,工程项目的合同依据此标准版本进行修订。

负责基建项目档案管理,以单项工程为单位,收集保存从项目立项直至竣工投产、评优及项目后评价的全套工程档案资料,包括基建项目立项、环评文件、规划许可证、施工许可证、合同、图纸正本及施工、监理资料、验收文件等。原件存放于吴江市建设局档案室,复印件存放在公司档案室,基建合同、产权证正本均存放在公司财务中心。

第三节 主要基本建设项目

1997年之前,公司没有自己的厂房,采用租厂房经营。1997年11月,吴江市新达电扶梯成套部件有限公司成立(后更名为苏州新达电扶梯成套部件有限公司)。1998年9月,苏州新达电扶梯成套部件有限公司首期工程在莘塔镇府时路57号开工,建造厂房4 480 m^2 及5层办公楼、仓库等辅助设施,2000年5月竣工并投入使用,主要生产电扶梯部件产品。现有总土地面积19 655 m^2,建筑面积9 785 m^2,总投资1 400万元。

2002年11月,康力电梯股份有限公司一期工程在康力大道(原莘塔镇联南路)888号破土动工,土地面积72 195.4 m^2,建筑面积34 100 m^2,其中生产厂房16 800 m^2,办公、仓库、食堂、宿舍等辅助设施14 400 m^2,第一座21层85 m高的试验塔2 900 m^2。工程总投资3 290万元,2004年竣工并投入使用。

2006年9月,康力电梯股份有限公司二期工程在康力大道899号正式开工。用地面积80 059.5 m^2,建造厂房33 215 m^2、3层办公楼10 930 m^2 以及仓库等辅助设施,2007年7月竣工,生产产品为自动扶梯。现有总建筑面积48 638 m^2,总投资9 928万元。

2007年4月,苏州新达电扶梯部件有限公司二期工程在康力大道788号开工。占地面积71 044.9 m^2,建筑面积35 000 m^2,其中厂房建筑面积30 000 m^2,办公、食堂、宿舍等其他设施5 000 m^2,总投资7 026万元。2008年1月竣工,生产产品为自动扶梯。

2010年10月,广东康力电梯有限公司基建工程在广东省中山市南朗镇开工奠基。占地面积126 193.5 m^2,建有厂房和办公楼等辅助设施,2011年8月竣工并投入生产,主要产品为电扶梯。现有总建筑面积87 989.21 m^2,其中生产厂房58 767 m^2,100 m试验塔3 670 m^2,总投资23 600万元。

2011年1月,苏州新达电扶梯部件有限公司三期工程在康力大道799号开工。占地面积41 277 m^2,建筑面积31 306 m^2,其中厂房建筑面积10 861 m^2,5层办公大楼18 775 m^2,新达南区食堂1 670 m^2,总投资9 800万元。2012年5月竣工。

2012年3月,成都康力电梯有限公司基建工程在成都市金堂县开工。占地面积206 241.03 m^2,建有厂房和办公楼等辅助设施,2013年7月竣工并投入生产,主要产品为电扶梯。现有总建筑面积107 133.81 m^2,其中生产厂房83 044 m^2,120 m试验塔4 302 m^2,总投资23 000万元。

2012年下半年,苏州新达电扶梯部件有限公司立项规划建设苏州新达部件工业园。是年10月,首期1号厂房工程在黎里镇汾杨路888号正式开工,建筑面积38 861 m^2,2013年12月按期落成并投入使用,投资19 924万元。2014年6月,二期2号厂房、动力中心等辅助房如期动工,建筑面积43 365 m^2,2016年8月竣工,投资11 071万元。截至2018年底,部件工业园共有土地面积286 100 m^2。

2013年11月,全球电梯行业最高测试塔和康力技术中心工程项目在江苏路2288号正式启动。占地面积9 875.2 m^2,建筑面积26 073.29 m^2,其中8层技术中心大楼8 321.23 m^2,投资5 250万元,测试塔17 310.74 m^2,投资13 650万元,总投资18 900万元,2017年9月全部竣工并投入使用。34层测试塔高度为288 m,其中地面268 m,地下20 m。

为改善办公环境,提升公司形象。公司总部新建及改建综合楼一、二区工程于2014年3月开工,总建筑面积 16 500 m²，2016 年 8 月竣工，总投资 14 300 万元。综合楼一区办公楼改建后为 5 层，建筑面积比原来增加 7 159 m²，办公大楼四周玻璃幕墙装饰与测试塔连为一体，更为气派。

2016 年下半年，康力电梯总部规划建设物流和参观通道项目正式启动。在康力大道两侧建设物流和参观通道及 3 座天桥，建筑面积 6 083 m²，总投资 4 100 万元，2017 年 10 月竣工并交付使用。天桥分别横跨康力大道和江苏路，实现康力大道南北跨桥相通，使得员工进出更安全方便；参观通道将两座测试塔东西相连，参观更为便捷，登塔一览无余，是一道亮丽的风景线。

表 2-1　　　　　　　　　　　　康力电梯股份有限公司重点基础建设项目投资情况表

建设项目名称	开工日期	竣工日期	建筑面积（万 m²）	总投资亿元	账面资产购置价值＋土地价值（亿元）
"新达一期（奔一）"工程	1998 年 9 月	2000 年 5 月	0.98	0.14	0.14
"康力一期试验塔"工程	2001 年 11 月	2002 年 6 月	0.29	0.1	0.13
"新达二期"工程	2007 年 4 月	2008 年 1 月	3.5	0.7	0.7
"新达南区食堂"工程	2011 年 5 月	2012 年 5 月	0.17	0.29	0.3
"康力一期"工程	2002 年 11 月 18 日	2004 年 5 月	3.41	0.33	0.25
"康力二期"工程	2006 年 9 月 28 日	2007 年 7 月 18 日	4.86	0.99	0.9
"中山工厂"工程	2010 年 10 月 18 日	2011 年 8 月 8 日	8.80	0.24	2.18
"新达三期"工程	2011 年 1 月 18 日	2012 年 5 月 24 日	3.13	0.98	0.69
"部件产业园"一期工程	2012 年 10 月 18 日	2013 年 12 月 23 日	3.89	1.99	1.62
"成都工厂"工程	2012 年 3 月 6 日	2013 年 7 月 30 日	10.71	2.3	2.04
288 m 试验塔工程	2013 年 11 月 20 日	2016 年 11 月 1 日	1.73	1.37	1.34
康力一期综合楼一、二区改造工程	2014 年 3 月 11 日	2016 年 8 月 23 日	1.65	1.43	1.48
康力技术中心大楼工程	2014 年 10 月 23 日	2017 年 9 月 25 日	0.83	0.53	0.53
"部件产业园"二期工程	2014 年 6 月 15 日	2016 年 8 月 16 日	4.34	1.11	1.38
中山工厂 100 m 试验塔工程	2015 年 11 月 10 日	2017 年 12 月 30 日	0.37	0.18	0.18
成都工厂 120 m 电梯试验塔工程	2015 年 11 月 8 日	2018 年 3 月 5 日	0.43	0.22	0.26
康力总部物流和参观通道工程	2016 年 8 月 15 日	2017 年 9 月 25 日	0.61	0.41	0.39
合　　计			48.46	14.64	14.51

第三章 组织建设

第一节　组织建设历程

一、前身阶段（1993—1996 年）

1993 年，创始人王友林成立南灶金属制品厂，开始自主创业，工厂一共有职工 3 人，包括王友林、王小林和朱林荣，运作模式属于个体经营，每个人都身兼数职。

1995 年，王友林承包莘塔通用机械厂，工厂有员工 25 人，组织形式非常简单。王友林任总经理，并亲自负责销售、技术、采购和制造工艺等工作，王小林任车间主任；朱林荣任车间主任兼会计；陈龙海于 1995 年 7 月入职，承担生产加工；高新其于 1995 年 10 月入职，担任采购发运员。

1996 年 5 月，李晓红入职，担任技术经理，初步建立起技术建制。

二、电梯部件业务阶段（1997—1999 年）

1997 年 11 月，吴江市新达电扶梯成套部件有限公司成立。公司正式进入电梯行业，职工人数增加到 35 人左右。公司开始有基本的管理责任和分工，初步建立简单的直线型组织结构，设财务、销售、技术、采购、生产等部门。王友林任董事长、总经理，王小林任副总经理，朱林荣任副总经理兼采购部部长，高新其任销售部经理，李晓红任技术部经理，陈龙海任车间主任。

1998—2000 年，为谋求公司业务的快速发展，为开展整机业务做准备，在创始人王友林亲自感召下，当时的几个小型电梯整机厂的管理人员加入公司。1998 年 6 月，陈金云担任常务副总经理；1999 年 6 月，顾兴生担任销售部高级经理。至此，在部件业务稳定发展的同时，公司开始从组织上筹备整机业务的开展和自主品牌的创立。

三、整机业务和部件业务合并管理阶段（2000—2004 年）

2000 年 11 月，公司单独注册成立苏州康力电梯有限公司，正式开始以"康力"品牌从事整机业务生产。公司组织机构进一步完善，内部设立营销部、技术部、质量部、制造部、采购部、基建办和财务部，其他行政和基建管理等综合职能合并管理，增设独立的人力资源部门，聘请金云泉为人力资源部经理。

这期间一直保持新达和康力两个公司，一套班子管理，一直运行到 2004 年初。

2002 年，高玉中担任公司副总工程师、质量总监；毛桂金担任康力、新达生产副总经理。

2003 年，公司聘请于国强担任康力集团副总裁。

四、上市前期阶段（2005—2009 年）

2004 年 11 月，公司更名为"江苏康力电梯集团公司"，开始集团化运作，苏州新达作为集团全资子公司纳入，王友林任集团董事长。康力一期工程（整机制造工厂）竣工，整机制造业务完全搬入新址。公司着手将苏州新达和康力的管理机构完全分开,于国强担任康力总经理,陈金云担任新达部件总经理。

至此,康力和新达各自建立完整的组织机构,并编制书面组织机构图,但未制定书面的职务任命和管理职责权限文件。

2005—2006年,王友林任康力电梯集团董事长,于国强任康力(整机工厂)总经理兼总工程师。其他领导班子任命情况如下:销售总经理为顾兴生;生产副总经理为毛桂金;副总工程师为高玉中;销售副总经理为王小林;财务部经理2004年为徐留林,2005年2月后为朱玲花,2006年6月任命沈舟群为财务副总监;人事行政部经理,2004—2005年为金云泉,2006年为孙全根;法务部部长为袁春其;管理总监助理为王立凡、王东升;2006年任命李晓红和陆斌云为总师办副主任。

这期间苏州新达总经理为陈金云,副总经理为朱林荣。

2006年3月,苏州新达注册成立全资子公司"苏州奔一机电有限公司",由陈金云兼任总经理,朱林荣兼任奔一副总经理。

集团化运作后,公司进入快速发展期。组织规模迅速扩大,机构设置更加完善、细化。人员数量增长迅速,2004年员工人数为400余人,到2006年(股改前一年),员工人数达到900余人,比三年前翻一番。

2007年2月,集团公司及康力主要管理人员为:王友林任董事长、总经理;集团董事长助理为孙全根、王立凡;营销中心总经理为顾兴生、副总经理为王小林;市场总监为朱瑞华;制造中心总经理为毛桂金;总工程师为顾楠森、副总工程师为张利春、高玉中;集团采购中心副总经理为朱林荣;集团财务副总监为沈舟群;集团法务部部长为袁春其;集团基建办主任为金云泉。

2007年4月,公司开始以股份制公司的建制建立组织机构。10月,公司实施股份制改革,更名为"康力电梯股份有限公司",设立证券部/董秘办,刘占涛任公司副总经理兼董事会秘书。公司按照现代企业制度建立股份制公司组织机构,王友林任康力股份有限公司董事长和总经理,亲自管理整机业务。依据股份制公司建制,设立股东大会、监事会、董事会,健全内部控制监督机构,下设11个业务和职能管理机构,发布主要职务任命书,在任命书中明确基本的管理范围和职责,组织建设迈上一个新台阶(董事会相关人员参见本志第十八章)。

2008年,任命张利春为总工程师,全面负责公司技术中心各项工作;顾楠森任管理总监;毛桂金任制造中心总经理;顾兴生任副总经理及营销中心总经理;朱瑞华任市场总监;王立凡任副总经理;高玉中任质量总监;沈舟群任财务总监;孙全根任办公室主任、人力资源部部长、金云泉任科技创新委员会主任兼行政部部长;袁春其任法务部部长。

2008年起,陈金云不再兼任奔一总经理,只担任新达总经理,奔一总经理由朱林荣担任。

2009年,朱玲花升任管理副总监,并由财务部部长调任信息管理部部长兼资产管理部部长,崔清华任企业文化推进部部长。

至此,公司在这一组织框架下,吸收现代企业管理的理念,努力完善企业管理制度,强化组织建设和内部治理,向现代化公众企业转型。2010年3月12日,康力电梯成功在深交所上市,符合上市公司内控要求及公司业务发展需要的组织架构趋于成熟。

五、上市后阶段(2010—2018年)

2010年3月,公司在深圳证券交易所成功上市。上市后发展更加迅猛,组织规模进一步扩大,员工人数从2010年后逐年增长,到2017年底,集团总人数达5 154人。

2010年9月,公司在广东中山成立中山广都机电有限公司,由顾兴生任总经理,主持工作。

2010 年底,为适应上市后的快速发展,公司对整体组织机构进行较大幅度的调整,主要管理机构和人员如下:新任命韩公博为营销中心总经理,全面负责整机产品国内销售和区域营销网络的建设;朱瑞华任市场运营中心总经理,负责市场推广和品牌建设,同时负责海外销售;张利春任工厂运营中心总经理兼技术中心总工程师,负责整机技术和制造;毛桂金任制造总监,下设两个事业部;高玉中任质量总监;刘占涛任董事会秘书;沈舟群任财务总监;顾楠森任管理总监;孙全根任人力资源总监;金云泉任科技创新委员会主任兼基建办主任;朱玲花任管理副总监兼审计部部长及资产管理部部长;陈振华任信息管理副总监;袁春其任法务总监等。

2010 年底,康力工厂运营中心分别设立电梯事业部和扶梯事业部,使电梯和扶梯产品的生产制造和供应链管理更加系统化和专业化。

2010 年底,作为募投资金的重要使用项目之一,公司开始全力推进全国范围内营销服务网络建设。在各省级主要城市建立分公司,不断吸引招聘各级各类人员,逐步建立健全区域营销和服务机构组织,完善运行管理机制。2011—2014 年,先后建立省级和重要城市分公司 32 个,基本覆盖全国主要省份地区。

2011 年 1 月,在总部成立苏州新里程电控系统有限公司,生产电扶梯电控系统,由富曙华任总经理主持工作。

2011 年 10 月,公司在四川成立成都康力电梯有限公司,由毛桂金任总经理主持工作。

2012 年初,公司组织机构进一步扁平化,体现集团化管理,并书面制定各直属机构的管理职责。此后,由于子公司和分公司不断增加,组织和业务规模不断扩大,干部数量和员工人数持续增长,组织机构不断扁平化延伸,最高层的管理幅度不断扩大,公司开始强调集团化管理,增加总部职能机构在集团层面的管理要求,并先后建立一些专项委员会,以加强纵向管控。直属职能管理机构中,主要增设企业管理及培训中心及集团采购管理部。

是年,公司直属机构负责人任命主要变化如下:朱玲花任审计部总监;宋丽红任企业管理及培训中心总监;崔清华任文化与公共关系管理部总监,兼任总经理秘书办主任;陈振华任信息管理管理中心总监;朱林荣任集团采购部总监。

2012 年 11 月,合资控股苏州润吉驱动技术有限公司,生产曳引机产品,李革任总经理。

2012 年 12 月,收购江苏粤立电梯安装工程有限公司。由该公司原总经理胡仁洲继续负责运营。

2013 年初,质量管理从工厂运营中心分离,成立直属质量管理中心,秦成松任质量总监。是年 8 月,公司人力资源和行政管理职能分开,分别成立人力资源管理中心和行政管理中心,宋丽红任人力资源管理中心总监,孙全根任行政管理中心总监。同时,为加强横向协调管理,公司建立"人力资源管理委员会""采购管理委员会"等专业管理委员会。

2013 年 5 月,成立江苏和为工程咨询有限公司,徐新奇任总经理。

2014 年初,公司将工程管理职能从营销中心分离,单独成立工程服务中心,负责工程和售后服务管理。秦成松兼任工程服务中心总经理。

2015 年开始,营销中心按照业务区域划分,增设 9 个分营销中心和 2 个直属大区作为区域营销行政管理机构,在分营销中心之下逐层设有大区、分公司,使得区域营销组织架构至分公司一级增加到四级。此外,工程中心和国贸部组织机构随着营销中心建制的增加不断扩张,人员数量快速增加。

2015 年,公司对中山康力电梯零部件及整机业务进行拆分。10 月,成立广东广都电扶梯配件有限公司,专门从事电梯零部件生产业务,由中山广都总经理康莉兼任总经理。

2016 年,公司在董事长/总裁以下,设立 7 个副总裁,并任命 4 大业务中心(营销、工厂运营、工程和市场传媒)负责人为机构执行总裁职务。鉴于干部的层级和数量越来越多,当年组织机构和任命文件详细说明机构名称设置和职务名称、级别设定的基本原则。这一时期的组织机构显现出庞大和臃肿,造成业务管理流程层层审批,复杂和烦琐,沟通和组织效率低下。

2016年初,公司任命孟庆东担任新里程总经理。

2016年6月,"中山广都机电有限公司"更名为"广东康力电扶梯有限公司",从事整机业务,康莉任总经理。

2016年7月,公司注册成立全资子公司杭州法维莱科技有限公司,李慧勋为总经理主持工作。

2016年10月,公司聘任吴贤为公司副总经理、董事会秘书兼证券与战略投资部总经理。

2017年9月,公司成立康力幸福加装电梯有限公司,黄伟华任总经理,刘立军任副总经理。2018年8月起,刘立军任总经理。

2017年底,秦成松被任命为营销中心总经理。

2018年1月,公司成立苏州电梯秀装饰有限公司,由高敏任总经理。

2018年,公司组织机构在集团层面增设监察部、资产管理部、风控中心和加装梯运营中心。同时,针对营销系统进行大范围组织机构精简,分两次取消"分营销中心"和"大区"两个组织层级及其所辖部门,使得营销区域以分公司为最高管理层级,同时合并营销中心总部和工程中心总部。截至年底,公司总人数由2017年的5 154人减少为4 786人,精减约400人。

2018年11月,任命陈金云为康力电梯智能部件研发中心总经理,顾兴生为人力资源中心总经理,宋丽红为企管办及培训中心总经理。

第二节　公司主要管理人员任职情况

表3-1　　　　　　　　　　　　　　历年主要机构负责人

公司名称	年份	主要部门负责人
南灶金属制品厂(挂靠经营)	1993年9月—1995年6月	总经理:王友林 钣金加工师傅:王小林 工人:朱林荣
莘塔通用机械厂(承包经营)	1995年6月—1997年11月	总经理:王友林 技术经理:李晓红(1996年6月入职) 车间主任:王小林、朱林荣 财务会计:朱林荣 采购发运:高新其(1995年10月入职)
吴江新达电扶梯成套部件有限公司	1997年11月—1998年6月	董事长、总经理:王友林 副总经理:王小林 副总经理、采购:朱林荣 销售部经理:高新其 技术部经理:李晓红 车间主任:陈龙海
	1998年6月—2000年11月	董事长、总经理:王友林 常务副总经理:陈金云 销售部高级经理:顾兴生(1999年6月入职)
苏州康力电梯有限公司	2000年11月—2004年	董事长、总经理:王友林 康力集团副总裁:于国强(2003年入职) 技术部经理:李晓红 人力资源部:金云泉(2000年入职) 副总工程师:高玉中(2002年入职) 营销中心:李福生(2002年入职)

(续表)

公司名称	年份	主要部门负责人
江苏康力电梯集团公司 （2005年11月更名为康力集团有限公司）	2004—2006年	董事长：王友林 总经理/总工程师：于国强 营销总经理：顾兴生 生产副总经理：毛桂金 副总工程师：高玉中 财务部经理：2004年徐留林，2005年朱玲花，2006年6月沈舟群 人事行政部经理：2004—2005年金云泉，2006年孙全根 法务部部长：袁春其（2006年任命）
康力集团有限公司	2007年2月	董事长、总经理：王友林 营销中心总经理：顾兴生 营销中心副总经理：王小林 市场总监：朱瑞华 制造中心总经理：毛桂金 总工程师：顾楠森 副总工程师：张利春、高玉中 集团财务副总监：沈舟群 集团法务部部长：袁春其 集团基建办主任：金云泉
康力电梯股份有限公司	2008—2010年	董事长/总经理：王友林 董事会秘书：刘占涛（2007年10月入职） 营销中心总经理：顾兴生 市场总监、国际贸易部部长：朱瑞华 制造中心总经理：毛桂金 技术中心（总工程师）：张利春 质量总监：高玉中 财务总监：沈舟群 办公室主任、人力资源部部长、培训中心主任：孙全根 科技创新委员会主任、行政部部长：金云泉 法务部部长：袁春其 信息管理部部长：朱玲花（2009年任命） 企业文化推进部部长：崔清华（2009年任命）
	2010年8月—2011年	董事长、总经理：王友林 销售中心总经理：韩公博 市场运营总经理：朱瑞华 工厂运营中心总经理、技术中心总工程师：张利春 制造总监：毛桂金 质量总监：高玉中 董事会秘书：刘占涛 财务总监：沈舟群 人力资源总监兼行政部长：孙全根 科技创新委员会主任兼基建办主任：金云泉 管理副总监、审计部部长、资产管理部部长：朱玲花 信息管理副总监：陈振华 法务总监：袁春其 人力资源副总监：宋丽红（2011年4月入职）
	2012—2013年	董事长、总经理：王友林 营销中心总经理：韩公博 市场运营中心总经理：朱瑞华 工厂运营中心总经理、技术中心总工程师：张利春

（续表）

(续表)

公 司 名 称	年　　份	主要部门负责人
康力电梯股份有限公司	2012—2013 年	质量中心总监：秦成松 集团采购部总监：朱林荣 董事会秘书：刘占涛 财务中心总经理：沈舟群 人力资源与行政管理中心总经理：孙全根 基建管理办公室主任：金云泉 审计部总监：朱玲花 信息管理中心总监：陈振华 法务总监：袁春其 文化与公共关系管理部总监：崔清华 企业管理及培训中心总监：宋丽红
	2014 年	董事长、总经理：王友林 营销中心总经理：韩公博（2014 年 11 月离任） 市场运营总经理：朱瑞华 工厂运营中心总经理、总工程师：张利春 质量管理中心总监、工程服务中心总经理：秦成松 集团战略采购部总监：朱林荣 董事会秘书：刘占涛 财务中心总经理：沈舟群 行政管理中心总经理：孙全根 基建管理办公室主任：金云泉 审计部总监：朱玲花 信息中心总监：陈振华 法务总监：袁春其 文化部总监：崔清华 人力资源管理中心、企管办总监：宋丽红 行政中心总经理：孙全根
	2015—2017 年	董事长、总经理：王友林 董事会秘书及证券投资：刘占涛（2016 年 5 月辞去相关职务）、刘贤（2016 年 10 月入职） 财务中心总经理：沈舟群 工厂运营中心总经理、技术中心总工程师：张利春 工程中心总经理、质量中心总监：秦成松 营销中心总经理：黄伟华（2015 年 5 月入职） 市场传媒及国际业务中心总经理：朱瑞华 智能部件及部件营销中心总经理：顾兴生 行政中心总经理：孙全根 人力资源中心总经理：宋丽红 信息中心总经理：陈振华 集团战略采购部总经理：朱林荣 审计部总监（总经理级）：朱玲花 文化及公共关系部总监（总经理级）：崔清华 法律事务部总监（总经理级）：袁春其
	2018 年	董事长、总经理：王友林 证券投资部总经理：刘贤 财务中心总经理：沈舟群 工程运营中心总经理、技术中心总工程师：张利春 营销中心、工程中心总经理、质量中心总监：秦成松 市场传媒及国际业务中心总经理：朱瑞华 智能部件研发中心总经理：顾兴生

(续表)

公司名称	年份	主要部门负责人
康力电梯股份有限公司	2018年	加装梯运营中心总经理：黄伟华 行政中心总经理：孙全根 集团资产管理部总经理：毛桂金 人力资源中心总经理：宋丽红 信息中心总经理：陈振华 集团战略采购部总经理：朱林荣 审计部总监：朱玲花 文化及公共关系管理部总经理：崔清华 风控中心总监：袁春其
	2018年11月	智能部件研发部总经理：陈金云 人力资源中心总经理：顾兴生 企管及培训中心总经理：宋丽红 （其他未变）

表3-2　　各子公司历年主要负责人

子公司简称	成立时间	时间阶段	主要负责人
苏州新达电扶梯部件有限公司	2000年11月	2000年11月—2018年11月	陈金云
		2018年11月至今	朱琳昊
苏州奔一机电有限公司	2006年3月	2006年3月—2008年	陈金云
		2008年至今	朱林荣
广东康力电扶梯有限公司 前身为"中山广都机电有限公司"	2010年9月	2010年9月—2014年2月	顾兴生
		2014年3月—2018年4月	康莉
		2018年4月—2018年12月	李七斤
		2018年12月至今	陈龙海
苏州新里程电控系统有限公司	2011年1月	2011年1月—2014年12月	富曙华
		2015年1月—2015年12月	张利春
		2016年1月至今	孟庆东
成都康力电梯有限公司	2011年10月	2011年10月—2018年4月	毛桂金
		2018年4月—2018年11月	韦浩志
		2018年12月至今	李七斤
江苏粤立电梯安装工程有限公司	2012年12月收购	2012年12月—2016年1月	胡仁洲
		2016年2月至今	陆斌云
苏州润吉驱动技术有限公司	2012年11月	2012年11月至今	李革
江苏和为工程咨询有限公司	2013年5月	2013年5月—2018年11月	徐新奇
广东广都电扶梯配件有限公司	2015年10月	2015年10月—2018年1月	康莉
		2018年2月至今	陈龙海
康力机器人产业投资股份有限公司	2016年6月	2016年10月至今	吴贤
杭州法维莱科技有限公司	2016年7月	2016年7月至今	李慧勋

(续表)

子公司简称	成立时间	时间阶段	主要负责人
康力幸福加装电梯有限公司	2017年9月	2017年9月—2018年8月	黄伟华
		2018年8月至今	刘立军
苏州电梯秀装饰有限公司	2018年1月	2018年1月至今	高 敏

第三节 公司各主要阶段组织机构图

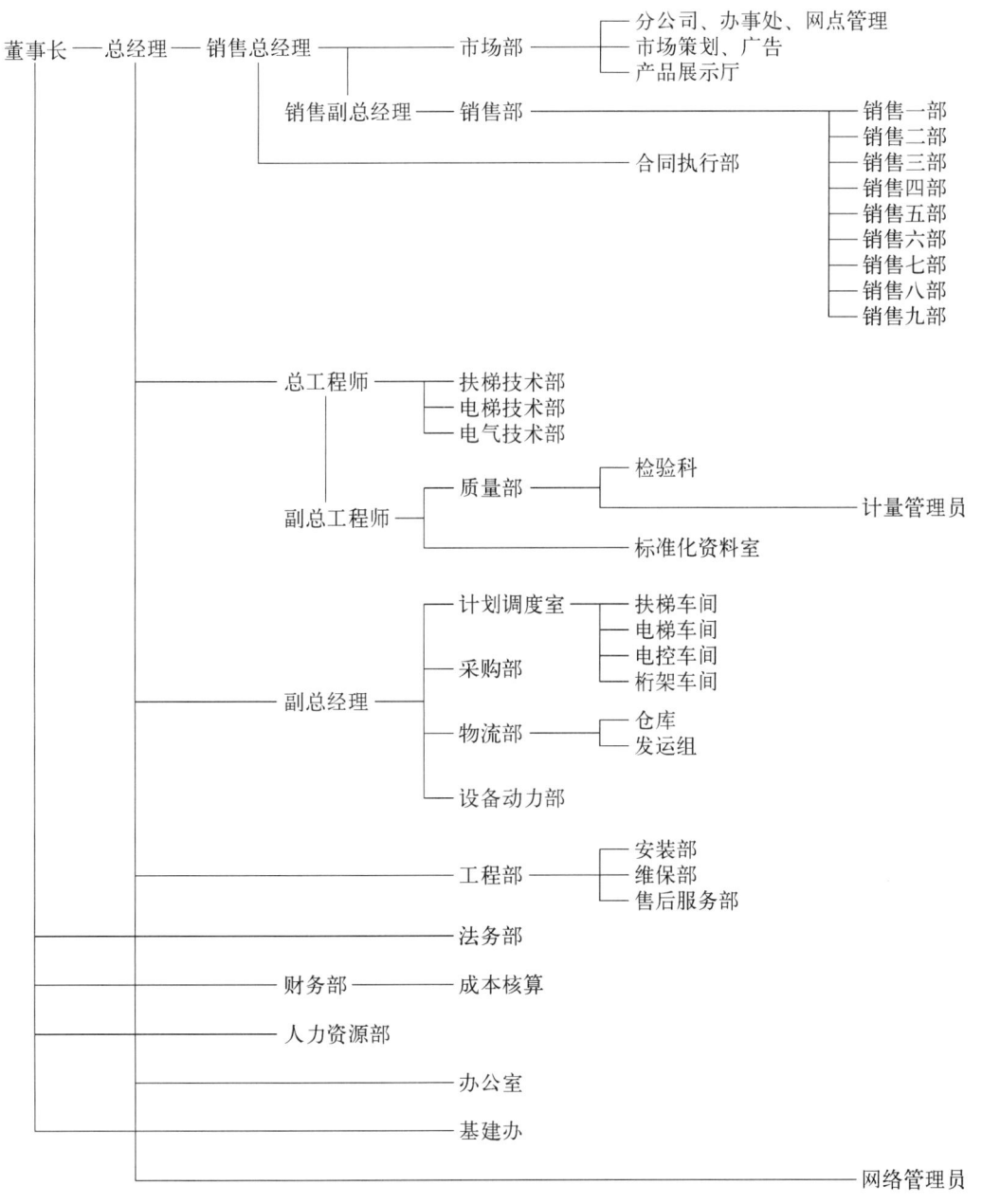

图3-1 2004年公司组织机构图

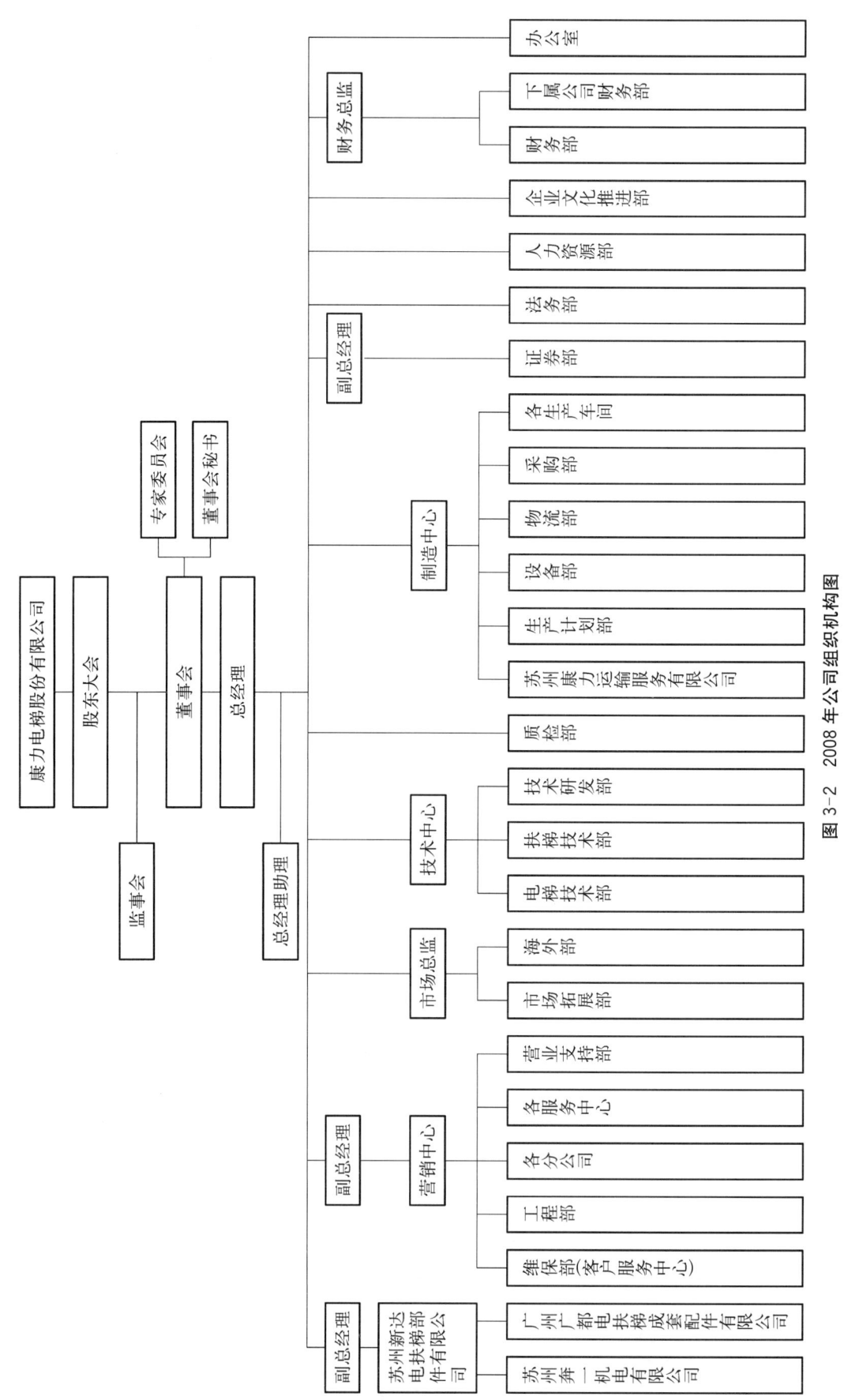

图 3-2 2008 年公司组织机构图

第三章 组织建设

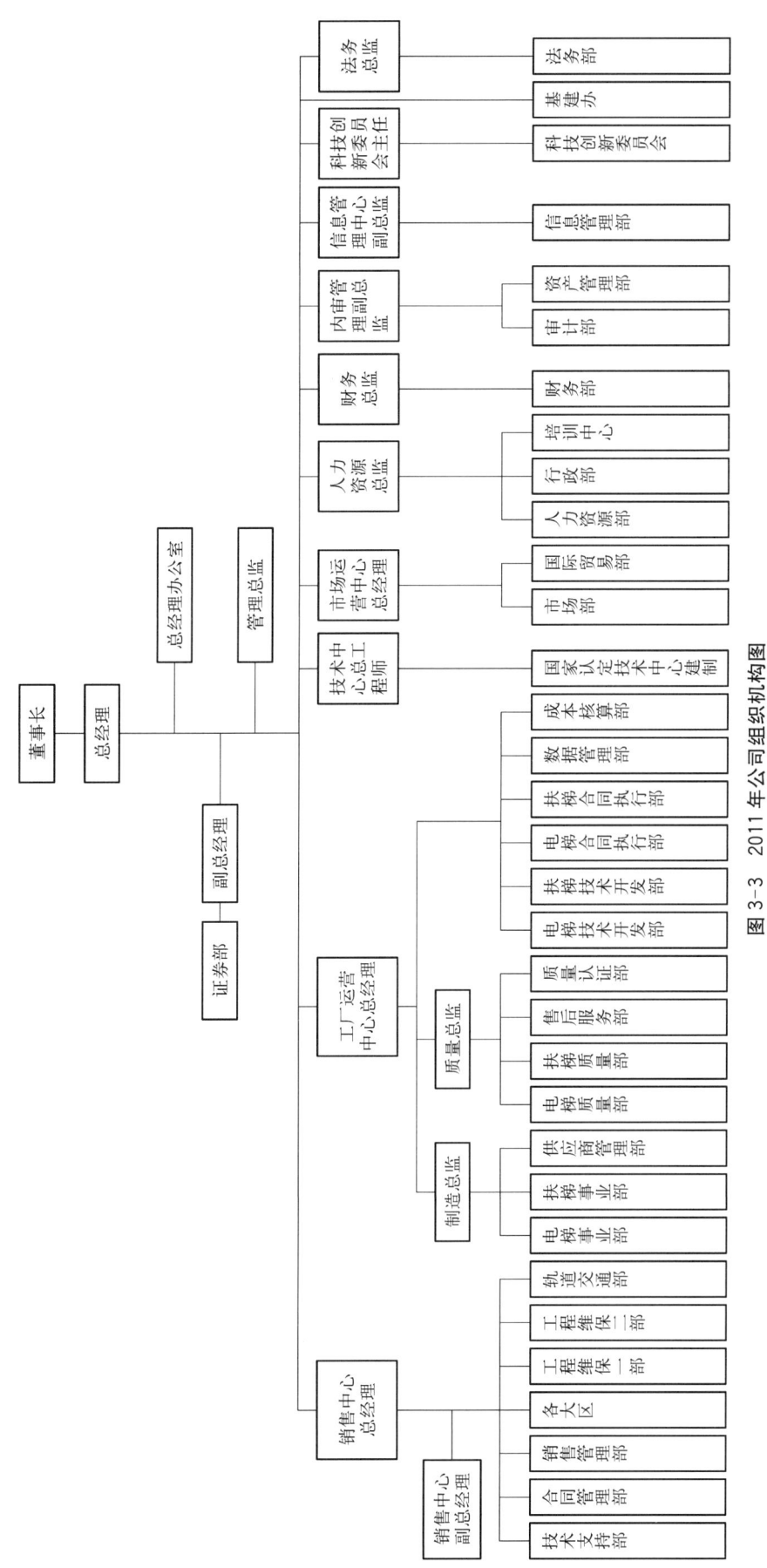

图 3-3 2011 年公司组织机构图

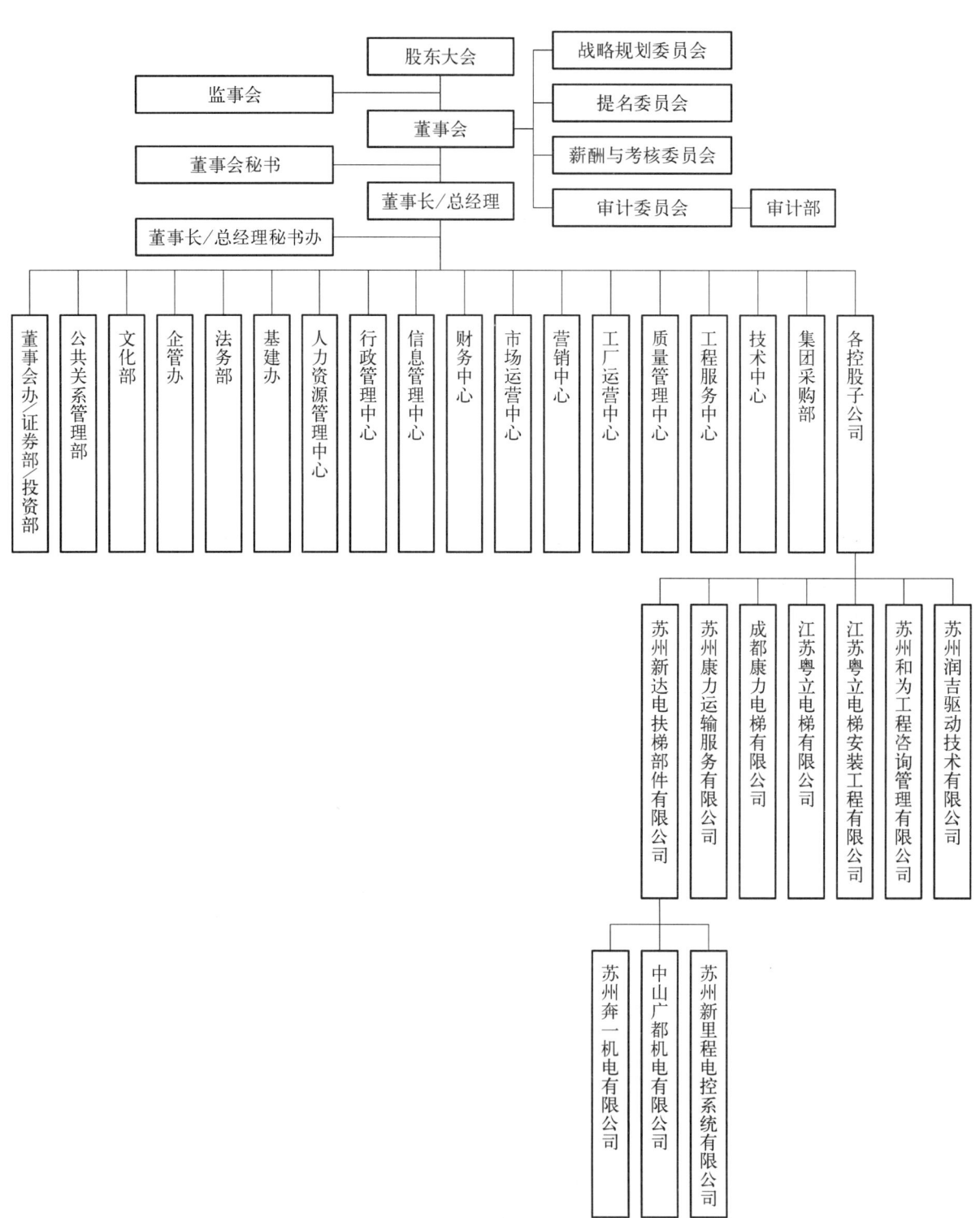

图 3-4　2014 年公司组织机构图

第三章 组织建设

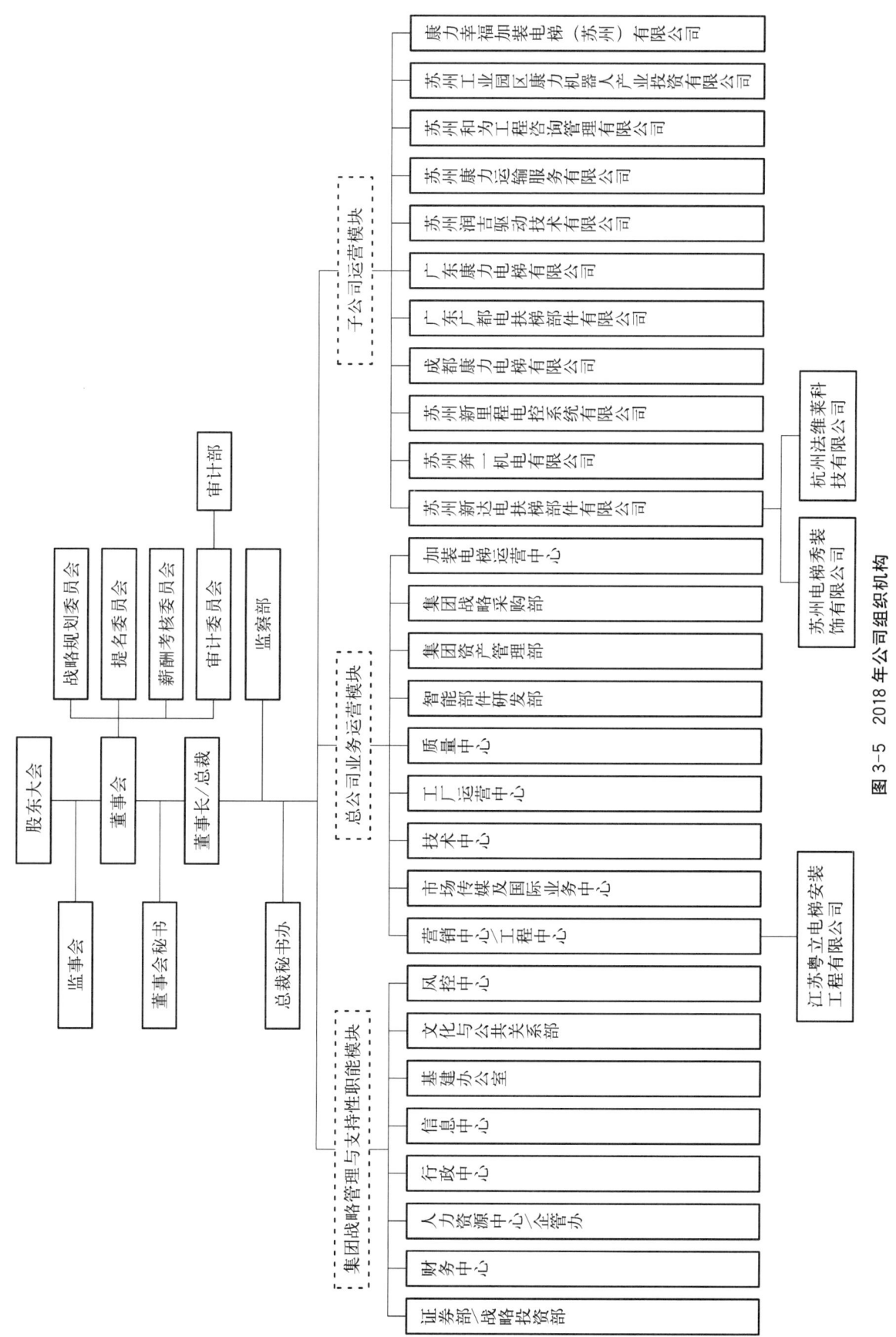

图3-5 2018年公司组织机构

第四章 品牌管理

第一节　品牌管理组织机构

公司成立至2003年间的发展初级阶段,有注册商标,尚未形成品牌效应。随着企业影响力提升和业务量的扩大,公司急需建立科学完善的品牌管理体系。2004年公司成立市场部,市场总监为朱瑞华,品牌建设管理工作逐步规范化。此后,市场部先后更名为市场拓展部、市场传媒部,部门职能几经变化,品牌建设管理工作始终作为核心职能保留。截至2018年,市场传媒部下设品牌管理科、媒体公关科、市场推广科、市场分析科、海外代理商管理科,其中品牌建设管理工作由品牌管理科、媒体公关科、市场推广科共同完成,部门工作人员5人。

品牌管理科负责企业品牌发展战略的起草,品牌管理制度的制定、完善及推进执行,品牌管理年度工作计划的制定及实施。

媒体公关科负责外部媒体的沟通与合作,维护良好的媒体关系;日常舆情监控,跟踪处理常规负面信息,推进公关方案的制定与落实;对严重负面信息的专项处理。

市场推广科负责广告宣传方案的策划、实施及效果评估;企业官方网站及官方社交媒体账号的管理、维护及信息发布;纸媒及网络媒体端广告发布和落地;国内外展览会、市场推介会、新闻发布会、代理商年会、安全公益系列活动等项目的策划、筹备与执行;区域分公司活动物料的设计和支持;积极参加行业交流会议及活动;企业展示厅的建设和更新维护;公司宣传资料(视频、样本、海报等)的设计和制作。

表4-1　　　　　　　2004—2018年康力电梯股份有限公司品牌管理部门及主要负责人

年　　度	岗位/部门	主　要　负　责　人
2004—2005年	市场部	市场总监:朱瑞华
2006—2011年	市场拓展部	市场总监:朱瑞华
2012—2015年	市场部	市场运营总经理:朱瑞华 部长:吴莉萍 副部长:刘玉
2016—2018年	市场传媒部	副总裁兼市场传媒及国际业务中心执行总裁:朱瑞华 部长:吴莉萍 副部长:刘玉

第二节　品牌的发展历程

1997年11月,康力电梯股份有限公司前身吴江市新达电扶梯成套配件有限责任公司成立,主要从事电梯零部件的生产与销售,为知名电梯整机企业提供零部件配套,没有创立自己的品牌。

2000年,公司开始进军电扶梯整机市场,于当年11月单独注册成立从事整机业务的公司——苏州康力电梯有限公司。自此,公司以打造民族品牌为己任,在激烈的市场竞争中不断塑造品牌形象,提升品牌价值,被中国电梯协会时任理事长誉为"中国电梯业的希望和骄傲"。

2001年11月1日，公司取得江苏省质量技术监督局颁发的TZA-苏029-2001号"特种设备制造安全认可证"及TAA-苏088-2001号"特种设备安装安全认可证"，并于2002年1月18日取得中华人民共和国国家质量监督检验检疫总局核发的"全国工业产品生产许可证"（证书编号：XK21-1919066），从电扶梯零部件制造商逐步转型为集电扶梯整机及零部件研发、制造、销售、工程、服务和品牌运营为一体的综合型企业。2001年11月13日，公司完成"康力"（注册号1912490）及NL（注册号1912491）商标注册，正式开启"康力"品牌建设之路，以自有民族品牌，开始角逐电梯整机市场。

2002年，康力电梯名列人民大会堂精品展示金榜，开始在几乎被外资巨头垄断的国内电梯市场崭露头角。

2003年，公司产品获得"江苏省科技名牌产品"称号，并上榜中国名牌战略推进成果展示会。是年，公司入选江苏省高新技术企业、苏州科技私营企业科技十强，并被评为AAA级资信企业，品牌的影响力不断扩大。

2004年，康力电梯通过欧洲CE认证，开始以中国民族品牌，全面开拓海外市场，品牌在海外市场的知名度有所提升。

2005年，公司推出第1版《企业形象识别手册》，对于企业商标内涵、标识设计标准、标识应用场景作明确规范。公司推出全新广告形象"小孩搭积木"，将企业欣欣向荣的发展风貌具象化呈现，成为公司使用最久、影响力最大的广告形象。公司还同步推出全新广告语"不止电梯、还有梦想"，与当前"中国梦"不谋而合，成为业内耳熟能详且沿用至今的经典广告标语。是年，康力商标荣获"中国驰名商标"称号。

2006年8月，康力品牌入选中国科技名牌500强。

2007年初，国家统计局工业交通统计司（2008年更名为工业统计司）出具《2005—2006年电梯行业内资企业主要经济指标统计情况》显示，公司2005年、2006年产品销售收入位居中国电梯自主品牌第一名，这是第一份由权威机构出具，明确证明公司品牌和市场地位的文件资料。

2007—2013年，中国行业企业信息发布中心调查统计显示，公司连续7年位列全国市场同类产品国产品牌销量第一。2014年起该机构不再发布相关统计信息。

2008年1月，公司在北京人民大会堂举行全球营销工作会议暨新产品发布会，品牌影响力再次飞跃。是年开始，公司连续三年获得"政府采购电梯自主创新品牌"称号。

2009年，"康力"商标被评为"最具市场竞争力"商标，公司产品被评为"中国电梯行业十大用户满意产品"。

2010年3月12日，公司在深圳交易所正式上市，股票代码002367，是中国电梯行业第一家上市企业，品牌影响力达到历史高度，进入品牌建设新阶段。是年，公司依据品牌愿景，从产品特点、市场目标、竞争对手、顾客需求和期望、公众形象等方面对康力品牌进行品牌定位，从顾客、员工、股东、社会及公众、政府、公司发展、主导产品等方面建立品牌价值管理机制。

2013年3月，公司首次跻身中国房地产业协会、中国房地产测评中心发布的"2013中国房地产开发企业500强首选供应商·电梯类"10大品牌，证明公司品牌建设取得阶段性成功，品牌影响力受到大型房地产企业认可，成功跻身一流电梯品牌之列。2014—2018年，公司又连续5年入选"中国房地产开发企业500强首选供应商·电梯类"10大品牌。

2015年10月，公司作为中国电梯行业唯一品牌代表，携手海尔、华为等行业龙头企业集体亮相美国纽约时代广场，向全世界展示中国品牌的独特魅力。2016年8月、2018年5月，公司又2次亮相美国纽约时代广场，受到广泛关注。

2016年12月，公司首次参评即登上中国国际贸易促进委员会、中国品牌建设促进会、中国资产评估协会等单位联合发布的"2016年中国品牌价值评价榜",以品牌价值43.63亿元,品牌强度851,位居机械制造类第7名、中国电梯自主品牌第1名。

2017年12月,全球电梯行业创办最早、影响力最大、内容最权威的专业期刊 Elevator World 刊发 Global Top Ten Elevator Companies。文章显示,公司跻身2017年度"全球电梯制造商TOP10",是其中唯一的中国电梯自主品牌,CANNY ELEVATOR品牌影响力在全球电梯行业得到全面巩固和提升。

2018年5月,中国国际贸易促进委员会、中国品牌建设促进会、中国资产评估协会等单位联合发布2018年中国品牌价值评价榜。在电梯类子榜单,公司以品牌价值68.65亿元,品牌强度917,位居中国电梯行业第4名(含外资品牌、合资品牌)、中国电梯自主品牌第1名,品牌价值较上一届评价结果增长达57%。

第三节 品牌战略规划

自2001年公司建立自有电梯品牌开始,非常重视品牌发展战略,始终坚守民族品牌,以"科技创新、打造品牌"为导向,致力于将公司发展成为具有品牌优势和核心竞争力的现代化企业,通过业务开拓和品牌建设,保持民族品牌优势地位,努力把企业发展成为具有竞争力的电梯综合制造商和品牌运营商。

2011年底,公司全面制定未来5年发展战略规划,把"品牌战略"列为六大战略之一,制定出目标规划。初期规划用1~2年时间,夯实基础,立于中国电梯品牌龙头企业;中期规划用3年时间,推动行业整合,占据重要市场份额;远期规划用5年时间,跻身世界一流电梯品牌行列,实现康力电梯世界品牌、基业长青发展蓝图。

在确定品牌建设规划的同时,公司从战略层面明确产品定位以及实现品牌战略目标的策略。康力电梯产品特点定位如下:垂直梯,中高速、安全可靠、舒适;扶梯,大客流、大载重。目标市场定位:商业地产、住宅、地铁、高铁;公众形象定位:国产电梯第一品牌;竞争定位:重点二、三线城市,冲击一线城市。品牌建设策略包括加大研发力度、确保产品质量和安全、提升服务质量、加大品牌宣传力度等。

公司在随后的发展中,一直秉承这一"品牌战略",不断提升品牌的知名度和价值,为业务的不断发展打下坚实的基础。至2018年,康力电梯股份有限公司经过20余年发展,企业规模优势凸显,综合实力日益增强。在中国国内及俄罗斯、韩国、伊朗、南非、东南亚、南亚、南美洲等国家和地区市场积累较高的品牌知名度。公司发展大产业基地建设,拥有健全的产业链,实现核心部件、整机、桁架生产全覆盖,缩短服务距离,提升服务效率。公司国内营销服务网络建设具规模,处行业领先水平,国际市场开发积累一定经验。电梯、自动扶梯产品门类齐全,满足市场需求,质量稳定、可靠,具备较强竞争力。

2017年,康力电梯的品牌价值被中国品牌建设促进会评估为68.65亿元,品牌强度917,位列全国电梯企业第4。2018年,康力电梯以72.70亿元的品牌价值,高居中国电梯行业第1位、机械制造类第8位。

第四节 品 牌 传 播

康力电梯股份有限公司通过品牌传播和推广的相关方,学习借鉴国内外优秀企业品牌整合传播经验,制定符合自身特点的品牌传播方案并全面实施,有效提升品牌知名度、美誉度、品牌影响力和品牌形象。

一、广告传播

公司将电梯行业及关联行业权威媒体 Elevator World、Elevator,《中国电梯》《政府采购信息报》《城市轨道交通研究》《赛尔电梯市场》《中国房地产报》《中外管理》《中国品牌》等媒体杂志、关联网站及关联社交账号作为广告传播和品牌宣传的重点平台,刊登品牌形象广告和新闻报道。

2010年上市后,公司加大品牌宣传力度,改进品牌宣传的效果,实行多元化媒体传播策略,先后在电视媒体,如CCTV-13新闻频道、CCTV-4中文国际频道投放品牌形象广告。2015年、2016年、2018年,康力电梯代表中国电梯品牌连续3次登陆美国纽约时代广场大屏及纳斯达克大屏幕投放滚动广告。截至2018年,公司已在全国各地主要机场、高速公路、高铁站等多处投放户外形象广告。

二、公益活动

2002年,苏州康力电梯有限公司在专注自身发展的同时,不忘参与社会慈善事业,积极承担社会责任。

2016年,公司着重打造"安全乘梯幸福生活"系列公益活动,致力于向社会大众传递安全乘梯理念,提高康力电梯品牌在普通民众中的知名度。公司携手原河北省质量技术监督局、当地政府和教育局在石家庄市城角街小学举办安全乘梯公益活动,提供适合小朋友的卡通安全乘梯读物,组织观看卡通乘梯动漫,并通过"电梯安全知多少""安全乘梯找错误""我是小小电梯工""幸福生活我描绘"等多种丰富有趣的活动环节,吸引全校各年级300余名学生主动参与。

2017年8月,公司携手原苏州市吴江区市场监督管理局、江苏省特检院吴江分院在吴江赛格广场一起开展"安全乘梯知识普及暑期专项公益活动",通过向孩子们宣传安全乘梯知识,开展暑期安全乘梯知识专项活动,提供生动的卡通安全乘梯读物,使1000余名小朋友在轻松快乐的氛围中学习掌握安全乘梯要领。截至2018年底,公司履行电梯从业者的一份责任,持续在全国范围内共开展30余场安全公益活动,活动足迹遍及大江南北,得到社会大众的广泛好评和认可。

至2018年,公司作为中国电梯行业品牌领导者,在品牌历史、企业发展、匠心传承、产品构成、市场布局、科技创新、海外拓展等方面均走在行业前列,创造中国电梯史上多项第一。公司在创品牌建设中,全面实施品牌发展战略,助力品牌升级,带动社会进步。

三、会展传播

公司通过参加国内外电梯展,产品销售渠道不断拓展,知名度不断提升,品牌建设渠道日趋完善,涌现出一批国外优秀代理商合作伙伴,使康力牌电梯不断提升产品品质和品牌影响力,成为中国国产电梯行业先锋。为使顾客和经销商及时充分了解公司的新产品和新技术,公司实行营销推广模式。

2002年4月,公司参展由中国电梯协会主办的第5届中国国际电梯设备及技术展览会(2006年起更名为中国国际电梯展览会,World Elevator & Escalator Expo),这是公司首次参展电梯行业专业展会。2014—2018年,公司连续参展中国国际电梯展览会(两年一届),这是公司参加的最主要国内展会。

2005年10月,公司首次参加德国国际电梯展览会,意味着康力电梯加大海外市场品牌建设力度。此后,公司还参加历届巴西国际电梯展览会、俄罗斯国际电梯展览会、印度尼西亚国际电梯展览会、印度国际电梯展览会、韩国国际电梯展览会。

2007年起,公司通过每年召开营销培训交流会、顾客技术研讨会、全球代理商年会等方式加强相关方参与公司品牌推广,提高顾客对公司产品的了解和在国内外的知名度,带动营销量的提升。2014年起,公司董事长王友林先后参加各类国际、国内政治经济峰会和交流论坛,与国内外顶级经济界和企业界人士进行面对面接触交流,在了解宏观经济形势、发展机遇和先进企业管理理念的同时,对外宣传公司品牌,提高公司(品牌)在国际上的知名度。

截至2018年12月,公司参加中国电梯协会主办的国内电梯展9次,参加各类国际电梯展37次。

四、文化传播

2003年1月,苏州康力电梯有限公司设企业文化办公室。7月,公司编印内部刊物《康力电梯》。2007年起,随着企业文化建设的推进,公司利用多渠道进行品牌宣传,通过员工教育培训、会议宣讲、内部刊物、新闻报道、网站、OA系统、标语、各种宣传活动、会议、庆典、员工征文和摄影作品等提高公司和品牌知名度,效果显著。2017年9月,康力电梯股份有限公司举办公司成立20周年庆典活动,公司文化与公共关系部利用庆典活动机会,使用黑板报、横幅、标语、滚动字幕、发放宣传资料等,向参加庆典活动来宾大力宣讲康力电梯股份有限公司20年来的发展历程,以此提高公司和品牌知名度。

第五节 品牌国际化

2003年7月,苏州康力电梯有限公司2台自动扶梯首次出口吉尔吉斯斯坦,开创康力电梯首批公交型扶梯项目出口海外的先河。

2004年9月,江苏康力电梯集团有限公司获法国国际检验局颁发的欧洲CE安全认证、韩国EK认证、俄罗斯GOST认证。

2007年,康力电梯股份有限公司从经营国际化、获取先进技术、冲破绿色壁垒、积极反倾销、人才国际化、商标国际化等方面进行国际化品牌规划。公司参加土耳其国际电梯展、伊朗国际电梯展、巴西国际电梯展、印度国际电梯展、俄罗斯国际电梯展和韩国国际电梯博览会等各种国际电梯展,给予国外代理商充分激励机制,借助代理商的积极性和在当地影响力,提高康力电梯品牌知名度。

2013年,公司提供张家界天门山隧道工程自动扶梯,总提升高度340 m,总跨距692 m,地势险峻,施工难度大,堪称世界电梯历史的"巅峰之作",被美国《世界日报》誉为"创造六个世界第一",康力电梯凭借天门山观光隧道自动扶梯以创世界工程奇迹项目,荣获"2014年度电梯世界工程奖——新安装自动扶梯"一等奖,成为中国乃至世界电梯史上一项经典工程。

2016年,在巴西奥运会期间,康力电梯作为中国电梯唯一品牌亮相纽约时代广场。公司把俄罗斯、哈萨克斯坦、韩国、蒙古、印度、印度尼西亚、马来西亚、哥伦比亚、智利、多米尼加、卡塔尔等国作为重点维护区域。将中东、阿塞拜疆及周边、柬埔寨、越南、泰国、巴西、阿根廷、南非等国家和地区作为未来重点开发区域。

截至2018年,公司在国外设立营销网络,遍布6大洲64个国家,其中欧洲13个、亚洲29个、非洲7个、大洋洲1个、北美洲5个、南美洲9个。产品远销100余个国家和地区,康力牌电梯在一些国家和地区逐步成为首选电梯品牌。

表4-2 2018年康力电梯股份有限公司品牌营销国际化规划情况表

时 期	具 体 内 容
短 期	参加海外有影响力的电梯展会,拓展营销渠道
	给予代理商充分的激励措施,借助其在当地的影响力,对康力电梯股份有限公司进行"康力电梯"品牌推广
	利用海外较有影响力的媒体渠道进行品牌推广,在巴西奥运会期间,"康力电梯"作为中国电梯唯一品牌亮相纽约时代广场

(续表)

时期	具 体 内 容
中长期	持续提高研发投入,加强品质管理,提升综合实力,在新老客户中形成良好口碑,形成品牌溢价
	逐步在海外建设更多机构,时机成熟后设立海外分公司或生产基地
	在海外收购部分公司,加速推进全球化进程

第六节 品牌维护和管理

1997年11月,公司成立后,始终重视"康力牌"电梯品牌建设、管理和维护。

2007年,公司建立顾客投诉处理服务机制,制定《400客服电话使用管理制度》《售后服务管理》《与客户相关的过程控制程序》《质量反馈信息处理》《顾客投诉处理规定》《产品售后服务管理规程》等产品质量异议处理相关管理规定,明确24小时提出处理意见,一周内对顾客投诉进行闭环。公司对客户产品投诉集中突出的问题,召开专题会议,下达整改指令,并持续改进。公司客户拨打"400客服中心诉求"处理流程如下:营销分公司现场处理—质量客户服务部做好质量问题归类及分流至相关职能部门—工厂职能部门出具质量问题处理方案及相关支持—质量客户服务部确定方案—营销分公司做好记录—400客服中心做好记录、回访客户、关闭诉求—质量客户服务部对质量问题最终判定。

同年,公司启动品牌危机处置机制,成立品牌危机处理小组。公司针对可能发生的品牌危机事件,策划处理预案。持续构建、保持、改善品牌危机预警信息收集网络,及时动态收集媒体、网络舆情,品牌危机发生时快速启动应急预案,做好危机公共关系处理,将品牌危机的负面影响控制在最低限度。至2018年,康力电梯未出现品牌危机事故。

2010年,康力电梯股份有限公司依据品牌愿景,从产品特点、市场目标、竞争对手、顾客需求和期望、公众形象等方面对康力品牌进行品牌定位,从顾客、员工、股东、社会及公众、政府、公司发展、主导产品等方面建立品牌价值管理机制。

第七节 知识产权保护

一、商标注册

2003年9月,苏州康力电梯有限公司"康力"商标成功注册,被江苏省工商行政管理局认定为江苏省著名商标。至2018年,公司注册国内保护性商标15个,数量91个。在注册国内商标同时,进行"康力牌电梯"等商标国际注册,确保产品顺利向国际市场发展。

表4-3　　　　　　　　　　2018年12月康力电梯股份有限公司国内/国际商标注册情况表

商　　标	数量(个)	商　　标	数量(个)
康力	34	(图标)	1
K·NL	44	兰新康力	1
CANNY	1	康力电梯	1

(续表)

商　标	数量(个)	商　标	数量(个)
KANGLI	1	Lingshow	1
康立	1	岭秀	1
KONL	1	蓝豹	1
(图形)	1	金燕	1
多悦	1	合计	91

二、专利

自1997年公司成立起，一直非常重视研发创新。2002年，公司专门成立科技办，负责专利申请和保护。

截至2018年，康力电梯股份有限公司拥有专利1 215件，其中尚在有效期的专利902件，授权的发明专利69项在行业内领先。公司参与国家标准制定30项，其中主持4项；参与企业标准制定166项，国外PCT专利11项。

三、知识产权管理体系

2017年，康力电梯股份有限公司依据国际标准，建立知识产权管理体系，并于2018年通过第三方认证。该体系的建立，使企业知识产权管理能力、企业知识产权获取、维护、运用和保护水平得到提升。

第五章 国内营销

第一节　国内营销管理机构

1993年9月—1997年11月，公司前身阶段基本属于个体经营时期，市场开拓和营销事宜主要由创始人负责。

1997年11月—2003年12月，公司成立销售部，高新其负责销售工作。

2004年开始，公司整机业务不断发展，并且整机和部件业务管理机构完全分开，顾兴生任整机销售总经理，分管销售部、市场部及合同管理部。销售部下设8个销售分部，聘任6名销售分部经理，分别负责不同区域的销售工作。市场部负责市场策划、广告、产品展厅筹建等工作。合同管理部负责销售合同评审、标书制定及土建图设计等工作。同年，新成立哈尔滨分公司。

2005年，公司正式成立营销中心，下辖市场部、销售部、合同管理部、合同技术部。其中，市场部下辖市场策划、广告、展厅、前台、分公司及办事处；销售部下辖销售一部至销售八部和海外部，当年新成立北京分公司及兰州、苏州2个办事处。

2006年，营销中心组织机构扁平化，各销售分部、分公司及办事处均归属营销中心垂直管理，共有11个销售分部、海外部、2个分公司（北京、哈尔滨）和4个办事处（上海、苏州、天津、兰州）。同时，营销中心下辖市场部、合同管理部，新增接待中心，专职负责客户接待、车辆调度、前台管理等，归属合同管理部。

2007年，公司将市场部与海外部合并成立市场运营部，仍属营销中心管辖，聘任朱瑞华为市场总监。将接待中心从合同管理部中独立出来，并将销售各部合并、精简为销售一部至销售四部。是年，新成立工程部和维保部，以及成立郑州康力、深圳康力两个合资营销工程公司，重庆分公司以及8个办事处（南京、辽宁、江西、湖南、广州、四川、西安、福州）。

2008年，海外部和市场部从营销中心剥离，成为与营销中心平级的独立机构，负责人朱瑞华。营销中心总部取消销售部，销售职能全部转移至各地分公司与服务中心，合同管理部与接待中心职能合并，更名为营业支持部，保留工程部与维保部。是年，新建6个服务中心（山东、安徽、浙江、广西、新疆、海南）。另有苏州、四川、陕西、福州等4个办事处升级为分公司。

2009年，公司为加快营销网点战略布局，重组营销中心组织机构，将工程部与维保部合并重组为工程一部和二部，分别归属营销中心和市场运营中心；将销售支持部、合同管理部和接待中心独立出来，归属公司垂直管理；各地分支机构归属进行重新分配，其中深圳康力公司及6个国内分支机构归属市场运营中心管辖，而郑州康力公司及其他20个分支机构归营销中心管辖。是年，新建湖北、常州、山西、吉林等4个分支机构。

2010年，公司成功上市，营销中心基本延续上年的机构设置，新成立大客户部，为今日战略客户部和轨道项目部的前身；新设客户服务部，专职负责应收款回笼工作；新建无锡、云南、贵州、河南、河北、甘肃、内蒙古等7个分支机构。

2011年，公司对营销中心组织机构进行全面整合，营销中心更名为销售中心，聘任韩公博为销售中心总经理，销售中心总部下设销售管理部、轨道交通部、工程一部、工程二部、销售中心管理部、技术支持部及合同管理部，其中销售管理部下辖大项目部、销售业务管理部、客户服务部和接待中心。所有国内分公司及服务中心归属营销中心管辖,首次引入销售大区概念,将国内营销网络划分为6个大区。是年,新建大连、黑龙江、深圳、温州、青岛等5个分支机构。

2012年,销售中心更名为营销中心,机构整体由国内销售和工程两大业务板块构成。工程业务板块中,重组新增工程管理部、工程技术质量部、安装部和售后服务部;同时,针对重大项目增设重大项目管理部、安装部和服务部。销售业务板块中,营销总部职能部门设置营销业务部、营业技术部、接待中心、重大项目部、营销中心管理部、应收款管理办公室和合同管理部;分支机构划分为9个大区,其中包含18个分公司和17个服务中心。

2013年,工程业务板块做出较大调整,进一步优化职责分工,精简部门,下设工程管理部、工程技术部、安装部、售后服务部、工程质检部和轨道交通部;重大项目部合并至销售业务部,营销中心管理部更名为营销中心总经理办公室;营销分支机构共划分为11个区域,其中包含24个分公司和12个服务中心。

2014年,工程业务板块从营销中心中分离出来,单独成立工程服务中心,由秦成松兼任工程服务中心总经理。销售业务部更名为重大项目部,专职负责战略客户和轨道交通项目,并将其余职责和人员划归至合同管理部。营销分支机构共有11个区域,其中包含26个分公司和14个服务中心。

2015年,营销中心由常务副总经理王立凡主持工作,重大项目部更名为销售业务部,下辖轨道交通部、销售业务一部至三部;营销中心总经理办公室更名为营销管理部。营销分支机构合并为9个区域,其中包含47个分公司和34个服务中心。

2016年,黄伟华任营销中心执行总裁,主持并全面负责营销中心的运行和管理工作。撤销重大项目部,部门职责分别划分至新设立的战略客户部、轨道项目部和电商支持部,另外新设立客户支持中心和市场管理部。合同管理部更名为合同执行部,营业技术部更名为销售技术部。营销分支机构重新划分为9个分营销中心和2个大区,其中包含47个分公司和63个服务中心。

2017年,客户支持中心并入合同执行部;撤销电商支持部;营销分支机构共设有10个分营销中心,其中包含48个分公司和68个服务中心。

2018年,秦成松任营销中心执行总裁,同时兼任工程中心执行总裁和质量中心总监。原合同执行部负责的代理商管理相关业务划分至市场管理部,营销管理部更名为营销中心办公室,接待中心更名为商务接待部。营销中心总部下设合同执行部、销售技术部、商务接待部、营销中心办公室、战略客户部、轨道项目部和市场管理部共7个部门;营销分支机构共设10个分营销中心,其中包含45个分公司和37个服务中心。

2018年底,公司对全国营销网络进行整合优化调整,推行扁平化管理,调整后,公司共有分公司43个,服务中心25个。

表5-1　　　　　　　　　1997—2018年营销中心组织机构及主要负责人

年　　度	机构/部门	主　要　负　责　人
1993—1997年	未设部门	营销业务由创始人王友林负责
1997—2004年2月	销售部	高新其
2004年2月—2005年2月	销售部	销售总经理:顾兴生 销售副总经理:王小林 销售一部至九部负责人:谭正荣、杨柏涛、杭文荣、奚民华、王小林(七部、八部)、高新其 哈尔滨分公司负责人:李福生

(续表)

年　　度	机构/部门	主 要 负 责 人
2005年2月—2006年3月	营销中心	营销总经理：顾兴生 营销总经理助理：王小林 市场部负责人：朱瑞华；销售部负责人：王金宝；销售部高级经理：杭文荣；销售部经理：高新其；合同管理部负责人：王立凡 销售一部至八部负责人：谭正荣、王小林、杨柏涛、奚民华、王金宝、刘立军、杭文荣 各分公司负责人：李福生（哈尔滨）、张宝顺（北京）
2006年3月—2007年2月	营销中心	营销总监：顾兴生 营销总经理助理：王小林 市场部负责人：朱瑞华；合同管理部负责人：王立凡 销售一部至十一部负责人：谭正荣、马仲林、奚民华、杨柏涛、金永盛、刘立军、陈雪明、芦晓明 各分公司负责人：李福生（哈尔滨）、张宝顺（北京）
2007年2月—2009年3月	营销中心	营销中心总经理：顾兴生 营销副总经理：王小林；市场运营/海外部负责人：朱瑞华 合同管理部负责人：王立凡；工程部负责人：王东升；维保部负责人：陆斌云 销售一部至四部负责人：谭正荣、马仲林、杭文荣、芦晓明 郑州康力公司负责人：谭正荣；深圳康力公司负责人：奚民华 各分公司负责人：李福生（哈尔滨）、张宝顺（北京）、张磊（重庆）
2009年3月—2010年3月	营销中心	营销中心总经理：顾兴生；总经理助理：王立凡 营销副总经理：王小林、张宝顺、谭正荣、李福生、靳书龙 工程维保一部负责人：王东升；工程维保二部负责人：陆斌云；销售支持部负责人：靳书龙；合同管理部负责人：王立飞；接待中心主任：陈爱林 营销中心分支机构负责人：王放（哈尔滨）；张宝顺（北京）；杭文荣（苏州）；杨柏涛（福州）；周樊生（四川）；陈雪明（陕西）；金永盛（辽宁）；马仲林（南京）；刘立军（湖南、湖北）；陈荣兴（山东）；朱富春（浙江）；张华（安徽）；芦晓明（广西）；钱建光（新疆）；芦卯荣（上海）；谭正荣（河北、常州） 市场中心分支机构负责人：奚民华（广州）；张磊（重庆）；申轶（天津）；杨东升（江西、贵州）；管跃中（内蒙古）
2010年3月—2011年2月	营销中心	营销中心总经理：顾兴生；总经理助理：王立凡 营销副总经理：王小林、张宝顺、谭正荣、李福生、靳书龙、姚宝妹 工程维保一部负责人：王东升；工程维保二部负责人：陆斌云；销售支持部负责人：靳书龙；合同管理部负责人：王立飞；接待中心主任：陈爱林 营销中心分支机构负责人：王放（哈尔滨）；张宝顺（北京）；杭文荣（苏州）；周樊生（四川）；陈雪明（陕西）；金永盛（辽宁）；刘立军（湖南）；白海涛（湖北）；陈荣兴（山东）；朱富春（浙江）；张华（安徽）；芦晓明（云南）；钱建光（新疆）；陈洪生（上海）；吴国华（河北）；谭正荣（常州）；任建兵（广西）；刘聪业（哈尔滨）；金光哲（吉林）；郑平（河南） 市场中心分支机构负责人：马仲林（南京）；李成（广州）；张磊（重庆）；申轶（天津）；杨东升（江西）；杨柏涛（福建）；何耀琼（贵州）
2011年2月—2012年2月	销售中心	销售中心总经理：韩公博 销售中心常务副总经理：王立凡 销售中心副总经理：王小林、李福生 销售中心大区总经理：张宝顺、姚宝妹、谭正荣、杭文荣；工程维保一部负责人：王东升；工程维保二部负责人：陆斌云

(续表)

年　　度	机构/部门	主　要　负　责　人
2011年2月—2012年2月	销售中心	销售中心总部各部门负责人：陈兴荣（销售管理部）；王立飞（合同管理部）；杨菊平（技术支持部）；陈洪生（销售业务管理部、重大项目部）；袁明德（客户服务部）；陈爱林（接待中心） 各分公司负责人：刘晓琳（辽宁）；马仲林（南京）；张华（安徽）；王立凡（苏州）；刘立军（湖南）；许毅（广东）；陈荣兴（山东）；吴国华（河北）；王小林（上海）；王海霞（四川）；张磊（重庆）；文永兴（陕西）
2012年2月—2013年2月	营销中心	营销中心总经理：韩公博 营销中心常务副总经理：王立凡 营销中心副总经理：王小林、李福生、张宝顺、姚宝妹、杭文荣、王东升、陆斌云 营销总部各部门负责人：杭文荣（重大项目部）；王立凡（合同管理部）；陈兴荣（营销中心管理部）；杨菊平（营业技术部）；陈爱林（接待中心）；袁明德（应管办）；任建兵（营销业务部） 工程业务板块：王东升（工程部、工程技术质量部）；王立飞（工程管理部负责人）；顾伟兵（售后服务部）；沈爱林（安装部）；任建华（轨道交通部）；陆斌云（重大项目管理部、重大项目服务部）；孙健育（重大项目安装部） 各销售区域负责人：王立凡（苏州地区）；王小林（中南区、西北区、西南区）；李福生（东北区）；张宝顺（华北二区、山西）；姚宝妹（华东区） 各分公司负责人：王胜勇（北京）；刘晓琳（辽宁）；马仲林（南京）；张华（安徽）；刘立军（苏州）；黄华（湖南）；许毅（广东）；陈荣兴（山东）；吴国华（河北）；王小林（上海）；王海霞（成都）；张磊（重庆）；文永兴（陕西）
2013年2月—2014年2月	营销中心	营销中心总经理：韩公博 营销中心常务副总经理：王立凡 营销中心副总经理：王小林、李福生、张宝顺、姚宝妹、侯志伟、杭文荣、王东升、陆斌云 营销总部各部门负责人：杭文荣（重大项目部）；王燕华（合同管理部）；陈兴荣（营销中心总经理办公室）；杨菊平（营业技术部）；陈爱林（接待中心）；袁明德（应管办）；任建兵（销售业务部） 工程业务板块：王东升（工程总部总经理）；王立飞（工程管理部负责人）；王东升（售后服务部）；沈爱林（安装部）；任建华（轨道交通部）；孟庆刚（工程技术部）；孙健育（安装部） 各销售区域负责人：王立凡（华北一区）；王小林（东北区）；侯志伟（直辖区（北京、上海））；姚宝妹（华东区）；李福生（苏州地区）；张宝顺（华北二区）；马仲林（南京地区）；陆斌云（西南区）；许毅（中南区）；文永兴（西北区） 各分公司负责人：王胜勇（北京）；刘晓琳（辽宁）；刘聪业（黑龙江）；娄礼军（吉林）；马仲林（南京）；张华（安徽）；刘立军（苏州）；黄华（湖南、湖北）；许毅（广东）；金永盛（山东）；张宝顺（山西）；吴国华（河北）；钟慰（上海）；王海霞（成都）；张磊（重庆）；文永兴（陕西）；陈洪生（无锡）；郑平（河南）；杨东升（福建）；姚宝妹（浙江）
2014年2月—2015年2月	营销中心	营销中心总经理：韩公博 营销中心常务副总经理：王立凡 营销中心副总经理：王小林、李福生、张宝顺、姚宝妹、侯志伟、杭文荣、王东升、陆斌云、马正逵

(续表)

年　　度	机构/部门	主　要　负　责　人
2014年2月—2015年2月	营销中心	营销总部各部门负责人：杭文荣(重大项目部)；王燕华(合同管理部)；马正逵(营销中心总经理办公室)；杨菊平、郭家川(营业技术部)；陈爱林(接待中心)；袁春其(应管办) 工程业务板块：王东升(工程总部总经理)；王立飞(工程管理部负责人)；王东升(售后服务部)；沈爱林(安装部)；任建华(轨道交通部)；孟庆刚(工程技术部)；孙健育(安装部) 各销售区域负责人：王立凡(华北一区)；王小林(东北区)；侯志伟(直辖区——北京、上海)；姚宝妹(华东区)；李福生(苏州地区)；张宝顺(华北二区)；马仲林(南京地区)；陆斌云(西南区)；许毅(中南区)；文永兴(西北区) 各分公司负责人：王胜勇(北京)；刘晓琳(辽宁、大连)；娄礼军(黑龙江、吉林)；马仲林(南京)；张华(安徽)；刘立军(苏州)；黄华(湖南、湖北)；许毅(广东)；金永盛(山东)；韩公博(山西)；吴国华(河北)；钟慰(浙江)；王海霞(成都)；张磊(重庆)；文永兴(陕西)；陈雪明(无锡)；郑平(河南)；谢江(福建)；姚宝妹(浙江)；尹雪峰(青岛)；舒红彪(广西)；侯志伟(上海)；涂继俊(云南)；何耀琼(贵州)
2015年2月—2016年2月	营销中心	营销中心常务副总经理：王立凡(主持工作) 营销中心副总经理：王小林、李福生、张宝顺、姚宝妹、侯志伟、杭文荣、文永兴 营销总部各部门负责人：杭文荣(销售业务部)；王燕华(合同管理部)；吴玉琴(营销管理部)；杨菊平、郭家川(营业技术部)；陈爱林(接待中心)；袁春其(应管办) 各销售区域负责人：王小林(东北区)；侯志伟(上海)；张宝顺(山西)；姚宝妹(华东二区)；李福生(苏州地区)；王胜勇(华北区)；马仲林(南京地区)；许毅(中南营销中心)；文永兴、陈洪生(西部营销中心) 各分公司负责人：王胜勇(北京、天津)；吴永红(内蒙古)；刘晓琳(辽宁、盘锦、锦州、大连)；娄礼军(黑龙江、吉林)；马仲林(南京、南通)；张华(安徽、芜湖)；刘立军(苏州、吴江)；黄华(湖南、衡阳)；左建军(湖北、襄阳)；许毅(广东、珠海、深圳)；金永盛(山东)；张宝顺(山西)；吴国华(河北、唐山、廊坊)；钟慰(浙江)；王海霞(成都)；张磊(重庆)；文永兴(陕西、宁夏)；陈雪明(无锡)；郑平(河南)；谢江(福建、厦门)；杨月平(江西)；姚宝妹(浙江)；尹雪峰(青岛、烟台)；舒红彪(广西)；侯志伟(上海)；史俊峰(徐州)；徐新刚(宁波)；钱建光(甘肃)；杨忠(新疆)；涂继俊(云南)；何耀琼(贵州)
2016年2月—2017年2月	营销中心	营销中心执行总裁：黄伟华 营销中心执行副总裁/常务副总经理：王立凡 营销中心副总经理：王小林、李福生、张宝顺、姚宝妹、杭文荣、文永兴 营销总部各部门负责人：杭文荣(战略客户部、轨道项目部、电商支持部)；王燕华(合同管理部)；吴玉琴(营销管理部)；杨菊平、郭家川(营业技术部)；陈爱林(接待中心)；袁春其(应管办)；王学民(客户支持中心)；文永兴(市场管理部) 区域营销中心负责人：王小林(东北营销中心)；童军(上海大区)；张宝顺(山西大区)；王立凡(华东一区营销中心)；姚宝妹(华东二区营销中心)；李福生(苏州营销中心)；王胜勇(华北营销中心)；马仲林(南京营销中心)；许毅(中南营销中心)；文永兴(西部营销中心)；张忠(西南营销中心)

(续表)

年　　度	机构/部门	主　要　负　责　人
2016 年 2 月—2017 年 2 月	营销中心	各分公司负责人：王胜勇(北京、天津、内蒙古)；李舒一(辽宁、盘锦、锦州)；娄礼军(大连、吉林)；尹志刚(黑龙江)；马仲林(南京、徐州)；张华(安徽、芜湖)；刘立军(苏州、吴江)；黄华(湖南、衡阳)；左建军(湖北、襄阳)；许毅(广东、珠海、深圳)；金永盛(山东)；张宝顺(山西)；吴国华(河北、唐山、廊坊)；钟慰(浙江)；王立凡(宁波)；陈洪生(四川)；张磊(重庆)；张玺(陕西、宁夏)；杨帆(甘肃)；姜叶俊(无锡)；郑平(河南)；陈瑞春(福建)；姚宝妹(浙江)；尹雪峰(青岛)；张晓峰(广西)；童军(上海)；支用才(常州)；姚宝妹(厦门)；杨月平(江西)；杨忠(新疆)；何耀琼(贵州)；涂继俊(云南)
2017 年 2 月—2018 年 2 月	营销中心	营销中心执行总裁：黄伟华 营销中心执行副总裁/常务副总经理：王立凡 营销中心副总经理：李福生、张宝顺、姚宝妹、杭文荣、文永兴 营销总部各部门负责人：杭文荣(战略客户部、轨道项目部)；王燕华(合同执行部)；吴玉琴(营销管理部)；杨菊平、郭家川(销售技术部)；陈爱林(接待中心)；袁春其(应管办)；文永兴(市场管理部) 区域营销中心负责人：娄礼军(东北营销中心)；童军(上海大区)；张宝顺(山西大区)；王立凡(华东一区营销中心)；姚宝妹(华东二区营销中心)；李福生(苏州营销中心)；王胜勇(华北营销中心)；马仲林(南京营销中心)；许毅(中南营销中心)；文永兴(西部营销中心)；张忠(西南营销中心) 各分公司负责人：王胜勇(北京)；边陲(天津)；娄礼军(辽宁、吉林)；赵方军(大连)；尹志刚(黑龙江)；马仲林(南京)；孙彬(徐州)；张华(安徽、芜湖)；刘立军(苏州、吴江)；黄华(湖南、衡阳)；左建军(湖北、襄阳)；许毅(广东、珠海、海南)；王学民(深圳)；芦晓明(山东)；张宝顺(山西)；吴国华(河北、唐山、廊坊)；车金香(浙江)；喻建军(宁波)；陈洪生(四川)；刘聪业(泸州)；张军(绵阳)；张磊(重庆)；张玺(陕西、宁夏)；杨帆(甘肃)；姜叶俊(无锡)；郑平(河南)；陈瑞春(福建)；顾建惠(厦门)；姚宝妹(浙江)；尹雪峰(青岛)；张晓峰(广西)；童军(上海)；支用才(常州)；杨月平(江西)；李爱民(内蒙古)；裘海刚(新疆)；何耀琼(贵州)；涂继俊(云南)
2018 年 2 月—2018 年 12 月	营销中心	营销中心执行总裁：秦成松 营销中心执行副总裁/常务副总经理：王立凡 营销中心副总经理：李福生、张宝顺、杭文荣、文永兴、陆永祥；营销副总工程师：杨菊平 营销总部各部门负责人：杭文荣(战略客户部)；陆永祥(轨道项目部)；王燕华(合同执行部)；吴玉琴(营销中心办公室)；杨菊平、郭家川(销售技术部)；陈爱林(商务接待部)；文永兴(市场管理部) 各营销区域负责人：娄礼军(东北区)；王胜勇(华北区)；张宝顺(山西)；文永兴(华东一区、西北区)；陈洪生(江苏)；李福生(苏州)；许毅(华南区)；黄华(华中区)；张忠(西南区) 各分公司负责人：娄礼军(黑龙江)；聂拓(吉林)；张绪男(辽宁)；赵方军(大连)；王胜勇(北京)；边陲(天津)；李爱民(内蒙古)；吴国华(河北)；顾峰(唐山)；刘浦(廊坊)；李洪(山西)；张华(安徽)；谷士豪(芜湖)；车金香(浙江)；喻建军(宁波)；陈洪生(南京)；孙彬(徐州)；支用才(常州)；丁玉明、陆峰(苏州)；顾伟兵(吴江)；姜叶俊(无锡)；芦晓明(山东)；尹雪峰(青岛)；童军(上海)；顾建惠(厦门)；郑平(河南)；张军(福建)；许毅(广东)；刘伟贤(珠海)；詹潮城(深圳)；张晓峰(广西)；王学民(海南)；黄华(湖南)；常新平(衡阳)；左建军(湖北)；熊新明(襄阳)；彭桂林(江西)；许俊峰(陕西)；张玺(甘肃、宁夏)；裘海刚(新疆)；张忠(四川)；张磊(重庆)；徐路(云南)；何耀琼(贵州)

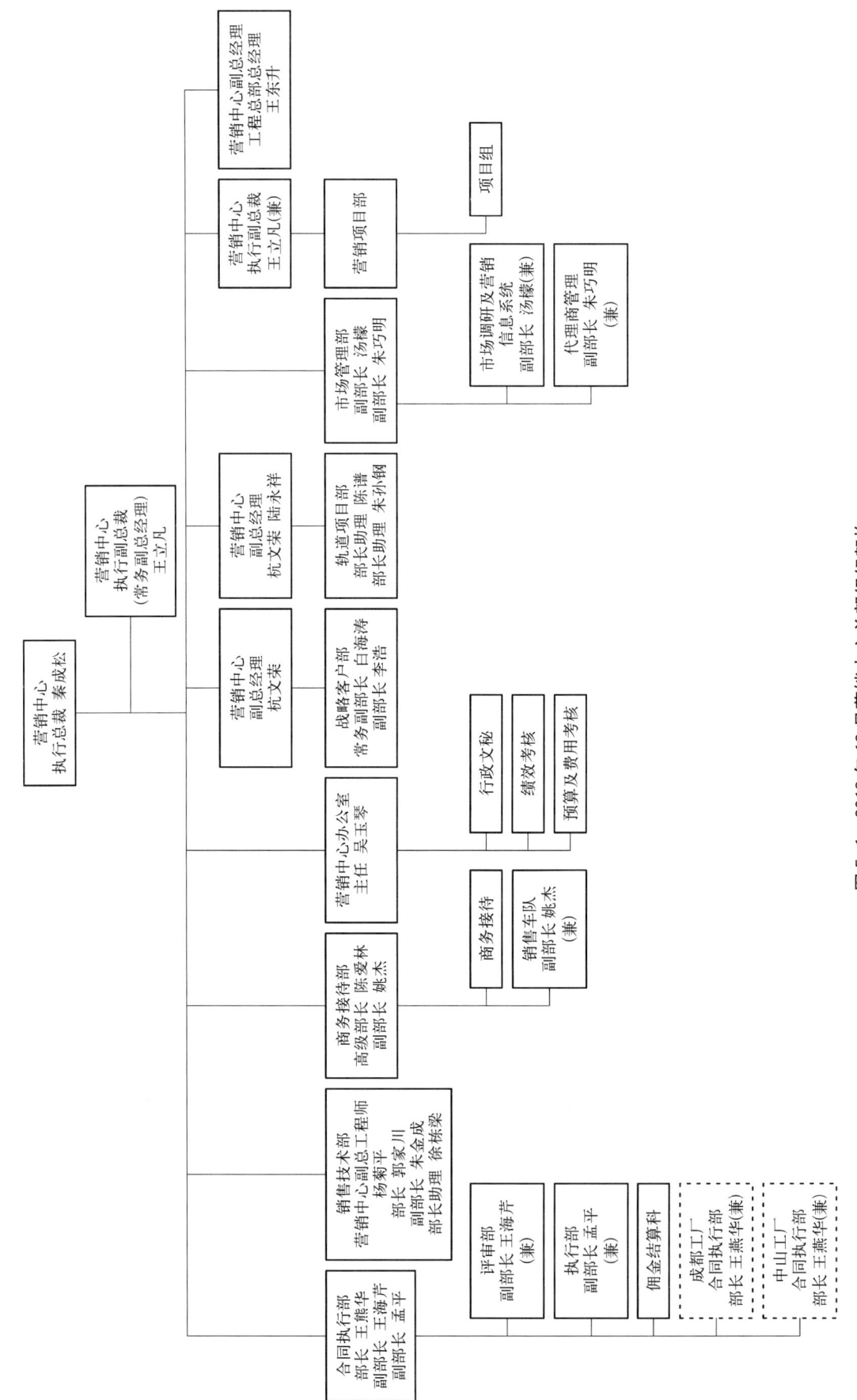

图 5-1　2018 年 12 月营销中心总部组织架构

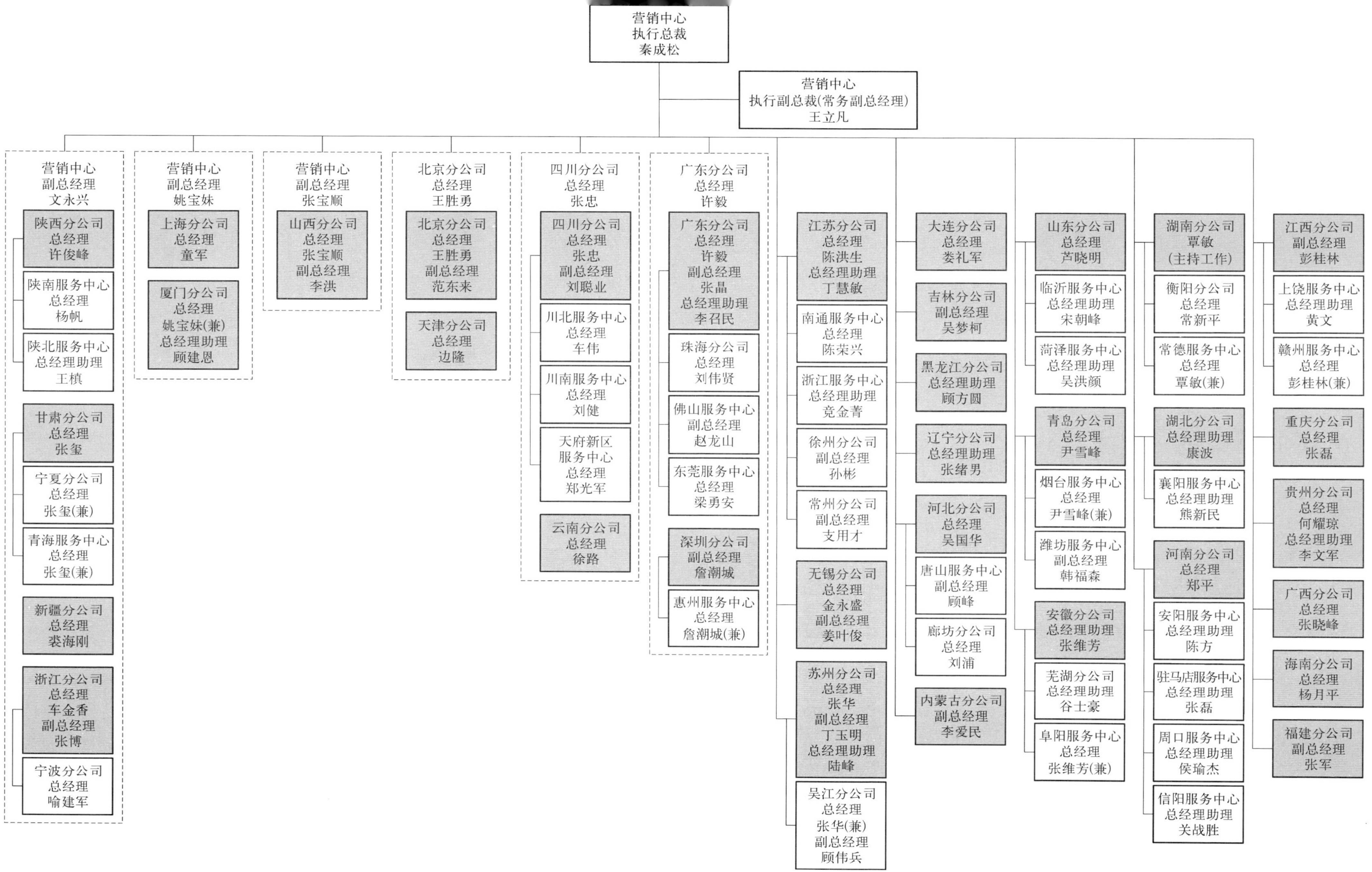

2018年12月营销区域组织机构图

营销中心 执行总裁 秦成松

营销中心 执行副总裁（常务副总经理） 王立凡

营销中心副总经理 文永兴
- 陕西分公司 总经理 许俊峰
  - 陕南服务中心 总经理 杨帆
  - 陕北服务中心 总经理助理 王横
- 甘肃分公司 总经理 张玺
  - 宁夏分公司 总经理 张玺（兼）
  - 青海服务中心 总经理 张玺（兼）
- 新疆分公司 总经理 裴海刚
- 浙江分公司 总经理 车金香 副总经理 张博
- 宁波分公司 总经理 喻建军

营销中心副总经理 姚宝妹
- 上海分公司 总经理 童军
- 厦门分公司 总经理 姚宝妹（兼） 总经理助理 顾建恩

营销中心副总经理 张宝顺
- 山西分公司 总经理 张宝顺 副总经理 李洪

北京分公司 总经理 王胜勇
- 北京分公司 总经理 王胜勇 副总经理 范苏来
- 天津分公司 总经理 边隆

四川分公司 总经理 张忠
- 四川分公司 总经理 张忠 副总经理 刘聪业
- 川北服务中心 总经理 车伟
- 川南服务中心 总经理 刘健
- 天府新区服务中心 总经理 郑光军
- 云南分公司 总经理 徐路

广东分公司 总经理 许毅
- 广东分公司 总经理 许毅 副总经理 张晶 总经理助理 李召民
- 珠海分公司 总经理 刘伟贤
- 佛山服务中心 副总经理 赵龙山
- 东莞服务中心 总经理 梁勇安
- 深圳分公司 副总经理 詹潮城
  - 惠州服务中心 总经理 詹潮城（兼）

江苏分公司 总经理 陈洪生
- 江苏分公司 总经理 陈洪生 总经理助理 丁慧敏
- 南通服务中心 总经理 陈荣兴
- 浙江服务中心 总经理助理 竞金菁
- 徐州分公司 副总经理 孙彬
- 常州分公司 总经理 支用才
- 无锡分公司 总经理 金永盛 副总经理 娄叶云
- 苏州分公司 总经理 张华 副总经理 丁玉明 总经理助理 陆峰
- 吴江分公司 总经理 张华（兼） 副总经理 顾伟兵

大连分公司 总经理 娄礼军
- 吉林分公司 副总经理 吴梦柯
- 黑龙江分公司 总经理助理 顾方圆
- 辽宁分公司 总经理助理 张绪男
- 河北分公司 总经理 吴国华
  - 唐山服务中心 副总经理 顾峰
- 廊坊分公司 总经理 刘浦
- 内蒙古分公司 副总经理 李爱民

山东分公司 总经理 芦晓明
- 临沂服务中心 总经理助理 朱朝峰
- 菏泽服务中心 总经理助理 吴洪颜
- 青岛分公司 总经理 尹雪峰
  - 烟台服务中心 总经理 尹雪峰（兼）
  - 潍坊服务中心 副总经理 韩福森
- 安徽分公司 总经理助理 张维芳
  - 芜湖服务中心 总经理助理 谷士豪
  - 阜阳服务中心 总经理 张维芳（兼）

湖南分公司 罩敏（主持工作）
- 衡阳分公司 总经理 常新平
- 常德服务中心 总经理 罩敏（兼）
- 湖北分公司 总经理助理 康波
  - 襄阳服务中心 总经理助理 熊新民
- 河南分公司 总经理 郑平
  - 安阳服务中心 总经理助理 陈方
  - 驻马店服务中心 总经理助理 张磊
  - 周口服务中心 总经理助理 侯瑞杰
  - 信阳服务中心 总经理助理 关成胜

江西分公司 副总经理 彭桂林
- 上饶服务中心 总经理助理 黄文
- 赣州服务中心 总经理 彭桂林（兼）
- 重庆分公司 总经理 张磊
- 贵州分公司 总经理 何耀宗 总经理助理 李文军
- 广西分公司 总经理 张晓峰
- 海南分公司 总经理 杨月平
- 福建分公司 副总经理 张军

图 5-2　2018 年 12 月营销区域组织机构图

第二节　国内营销发展历程

国内市场是公司业务发展的常规重点,在公司整体运营发展中,国内营销运营体系处于举足轻重的地位。国内营销紧跟公司每个发展阶段的战略目标,以公司战略为导向,通过成就客户,使公司得以不断发展和迈向新的成功。

一、公司前身阶段(1993—1996年)

1993年,企业初创,以生存为首要任务,从承揽零散的机械钣金加工业务开始,业务联系承接主要由创始人负责。

1995年7月,莘塔通用机械厂成立,主要承揽一些机械零部件的加工业务,除继续为上海鼓风机厂加工机械零部件,同时生产加工一些扶梯配件。

二、电梯部件业务阶段(1997—2000年)

1997年11月,公司在"莘塔通用机械厂"基础上,注册成立吴江新达电扶梯成套部件有限公司,主营业务是为整机厂加工生产扶梯上下部配套组件,正式进入电梯行业。部件业务阶段,公司主要为各大整机厂配套加工零部件,通过良好的加工能力、灵活的销售政策和良好的服务,逐步赢得市场生产声誉,使得销售业绩不断增长。

2000年,随着电梯部件业务的蓬勃发展和实力的不断提升,公司开始进军电梯整机市场。是年11月,公司单独成立"苏州康力电梯有限公司",设立销售部,开始针对终端客户的整机销售业务。

三、整机业务发展初期阶段(2001—2006年)

2001年11月,公司正式取得"特种设备制造安全认可证""特种设备安装安全认可证",开始着力拓展国内整机业务。整机业务初期销售模式为代理商销售,由销售部寻找全国各地有实力的代理公司进行销售和后期工程业务,目标客户群一般是规划局、设计院、地产商、招标办等。

2002年11月,公司获人民大会堂全国精品展示中心2002—2003年度参展资格,并登上"人民大会堂全国精品展示金榜",康力牌电梯开始拓展国内市场。是年,12月19—23日,公司的电梯系列产品参加在北京举办的中国名牌战略推进成果展览会。

2004年4月,公司参加在上海国际展览中心举办的第六届上海国际电梯展览会,首次以整机企业面貌亮相大型电梯产品国际展会。是年,公司成立哈尔滨分公司,开始全国各地区域分公司建设。

2005年,康力营销中心正式成立,统一行使年度销售计划、销售业务开拓、销售预测、合同执行、市场策划、广告、产品展示厅等职能。同时,合同执行职能分为合同管理与合同技术两大模块,分工明细化,进一步提高销售合同评审、标书制定、土建图设计等工作整体效率。2005年3月,"康力电梯"商标获得江苏省著名商标。

2006年,随着国内营销网点的进一步扩张,公司业务发展和知名度提升,营销中心成立接待中心,加强客户接待工作,提升公司业务形象。是年2月,公司在重庆召开全国营销工作年会,总结上年营销工作成绩和部署当年营销工作方向、具体策略。

四、股改阶段(2007—2009年)

2007年,公司完成股份制改革,引入战略投资者,营销工作开始重点推进营销渠道建设工作。是年,公司成立郑州康力和深圳康力两家合资营销工程公司,积极探索以合资模式拓展销售市场,通过与合资方协定目标方式,取长补短,共同经营发展。是年,公司将工程和维保纳入营销范围,标志着康力电梯开始关注价值链的延伸——"产品安装及售后服务"。

2008年,公司取消办事处,全部更名为分公司或服务中心,此时的国内营销网络包括7个分公司(北京、重庆、哈尔滨、苏州、福州、四川、陕西)和12个服务中心(天津、辽宁、南京、广州、江西、湖南、山东、浙江、安徽、广西、新疆、上海)。是年1月,公司在北京人民大会堂举行"全球经销商年会暨新产品发布会",基于产品技术水平的提高,品牌影响力不断提升,营销网络和销售渠道的日益完善,公司开始与全国顶级地产商签署战略合作协议,进入政府采购供应商名单,并频繁获得品牌影响力、优秀供应商、优秀工程服务等方面的各类奖项。是年7月,康力二期正式竣工,康力营销中心正式迁入新办公大楼。是年12月,公司在轨道交通重载扶梯销售方面有重大突破,中标苏州轨道交通1号线工程,提供199台自动扶梯,这是电梯民族品牌第一次中标国内全线地铁项目,公司以此项目为起点,开始进军国内大型轨道交通项目重载扶梯市场。

2009年,公司将分支机构统一更名为服务中心,并新增河北、湖北、贵州和内蒙古4个服务中心和常州、山西、吉林3个销售服务部。是年5月,公司中标江西南昌昌北机场自动扶梯和自动人行道项目,"康力电梯"品牌结束外资品牌在机场工程中的垄断地位。是年6月,公司为上海长峰集团上海"龙之梦"、沈阳"龙之梦"项目提供包括6 m/s高速电梯和4 m/s高速电梯669台,开创民族品牌在超高速电梯市场的先河。

五、全面发展阶段(2010—2015年)

2010年3月12日,公司成功上市。是年9月,公司第一届董事会第十四次会议通过《关于使用部分超募资金用于营销网络建设的议案》。根据公司上市后整体经营战略,公司开始全面推进营销网络建设,对现有营销渠道、结构进行升级调整,将分布在全国各地的服务中心(部分)升级为营销分公司。是年,营销中心成立重大项目部,负责统管战略客户与轨道交通项目的洽谈、签约和管理,明确轨道交通项目对于公司未来业务发展的战略性意义。是年4月,公司参加在河北廊坊国际展馆举行的"2010中国国际电梯展"。

2011年开始,营销中心制定优化升级营销网络配置的方案,进一步提升电梯市场占有率的发展策略,在全国范围内采用营销大区制的整合管理模式,大力引进行业内专业性的管理和销售人才,全力促进销售业绩的增长。

2011年1月,公司在第六届全国政府采购集采年会上获"2010年度政府采购电梯自主创新品牌"称号。是年3月,公司在吴江汾湖召开以"快速高效持续共赢"为主题的2011年康力电梯股份有限公司全球代理商工作年会。

2012年,公司稳步推进营销服务网络建设,采用营销大区模式,将全国营销网络划分为9个大区:苏州地区、中南区、西北区、西南区、东北区、华北一区、华北二区、山西区、华东区,每个大区设置区域总经理,下辖若干分公司和服务中心。同时,大力推进一级分公司取得当地注册的营业执照和安装维保资质,全面加强自身的销售、安装和维保业务建设,使国内营销网络进一步做实做强。

2013年,公司进一步完善营销网络建设,新增2个服务中心(吴江、常熟),撤销温州服务中心,另有4家分公司(无锡、浙江、青岛、大连)取得营业执照,除原有9个大区外,新增直辖区(上海、北京)和南京地区。是年9月,在北京举行的"电梯工业品品牌营销之路高峰论坛"上,"康力电梯"品牌获"十大用户信赖品牌"。

2014年开始,公司首次在分支机构实行收入与个人能力、销售业绩紧密相连的分配模式,发布"分支机构营业部人员薪酬管理办法"和"大区总经理薪酬管理办法"。是年,公司新增徐州、厦门、粤西3个服务中心,另有6家分公司(内蒙古、新疆、甘肃、江西、徐州、天津)取得营业执照,至此,营销网络中的一级分公司全部升级完毕。是年2月,康力电梯股份有限公司"2014全球代理商工作年会"在西安召开。

2015年,公司对各区域市场进行精细化管理和深度营销,提升市场覆盖率和渗透率,不断发展和完善遍布县域经济代理商网络,消除市场空白点,触角伸向各省三、四线城市。当年新增21个二级分公司和20个服务中心,另有13家分公司在当年新取得营业执照。是年2月,"2015康力电梯全球代理商工作年会"在海南三亚召开,年会主题"携手康力 成就梦想——新征程 新跨越 新未来"。是年7月,公司召开主题为"亮剑·逆势崛起"的2015上半年市场营销工程会议,重点强调要建立可持续发展的营销网络,在营销策略方面,明确以"实施县域经济,铺设地毯式的销售网络"强化平台网络管理,同时,通过加强对战略客户的开发和维护以拓展细分市场的销售。

六、改革创新阶段(2016—2018年)

从2016年起,国家实行"供给侧"改革,原材料价格逐渐上行,经济运行进入平稳新常态,营销中心以公司战略为导向,制定新的经营策略,明确未来业绩的主要增长点,重点深挖县域经济、战略客户和轨道交通市场的巨大潜力,同时制定一系列相对应的政策制度,激励分支机构进一步深入开拓县级市场,扩大品牌影响力。营销中心积极寻求与规模较大房地产企业的战略合作机会,推动长期稳定的销量来源,提高普通消费者对于康力品牌的认知度。

为进一步强化战略客户的重要程度,原战略客户团队从重大项目部剥离,独立设置为战略客户部,主要负责维护已签约战略客户关系,并持续拓展新客户,不断提高战略项目业绩。营销中心为战略客户部制定年度业绩指标,同时在制度政策上给予一定程度倾斜,鼓励战略客户部、分公司甚至代理商积极开拓进取,发动一切资源奋力抢占战略客户市场。自2016年起,战略项目生效台量每年都以超过30%的增长率飞速发展,调整效果立竿见影。

2016年,各销售大区更名为分营销中心,设有东北、华东一区、华东二区、上海、山西、华北、苏州、南京、中南、西部和西南等11个分营销中心,其下共包括47个分公司和63个服务中心(当年新增29个服务中心),其中23家分公司取得A级安装维保资质证书。是年1月,以"和衷共济 跃势而上——争创'世界品牌 中国领跑'"为主题的2016康力电梯全球代理商工作会议在云南西双版纳召开。是年,公司在前期营销系统的基础上,建立并推行移动营销CRM(客户关系管理)系统,将销售商机进行细化管理,提升报价响应速度,CRM的结果作为销售预测输出到营销双周例会上。营销CRM系统不仅推动了员工自助项目管理,还是各管理层销售预测准确性的依据,是后续推出营销报价、土建参数在线制图等系统的数据源头。

2017年,中国电梯业进入深度整合期,为进一步激活国内代理商,实现双方业绩突破与服务提升,公司发布"康力电梯销售合作伙伴奖励政策",加强对代理商的分级管理,采用金牌、银牌、铂金授权销售合作伙伴的模式,对代理商的直接经销或居间中介合作方式作出详细规定,以积极创新的理念和方式拥抱和应对市场变化。是年2月,以"凝心聚力,砥砺前进"为主题的"2017康力电梯股份有限公司全球代理商工作会议"在上海佘山召开。

是年,公司提出"九大创新"理念,其中营销模式创新提出:需要开拓营销思路,推广"价值营销""解决方案营销"和"服务营销"等手段;拓展营销渠道,深耕基础设施(轨道交通和机场等)和战略客户(实力强大的地产集团)市场,同时推进加装和改造梯业务的开展。

是年,公司针对营销中心营业技术工作,建立土建在线制图系统,提升土建图制作标准化程度和效率。

2018年,受国家"供给侧"改革及行业形势进一步影响,国内营销形势愈加严峻,为鼓舞士气,团结一切可以团结的力量,是年1月,以"践行新使命 打造新标杆"为主题的康力电梯2018年度合作伙伴工作会议在汾湖高新区召开,全国优秀代理商500余人出席会议。是年7月,由康力电梯营销中心、工程中心联合举办的"从优秀到领袖"2018年营销中心半年度会议拓展活动在太湖迷笛营展开。本次活动旨在通过一系列拓展活动,挖掘个人最大潜能,打造团队精神,为康力营销体系优秀骨干搭建一个能够促进组织激励、强化团队协作意识、增强各部门以及区域之间的高效协同合作与默契的平台。

表5-2　　　　　　　　　　　　　康力历年销售有效订单情况

年　份	有效订单金额(亿元)	有效订单台量(台)
2004年	2.00	944
2005年	1.80	1 051
2006年	2.80	1 877
2007年	4.90	3 145
2008年	6.40	3 745
2009年	12.41	5 947
2010年	12.37	7 481
2011年	16.91	10 462
2012年	19.96	10 774
2013年	26.80	14 658
2014年	32.63	17 940
2015年	31.77	19 111
2016年	31.01	20 995
2017年	33.16	23 415
2018年	35.95	24 843
合　计	270.87	166 388

第三节　制　度　建　设

2005年,康力成立营销中心,对日常运营过程中的合同文本、销售价格表、产品安装分包价格表、维保配件价格表等均制定统一经核准的标准文档以供使用。真正有系统地建立制度管理体系,是从2011年开始。

2011年,营销中心开始逐步建立起一套指引公司营销运作的制度规范和标准流程,把包括合同变更、投标管理、报价管理、订单跟踪执行管理、项目授权管理等在内的一系列营销相关业务,以制度流程的形式加以标准化、机制化;并依据营销信息系统 CRM 日常运行和分支机构日常管理中发现的问题,有针对性地对各项制度不断进行重新评审、修订和补充,从而持续优化和改进现有流程,适应公司不同发展阶段的具体需求。

截至 2018 年年底,共发布营销管理常规制度文件 32 个(营销绩效薪酬管理相关制度详见本志第十三章)。

表 5-3　　　　　　　　　　　　　2018 年康力营销管理制度清单

序号	文　件　名　称	文 件 编 号	生　效　日　期
1	分公司补贴和福利标准	KL.C-BC17.V1	2011 年 12 月 1 日
2	重大项目销售管理规定	KL.C-SD03.V1	2014 年 1 月 1 日
3	分支机构营业部人员薪酬管理办法	KL.C-BC12.V1	2014 年 1 月 1 日
4	大区总经理薪酬管理办法	KL.C-BC10.V1	2014 年 1 月 1 日
5	分支机构目标考核实施办法(试行)	KL.C-BC09.V3	2014 年 1 月 1 日
6	分支机构文件、资料及档案管理规定	KL.C-BC08.V1	2014 年 1 月 1 日
7	分支机构车辆配备与使用管理规定	KL.C-BC07.V1	2014 年 1 月 1 日
8	分支机构租房管理规定	KL.C-BC06.V1	2014 年 1 月 1 日
9	分支机构固定资产管理规定	KL.C-BC05.V1	2014 年 1 月 1 日
10	分支机构人力资源管理规定	KL.C-BC03.V1	2014 年 1 月 1 日
11	分支机构组建程序	KL.C-BC02.V1	2014 年 1 月 1 日
12	分支机构组织机构及管理职责	KL.C-BC01.V2	2014 年 1 月 1 日
13	重大项目管理流程及规定	KL.C-SD07.V1	2014 年 6 月 15 日
14	跨区域项目管理规定	KL.C-SD11.V2	2014 年 9 月 1 日
15	营销副总及大区总经理职权规定	KL.C-SD15.V1	2015 年 1 月 1 日
16	销售活动知识产权控制程序	IP/CANNY-CX850-2015	2015 年 6 月 1 日
17	康力电梯国内代理商管理政策	KL.C-SD17.V1	2016 年 1 月 1 日
18	销售合同评审管理规定	KL.C-SD04.V3	2016 年 4 月 1 日
19	项目投标管理规定	KL.C-SD02.V3	2016 年 4 月 1 日
20	项目报价管理规定	KL.C-SD01.V2	2016 年 4 月 1 日
21	项目授权管理规定	KL.C-SD09.V2	2016 年 4 月 1 日
22	销售订单跟踪执行管理规定	KL.C-SD06.V4	2016 年 4 月 1 日
23	代理商授信管理办法	KL.C-SD18.V2	2016 年 7 月 20 日
24	康力电梯国内销售合作伙伴奖励政策	KL.C-SD16.V2	2017 年 1 月 1 日
25	销售佣金结算及支付管理规定	KL.C-SD10.V4	2017 年 1 月 1 日
26	康力电梯销售合作伙伴奖励政策(关于战略客户合作伙伴的奖励办法)	KL.C-SD19.V2	2018 年 1 月 1 日
27	2018 年产品下浮权限表-签约合作伙伴	KL.C-SD23.V1	2018 年 1 月 1 日
28	2018 年产品下浮权限表-分公司负责人	KL.C-SD22.V1	2018 年 1 月 1 日

(续表)

序号	文 件 名 称	文 件 编 号	生 效 日 期
29	2018年产品下浮权限表-大区负责人	KL.C-SD21.V1	2018年1月1日
30	合同变更管理规定	KL.C-SD05.V4	2018年7月1日
31	战略客户管理规定	KL.C-SD14.V1	2019年1月1日
32	商务接待流程及标准	KL.C-SD12.V1	2019年8月15日

第四节 营销管理信息系统

2012年,根据公司在全国范围内布局营销网络的规划和需求,营销中心开始联合信息中心推进售前报价系统、IS工程安装管理系统以及合同应收款管理系统的建设和上线使用。同时,规划售后服务管理系统,优化营销和工程业务管理衔接。

2013年,公司开发建立400呼叫中心系统,为产品售后服务提供保障,使售后服务部更好地做好售后服务工作。是年,公司引入EOS(工程运营系统),并为工程人员免费配备手机。工程管理人员通过EOS派单,管理现场维保计划任务,通过手机现场注册电梯物联网信息,实时查看联网信息,第一时间响应故障报警;工程人员操作手机APP,实时从调试和维保工地传递回来各类产品数据信息。

2014年,营销中心根据各系统实际使用反馈情况,提出系统改进需求,在销售报价系统中增设图形选配界面,切实提高系统应用效果。是年,工程IS系统(安装管理系统)和SS系统(维保管理系统)开始推进和使用,经过2012—2015年的大力推进和优化调整,公司营销和工程信息化系统发展成为从售前、合同执行、工程管理到维保服务管理全业务生态链信息系统。

2016年,随着全国营销网络的基本建成,在原有营销信息系统的基础上,公司推动并建立移动营销CRM(客户关系管理)系统,旨在通过应用CRM技术,管理客户关系。通过提高客户的价值、满意度、营利性和忠实度,缩减销售周期和销售成本,增加收入,寻找扩展业务所需的新市场和渠道。

2017年,针对营业技术工作,建立土建在线制图系统,提升土建图制作标准化程度和效率。是年,启动建立应收款管理系统,以期对公司的往来账款进行综合管理,帮助团队更好地管理应收款。

第五节 主要营销管理工作实施

一、市场营销管理

康力电梯股份有限公司通过收集、分析、整理宏观市场、电梯行业及竞争对手的信息,跟踪客户信息,确定营销目标市场,为区域提供信息依据,确定并满足客户的需求、期望和偏好,加强顾客联系,不断提高客户满意度和信任度,从而赢得营销市场。

(一)发现和评价市场机会

1. 电梯市场分析

随着经济的发展和人民生活水平的提高,农村人口不断向城镇迁移,对出行的需求持续增长,使得电梯、扶梯等行业规模不断扩大。可以预见,未来电梯、扶梯产业有着巨大的发展潜力,中国在今后相当长的时间内仍是全球最大的电梯市场。截至2018年,国内电梯的保有量巨大,维修保养、改造的产值逐年增加;期龄超过15年的电梯累积增多,更新量将大幅度提升;老旧电梯政策性淘汰和标准的提高制造新的增量;公共建筑的增量和城镇化发展的刚性需求创造新的增量。

从细分市场来看,电梯市场向战略客户集中,各大电梯企业和品牌争夺战略客户市场更加激烈。随着轨道交通建设的高速发展,轨道交通项目成为电梯订单新增长点。同时,县级市的电梯市场也是未来电梯订单增长的重要市场。电梯安装维保水平、智能化产品和服务将成为占领市场的重要手段。在国家"一带一路"倡议、自由贸易政策的引领下,国内民营电梯企业出口业务大幅增长。

2. 竞争对手分析

公司对竞争对手的客户进行市场细分,在电梯市场上具备明确的优势,依托核心竞争力业务,以更好的产品质量和服务水平,在竞争中取胜。

截至2018年,国内电梯行业制造企业超过500家,其中2%的企业占据超过70%的市场营销份额,行业集中度较高。康力电梯股份有限公司经过20多年高速发展,成为自主品牌的领头羊,成功超越部分外资品牌,跻身行业前列。

3. 潜在市场分析

康力电梯股份有限公司通过对客户和潜在客户开展高层拜访、产品推荐、联谊活动、服务支持、邀请参观工厂等活动,了解客户对电梯使用的需求、期望、价格、服务等信息。同时,传递公司的企业信息、产品信息、服务信息、文化信息等,逐步与客户建立紧密的合作关系,将公司的潜在客户转化为现实客户。

2010年开始,公司逐步关注和重视"房地产战略客户",以全国性房企前200强、地方性房企前10强为突破口,争取战略客户资源,是首个入选中国房地产开发企业500强首选供应商的自主品牌。公司成为自主品牌首屈一指的产品供应商和服务提供商,先后完成苏州、长沙、哈尔滨等城市的轨道交通项目,京沪、渝万、呼张、西宝、莞惠等铁路项目,走在行业前列。企业启动营销服务网点大规模建设计划,建成百余个网点,依托苏州、成都、中山的制造基地,继续完善营销服务网络。

随着中国人口日趋老龄化,存量建筑电梯更新与加装需求逐渐显现。2018年,公司成立"幸福加装梯"子公司,开始全面进入加装梯市场。同时,大力推进老旧电梯更新改造业务,并重点强化自维保业务、维保配件销售业务的整合力度,深度挖掘、协同推进电梯售后市场,以实现电梯维保后市场的价值链延伸。

(二)细分和选择目标市场

2007年起,康力电梯股份有限公司根据市场营销的实际情况,分析行业及市场的发展机会,紧抓市场机遇,逐步赢得市场。

2009年2月,公司根据华北市场电梯销售行情,在河北筹建分支机构。是年,河北服务中心销售电梯418台,完成销售额6 340万元。

2011年,公司电梯产品在北京市场销售影响力较小,如何在北京打开销路是困扰公司的难点之一,经过一番认真调研,根据北京市场的特点,准确围绕北京是房地产公司总部所在地,需要依托代理商开展工作。公司陆续与荣盛房地产发展股份有限公司、远洋控股集团(中国)有限公司、大连万达集团股份有限公司达成战略合作关系,使康力电梯在北京市场的销售渠道逐渐打开。是年,北京分公司销售电梯1 170台,完成销售额1.7亿元。

2014年,北京分公司销售电梯2 186台,完成销售额2.1亿元,创康力电梯所属分公司年电梯销量全国第一。

截至2018年,公司在内部管理方面,精简营销管理流程,制定更合理的营销管理体系,提高营销人员管理水平和整体综合能力。业务拓展方面,深耕战略客户,开拓新的战略客户,持续拓展公共建设业务,加大轨道、机场及保障用房市场的开拓力度,持续拓展城镇化建设业务。营销中心的战略定位:以卓越的服务和可靠的质量在住宅市场、公建轨道市场、商业细分市场成为客户的首选。

1. 城镇化建设市场

截至2018年,除一、二线大中城市外,城镇化建设步伐加速,县域电梯市场发展空间巨大。康力电梯股份有限公司2007—2018的订单,有15%左右电梯营销业务来源于县域电梯市场。尤其是湖南永州、河南上蔡、资阳等县级市的电梯扶梯市场,康力品牌占有量达到30%以上。

2. 战略客户市场

2009年起,公司开始统筹开发战略客户市场,实行大客户营销策略,经过长期耕耘和品牌实力的积淀,公司陆续与世纪金源集团有限公司、大连万达集团股份有限公司、远洋控股集团(中国)有限公司、荣盛房地产发展股份有限公司、海亮集团有限公司、碧桂园地产集团有限公司、绿地控股集团股份有限公司等房地产一线巨头建立长期战略合作伙伴关系,由此进入中国国产电梯市场第一梯队。

2016年,公司营销中心为应对市场形势变化,单独设立战略客户部,负责战略客户项目的开发、推进、运营和管理工作。自2016年起,战略项目生效台量每年都以超过30%的增长率飞速发展,调整效果立竿见影。

表5-4　　　　　　　　　　　　　　公司战略客户历年生效台量情况

年　份	战略客户数量(个)	生效台量(台)	前三客户台量占比%
2004年	1	299	100.00%
2005年	1	4	100.00%
2006年	1	2	100.00%
2007年	1	14	100.00%
2008年	1	296	100.00%
2009年	3	1 282	100.00%
2010年	4	851	99.90%
2011年	5	557	97.10%
2012年	6	1 278	92.30%
2013年	15	2 310	76.00%
2014年	22	3 461	61.20%
2015年	25	2 680	41.10%
2016年	41	3 343	40.00%
2017年	53	4 072	34.00%
2018年	54	5 910	35.00%

3. 轨道交通市场

我国交通基础设施发展空间较大,在发改委每年批复的基建项目中,机场新建扩建、城市群铁路建设、重点城市轨道交通等大型交通基础设施建设项目在基建整体投资中的占比名列前茅。随着城际铁路和城市地铁建设大潮的兴起,与之相配套的大客流公共交通型扶梯市场日渐繁荣,业已成为电梯行业各大品牌的必争之地。公司在轨道交通市场打拼多年,在车站交通运输解决方案领域具有丰富的国内外实践经验,是当之无愧的中国民族第一品牌。

2006年6月起,公司先后承接的国内城市轨道交通工程有:苏州地铁轨道交通1号线、2号线、3号线、4号线,深圳地铁轨道交通3号线、5号线、9号线,长沙地铁轨道交通1号线、4号线,成都地铁轨道交通3号线、17号线,乌鲁木齐地铁轨道交通1号钱,福州地铁轨道交通2号线,长春地铁轨道交通2号线等。

2015年,营销中心通过市场调研发现,中国城市轨道交通市场处于建设高峰时期,济南、南宁、呼和浩特、南京、南昌、长春、武汉、天津、北京、福州、深圳、苏州12座城市轨道交通建设规划获批,城市轨道交通建设规划将带来规模庞大的轨道交通线路。因此营销中心总部设立轨道交通部,负责轨道交通项目开发、推进、运营和管理工作。截至2018年,公司总计为轨道交通项目提供3 729台电、扶梯。

表5-5　　　　　　　　　　　康力轨道交通历年中标台量情况

年份	中标台量(台)
2008年	206
2009年	10
2010年	6
2011年	89
2012年	366
2013年	198
2014年	454
2015年	0
2016年	762
2017年	510
2018年	1 128
合计	3 729

(三)营销策略

康力电梯股份有限公司在营销策略组合上,围绕"城镇化建设""战略客户""轨道交通"三大目标市场,依托自身优势,扩展营销网点布局,坚持"产品品质价值最大化",随时向用户提供售前、售中、售后全方位服务,在最短的时间内满足客户需求,为客户提供最佳项目解决方案。

1. 精准把握顾客需求和期望

公司依托营销信息管理系统,通过定期拜访、交流会、技术服务、高层互访、展会等方式,确定客户的需求和期望,从而在产品设计、开发、服务等方面加以体现,满足客户需求和潜在期望。公司按不同客户类型,针对其特点,分析客户购买决策过程,利用客户关注焦点的差异性,对关键要素进行跟踪监测,总结出不同时期各关键要素对客户购买决策的相对重要性。实时了解客户的需求与期望,对影响其决策过程的环节,有针对性地制定措施,提升竞争力,提供符合客户需求和期望的产品。

公司通过管理评审、营销例会等方式对了解客户需求的手段和方法进行评价,并通过客户满意度得分、重点品种市场占有率、新品开发等相关的结果,确认和评价客户需求和期望方法的适宜性,从而总结出一套行之有效的获取各类客户需求信息的手段和方法。

表 5-6 康力电梯获取各类客户需求信息的手段和方法

客户类型	目的和内容	手段和方法	频次
战略客户	紧密合作关系,加强信息共享,保证客户满意,共同开发市场,实现双赢	高层走访	每季度
		技术合作	不定期
		聘请技术顾问	每年
		售前、售中、售后服务	每年
		共同走访下层客户	不定期
重要客户	加强信息交流,扩大市场份额,保证客户满意	技术合作	不定期
		满意度调查	每年
		售前、售中、售后服务	每年
一般客户	普通合作	售前、售中、售后服务	不定期
潜在客户	分析竞争对手客户及流失客户,开发潜在客户市场	邀请高层来访	不定期
		技术交流	不定期
		市场调研	每月1次

2. 发展战略合作伙伴

公司依据用户分布状况,在全国设立分公司46家、服务中心38家,便于服务客户。公司注重强强联手,先后与大连万达集团股份有限公司、绿城房地产集团有限公司、碧桂园控股有限公司、世纪金源集团、海亮集团有限公司、远洋控股集团(中国)有限公司、荣盛房地产发展股份有限公司、河南正商置业有限公司、佳源集团股份有限公司、华润万家有限公司、宝能控股有限公司等30余家大型知名房地产企业建立长期战略合作伙伴关系。

3. 发展和培养优秀代理商

2016年,公司出台"代理商授信管理办法",向优秀的合作伙伴提供电梯设备销售金融解决方案,与忠诚客户共担风险。公司坚持以客户为中心,按照客户在产品开发、设计、营销和服务等方面的不同需求,采用不同的方法,与客户建立良好关系,由原来为客户提供满意产品的制造型,向为客户提供需求解决方案的服务型过渡,实现价值链拓展,增强客户满意度和信任度。

2016年,公司出台"康力电梯国内销售合作伙伴奖励政策",并于2017年进一步细化代理商分级管理,多角度激励更多代理商突破业绩、提升服务,以实现公司与代理商的双赢。

表 5-7 至2018年底康力签约代理商数量情况

分级	签约台量(台)	签约代理商(个)
铂金代理商	260	12
金牌代理商	200	10
	150	11
银牌代理商	100	55
	60	132
单个项目授权代理商	30	180
合计	800	400

4. 多渠道、多层面开展营销互动

(1) 参加国内外电梯展会。从2002年开始,公司积极持续参加国际及国内各类电梯展会,包括历年中国国际电梯展、土耳其电梯展、德国电梯展、俄罗斯电梯展、韩国电梯展、印度电梯展、巴西电梯展等。通过参加展会,拓宽视野,了解电梯生产的前沿信息,扩大康力电梯的世界知名度与影响力,巩固老客户,开发新客户。

(2) 全球合作伙伴工作会议。自2003年起,公司于每年年初组织召开全球合作伙伴工作会议,全国各地代理商齐聚一堂,回顾过去,展望未来。公司与各位代理商共同携手,彼此倾心倾力,互信互惠,共同取得辉煌的业绩。历年会议除发布最新研制的新产品外,主要是对上年度涌现出来的优秀代理商进行奖励和表彰,共同展望新一年的美好蓝图,再接再厉,再创辉煌。截至2018年,公司共召开全球合作伙伴工作会议16次。

(3) 客户实地考察。2011年,康力电梯股份有限公司在开发新客户的过程中,邀请国内外客户现场参观考察工厂,直观全面地了解公司的生产实力、研发技能、检测水平。双方进一步交流企业管理相关经验和建议。

2015年12月28日,苏州轨道交通有限公司一行7人到公司考察,对公司提供的电梯、自动扶梯产品质量表示满意。

2016年8月8日,应康力电梯董事长王友林邀请,印度德里地铁局领导一行到公司考察交流,并出席德里地铁重载型最高自动扶梯(提升高度15.65 m)交付仪式。印度德里地铁局领导对公司交付的自动扶梯运行情况给予高度评价,并在董事长王友林的陪同下,参观公司规模化产业基地、20 m无支撑自动扶梯测试平台、50 m提升高度自动扶梯试验样梯,登上288 m全球最高试验塔。印度客人对公司的企业实力及行业一流的技术水平给予肯定和赞赏。

2017年12月27日,武汉红星科技有限公司一行2人到厂区参观,并听取有关负责人介绍,对公司的发展速度、研发能力、管理水平表示十分敬佩。

表5-8　　　　　　　　2013—2018年康力电梯接待营销直接客户参观考察数量

年　份	营销直接客户参观考察	
	接待批次(批)	接待人次(人)
2013年	759	3 690
2014年	906	4 676
2015年	985	4 850
2016年	896	4 532
2017年	818	4 085
2018年	792	3 864
合　计	5 156	25 697

(4) 客户信息传递和沟通。2010年起,公司为方便客户全面、准确、快捷地查询所需信息、进行交易和投诉,建立了多种客户接触渠道和方法。在全国各地设立营销分公司和服务中心,配备专职、专业技术服务人员,成立售后服务网点200余个,为客户提供保姆式的优质服务。确保客户需求得到及时有效响应,不断完善销售和服务网络,围绕"客户满意"开展工作。

2017年10月14日,韩国地铁项目在试运行扶梯时发现附加制动器工作螺丝断裂在钢架中,导致扶梯不能正常使用。韩国方面不能妥善解决问题,请求公司协助。得知情况后,公司工程部召开紧急会议制

定解决方案,派工程师先期进驻现场,实地考察。10月16日,工程师到达现场后发现部分配件损坏不能正常使用,迅即联系国内补发配件,仅用7天时间,故障就得到排除,使韩国地铁工程如期投入运行。

2017年10月22日晚上8点,巴拿马赛特玛项目在调试电梯过程中,客户反馈36号、115号两台电梯不能正常使用,现场工程师无法自行解决问题,请求公司协助。公司技术人员通过视频软件在线指导,经过不同方案的反复测试调整,终于在当晚12点前帮助客户解决了故障并调试好电梯。

表5-9　　　　　　　　　　　公司客户查询信息、投诉接触方式一览表

接触类别	主要接触方式	客户要求	传递信息
查询信息方式	电话	快捷方便,24小时保持联系	记录需求,及时传递信息
	传真	快捷方便,24小时接收	及时传递信息
	电子邮件	快捷方便,及时处理	及时传递信息
	网站	登录方便,及时更新	对网络管理员提出要求
	QQ、微信	登录方便,及时更新	对网络管理员提出要求
	客户来访	面对面信息交流	记录交流情况,及时传递信息
	走访客户	各层次人员定期拜访,交流信息	制定走访计划,形成书面报告,传递相关部门
	顾客满意度调查	用户调查问卷,系统获取顾客需求	形成调查报告,传递至相关部门持续改进
投诉方式	营销人员电话	快捷方便,24小时接听	记录抱怨或投诉信息,按照管理规定传递信息
	传真	快捷方便,24小时接收	记录抱怨或投诉信息,按照管理规定传递信息
	信函、电子邮件	要求明确	记录抱怨或投诉信息,按照管理规定传递信息
	QQ、微信	登录方便,及时更新	记录抱怨或投诉信息,按照管理规定传递信息
	顾客来访	面对面信息交流,专人服务	记录交流情况,及时传递信息

二、销售队伍管理

(一) 销售人员的招聘与培训

1. 销售人员招聘

公司采取集团总部人力资源中心关键环节归口管理,适当授权各分支机构负责人处理招聘、面试事宜,进行销售人员的招聘录用。根据分支机构人员岗位和职务的不同,设定不同的招聘录用审批权限,具体如表5-10所示。

表5-10　　　　　　　　　　　分支机构人员招聘录用审批权限表

分支机构		分公司部门负责人	分公司负责人	营销中心区域负责人	工程/维保管理部门	营销工程分管负责人	营销中心分管负责人	营销中心负责人	人事部负责人	人力资源中心负责人	董事长/总裁
分支机构负责人				√		√	√	√	√	√	√
工程维保类	经理级	√	√	√	√	√	√	√	√		需要时
	一般人员	√	√	√	√	√	—	—	√		

(续表)

分支机构		分公司部门负责人	分公司负责人	营销中心区域负责人	工程/维保管理部门	营销工程分管负责人	营销中心分管负责人	营销中心负责人	人事部负责人	人力资源中心负责人	董事长/总裁
销售类其他类	经理级	—	√	√	—	—	√	√	√	√	需要时
	一般人员	√	√	√	—	—	—	—	√	—	—

公司在整体发展和全面布局营销网络的过程中，从外部招聘大量营销管理人才和销售精英，各分支机构根据自身发展规模适当配备专职的销售人员。公司历年销售人员数量情况详见本志第十三章。

2. 销售人员的培训

公司持续从产品系统知识、销售技巧、客户沟通等各方面对销售人员进行知识和技能的培训，让销售人员充分了解自身的产品和服务，并具备优良的销售技巧。主要培训形式为每季度营销会议、专项销售技巧培训、工作跟随、工作指导等。

2016年，营销中心开展"以考代练"项目，针对营销各岗位人员岗位职责和基本技能，进行在线考试。

2016—2018年，连续三年多次利用总部召开季度营销会议的时机，将全国各地分支机构负责人进行集中系统培训。

另有每年不定期多次组织销售人员进行销售技巧、沟通技巧等单项培训。

（二）销售人员绩效考核

2014年开始，公司针对营销分支机构实行全新的绩效薪酬管理模式，出台"分支机构销售部人员薪酬管理办法"，设定详细的考核指标和考核章程，并将考核结果直接与销售人员薪酬挂钩：销售人员按季度进行绩效薪酬考核，主要考核指标为有效订单金额，月度工资结构从固定工资改为"基本工资＋绩效工资"，绩效部分占30%～50%；分公司负责人按年度进行绩效考核，主要考核指标由当年度年初签订的目标责任书定义，薪酬结构改为"月度固定工资＋年度绩效奖金"模式，年度绩效奖金占总薪酬的50%。

2016年，为满足公司战略布局需要，需要在短时间内快速扩张，占领市场，营销绩效考核主要指标改为按有效订单台量进行考核，每季度初考核并结算上季度绩效工资。

是年，营销中心总部轨道项目部实行绩效薪酬，改变以往"固定工资＋年终奖金"的薪酬结构，按照轨道交通项目的签单情况分阶段设定绩效比例，在总绩效确定的情况下，分公司和总部按一定比例分配绩效。2017年，绩效模式修订为依据总部和分公司在轨道项目中所起作用的大小以及工作量调整分配比例，并规定分配比例下限。

2017—2018年，基本维持按台量考核模式，增加高速梯销售绩效单价以及加大直销无代理部分的绩效单价，以鼓励分支机构销售团队依靠自身的努力，以公司为主体，直接与客户签订设备和安装合同。

三、营销网络管理

（一）营销网络的设计与搭建

2005年公司正式成立营销中心，即开始酝酿筹划全国营销网络的布局工作，通过在深圳、郑州成立

第五章 国内营销

营销工程合资公司、在北京、重庆、上海等国内一线城市先期成立分支机构等方式,着力推进营销业务空间范围。

2010年公司上市后,公司加快国内营销网络建设工作步伐,不断以创新的组织架构和营销模式克服建设过程中的种种困难,同时关注营销网络的建设质量,大力推进符合条件的分支机构在当地正式注册,取得营业执照;推进符合条件的分支机构积极申办并取得各级安装维保资质证书。

2017年,公司在全国各地共建成48个分公司和68个服务中心,分支机构数量达到历史顶峰。

2018年开始,公司根据对各分支机构运行情况综合评估结果,将网络内的分支机构进行适当整合优化调整,截至2018年年底,公司共有43个分公司和25个服务中心。

表5-11 康力电梯历年营销分支机构分布情况

年份	分支机构个数			分支机构所在地	
	分公司	办事处/服务中心	合计	分公司	办事处/服务中心
2004年	1	0	1	哈尔滨	—
2005年	2	2	4	哈尔滨、北京	苏州、兰州
2006年	2	2	4	哈尔滨、北京	苏州、上海
2007年	3	11	14	哈尔滨、北京、重庆	苏州、上海、天津、辽宁、江西、湖南、广州、福州、四川、西安、南京
2008年	3	11	14	哈尔滨、北京、重庆	苏州、上海、天津、辽宁、江西、湖南、广州、福州、四川、西安、南京
2009年	0	24	24	2009年统称服务中心	哈尔滨、北京、重庆、苏州、福州、四川、陕西、辽宁、南京、湖南、湖北、山东、浙江、安徽、广西、新疆、上海、河北、常州、广州、天津、江西、贵州、内蒙古
2010年	0	27	27	2010年统称服务中心	哈尔滨、北京、重庆、苏州、四川、陕西、辽宁、湖南、湖北、山东、浙江、安徽、云南、新疆、上海、河北、常州、广西、哈尔滨、吉林、河南、南京、广州、天津、江西、福建、贵州
2011年	12	20	32	辽宁、南京、安徽、苏州、湖南、广东、山东、河北、上海、四川、重庆、陕西	北京、大连、吉林、黑龙江、内蒙古、天津、甘肃、无锡、湖北、深圳、广西、贵州、云南、河南、浙江、温州、福建、江西、常州、青岛
2012年	13	22	35	北京、辽宁、南京、安徽、苏州、湖南、广东、山东、河北、上海、成都、重庆、陕西	大连、吉林、黑龙江、内蒙古、天津、甘肃、无锡、湖北、深圳、广西、贵州、云南、河南、浙江、温州、福建、江西、常州、青岛、山西、海南、新疆
2013年	21	15	36	北京、辽宁、黑龙江、吉林、南京、安徽、苏州、湖南、湖北、广东、山东、山西、河北、上海、成都、重庆、陕西、无锡、河南、福建、浙江	大连、内蒙古、天津、甘肃、江西、广西、贵州、云南、常州、青岛、海南、新疆、吴江、常熟、宁夏
2014年	25	18	43	北京、辽宁、大连、黑龙江、吉林、南京、安徽、苏州、湖南、湖北、广东、山东、山西、河北、浙江、成都、重庆、陕西、无锡、河南、福建、浙江、青岛、广西、上海	内蒙古、天津、甘肃、江西、贵州、云南、常州、海南、新疆、吴江、常熟、宁夏、徐州、深圳、粤西、泸州、绵阳、厦门

(续表)

年份	分支机构个数			分支机构所在地	
	分公司	办事处/服务中心	合计	分公司	办事处/服务中心
2015年	48	42	90	北京、天津、内蒙古、辽宁、盘锦、锦州、大连、黑龙江、吉林、南京、南通、安徽、芜湖、苏州、吴江、湖南、衡阳、湖北、襄阳、广东、珠海、深圳、山东、山西、河北、唐山、廊坊、浙江、成都、重庆、陕西、宁夏、无锡、河南、福建、厦门、江西、浙江、青岛、烟台、广西、上海、徐州、宁波、甘肃、新疆、云南、贵州	贵州、云南、常州、常熟、陕南、陕北、青海、深圳、粤西、泸州、绵阳、万州、乐山、南充、湛江、柳州、常德、怀化、宜昌、赣州、牡丹江、齐齐哈尔、吉林、辽源、阜阳、临沂、菏泽、潍坊、大同、鄂尔多斯、昆山、镇江、洛阳、安阳、驻马店、商丘、海南、佛山、惠州、西双版纳、保山、遵义
2016年	43	51	94	北京、天津、辽宁、盘锦、锦州、大连、吉林、黑龙江、南京、徐州、安徽、芜湖、苏州、吴江、湖南、湖北、广东、珠海、深圳、山东、山西、河北、唐山、廊坊、浙江、宁波、四川、重庆、陕西、宁夏、无锡、河南、福建、浙江、青岛、广西、上海、常州、厦门、江西、新疆、贵州、云南	内蒙古、甘肃、江西、贵州、云南、海南、新疆、常熟、宁夏、徐州、深圳、粤西、泸州、绵阳、昆山、牡丹江、齐齐哈尔、吉林、辽源、安庆、蚌埠、临沂、菏泽、聊城、淄博、烟台、潍坊、上饶、赣西、嘉兴、温州、奉贤、浦东、大同、长治、包头、赤峰、衡水、邯郸、南通、镇江、洛阳、安阳、驻马店、商丘、周口、信阳、濮阳、南阳、宁德、建阳
2017年	48	68	116	北京、天津、辽宁、吉林、大连、黑龙江、南京、徐州、安徽、芜湖、苏州、吴江、湖南、衡阳、湖北、襄阳、广东、珠海、海南、深圳、山东、山西、河北、唐山、廊坊、浙江、宁波、四川、泸州、绵阳、重庆、陕西、宁夏、甘肃、无锡、河南、福建、厦门、浙江、青岛、广西、上海、常州、江西、内蒙古、新疆、贵州、云南	牡丹江、齐齐哈尔、吉林、辽源、阜阳、安庆、蚌埠、上饶、赣州、义乌、温州、大同、长治、包头、赤峰、衡水、邯郸、张家口、常熟、昆山、南通、镇江、泰州、洛阳、安阳、驻马店、商丘、周口、信阳、南阳、宁德、建阳、南平、莆田、泉州、临沂、菏泽、聊城、淄博、烟台、潍坊、奉贤、浦东、佛山、东莞、惠州、常德、怀化、邵阳、宜昌、柳州、陕南、陕北、青海、天水、张掖、库尔勒、伊宁、南充、乐山、资阳、攀西、万州、西双版纳、保山、遵义、黔东南、黔西南
2018年2月	45	37	82	黑龙江、吉林、辽宁、大连、北京、天津、内蒙古、河北、唐山、廊坊、山西、安徽、芜湖、浙江、宁波、南京、徐州、常州、苏州、吴江、无锡、山东、青岛、上海、厦门、河南、福建、广东、珠海、深圳、广西、海南、湖南、衡阳、湖北、襄阳、江西、陕西、甘肃、宁夏、新疆、四川、重庆、云南、贵州	阜阳、安庆、蚌埠、义乌、南通、镇江、临沂、菏泽、淄博、烟台、潍坊、洛阳、安阳、驻马店、商丘、周口、信阳、南阳、佛山、东莞、粤北、惠州、常德、怀化、邵阳、宜昌、上饶、赣州、陕南、陕北、青海、泸州、绵阳、南充、乐山、万州、遵义
2018年12月	43	25	68	陕西、甘肃、宁夏、新疆、浙江、宁波、上海、厦门、山西、北京、天津、四川、云南、广东、珠海、深圳、苏州、吴江、无锡、常州、徐州、江苏、大连、吉林、黑龙江、辽宁、河北、廊坊、内蒙古、山东、青岛、安徽、芜湖、湖南、衡阳、湖北、河南、江西、重庆、贵州、海南、广西、福建	陕南、陕北、青海、川北、川南、天府新区、佛山、东莞、惠州、南通、镇江、唐山、临沂、菏泽、烟台、潍坊、阜阳、常德、襄阳、安阳、驻马店、周口、信阳、上饶、赣州

（二）营销网络信息管理

2012年,公司开始针对营销相关各业务模块逐步分项建立信息系统,并逐步在各子系统之间做适当的整合互联,围绕着"互联网＋电梯"、客户至上、互动快捷的营销服务理念,利用信息技术搭建网络平台,开发并应用CRM客户关系管理系统,将客户、公司之间的需要-供给关系有机联系起来,通过客户的参与,跟踪销售活动的整个过程,并与公司员工绩效考核机制有机结合在一起,形成动态互助的监督管理系统。

2018年,公司利用云技术,通过互联网将信息与现场实际图文实时共享,实现交互交流与沟通。专注于客户提出的每一项需求,给客户提供个性化的定制咨询服务,充分考虑项目现状、未来需求和技术发展等因素,缩短过程处理周期,在线提供产品的专业咨询,在线提供产品的互动体验,增强客户参与感、体验感和服务感。

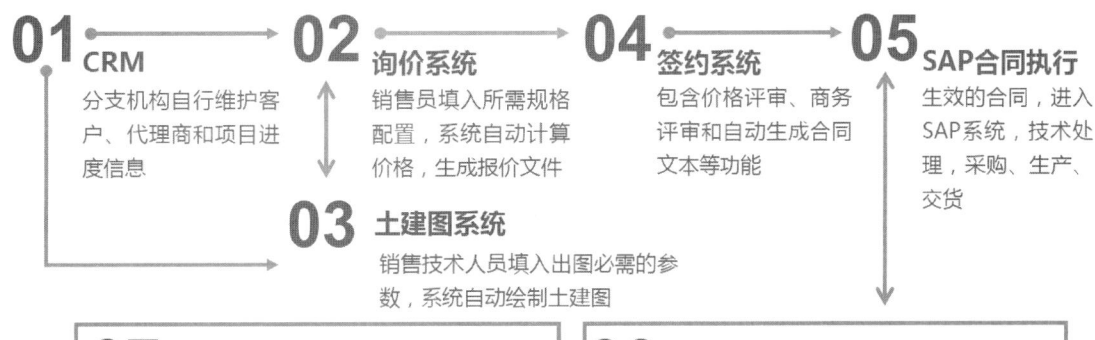

图 5-3 营销网络业务链信息系统

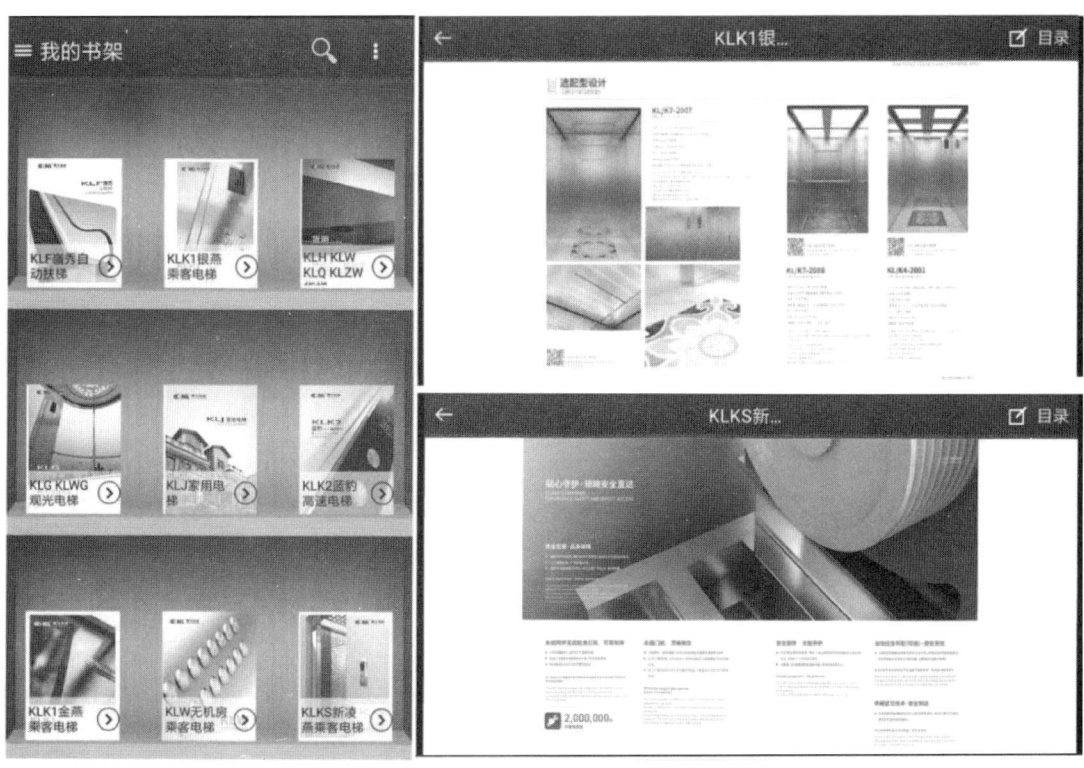

图 5-4 康力电梯云技术——营销简报系统

四、客户反馈管理

康力电梯股份有限公司在各类营销活动中,组织安排人员对客户进行定期、不定期走访,及时了解获得改进信息。销售人员根据不同的客户类别,分别在产品销售后的一周、一月或一季度内进行跟踪服务,了解用户对产品使用的相关信息,并进行记录、整理,将需整改的信息反馈至相关部门实施改进。

(一)客户走访

2011年起,康力电梯股份有限公司营销中心总部根据公司要求,每年年初制定客户走访计划,根据不同客户,安排不同层次公司领导走访客户,通过走访增加相互信任和了解,巩固发展合作关系,收集跟踪产品相关信息,并对走访的回馈信息进行分析,制定相应整改措施,满足客户的需求。

2015年4月,康力电梯董事长王友林走访上海市长峰工程项目指挥部,倾听客户对产品的意见和要求,增强客户对公司产品的了解和信任。

(二)电话回访

截至2018年,康力电梯股份有限公司对售后客户的电话询问,客户服务人员立即对客户进行电话回访,认真收集客户反馈的建议,对客户存在的不满,及时整理反馈给相关部门,由相关部门人员去现场沟通处理,将处理结果反馈到售后服务部,由售后服务部再次进行客户回访,征求客户对处理结果是否满意,直到客户满意为止。

(三)客户投诉管理

2011年起,康力电梯股份有限公司建立较完善的投诉处理机制,制定"400客户电话使用管理制度""售后服务管理制度""与客户相关的过程控制程序""质量反馈信息处理""客户投诉处理规定""产品售后服务管理规程"等产品质量异议处理相关管理规定,建立投诉处理机制,对异议处理的质量和效率进行重点监测,明确24小时提出处理意见,一周内对客户投诉进行闭环。公司对客户的投诉实行日通报、月总结制度,对集中突出的问题,召开专题会议,下达整改指令,持续改进。

2016年5月8日,俄罗斯一个住宅小区投诉电梯抱闸有异响,导致停梯。公司工程中心接到投诉后,根据现场反馈的信息指导客户做相应处理。两天后,工程中心回访,得知第一次方案效果不是很明显。为切实解决问题,公司决定派驻工程师实地调查,发现客户在调整控制参数时出现失误,导致有些数据错误,在工程技术人员和现场工程师共同努力下,成功解决了电梯存在的问题。

2018年,康力电梯股份有限公司电梯用户无投诉。

(四)客户满意度调查

截至2018年,康力电梯股份有限公司在市场营销中,把客户对产品的满意度作为测量管理体系绩效的重要工具。通过测评客户满意度指数,了解公司产品及服务的质量现状,分析客户满意不满意的因素,掌握客户目前的需求和未来的期望,测评客户忠诚度。了解公司竞争者的产品质量状况,为质量改进提供信息,持续提高管理体系绩效。公司收集客户满意和不满意的主要途径有:与客户直接沟通、问卷和调查、委托收集和分析数据、公布行业研究的结果等,确保客户满意度调查取得最大的信任、最有效的反馈。

第六章 海外营销

第一节　国际业务管理机构

公司成立至2003年间,处于起步阶段,业务主要来自国内市场。随着企业在国内市场站稳脚跟,品牌影响力不断扩大,海外市场需求随之而来。2004年,公司成立海外部,由公司市场总监朱瑞华分管,招聘首位专职外销员。

2008年,海外部更名为国际贸易部,人员增加至5人。随着海外业务团队实力增强及业务拓展,国贸部对海外市场实施区域划分,具体为国际贸易一部由吴伊静负责,时辖俄罗斯及周边独联体地区;国际贸易二部由孙存款(现名孙义)负责,时辖西亚地区、欧洲地区、印度尼西亚、马来西亚、韩国;国际贸易三部由史庆强负责,时辖南亚地区、美洲地区、非洲地区、泰国、蒙古国。

2015年,国际贸易部更名为国际业务中心,下属职能由海外销售、单证关务逐步拓展为海外销售、单证关务、工程服务、营业技术,并细化市场板块划分。截至2018年,国际业务中心下设俄罗斯区、韩国区、独联体区、中东区、伊朗区、东南亚区、美洲区、南亚区、欧非区等9大销售分区,及单证关务部、营业技术部、工程服务部、综合管理部4个职能部门,人员增加至45人。

国际业务中心销售分区负责所辖区域的市场调研,销售团队建设,代理商发展及维护,客户接待,商务洽谈,技术方案沟通及确立,项目报价,合同签约、投产、发运,工程维保支持,客户投诉处理,配件销售等售前、售中、售后全流程工作,完成公司下达的销售目标。

国际业务中心单证关务部负责信用证审核及交单资料制作,询价订舱,装箱明细整理及翻译,包装信息整理及汇总,制作并粘贴唛头,协调处理出口检验及港口查验,集装箱监装拍照及留档,核对提单、箱单、发票、产地证、商事证明、使馆认证等报关及客户清关资料制作、归档及移交,相关费用确认及支付,处理与海关、商检局、贸促会及公司其他部门的相关事宜,向员工提供外贸知识培训。

国际业务中心营业技术部负责产品技术咨询及技术方案出具,合同技术评审及非标处理,土建图纸制作与审核,国外技术标准研究及新产品开发需求整合处理,向员工及客户提供产品技术培训。

国际业务中心工程服务部负责工程技术咨询及相关资料准备,工程维保远程和现场支持和指导,质量问题月度汇总及上报,涉及质量问题的客户投诉处理,海外市场配件申购及发运,向员工及客户提供工程技术培训。

国际业务中心综合管理部负责外销CRM、报价系统的建立和维护,销售资料的制作与完善,协助外销人员完成招标文件的翻译、分解与报审和投标文件的制作与翻译,内部年度考核政策的制定与实施。

表6-1　　　　2004—2018年康力电梯股份有限公司国际业务部门及主要负责人

年　　度	岗位/部门	主　要　负　责　人
2004—2005年	海外部	市场总监:朱瑞华 外销员:孙存款(现名孙义) 单证关务:沈国英
2006—2007年	海外部	市场总监:朱瑞华 外销员:孙存款(现名孙义) 外销员兼单证关务:吴伊静

(续表)

年　　度	岗位/部门	主 要 负 责 人
2008—2011年	国际贸易部	市场总监：朱瑞华 国际贸易一部经理：吴伊静 国际贸易二部经理：孙存款（现名孙义） 国际贸易三部经理：史庆强
2012—2015年	国际贸易部	市场运营总经理：朱瑞华 国际贸易一区总经理：吴伊静 国际贸易二区总经理：孙存款（现名孙义） 国际贸易三区总经理：史庆强
2016—2018年	国际业务中心	副总裁兼市场传媒及国际业务中心执行总裁：朱瑞华 大区总经理：吴伊静、孙存款（现名孙义）、史庆强 营业技术部助理部长：苏波 单证关务部助理部长：陈丽 工程服务部负责人/高级主管：谢峰

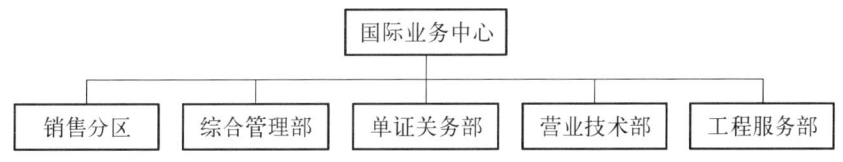

图6-1　2018年康力电梯股份有限公司国际业务中心组织机构

第二节　国际业务的发展历程

自涉足海外市场以来，公司不断加大拓展力度，国际业务逐步壮大为公司最重要的业务板块之一。

一、起步阶段(2003—2004年)

1997—2000年，由于没有开展电梯整机业务，公司（当时为新达电扶梯部件有限公司）仅出口一些电扶梯零部件。2000年，康力电梯有限公司成立，开始整机经营整机业务，初期专注于国内市场。

2003年，康力电梯股份有限公司通过外贸公司完成首次出口业务，目标国是印度尼西亚。是年，公司向吉尔吉斯斯坦出口2台提升高度为7.2 m的公交型自动扶梯，这是公司首次制造、销售提升高度超过6 m的公交型自动扶梯。

2003年11月17日，公司完成"对外贸易经营者备案登记"，进出口企业代码3200724190073，正式取得进出口自主经营权，开始开拓海外市场。

2004年，公司成立海外部，设专职外销员岗位。2004年9月，公司通过欧洲CE认证，取得产品海外销售的通行证。

二、稳步发展阶段(2005—2009年)

2005年10月，公司首次参加德国国际电梯展览会，拉开利用国外专业展会平台开发销售渠道的序幕。康力电梯品牌在海外的知名度开始提升。

2006年4月，公司参加2006中国国际电梯展览会，在展会上与俄罗斯PELK公司接洽并建立代理合作关系,正式进入俄罗斯电梯市场。

是年7月,公司与韩国G&P公司在韩国首尔共同举办首场海外推介会,并中标韩国大田、光州地铁及火车站项目共计123台公交型自动扶梯,这是公司首个大型公共交通工程项目,同时成为康力电梯产品海外销售树立的典型工程,为今后国际业务发展打下基础。

2007年,公司中标马来西亚普特广场66台电扶梯项目,这是公司当时最大的海外商业工程,同时为海外商业综合体项目开拓市场。

2007—2008年,公司首次出口伊朗、土耳其、阿联酋、叙利亚,正式进入西亚市场。

2009年3月,公司中标意大利那不勒斯坎普弗莱格瑞火车站3台自动扶梯项目和梅格利那火车站2台自动扶梯项目,正式进入欧洲公共交通市场。

三、快速发展阶段(2010—2018年)

2010年开始,公司加大品牌海外推广,积极参加国际电梯展览会,开发有实力的代理商,拓展销售渠道。康力电梯品牌在海外知名度逐渐提高,海外业务进入快速发展期。

2011年1月,公司中标土耳其伊兹密尔地铁76台自动扶梯项目,正式进入西亚公共交通市场。是年,公司海外市场有效订单总金额首次突破1亿元,达到1.13亿元。

2012年8月,公司中标印度火车站52台自动扶梯项目,正式进入印度公共交通市场。2013年9月,公司中标印度德里地铁291台自动扶梯项目,项目总金额超过1.65亿元,是公司最大的海外单个工程(于2018年12月执行完毕)。2014年5月,公司中标印度尼西亚雅加达国际机场3号航站楼111台自动扶梯及自动人行道项目,这是公司最大的机场工程(于2018年12月执行完毕)。

2014年10月,公司中标伊朗伊斯法罕地铁1号线73台自动扶梯项目,正式进入伊朗公共交通市场。是年,俄罗斯代理商PELK公司销售业绩达到531台,销售额达到8 509万元,是首个年度业绩突破500台的国外代理商。是年,公司海外市场有效订单总台量首次突破1 000台,达到1 394台;有效订单总金额首次突破2亿元,达到2.56亿元。

2016年9月,公司中标俄罗斯克拉斯诺亚尔斯克机场25台电扶梯项目,正式进入俄罗斯公共交通市场,该机场是俄罗斯西伯利亚中东部地区最大的机场,这是公司第二大的机场工程。

2017年,国际业务中心采取多种营销手段,努力开拓南美和非洲市场。是年1月,公司中标墨西哥城至托卢卡铁路线30台自动扶梯项目,正式进入美洲公共交通市场。是年4月,公司中标墨西哥Punto广场74台电扶梯项目,这是公司至今最大的海外商业工程。

2018年,公司中标援卢旺达政府综合办公楼7台电梯项目,其中1台为总理专用梯。该办公楼是中国政府援建卢旺达政府改善办公环境的标志性建筑,自开工以来,受到中国及卢旺达国家领导的多次视察。

第三节 国际市场开发与管理

一、业务模式

电梯是工程类产品,属地化管理有利于确保安装、维保工作质量,降低企业经营风险,保障终端客户用梯安全,保护企业品牌形象,因此康力电梯股份有限公司国际业务主要模式是国外代理销售服务,即公司与国外代理商签订货物出口合同,向国外代理商提供电梯、自动扶梯及自动人行道产品,由国外代理商直接销售给当地终端客户,并向终端客户提供安装、维保服务。

其他国际业务模式主要是直销模式:公司通过不同渠道获取海外订单,并直接与海外终端客户签订合同,如签订的是大包合同,公司需承担产品销售、报关、运输、项目所在国进口清关、安装、维保等全流程的工作;如签订的是产品合同,则由客户负责项目所在国的运输、报关、安装和维保工作,公司配合客户负责技术指导培训等工作。

公司根据地理板块、市场容量等建立海外销售分区,作为市场、代理商与公司各职能部门沟通交流的桥梁。销售分区配备1名区域负责人,若干名外销人员,若干名外销商务支持。其中,公司对区域负责人、外销人员实施任命管理和指标管理。截至2018年12月,公司建立俄罗斯区、韩国区、独联体区、中东区、伊朗区、东南亚区、美洲区、南亚区、欧非区等9大销售分区。

通过市场认证是国际业务顺利开展的必备条件。公司于2004年通过欧洲CE认证;2006—2007年通过俄罗斯GOST认证,取得电梯、自动扶梯、自动人行道产品合格证;2007年通过韩国EK认证;2013年通过德国TUV能效等级A级认证。

2013年起,随着中国"一带一路"倡议的推进,中国海外援建项目、中资海外投资项目、中资海外承接项目逐年增加。为适应新形势变化和新市场需求,2015年10月,公司发布KL.C-BC14.V1《海外分支机构管理规定(试行)》(KL.C-BC14.V1),为海外办事处的建立和管理做准备。

二、销售渠道拓展

2003年,公司与印度尼西亚FUJI公司建立联系,并将其发展为公司首个国外代理商。此后,公司通

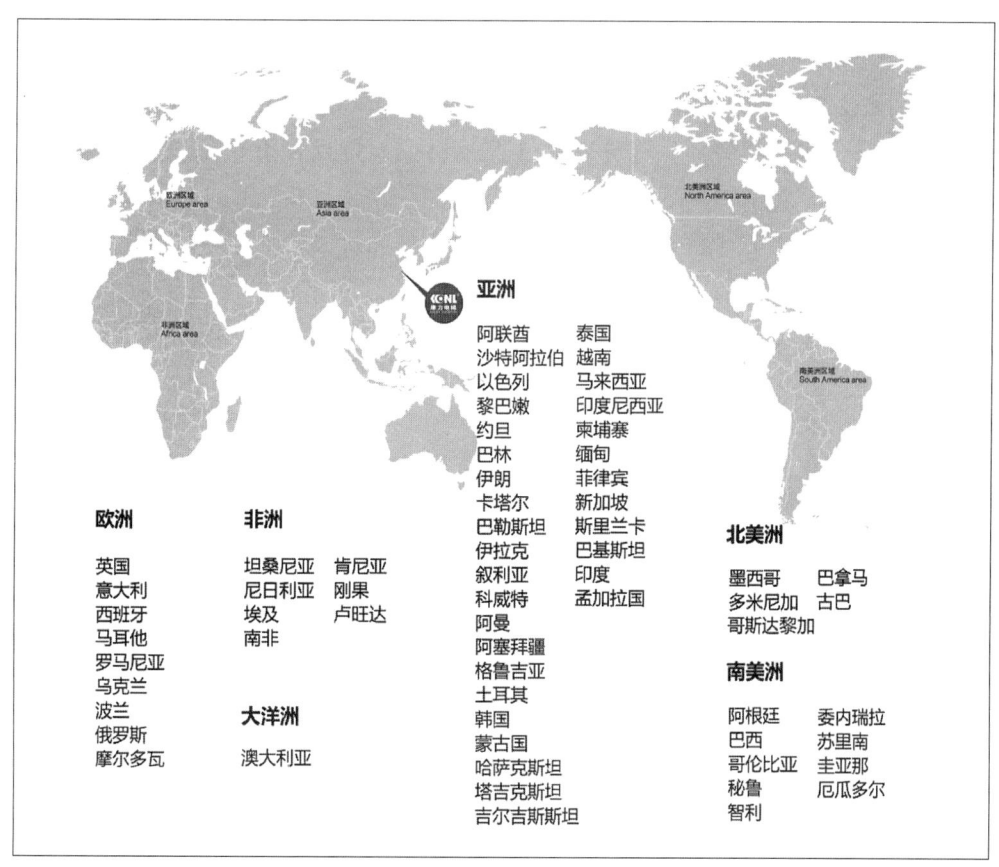

图6-2 2018年康力电梯股份有限公司海外销售服务代理网点分布图

过专业展会、搜索引擎、社交媒体、海关数据追索等多种途径积累并发展国外代理商资源。其中公司参加的专业展会是在各区域规模大、专业性强、影响力广的电梯行业展会，包括中国国际电梯展览会、德国国际电梯展览会、巴西国际电梯展览会、俄罗斯国际电梯展览会、印度尼西亚国际电梯展览会、印度国际电梯展览会、韩国国际电梯展览会。

2016年，因海外重大项目管理和服务需要，公司在马来西亚吉隆坡、印度新德里、韩国首尔建立办事处，委派外销员和工程服务人员驻点，协助当地代理商做好重大项目工程管理工作，这是公司拓展海外市场的全新探索。2017—2018年，随着项目执行完毕及公司发展需要，办事处关闭。

截至2018年，公司在国外64个国家及地区建立销售服务代理网点。

三、国外代理商开发和管理

电梯的工程类产品特性，决定了公司对国外代理商的综合实力要求较高，需要其具备资金实力、销售能力、工程安装能力和维保能力。

公司构建对口联系工作机制，由国际业务中心各销售分区直接管辖区域内的代理商，并实施授权管理和指标管理。

国外代理商授权评审流程为代理商申请、区域负责人初审、大区负责人复审、市场传媒及国际业务中心执行总裁审批。授权类型分为区域独家授权、区域一般授权、单个项目授权。对于评审合格的国外代理商，公司发放授权证书。

每年，国际业务中心对公司下达的销售指标进行分解，根据市场情况、历年表现、企业实力、订单储备等考量因素，为每一家合作的国外代理商分配年度销售指标，并指派外销人员、外销商务支持提供对口沟通和服务，以保证、促进国外代理商顺利完成销售指标。

国外代理商对其销售、安装、维保的工程质量负首要责任，国际业务中心销售分区通过协调工程、技术资源为国外代理商答疑解惑，并提供资料指导、电话和社交媒体远程指导、出差现场指导培训，协助、督促国外代理商顺利做好安装、维保工作。

每年年初，公司组织召开代理商大会，邀请国外核心代理商及实力强的新代理商参加，进行商务沟通、品牌宣传和业绩表彰，巩固合作关系。同时，国际业务中心会根据项目进展、客户要求等不定期安排外销、工程、技术岗位的员工进行商务拜访、工程指导培训，为国外代理商提供上门服务。

四、制度建设

2004年海外部成立起，国际业务中心基本沿用公司统一的营销管理制度。

2015年起，基于业务范围扩大及精细化管理要求，国际业务中心围绕海外网点建设、国外代理商管理、外销绩效考核等制定并发布常规制度文件19个。

表6-2　　　　　　　　　　　　　2018年国际业务管理制度清单

序号	文 件 名 称	文 件 编 号	生 效 日 期
1	海外分支机构管理规定（试行）	KL.C-BC14.V1	2015年10月1日
2	国外销售代理商奖励政策	KL.C-BC18.V1	2016年1月1日
3	国际业务中心外销特别奖励政策	KL.C-HR.J45.V1	2016年1月1日

(续表)

序号	文件名称	文件编号	生效日期
4	国际业务中心大区总经理绩效考核与薪酬管理办法	KL.C-HR41.V1	2016年1月1日
5	国际业务中心区域负责人绩效考核与薪酬管理办法	KL.C-HR42.V1	2016年1月1日
6	国际业务中心外销类员工绩效考核与薪酬管理办法	KL.C-HR43.V1	2016年1月1日
7	国际业务中心外销支持类员工绩效考核与薪酬管理办法	KL.C-HR44.V1	2016年1月1日
8	国外销售代理商奖励政策	KL.C-BC18.V2	2017年1月1日
9	国际业务中心外销特别奖励政策	KL.C-HR.J45.V2	2017年1月1日
10	海外分支机构管理规定（试行）	KL.C-BC14.V2	2017年3月1日
11	国际业务中心大区总经理绩效考核与薪酬管理办法	KL.C-HR41.V2	2017年1月1日
12	国际业务中心区域负责人绩效考核与薪酬管理办法	KL.C-HR42.V2	2017年1月1日
13	国际业务中心外销类员工绩效考核与薪酬管理办法	KL.C-HR43.V2	2017年1月1日
14	国际业务中心外销支持类员工绩效考核与薪酬管理办法	KL.C-HR44.V2	2017年1月1日
15	国外销售代理商奖励政策	KL.C-BC18.V3	2018年1月1日
16	国际业务中心大区总经理绩效考核与薪酬管理办法	KL.C-HR41.V3	2018年1月1日
17	国际业务中心区域负责人绩效考核与薪酬管理办法	KL.C-HR42.V3	2018年1月1日
18	国际业务中心外销类员工绩效考核与薪酬管理办法	KL.C-HR43.V3	2018年1月1日
19	国际业务中心外销支持类员工绩效考核与薪酬管理办法	KL.C-HR44.V3	2018年1月1日

五、绩效考核

2016年起，公司针对国际业务中心实行全新的绩效薪酬管理模式，出台针对大区负责人、销售分区负责人、外销人员、外销支持人员的绩效考核与薪酬管理办法。其中大区负责人、销售分区负责人、外销人员按年度分配销售指标，所有考核指标均基于销售指标制定；外销支持人员按年度进行绩效薪酬考核，年终绩效根据职务、岗位、年度考评、公司总业绩等综合评定。

2018年起，为激励配件销售、提升服务质量，公司根据配件外销金额结算一定比例的配件外销绩效，按季度分配给相关外销人员、外销支持人员。

第四节　品牌国际影响力的提升

2007年起，随着公司海外营销业务的推进，康力电梯品牌在海外的影响力日益提升，并获得各级政府和组织颁发的诸多荣誉。

2008年1月，康力电梯股份有限公司荣获苏州市对外贸易经济合作局颁发的"2008—2009年度苏州市出口名牌"称号。

2009年2月，康力电梯股份有限公司荣获江苏省对外贸易经济合作厅颁发的"2009—2010年度江苏省出口名牌"称号。

2011年2月，康力电梯股份有限公司荣获江苏省商务厅颁发的"2011—2013年度江苏省重点培育和发展的国际知名品牌"称号。

2014年3月,康力电梯股份有限公司荣获江苏省商务厅颁发的"2014—2016年度江苏省重点培育和发展的国际知名品牌"称号。

2016年12月,康力电梯股份有限公司进入商务部国际经济合作事务局发布的《对外援助成套项目主要设备材料产品行业推荐目录》,位列电梯、自动扶梯、人行道推荐品牌和厂商的第1名。

2017年3月,康力电梯股份有限公司荣获江苏省商务厅颁发的"2017—2019年度江苏省重点培育和发展的国际知名品牌"称号。

根据全球电梯行业创办最早、影响力最大、内容最权威的专业期刊 Elevator World 评估发表的结果,公司跻身2017年度和2018年度"全球电梯制造商TOP10",CANNY ELEVATOR 品牌影响力在全球电梯行业得到进一步提升,为公司做大做强国际业务打下坚实基础。

第七章 技术开发

第一节 技术开发组织机构

1993—1997年11月属于公司前身阶段，公司主要从事钣金零部件代加工，没有自主研发产品当时承揽的业务通常为小批量的非标零部件加工，对于条件简陋的小厂，难度大。这一时期的技术和工艺工作由技术人员出身的创始人王友林负责。

1997年11月，新达部件成立，公司开始从事电梯零部件生产，设立技术质量部门，由李晓红总体负责。

2000年，康力电梯成立，公司开始从事电梯整机制造。初期，技术部门与新达部件并未分开。技术质量部中，李晓红任技术经理，质量另由他人负责。

2002年10月—2004年5月，高玉中任公司副总工程师，李晓红任技术经理。其间，李福生担任副总工程师半年，后调入公司营销系统任职。

2004年1—5月，康力电梯有限公司设立电梯技术部、扶梯技术部、电气技术部3个技术部门，由于国强兼任总工程师，带领各部门进行新产品的研发和项目的技术处理。

2005年，康力技术部增设资料室，主要负责技术资料的分发、归档、整理，由电梯技术部进行管理。

2006年5月，顾楠森任总工程师，负责电梯技术部、扶梯技术部、电气技术部和资料室4个部门的日常管理工作。

2007年，公司进行股份制改革，技术各部门进行合并重组。由顾楠森任总工程师，分管电梯技术全过程，并设有电梯合同执行部、电梯技术开发部和资料室3个部门；由张利春任副总工程师，分管扶梯/人行道技术全过程，并设有扶梯/人行道合同执行部和扶梯/人行道技术开发部2个部门。

2008年，公司正式设立技术中心，由张利春任总工程师，全面负责公司技术中心的各项工作。技术中心下设有电梯合同执行部、电梯技术开发部、电梯项目部、扶梯/人行道合同执行部、扶梯/人行道技术开发部及资料室6个部门。

2009年，SAP系统成功上线，技术中心增设数据管理部，负责ERP数据化工作。是年，康力电梯与浙江大学签署合作协议，建立康力电梯浙江大学院士工作站（以下简称"院士工作站"）。

2011年，院士工作站纳入技术中心组织架构，与其他各技术部门平行运行。是年，电梯项目部前移至营销中心。技术中心由电梯技术开发部、电梯合同执行部、扶梯技术开发部、扶梯合同执行部、数据管理部、院士工作站、资料室7个部门组成。

2012年7月，工艺部从电梯事业部转至技术中心。

2013年，由于业务范围的拓展和部门职能的细化，技术中心各部门合并重组为电梯技术开发部、扶梯技术开发部、电气开发部、电梯合同执行部、扶梯合同执行部、电气合同执行部、装潢开发部、数据管理部、工艺部、资料室、院士工作站及科技创新办12个部门。是年8月，电梯合同执行部、扶梯合同执行部、电气合同执行部分别更名为电梯项目技术部、扶梯项目技术部、电气项目技术部。

2014年，由于产品测试需求，技术中心正式增设实验室。

2015年，技术中心设电气控制研究室。是年8月，由于公司业务调整，电气控制研究室分离出技术

第七章　技术开发

中心。

2016年,由于公司业务调整,装潢开发部分离出技术中心。

2016—2018年,技术中心部门设置与工作职能皆无变化(仅朱森峰的职位于2018年由副部长变为部长)。

表7-1　　　　　　　　　　　　　康力历年技术开发组织主要负责人

时　间	机构/部门	主　要　负　责　人
1993—1997年	—	技术工艺由创始人:王友林
1997—2000年	技术质量部	李晓红
2000—2002年9月	技术质量部	技术经理:李晓红
2002年10月—2004年	技术部	副总工程师:高玉中 技术经理:李晓红
2004年	技术部	总工程师:于国强(兼);副总工程师:高玉中、李福生 电梯技术部经理:陈昌喜;扶梯技术部经理:李晓红;电气技术部经理:陆斌云
2005年	技术部	总工程师:于国强;副总工程师:高玉中 电梯技术部经理:陈昌喜;扶梯技术部经理:李晓红 电气技术部经理:陆斌云
2006年3月	技术部	总工程师:于国强;第一副总工程师:顾楠森 电梯技术部部长:顾楠森(兼);扶梯技术部部长:李晓红(兼) 电气技术部部长:孟庆东;资料室负责人:顾楠森(兼)
2006年5月	技术部	总工程师:顾楠森 电梯技术部部长:顾楠森(兼);扶梯技术部部长:李晓红(兼) 电气技术部部长:孟庆东;资料室负责人:顾楠森(兼)
2007年3月	技术部	总工程师(电梯):顾楠森;副总工程师(扶梯/人行道):张利春 电梯合同执行部部长:陈昌喜;电梯技术开发部部长:孟庆东 电梯技术开发部副部长:张建宏;扶梯/人行道技术开发部副部长:韦浩志;电梯合同执行部副部长史新华;电梯合同执行部副部长李跃平
2008年3月	技术中心	总工程师:张利春;总工程师助理:孟庆东、靳书龙 电梯合同执行部部长:陈昌喜;电梯技术开发部部长:张建宏 电梯项目部部长:杨菊平;扶梯/人行道技术开发部部长:韦浩志 扶梯、人行道合同执行部部长:杨巍
2009年3月	技术中心	总工程师:张利春;副总工程师:孟庆东 电梯技术开发部部长:张建宏;扶梯技术开发部部长:韦浩志 电梯合同执行部部长:陈昌喜;扶梯合同执行部部长:杨巍 电梯项目部部长:杨菊平;数据管理部副部长:沈康
2010年3月	技术中心	总工程师:张利春;副总工程师:孟庆东 电梯技术开发部部长:张建宏;扶梯技术开发部部长:韦浩志 电梯合同执行部部长:陈昌喜;扶梯合同执行部部长:杨巍 电梯项目部副部长:陈兴荣;数据管理部副部长:沈康
2011年3月	技术中心	总工程师:张利春;副总工程师:孟庆东、靳书龙 电梯技术开发部部长:张建宏;电梯合同执行部部长:陈昌喜 扶梯技术开发部部长:韦浩志;扶梯合同执行部部长:杨巍 数据管理部副部长:沈康;院士工作站主管:王恒

(续表)

时间	机构/部门	主要负责人
2012年3月	技术中心	总工程师：张利春；副总工程师：孟庆东、富曙华、靳书龙 电梯技术开发部部长：张建宏；电梯合同执行部部长：陈昌喜 扶梯技术开发部部长：韦浩志；扶梯合同执行部部长：杨巍 电气开发部部长：黄维纲；数据管理部副部长：沈康；院士工作站主管：王恒
2012年7月	技术中心	总工程师：张利春；副总工程师：孟庆东、富曙华、靳书龙 电梯技术开发部部长：张建宏；电梯合同执行部代理部长：俞诚 扶梯技术开发部部长：韦浩志；扶梯合同执行部部长：杨巍 电气开发部部长：黄维纲；数据管理部副部长：沈康；工艺部部长：黄志华；院士工作站主管：王恒
2013年3月	技术中心	总工程师：张利春；副总工程师：孟庆东、高玉中 电梯技术开发部部长：张建宏；扶梯技术开发部部长：韦浩志 数据管理部部长：沈康；电梯项目技术部部长：俞诚 扶梯项目技术部部长：杨巍；电气开发部部长：黄维纲 电气项目技术部部长：李跃平；装潢开发部部长：高敏 工艺部副部长：王圣慧；科技创新办主任：高玉中；院士工作站主管：王恒
2014年3月	技术中心	工程师：张利春；副总工程师：孟庆东、靳书龙、高玉中 电梯技术开发部部长：张建宏；扶梯技术开发部部长：韦浩志 数据管理部部长：沈康；电梯项目技术部部长：俞诚 扶梯项目技术部部长：杨巍；电气开发部部长：黄维纲 电气项目技术部部长：李跃平；装潢开发部部长：高敏 工艺部副部长：王圣慧；科技创新办主任：高玉中 院士工作站主任：靳书龙
2015年2月	技术中心	总工程师：张利春；副总工程师：张建宏、韦浩志 副总设计师：高敏、黄维纲 电梯技术开发部部长：张建宏；扶梯技术开发部部长：韦浩志 数据管理部部长：沈康；电梯项目技术部部长：俞诚 扶梯项目技术部部长：杨巍；电气控制研究室主任：黄维纲 电气开发部副部长：朱森峰；电气项目技术部部长：李跃平 装潢开发部部长：高敏；工艺部副部长：王圣慧 科技创新办主任：张建宏；院士工作站主任：韦浩志
2015年8月	技术中心	总工程师：张利春；副总工程师：张建宏；副总设计师：高敏 电梯技术开发部部长：张建宏；扶梯技术开发部部长：万勇军 数据管理部部长：沈康；电梯项目技术部部长：俞诚 扶梯项目技术部部长：杨巍；电气开发部副部长：朱森峰 电气项目技术部部长：李跃平；装潢开发部部长：高敏 工艺部副部长：张裕忠；科技创新办主任：张建宏 院士工作站主任：俞诚
2016—2017年	技术中心	总工程师：张利春；副总工程师：张建宏 电梯技术开发部部长：张建宏；扶梯技术开发部部长：万勇军 电气开发部副部长：朱森峰；电梯项目技术部部长：俞诚 扶梯项目技术部部长：杨巍；电气项目技术部部长：李跃平 数据管理部部长：沈康；工艺部副部长：张裕忠 科技创新办主任：张建宏(兼)；院士工作站负责人：俞诚
2018年	技术中心	总工程师：张利春；副总工程师：张建宏 电梯技术开发部部长：张建宏(兼)；扶梯技术开发部部长：万勇军 电气开发部部长：朱森峰；电梯项目技术部部长：俞诚 扶梯项目技术部部长：杨巍；电气项目技术部部长：李跃平 数据管理部部长：沈康；工艺部副部长：张裕忠 科技创新办主任：张建宏(兼)；院士工作站负责人：俞诚

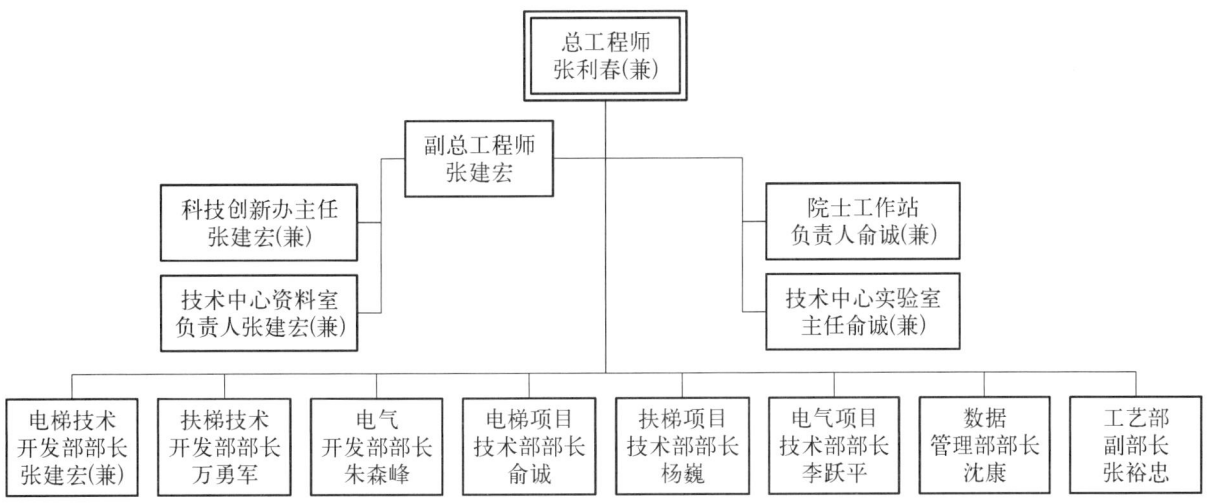

图7-1 2018年康力技术中心组织机构图

第二节 整机产品研发历程

一、垂直电梯整机产品研发历程

公司于2000年单独注册成立康力电梯,开始经营整机业务,同时开始电梯整机的技术研发工作,到2004年,形成主要电梯产品的型谱。

2005—2007年,根据市场需求,公司将住宅梯速度拓展到2.0 m/s、无机房客梯速度拓展到1.75 m/s,成功研发4.0 m/s高速电梯、新开发观光梯、载货梯、杂物梯、液压梯等产品系列。

2008年,公司为满足高端市场需要新开发商务乘客电梯(蓝豹KLKC)、曳引式汽车梯(KLQ)、无机房观光梯(KLWG),开发适用于别墅的家用梯(KLJ)。是年,永磁同步技术的应用,掀起小机房电梯的变革,康力电梯开发系列小机房电梯产品,包括小机房乘客梯(银燕KLKS)、小机房观光梯(KLGS)、小机房医梯(KLBS)。

2009年,为满足安置房、普通住宅区的需求,公司研发经济型乘客电梯(凌燕KLK1-Ⅰ)。是年,公司成功研发7 m/s超高速电梯,达到自主品牌电梯最高速度。

2011年,公司新推出无机房乘客电梯(上置式)630~1 000 kg规格和无机房货梯(下置式)1 600~2 000 kg规格。同时,公司取消无机房乘客电梯(下置式)小吨位,拓展大吨位到2 000 kg规格。

2012年,公司新增KLW无机房医梯系列,载重1 600 kg,速度1.0~1.75 m/s;新增无机房货梯(上置式)1 600~3 000 kg规格;取消下置式无机房货梯。

2014年,康力电梯超高速电梯速度提升到8.0 m/s。

2015年,公司新推出无机房卧式乘客电梯产品、无机房货梯电梯产品、商务型乘客电梯(金燕KLK1)。是年,银燕梯速度提升到2.5 m/s,医梯、无机房乘客电梯、无机房观光梯速度提升到2.0 m/s,有机房观光梯速度提升到2.5 m/s。

2016年,公司推出新凌燕乘客电梯(KLKS),电梯载重630~1 000 kg,速度1.0~1.75 m/s。此产品在凌燕基础上进行优化改进,是凌燕的升级产品。

2017年,康力电梯成功研发10 m/s超高速电梯、5 m/s高速观光电梯,新推出永磁同步货梯产品、消防电梯产品(KLKX)。

至2018年,康力电梯的电梯产品类型涵盖市场99%以上的电梯产品,速度范围为0.25~10 m/s,载重范围为450~5 000 kg。

表7-2　　　　　　　　　　　　历阶段开发的电梯整机产品型谱表

年　份	类　型	型　号	载重(kg)	速度(m/s)
2000—2004年	住宅梯	KLZ	450~1 000	1.0~1.6
	乘客梯	KLK1	630~1 600	1.0~2.0
	医梯	KLB	1 600	1.0~1.6
	高速梯	KLK2	1 000~1 600	2.5~3.0
	无机房客梯	KLW	630~1 000	1
2005年	住宅梯	KLZ	450~1 000	2
	无机房客梯	KLW	630~1 000	1.75
	观光梯	KLG	800~1 250	1.0~2.0
	液压货梯	KLY	1 000~5 000	0.25~0.4
	杂物梯	KLZW	100~250	0.4
	载货梯	KLH/VF	1 000~3 000	0.5~1.0
	载货梯	KLH/VP	1 000~5 000	0.25~0.63
2006—2008年	商务乘客梯(蓝豹系列)	KLKC	1 000~1 600	1.0~2.0
	小机房乘客梯(银燕系列)	KLKS	630~1 000	1.0~1.75
	小机房观光梯	KLGS	800~1 350	1.0~2.0
	无机房观光梯	KLWG	800~1 000	1.0~1.75
	小机房医梯	KLBS	1 600	1.0~1.6
	曳引式汽车梯	KLQ	3 000	0.5
	家用梯	KLJ	320	0.3~0.4
2009年	经济型乘客梯(凌燕系列Ⅰ)	KLK1-Ⅰ	630~1 000	1.0~1.75
	高速乘客梯(金豹系列)	KLK2	1 350~2 000	7
2000—2011年	无机房乘客梯(上置式)	KLW	630~1 000	1.0~1.75
	无机房乘客梯(下置式)	KLW	2 000	1.0~1.75
	无机房货梯(下置式)	KLWH	1 600~2 000	0.63~1.6
2012年	无机房医梯	KLW	1 600	1.0~1.75
	无机房货梯(上置式4∶1)	KLWH	1 600~3 000	0.63~1.0
2013—2015年	金燕	KLK1	1 000~1 600	1.0~2.5
	银燕	KLK1	450~1 600	2.5
	无机房立式	KLW	450~2 000	2
	无机房卧式	KLW	450~1 600	1.0~2.0
	观光梯	KLG	800~1 600	2.5

年 份	类 型	型 号	载重(kg)	速度(m/s)
2013—2015年	无机房观光梯	KLWG	800～1 600	2
	医梯	KLB	1 600	2
	无机房医梯	KLW	1 600	2
	无机房货梯	KLW	1 600～4 000	0.5～1.6
2016—2018年	金豹	KLK2	1 350～2 000	10
	观光梯	KLG	800～1 600	5
	货梯（永磁同步）	KLH	1 600～2 000	0.5～2.0
	消防梯	KLKX	800～1 600	1.0～2.5

表7-3　　　　　　　　　　　　　至2018年电梯整机产品总体型谱清单

产品分类	类 型	型 号	载重(kg)	速度(m/s)
乘客梯	金燕	KLK1	1 000～1 600	1.0～2.5
	银燕	KLK1	450～2 000	1.0～2.5
	新凌燕	KLKS	630～1 050	1.0～2.0
	蓝豹	KLK2	800～1 600	2.5～4.0
	金豹	KLK2	1 350～2 000	5.0～10.0
	无机房立式乘客梯	KLW	450～2 000	1.0～2.0
	无机房卧式乘客梯	KLW	450～1 600	1.0～2.0
观光梯	观光梯	KLG	800～1 600	1.0～5.0
	无机房观光梯	KLWG	800～1 600	1.0～2.0
医梯	医梯	KLB	1 600	1.0～2.0
	无机房医梯	KLW	1 600	1.0～2.0
载货梯	货梯（交流异步）	KLH	1 000～5 000	0.25～1.0
	货梯（永磁同步）	KLH	1 600～2 000	0.5～2.0
	无机房货梯	KLW	1 600～4 000	0.5～1.6
	曳引式汽车梯	KLQ	3 000	0.5
消防电梯	消防梯	KLKX	800～1 600	1.0～2.5
液压货梯	液压货梯	KLHY	1 000～5 000	0.25～0.4
杂物梯	杂物梯	KLZW	100～250	0.4
家用梯	家用梯	KLJ	250～400	0.4

二、自动扶梯整机产品研发历程

从2000年康力开始生产整机至2006年，康力的商用自动扶梯和人行道产品基本满足除轨道交通以外的市场需求。

2007—2008年,康力电梯摒弃旧型号商用自动扶梯和自动人行道,开发新一代的商用自动扶梯和自动人行道产品。

2009年,康力电梯自主开发使用外置轮梯级链的重载型公共交通自动扶梯,填补轨道交通市场的空白。同时,为满足市场需求,康力电梯股份有限公司将KLT梯型的最大提升高度由10 m提升为12 m,并开发KLT系列的斜扶手梯型KLXF-M;开发单圆弧普通型自动人行道(KRB)和双圆弧苗条型自动人行道(KLRS)。

2010年,为满足客户需求,康力电梯自主研发成功KLRP零度人行道,最大跨距达到100 m。同时,公司深挖产品潜力,提升KLF、KLT、KLXF-Ⅰ、KLXF-Ⅱ、KRF和KRB的最大提升高度,并将KLT和KLXF-Ⅰ的名义速度扩展为0.5 m/s和0.65 m/s切换。

2011—2012年,为继续扩大康力产品的市场覆盖面,康力拓展KLF27.3度和KLT、KLXF-Ⅰ的23.2度和27.3度梯型,并将KLXF-Ⅱ的最大提升高度由20 m提升为25 m。

2013—2014年,康力电梯开发经济型商用自动扶梯KLM,并将KLXF-Ⅱ的最大提升高度由25 m提升为30 m。

2015—2016年,康力自主开发锦秀(KLF-G)商用自动扶梯,并拓展KLRP的梯级宽度和自动人行道的名义速度。

2017年,康力电梯自主开发27.3度倾斜角的KLXF梯型自动扶梯。

2018年,KLXF梯型的最大提升高度由30 m提高为42 m。至此,康力电梯形成覆盖面广、高低搭配的产品系列。

表7-4 历阶段开发的扶梯整机产品型谱表

年 份	型 号	倾斜角(度)	最大提升高度/最大跨距(m)	运行速度(m/s)	梯级宽度(mm)	水平梯级数
2000—2006年	KLP-K	30/35	6	0.5	1 000/800/600	2
	KLM-K	30/35	6	0.5	1 000/800/600	2
	KLM-M	35	6	0.5	1 000/800/600	3
		30	7	0.5	1 000/800/600	3
	KLT	30	10	0.5	1 000/800/600	3
	KLR	10/11/12	7	0.5	1 000/800	—
	KLRM	10/11/12	7	0.5	1 000/800	—
2007—2008年	KLF-K	30/35	6	0.5	1 000/800/600	2
	KLF-M	35	6	0.5	1 000/800/600	3
		30	7	0.5	1 000/800/600	3
	KLB-K	30/35	6	0.5	1 000/800/600	2
	KLB-M	35	6	0.5	1 000/800/600	3
		30	7	0.5	1 000/800/600	3
	KLT	30	10	0.5	1 000/800/600	3
	KRF	10/11/12	7	0.5	1 000/800	—
2009年	KLT-M	30	12	0.5	1 000/800/600	3

(续表)

年份	型号	倾斜角(度)	最大提升高度/最大跨距(m)	运行速度(m/s)	梯级宽度(mm)	水平梯级数
2009年	KLXF-M	30	12	0.5	1 000/800/600	3
	KLW30	30	15	0.5~0.65	1 000/800	3~4
	KRB	10/11/12	7	0.5	1 000/800	—
	KLRS	10/11/12	6	0.5	1 000/800	—
2010年	KLF-M	30	10	0.5	1 000/800/600	3
	KLB-M	30	10	0.5	1 000/800/600	3
	KLT-M	30	16	0.5~0.65	1 000/800/600	3
	KLXF-I	30	16	0.5~0.65	1 000/800/600	3
	KLXF-II	30	20	0.65	1 000/800	3~4
	KRF	10/11/12	8	0.5	1 000/800	—
	KRB	10/11/12	8	0.5	1 000/800	—
	KLRP	0	100	0.5	1 400	—
2011—2012年	KLF-M	27.3	10	0.5	1 000/800/600	3
	KLB-M	27.3	10	0.5	1 000/800/600	3
	KLT-M	23.2/27.3	16	0.5~0.65	1 000/800/600	3
	KLXF-I	23.2/27.3	16	0.5~0.65	1 000/800/600	3
	KLXF-II	30	25	0.65	1 000/800	3~4
2013—2014年	KLM-K	30/35	6	0.5	1 000/800/600	2
	KLM-M	35	6	0.5	1 000/800/600	3
		30	7	0.5	1 000/800/600	3
	KLXF-II	30	30	0.65	1 000/800	3~4
2015—2016年	KLF-KG	30/35	6	0.5	1 000/800/600	2
	KLF-MG	35	6	0.5	1 000/800/600	3
		30	10	0.5	1 000/800/600	3
	KLF-BKG	30/35	6	0.5	1 000/800/600	2
	KLF-BMG	35	6	0.5	1 000/800/600	3
		30	10	0.5	1 000/800/600	3
	KRF	10/11/12	8	0.65	1 000/800	—
	KRB	10/11/12	8	0.65	1 000/800	—
	KLRS	10/11/12	6	0.65	1 000/800	—
	KLRP	0	100	0.65	1 600/1 400/1 200	—
2017年	KLXF	27.3	30	0.65	1 000/800	3~4
2018年	KLXF	30	42	0.5~0.65	1 000/800	3~4

(续表)

表 7-5　　　　　　　　　　　　　　　至 2018 年扶梯产品总体型谱清单

型　号	倾斜角(度)	最大提升高度/ 最大跨距(m)	运行速度 (m/s)	梯级宽度 (mm)	水平 梯级数
KLF-K	30/35	6	0.5	1 000/800/600	2
KLF-M	35	6	0.5	1 000/800/600	3
	27.3/30	10	0.5	1 000/800/600	3
KLB-K	30/35	6	0.5	1 000/800/600	2
KLB-M	35	6	0.5	1 000/800/600	3
	27.3/30	10	0.5	1 000/800/600	3
KLF-KG	30/35	6	0.5	1 000/800/600	2
KLF-MG	35	6	0.5	1 000/800/600	3
	30	10	0.5	1 000/800/600	3
KLF-BKG	30/35	6	0.5	1 000/800/600	2
KLF-BMG	35	6	0.5	1 000/800/600	3
	30	10	0.5	1 000/800/600	3
KLM-K	30/35	6	0.5	1 000/800/600	2
KLM-M	35	6	0.5	1 000/800/600	3
	30	7	0.5	1 000/800/600	3
KLT-M	23.2/27.3/30	16	0.5～0.65	1 000/800/600	3
KLT-XF	23.2/27.3/30	16	0.5～0.65	1 000/800/600	3
KLXF	27.3	30	0.5～0.65	1 000/800	3～4
KLXF	30	42	0.5～0.65	1 000/800	3～4
KRF	10/11/12	8	0.5～0.65	1 000/800	—
KRB	10/11/12	8	0.5～0.65	1 000/800	—
KLRS	10/11/12	6	0.5～0.65	1 000/800	—
KLRP	0	100	0.5～0.65	1 600/1 400/1 200	—

第三节　关键核心技术研发历程

一、垂直电梯关键核心技术的开发应用

(一) 高速电梯技术的发展

康力电梯在高速电梯技术研发方面，一直处于内资品牌的领先地位。

2004 年，技术中心成功自主研发 KLK2/VF 1600/3.0(载重 1 600 kg，运行速度 3.0 m/s)高速电梯产品。该产品采用永磁同步无齿轮曳引机，节能环保、运行平稳、平层准确、维修方便；轿厢顶部采用锥形结构设计，有效地降低轿厢内的振动和噪声，提高乘坐舒适性。

2007 年，公司成功研发 KLK2/VF 1600/4.0(运行速度 4.0 m/s)高速电梯产品，用于提升高度 120 m 以上的高层建筑的电梯运行效率。该产品采用独特的导流罩，减轻风阻及风噪，其运行速度、振动加速

度、平层精度及噪声大小大大优于国家标准要求。

2009年，成功研发8台4.0 m/s群控功能。该功能采用集中控制的群控技术，召唤信号的分配采用最小等待时间原则，充分考虑电梯层楼距离等因素，实时调配具有最快响应时间可能性的电梯应答每一个召唤，大大提高电梯的运行效率。

2009年，成功研发KLK2/VF 1600/7.0(运行速度7.0 m/s)超高速电梯产品。该产品是自主研制开发的高速乘客电梯，采用终端减行程控制技术保证高速电梯的终端安全，节省终端空间。科技成果鉴定意见：产品的研制是成功的，填补国内7.0 m/s高速乘客电梯的空白，整体技术达到国内领先水平；在减振技术、降噪技术方面居于国际同类产品先进水平。为替代进口产品提供技术支撑，具有较好的市场前景，项目实施具有较大的科技和社会意义。

2014年，成功自主研发KLK2/VF 1600/8.0(运行速度8.0 m/s)超高速电梯。该产品采用新型轿厢结构及减振装置，有效减小轿厢振动；轿厢体组合连接，强度高、密封性好。

2017年，成功自主研发KLK2/VF 1600/10.0(运行速度10.0 m/s)超高速电梯产品。该产品采用电梯减振控制及振动抑制技术，减小驱动系统振动，降低噪声，提高乘客的舒适感。

(二) 乘客电梯技术的发展

2003年，公司成功研发JXW曳引机下置式无机房乘客电梯产品。下置式无机房的优点是控制柜和主机在底坑，方便检修、安装和救援；防高温、使用寿命长、降低顶层高度。缺点是曳引比2∶1，绕法较繁杂；顶部受力大；底坑防水要求高。

2004年，康力电梯有两款乘客电梯标准产品，即住宅梯(KLZ)、乘客梯(KLK1)。住宅梯(KLZ)配置有齿轮主机，曳引比采用1∶1，最大速度1.6 m/s，最高提升高度60 m。乘客梯(KLK1)根据速度、载重不同配置齿轮主机或永磁同步主机，最大速度达2.0 m/s，最高提升高度80 m。

2008年，随着永磁同步技术的成熟，住宅梯(KLZ)被全面取代。永磁同步技术的应用，掀起小机房电梯的变革。康力电梯开发小机房乘客梯，电梯机房布置紧凑、舒适度高、安全可靠、低噪节能（能耗仅为常规电梯的60%）。

2009年，公司研发经济型乘客电梯，满足安置房、普通住宅区的需求。该梯型创新性使用LED轿内照明装置，具有安全、高效、无辐射、易维护等优势。

2011年，成功研发上置式主机斜排(立式主机)无机房乘客电梯。优点是绕绳更简单，传动效率更高；顶部受力比下置式的小。

2012年，公司在电梯产品电控方面采用双32位微机控制系统，使产品控制和通信更加安全可靠。

2013年，研发侧置梯型，满足多种井道尺寸需求。

2014年，公司研发高端配置智能型系列乘客电梯产品，满足中高端住宅、酒店需求。该产品针对高端配置智能电梯进行研发，产品配置、控制系统、自检测功能等都采用高端技术，大大提高安装调试效率和电梯安全、平稳和舒适性能。该技术顺利通过科技成果鉴定，研究成果被认为达到国内领先水平。

2015年，公司成功研发上置式主机直排(立式主机)无机房乘客电梯，突破建筑成本、建筑设计风格和使用范围的制约，在节省空间和节约成本的同时，降低电梯的噪声。上置式主机直排无机房的优点是井道利用率更高、顶层高度与底坑深度得到减小、主机安装方便。

2016年，公司研发新凌燕小机房乘客电梯，具有节能环保、节省空间、舒适乘享的特性。

2016年，公司成功研发上置式主机直排(卧式主机)无机房乘客电梯，降低项目底坑高度，增加项目可选性。

2018年，公司成功研发无机房中东南美系列乘客电梯，在符合海外标准的基础上，减小井道尺寸，降低顶层、底坑高度,增加产品在海外的竞争力。

2018年,成功研发蝶式无机房乘客电梯。产品配置前置磁环编码器及超薄型蝶式主机的曳引系统,整体结构紧凑,安装与维护方便,缩小井道尺寸,提高电梯运行稳定性。

(三)载货电梯技术的发展

2005年,公司拥有液压货梯(KLY)和曳引货梯(KLH)两款产品。液压电梯提升力大、可以提供较高的机械效率且能耗较低,适用于短行程、重载荷的场合。另外,液压电梯不必在楼顶设置机房,减小了井道竖向尺寸,有效地利用建筑物空间。但是液压电梯的速度、高度有限制,曳引货梯可弥补这两点不足。

2008年,成功研发为乘用汽车服务的汽车电梯(KLQ)。汽车电梯是一种解决汽车垂直运输问题的特殊电梯。作为重要的汽车垂直运输工具,和传统的汽车坡道相比,汽车电梯能节省80%的建筑面积,将汽车周转效率提高两倍以上。

2011年,公司开发下置式无机房货梯(KLWH)。针对有机房货梯(KLH),下置式无机房货梯将永磁同步曳引机放置在井道底部。下置式无机房货梯的优点是控制柜和主机在底坑,方便检修、安装和救援;防高温、使用寿命长、降低顶层高度。缺点是曳引比2∶1,绕法较繁杂,顶部受力大,底坑防水要求高。

2012年,成功研发上置式无机房货梯。该货梯将曳引机布置在井道的上端,在井道上方增加导向轮梁。上置式无机房货梯的优点是受力点更分散,降低对电梯结构强度的要求;顶部受力比下置式的小,约为0.66倍。缺点是绕绳复杂,传动效率低,钢丝绳损耗大。

2014年,为满足市场需求,将上置式无机房货梯载重范围扩大到4 000 kg(4∶1结构)。

2017年,为弥补异步主机货梯在提升速度上的不足,公司研发永磁同步货梯,速度达2.0 m/s;同时将使用涡轮蜗杆曳引的有机房货梯3 000 kg载重速度提升到1.0 m/s。

(四)观光电梯技术的发展

2005年,成功研发KLG 1000/2.0观光电梯。KLG/VF 1000/2.0是自主研制开发的观光电梯,采用变频变压调速技术,永磁同步无齿轮曳引机,节能环保、运行平稳、平层准确、维修方便;轿厢结构采取降噪和减振处理,提高乘坐舒适度。科技成果鉴定意见:产品技术水平在国内同类产品中处于领先地位。

2008年,公司成功研发KLWG 1000/1.75无机房观光电梯,填补梯型空白,拓展观光电梯适应场所。

2011年,有机房观光电梯拓展至KLG 1350/2.0。针对观光梯的特点,秉承通透、简约理念,设计多种装潢样式,供市场选择。无机房观光梯KLWG调整为上置主机结构,绕绳方式更简单,传动效率更高,并根据市场需求,逐步拓展至KLWG 1350/1.75。

2015年,推出四面观光电梯,并专为公共交通设计整梯系统,满足地铁、高铁等轨道交通招标需求。同时,产品范围继续拓展,如有机房观光梯KLG 1600/2.5、无机房观光梯KLWG 1600/2.0。

2017年,成功研发KLG/VF 1600/5.0超高速观光电梯产品。该产品的驱动系统采用多级减振,有效减少主机传递至轿厢和建筑的振动;轿厢整体设计简约,采用高强度夹胶安全玻璃,耐冲击性能好、透光率高,玻璃下部的磨砂设计,降低了目眩感和高速对视觉的冲击。科技成果鉴定意见:产品整体技术达到国际同类产品领先水平。

(五)家用电梯技术的发展

2007年,成功研发KLJ/VF 320/0.4家用电梯。KLJ/VF 320/0.4家用电梯适用于小井道或无井道家庭用住宅或私人会所,对顶层高度无特殊要求,可以无底坑,突破传统观念中电梯的限制。经过科技成果鉴定,"该项目的研制是成功的,技术性能指标达到国内同类产品的先进水平并具有知识产权"。

2015年,成功研发龙门架永磁同步家用梯。该产品基于永磁同步驱动技术,对家用梯进行创新设计,采用无梁式和有梁式两种曳引机安装结构。科技成果验收意见:研究成果达到国内领先水平。

2018年,成功研发集成背包架结构家用梯。该产品采用新型背包结构,解决老款背包架轿厢架受力分布不均匀、导轨导靴受力要求高、更换成本高问题;继承龙门架结构的稳定,比龙门架结构更紧凑,井道利用率高。

2019年,成功研发小型化家用梯集成控制系统。该控制系统采用高度集成化模式;控制柜小型化,可嵌入式安装,可挂壁式安装。

(六) 消防电梯技术的发展

2016年,成功研发KLKX消防电梯。该产品集成多项新技术,整机结构合理,性能稳定,安全可靠;采用防火、隔热、防水等级高的电缆、照明灯、门系统、人机界面和安全部件的配置。科技成果验收意见:产品样机综合技术达到国内领先水平,在防护等级与消防救援技术方面居于国际同类产品先进水平。

2018年,成功研发KLKX2高速消防梯,速度达4.0 m/s,2018年正在拓展系列化。

(七) 在用建筑加装电梯技术的发展

2014年,成功研发在用建筑加装新电梯。该产品针对既有建筑物加装电梯进行研发,结合既有建筑物的特点,设计钢结构井道,有效解决井道与建筑物本体的连接技术;采用新型电梯加装方案,使加装后的电梯功能完整、安全、经济,占用空间小,集成度高,能实现快速安装。该产品充分考虑残障人士的使用要求,设计相应的功能部件,能够满足既有建筑加装电梯的需求。科技成果验收意见:研究成果达到国内领先水平。

2015年,在原梯型基础上,成功开发浅底坑无机房加装电梯,载重为630～1 000 kg,速度为1.0～1.6 m/s。

2018年,成功研发卧式主机无机房加装电梯,为直排无机房增加卧式主机。卧式主机体积较立式小,布局灵活,可将反绳轮固定于轿厢顶部,降低项目底坑高度,增加项目可选性。

二、扶梯关键技术的开发应用

(一) KLF商用自动扶梯技术的发展

2000年,康力电梯建立整机工厂,开始生产KLP、KLM等老型号自动扶梯。

2007年,康力自主研发成功KLF"岭秀"商用型自动扶梯;KLF自动扶梯外形美观、装饰功能良好、使用安全、使用寿命长、运行平稳、低噪声、低震、乘用舒适、易于维护、节能环保。这一产品的成功研发,大大提高了公司扶梯产品的市场竞争力。

2010年,KLF商用型自动扶梯的最大提升高度由7 m提升为10 m。电气方面,公司开发实现ECO节能功能。

2011年,为拓宽产品覆盖面,KLF开发KLF27.3度商用自动扶梯。电气方面,自主研发成功"KLE-MSU-01A"功能安全板,通过SIL等级认证,从安全角度出发,大大提高产品可靠性。

2013年,为满足市场需求、增强商用扶梯低端市场竞争力,公司开发KLM经济型自动扶梯,自主研发成功控制主板,并实现实时监控功能安全板数据,并获取驱动数据。这一产品的研发成功,打破原先外购使用PLC的局面,同时进一步提升了产品竞争力。

2015年，为增加高端市场竞争力，公司自主研发KLF-G"锦秀"型自动扶梯该扶梯配备金属面罩外观的悬浮式出入口装置和自主研发的一体化控制系统。

2016年，为减少土建占用空间，缩小与其他外资品牌的差距，在设计上缩短KLF梯型的水平长度。

2017年，为响应环保号召，改进KLF桁架等部件的防腐处理，使其更加环保节能，体现一个上市公司应有的社会责任感。

2018年，进一步拓宽KLF产品的规格范围、实现主机高低配置，满足不同阶层客户的需求。电气方面，自主研发成功旁路变频系统，降低变频器功率，起到节能的作用，提升产品竞争力。

（二）自动人行道技术的发展

2000年，康力开始制作自动人行道整机，生产KLR、KLRM等梯型。

2008年，康力成功自主研发KRF、KLRS商用型自动人行道。

2009年，为应对南昌昌北机场项目，康力成功自主研发KLRP零度人行道，最大跨距达到100 m。

2010年，康力电梯股份有限公司将KRF和KRB的最大提升高度由7 m提升为8 m。

2014年，公司成功研发KLRP1400/400的零度人行道。

2016年，康力电梯股份有限公司将KRF、KRB、KLRS和KLRP的名义速度拓宽为0.5 m/s和0.65 m/s。

2017年，为响应环保号召，将KRF和KRB桁架等部件的防腐处理更换为其他更环保、节能的方式。

2018年，为继续丰富产品内容，自动人行道主机实现高低配置，满足不同层次客户的需求。是年，应客户的非标要求，康力自主研发公交型自动人行道，采用不锈钢扶手支架，扶手带驱动采用端部驱动的方式，保证大客流量情况下扶手带的驱动力。

（三）KLT公共交通型扶梯技术的发展

2004年，康力应用成熟技术，博采众长，在KLM梯型的基础上成功自主研发KLT30-1000公交型自动扶梯。其主要技术性能指标达到或者接近国内合资企业水平，价格低于合资企业，具有良好的性价比和竞争力，并通过建设部的科技成果鉴定。KLT公交型自动扶梯具有以下特点和先进性：① 采用梯级滚轮内置链条，增大梯级链条的破断拉力，提高安全性能；② 采用单附加制动器，当扶梯发生紧急状况时，能有效地制停扶梯；③ 采用浮动式入口保护装置，大幅度提高扶手入口的安全性；④ 控制系统采用变频驱动。

2006年，KLT梯型开发适用于韩国地铁的衍生梯型，进军韩国轨道交通市场。

2009年，康力成功自主研发KLT-XF公交型斜扶手自动扶梯。

2010年，康力电梯股份有限公司将KLT梯型的最大提升高度由12 m提升为16 m，并将名义速度调整为0.5 m/s和0.65 m/s两种。

2012年，为扩展康力产品的覆盖面，康力成功自主开发KLT27.3度和KLT23.2度自动扶梯。是年，康力电梯股份有限公司利用KLT-XF梯型承接天门山项目，获得"2014年度电梯世界工程奖"。

2015年，康力大胆采用双桁架结构，成功自主开发KLT大高度无支撑梯型，最大提升高度12 m。

2016年，应客户的特殊非标需求，康力继续提升KLT大高度无支撑梯型，最大提升高度提升为16.4 m。

2017年，为响应环保号召，KLT将桁架等部件的防腐处理更换为其他更环保、节能的方式。

2018年，为继续丰富产品内容，KLT主机实现高低配置，满足不同阶层客户的需求。

2017—2018年，国内高铁市场迅猛发展。为抢占市场，康力对KLT配置进行全面开发，例如开发让滚轮压力更小的导轨系统。

（四）KLXF 重载公交型扶梯技术的发展

2009 年，为满足国内外日益增长的轨道交通建设需求，康力成功自主研发 KLXF 重载公交型斜扶手自动扶梯，名义速度 0.65 m/s，有中间支撑扶梯，最大提升高度 15 m；采用梯级滚轮外置链条，增大梯级链条的破断拉力，提高安全性能；通过有限元分析实现高强度桁架设计，桁架挠度达 1/1 500；采用大功率双驱动主机，满足乘客输送量大的特定场所要求；采用扶手端部驱动方式，增大扶手带驱动摩擦力。

2011 年，公司在设计上将 KLXF 重载公交型有中间支撑的自动扶梯最大提升高度提高到 25 m。

2013 年，公司将 KLXF 重载公交型有中间支撑的自动扶梯最大提升高度提高到 30 m。

2014 年，公司改进楼层板的底板材质，杜绝楼层板生锈的现象。

2016 年，为满足商场、大型购物中心等公共场所的乘客输送需求，康力自主开发 KLXF 大高度无支撑型重载交通扶梯，最大提升高度 20 m。

2017 年，公司将 KLXF 有中间支撑的自动扶梯最大提升高度提高到 50 m。是年，康力电梯股份有限公司发布 KLXF27.3 重载公交型自动扶梯，最大提升高度 16 m。KLXF 实现主机的高低搭配，满足不同层次客户的需求。

2018 年，为适应经济新常态，提高产品市场竞争力，康力自主开发 KLXF 梯型 10 m 和 12 m 单驱自动扶梯，优点是采用大功率单主机驱动，大幅降低整机成本。

第四节　技　术　管　理

一、制度建设

2002 年，康力成立技术部门，分为电梯、扶梯、电气 3 个技术科开展工作，主要包括为销售项目提供技术方面的支持，技术投产单、项目图纸、随机文件等技术文件的相关工作和销售项目涉及的产品的取证工作等，并对售前、售后等需求做好响应和处理。

2004 年，技术部门分为电梯技术部、扶梯技术部、电气技术部 3 个部门进行产品项目技术相关工作，功能和职责更加明确。同时，伴随 ISO9001 各体系的建立，公司制定基本的制度和流程。

2009 年，公司引进 SAP 系统，促进技术管理工作迈上新台阶。特别是项目技术处理，技术中心依据系统的要求，理顺技术处理流程，补充完善相关制度。

2011 年，公司技术中心被国家五部委联合认定为"国家认定企业技术中心"后，技术管理各项制度和流程的制定进入快速上升阶段，技术中心的各项技术活动的开展和成果的推出为公司的发展提供坚实的支撑。

2012 年开始，公司逐年加大力度对各项规章制度和流程进行优化，进一步对项目技术处理、产品研发、数据管理和工艺提升、样机试制、技术变更等编制和下发一系列文件，确保产品关联工作的顺利推进。

表 7-6　　　　　　　　　　　技术管理相关制度文件清单

序号	文　件　名　称	文　件　编　号	生　效　日　期
1	电扶梯项目技术处理流程	KL.C-TC03.V1	2014 年 7 月 15 日
2	数据管理部工作流程	KL.C-TC04.V1	2014 年 11 月 25 日
3	技术资料管理制度	KL.C-TC06.V1	2015 年 1 月 1 日

(续表)

序号	文件名称	文件编号	生效日期
4	技术中心档案资料管理制度	KL.C-TC23.V1	2015年1月1日
5	技术资料的交转管理	KL.C-TC25.V1	2015年1月1日
6	技术资料的二次发放管理	KL.C-TC26.V1	2015年1月1日
7	研究开发活动知识产权控制程序	IP/CANNY-CX820-2015	2015年6月1日
8	项目存档档案编号及存档规范	KL.C-TC30.V1	2015年10月1日
9	实验室原始数据管理	KL.C-TC08.V1	2015年11月30日
10	实验室测试作业规范	KL.C-TC08.V1	2015年11月30日
11	实验室管理细则	KL.C-TC10.V1	2015年11月30日
12	项目技术支持流程	KL.C-TC34.V1	2016年4月7日
13	技术中心标准规范编号规则	KL.C-TC21.V1	2016年4月15日
14	技术标准管理制度	KL.C-TC02.V1	2016年4月15日
15	技术内部变更流程	KL.C-TC38.V1	2016年10月25日
16	技术中心资料室工作管理手册	KL.C-TC33.V1	2017年1月1日
17	技术中心资料室库房管理制度	KL.C-TC35.V1	2017年1月1日
18	可靠性评价流程	KL.C-TC08.V2	2017年2月28日
19	设计和开发控制程序V3	KL.B-007.B2	2017年3月1日
20	数据管理部岗位职责	KL.C-TC40.V1	2017年4月1日
21	整机/部件安装申请流程	KL.C-TC55.V1	2018年2月1日
22	新产品设计开发流程	KL.C-TC22.V2	2018年10月1日
23	技术研发试制流程	KL.C-TC62.V1	2018年11月1日

二、绩效管理

2015年之前,技术中心各部门的绩效考核由各部门负责人在部门内部实施,绩效考核只是在内部通报,没有与员工薪资挂钩,考核的内容及实施力度因部门而异。

2016年10月,技术中心出台严格规范的绩效管理制度,根据岗位职责和人员职级,结合技术中心各项业务性质的差异,制定两类考核方式。一类为部门部长(含)以上人员绩效考核,主要考核各部门年度计划的执行情况,质量损失率,产品稳定性、及时性、正确性,呆滞物料处理情况,标准化工作推进情况,员工培养,核心员工流失率等。一类为部长(不含)以下人员(主要面向业务人员)绩效考核,根据各项工作的难易程度以及各个岗位人员的能力等因素分配、布置工作当量,以及各项指标的占比。考核客观公正,通过量化部门工作的指标,根据不同的工作岗位,确定工作职责、工作量及完成时间;同时根据历年积累的经验确定一定的容错率,并按工作量确定允许的错误损失,从而确定工作质量目标,根据量化的指标按月进行考核。

绩效考核有效促进了员工不断提高工作绩效、提高了管理人员的创新能力和管理能力,为公司带来

第七章　技术开发

更多的经济效益。考核的结果除了作为每月绩效工资的发放依据外,还可以作为技术中心各部负责人职位晋升、奖金和工资调整的主要依据。

三、技术资料管理

2005年,公司成立技术资料室,全面负责技术中心各设计科室技术资料的接收、下发、保管工作,包括产品设计文件、项目技术资料、工艺文件、技术书籍、技术类证书等收集工作。逐步统一和执行技术资料管理的相关规定。

2010年,公司建立技术资料数据服务器平台以更好地对资料进行电子化管理,在加大对技术文件保护的同时,建立文档的存放空间划分和功能区域的设定,编排文件对应的快速查找的位置链接。技术员在完成相关设计或编制后,按照技术资料的审批流程进行纸质版文件的各级签批,将签批后的纸质版文件连同电子档一起交予资料室,由资料室管控技术文件的出入库,并做详尽记录,建档并定期发布更新,对开放性的技术文件、专业书籍进行信息发布,做到技术文件、信息文件的共享、共用。

2015年,经过多年沉淀及经验累积,公司正式发布资料室管理相关规范制度7份,分别为"KL.C-TC33.V1技术中心资料室工作管理手册""KL.C-TC06.V1技术资料管理制度""KL.C-TC25.V1技术资料的交转管理""KL.C-TC26.V1技术资料的二次发放管理""KL.C-TC21.V1技术中心标准规范编号规则""KL.C-TC02.V1技术标准管理制度""KL.C-TC35.V1技术中心资料室库房管理制度",并将这些标准规范作为开展工作的基本依据,使资料室各项业务流程高效实施。

2015年,公司按照《江苏省机关团体企业事业单位档案工作规范》进行档案工作的管理,技术资料室结合档案科要求编制新的管理规范"KL.C-TC23.V1技术中心档案资料管理制度",并依此进行资料的管理,并定期移交到公司档案室存档,使技术资料的管理工作提升一个新的台阶。

截至2018年年底,移交档案科的资料包括2002—2012年电梯项目档案7 517份,技术奖牌和证书272份,型式试验报告394份。

2017年资料室随技术中心从康力二期搬迁至技术中心研发大楼,并配置专用库房(内置19列密集架),以归纳整理日益增多的存储资料,并进行专业化管理。合理规划入库后,库存量为电/扶梯项目档案41 612份,电/扶梯产品设计在用图纸7万余张,图书(工具书、年鉴等)317本,杂志《中国电梯》《江苏科技》等193本,外来标准(国家标准、地方标准、行业标准、TSG)492本,内部标准(技术中心编制)236本。

2018年至今,资料室不断将管理工作推向信息化、无纸化,以线上形式进行资料传递和办公,高效、及时、准确地将技术资料传递至相关需求部门,降低纸张、人力、时间成本,缩短处理周期,提高工作效率。资料室致力于打造线上知识库,提供更多有价值的数据,紧跟公司发展、行业发展的步伐,更精准、更高效地服务于技术和生产。

第五节　技术标准及技术规范

一、国家/协会技术标准制定

自2000年11月成立起,康力就积极参与行业国家技术标准的制定。

表 7-7　　公司负责或参与制定的国家或行业技术标准

序号	标 准 名 称	负责/参加	标准号/计划编号	发布年份
1	家用电梯制造与安装安全规范	参加	GB/T 21739-2008	2008 年
2	电梯乘运质量测量	参加	GB/T 24474-2009	2009 年
3	杂物电梯制造与安装安全规范	负责	GB 25194-2010	2010 年
4	自动扶梯和自动人行道制造与安装安全规范	参加	GB 16899-2011	2011 年
5	电梯用于紧急疏散的研究	负责	GB/Z 28598-2012	2012 年
6	安装于现有建筑物中的新电梯制造与安装安全规范	参加	GB 28621-2012	2012 年
7	电梯安全要求　第四部分：评价要求	参加	GB/T 4803.4-2013	2013 年
8	电梯操作装置、信号及附件	参加	GB/T 30560-2014	2014 年
9	提高在用自动扶梯和自动人行道安全性的规范	参加	GB 30692-2014	2014 年
10	电梯、自动扶梯和自动人行道乘用图形标志及使用导则	参加	GB/T 31200-2014	2014 年
11	电梯能量回馈装置	参加	GB/T 32271-2015	2015 年
12	电梯主要部件判废规范	参加	GB/T 31821-2015	2015 年
13	公共交通型自动扶梯和自动人行道的安全要求研究报告	参加	GB/Z 31822-2015	2015 年
14	电梯、自动扶梯和自动人行道的能量性能　第二部分：电梯的能量计算与分级	参加	GB/T30559.2-2017	2017 年
15	自动扶梯梯级和自动人行道踏板	参加	GB/T 33505-2017	2017 年
16	电梯、自动扶梯及自动人行道的能量性能　第三部分：自动扶梯和自动人行道能效分类	负责	GB/T 0559.3-2017	2017 年
17	电梯、自动扶梯和自动人行道物联网的技术规范	参加	GB/T 24476-2017	2017 年
18	电梯、自动扶梯和自动人行道运行服务规范	参加	GB/T 34146-2017	2017 年
19	斜行电梯制造与安装安全规范	参加	GB/T 35857-2018	2018 年
20	电梯安全相关的可编程电子系统的应用（PESSRALL）	参加	GB/T 5850.1-2018	2018 年
21	自动扶梯和自动人行道主要部件报废技术条件	参加	GB/T 37217-2018	2018 年
22	电梯制造与安装安全规范　第一部分：乘客和载货电梯基本要求	参加	20120094-Q-469	
23	电梯制造与安装安全规范　第二部分：电梯部件的设计原则、计算和检验	参加	20120095-Q-469	
24	电梯 IC 卡系统	参加	20151821-T-469	
25	电梯自动救援操作装置	参加	20151820-T-469	
26	电梯用非钢丝绳悬挂装置	参加	20160637-T-469	
27	电梯、自动扶梯和自动人行道安全相关的可编程电子系统的应用第 2 部分：自动扶梯和自动人行道（PESSRAE）	参加	20171105-T-469	

第七章　技术开发

(续表)

序号	标准名称	负责/参加	标准号/计划编号	发布年份
28	自动扶梯和自动人行道安全要求　第一部分：基本安全要求（GESR）	参加	20181832-T-469	—
29	乘运质量测量第二部分：自动扶梯和自动人行道	负责	20181833-T-469	
30	乘运质量测量　第一部分：电梯	参加	20181834-T-469	

2016年，中国电梯协会标准化委员会成立，公司成为标准化委员会副主任委员组员单位，积极参与电梯协会发起的各项标准的制定。

表7-8　　　　　　　　　　　公司负责或参与编制的协会标准

序号	名称	负责/参加	标准号/计划编号	发布年份
1	城市轨道交通型自动扶梯（重载扶梯）技术规范	参加	T/CEA 301-2019	2019年
2	电梯用随行电缆	参加	T/CEA 022-2019	2019年
3	电梯安装、维修手册格式（含电子版本）及电梯安装、维修培训、考核标准	参加	T/CEA 901-2019	2019年
4	电梯招投标文件标准	参加	T/CEA 902-2019	2019年
5	电梯电气环境测试规范	参加	T/CEA 201-2019	2019年
6	电梯制动器	参加	T/CEA 021-2019	2019年

二、公司内部技术标准/规范的制定

自2010年开始，公司制定国家级企业技术中心建设的整体规划，全面深入和完善产品技术规范文件的编制工作，围绕整机、关键部件、核心技术等展开，保障产品的稳定性和可靠性。

表7-9　　　　　　　　　　康力技术中心编制的技术标准/规范类文件

序号	内部标准名称	编号	发布时间
1	电梯滑动门门板技术规格书	Q/KLJ1-12004-2010.A	2010年3月10日
2	电梯产品图纸编号规范	Q/KLJ1-51001-2014.A	2014年5月26日
3	客梯外购轿厢装潢规范	Q/KLJ1-12002-2014.A	2014年7月21日
4	产品包装通用技术条件	Q/KLJ1-13001-2014.A1	2014年7月21日
5	无机房客梯自制轿厢装潢规范	Q/KLJ1-12003-2014.A	2014年7月30日
6	集装箱装箱规范	Q/KLJ1-53001-2014.A	2014年8月1日
7	扶梯和人行道产品图纸编号规范	Q/KLJ2-51001-2014.V2	2014年10月16日
8	电梯用钢丝绳技术规格书	QKLJ1-12005-2014.A	2014年11月25日
9	滚动导靴技术规格书	QKLJ1-12006-2014.A1	2014年11月25日
10	电梯称重装置（开关量）设计规范	Q/KLJ1-10504-2014.V1	2015年1月1日

(续表)

序号	内部标准名称	编号	发布时间
11	电梯电源箱设计规范	Q/KLJ1-10505-2014.V1	2015年1月1日
12	电梯对讲系统设计规范	Q/KLJ1-10501-2014.V1	2015年1月1日
13	电梯井道电缆装置设计规范	Q/KLJ1-10502-2014.V1	2015年1月1日
14	电梯平层装置(光电)设计规范	Q/KLJ1-10503-2014.V1	2015年1月1日
15	电梯随行电缆装置设计规范	Q/KLJ-10506-2014.V1	2015年1月1日
16	电梯终端开关装置设计规范	Q/KLJ1-10500-2014.V1	2015年1月1日
17	数据管理部工作指导手册	Q/KLJ6-10005-2014.V1	2015年1月1日
18	工艺文件编号方法	Q/KLJ6-20001-2014.V1	2015年1月1日
19	工艺装备编号方法	Q/KLJ6-20002-2014.V1	2015年1月1日
20	下料通用技术要求	Q/KLJ6-20003-2014.V1	2015年1月1日
21	焊接件通用技术要求	Q/KLJ6-20004-2014.V1	2015年1月1日
22	装配通用技术要求	Q/KLJ6-20005-2014.V1	2015年1月1日
23	扶梯、人行道项目非标定义	Q/KLJ2-10800-2014.V1	2015年1月1日
24	扶梯VA02配置填写指导手册(KLF-K型)	Q/KLJ2-10801-2014.V1	2015年1月1日
25	扶梯VA02配置填写指导手册(KLM-K型)	Q/KLJ2-10802-2014.V1	2015年1月1日
26	扶梯VA02配置填写指导手册(KLF-M型)	Q/KLJ2-10803-2014.V1	2015年1月1日
27	扶梯VA02配置填写指导手册(KLB-K型)	Q/KLJ2-10804-2014.V1	2015年1月1日
28	扶梯VA02配置填写指导手册(KLB-M型)	Q/KLJ2-10805-2014.V1	2015年1月1日
29	扶梯VA02配置填写指导手册(KLT-M型)	Q/KLJ2-10806-2014.V1	2015年1月1日
30	扶梯VA02配置填写指导手册(KLXF-M型)	Q/KLJ2-10807-2014.V1	2015年1月1日
31	扶梯VA02配置填写指导手册(KLXF-II型)	Q/KLJ2-10808-2014.V1	2015年1月1日
32	人行道VA02配置填写指导手册(KRF12型)	Q/KLJ2-10809-2014.V1	2015年1月1日
33	电梯项目非标定义	Q/KLJ1-10801-2014.V1	2015年1月1日
34	表面喷漆处理规范	Q/KLJ2-21006-2014.V1	2015年1月1日
35	不锈钢表面处理规范	Q/KLJ2-21001-2014.V1	2015年1月1日
36	产品包装箱技术规范	Q/KLJ2-13001-2014.V1	2015年1月1日
37	扶手带技术规范	Q/KLJ2-12002-2014.V1	2015年1月1日
38	扶梯产品装箱技术规范	Q/KLJ2-13002-2014.V1	2015年1月1日
39	扶梯零部件颜色规范	Q/KLJ2-10001-2014.V1	2015年1月1日
40	滚轮技术条件	Q/KLJ2-12003-2014.V1	2015年1月1日
41	护壁玻璃技术条件	Q/KLJ2-12001-2014.V1	2015年1月1日
42	热浸锌桁架和部件技术条件	Q/KLJ2-21002-2014.V1	2015年1月1日
43	梯级表面处理规范	Q/KLJ2-21005-2014.V1	2015年1月1日
44	锌铬镀层表面处理规范	Q/KLJ2-21004-2014.V1	2015年1月1日
45	电梯对重用空心导轨	Q/KLJ1-12030-2015.A	2015年1月1日

(续表)

序号	内部标准名称	编号	发布时间
46	包装储运通用技术要求	Q/KLJ6-20006-2015.V1	2015年4月10日
47	电梯操纵箱及召唤商标规范	Q/KLJ-13003-2015.A1	2015年6月12日
48	行程开关试验规程	Q/KLJ2-32003-2015	2015年8月15日
49	接触器试验规程	Q/KLJ6-30009-2015	2015年8月15日
50	刚性滑动导靴技术规格书	Q/KLJ1-12028-2015	2015年8月18日
51	中性盐雾试验规程	Q/KLJ6-30006-2015	2015年8月20日
52	光电开关试验规程	Q/KLJ6-30008-2015	2015年8月20日
53	射频场感应传导骚扰抗扰度试验规程	Q/KLJ6-30005-2015	2015年8月20日
54	静电放电抗扰度（ESD）试验规程	Q/KLJ6-30003-2015	2015年8月20日
55	钢丝绳试验规程	Q/KLJ1-32005-2015	2015年8月20日
56	浪涌冲击抗扰度试验规程	Q/KLJ6-30002-2015	2015年8月20日
57	连接器试验规程	Q/KLJ2-32001-2015	2015年8月20日
58	电快速瞬变脉冲群抗扰度试验规程	Q/KLJ6-30004-2015	2015年8月20日
59	LED灯试验规程	Q/KLJ6-30011-2015	2015年8月20日
60	电气部件基本环境试验规程	Q/KLJ6-30001-2015	2015年8月30日
61	轿厢门、层站门地坎技术规格书	Q/KLJ1-12029-2015	2015年9月15日
62	聚氨酯缓冲器技术规格书	Q/KLJ1-12034-2015	2015年9月25日
63	曳引机试验规程	Q/KLJ6-30019-2015	2015年9月30日
64	开关电源试验规程	Q/KLJ6-30007-2015	2015年9月30日
65	门系统试验规程	Q/KLJ1-32001-2015	2015年11月30日
66	接触器试验规程	Q/KLJ6-30009-2015	2015年11月30日
67	点阵显示板试验规程	QKLJ1-32018-2015	2015年12月20日
68	应急电源试验规程	QKLJ1-32016-2015	2015年12月20日
69	铸铁对重块技术规格书	QKLJ1-12036-2015	2015年12月20日
70	铸铁导向（反绳）轮组件技术规格书	QKLJ1-12033-2015	2015年12月20日
71	尼龙导向（反绳）轮组件技术规格书	QKLJ1-12040-2015	2015年12月20日
72	电梯T型导轨技术规格书	QKLJ1-12031-2015	2015年12月20日
73	复合型对重块技术规格书	QKLJ1-12037-2015	2015年12月20日
74	瞬时式安全钳技术规格书	QKLJ1-12042-2015	2015年12月20日
75	变压器试验规程	QKLJ6-30010-2015	2015年12月20日
76	加热器试验规程	QKLJ2-32002-2015	2015年12月20日
77	中分门系统技术规格书	QKLJ1-12043-2015.A1	2015年12月30日
78	限速器技术规格书	QKLJ1-12041-2015.A1	2015年12月30日
79	膨胀螺栓技术规格书	QKLJ1-12039-2015	2015年12月30日
80	渐进式安全钳技术规格书	QKLJ1-12038-2015.A1	2015年12月30日

(续表)

序号	内部标准名称	编号	发布时间
81	油压缓冲器技术规格书	QKLJ1-12027-2015.A1	2015年12月30日
82	电梯用钢丝绳技术规格书	QKLJ1-12005-2014.A	2015年12月30日
83	电梯滑动门板技术规格书	QKLJ1-12004-2015.A1	2015年12月30日
84	交流永磁同步无齿曳引机技术规格书	QKLJ1-12045-2015.A1	2015年12月30日
85	交流异步有齿曳引机技术规格书	QKLJ1-12047-2015.A1	2015年12月30日
86	电梯对重和平衡重用空心导轨技术规格书	QKLJ1-12050-2015.A1	2015年12月30日
87	绳头组合技术规格书	QKLJ1-12048-2015.A1	2015年12月30日
88	补偿链技术规格书	QKLJ1-12051-2015.A1	2015年12月30日
89	弹性滑动导靴技术规格书	QKLJ1-12052-2015.A1	2015年12月30日
90	双折旁开门系统技术规格书	QKLJ1-12044-2015.A1	2015年12月30日
91	制动电阻试验规程	QKLJ6-30017-2015	2015年12月30日
92	按钮开关试验规程	QKLJ1-32014-2015	2016年1月4日
93	扶梯图纸版本规范	QKLJ2-51002-2016.V1	2016年1月6日
94	KLW客梯项目参数规范	QKLJ1-13008-2016.A	2016年1月30日
95	KLG观光电梯项目参数规范	QKLJ1-13010-2016.A	2016年2月1日
96	KLWG无机房观光梯项目参数规范	QKLJ1-13009-2016.A	2016年2月26日
97	焊接工艺管理规则	QKLJ6-20007-2016.V1	2016年3月11日
98	焊接工艺评定管理规则	QKLJ6-20008-2016.V2	2016年3月11日
99	火焰校正规范	QKLJ6-20009-2016.V1	2016年3月11日
100	表面处理及油漆规范	QKLJ6-20010-2016.V1	2016年3月11日
101	扶梯标准件控制范围	QKLJ3-10001-2016.V1	2016年3月11日
102	KLH KLQ载货系列电梯项目参数规范	QKLJ1-13012-2016.A	2016年3月15日
103	人机界面组合规范	Q/KLJ1-13006-2016.A	2016年5月1日
104	电梯项目技术处理指导说明	Q/KLJ1-10800-2014.V2	2016年5月20日
105	电梯安全标识使用规范	QKLJ1-13007-2016.A	2016年5月20日
106	附加制动器螺栓拧紧力矩规范	QKLJ2-44001-2016.V1	2016年6月1日
107	新加坡项目技术处理规范	QKLJ1-12056-2016.V1	2016年7月1日
108	有齿主机UCMP规范	QKLJ1-12057-2016.V1	2016年8月5日
109	无齿主机UCMP规范	QKLJ1-10508-2016.V1	2016年8月26日
110	桁架型材拼接规范	QKLJ2-12004-2016.V1	2016年9月1日
111	电梯部件重要度分级规范	QKLJ1-51002-2016.V1	2016年9月30日
112	扶梯控制柜设计计算规范	QKLJ1-10513-2016.V1	2016年10月15日
113	客梯自制轿厢装潢规范	Q/KLJ1-12001-2016.V3	2016年10月24日
114	电梯能效评估测试规范	QKLJ1-10511-2016.V1	2016年10月25日
115	硬件电路测试规范	QKLJ1-10512-2016.V1	2016年10月30日

(续表)

序号	内部标准名称	编号	发布时间
116	KLKS新凌燕项目参数规范	QKLJ1-13004-2016.V3	2016年11月7日
117	表面电泳处理规范	Q/KLJ2-21008-2016.V2	2016年11月21日
118	减震橡胶试验规程	QKLJ1-32010-2016.A0	2016年11月30日
119	摩擦片粘贴工艺规范	Q/KLJ2-12005-2017.V1	2017年1月1日
120	工作制动器制动力矩规范	Q/KLJ2-44003-2016.V1	2017年1月1日
121	数据管理和验证规范	QKLJ1-13005-2017.V1	2017年1月1日
122	高速乘客电梯	QKLJ1-11001-2017	2017年1月1日
123	自动扶梯样机维护规范	QKLJ2-44002-2017.V1	2017年1月10日
124	电梯部件(技术)考察学习规范	QKLJ1-44002-2017.V1	2017年2月28日
125	上下梁箱装箱规范	QKLJ1-43002-2017.V1	2017年3月10日
126	橡胶减震垫技术规格书	Q/KLJ1-12035-2017.V1	2017年4月24日
127	导轨包装规范	QKLJ1-43003-2017.V1	2017年5月2日
128	层门装置及层门附件箱装箱规范	Q/KLJ1-43012-2017.V1	2017年5月22日
129	铝合金梯级及铝合金踏板技术规范	QKLJ2-12006-2017.V1	2017年6月15日
130	电梯电气功能及配置规范	QKLJ1-10507-2016.V2	2017年7月1日
131	地铁类项目样梯验收规范(电梯)	QKLJ1-32001-2017.V1	2017年8月1日
132	扶梯检修梯级规范	Q/KLJ2-13003-2017.V1	2017年9月1日
133	工地现场考察规范	QKLJ1-44003-2017.V1	2017年9月1日
134	住宅电梯交通流量分析	QKLJ1-10514-2017.V1	2017年9月25日
135	威猛流水线胶水机械性能检测规范	QKLJ1-31022-2017.V1	2017年9月25日
136	整机性能测试规范(电梯)	QKLJ1-10509-2016.V2	2017年10月1日
137	驱动系统设计指导规范	QKLJ1-12063-2017.V1	2017年10月30日
138	层门铭牌技术规范	QKLJ1-12064-2017.V1	2017年11月1日
139	电梯产品图纸编号规范	Q/KLJ1-51001-2014.A	2017年11月1日
140	轿顶轿底箱装箱规范	QKLJ1-43009-2017.V1	2017年11月20日
141	智利有机防地震电梯设计指导规范	QKLJ1-13015-2017.V2	2017年11月30日
142	康力牌部件使用规范	QKLJ1-12061-2017.V2	2017年12月25日
143	高速电梯井道壁预留通风孔规范	QKLJ1-13017-2018	2018年1月10日
144	KLW客梯项目参数规范	QKLJ1-13008-2016.A	2018年1月19日
145	钢丝绳木轮包装工艺规范	QKLJ1-43019-2018.V1	2018年3月27日
146	KLKS新凌燕(2018款)项目参数规范	QKLJ1-13016-2018.V2	2018年4月2日
147	电梯土建图布置规范	QKLJ1-13014-2018.V1	2018年4月11日
148	吊顶适用范围规范	QKLJ1-12046-2015.A1	2018年6月11日
149	电梯电气功能及配置规范	QKLJ1-10507-2016.V2	2018年6月15日
150	常规梯型导轨支架数量计算规范	QKLJ1-12503-2018.V2	2018年6月29日

(续表)

序号	内部标准名称	编号	发布时间
151	电梯耐火层门技术规范	QKLJ1-12066-2018.V1	2018年7月1日
152	装载方式与电梯结构规范	QKLJ1-11101-2018.V1	2018年8月15日
153	观光梯购买指导书	QKLJ1-11002-2018.V1	2018年9月1日
154	滚动导靴使用规范	QKLJ1-12068-2018.V1	2018年9月20日
155	导轨支架箱装箱规范	Q/KLJ1-43005-2018.V1	2018年9月29日
156	镀锌表面处理规范	Q/KLJ2-21009-2018.V2	2018年10月1日
157	KLK1银燕项目参数规范	QKLJ1-13011-2018.V2	2018年10月19日
158	电梯图纸版本规范	QKLJ6-10006-2018.V2	2018年10月26日
159	椿本链条改制规范	QKLJ3-20006-2018.V1	2018年11月1日
160	油槽入库包装规范	QKLJ4-224001-2018.V1	2018年11月1日
161	防尘板入库包装规范	QKLJ4-224002-2018.V1	2018年11月1日
162	上下部导轨部件入库包装规范	QKLJ4-224003-2018.V1	2018年11月1日
163	扶梯曳引机标识规范	QKLJ4-224004-2018.V1	2018年11月1日
164	电梯三维图纸规范	QKLJ6-10007-2018.V1	2018年11月16日
165	桁架喷字规范	QKLJ4-224005-2018.V1	2018年12月1日

第六节 研发设施和平台建设

一、电梯试验塔

2002年6月，苏州康力电梯有限公司开始建设第一座电梯试验塔，于2003年12月落成投入使用。该试验塔共21层、高80 m，是当年电梯行业试验塔高度之最，成为芦墟镇的一座地标性建筑。试验塔包括4个电梯测试井道（1个观光梯井道和3个客梯井道），并安装测试样梯4台，用于对电梯整机、关键部件的性能测试和全面验证。利用试验塔，公司先后完成作为国产首台具有自主知识产权的3 m/s、4 m/s高速电梯的测试验证，领先于国内品牌企业。

2009年，为测试更高速度的电梯产品，公司将试验塔建筑高度提升至95 m，实现超高速电梯产品及关键技术的研发测试的平台升级，为超高速电梯的研发奠定基础。

2010年，公司利用试验塔完成7 m/s、8 m/s超高速电梯的全面测试验证，在超高速电梯领域实现零的突破。是年，公司打破外资品牌在超高速电梯领域的垄断。

2015年11月，全资子公司成都康力电梯有限公司建成120 m高的试验塔。该试验塔包括5个电梯测试井道，1个观光井道，具备测试2.5～8 m/s的乘客电梯、4 m/s的观光电梯和0.5 m/s的大载重货用电梯等的整机、关键技术、核心部件的验证能力。是年完成大高度重载公交型自动扶梯测试平台1座、2 000 m² 的电梯、自动扶梯部件测试实验中心。

是年12月，全资子公司中山广都机电有限公司建成100 m高度试验塔。该试验塔包括5个电梯测试井道，1个观光井道，具备测试2.5～8 m/s的乘客电梯、4 m/s的观光电梯和0.5 m/s的大载重货用电梯等的整机、关键技术、核心部件的验证能力。

第七章 技术开发

2017年9月,公司挑战"新高度、新速度"的电梯试验塔在总部产业园建成并投入使用。试验塔总高度为288 m,其地面净高268 m,延伸至地下20 m,包括8个电梯测试井道、1个观光井道和2个高层(南、北)观光平台,将检测功能与观光效果一体化。试验塔内8个测试井道专用于超高速电梯、大载重货梯和双轿厢电梯等产品的研发检测验证,其合理的规划安排为井道1、井道2测试10 m/s客梯;井道3、井道4测试12 m/s客梯;井道5测试21 m/s超高速电梯;井道6测试额定载重12 000 kg的货梯;井道7是预留的一个空井道,用于运送大部件;井道8用于测试载重4 000 kg、速度8 m/s的双轿厢电梯。试验塔实现测试电梯的设计最高速度21 m/s,为当前电梯运行速度的最高值。

二、扶梯负载测试架

2008年,康力二期工程正式启用。其中,在二期高跨车间内建成的支撑架可以试验配置最高16 m提升高度主机的重载试验,测试16 m以下扶梯制动载荷的附加制动器重载试验。支撑架建成以来,进行过韩国KC认证、欧盟CE认证等国际认证,还进行过数十个轨道交通项目的样机验收。

2010年3月,30 m自动扶梯测试平台项目启动,2011年9月正式完工。其中,30 m有支撑桁架测试平台可以试验配置30 m提升高度主机的重载试验,测试30 m以下扶梯制动载荷的附加制动器重载试验。30 m测试平台建成以来,进行过韩国KC认证等国际认证试验。

2015年3月,康力电梯有限公司开始着手建设20 m无支撑测试平台,2016年5月正式完工。2017年3月,KLXF梯型20 m无支撑自动扶梯通过江苏省经济和信息化委员会验收,获得型式试验报告。20 m无支撑桁架测试平台可以试验配置20 m提升高度主机的重载试验,测试20 m以下扶梯制动载荷的附加制动器重载试验,测试20 m无支撑梯型的桁架挠度试验。测试平台建成以来,进行过GFC主机和秦川主机等多款主机的重载试验。

2014年4月,康力电梯新技术中心的42 m自动扶梯测试平台项目启动,2016年10月正式完工。2018年3月29日,KLXF梯型42 m有支撑自动扶梯通过江苏省经济和信息化委员会验收,获得型式试验报告,将KLXF梯型最大提升高度提高到50 m。可以试验配置42 m提升高度主机的重载试验,测试42 m以下扶梯制动载荷的附加制动器重载试验。电气方面的一些亮点为采用32位网络化智能型串行通讯扶梯专用控制系统;多运行模式选择;采用矩阵式变频器,符合安全标准SIL3等级,符合RoSH指令;内置能量反馈装置、无制动电阻,节能30%以上;一体化设计,结构紧凑,功率因数达到98%。

三、研发大楼

2014年3月,康力电梯股份有限公司总部产业园集研发、实验、办公于一体的独栋八层的科研大楼奠基。2017年,科研大楼落成。科研大楼又称技术中心大楼,建筑面积8 321 m^2,内有实验试制场地2 000 m^2。其中,研发人员办公面积为1 296 m^2、会议室216 m^2、培训教室80 m^2。

研发大楼内建有设施一流的、具国家权威资质(CNAS认证)的实验室。大楼旁矗立着具中国高度、世界高度、世界速度的288 m电梯试验塔和50 m大高度重载交通型自动扶梯。

研发大楼的建成,大大改善了技术人员的工作环境,同时为研发工作创造量化的条件。

四、研发实验室

康力电梯股份有限公司技术中心实验室是公司内部独立的检验机构,是苏州市重点实验室。实验室的建设共分为四期。一期、二期现已落成，包括环境模拟测试区、机械性能测试区、电气性能测试区、门系统测试区、EMC测试区、驱动系统测试区等6大测试区域。三期、四期将对检测设备和设施进一步完善和扩充，计划投入安全钳测试、缓冲器测试、钢带疲劳测试、光幕测试、暗室、屏蔽室，以及EMC电磁兼容检测设备。四期投资总额预计超过3 000万元。

实验室立足于电扶梯配件的科研开发测试及部件质量控制，主要测试项目有主机性能测试、电梯控制系统测试、门系统性能测试、砂尘测试、盐雾测试、高低温冲击测试、高低温交变湿热测试、电快速瞬变脉冲群抗扰度测试、雷击浪涌抗扰度测试、射频场感应传导骚扰抗扰度测试、限速器性能测试、钢丝绳性能测试、材料金相分析、构件力学性能测试、梯级链和驱动链测试、扶手带测试、梯级性能测试、制动器性能测试、滚轮疲劳测试、前沿板静载变形和防滑测试、梯级丢失感应开关测试等20余种项目。

2010年6月，实验室开始筹建，建于公司二期扶梯车间厂区，占地约300 m²，购置检测设备仪器约16台套。

2014年，实验室被评为苏州市重点实验室。

2017年年初，实验室迁至江苏路2288号技术中心大楼，占地1 100 m²，并对设施环境配置进行全面重建，新增部分专业电、扶梯主要部件测试设备，检测设备仪器达到90余台套。实验室检测能力得到大幅提升，为公司产品的研发设计、生产制造和品质保证提供更有力的保障。

2017年5月，实验室按照CNAS认可准则的要求，组建严密规范的管理体系。

2018年4月，实验室接受由中国合格评定国家认可委员会组织的CNAS评审，并于6月12日正式通过认证，有效期至2024年6月11日。

表7-10　　　　　　　　　　　　　　　研发实验室主要设备清单

序号	设备名称	数量	序号	设备名称	数量
1	速度检测仪器	1	18	单相调压器	1
2	硬度仪	1	19	铸铁平台＋支架	1
3	表面粗糙度检测仪	1	20	按键寿命试验机	1
4	数显卡尺	1	21	高低温(湿热)交变试验箱	1
5	游标卡尺	1	22	限速器试验台	1
6	万用表	1	23	振动冲击试验台	1
7	金相分析仪器MDS＋评级软件	1	24	冷热冲击试验箱	1
8	兆欧表	1	25	主机试验台	1
9	接地电阻测试仪	1	26	照度计TES-1339	1
10	温湿度检测仪器	1	27	无纸记录仪	1
11	便携式XRF合金分析仪	1	28	数显布氏硬度计HBS-3000	1
12	曳引机扭振测试仪	1	29	耐压测试仪	1
13	钢丝绳试验机	1	30	美国雷泰ST80＋红外测温仪	1
14	万能试验机	1	31	静电放电测试设备	1
15	盐雾箱(带箭豹空压机)	1	32	电快速瞬变脉冲群测试	1
16	数显拉力计	1	33	传导抗扰度	1
17	可调直流稳压电源	1	34	声级计	1

第七章　技术开发

(续表)

序号	设 备 名 称	数量	序号	设 备 名 称	数量
35	电梯振动测试仪	1	60	梯级及踏板防滑性能测试台	1
36	钢丝绳张力测试仪	1	61	梯级踏板/梯级扭转试验机	1
37	数显卡尺	1	62	门锁寿命及静态拉力综合试验机	1
38	数显卡尺	1	63	随行电缆测试架	1
39	美德时 JB-913 温湿度计	1	64	高低温交变湿热试验箱	1
40	美德时 TH603A 温湿度计	3	65	淋雨试验箱	1
41	不锈钢多功能带抽屉小推车	1	66	扶手带试验机	1
42	深灰色仓储货架	1	67	电扶梯滚轮试验机	1
43	电梯扶梯乘运质量检测设备	1	68	梯级链试验机	1
44	沙尘试验箱	1	69	接触器测试仪	1
45	宽面数显游标卡尺	1	70	光电开关寿命测试台	1
46	钳形表	1	71	电梯曳引机制动器性能试验台	1
47	风量仪	1	72	超声波探伤	1
48	笔式 pH 计	1	73	数显洛氏硬度计	1
49	笔式高浓度盐度计	1	74	漏电流测试仪	1
50	笔式高浓度盐度计	1	75	指针式千分表	2
51	交直流可调电阻箱	1	76	千分表/百分表磁性表座	2
52	电子开关寿命试验机	1	77	电子天平	1
53	门机摆锤试验机	1	78	温湿度计	9
54	非标液压拖车	1	79	温湿度计	1
55	电梯振动测量仪	1	80	HRS-150 型洛氏硬度计底座	1
56	佳能（Canon）	1	81	德国德图 testo622 电子大气压力计	1
57	双螺杆压缩机	1	82	门机性能试验装置	1
58	双螺杆压缩机	1	83	标距划线机	1
59	三相接触式调压器	1	84	覆层测厚仪	1

五、技术研发信息化

2008年之前公司技术中心的技术BOM、投产BOM、装箱清单及整机的成本估算都是通过技术人员个人用Excel制作模板的方式手工完成，效率不高，且极易受个人能力素质和经验影响，出现错误。

2009年3月，公司SAP-ERP系统全面上线。销售下订单—技术处理—财务成本估算—生产订单和采购订单的下达—自制件和外购件的完工入库—装箱发运—财务的收款—订单的关闭，整个生产过程全部在SAP系统内进行。

SAP系统上线后，项目技术处理实现跨越式的改变，由原先的纸质化和手工化的模式直接切换到在

SAP 系统的平台上进行,实现信息化的突破。

2018年,公司推行在 SAP 系统基础上参数化一体化平台的项目。一期目标为实现将技术参数批量导入 SAP 系统,提高项目技术处理效率,进一步降低出错概率。二期目标为将土建图系统和报价系统的相关参数直接与 SAP 投产用参数对接,全面实现项目技术处理信息化。

第七节　"产学研"建设

一、院士工作站

2009年6月,康力电梯股份有限公司与浙江大学签署合作协议,建立康力电梯浙江大学院士工作站。院士工作站是电梯、扶梯技术基础研究和电梯产品数字化设计、制造、管理关键技术及应用的研发机构。院士工作站院士谭建荣带领科研团队从电梯设计、自主开发、企业管理等方面展开研究,把浙江大学最新的科研成果转化为公司的生产力,并为公司科技人才的培养做出贡献。

2013年,院士工作站完成"控制系统热分析"项目,攻破元件因过热而损坏的技术难关;完成"高速电梯振动仿真分析"项目,减少高速电梯运行及起制动所造成的振动、冲击与噪声等问题。

2014—2016年,院士工作站完成"电梯土建图参数化"项目,实现土建图的自动生成;完成"大链轮动力学仿真分析"项目,得到链轮轮齿的受力分布数据,便于快速设计链轮结构及选择材料;完成"高速电梯井道风压模拟系统"项目,解决高速电梯在井道运行时对周围空气流场产生的影响,实现电梯井道内气压平衡;完成"电扶梯项目执行平台"项目,建立涵盖电扶梯销售、采购、生产、发货等关键环节的电扶梯一体化执行平台。

2017年,院士工作站阶段性完成"超高速电梯轿厢压力平衡装置"项目,设计压力平衡装置。此外,院士工作站在电梯产品数字化设计、制造、管理关键技术及应用等方面均有所突破:完成"电扶梯一体化平台开发与实施"项目,实现与 SAP-ERP 合同、采购、发运、维保等全流程数据的集成与流转,特别是报价信息与 SAP 的双向集成,并在汇总分析后以报表形式呈现,为企业决策提供依据;阶段性完成"电扶梯数字化设计计算工具集"项目,通过编程将设计计算流程与公式固化在系统中,形成电扶梯数字化设计计算工具集。

2018年,院士工作站签订"超高速高性能乘客电梯减振降噪技术开发合作协议",研发电梯曳引绳故障模式分析与隐患检测装置,研发基于意外移动信号源的绳轮制动器,研发基于碳纤维复合材料的电梯导轨连接强化结构,研究并实现超高速电梯井道气动特性耦合建模与优化,研究并实现超高速电梯轿厢气压瞬变规律与动态补偿,研究并实现超高速电梯"导轮-导轨"刚柔耦合冲击模型与减振设计。

表7-11　　2009—2018年康力电梯浙江大学院士工作站合作项目情况表

项目名称	时间	项目简介
控制系统热分析	2009—2013年	利用 Icepak,对控制柜内部的传热、流动进行仿真模拟,解决元件因过热而损坏的问题,提高产品质量,缩短产品上市时间
高速电梯振动仿真分析	2013年	利用 ADAMS/View 分析动态特性以减少高速电梯运行及起制动所造成的振动、冲击与噪声
电梯土建图参数化	2013—2015年	设计建立各类电梯产品的土建图模型,通过土建参数之间的约束关系,实现土建图的自动生成

(续表)

项目名称	时间	项目简介
大链轮动力学仿真分析	2014—2015年	利用有限元分析对链传动系统进行接触计算,得到链轮轮齿的受力分布,便于快速设计链轮结构及选择材料
高速电梯井道风压模拟系统	2014—2016年	采用数值模拟仿真的方法解决高速电梯在井道运行时对周围空气流场产生的影响,实现电梯井道内气压平衡
电扶梯项目执行平台	2015—2016年	通过集成公司SAP、OA、IS等信息系统数据,以电扶梯系统执行为主线,建立涵盖电扶梯销售、采购、生产、发货等关键环节的电扶梯一体化执行平台
超高速电梯轿厢压力平衡装置	2014—2017年	利用SolidWorks、ANSYS模拟高速电梯运行时轿厢内的气压变化,分析气压随时间变化的规律,并利用该规律设计压力平衡装置
电扶梯一体化平台开发与实施	2017—2018年	在电扶梯一体化操作平台的统一框架下,实现与SAP-ERP合同、采购、发运、维保等全流程数据的集成与流转,特别是报价信息与SAP的双向集成,并在汇总分析后以报表形式呈现,为企业决策提供依据
电扶梯数字化设计计算工具集	2017—2019年	分析电扶梯参数间的逻辑关系,确定设计计算流程与公式,并通过编程固化在系统中,形成电扶梯数字化设计计算工具集
超高速高性能乘客电梯减振降噪技术开发	2018—2021年	研发电梯曳引绳故障模式分析与隐患检测装置,研发基于意外移动信号源的绳轮制动器,研发基于碳纤维复合材料的电梯导轨连接强化结构,研究并实现超高速电梯井道气动特性耦合建模与优化,研究并实现超高速电梯轿厢气压瞬变规律与动态补偿,研究并实现超高速电梯"导轮-导轨"刚柔耦合冲击模型与减振设计

二、博士后科研工作站

2014年6月,博士后科研工作站康力电梯股份有限公司分站设站。

康力电梯股份有限公司博士后科研工作站的建立,对提高企业的科研能力,促进企业技术创新和自主研发能力,推进产学研合作和科技成果转化具有十分重要的意义。

2014年12月5日,首位博士后进站,开题"电梯零部件激光表面改性关键技术研究"。

2015—2018年为博士后联合培养阶段。

2018年11月8日,该博士后顺利结题、出站。

2018年11月8日—2018年12月31日,工作站筹备后续博士后进站事宜。

"电梯零部件激光表面改性关键技术研究"的成功落地,在电梯关键零部件(如扶梯的链轮、曳引轮等)的表面强化、修复及再制造领域得到推广,大幅提高电扶梯零部件的使用性能和使用寿命;此外,在模具、轧辊、轮机装备的重要部件(如各类叶片、转子轴颈、阀杆、叶轮、阀门等易损件)的表面强化及再制造领域,产生极大的经济效益。

三、南京工业大学合作项目

2002年12月,公司与南京工业大学电梯技术研究所签署合作协议,组建南京工业大学电梯技术研究所康力电梯测试中心(以下简称"南工大康力电梯测试中心")。该中心定位于省级研发机构,以协作研发电梯、扶梯关键零部件技术及控制系统为目标开展相应的产学研技术攻关工作。

2004年11月，公司与南京工业大学电梯技术研究所组建南京工业大学康力研发基地，公司作为南京工业大学电梯技术研究所的电梯研发基地和新技术验证基地，为研发项目的落地和实施建立平台，实现与院校、科研机构的对口协作，为高端技术项目的立项和推进提供资源条件。

2009年，南工大康力电梯测试中心成功研发一体化电梯控制系统。

2013年，南工大康力电梯测试中心成功研发双32位微机控制系统。

截至2018年，南工大康力电梯测试中心持续加强对电梯控制系统、曳引机系统、门机系统等核心部件和关键技术的研发，并将其逐步应用到公司的产品中推广至市场。

四、哈尔滨工业大学合作项目

2006年10月，公司与哈尔滨工业大学联合开展"十一五"国家科学技术支撑计划重大项目"既有建筑设备改造关键技术研究"。该项目为"十一五"国家科学技术支撑计划中唯一的电梯技术类项目，采用企校联手进行课题研发的模式，快速提高公司研发机构的研发水平和能力。

项目通过开展既有建筑检测评定与标准规范、抗震加固、供能系统改造、改造专用材料与施工装备等技术研究，完成震损建筑抗震能力评价、耗能减震加固、预应力碳纤维加固等技术及墙锯推进系统等，改造专用材料和施工装备。项目成果主要有"既有建筑设备工程鉴定与改造技术规范""既有建筑使用与维护技术标准"等国家技术标准23项、行业标准26项；开发高耐久发泡陶瓷保温板外保温系统及防火隔离带等新产品95项；获得发明专利31项；建立铝合金活动外遮阳百叶帘、HR保温装饰一体化板等生产线12条，既有建筑节水节能关键技术、采暖散热设备与控制设备改造技术等试验基地14个；完成示范工程89项。

2010年，公司"十一五"课题研发组的科研项目"既有建筑设备改造关键技术研究"结项，如期完成项目研发。为国家既有建筑综合改造的顺利开展和推广提供良好的基础，经济效益和社会效益显著。

2015年，公司"既有建筑加装电梯"产品项目通过省级科技鉴定，为公司在加装梯市场领域的技术和产品方面迈出坚实的一步，为后续加装梯的服务奠定基础。

第八节　知识产权及专利

一、知识产权管理体系

2010年，公司开始建立知识产权管理体系。

2012年，公司知识产权体系通过省级验收合格，获得省级知识产权体系资格的认证。

2013年，公司被评为"江苏省知识产权管理标准化单位"。

2015年6月，公司启动和实施国家级的知识产权达标工作，贯彻实施国家标准《企业知识产权管理规范》（GB/T29490-2013），按照知识产权管理规范的要求编制相应的"知识产权手册"以及各项控制程序和记录。

2017年，公司获得国家级知识产权管理体系认证证书。

2018年9月，公司通过首次换证审核。

二、专利

(一) 国内专利情况

表 7-12　　康力历年获得国内专利数量

年　份	发明专利	实用新型专利	外观设计专利	合　计
1998 年		1		1
2001 年		1		1
2002 年		1		1
2003 年			1	1
2004 年		1		1
2005 年		1		1
2006 年		8	13	21
2007 年		3	1	4
2008 年	1	14		15
2009 年	2	31	3	36
2010 年		32	40	72
2011 年	1	21		22
2012 年	7	30	1	38
2013 年	3	56		59
2014 年	1	31		32
2015 年	5	94	31	130
2016 年	8	76		84
2017 年	2	42		44
2018 年	3	30		33
合　计	33	473	90	596

表 7-13　　子公司历年获得国内专利数量

年　份	发明专利	实用新型专利	外观设计专利	合　计
2007 年		1		1
2008 年		1		1
2009 年		8	6	14
2010 年		52	93	145
2011 年	2	13		15
2012 年	2	64	25	91
2013 年	2	96		98
2014 年	1	24		25

(续表)

年 份	发明专利	实用新型专利	外观设计专利	合 计
2015年	8	70		78
2016年	11	14	1	26
2017年	6	53	9	68
2018年	4	32	21	57
合 计	36	428	155	619

（二）国际专利情况

表7-14　　　　　　　　　　历年获得的PCT国际专利明细

序号	国别	专利名称	专利号	授权日
1	俄罗斯	一种钢丝绳减震板	2538477	2014年11月20日
2	俄罗斯	一种电梯防松绳装置	2543446	2015年1月28日
3	俄罗斯	一种家用电梯限速控制装置	2554916	2015年6月2日
4	俄罗斯	一种电梯可调节导轨支架	2554923	2015年6月2日
5	俄罗斯	一种电梯补偿装置	2554726	2015年6月1日
6	俄罗斯	一种可调节轿顶护栏	2556040	2015年6月11日
7	俄罗斯	一种电梯轿厢壁板及其组成的轿厢围壁	2570590	2015年11月12日
8	俄罗斯	一种高速电梯轿厢整流罩	2585200	2016年4月29日
9	俄罗斯	一种电梯用可调节导轨支架	2595339	2016年8月3日
10	俄罗斯	一种电梯对重装置	2610331	2017年2月9日
11	印度尼西亚	一种钢丝绳减震板	IDP000040285	2015年12月17日
12	印度尼西亚	一种家用电梯限速控制装置	IDP000042989	2016年10月10日
13	印度尼西亚	一种电梯补偿装置	IDP000045342	2017年4月20日
14	印度尼西亚	一种电梯用可调节导轨支架	IDP000044046	2017年1月12日
15	印度尼西亚	一种电梯对重装置	IDP000048744	2017年12月5日
16	印度尼西亚	一种电梯轿厢壁板及其组成的轿厢围壁	IDP000050924	2018年5月2日
17	俄罗斯	一种多用电梯导轨支架	2650299	2018年4月11日

第九节　科技成果

一、高新技术产品

表7-15　　　　　　　　　　康力高新技术产品明细

序号	名称	编号	有效期
1	KLW/VF2000/1.0无机房电梯	080584G0416N	2008年10月15日—2013年10月15日
2	大高度重载交通型自动扶梯	080584G0417N	2008年10月15日—2013年10月15日

第七章 技术开发

(续表)

序号	名称	编号	有效期
3	残障电梯	100584G0194N	2010年8月—2015年8月
4	群控高速乘客电梯	100584G0192N	2010年8月—2015年8月
5	梯级轮外置自动扶梯	100584G0193N	2010年8月—2015年8月
6	KLK2/VF1600/7.0（VVVF）高速乘客电梯	110584G0969N	2011年10月—2016年10月
7	大跨度水平型自动人行道	110584G0970N	2011年10月—2016年10月
8	提升高度25 m自动扶梯	120584G0557N	2012年8月—2017年8月
9	30 m大高度自动扶梯	130584G2308N	2013年11月—2018年11月
10	扶梯一体化控制系统	150GX1G2242N	2015年11月—2020年11月
11	高端配置智能电梯	150GX1G3429N	2015年12月—2020年12月
12	一体化电梯控制系统	16GX16G2046N	2016年9月—2021年9月
13	大高度无中间支撑自动扶梯	17GX16G1937N	2017年8月—2022年8月
14	提升高度42 m自动扶梯	17GX16G1938N	2017年8月—2022年8月

二、科技成果

表7-16　　　　　　　　　　　　康力科技成果明细

序号	年份	成果名称	鉴定号	级别
1	2005年	KLT30-1000自动扶梯	建科鉴字〔2005〕第043号	部级
2	2005年	KLG/VF1000/2.0（VVVF）观光电梯	建科鉴字〔2005〕第044号	部级
3	2005年	KLK2/VF1600/3.0（VVVF）高速乘客电梯	建科鉴字〔2005〕第045号	部级
4	2008年	KLT30-1000自动扶梯	吴科验字〔2008〕第2号	市级
5	2008年	KLK2/VF1600/4.0高速乘客电梯	苏科鉴字〔2008〕080号	市级
6	2008年	KLJ/VF1320/0.4家用电梯	苏科鉴字〔2008〕081号	市级
7	2008年	大高度重载交通型自动扶梯	苏科鉴字〔2008〕082号	市级
8	2009年	残障电梯	苏科鉴字〔2009〕第120号	市级
9	2009年	群控高速乘客电梯	苏科鉴字〔2009〕第119号	市级
10	2009年	梯级轮外置自动扶梯	苏科鉴字〔2009〕第118号	市级
11	2010年	1600/7.0高速电梯	吴科验字〔2010〕第13号	市级
12	2010年	大跨度水平自动人行道	吴科验字〔2010〕第14号	市级
13	2010年	KLK2/VF1600/7.0（VVVF）高速乘客电梯	建科鉴字〔2010〕第2058号	部级
14	2011年	提升高度25 m自动扶梯	吴科验字〔2011〕第86号	市级
15	2012年	变频门机一体化控制系统	吴科验字〔2012〕第99号	市级
16	2012年	独立的扶梯安全功能电路装置	吴科验字〔2012〕第100号	市级
17	2012年	30 m大高度自动扶梯	吴科验字〔2012〕第97号	市级

（续表）

序号	年份	成果名称	鉴定号	级别
18	2012年	目的层群控电梯	吴科验字〔2012〕98号	市级
19	2014年	8.0 m/s超高速乘客电梯	吴科验字〔2013〕180号	市级
20	2014年	30 m大高度自动扶梯（K=100）	吴科验字〔2013〕181号	市级
21	2014年	23.2度自动扶梯	吴科验字〔2013〕182号	市级
22	2014年	30 m大高度自动扶梯（KLXF）	苏经信鉴字〔2014〕301号	省级
23	2014年	8.0 m/s超高速乘客电梯（KLK2/VF）	苏经信鉴字〔2014〕300号	省级
24	2015年	扶梯一体化控制系统	吴科验字〔2014〕149号	市级
25	2015年	在用建筑加装新电梯解决方案研究	吴科验字〔2014〕150号	市级
26	2015年	高端配置智能电梯的研发	吴科验字〔2014〕151号	市级
27	2015年	266踏板大宽度水平型自动人行道	吴科验字〔2015〕74号	市级
28	2015年	一体化电梯控制系统	吴科验字〔2015〕75号	市级
29	2015年	家用梯（永磁同步）	吴科验字〔2015〕76号	市级
30	2017年	KLKX消防电梯	苏经信鉴字〔2017〕78号	省级
31	2017年	KLXF大高度20 m无中间支撑自动扶梯	苏经信鉴字〔2017〕80号	省级
32	2017年	基于移动网络的电扶梯远程监控系统	苏经信鉴字〔2017〕79号	省级
33	2018年	10 m/s超高速客梯（KLK2）	苏经信鉴字〔2018〕33号	省级
34	2018年	提升高度42 m自动扶梯（KLXF）	苏经信鉴字〔2018〕34号	省级
35	2018年	高速大载重观光电梯（2000/5.0）-KLG	苏经信鉴字〔2018〕35号	省级
36	2019年	10 m单驱扶梯开发（KLXF）	苏工信鉴字〔2019〕255号	省级
37	2019年	电梯UCMP系统	苏工信鉴字〔2019〕256号	省级
38	2019年	KLW碟式无机房电梯	苏工信鉴字〔2019〕257号	省级

三、计算机软件著作权专利

表7-17　　　　　　　　　　　计算机软件著作权专利

序号	软件名称	权利范围	登记号	发证日期
1	电（扶）梯整机成本查询系统V1.0	全部权利	2012SR136567	2012年12月28日
2	外协件价格核算系统V1.0	全部权利	2012SR136476	2012年12月28日
3	外协件价格汇总系统V1.0	全部权利	2012SR136431	2012年12月28日
4	康力报价管理系统V1.0	全部权利	2016SR042746	2016年3月2日
5	土建图参数化系统V1.0	全部权利	2016SR030404	2016年2月15日
6	电扶梯物联网数据采集器软件〔简称：KLA-MMU-841〕V1.2	全部权利	2016SR359422	2016年12月8日
7	电扶梯物联网云平台计算机软件〔简称：DTrms〕V2.0	全部权利	2016SR359428	2016年12月8日

(续表)

序号	软件名称	权利范围	登记号	发证日期
8	电梯一体机驱动软件[简称：KLA_C28_sim]V1.0	全部权利	2016SR376078	2016年12月16日
9	电梯永磁门机控制系统软件[简称：PM-DCU]V1.4	全部权利	2016SR378369	2016年12月16日
10	电梯一体机控制系统软件[简称：KLA_MCU_M3]V1.0	全部权利	2016SR378194	2016年12月16日
11	电梯一体机轿厢板控制软件[简称：KLL-CCU-01]V1.0	全部权利	2016SR377229	2016年12月16日
12	电扶梯手持式操作器控制软件[简称：Hand_Machine_Elevator]V1.1	全部权利	2017SR108177	2017年4月10日
13	电梯一体机辅助控制软件[简称：KLA_MCU_M4]V1.0	全部权利	2017SR118743	2017年4月17日
14	电梯一体机轿顶板控制软件[简称：KLL_TCD_01]V1.0	全部权利	2017SR108179	2017年4月10日
15	扶梯一体机驱动软件[简称：MCU03B]V2.3	全部权利	2017SR108178	2017年4月10日
16	扶梯主板控制软件[简称：EMCU02A-01]V3.1	全部权利	2017SR167637	2017年5月9日
17	扶梯功能安全板控制程序[简称：470M-RTI]V3.4	全部权利	2017SR166198	2017年5月8日
18	外招控制系统显示软件[简称：SKLB]V2.1	全部权利	2017SR422174	2017年8月3日

第八章 生产制造

第一节　生产制造组织机构

1997年,新达部件成立,公司正式进入电梯行业,主营电扶梯成套部件生产。初期,生产制造由新达常务副总经理陈金云负责管理。

2000年,公司单独注册成立吴江康力电梯有限公司,进入电扶梯整机市场。到2004年上半年,由于新建造的整机工厂还没有竣工投入使用,新达和康力生产和办公场地没有分开,管理上仍然保持"一套班子",生产制造仍由陈金云负责管理。

2004年7月,"康力一期"竣工,整机制造和集团公司管理正式迁入新址。康力和新达在管理和运作上正式分开,公司以整机为主营业务,新达作为子公司纳入康力电梯(集团)。此时,总公司生产制造组织共设置计划调度室、扶梯车间、电梯车间、电控车间、桁架车间、采购部、物流部和设备动力部8个生产部门,由毛桂金担任制造副总经理并主持工作,全面负责生产、计划、采购及车间的安全生产和文明生产等工作。

2005年,生产部门合并重组,由毛桂金担任生产副总经理,并设有生产技术部、生产计划部、设备动力部、扶梯车间、电梯车间、电控车间、桁架车间、采购部和物流部9个生产部门。

2006年,技术处理职能从生产制造机构职能转移到技术部。

2007年,公司正式设立制造中心,由毛桂金担任总经理,设有生产计划部、采购部、设备动力部、扶梯车间、电梯车间、电控车间、桁架车间和物流部8个部门。

2009年,制造中心增设喷漆车间。

2010年年底,康力工厂运营中心成立,下设电梯事业部与扶梯事业部,由张利春任工厂运营总经理、毛桂金任制造总监、杨成广任电梯事业部常务副总经理、靳书龙任扶梯事业部总经理。电梯事业部设有电梯工艺科、电梯设备安全科、下料车间、电梯车间、喷涂喷塑车间、电梯电控车间、电梯仓储中心、电梯生产计划部、电梯质量科、电梯采购科、发运车间11个部门。扶梯事业部设有扶梯一车间、桁架车间、扶梯二车间、扶梯电控车间、扶梯仓储中心、扶梯生产计划部、扶梯质量科、扶梯采购科和扶梯设备安全科九个部门。由于职能细化,原采购部分为三个部门:供应商管理部、成本核算部与计划采购部,其中供应商管理部负责策略采购,成本核算部负责成本核算,计划采购部负责直接采购。供应商管理部与成本核算部为平行于事业部的职能部门,隶属于工厂运营中心,计划采购部隶属于事业部。

2012年,为加强电扶梯发运管理,及时协调沟通营销中心各分公司服务中心,公司成立发运管理部,隶属于工厂运营中心,全面负责发运管理工作。工厂运营中心由张利春任工厂运营总经理,杨成广任电梯事业部常务副总经理,靳书龙任扶梯事业部总经理。电梯事业部设有电梯计划采购部、下料车间、电梯车间、喷涂喷塑车间、电梯仓储中心、发运车间、电梯设备部7个部门。扶梯事业部设有扶梯计划采购部、扶梯一车间、扶梯二车间、桁架车间、扶梯仓储中心和扶梯设备部6个部门。事业部电控车间分离出工厂运营中心,转至新成立的新里程电控系统有限公司。

2013年,公司将安全生产保卫部设置为平行于事业部的独立部门,由工厂运营中心直接管理。2013—2018年,工厂运营中心由张利春任总经理,组织机构总体框架变化不大,事业内部依据产品生产

第八章　生产制造

需要,车间有合并和调整。

生产制造组织历年主要管理人员见表 8-1。

表 8-1　　　　　2004—2018 年康力电梯股份有限公司生产制造部门及主要负责人

年　度	部　门	主　要　负　责　人
1997—2000 年	生产部	生产制造负责人:陈金云(新达常务副总经理)
2004 年	生产	生产副总经理:毛桂金 车间主任:陈志宏、陆坤元、陆国平 物流部经理:毛桂金;计划室主任:任巧林;采购部经理:朱林荣
2005 年上半年	生产	生产副总经理:毛桂金 车间主任:陈志宏、陆坤元、陆国平 物流部和采购部部长:朱林荣;生产技术部部长:杨菊平;生产计划部部长:任巧林
2005 年下半年	生产	生产总监:毛桂金;生产总监助理:任巧林 车间主任:陈志宏、陆坤元、朱雄广、陆国平 物流部和采购部部长:朱林荣;生产技术部部长:杨菊平;生产计划部部长:任巧林
2006—2007 年	生产/制造中心	生产总监:毛桂金 车间主任:陈志宏、陆坤元、朱雄广、陆国平 物流部部长:毛桂金;采购部部长:姚伟华;生产计划部部长:任巧林
2008 年	制造中心	总经理:毛桂金;总经理助理:姚伟华 车间主任:朱玉平、陈志宏、陆坤元、陆国平、朱雄广 采购部部长:姚伟华;生产计划部部长:宁奎兴
2009 年	制造中心	总经理:毛桂金;总经理助理:姚伟华 车间主任:陆坤元、朱玉平、陈志宏、陆国平、朱雄广 采购部部长:任巧林;生产计划部部长:宁奎兴
2010 年	制造中心	制造中心总经理:毛桂金;制造中心总经理助理:姚伟华、宁奎兴 车间主任:王太林、陆坤元、朱玉平、陈志宏、朱雄广、陆国平 供应商管理部负责人:姚伟华;生产计划采购部部长:宁奎兴
2011 年	工厂运营中心	工厂运营中心总经理:张利春;制造总监:毛桂金 电梯事业部常务副总经理:杨成广;电梯事业部副总经理:宁奎兴;扶梯事业部总经理:靳书龙 车间主任:陆建新、杭剑伟、孙阿妹、朱雄广、陆坤元、王太林、周军杰、朱玉平、陆国平、任巧林 生产计划部长:宁奎兴(电梯);张元(扶梯);供应商管理部部长:姚伟华
2012 年	工厂运营中心	工厂运营中心总经理:张利春 电梯事业部常务副总经理:杨成广;电梯事业部副总经理:宁奎兴;扶梯事业部总经理:靳书龙 车间主任:陆建新、杭剑伟、孙阿妹、陆坤元、王太林、周军杰、朱玉平、陆国平、任巧林 生产计划部部长:李孟园(电梯);张建中(扶梯);供应商管理部部长:宁奎兴;成本核算部副部长:黄志华;发运管理部副部长:江宇;设备部负责人:陈卫钢(电梯);陈鹏(扶梯)
2013 年	工厂运营中心	工厂运营中心总经理:张利春 电梯事业部:总经理杨成广,总经理助理王太林;扶梯事业部:总经理靳书龙,副总经理史华明,总经理助理陆坤元 车间主任:陆建新、杭剑伟、孙阿妹、沈文新、陈永兴、王立新、周家斌、陆国平、任巧林、盛建其

(续表)

年　度	部　门	主　要　负　责　人
2013年	工厂运营中心	计划采购部部长：李孟园、黄志华；供应商管理部部长宁奎兴；成本核算部副部长曾庆菊；发运管理部副部长江宇；安全生产保卫部副部长陈连兴 设备部负责人：陈卫钢、陈鹏
2014年	工厂运营中心	工厂运营中心总经理：张利春 电梯事业部：总经理杨成广、助理总经理王太林；扶梯事业部：常务副总经理史华明；总经理助理陆坤元 车间主任：陆建新、杭剑伟、孙阿妹、沈文新、陈永兴、王立新、朱勤新、陆国平 计划采购部部长：李孟园、周国平；供应商管理部部长宁奎兴；成本核算部助理部长周晔；发运管理部副部长江宇；安全生产保卫部部长蒋亚军 设备部负责人：陈卫钢、陈鹏
2015年	工厂运营中心	工厂运营中心总经理：张利春 电梯事业部：总经理杨成广；总经理助理王太林；扶梯事业部：常务副总经理史华明；助理总经理：陆坤元 车间主任：陆建新、杭剑伟、孙阿妹、沈文新、陈永兴、王立新、朱勤新、陆国平、盛建其 计划采购部部长：李孟园（电梯）；周国平（扶梯）；供应商管理部部长：朱琳懿，成本核算部副部长：周晔；发运管理部副部长：江宇；安全生产保卫部部长：蒋亚军；设备部负责人：陈卫钢、陈鹏
2016年	工厂运营中心	工厂运营中心总经理：张利春 电梯事业部：杨成广（总经理）；王太林、李孟园（助理总经理）；扶梯事业部：史华明（常务副总经理）；陆坤元（助理总经理） 车间主任：陆建新、杭剑伟、孙阿妹、沈文新、杨庆明、王圣慧、钱晓峰、陆国平、盛建其 计划采购部部长：李孟园（电梯）；周国平（扶梯）；供应商管理部部长：朱琳懿，成本核算部副部长：殷荣振；发运管理部副部长：江宇；安全生产保卫部部长：蒋亚军；设备部负责人：陈卫钢（电梯）；陈鹏（扶梯）
2017年	工厂运营中心	工厂运营中心总经理：张利春 电梯事业部：杨成广（总经理）；王太林、李孟园（助理总经理）；扶梯事业部：周国平、陆坤元（助理总经理） 车间主任：陆建新、李雪强、孙阿妹、陈卫钢、连冬晨、杨庆明、王圣慧、钱晓峰、陆国平、盛建其 计划采购部部长：李孟园（电梯）；谢兰青（扶梯）；供应商管理部部长：朱琳懿，成本核算部副部长：殷荣振；发运管理部副部长：江宇；安全生产保卫部部长：蒋亚军；设备部负责人：连景飞（电梯）；沈文新（扶梯）
2018年	工厂运营中心	工厂运营中心总经理：张利春 电梯事业部：总经理杨成广、总经理助理王太林；扶梯事业部：总经理助理周国平、陆坤元 车间主任：陆建新、李雪强、孙阿妹、陈卫钢、连冬晨、杨庆明、王圣慧、钱晓峰、陆国平、盛建其 计划采购部部长：杨成广（电梯）；谢兰青（扶梯）；供应商管理部部长：朱琳懿，成本核算部副部长：殷荣振；发运管理部副部长：江宇；安全生产保卫部部长：蒋亚军；设备部负责人：连景飞（电梯）；沈文新（扶梯）

第八章 生产制造

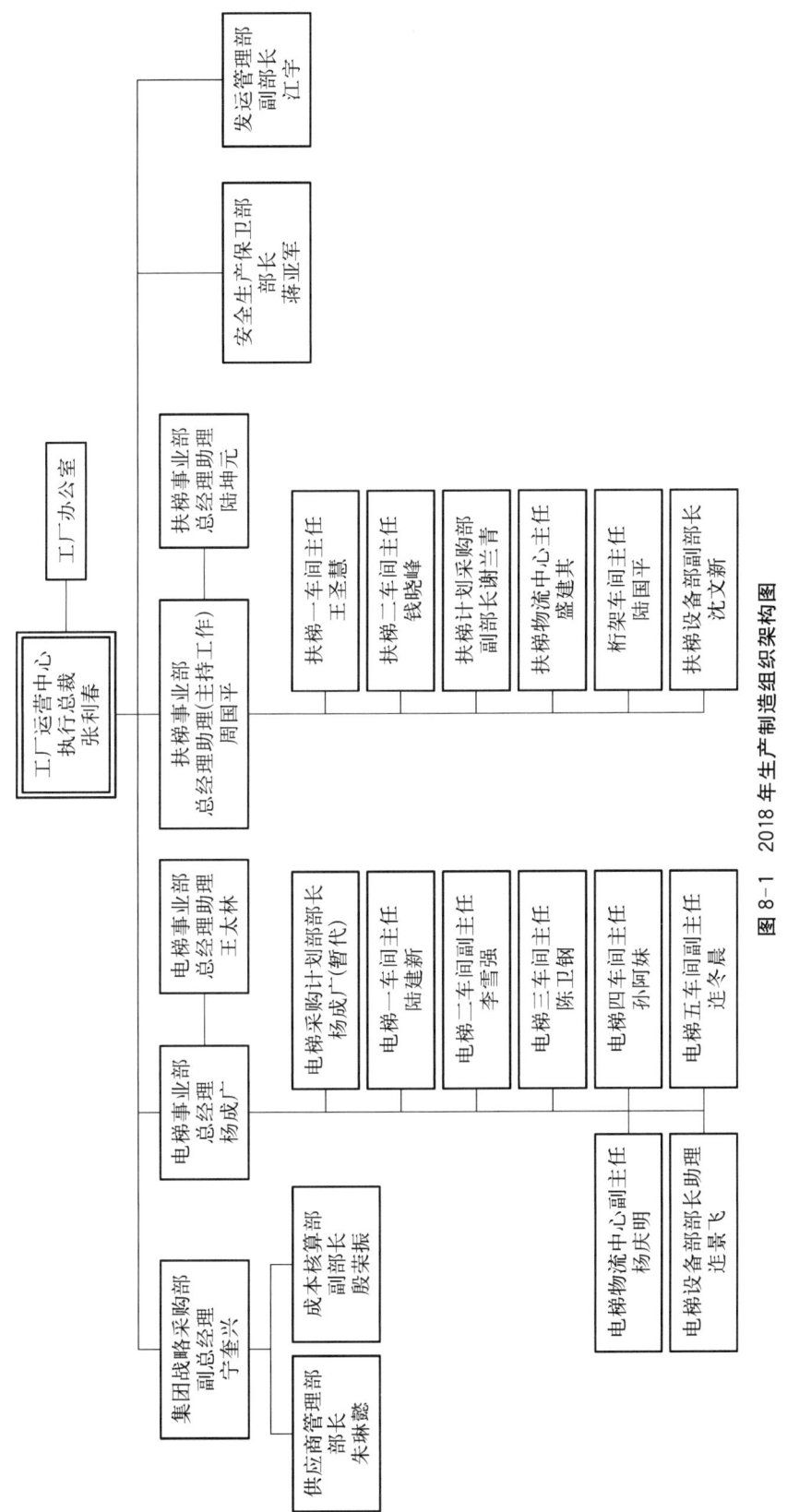

图 8-1 2018 年生产制造组织架构图

第二节 生产制造主要发展历程

一、前身及初创时期(1993—1996年)

1993—1995年,公司处于前身南灶金属制品厂和莘塔通用机械厂时期,属于个体经营,生产场地为租用,没有独立的厂,没有像样的加工设备,生产条件极其简陋。承揽加工的产品有鼓风机机壳、铁砂皮生产线设备和光纤光缆用设备等,多为一些零散、批量小、加工难度大的钣金零部件。

1996年开始,代加工业务趋于稳定,除继续为上海鼓风机厂加工机械零部件,同时生产加工一些扶梯配件,并开始为周边电梯厂加工部分电梯零部件,员工增加到25人。

公司处于起步阶段,员工较少,生产能力较为薄弱,没有独立的生产车间,生产制造挂靠在其他私营企业,主要承揽钣金加工业务,如鼓风机机壳、铁砂皮生产线设备、光纤光缆用设备等。

二、行业内起步阶段(1997—2000年)

1997年11月,吴江市新达电扶梯成套部件有限公司在莘塔通用机械厂的基础上成立,员工有25人左右。公司开始专注于电梯机械零部件配套生产加工,逐渐增加管理人员、技术人员、熟练工人,加工制造水平开始提高。

1998年初,公司拥有自己的第一间厂房,地址为莘塔大街现康力小区原址。厂房面积约3 000 m²,有基本的加工设备,主要生产制造产品为扶梯上下部配套组件。员工增加到40人左右,其中生产人员18人。9月,公司拍得莘塔镇府时路57号地块,开始建设生产厂房。厂房占地面积19 655 m²,建造厂房等辅助设施建筑面积9 785 m²。

2000年,公司迁入新的厂房和办公楼,陆续购买剪板机、折弯机、激光机等大型机械加工设备,并引入中国台湾先进的立式加工中心生产流水线,生产能力有较大的提升。生产加工的配套零部件品种不断增加,如梯级链轮等。员工人数发展为150人左右,公司规模进一步扩大。是年,公司开始申办电梯整机生产的相关资质。

三、稳定发展阶段(2001—2006年)

2001年,公司取得电梯整机生产的相关资质,正式开启整机生产的新篇章。

2002年11月,公司开始在康力大道(原莘塔镇联南路)888号建造新厂房(康力一期),用于满足不断扩大的整机生产需要。新厂址生产厂房面积16 800 m²,同时建造第一座21层85 m高的试验塔。

2004年,"康力一期"工程竣工并投入使用,生产制造产能显著提高,生产的产品种类日渐增多。生产制造管理分工逐渐细化,设立生产调度室、采购部、物流部、设备动力部、电梯车间、扶梯车间、电控车间和桁架车间8个部门。是年,扶梯取得整机生产资质,开始生产扶梯整机。

2006年,专用于扶梯生产制造的"康力二期"工程在康力大道899号正式开工,工程用地面积80 059.5 m²,总建筑面积48 638 m²,其中厂房面积33 215 m²,建成之后,将成为当时世界最大的扶梯生产制造车间。

四、快速发展阶段(2007—2018年)

2007年,二期厂房竣工并投入使用,扶梯生产车间从"康力一期"搬迁到"康力二期",使得电梯和扶梯的生产制造能力都得到根本改善。

新的扶梯厂房配备先进的自动机械桁架生产线,拥有4个龙门总装工装,共8条扶梯总装生产流水线。桁架车间有2个单片工装,2个3D总装工装,共2条桁架生产流水线;车间铺设地轨,实现扶梯整机的小车流转,减少桁车的使用量,为连续流生产创造场地条件;增加抛丸机和喷漆房,从根本上提高桁架喷涂质量。扶梯装配模式开始由手工装配模式转变为工装驱动模式。该车间是当时全世界最大的自动扶梯生产车间,具备年产7 000台的能力。是年,公司正式成立制造中心,辖生产计划部、采购部、设备动力部、扶梯车间、电梯车间、电控车间、桁架车间、物流部8个部门,生产管理职能分工开始深入和细化。

2008年,公司中标苏州轨道交通1号线项目,这是内资品牌首次地铁项目全线中标。该项目产品的生产制造,标志着公司具备重载交通型扶梯的生产制造能力,扶梯制造水平开始赶超一线外资品牌。

2010年,为提高产能、强化产业布局,公司在广东省中山市成立中山广都机电有限公司,同时生产整机和部件。是年,公司购买世界先进的萨瓦尼尼钣金柔性生产线,安装在总公司工厂运营中心,实现电梯门板全自动生产模式,一次性完成板材的剪切、冲压和折弯,大大提高门板加工精度,生产效率较手工线提高3倍。

2011年,公司基于总公司整机生产制造功能,成立工厂运营中心,下设电梯事业部及扶梯事业部。是年,电梯事业部再次引入一条萨瓦尼尼柔性钣金自动化生产线,增加配置107台(套)设备,包含一条污水处理池、一个集装箱发货平台、一组柴油发电机组等。扶梯事业部变革装配模式,由离散型生产模式转变为连续型生产模式,即由单个工作组完成整台扶梯的生产转变为不同工作组安装不同工位的零部件装配的工序型生产模式,使得劳动分工更加细致,工人的专业化技能进一步提高,生产效率提高60%。10月,公司在成都置地建厂,注册成立成都康力电梯有限公司,生产电扶梯整机产品,完成西南制造基地的布局,提高整机生产产能。

2012年,事业部对车间设备布局重新调整,将相同工序设备排列在一起的生产加工模式,变为流水线模式;同时,对生产工艺及流程进行深度优化,增加层门箱、轿壁箱、上下梁箱、电气箱、紧固件箱5条装箱流水线及一条上下梁装配线。这些改进措施,使物料流转时间缩短,精益化管理水平和生产效率提高。

2013年,电梯事业部对以散件包装发运的供应链管理模式进行改革,实施项目按箱采购和发运。这一改革,提高了库存周转率,加快了生产节奏,缩短了交货周期。是年,电梯发货量突破1万台,达到10 828台。是年,工厂运营中心成立安全部,系统性地强化生产过程的安全管理工作,加强安全检查、安全教育和危险源预防和控制工作,使得安全事故发生率显著降低。

2014年,公司加强整机生产制造自动化、信息化以及生产计划和供应链管理。电梯事业部引进上下梁自动焊接机器人。扶梯事业部全面改进生产计划控制和管理,以开工计划为基础,控制采购、装配、入库计划。这一变革,使扶梯库存金额从1 500万减少到500万,同时,减少了装配缺料、等料的情况的发生,提高生产效率和生产能力,提高了准时交货率。

2015年,生产计划和供应商管理平台SCM信息系统上线运行。通过几年的生产自动化转变、信息化建设和精益化管理提升,工厂生产制造能力和效率显著提高。11月,公司对中山广都工厂的整机业务和部件业务进行分拆,单独成立广都康力电梯有限公司从事整机制造。截至年底,扶梯订单获得较大增长,最终发货2 744台,在不增加人员、场地、设备的条件下,发货量增加18.5%。

2016年,公司在总公司以及成都康力和中山康力两个整机制造子公司同时引进3条世界最先进的荷兰威猛自动化钣金生产线,标志着公司整体制造能力接近世界先进水平,极大提高了生产制造水平。

2017年,电梯物料条码系统上线运行。是年,扶梯事业部对物流和仓储区域重新进行全面规划和调整,提高空间利用率和物流周转效率,同时,还加大呆滞物料的处理强度,改进钣金配件采购模式,进一步减少库存金额,增加库存周转率。

2018年,公司生产开始从自动化向智能化迈进,电梯事业部以威猛线为基础,将多种生产模式结合,通过以太网将SAP系统里的生产指令自动导入工控机的数据处理模块,将计划自动分解到各个工位,拉动操作者进行生产作业,并进行自动报工入库。扶梯事业部启动大规模工艺工装改进计划和精益管理措施,目标定为在未来2年内,打造世界一流扶梯制造工厂。

表8-2 2009—2018年康力电扶梯发货台量 单位:台

年 份	电 梯	扶 梯	合 计
2009年	3 700	1 218	4 918
2010年	4 962	1 803	6 765
2011年	6 126	2 053	8 179
2012年	7 633	1 721	9 354
2013年	10 828	2 171	12 999
2014年	12 068	2 316	14 384
2015年	10 524	2 744	13 268
2016年	10 568	2 122	12 690
2017年	11 253	1 768	13 021
2018年	12 215	1 950	14 165

第三节 生 产 管 理

一、生产工艺、工装及设备

2000年以前,公司生产能力较弱,生产设备较少;2001年,公司取得整机生产的相关资质,购买了一批大型加工设备,开始整机生产,生产工艺、工装开始建立。

2003年,公司将第一台商务梯龙门总装工装搬迁到一期工厂,并将生产模式由小组承包制度改为工序制度。工序流程改为工装工序、导轨工序、梯级工序、扶手工序、调试工序、电气工序、围框工序、扶梯包装工序。

2007年,公司进行股份制改革。是年,公司拥有电梯整机生产用大型设备共15台,包括5台剪板机、5台折弯机、2台普通冲床、1台数控冲床、1台激光机以及1条喷涂流水线。扶梯生产在原有设备基础上设计了7个龙门总装工装,合计16条生产流水线,包括2条人行道流水线、6条商务梯流水线、2条重载型流水线,又在桁架车间里设计桁架抛丸机流水线、机器人焊接流水线、自动喷涂流水线、桁架单片流水线、2条3D总装工装流水线。

2010年,总公司引进一条意大利萨瓦尼尼钣金全自动柔性生产线。该生产线集合多位立体仓库、S4xe冲剪复合中心、P4Xe多边折弯中心、机器人焊接码垛,一次性完成板材的冲压、剪切、折弯及焊接,大大提高部件加工精度,优化生产工艺。自动化生产线单班仅需2人、日产达1 200件,较原手工线单班配置5人、日产421件,产能提升近2倍。

2011年，电梯事业部再添置一条萨瓦尼尼钣金柔性生产线，并对现有设备及工艺布局进行全面改进升级：对老喷塑流水线进行改造，使喷涂工件高度增加至1750 mm，可以喷涂绝大多数轿顶、轿底；对新投入的一条喷塑流水线进行优化，使其具备喷涂金色金属漆的能力，通过用喷塑替代金色金属烤漆，提升工艺，降低制造成本；对所有折弯机装备激光安全保护装置、所有行车装备超载保护装置，并将设备按照工艺顺序重新排布，捋顺工序，提升物料流转，缩短交期。同时，工厂制定了一系列工艺文件，工艺、工装的管理开始逐步正规化、制度化。

2013年，电梯事业部进一步进行工艺工序梳理，改进装箱工艺，将原有的地面平铺式装箱模式改为流水线装箱模式，节省场地，提升装箱效率，并在后期成功与威猛线结合实现全流水线加工工艺。

2014年，电梯事业部引进上下梁焊接工作站，对上下梁焊接进行工艺升级，该工作站主要用于KLK1系列客梯（银燕、凌燕、金燕）轿架上梁、下梁的焊接，节省专业焊接人员2名。同时，电梯事业部使用机器人焊接，使焊接品质及工效大幅提高。是年，设备管理日趋完善，公司逐渐加强对设备台账、设备年度保养计划、设备安全操作规程、设备维修记录、设备检查表、设备风险评估等的管理。

2016年，整机制造从自动化向智能化转型。公司在总公司和两个整机制造子公司同时引进世界最先进的WEMO智能钣金自动生产线。该线由冲压工作站、WEMO折弯工作站、粘接铆接焊接工作站、喷塑线等组成。门板线生产实现将码放在标准托盘中的定尺寸电梯层门板原材料，精确定位后冲压工作站自动冲压，再根据产品要求，送入WEMO折弯中心，对板材进行4边8刀的折弯，然后将折弯后的门板送入STEP承接线压铆中心进行铆压和焊接（或涂胶）。组装完后的碳钢门板由机器人挂至喷塑线体，喷塑完成后机器人自动下件至自动覆膜线进行覆膜，最后经过装箱流水线。线体最快实现每分钟5块门板，单班日产能2400块。

2017年，扶梯事业部改进扶梯扶手玻璃安装工艺，使用玻璃模板安装，提高扶手玻璃安装效率，降低材料损失率，保证质量。

2018年，扶梯事业部引进梯级工装，商用梯梯级工位改用工装装配，梯级由员工自己拉动改为气动马达带动，节省调试时调整梯级水平度的时间，并提高安装质量和安全性。

是年，电梯事业部在"威猛"全自动智能生产线的基础上，增加条码系统，并将SAP系统与WEMO线结合，将SAP系统里的生产指令自动导入工控机的数据处理模块，计划自动分解到各个工位，拉动操作者进行生产作业，并进行自动报工入库。同时，电梯事业部对整条线体进行相关数据的动态统计和自动处理，以图表的形式反映生产计划的完成情况和设备的运行状态，实现产品全生命周期的可视化管理，实现智能生产。12月1日，"威猛"门板智能制造车间与子公司苏州新里程电控系统有限公司的SMT智能制造车间被江苏省工业和信息化厅评选为"2018年江苏省示范智能车间"。

是年，扶梯事业部针对各个工序，设计不同的工装，比如梯级轴安装工装，托滚轮定位工装、KLF型扶梯上部导轨定位夹具、中心线架、导轨支撑板调节工装、梯级定位靠尺以及梳齿板工装。这些小型工装的使用，节省了一部分人力，提高了产品质量，整体装配效率提升约20%。

表8-3　　　　　　　　　　　　　　康力历年编制工艺文件清单

序号	文 件 名 称	文 件 编 号	生 效 时 间
1	KLW装配工艺过程卡	KLW-2010	2010年2月
2	KLW零部件明细表和工艺路线表	KLW-2010	2010年3月
3	KLW钣金工艺过程卡·W640100、W641200轿底组件	KLW-2010	2010年3月

(续表)

序号	文件名称	文件编号	生效时间
4	KLW钣金工艺过程卡·W700100、W701100、W701200对重系统	KLW-2010	2010年3月
5	KLW焊接工艺过程卡	KLW-2010	2010年3月
6	KLW喷塑工艺过程卡	KLW-2010	2010年3月
7	KLW油漆工艺过程卡	KLW-2010	2010年3月
8	KLW钣金工艺过程卡·曳引装置W100100	KLW-2010	2010年5月
9	KLW钣金工艺过程卡·曳引装置W101200、W101300	KLW-2010	2010年5月
10	KLW钣金工艺过程卡·W610100轿架	KLW-2010	2010年5月
11	KLW钣金工艺过程卡·W610200轿架	KLW-2010	2010年5月
12	KLW钣金工艺过程卡·轿顶W630100、W631200	KLW-2010	2010年5月
13	CO_2气体保护氩弧焊	QB/GY-HJ-J010-2010	2011年4月
14	点焊	QB/GY-HJ-J011-2010	2011年4月
15	气焊	QB/GY-HJ-J012-2010	2011年4月
16	钢铁火焰切割	QB/GY-HJ-J013-2010	2011年4月
17	喷漆	QB/GY-PQ-J014-2010	2011年4月
18	喷漆安全操作规程	QB/GY-PQAQ-J015-2010	2011年4月
19	喷塑(旧生产线)	QB/GY-PS-J016-2010	2011年4月
20	喷塑(新生产线)	QB/GY-PS-J017-2010	2011年4月
21	喷塑安全操作规程	QB/GY-PQAQ-J018-2010	2011年4月
22	粘接(AB胶)	QB/GY-ZJ-J019-2010	2011年4月
23	粘接(双面胶)	QB/GY-ZJ-J020-2010	2011年4月
24	数控多工位冲床	QB/GY-DG-J021-2010	2011年4月
25	数控激光切割	QB/GY-JG-J022-2010	2011年4月
26	萨瓦尼尼生产线	QB/GY-SW-J023-2011	2011年4月
27	剪板机(薄板)	QB/GY-JB-J024-2011	2011年4月
28	剪板机(厚板)	QB/GY-JB-J025-2011	2011年4月
29	折弯机(厚板)	QB/GY-ZW-J026-2011	2011年4月
30	折弯机(薄板)	QB/GY-ZW-J027-2011	2011年4月
31	开槽机	QB/GY-KC-J028-2011	2011年4月
32	冲床	QB/GY-CC-J029-2011	2011年4月
33	联合冲剪机	QB/GY-LHC-J030-2011	2011年4月
34	摇臂钻床	QB/GY-YBZ-J031-2011	2011年4月
35	台式钻床	QB/GY-TZ-J032-2011	2011年4月
36	攻丝机	QB/GY-GS-J033-2011	2011年4月

(续表)

序号	文 件 名 称	文 件 编 号	生 效 时 间
37	自动气割机	QB/GY-ZDQG-J034-2011	2011年4月
38	锯床	QB/GY-JC-J035-2011	2011年4月
39	电梯包装	QB/GY-BZ-J036-2011	2011年4月
40	轿厢试装	QB/GY-SZ-J037-2011	2011年4月
41	切割钢丝绳	QB/GY-GS-J038-2011	2011年4月
42	层门装箱作业指导书	KL-GYZD-CMZX-A	2012年9月
43	门板轿壁装箱作业指导书	KL-GYZD-MBJBZX-A	2012年9月
44	上梁下梁装箱作业指导书	KL-GYZD-SLXLZX-A	2012年9月
45	层门焊接作业指导书	KL-YZD-HJ-CM	2012年1月
46	层门粘接作业指导书	KL-YZD-ZJ-CM	2012年1月
47	中分轿门粘接作业指导书	KL-YZD-ZJ-XM	2012年11月
48	中分轿门焊接作业指导书	KL-YZD-HJ-XM	2012年11月
49	层门小门套焊接作业指导书	KL-YZD-HJ-CTX	2012年11月
50	上梁组件装配作业指导书·K613101	KL-YZD-ZP-XJS1	2012年11月
51	上梁组件装配作业指导书·K610601	KL-YZD-ZP-XJS2	2012年11月
52	轿厢壁板焊接、粘接作业指导书	KL-YZD-HJ-XWB	2012年12月
53	客梯控制柜装配作业指导书	KL-YZD-ZP-EKGK	2012年12月
54	无机房控制柜装配作业指导书	KL-YZD-ZP-EKGW	2012年12月
55	轿架下梁焊接作业指导书	KL-YZD-HJ-XJX	2012年12月
56	轿架下梁组件装配作业指导书	KL-YZD-ZP-XJX	2012年12月
57	轿顶焊接作业指导书	KL-YZD-HJ-XDB(B)	2012年12月
58	一体式轿顶焊接作业指导书	KL-YZD-HJ-XDG	2012年12月
59	一体式轿顶装配作业指导书	KL-YZD-ZP-XDG	2012年12月
60	立梁焊接作业指导书	KL-YZD-HJ-XJL	2012年12月
61	轿底焊接作业指导书	KL-YZD-HJ-XDB(A)	2012年12月
62	轿厢托架焊接作业指导书	KL-YZD-HJ-XTJ	2012年12月
63	顶部承重梁组件焊接作业指导书	KL-YZD-HJ-YDL	2012年12月
64	层门装箱作业指导书	KL-YZD-ZX-CM	2012年12月
65	上下梁装箱作业指导书	KL-YZD-ZX-XJ	2012年12月
66	电气部件箱装箱作业指导书	KL-YZD-ZX-DQ	2012年12月
67	上下梁箱装箱规范	Q/KLJ1-43002-2017.V1	2012年12月
68	电梯部件装箱作业指导书	2013.05.V1.2(内联单)	2013年5月
69	MA830FS丙烯酸酯结构胶粘接工艺守则	KLC-YSZ-ZJ001	2013年8月
70	层门件喷涂、覆膜、装配、装箱作业指导书	KLC-YZD-DT001	2013年9月

(续表)

序号	文件名称	文件编号	生效时间
71	轿厢围壁件装箱作业指导书	KL-YZD-ZX-XWB	2013年1月
72	粉末静电喷涂工艺守则	KLC-YSZ-TZ001	2013年11月
73	钣金工艺守则（剪板下料/激光切割/冲压/折弯）	KLC-YSZ-BJ001～004	2013年12月
74	钣金焊接工艺守则	KLC-YSZ-HJ001	2013年12月
75	钢铁制件涂漆工艺守则	KLC-YSZ-TZ002	2013年12月
76	各梯型零部件冲压工艺过程卡	YYY-梯型-零部件-顺序号	2013—2014年
77	各梯型零部件焊接工艺过程卡	YHY-梯型-零部件-顺序号	2013—2014年
78	各梯型零部件装配工艺过程卡	YZP-梯型-零部件-顺序号	2013—2014年
79	下料通用技术要求	Q-KLJ6-20003-2014.V1	2014年1月
80	焊接件通用技术要求	Q-KLJ6-20004-2014.V1	2014年1月
81	装配通用技术要求	Q-KLJ6-20005-2014.V1	2014年1月
82	电梯轿架上梁、下梁装配作业指导书	KLC-YZD-DT002	2014年4月
83	电梯轿厢围壁箱装箱作业指导书	KLC-YZD-DT003	2014年4月
84	电气部件箱装箱作业指导书	KLC-YZD-DT004	2014年4月
85	电梯轿架下梁机器人焊接作业指导书	KLC-YZD-DT005	2014年6月
86	电梯轿架上梁机器人焊接作业指导书	KLC-YZD-DT006	2014年6月
87	剪切加工标准作业指导书	KLC-YZD(GF)-BY001	2014年7月
88	数冲加工标准作业指导书	KLC-YZD(GF)-BY002	2014年7月
89	锯切加工标准作业指导书	KLC-YZD(GF)-BY003	2014年7月
90	冲压加工标准作业指导书	KLC-YZD(GF)-BY004	2014年7月
91	激光加工标准作业指导书	KLC-YZD(GF)-BY005	2014年7月
92	折弯加工标准作业指导书	KLC-YZD(GF)-BY006	2014年7月
93	焊接加工标准作业指导书	KLC-YZD(GF)-BY007	2014年7月
94	点焊加工标准作业指导书	KLC-YZD(GF)-BY008	2014年7月
95	打磨加工标准作业指导书	KLC-YZD(GF)-BY009	2014年7月
96	粉末静电喷涂标准作业指导书	KLC-YZD(GF)-BY010	2014年7月
97	海绵胶条黏接标准作业指导书	KLC-YZD(GF)-BY011	2014年7月
98	包装储运通用技术要求	Q-KLJ6-20006-2015.V1	2015年3月
99	一体式操纵箱面板作业指导书	KLC-YZD-DT007	2015年6月
100	人机界面一体化操纵箱面板钣金成形	KLC-YZD(GF)-BY021	2016年8月
101	人机界面面板手工涂漆	KLC-YZD(GF)-BY022	2016年8月
102	WEMO智能钣金自动生产线成形	KLC-YZD(GF)-BY023	2016年8月
103	特殊工序（过程）控制程序	—	2017年1月
104	控制柜体组装	KLC-YZD(GF)-BY024	2017年6月

(续表)

序号	文 件 名 称	文 件 编 号	生 效 时 间
105	智能钣金线涂装工艺规范	KL/YGF-TZ02	2017年1月
106	智能钣金线涂装前处理作业指导书	KL/YZD-TZ02	2017年1月
107	电梯门壁板用辊压型材工艺规范	KL/YGF-GX01	2018年12月

表 8-4　　　　　　　　　　　　　　康力主要生产设备

序 号	分 类	设 备 名 称	数量(台/条)
1	主要生产设备	WEMO流水线	1
2		层门装箱线	1
3		电气紧固件装箱线	1
4		轿壁装箱线	1
5		萨瓦尼尼流水线1	1
6		萨瓦尼尼流水线2	1
7		上下梁装箱线	1
8		无机房下梁装配线	1
9		压缩空气气源线(冷干机1台、空压机2台、气罐1个)	1
10		剪板机	7
11		折弯机	10
12		激光机	1
13		压铆机	4
14		冲床	15
15		焊接机器人	2
16		金属圆锯机	1
17		锯床	7
18		刻宝雕刻机	2
19		螺杆压缩机	4
20		螺柱焊机	2
21		抛丸清理机	1
22		全自动板材贴膜机	1
23		热洁炉	1
24		手摇弯管机	1
25		数控激光切割机(进口)	1
26		双头交流点焊机	1
27		二氧化碳保护焊机	70
28		点焊机	4

(续表)

序号	分类	设备名称	数量(台/条)
29	主要生产设备	送料三合一	1
30		台式丝攻机	1
31		台式钻床	5
32		氩弧焊机-不锈钢薄板件焊接	1
33		摇臂钻床	2
34		摇臂钻床 Z3040	3
35		摇臂钻床 Z3050*16	1
36		烘干炉	1
37		高温式冷冻干燥机	1
38	辅助生产设备	手动/电动叉车	14
39		合力电动拖车	4
40		电动堆高车	2
41		电动托盘搬运车	31
42		横梁/立柱行车	74
43		柔性组合式单梁起重机	2
44		液压升降平台	2
45		集装箱装卸平台	2
46		柴油发电机组(GF-400)	1
47		发电机	1
48		大型工业风扇	24
49		电动扫地机	3
50		污水处理系统	2

二、生产管理制度和流程

2010年之前,生产制造方面的管理制度和流程较为简单,没有形成系统性的制度和规范的流程。2011年起,生产制造加强制度和流程的建设和管理,结合生产设备的引进、工艺工装水平和自动化程度的不断提升,建立系统化的制度和流程。

2015年,工厂运营中心集中制度和流程进行系统化的补充和完善,并逐年进行优化改进,文件明细见表8-5。

表8-5　　　　　　　　　　　生产制造文件制度及流程清单

序号	分类	文件制度及流程	文件编号	生效日期
1	扶梯	生产设备管理规定	KL.C-MC01	2011年9月10日
2	扶梯	仓库管理规定	KL.C-LG02	2011年11月1日

(续表)

序号	分类	文件制度及流程	文件编号	生效日期
3	扶梯	工装夹具管理规定	KL.C-MC02	2011年11月10日
4	电梯	仓库管理规定	KL.C-LG02	2011年12月6日
5	电梯	生产设备管理规定	KL.C-MC01	2011年12月6日
6	电梯	工装夹具管理规定	KL.C-MC02	2011年12月6日
7	电扶梯	工厂安全委员会管理办法	KL.C-PD04.V1	2012年6月12日
8	扶梯	劳保用品管理规定	KL.C-SC04	2012年11月1日
9	扶梯	起重吊索具安全管理制度	KL.C-SC11	2014年1月1日
10	电扶梯	生产订单执行流程	KL.C-PD11	2015年1月1日
11	电扶梯	生产订单报工流程	KL.C-PD12	2015年1月1日
12	电扶梯	生产订单结案流程	KL.C-PD13	2015年1月1日
13	电扶梯	工序外协处理流程	KL.C-PD14	2015年1月1日
14	电扶梯	生产拆零改制作业流程	KL.C-PD16	2015年1月1日
15	电扶梯	项目交期变更执行流程	KL.C-PD19	2015年1月1日
16	电扶梯	生产订单变更执行流程	KL.C-MM11	2015年1月1日
17	电扶梯	生产订单发料流程	KL.C-MM11	2015年1月1日
18	电扶梯	生产订单超额领料流程	KL.C-MM12	2015年1月1日
19	电扶梯	物料调拨转储流程	KL.C-MM15	2015年1月1日
20	电梯	电梯项目发货排产管理规定	KL.C-PD23.V1	2015年1月1日
21	扶梯	生产订单变更执行流程	KL.C-PD21	2015年1月1日
22	电梯	销售发货出库流程	KL.C-MM16.V1	2015年1月1日
23	电梯	物料需求计划流程(电梯)	KL.C-PD08.V1	2015年1月1日
24	电扶梯	物料按单按库更改流程	KL.C-MM25.V1	2015年1月1日
25	电扶梯	生产订单入库流程	KL.C-MM08.V1	2015年1月1日
26	电扶梯	成本中心采购收货流程	KL.C-MM07.V1	2015年1月1日
27	电扶梯	采购订单入库流程	KL.C-MM06.V1	2015年1月1日
28	电扶梯	标准采购订单流程	KL.C-MM02.V1	2015年1月1日
29	电扶梯	呆滞库存整机处理流程	KL.C-MM03.V1	2015年1月1日
30	电扶梯	项目执行及发运管理规定	KL.C-MM01.V1	2015年1月1日
31	电梯	电梯装箱会审流程	KL.C-PD22.V1	2015年2月1日
32	扶梯	扶梯整机通用保养手册	2016.V1.0	2016年4月1日
33	电梯	电梯整机通用保养手册(上)	2016.V1.0	2016年4月1日
34	电梯	电梯整机通用保养手册(下)	2016.V1.0	2016年4月1日
35	扶梯	导轨定尺要求规范	KL.C-TC41	2017年4月25日
36	扶梯	扶手支架入库包装规范	KL.C-TC43	2017年4月25日
37	扶梯	内外盖板入库包装规范	KL.C-TC44	2017年4月25日

（续表）

序号	分类	文件制度及流程	文件编号	生效日期
38	扶梯	围裙板入库包装规范	KL.C-TC47	2017年4月25日
39	扶梯	护壁板入库包装规范	KL.C-TC48	2017年4月25日
40	扶梯	梯级入库包装规范	KL.C-TC49	2017年4月25日
41	扶梯	打包物料标签使用规范	KL.C-TC50	2017年4月25日
42	扶梯	围框入库包装规范	KL.C-TC51	2017年4月25日
43	扶梯	物料打包变更规范	KL.C-TC52	2017年4月25日
44	扶梯	玻璃夹紧件入库包装规范	KL.C-TC42	2017年9月10日
45	电扶梯	策略采购及供应商管理规定	KL.C-PU01.V5	2018年8月1日
46	扶梯	扶梯生产工具管理规定	KL.C-TC63.V1	2018年10月15日
47	电扶梯	设备故障应急预案	KL.C-SC26.V1	2018年10月22日
48	扶梯	扶梯事业部自盘管理规范	KL.C-MM27.V1	2018年12月1日

三、生产计划及物料管理

2009年以前，康力整机生产流程基本以合同管理部释放订单为牵引，生产计划排定发货计划并下达订单信息，技术出BOM和图纸，车间准备物料和生产、装箱、发货。生产计划和物料管理基本采用手工记账方式进行。

2009年，康力SAP系统的上线运行，使得生产计划和物料管理水平有了里程碑式的提升，生产与计划管理（PP）模块将原本分散的生产过程自动连接，使生产过程能够前后连贯，避免出现生产脱节，交货延误；物料采购与仓储（MM）模块帮助生产确定合理的采购量，为订购、验收提供信息，跟踪和催促外购或委外加工的物料，保证货物及时到达、采购成本合理以及物料质量，同时帮助生产维护准确的库存数量，控制库存数量，保证稳定的物料供应支持正常生产，又最小限度地占压成本。

2010年，康力工厂运营中心开始对生产计划和物料流程和方法进行全面优化。电梯生产对原有的产品零部件混合装箱模式进行彻底变革，按照安装顺序，将整梯分成若干组件，并以组件为单位进行包装，为工地安装提供方便，同时为物料采购和控制效率提升打下基础。

2011年，康力工厂运营中心以事业部为单位再次优化生产流程，增加计划部对现场实际需要发货时间的确认环节，并以此安排生产和物料计划。同时，工厂运营中心全面加强生产主计划控制和管理，各类生产和物料信息由计划部进行汇总，生成生产主计划表，在宏观层面上提供当前工厂的生产和发运状态信息，并进行滚动跟进和控制。

2012年，公司加大项目合同管理控制，合同管理部更改释放模式，以收到定金及提货款作为释放订单依据，以便减少成品库存。是年，为进一步加强生产计划管控，提高按时提货率，减少库存，工厂运营中心专门成立发运管理部，在电梯和扶梯生产计划环节中，增加对发货时间的咨询和确认环节，彻底改变完全以合同订单牵引生产计划的现象。

是年，工厂各个事业部建立周采购申请计划及到货计划，并将按公斤计量钢材转化为按张计量，控制原材料库存。同时，工厂运营中心开始每日向销售中心发布成品库存排名表，督促其按计划提货，并建立大项目的发货计划确认流程，从而降低库存，提高发货效率。

是年,工厂引入条码系统。

2013年,为进一步降低库存,提高发货准时率,康力电梯事业部对以散件包装发运的生产计划和供应链管理模式进行改革,实施项目按箱采购和发运,并以此为基础,在项目件和通用件的生产计划管理方面进行创新,减少按单定制的部件品种和数量,增加物料的通用化,使有效库存充分地流动起来,提高库存周转率,加快生产节奏,缩短交货周期。

是年,康力工厂运营中心加大库存管理,通过每日向营销系统发布成品库存排名表,督促分公司按计划提货,同时建立大项目的发货计划确认流程,制定准时发货和成品库存控制的准则和责任划分。

2014年,扶梯事业部更改采购需求计划的模式,确认标准物料的生产采购周期,并根据生产开工计划发出采购申请单,进一步控制物料库存。

是年,扶梯事业部对型材区域进行规范整理,通过减少规格、变更货架、增加导轨定尺、配送小车等措施,解决物料种类和规格多样、物料取存不易、安全库存设置不当等问题,并制定型材的包装规范等文件,最终实现库存面积减少60%,库存金额减少70%。

是年,电梯事业部对流水线的层门和轿壁改用定尺板料,精简作业人员,提升材料利用率,进一步控制原材料库存。对于自制件产品,生产计划增加车间计划表,依照生产入库时间和生产工艺要求,控制在制品的流转时间,减少现场堆积现象,提高生产效率。

2015年,为建立与供应商直接对接的信息化采购平台、提高供应链效率,公司建立供应商管理平台SCM系统。

2016年,康力启动物料二维码系统项目,改善原来条码系统功能。2017年,新的条码系统上线运行,使得物料在采购验收、采购入库、生产领用、工序流转、生产退料、成品入库、成品出库等过程得到有效的控制和追溯,降低人工与成本,并减少错误的发生。

2017年,康力工厂运营中心对物流和仓储区域进行全面规划和调整,提高空间利用率和物流周转效率。

是年,康力工厂运营中心加大呆滞物料的处理强度,同时改革扶梯生产物料供应模式,由供应商将物料组件装配并打包送货。为保证送货质量,工厂运营中心编制内外盖板入库包装规范、导轨定尺要求规范、打包物料标签使用规范、围框入库包装规范等包装规范的标准文件。更改配送模式后,车间装配时间节省约1小时。

2018年,扶梯事业部着手打造最先进的扶梯生产车间,建立生产线质量和设备信息管理工具"安灯"系统,提高精益化管理水平。电梯事业部实现全部装箱物料条码操作。

第九章 采购管理

第一节 采购管理机构

公司成立至2003年,公司的采购整体薄弱,没有具体的采购部门,采购工作主要由朱林荣和姚卫华负责。

2004年,随着业务的不断发展,公司正式成立采购部,岗位人员4~5人,隶属于生产制造中心,由制造中心副总毛桂金负责,朱林荣任采购部经理。

2010年1月,为规范和优化采购及供应商管理,公司成立供应商管理部,全面负责电扶梯供应商的选择、评估、准入、定价和日常管理,建立标准的采购及供应商管理流程,隶属于生产制造中心,由制造中心总经理毛桂金负责。

2012年,随着公司的不断壮大,公司将生产制造中心更改为工厂运行中心,供应商管理部隶属于工厂运行中心,并且由工厂运营中心总经理张利春负责。随着公司业务量的不断上升,供应商管理部的工作在不断细分及增加,到2018年底,岗位人员由最初的7人增加至12人,全面负责公司电扶梯供应商的管理。

2013年年初,随着公司的发展和各子公司的成立,原材料和各大宗型采购越来越多,公司成立康力电梯采购委员会(图9-1),并设立集团策略采购部,协调各公司通用原材料及大中型生产产品的战略采购。

2016年,更名为集团战略采购部。集团战略采购部2018年的组织架构详见图9-2。

表9-1　　　　2004—2018年康力电梯股份有限公司采购管理部门及主要负责人

年　　度	岗位/部门	主　要　负　责　人
2004年	采购部	制造中心副总经理:毛桂金 采购部经理:朱林荣 采购部主管:姚卫华
2005—2008年	采购部	制造中心副总经理:毛桂金 采购部部长:姚卫华
2009年	采购部	制造中心总经理:毛桂金 制造中心总经理助理兼采购部部长:姚卫华
2010年	供应商管理部	制造中心总经理:毛桂金 制造中心总经理助理兼管理部部长:姚卫华
2011年	供应商管理部	制造中心总监:毛桂金 供应商管理部副部长:江宇
2012年	供应商管理部	工厂运行中心总经理:张利春 电梯事业部副总经理兼供应商管理部部长:宁奎兴 供应商管理部副部长:朱花霞
2013—2014年	供应商管理部	工厂运行中心总经理:张利春 供应商管理部部长:宁奎兴 供应商管理部副部长:朱花霞
	集团策略采购部	集团策略采购总监:朱林荣 集团策略采购助理总监:宁奎兴

(续表)

年　　度	岗位/部门	主　要　负　责　人
2015 年	供应商管理部	工厂运行中心总经理：张利春 供应商管理部部长：朱琳懿
	集团采购统计部	集团采购统计部总监：朱林荣 集团采购统计部副总监：宁奎兴 原材料型钢副部长：朱振达 原材料板材助理部长：李业鹏
2016 年	供应商管理部	工厂运行中心执行总裁：张利春 供应商管理部部长：朱琳懿 供应商管理部助理部长：钱红玲
	集团战略采购部	集团战略采购部总经理：朱林荣 集团战略采购部副总监：宁奎兴 原材料型钢副部长：朱振达 原材料板材助理部长：李业鹏
2017—2018 年	供应商管理部	工厂运行中心执行总裁：张利春 供应商管理部部长：朱琳懿 供应商管理部助理部长：钱红玲、王玲
	集团战略采购部	集团战略采购部总经理：朱林荣 集团战略采购部副总监：宁奎兴 集团战略采购部总经理助理：朱琳懿 集团战略采购部副部长：朱振达 集团战略采购部部长助理：李业鹏

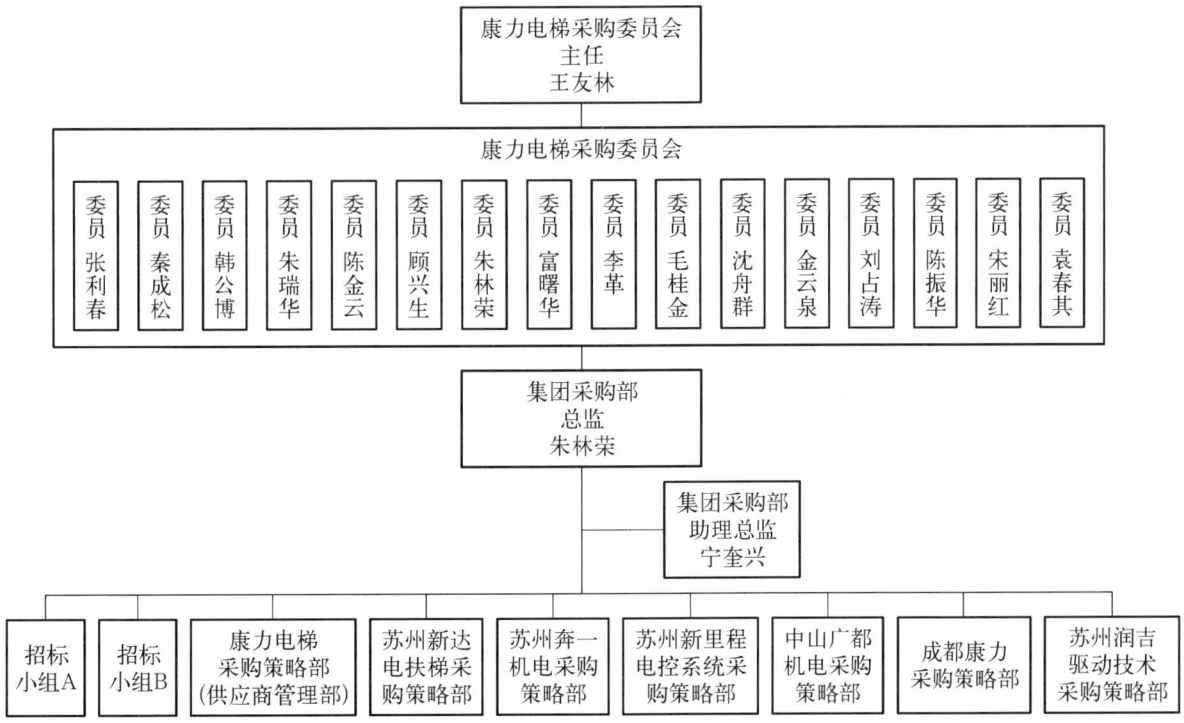

图 9-1　2013 年康力电梯采购委员会组织架构图

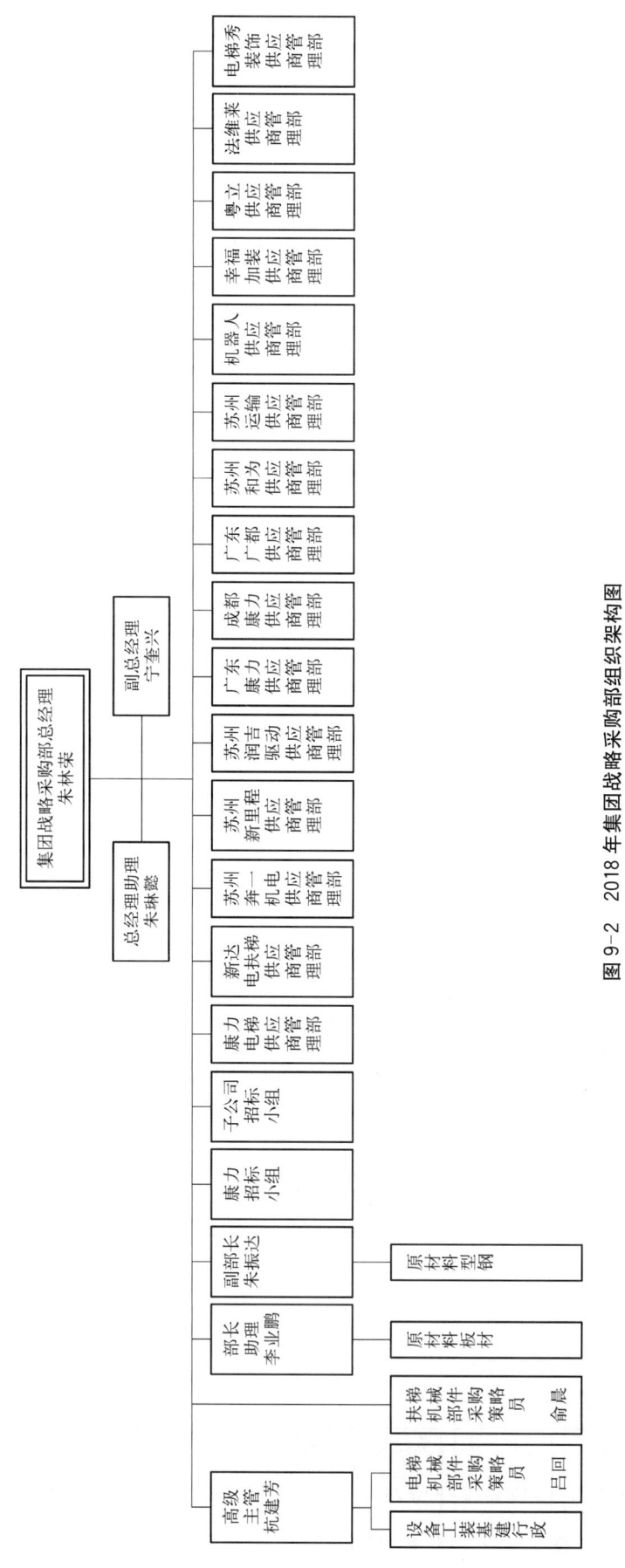

图 9-2 2018 年集团战略采购部组织架构图

第二节 采购制度建设

2002年开始,公司建立ISO9001质量体系,制定采购控制程序,公司基本采购策略及管理程序遵循控制程序要求执行展开。

2011年,供应商管理部依据公司要求,重新制定《策略采购及供应商管理规定》,明确供应商管理的基本职责,建立策略采购的基本原则、供应商准入的标准流程等。

2013年,集团采购部成立,对《策略采购及供应商管理规定》进行第一次修订,增加集团采购部的基本职责,明确集团采购物资的范围。

2014—2018年,随着公司采购规模的逐步扩大,采购管理向纵深发展,多次修订《策略采购及供应商管理规定》,截至2018年年底,使用的是第五版。

2016年3月,公司制定《集团采购招标管理规定》,以集团战略采购部为主管单位,供应商管理部或子公司各事业部等相关部门负责各公司采购的招标管理工作,成立招标管理小组,负责组织招标文件的拟定,组织各相关部门专业人员参与评标,保证招标活动的公开、公平、公正。

表9-2 康力电梯采购类管理制度

序号	文件名称	文件编号	生效日期
1	采购控制程序	KL.B-016.A2	2016年5月1日
2	集团采购招标管理规定	KL.C-PU02.V1	2016年3月1日
3	策略采购及供应商管理规定	KL.C-PU01.V5	2018年8月1日

第三节 采购管理发展历程

一、初级物料采购阶段(1997—2008年)

1997—2003年,公司处于创立初期,采购管理薄弱,采购过程简单,采购产品单一。当生产计划需要采购产品时,采购人员通知供应商报价,公司采购领导当天确认采购价格后反馈给供应商让其送货,特殊情况下,甚至需要采购人员自行前往供应商处提货。

2004—2006年,随着公司规模的扩大,公司的采购管理得到提升。公司实行订货点采购模式,采购部收到技术部的投产明细后,根据投产明细采购产品,计划部在Excel上创建采购订单,输入采购价格后打印由采购部部长审批,审批后下发给供应商。采购部对供应商要求比较低。

2007—2008年,为确保供应商长期、稳定地提供物资,公司每年与合格供应商签订《采购框架协议》,协议对供货的范围、价格与交货期、技术、质量、采购订单的确认、备品备件的供应、违约责任等事项进行约定。按照这种方式,具体采购数量、价格及交货时间等,由双方协商一致后在订单中确定,双方据以执行。是年,公司开始逐渐完善供应商管理方面的制度和文件。

二、专业化采购管理阶段(2009—2012年)

2009年起,公司SAP系统的成功上线,改变了原订货点采购模式。外购物料全部依据MM模块流程和功能,采用系统化采购模式,根据主生产计划(MPS)和物料清单(BOM)以及主产品及其零部件的库存量,逐步计算出主产品的各个零部件、原材料所应该投产时间、投产数量,或者订货时间、订货数量,即产生出所有零部件、原材料的生产计划和采购计划,然后按照这个采购计划进行采购。同时,公司制定了相关的采购流程。

是年,与公司签署《采购框架协议》的主要供应商共有10家,其中向前5名的供应商采购的合计采购金额占当年采购总额的21%。

2010—2011年,随着公司技术开发整机型号的不断增加,产品物料品种不断增加,因此公司将(计划)采购部的部分人员划分出来,单独成立供应商采购部,主要负责供应商管理、产品成本核算及资料的整理等,而计划采购部负责具体采购物料下单和跟踪到货。在2011年底,公司正式编制发布策略采购及供应商管理部规定文件并执行。

2012年起,由于公司业务不断地发展、技术产品多样化,采购产品种类、型号不断增加,因此公司对供应商管理部人员的职责进行具体划分,并且对部门所有人员进行绩效指标考核。

是年,公司成立成本核算管理部,负责对外协件产品成本进行专业核算。

为提高对供应商的管理,供应商管理部严格按照《策略采购及供应商管理规定》中的要求执行,全面负责供应商的选择、评估、准入管理、日常管理和控制,同时逐步开始对大宗原材料的产品建立原材料与物料的价格体系,时刻关注随原材料价格变动对曳引机、导轨、对重铁等物料产品价格的影响,积极采取有效措施控制成本。

三、集约化采购阶段(2013—2018年)

2013年,随着集团采购部的成立,对于大宗物料的采购采用集团采购的模式,更好地降低采购成本。大宗物料主要包含电梯的原材料、曳引机、电梯导轨、钢丝绳、门机、层门装置、变频器、主板、安全部件(安全钳、限速器、缓冲器、导靴)、操纵板、外呼、电缆,扶梯的原材料、主机(包括电机和减速箱)、上下部驱动(链片、轴杆、铸钢、侧板)、扶梯导轨、内外盖板、前沿板、扶手支架(扶手导轨)、梯级、链条、扶手带、控制箱。采购部每日对大宗物料的原材料进行跟踪。

2014年,由于原材料价格变动较大,供应商的价格调整频率较高,采购部门除在1月份对供应商大幅度调整价格外,在接下来的几个月中也有调整价格,从而更多地节省生产成本。由于2014年度方坯价格逐步下降,采购部门结合两家电梯制造商所报的导轨价格,对原先锁定导轨价格的供应商进行2次降价处理,同时在12月锁定2015年导轨价格。

2015年,为降低原材料锁价风险并及时跟进市场价格,采购部门对原材料采购价格每10天调整一次,材料基价按照前10天网上均价确定,对每种规格原材料制定相应的加价标准。由于之前部门人员有限,对子公司新里程和润吉管控不到位,后因部门的发展新入职几名员工,公司加强了对新里程和润吉的供应商整合。

2016年,由于原材料价格变动较大,采购部门每月与原材料供应商洽谈3次,确定好每月执行价(以成都和中山原材料价格作参考),并向各子公司发布执行;每月确认原材料执行价,向外协件供应商公布;同时为进一步对整个集团的采购价格进行管控,多次对比各公司间的采购价格,如同一产品有价格差异的让各公司按照低价格执行,从而做到集团价格统一。

2017年,为防止出现供应商交货能力及垄断价格的风险,集团战略采购部连同新里程公司对重点物料的独家供应商进行开发。年底,集团战略采购部就广东康力和成都康力原材料价格与供应商进行协商,制定出一个关于2018年原材料采购价格的方案。

第九章 采购管理

2018年,为避免物料价格与总部不统一,公司针对运往广东工厂和成都工厂的苏州地区的供应商采用统一物流的模式,并且在年中对成都康力和广东康力的外协件价格进行调查和整合。

第四节 主要采购工作实施

一、采购管理

2007—2013年,公司生产所需原材料市场供应充足,主要供应商提供的产品质量稳定可靠、价格合理,公司与供应商形成良好的合作关系。公司为确保合格供应商长期、稳定地提供物资,每年与合格供应商签订《采购框架协议》,协议对供货的范围、价格与交货期、技术、质量、采购订单的确认、备品备件的供应、违约责任等事项进行约定。通过在这种方式,具体采购数量、价格及交货时间等,由双方协商一致后在订单中确定,双方据以执行。公司不存在向单个供应商采购比例超过当年采购总额50%或严重依赖少数采购供应商的情况。

2014年,对于大宗原材料的产品,康力建立原材料与物料的价格体系,时刻关注原材料价格变动对物料产品价格的影响,积极采取有效措施控制成本,同时为避免可能发生的供应商物料供货风险和价格垄断,在技术、质量要求的前提下,最大限度地降低生产成本。

外协采购件定价流程:核算部根据采购物料各项材料成本、加工工时成本、包装、运输、税金以及其他所有成本明细,提交核算清单,同时,供应商按照本公司的要求,填写外购件价格构成报价表或外协加工件报价单进行报价,然后比价、洽谈、评审和批准、确认。

2016年,采购部门确立"踏踏实实做事,尽心尽职降本"的观念,积极落实采购工作重点,坚持最好的质量、最低的价格、最短的交期、最好的服务、最大限度为公司节约成本的工作原则。对于大宗原材料的产品,康力建立原材料与物料的价格体系,时刻关注原材料价格变动对物料产品价格的影响,积极采取有效措施控制成本。为更好地降低生产成本,公司对一些大宗采购物资进行一定的锁定。同时,为响应董事长"工业4.0"的号召,公司增加自动化设备,对wemo线三条、电泳线2调、支架流水线3条等进行价格招标、对比和商谈。

2017年,公司根据市场原材料价格水平和行情进行跟踪和分析,随时对采购价格进行评估和调整,严格控制采购成本;对外购大部件,每周根据集团战略采购部提供的对应原材料价格进行比对跟踪;对外协部件,根据集团采购公布的对应核算材料价比对进行跟踪,在原材料一直处于涨势的状态,康力实际外协件原材料价格一直低于市场价;公司主要部件供应商使用供应链管理平台,使供应商采购订单执行情况得到有效统计、分析,便于动态管理采购份额,打造智能化信息沟通模式。

2018年,为坚持最好质量、最低价格、最短交期、最好服务、最大限度为公司节约成本的工作原则,公司对大宗原材料的产品建立原材料与物料的价格体系,时刻关注原材料价格变动对物料产品价格的影响,积极采取有效措施控制成本,例如,原材料在相对低位时进行价格锁定;大项目采购时实行再次报价、定价等。

表9-3　　　　　　　　　　　康力母公司历年采购情况

年　　份	采购订单额(万元)	采购到货额(万元)
2009年	57 629	57 238
2010年	72 011	71 667

(续表)

年 份	采购订单额(万元)	采购到货额(万元)
2011年	101 096	98 387
2012年	112 951	130 536
2013年	150 301	148 090
2014年	179 777	177 845
2015年	212 052	206 639
2016年	179 856	173 930
2017年	190 852	182 143
2018年	229 593	204 875
合 计	1 486 117	1 451 349

注：以上金额为不含税价。

二、供应商管理

(一) 供应商管理主要发展情况

2007年以前，供应商的选择和管理并未形成完整、规范的标准和流程体系；2007年起，公司开始逐渐完善供应商管理方面的制度、流程和表单。

2008—2014年，公司供应商管理部每年都在不断完善供应商考核制度及标准，通过对供应商的年度评估和月度绩效考核，综合评估每个供应商，通过优胜劣汰的原则整合供应商资源。

2015年，新里程、润吉供应商管理部对所有供应商档案资料进行审核，并在集团采购部进行存档，查漏补缺，整理合格供应商名单、供应商信息与系统维护信息进行核对调整，保证系统内外信息一致。对新里程的供应商进行整合，集团采购部与新里程供应商管理部针对特别重点关注的供应商进行逐个排查整理，就所有物料价格对有关供应商进行询价，并对供应商的物料进行相关幅度的下降调整，取消独家供应，因此，新里程新进供应商3家。同时，母公司协同新里程供应商管理部共考察24家供应商，要求审核不合格的供应商整改。本年度签订多条机器人焊接流水线。配合各事业部和子公司对智能制造和全自动流水线建议和洽谈工作；本年度签订多条全自动流水线和焊接机器人。

是年，为减少对公司的风险，集团要求各供应商增加注册资金，母公司的供应商注册资金不低于500万元，子公司注册资金不低于300万元。

2018年起，为更好地提高对供应商的管理，供应商管理部严格按照《策略采购及供应商管理规定》，全面负责供应商的选择、准入、考核评估、日常管理和控制。在进行供应商数量的选择时做到避免单一货源，寻求多家供应，既要保证所选供应商承担的供应份额充足，以获供应商的最优价，降低物料的价格和采购成本，又要保证采购部采购物料的交货周期、供应质量，满足整机发货时间，降低库存。

(二) 现行供应商管理主要原则和方法

集团战略采购部及各供应商管理部加大统一、集中管控力度，统一规划好供应链管理，做好供应商准入管理、采购成本管理、绩效管理、档案管理，通过优化供方资源提升供应商综合能力，使得供应商高质量、准交货、低成本运行，同时做好采购合同管理，对供应商的财务风险、质量风险、产能风险、环保风险等各种潜在风险进行防范;提升各采购策略员采购谈判技巧,把采购战略及风险限制在可控范围;建立与供应商之间的信息流共享,使相互之间的物流畅通最优,资金流健康运转,灵活性、弹性、响应速度更好;充分发挥供应商的能力,持续改善供应链资源,打造多赢系统局面和可持续发展。

1. 供应商准入管理

(1) 要求供应商先行提供供应商基本信息登记表及相应资料。按供应商基本条件和资格认定要求,供应商管理部需先从供应商基本信息、注册资金、生产设备、生产场地、型式试验报告、供货能力、质量情况、产品价格情况等方面全面了解供应商信息,初步商谈确认符合要求后,才将其纳入拟采购供应商名录。

(2) 供应商管理部或技术部需提交OA样品试样流程。此流程主要包括以下三方面:供应商需提供样品及相应送检报告、材质报告等资料,质量部、技术部将对样品进行检测确认并出具测试报告;供应链质量改进部、技术部、供应商管理部安排相关人员对供应商现场进行全面审核并出具全面审核报告;供应商管理部对产品价格进行谈定并签订产能交期价格表。以上三方面如有一方面未通过,此流程将直接驳回作废,无法进入准入流程;如全部确认通过,流程将直接确认通过,并进入下一步供应商准入评审流程。

(3) 供应商管理部提交OA供应商准入评审流程,将前期供应商基本信息登记表及附件资料、样品试样流程、样品测试报告、现场审核报告等资料一并扫描提供。流程通过后,再进入下一步。

(4) 与供应商签订年度采购协议及廉政要求,并将前期资料一并汇总装入档案袋进行归档;同步供应商管理部提交OA主数据申请流程,由财务部统一进行系统内供应商代码建立。

(5) 供应商管理部提交采购物料价格维护申请表,将相应物料价格维护至系统,并通知采购部进行小批量采购(份额不应超过10%)。3个月小批量试用后,对质量、交期、售后等问题进行汇总评估。如供应商存在问题,供应商管理部将与供应商进行沟通调整,并召集质量、技术部门进行重新确认定义,如未有改善将取消该供应商;如供应商未存在任何问题,将重新调整量比并进行批量采购。

2. 外购件定价管理

采购物料定价根据《策略采购及供应商管理规定》中的流程执行。根据市场原材料价格水平和行情进行跟踪和分析,随时对采购价格进行评估和调整,严格控制采购成本。对于外购大部件,每周根据集团采购部提供的对应原材料价格进行比对跟踪,供应商报价时必须按照公司的要求填写外购件价格构成报价表,当产品特殊,按供应商自行格式报价时,需列明各项材料成本、加工工时成本、包装费用、运输费用、税金以及其他所有成本明细;对外协部件,根据集团采购公布的对应核算材料价比对进行跟踪,核算部根据采购物料各项材料成本、加工工时成本、包装费用、运输费用、税金以及其他所有成本明细,提交核算清单给供应商管理部,然后比价、洽谈、批准、确认。

3. 供应商考评管理

对供应商考核评估主要分月度、年度。月度评分,主要根据质量PPM值(质量部)、交货准时率(计划采购部)、价格水平(供应商管理部)三部分进行考核评分,每月初由质量部、采购部提供上月评分给供应商管理部,由供应商管理部进行评分汇总。年度评分,主要根据质量部、计划采购部、供应商管理部年度每月累计总平均分汇总。

对于每月出现的质量问题、交期问题,由质量部、计划采购部开具相应罚单,财务部收到罚单后统一在服务器上进行登记汇总。如在下月度财务排款前供应商仍未交清罚款,财务将直接暂停支付应付款,直至交付完罚款后才安排支付应付款。同时,供应商管理部需依据每月考核评估结果采取相应措施,如对表现差的供应商应将结果通报供应商,并督促其改进,必要时,暂停甚至取消供应商供货资格。

4. 供应商档案管理

供应商管理部建立规范和详尽的供应商档案,作为供应商日常管理和控制的依据。

供应商管理部建立的电子档案包括:全部供应商名录,包括供应商名称、地址、联系人、联系方式以及其他基本信息;合格供应商名单(每年更新一次签字版);日常供货表现统计数据,包括按时到货率和不合格 PPM 值(按月登记并累计全年);每年度价格调整记录。

必须为每个合格供应商建立文件夹档案,每年资料将移交至资产档案管理部归档。本管理制度要求的书面文件包括:供应商准入批准文件及所有资质证书资料、选择评估过程报价及批准记录及随后的价格调整记录、相关样品确认记录、相关现场审核报告及记录、年度采购协议或其他协议、双方重要来往商业信函、主要投诉及处理过程及结果文件等。

表 9-4　　康力公司历年供应商评估、选择、淘汰情况

年　份	评估数量(家)	选择数量(家)	淘汰数量(家)
2012 年	228	223	5
2013 年	198	193	5
2014 年	158	150	8
2015 年	150	147	3
2016 年	160	155	5
2017 年	189	179	10
2018 年	186	176	10

第十章

工程管理

第一节　工程管理组织机构

2000年,公司开始从事电梯整机销售,主要以经销为主,未涉及安装维保业务。

2001年,随着业务量的增加,安装业务需求相应增加,苏州康力电梯有限公司成立工程部,由王东升负责。

2004年,王东升担任工程部经理,李跃平任安装部副经理。

2005年,王东升担任工程部经理,陆斌云任技术调试部经理。

2007年,公司根据业务发展需要设立工程部和维保部,王东升任工程部部长,负责安装业务方面工作;陆斌云任维保部部长,负责维保业务方面工作。

2009年,公司根据发展战略规划需要,将工程部和维保部根据区域划分为工程维保一部和工程维保二部。工程维保一部归入营销中心,下设综合科、监管科、勘测科、调试科、维保科、档案科,由王东升任工程维保一部总经理,带领各部门处理区域内安装维保业务工作。工程维保二部归入市场运营中心,下设综合科、监管科,由陆斌云任工程维保二部总经理,带领各部门处理区域内安装维保业务工作。

2012年,公司根据发展战略规划需要,将工程维保一部和工程维保二部根据项目特点重新划分为工程部和重大项目部,归入营销中心管理。工程部下设工程管理部、工程技术质量部、安装部、售后服务部、轨道交通部,由王东升任工程部总经理,带领各部门处理一般项目的安装维保业务工作。重大项目部下设重大项目管理部、重大项目安装部、重大项目服务部,由陆斌云任总经理,带领各部门处理重大项目的安装维保业务工作。

2013年重大项目工程维保工作由工程总部直接管理,工程部更名为营销中心工程总部,下设工程管理部、工程技术部、安装部、售后服务部、工程质检部、轨道交通部,由工程总部总经理王东升负责。

2014年,公司将工程总部从营销中心分离,成立独立直属机构工程服务中心,由秦成松任总经理,全面负责工程服务中心管理工作;由王东升任副总经理兼办公室主任,分管安装管理部、售后服务部、轨道交通维保部、工程技术部等部门;由王立飞任办公室副主任,分管安装管理部。2016年,工程服务中心更名为工程中心。

2018年,工程中心由秦成松任执行总裁,全面负责工程中心管理工作;由王东升任副总经理,分管大项目管理、工程技术、工程质检、工程安全等工作;由王立飞任总经理助理,分管工程管理部、产品更新部、售后服务部、备件中心4个部门;由任建华任国内轨道交通总监,分管国内轨道交通管理。

表10-1　　　　　　　　　　　　　　　　历年工程管理主要负责人

年　　度	机构/部门	主　要　负　责　人
2001—2003年	工程部	经理:王东升
2004年	工程部	经理:王东升 安装部副经理:李跃平

(续表)

年　　度	机构/部门	主　要　负　责　人
2005 年	工程部	经理：王东升 技术调试部经理：陆斌云
2006 年	工程部	部长：王东升
2007—2008 年	工程部	部长：王东升
	维保部	部长：陆斌云
2009 年	营销中心/ 工程维保一部	工程维保一部总经理：王东升 综合科科长：顾伟兵 监管科科长：任建华 勘测科科长：沈爱林 调试科科长：王健红 维保科主管：王新荣 档案科主管：叶建芳
	营销中心/ 工程维保二部	工程维保二部总经理：陆斌云 综合科科长：孙健育 监管科科长：朱林根
2010 年	营销中心/ 工程维保一部	工程维保一部总经理：王东升 综合科副部长：顾伟兵 监管科副部长：任建华 勘测科副部长：沈爱林 调试科经理：王健红 维保科经理：王新荣 档案科科长：叶建芳 对外应急服务科科长：沈子强
2010—2011 年	市场运营中心/ 工程维保二部	工程维保二部总经理：陆斌云 总经理助理兼综合科副部长：孙健育 监管科、勘测科经理：朱林根 维保科经理：张文春
2012 年	营销中心/工程部	工程部总经理：王东升 工程管理部部长：王立飞 售后服务部部长：顾伟兵 轨道交通部部长：任建华 工程技术质量部副部长：孟庆刚 安装部副部长：沈爱林
	营销中心/ 重大项目部	重大项目部：陆斌云 重大项目安装部部长：孙健育
2013 年	营销中心/工程总部	营销中心副总兼工程总部总经理：王东升 轨道交通部高级部长：任建华，部长：陈志宏 工程管理部部长：王立飞，助理部长：叶建芳 安装部部长：孙健育，助理部长：周建军 工程技术部副部长：孟庆刚 工程质检部副部长：沈爱林 售后服务部助理部长：沈炯、张文春

(续表)

(续表)

年　　度	机构/部门	主　要　负　责　人
2014 年	工程服务中心	工程服务中心总经理：秦成松 工程服务中心副总经理兼办公室主任：王东升 办公室副主任高级部长：王立飞 办公室副主任高级部长：任建华 办公室主任助理副部长：叶建芳 轨道交通管理部高级部长：陈志红 工程管理部部长：陆宇露 工程质检部部长：沈爱林；副部长：王新荣 安装管理部部长：孙健育；助理部长：周建军、唐俊 工程技术部副部长：孟庆刚 售后服务部副部长：沈炯；助理部长：张文春
2015 年	工程服务中心	工程服务中心总经理：秦成松 工程服务中心副总经理兼办公室主任：王东升 办公室副主任高级部长：王立飞 办公室副主任兼轨道交通管理部高级部长：任建华 办公室主任助理副部长：叶建芳 轨道交通维保管理部高级部长：陈志红 工程管理部部长：陆宇露；副部长：朱建荣 工程质检部部长：沈爱林；助理部长：张雪勇 安装管理部部长：孙健育；副部长：周建军 工程技术部部长：孟庆刚；助理部长：周振宇 维保管理部部长：王新荣 现场服务部部长：沈炯；助理部长：张文春 备件中心副部长：朱巧弟；助理部长：沈强 轨道交通安装部副部长：沈子强
2016 年	工程中心	工程中心执行总裁：秦成松 工程中心副总经理兼办公室主任：王东升 办公室副主任、高级部长：王立飞 办公室副主任兼轨道交通管理部、高级部长：任建华 办公室主任助理、副部长：叶建芳 轨道交通维保管理部高级部长：陈志红 工程管理部部长：陆宇露；副部长：朱建荣 工程质检部部长：沈爱林；助理部长：张雪勇 大项目工程一部部长：孙健育；助理部长：唐俊 大项目工程二部部长：周建军 工程技术部部长：孟庆刚；助理部长：周振宇 售后服务部部长：王新荣 产品更新部部长：沈炯；助理部长：张文春 备件中心副部长：朱巧弟；助理部长：沈强 轨道交通安装部副部长：沈子强
2017 年	工程中心	工程中心执行总裁：秦成松 工程中心副总经理兼办公室主任：王东升 办公室副主任、高级部长：王立飞 办公室副主任兼轨道交通管理部高级部长：任建华

(续表)

年　　度	机构/部门	主　要　负　责　人
2017 年	工程中心	办公室主任助理副部长：叶建芳 轨道交通维保管理部高级部长：陈志红 工程管理部部长：陆宇露；副部长：朱建荣 工程质检部部长：沈爱林 大项目部部长：周建军；助理部长：唐俊 工程技术一部部长：孟庆刚 工程技术二部部长：孙健育 售后服务部部长：王新荣 产品更新部部长：沈炯 备件中心副部长：朱巧弟 轨道交通安装部副部长：沈子强
2018 年	工程中心	工程中心执行总裁：秦成松 工程中心副总经理：王东升 工程中心总经理助理：王立飞 国内轨道交通总监兼轨道交通管理部高级部长：任建华 轨道交通维保管理部高级部长：陈志红 工程管理部部长：陆宇露 工程质检部部长：沈爱林 工程大项目部部长：周建军 工程技术一部部长：孟庆刚 工程技术二部部长：孙健育 售后服务部部长：王新荣 产品更新部副部长：朱建荣 备件中心副部长：朱巧弟 办公室主任副部长：叶建芳 轨道交通安装部副部长：沈子强

表 10-2　　　　　　　　　　　　2018 年公司工程维保主要职责

服　务　部　门	隶　　属	主要服务事项
分公司安装部	分公司	产品安装期的一切业务管理及执行
分公司维保部	分公司	保养、急修、修理、改造等一切维保业务执行
合格工程供方	社会资源	部分工程事务的协助执行
区域工程部	区域	所辖分公司工程事务的管理指导
售后服务部	工程中心	维保业务的全面支持与管控
产品更新部	工程中心	维修改造进行全面支持与管控
备件中心	工程中心	配件方面支持与管控
工程技术部	工程中心	现场技术方面支持
工程管理部	工程中心	安装业务支持与管控
工程质检部	工程中心	质量抽查及技术指导
客户服务部	质量中心	质量诉求的支持

(续表)

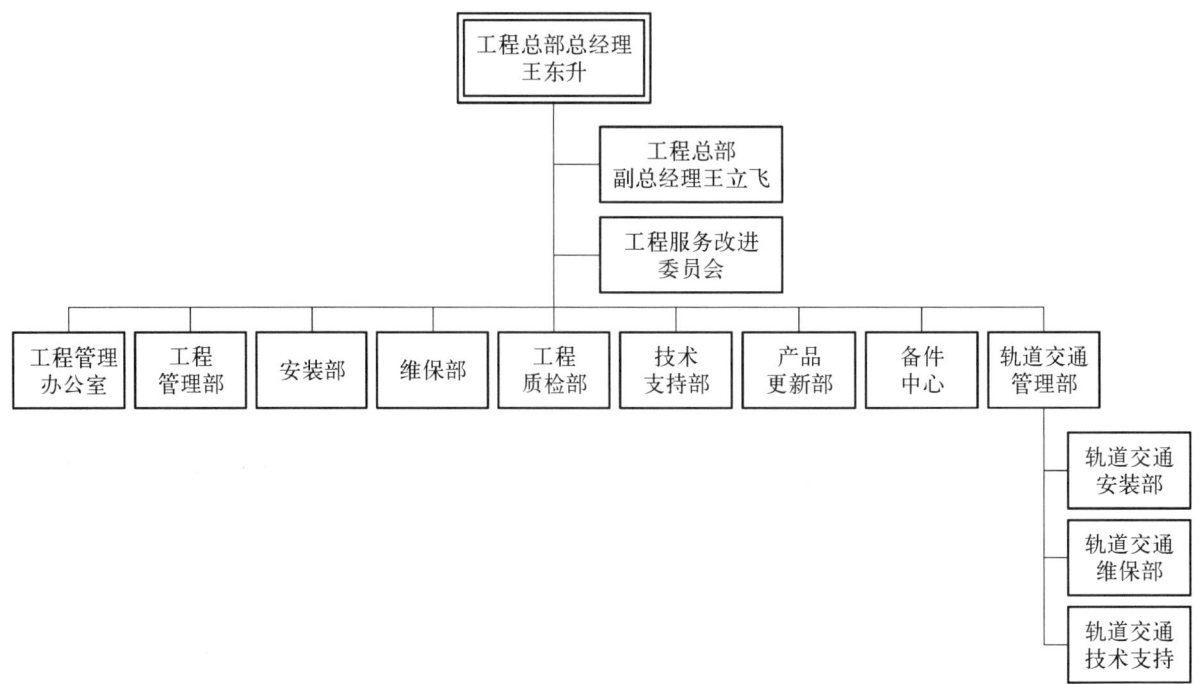

图 10-1　2018 年 12 月工程中心组织机构图

第二节　工程管理制度建设

2002 年，工程部开始依据电梯相关国家标准和法规，特别是电梯安装、维修和改造相关法律和法规，逐步规范工程维保管理工作。

2007 年，依据公司总体要求，工程部编制《工程部工作手册》，建立基本的工作职责、流程和工作要求。

2012 年，依据公司管理制度建设统筹计划，工程部制定安装管理及维修保养管理等相关制度。

2013—2018 年，伴随着安装维修改造许可证的申办及各类管理体系的建立，特别是结合工程维保管理的需要，工程部不断完善管理制度的建设。

《分支机构工程类人员绩效管理规定》《售后服务销售绩效规定》详见本志第十三章。

表 10-3　　　　　　　　2018 年工程维保管理制度清单（不含绩效考核文件）

序号	文件名称	文件编号	生效时间
1	顾客满意度测量程序	KL.B-022	2017 年 9 月 15 日
2	产品安装作业控制程序	KL.B-037	2016 年 5 月 1 日
3	安装分包方管理程序	KL.B-038	2018 年 3 月 1 日
4	产品维保管理程序	KL.B-039	2016 年 5 月 1 日
5	安全管理手册 B	KL.C-SC02	2012 年 11 月 1 日
6	产品安装管理规定	KL.C-IN01	2014 年 7 月 1 日
7	勘查作业管理制度	KL.C-IN02	2014 年 7 月 1 日
8	自动扶梯勘查和现场整改规定	KL.C-IN03	2017 年 9 月 1 日

第十章　工程管理

(续表)

序号	文　件　名　称	文　件　编　号	生　效　时　间
9	安装工期计划管理制度	KL.C-IN04	2014年7月1日
10	安装档案管理制度	KL.C-IN05	2014年7月1日
11	工地整改管理流程	KL.C-IN07	2014年5月1日
12	调试管理流程	KL.C-IN09	2014年5月1日
13	电梯项目安装管理流程	KL.C-IN10	2014年5月10日
14	安装项目管理考核制度	KL.C-IN11	2014年5月10日
15	战略客户项目经理管理流程	KL.C-IN12	2016年8月15日
16	工程经理考核制度	KL.C-IN13	2014年5月1日
17	项目经理及项目副经理考核制度	KL.C-IN14	2014年5月1日
18	项目主管考核制度	KL.C-IN15	2014年5月1日
19	公共交通电、扶梯项目安装管理流程	KL.C-IN19	2014年5月22日
20	电梯责任险管理制度	KL.C-IN28	2014年11月1日
21	安装与维保移交管理规定	KL.C-IN31	2015年11月19日
22	安装分包方管理制度	KL.C-SU01	2018年3月1日
23	安装分包价格管理制度	KL.C-SU03	2018年3月1日
24	安装分包费用结算管理制度	KL.C-SU04	2018年3月1日
25	安装计划及委托管理制度	KL.C-SU05	2018年3月1日
26	工程项目安全管理责任制	KL.C-SU11	2014年7月1日
27	施工安全技术交底规定	KL.C-SU12	2014年7月1日
28	安装业务"外出经营活动税收管理证明"的规定	KL.C-SU16	2014年5月1日
29	扶梯标识管理流程	KL.C-SU17	2014年5月1日
30	电梯标识管理流程	KL.C-SU18	2014年5月1日
31	电梯维保安全管理流程	KL.C-SU19	2014年5月1日
32	电梯安装安全管理流程	KL.C-SU20	2014年5月1日
33	特种设备安全事故应急预案（工程部分）	KL.C-SU21	2018年6月1日
34	安装分包方考核制度	KL.C-SU22	2018年1月15日
35	应急预案操作手册	KL.C-SU28	2018年6月1日
36	2018年更换部件分包价格表	KL.C-SU29	2018年1月1日
37	维保分包执行规范	KL.C-SU30	2018年6月1日
38	产品维保管理规定	KL.C-MA01	2014年7月1日
39	电扶梯保养作业计划制定办法	KL.C-MA02	2014年7月1日
40	维保失约客户管理规定	KL.C-MA04	2014年9月1日
41	厂区维保作业规定	KL.C-MA06	2017年11月20日
42	维保招投标文件评审及盖章流程	KL.C-MA07	2017年6月1日
43	备品备件管理制度	KL.C-MA12	2015年11月30日

(续表)

序号	文件名称	文件编号	生效时间
44	电、扶梯保养作业指导书	KL.C-MA13	2014年1月1日
45	售后档案归档要求	KL.C-MA14	2018年1月20日
46	分公司维保工具管理制度	KL.C-MA15	2015年10月20日
47	消防电梯维保作业指导书	KL.C-MA19	2016年5月1日
48	液压电梯维保作业指导书	KL.C-MA20	2016年5月1日
49	7S标准机房规范	KL.C-MA21	2015年6月1日
50	试验塔测试及乘用管理规定	KL.C-MA24	2015年7月1日
51	现场购买维保耗材管理制度	KL.C-MA26	2015年10月20日
52	维保授权委托书使用管理规定	KL.C-MA31	2017年11月15日
53	销售阶段维保预留费用测算办法	KL.C-MA32	2018年5月20日
54	工程服务激励管理规定	KL.C-EN01	2017年8月1日
55	2018年分公司备件操作手册	KL.C-EN03	2018年1月15日
56	乘客电梯与载货电梯工程检验作业指导书	KL.C-EN11	2018年7月15日
57	自动扶梯和人行道工程检验作业指导书	KL.C-EN12	2018年7月15日
58	杂物电梯工程检验作业指导书	KL.C-EN13	2018年7月15日
59	液压梯工程检验作业指导书	KL.C-EN14	2014年7月15日
60	电扶梯安装、维保质量管理制度	KL.C-EN16	2015年1月1日
61	工程安装过程质量控制流程	KL.C-EN17	2017年8月15日
62	工程安装整机质量控制流程	KL.C-EN18	2017年8月15日
63	工程安装质量抽查流程	KL.C-EN19	2014年12月1日
64	工程安装质量评分流程	KL.C-EN20	2014年12月1日
65	工程作业人员岗位技能培训制度	KL.C-EN21	2014年5月1日
66	工程质检绩效考核管理制度	KL.C-EN22	2014年12月1日
67	产品大修、改造处理流程	KL.C-EN23	2014年5月1日
68	在用电梯质量确认流程	KL.C-EN24	2014年5月1日
69	维修、改造施工方案制定管理制度	KL.C-EN25	2014年5月1日
70	工程质量安全抽查处罚规定	KL.C-EN26	2018年8月1日
71	工程作业人员岗位技能等级评定制度	KL.C-EN27	2015年1月28日
72	分公司工程管理星级评定标准	KL.C-EN28	2018年6月1日
73	远程监控管理制度	KL.C-EN29	2018年10月10日
74	工程安全手册	V1	2016年4月1日
75	EOS系统管理制度	KL.C-EN30	2017年9月15日
76	限速器检验规范	KL.C-EN31	2015年5月1日
77	电梯加速度测量仪使用规范	KL.C-EN32	2016年8月15日
78	声级计使用规范	KL.C-EN33	2016年8月15日

(续表)

序号	文件名称	文件编号	生效时间
79	战略客户项目管理指导手册	V1	2016年8月15日
80	400客户需求处理及回访办法	KL.C-CS01	2016年3月1日
81	返回件分析管理制度	KL.C-CS02	2016年3月1日
82	400客户回访实施规定	KL.C-CS03	2016年3月1日
83	客户满意度评测规定	KL.C-CS04	2017年3月1日
84	徕卡ts-02全站仪测量简易指南	KL.C-CL-028	2017年2月1日

第三节 工程管理绩效考核

一、分支机构工程人员绩效考核

2016年,公司正式发布《分支机构工程类人员绩效管理规定》,针对分支机构工程类岗位(工程安装管理、工程质检、维修保养、工程文员等)实施工作业绩和工作质量与收入挂钩的分配模式。其中,工程经理采用"月度固定工资＋年终绩效奖金"模式;安装、维保人员采用"月度基本工资＋季度绩效"模式,安装按照项目检验阶段、移交情况结算绩效,维保按照维保台量结算绩效。

2017年,公司修订《分支机构工程类人员绩效管理规定》,将重载型公共交通维保绩效的分类进一步明细化,重新定义工程经理年度绩效考核KPI以及新增工程文员绩效上限。

2018年,公司基本延续2017年考核方式,绩效发放时点由本季度初发放上季度绩效改为在本季度内的各月平均发放上季度绩效。

二、售后服务销售绩效考核

2017年,公司将维保销售人员绩效考核从工程类人员绩效制度中分离出来,单独发布《售后服务销售绩效规定》,针对维保销售绩效、工地改造、大修、备件绩效等内容做出明确规定,以大力推进维保销售、大修改造、备品备件销售等工作。

2018年,公司进一步修订《售后服务销售绩效规定》,明确定义自行维修改造,去除低于日常维保成本的维保合同绩效,变更绩效结算节点,所有维保、配件销售绩效收款后结算。

第四节 工程质量监督检验

2009年,康力电梯股份有限公司总部有两支工程质检队伍:工程一部质检队,队员11人;工程二部质检队,队员8人。工程一部质检队负责国内项目电梯、扶梯安装过程检验和电梯、扶梯整机检验,工程二部质检队负责国外项目电梯、扶梯安装过程检验和电梯、扶梯整机检验。

2013年,康力电梯成立工程质检部。工程质检部负责对分支机构管辖的工程质量的管控,对现场工程质量进行抽检,对安装、维保质量进行评分和等级评定,对整改情况进行跟踪;抽查安装团队,对电梯、扶梯质量检查把关。

2014—2018年,公司安装平均问题数从每台9.18个降到每台4.32个,单台A类问题数从每台0.85个降到每台0.12个,维保平均问题数从每台7.85个降到每台3.87个,单台Ⅰ类问题数从0.73个降到0.18个。

表10-4　　　　　　　　　　2018年康力电梯股份有限公司工程质检队伍情况表　　　　　　　单位：人

部门/区域	人　数	部门/区域	人　数
工程质检部	9	青岛分公司	2
安徽分公司	4	厦门分公司	1
北京分公司	4	山东分公司	9
常州分公司	1	山西分公司	2
大连分公司	1	陕西分公司	6
福建分公司	2	上海分公司	1
甘肃分公司	4	四川分公司	7
广东分公司	4	苏州分公司	2
广西分公司	4	天津分公司	2
贵州分公司	2	无锡分公司	4
海南分公司	1	吴江分公司	1
河北分公司	5	新疆分公司	3
河南分公司	4	徐州分公司	2
黑龙江分公司	1	云南分公司	3
湖北分公司	4	浙江分公司	1
湖南分公司	4	重庆分公司	1
吉林分公司	2	南京分公司	7
江西分公司	3	内蒙古分公司	1
辽宁分公司	3	宁波分公司	1

表10-5　　　　　　　　　　　　　康力历年工程质检电梯情况

年　份	检验台数（台）	自检报告（份）	处理问题（个）
2014年	2 994	7 409	133
2015年	3 911	12 719	98
2016年	3 766	16 616	171
2017年	3 870	15 582	155
2018年	3 093	14 244	169

第五节　工程分包方管理

2009年,公司成立工程一部和工程二部,分别负责国内不同区域的电(扶)梯安装和维保方面分包方管理工作,包括选择评估和过程监管。

2012年,工程一部和工程二部合并成立工程部。工程部加大分包方管控力度,统筹全国分包方资源,重点抓好工程各方面的管理工作,落实工程质量的控制和安全管理以及文明施工方面的管理。

2014年,工程部正式编制并发布各项分包方管理制度文件,并对公司在合作的所有分包方重新进行评估和考察,择优劣汰,筛选优秀分包方纳入公司的合格分包方名单,安装项目必须委托合格分包方实施。

是年,公司开发IS安装管理信息系统和SS维保管理信息系统,并将安装和维保分包方评审流程纳入系统中,由线下纸质评审调整为线下和线上系统共同操作,严控安装、维保分包方的审核、评定及准入流程,逐步提高安装、维保各方面质量。

至2018年,工程管理部负责安装分包业务的统筹管理,各地营销服务中心在工程部统一指导下对安装分包业务进行全过程监管及安装质量控制。公司对安装单位资质实施双重认证,安装单位必须持有国家质监局颁发的安装维保资质,并接受公司进行的康力电梯产品安装维保技术培训,经考核合格获得康力电梯安装维保许可证。

表10-6　　　　　　　　　　　　康力历年工程分包方数量情况

年　　份	A级分包方	B级分包方	C级分包方
2014年	44	80	33
2015年	76	113	38
2016年	125	171	38
2017年	153	190	34
2018年	142	129	21

第六节　工程项目管理实施

一、项目安装过程控制

工程部自成立以来,结合实践逐步完善安装管控过程,并制定相关制度文件,开工申报、到货开箱、部件搬运、机房设备安装、轿厢架及平台拼装、慢车调试、井道部件及厅门安装、快车调试、厂检、官检、移交,全程采取分公司现场管理,并对安装过程进行检验,总部协助参与安装过程的管控。为有效控制安装过程,工程部配合开发工程运营系统,使工程各节点由繁到简,实现信息化管理,提高工作效率和准确性。

2014—2019年,工程总部制定并逐步完善分公司绩效考核制度,通过将分公司季度和年终绩效与指标考核挂钩,有效地将分公司的安装过程和安装质量进行关联。

2015—2019年,工程总部设立"飞行抽检",对分公司项目的安装质量和安全进行抽查,针对各类问题提出整改意见并跟踪落实整改结果。工程总部还开发EOS手机操作App应用,通过该系统能够实时将工地各个工程节点信息传递回来,并进行EOS任务派单,同时提供各节点相关工程资料,总部审核通过后,系统信息同步更新至其他关联流程。

二、大项目工程管理

2016年初,工程大项目部成立,工程大项目部由工程中心原安装管理部发展而成,配合营销中心负责分支机构安装管理的培训工作,服务重大战略客户的安装管理工作,协助战略客户部的售前支持工作,监督管理战略客户项目安装单位安装质量、进度、安全等工作的开展情况,对战略客户项目的安装分包单位进行考核,收集战略客户项目工程用户对产品安装的满意情况。是年,工程大项目部编制的管理制度有《工地整改管理流程》《安装与维保移交管理规定》《战略客户工程管理流程》《战略客户项目管理指导手册》《工程服务顾客表扬激励管理规定》等。

2017年,工程大项目部完成宁波杭州湾世纪金源项目的安装管理工作,协助各分公司做好对碧桂园、荣盛地产、远洋地产、绿地集团等战略客户项目的安装管理工作及项目管理培训工作,配合营销中心做好销售前期推介及问题解答工作。

2018年,工程大项目部实施湖州长峰龙之梦484台电扶梯安装管理工作,深入各重大客户项目现场进行检查并调研分公司安装管理质量,拜访碧桂园、荣盛、绿地等现场负责人,了解他们对康力产品的服务的评价,为公司的进一步决策提供一定的数据支撑。

三、轨道交通项目工程管理

2011年,为确保轨道交通项目安装质量,在苏州轨道交通1号线中标之后,工程中心成立轨道交通部,将苏州轨道交通项目的安装维保工作纳入总部工程管理范围。

公司针对轨道交通扶梯和电梯安装维保特点,实施系统和专业的管理控制,包括编制施工组织设计文件(包含10个专项方案),按照轨道公司和城建档案馆的组卷要求编制施工过程和归档资料,并逐步完善内业资料。公司先后编制《公共交通电、扶梯项目安装管理流程》和《自动扶梯勘测和整改规定》,使项目在实施过程中具有指导性和可操作性。

公司不断加强施工过程管理。安全管理方面,对所有现场施工人员进行安全教育培训和技术交底,定期开展安全会议和现场检查,严格监督作业人员执行安全操作规程,确保现场安全文明施工;做好安全隐患的风险评估和预防措施,特别是对设备起重吊装、登高作业、动火作业、临时用电进行重点管控。质量管理方面,严格监督、指导安装人员执行公司的安装、调试工艺和过程质量控制规定,项目部检验人员按每个工序节点进行全面检验,保证电扶梯的安装质量符合公司的质量验收标准和合同要求。进度控制方面,按照合同要求和现场实际情况编制总体进度计划,及时了解现场情况和业主需求,并就现场外来因素影响工程进度的情况,及时与业主和总包单位书面沟通,协调解决方案,确保工程进度。

2012年起,轨道交通工程部负责实施苏州轨道交通1号线24个车站199台扶梯和控制中心核心筒6台电梯的安装项目管理工作,接着又连续进行苏州轨道交通2号线主线22个车站201台扶梯、2号线延伸线13个车站136台扶梯、苏州轨道交通4号线38个车站352台扶梯项目的管理和维保,苏州轨道3号线18个车站1个停车场220台电扶梯的安装管理工作。

2014年,苏轨2号线延伸线项目13个站136台扶梯进入安装实施阶段,并与苏轨4号线38个车站352台扶梯项目基本处于同期实施。苏轨2号线延伸线和苏轨4号线分别于2016年9月24日、2017年4月15日顺利开通运营。

2017年年底至2018年,苏州轨道交通3号线18个车站、1个停车场220台电扶梯开始供货安装。至此,公司在苏州轨道项目的电扶梯供货量成功突破1000台,全部由轨道交通部负责安装管理和运营维保。

在轨道交通项目安装维保实施过程中,现场工程维保团队参与轨道公司组织的各种劳动竞赛活动,项目部多次被评为"优胜单位",部门员工多次获得"百名建设功臣"和"轨道功臣杯"先进个人、"维保先进单位"等荣誉。

表 10-7 历年轨道交通工程团队获奖一览表

年 份	所 获 荣 誉	颁 奖 单 位
2012 年	"用户满意服务明星班组"荣誉称号	全国建设机械设备用户委员会
	任建华被授予苏州轨道交通 1 号线"百名建设功臣"荣誉称号	苏州市轨道交通工程建设指挥部
	2012 年度委外维保先进单位	苏州轨道交通公司有限公司运营分公司
2013 年	任建华被授予苏州轨道交通 2 号线"百名建设功臣"荣誉称号	苏州市轨道交通工程建设指挥部
2014 年	2014 年度委外维保先进单位	苏州轨道交通公司有限公司运营分公司
2015 年	"用户满意服务明星班组"荣誉称号	全国建设机械设备用户委员会
2018 年	2018 年上半年度委外维保先进单位	苏州市轨道交通工程建设指挥部

表 10-8 历年轨道交通工程团队竞赛荣誉一览表

年 份	竞 赛 名 称	所 获 荣 誉
2011 年	苏州"轨道功臣杯"建功立业劳动竞赛	任建华被评为 2011 年度先进个人
2012 年	苏州"轨道功臣杯"建功立业劳动竞赛	任建华被评为 2012 年度先进个人 轨道交通部被评为 2012 年度优胜单位
2013 年	苏州"轨道功臣杯"建功立业劳动竞赛	沈子强、崔力建被评为 2013 年度先进个人 轨道交通部被评为 2013 年度优胜单位
2015 年	苏州"轨道功臣杯"建功立业劳动竞赛	任建华、陈磊被评为 2015 年度先进个人 轨道交通部被评为 2015 年上半年度优胜单位
2016 年	苏州"轨道功臣杯"建功立业劳动竞赛	轨道交通部被评为 2015 年度优胜单位
2018 年	苏州"轨道功臣杯"建功立业劳动竞赛	任建华、崔力建被评为 2018 年度先进个人

第七节 售后服务管理

一、维修保养站点建设

2010 年,公司在苏州设维修保养站,维保人员 15 人。苏州维修保养站负责区域内电梯、扶梯日常保养及维修工作,做好常规配件更换,做好电梯、扶梯年检。

2017 年,公司有维修保养站 120 个,分布在北京、上海、天津、浙江、南京、广东等 38 个地区,维保人员 922 人。各维修保养站负责各自区域内电梯、扶梯日常保养及维修工作,做好常规配件更换,做好电梯、扶梯年检。

至 2018 年,公司维保团队为 2.5 万台电梯、扶梯直接提供维保服务,同时为在全国各地运行着的约 15 万台康力牌电梯、扶梯提供监管、技术支持服务及备品备件保障服务。公司有 38 个分支机构,100 余个二级、三级服务网点,900 余位技术服务人员,服务范围覆盖全国除港、澳、台地区之外的所有省(区、市)。

表 10-9　2018 年康力电梯股份有限公司维保站点情况表

维保站点名称	维保人数(人)	维保站点名称	维保人数(人)
安徽分公司	24	青岛分公司	5
北京分公司	39	厦门分公司	7
常州分公司	1	山东分公司	37
大连分公司	7	山西分公司	11
福建分公司	53	陕西分公司	22
甘肃分公司	13	上海分公司	9
广东分公司	23	深圳分公司	14
广西分公司	6	四川分公司	39
贵州分公司	30	苏州分公司	27
河北分公司	11	天津分公司	11
河南分公司	20	无锡分公司	5
黑龙江分公司	13	吴江分公司	60
湖北分公司	18	新疆分公司	28
湖南分公司	91	徐州分公司	12
吉林分公司	21	云南分公司	19
江西分公司	12	浙江分公司	12
辽宁分公司	31	重庆分公司	22
江苏分公司	15	厂区维保	4
内蒙古分公司	8	苏轨维保	120
宁波分公司	3		

二、维修保养实施

2006 年之前,公司维修保养全部由代理商承担,没有开展自行维保业务。

2007 年,公司开始自行维保,范围包括北京金源、苏州区域重点项目、贵阳金源。

2010 年,公司陆续在全国建立分公司,自行维保全面属地化推进。

2011 年开始,公司对苏州轨道交通项目所有电扶梯自行承担维修保养工作。

2013 年,公司设 400 服务热线,全面接受客户的业务咨询、诉求及满意度信息的反馈。

2014 年,公司建立的 EOS 信息系统开始上线运行,对工程全流程节点进行系统管控。同时,公司维保工作由公司维保部统筹管理,包括统一对维保分包或代理公司进行资质评审认定以及对维保业务进行监管,各地营销服务中心在维保部组织下对维保工作进行全过程监督及质量控制。

是年,康力电梯远程监控系统小批量试运行。系统运用物联网技术采集电梯运行数据,通过移动网络结合应用平台实现电梯运行状态的实时监控。

是年,公司开始推进维保业务利润增长,设立考核指标,细化《维修保养委托协议》,明确维保分包方的责任和损失赔偿条款。公司通过与第三方安装维保公司签订《维修保养委托协议》,明确受托方的质量损失责任和赔偿规则。

2015年,物联网开始得到广泛运用,对在用电梯运行进行实时监控,对故障情况能及时、自动向维修人员报故障,提高服务及时性,对电梯运行健康状况能进行系统自动分析,提高预防性维保的精准度,提高维保质量。

是年,公司培养高素质安装维保管理人员和作业人员,提高安装过程的管控力度和效果,加大维保业务的开展,大幅度增加质保期外维保台量,工程服务成为公司重要的利润增长点。

表10-10　　　　　　　　　　　　康力历年自维保电梯项目数量及台量

年　份	自维保项目数(个)	自维保台量(台)
2007年	37	118
2008年	59	305
2009年	63	317
2010年	69	347
2011年	110	2 550
2012年	141	3 035
2013年	214	2 219
2014年	424	5 037
2015年	758	9 512
2016年	954	14 853
2017年	1 389	18 983
2018年	1 521	19 077
合　计	5 739	76 353

三、备品备件管理

2007年起,公司备件管理在售后市场发展中越来越体现其重要性。

2015年,公司备件中心成立,承载整机出厂后全国及海外所有有偿备件销售、无偿备件需求、大修改造业务备件需求。

2015—2017年,备件中心梳理、改造、优化售后业务,将无偿备件转至质量中心进行审批处理。规范公司合同变更的财务费用,将此业务转至营销中心整机处理。组建临时小组(含技术、质量、工程、财务)分批判定、处理公司历年旧件。制作备件销售价格标准,增加备件价格审批环节,促使备件销售业务规范化。与质量中心一起规范旧件退回处理流程,使各部门业务环环相扣,进行质量问题关闭。实现分公司需求业务全面OA流程化,使分公司能全程跟进总部处理进度节点,具备信息透明化,可追朔。在公司OA发布《备品备件管理手册》《返回件管理手册》《备件价格表》《备件业务操作手册》《备件购销合同》《备品备件图册》,从制度到OA流程逐步完善、优化。

备件中心在全国设有3个生产总仓,辐射全国30个分仓库及其服务点,实现备件全国联动,提升售后服务水平。在公司备件管理具体业务方面,由备件中心对全国备件需求进行一站式服务,对需求识别复核、销售报价、价格评审、合同处理、计划安排、配件采购、仓库存储、装箱发货、技术支持等快速响应,及时处理。

2018年,公司备件中心实行信息化管理,通过企业资源管理系统思爱普(SAP)软件与办公自动化

(OA)软件相结合处理,实现备件管理各环节的动态情况跟踪及信息共享。备件中心处于总部与营销分公司之间,每天处理全国各地的备件需求,备件中心部门人员在休息日电话值班,一旦营销分公司有需求,就立即响应处理。全国的分仓库发挥属地化需求作用,基本无备件特殊需求,备件管理得到阶段性提升。是年,备件中心推行营销分公司培训机制,使业务信息更加快速、准确传递备件需求,并指导营销分公司利用大数据管理识别所在区域特殊易损易耗件,通过数据管理,发现各项目的备件需求,进行数据准确分析,获知项目管理情况、部件质量情况等。

四、产品更新改造

2015年,工程中心产品更新部成立,专门负责电梯大修及改造工作。工作内容包括电梯大修和改造项目的报价、合同签订、收款,更新改造现场技术,协调、跟踪、处理、反馈现场质量问题等,并定期对现场服务项目进行统计分析和改进,拉动相关部门对产品质量的改进和提升等工作。是年,公司产品更新部合同金额为100余万元。

2016年,产品更新部的合同金额达到744.33万元,其中大修改造的大项目有四川分公司遂宁市新瑞山水花园、安徽分公司合肥滨湖惠园小区、河北分公司凤凰购物中心、河北分公司二塑料地块回迁安置房项目等。

2017年,产品更新部的合同金额达到790.11万元,其中大修改造的大项目有大连分公司红星海22号地块项目、浙江分公司杭州湾新区世纪金源大饭店、重庆分公司太平洋西部奥特莱斯购物广场、广东分公司佛山(国际)家居博览城等。

2018年,产品更新部的合同金额达到1607.64万元,其中大修改造的大项目有天津分公司马场街环友里、森森公寓、天骄园、平山公寓、华悦大厦老旧小区及远年住房电梯维修改造项目、北京分公司北京金源时代购物中心有限公司、安徽分公司铜陵世纪联华超市、贵州分公司碧桂园贵安一号二期等。

第十一章

质量管理

第一节　质量管理组织机构

1997—2000年10月,吴江市新达电扶梯成套配件有限责任公司初创,企业规模小,人数少,未设立单独质量管理机构,由李晓红担任技术、质量负责人。

2000年11月,苏州康力电梯有限公司成立,公司成立质量部,负责人为赵汉清。

2002年10月—2004年6月,康力电梯质量部负责人为高玉中。

2004年7月,江苏康力电梯集团有限公司质量部由副总工程师高玉中兼管,部门经理为毛亮,下设检验科、计量管理员。

2005—2006年,质量部由副总工程师高玉中兼管,下设质检科、质管科及计量管理。

2007年,质量部划入制造中心。

2008年,公司设质量总监,由高玉中担任,负责体系运行、改进个认证、取证等工作。

2012年,质量总监为高玉中,质量模块隶属工厂运营中心,下辖部门除电梯质量部、扶梯质量部、质量售后服务部、质量认证部外,另增设安全生产保卫部。

2013年,公司设立质量管理中心,总监秦成松,下设电梯质量部、扶梯质量部、售后服务部。

2014年,质量管理中心增设质量管理部、产品质量改进部、体系管理部。

2015年,组织机构调整,取消质量管理部和产品质量改进部,设质量保证部。

2016年,质量管理中心更名为质量中心,总监秦成松,下设质量控制部、客户服务部、质量保证部、产品认证部。质量控制部分设电梯质量部和扶梯质量部。

2017—2018年,质量中心设产品质量改进委员会。产品质量改进委员会下辖体系管理部、质量控制部、供应链质量改进部、产品认证部、客户服务部。质量中心体系管理部分设体系管理和计量管理部门;质量控制部分设电梯质量、扶梯质量部门。

表11-1　　　　　　　　　　康力历年质量管理组织主要负责人

年　度	机构/部门	主　要　负　责　人
1997—2000年10月	技术/质量部	李晓红
2000年11月—2002年9月	质量部	赵汉清
2002年10月—2004年6月	质量部	公司副总工程师、质量总监:高玉中
2004年7月—2005年2月	质量部	副总工程师:高玉中(分管质量) 质量部经理:毛亮
2005年2月—2006年2月	质量部	质量部经理:高玉中(兼) 质量部副经理:毛亮

第十一章 质量管理

(续表)

年　度	机构/部门	主　要　负　责　人
2006年3月—2007年1月	质量部	副总工程师：高玉中；质量部部长：高玉中(兼) 质量部副部长：毛亮、芦卯荣
2007年2月—2008年2月	质量部	副总工程师：高玉中 质量部部长：高玉中(兼)；质量部副部长：毛亮
2008年3月—2009年3月	质量部	质量总监：高玉中 质量部部长：高玉中(兼)；质量部副部长：毛亮
2009年3月—2011年	质量部	质量总监：高玉中 质量部部长：高玉中(兼)；质量部副部长：毛亮、芦卯荣
2011—2012年	质量部	质量总监：高玉中 扶梯质量部副部长：毛亮；电梯质量部副部长：芦卯荣；质量售后服务部副部长：史新华
2012—2013年	质量部	质量总监：高玉中 扶梯质量部部长：毛亮；电梯质量部副部长：芦卯荣；质量部部长：史新华；安全生产保卫部副部长：陈连兴
2013—2014年	质量管理中心	质量总监：秦成松 扶梯质量部部长：毛亮；售后服务部部长：史新华；电梯质量部副部长：芦卯荣；电梯质量部部长助理：吴志学
2014—2015年	质量管理中心	质量总监：秦成松；总监助理：陈兴荣 电梯质量部部长：吴洪枣；扶梯质量部部长：毛亮；电梯质量部部长助理：吴志学；售后服务部部长：史新华；质量管理部部长：陈兴荣；产品质量改进部部长：芦卯荣；体系管理部部长：张清华
2015—2016年	质量管理中心	质量总监：秦成松；总监助理：陈兴荣 电梯质量部部长：吴洪枣；扶梯质量部部长：毛亮；电梯质量部部长助理：吴志学；售后服务部部长：史新华；质量保证部部长：陈兴荣；体系管理部部长：张清华
2016—2017年	质量中心	质量总监：秦成松 质量控制部部长：吴洪枣；电梯质量部部长助理：陈谱；客户服务部部长：史新华；质量保证部部长：张清华；产品认证部副部长：吴志学
2017—2018年2月	质量中心	质量总监：秦成松 体系管理部部长：张清华；质量控制部部长：吴洪枣；电梯质量部高级主管：陈建明；供应链质量改进部部长助理：赵金华 产品认证部常务副部长：吴志学；客户服务部部长助理：沈强
2018年3月—2018年12月	质量中心	质量总监：秦成松；副总监：陈兴荣 体系管理部部长：陈兴荣(兼)；质量控制部部长：吴洪枣 电梯质量部高级主管：陈建明；扶梯质量部部长：陆锋；供应链质量改进部副部长：赵金华；产品认证部常务副部长：吴志学；客户服务部副部长：沈强

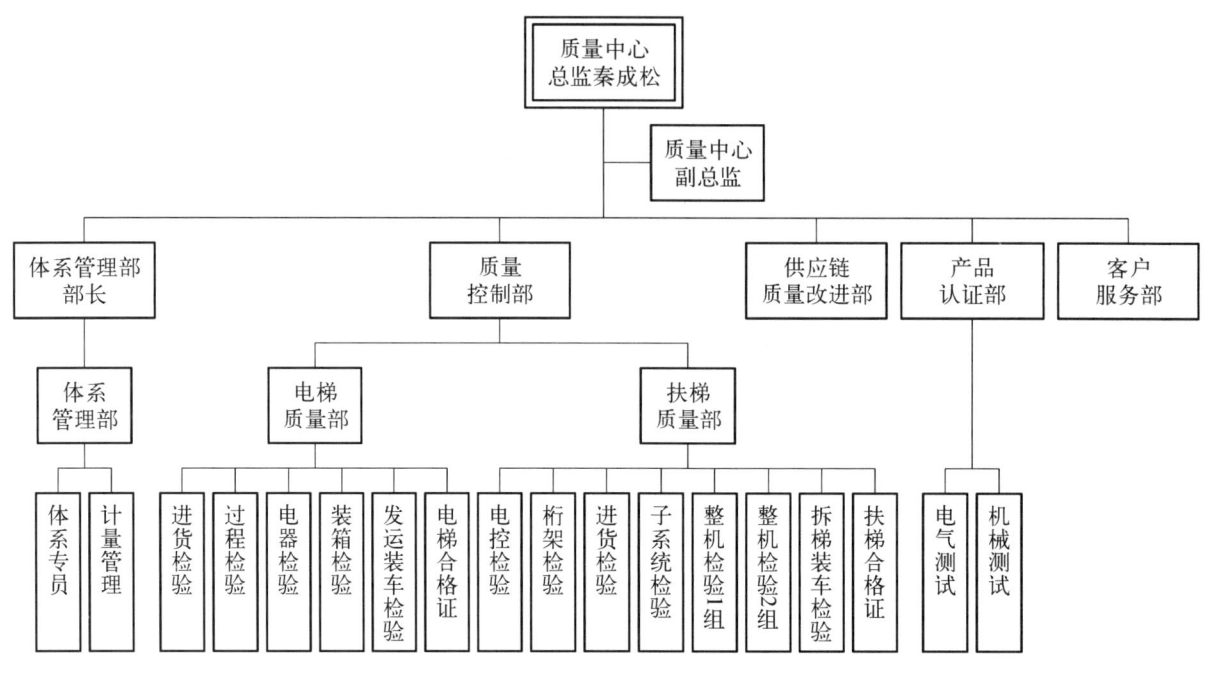

图 11-1　2018 年 12 月质量中心组织架构图

第二节　质量管理体系建设

一、管理体系建立与认证

2002 年、2005 年,公司均取得质量、环境、职业健康安全管理体系认证。

2011 年起,康力电梯股份有限公司创立以追求零缺陷为目标的 SSQS 全面质量管理模式。该模式涵盖 8 大体系、5 大安全、7 个质量、6 大节能,把质量安全责任落实到每一个生产环节、每一个工作岗位和每一位员工,确保不制造不合格、不交付不合格、不接受不合格的产品。公司逐步形成质量管理体系、质量保证体系。

2014 年,公司依据《卓越绩效评价准则》(GB/T19580-2012),荣获"苏州市长质量奖";2015 年又荣获"江苏省质量奖"。

2015 年,公司作为 2015 年国家两化融合管理体系贯标试点单位,在重点核心项目中大力推广物联网覆盖和应用,利用电梯物联网安全云平台收集公司所有电梯运行数据,通过云端的大数据分析,对安装运行的每一台电梯制定日常保养计划,对电扶梯产品安全运行动态监测,预防故障的发生;发现问题及时、快速解决,保障电梯、扶梯乘客安全。康力电梯股份有限公司致远 QC 小组被全国总工会、全国妇联等四部委评为"全国优秀质量管理小组"。

表 11-2　　　　　　　　　　　　公司历年管理体系认证情况表

序　号	体　系　名　称	认证年份
1	GB/T19001 质量管理体系	2002 年
2	GB/T24001 环境管理体系	2005 年
3	GB/T28001 职业健康安全	2005 年

(续表)

序 号	体 系 名 称	认证年份
4	GB/T19022-2003 测量管理体系	2013 年
5	TSG Z0004-2007 特种设备制造安装改造维修质量保证体系(非认证)	2014 年
6	GB/T19580-2012 卓越绩效评价准则	2014 年
7	GB/T29490-2013 知识产权管理体系	2015 年
8	GB/T19580-2012 卓越绩效评价准则	2016 年
9	TUV ISO 3834-2 焊接质量认证体系	2016 年
10	两化融合管理体系	2016 年
11	国家安全标准化二级	2017 年
12	CNAS-技术实验室认证	2018 年
13	诚信管理体系	2018 年

二、质量管理制度建设

公司从 2000 年准备导入 ISO9001:2000 质量管理标准开始,即着手建立一系列质量相关文件制度。随着公司股份制改革、成功上市、各管理体系(如表 11-2)的成功推行和获得认证,质量相关的质量手册、控制程序、管理制度、标准和规范得以全面建立和完善。

截至 2018 年,各类质量相关文件制度共 103 份,其中包括质量手册 5 份、质量目标 4 份、质量类控制程序 33 份、质量管理制度 13 份以及质量管理标准和规范 48 份。

表 11-3　　　　至 2018 年康力电梯质量相关文件制度清单(不含质量标准和规范)

分 类	文 件 名 称	文 件 编 号	生 效 日 期
质量手册	质量保证手册	KL.A-ZB-2017.V6	2018 年 6 月 1 日
	管理手册	KL.A-2017.A1	2018 年 5 月 1 日
	知识产权手册	IP.CANNY-SC-2017.A2	2017 年 12 月 11 日
	信息化和工业化融合管理手册	KL.A-LHRH-2017.A0	2017 年 9 月 10 日
	焊接质量管理手册	KL.A-HJ-2016.A0	2016 年 5 月 1 日
质量目标	2018 年质量目标	KL.G-QMS.A5	2018 年 2 月 1 日
	2018 年职业健康安全目标	KL.G-OMS.A5	2018 年 2 月 1 日
	2018 年环境目标	KL.G-EMS.A5	2018 年 2 月 1 日
	2018 年测量管理体系目标	KL.G-CL.A4	2018 年 2 月 1 日
质量类控制程序	测量设备计量确认控制程序	KL.B-CL-013.A1	2016 年 5 月 1 日
	组织环境识别控制程序	KL.B-050.A0	2017 年 3 月 1 日
	管理评审程序	KL.B-004.B5	2017 年 3 月 1 日
	变更管理程序	KL.B-047.A0	2017 年 3 月 1 日
	相关方控制程序	KL.B-046.A0	2017 年 3 月 1 日

（续表）

分类	文件名称	文件编号	生效日期
质量类控制程序	风险和机遇控制程序	KL.B-045.A0	2017年3月1日
	纠正措施控制程序	KL.B-011.C0	2017年3月1日
	文件控制程序	KL.B-001.C2	2017年3月1日
	部件认证流程	KL.B-030.A2	2016年5月1日
	业务流程与组织结构优化程序	KL.B-042.A1	2016年5月1日
	法定计量单位管理程序	KL.B-CL-022.A1	2016年5月1日
	测量数据管理程序	KL.B-CL-021.A1	2016年5月1日
	计量确认和测量过程监视控制程序	KL.B-CL-018.A2	2016年5月1日
	计量不确定度管理程序	KL.B-CL-017.A1	2016年5月1日
	计量确认间隔管理程序	KL.B-CL-015.A1	2016年5月1日
	量值溯源管理程序	KL.B-CL-014.A1	2016年5月1日
	测量设备环境控制程序	KL.B-CL-011.A1	2016年5月1日
	测量软件管理控制程序	KL.B-CL-007.A1	2016年5月1日
	计量目标管理程序	KL.B-CL-003.A1	2016年5月1日
	测量过程设计和实现管理程序	KL.B-CL-016.A2	2018年11月1日
	康力产品审核流程	KL.B-034.A1	2016年5月1日
	产品防护控制程序	KL.B-019.A2	2016年5月1日
	外包过程控制程序	KL.B-040.A1	2016年5月1日
	扶梯整梯系统可靠性测试流程	KL.B-036.A1	2016年5月1日
	电梯整梯系统可靠性测试流程	KL.B-035.A1	2016年5月1日
	整机移用、部件代用质量控制流程	KL.B-031.A3	2016年5月1日
	产品监视和测量程序	KL.B-020.A2	2016年5月1日
	内部审核程序	KL.B-009.B5	2016年5月1日
	记录控制程序	KL.B-002.B5	2016年5月1日
	测量设备管理程序	KL.B-CL-010.A2	2016年3月11日
	封印和标识管理程序	KL.B-CL-009.A1	2016年3月11日
	计量职能管理程序	KL.B-CL-001.A2	2016年3月11日
	不合格控制程序	KL.B-021.B3	2016年3月11日
质量管理制度	测量设备期间核查管理制度	KL.C-CL-012.V2	2018年11月1日
	首席质量官制度	KL.C-QM24.V3	2018年5月1日
	执行特种设备许可证制度	KL.C-QM36.V2	2018年4月1日
	客户服务管理制度	KL.C-QM44.V2	2017年8月15日
	徕卡TS-02全站仪测量简易指南	KL.C-CL-028.V1	2017年2月1日
	理化检验管理程序	KL.C-QM62.V1	2015年3月11日
	无损检测管理程序	KL.C-QM61.V1	2015年3月11日

(续表)

分 类	文 件 名 称	文 件 编 号	生 效 日 期
质量管理制度	机械加工检验程序	KL.C-QM60.V1	2015年3月11日
	材料、零部件控制程序	KL.C-QM59.V1	2015年3月11日
	分公司测量设备管理制度	KL.C-CL-20.V1	2016年1月20日
	计量标准实验室管理制度	KL.C-CL-019.V1	2015年12月1日
	400客服电话使用管理制度	KL.C-QM38.V1	2014年1月1日
	缺陷产品召回及改进程序	KL.C-QM13	2012年12月26日

三、质量管理信息化系统建设

2009年开始,康力电梯股份有限公司从企业自身发展需要出发,组织科技人员投入巨资,致力于自主研发与企业自身发展相适应的质量管理体系(QMS)信息化系统,规划和实施整个公司的质量管理信息化建设工作。

2013年12月,公司顺利通过测量管理体系认证,2014年2月取得测量管理体系AAA级认证证书,成为国内电梯行业首家获此证书企业。

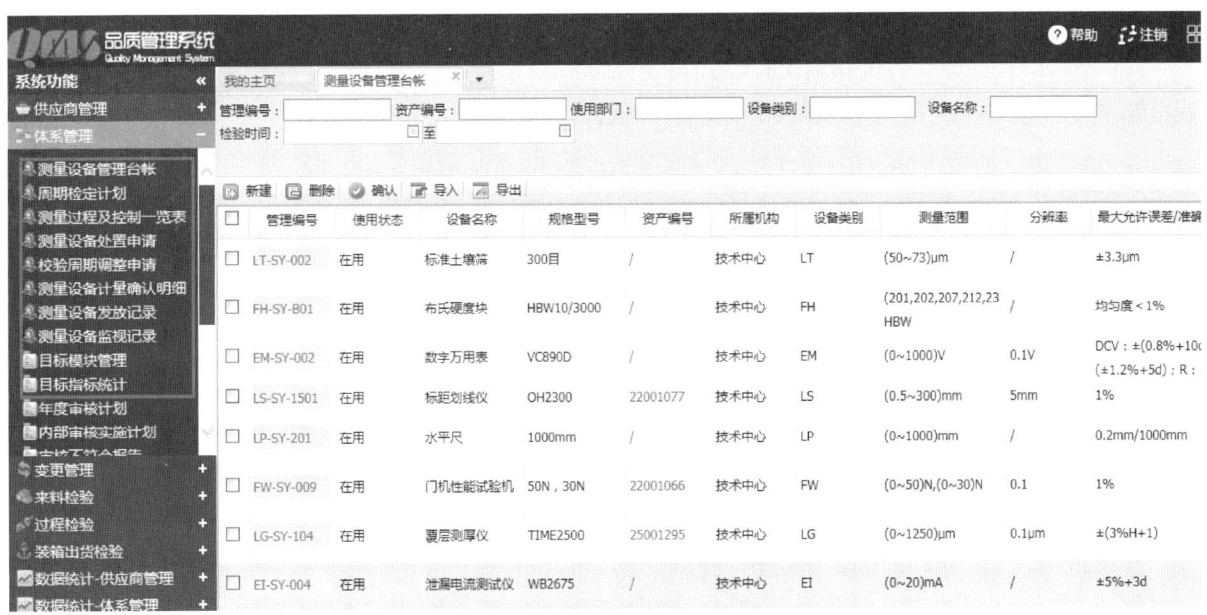

图11-2 QMS测量管理系统界面

第三节 质量管理理念和意识

公司自成立以来,将产品质量视为市场立足和生存之本,一直致力于通过系统化的管理体系以及理念,实施全过程质量管理,为用户提供安全可靠的电梯产品。

2012年起,公司每年9—10月开展"质量月"活动,截至2018年已经连续举办七届。质量月期间,公司举办各种形式的质量活动,包括QC小组活动评选、质量技能大比武、质量征文及摄影比赛、客户评审金点子、优秀质量班组与质量之星评选等,使员工加入"人人创造质量,人人享受质量"之列,提升员工的质量意识,使质量理念更加深入人心。

2013年,董事长王友林结合电梯行业特点,创造性地提出"七个质量"的管理理念,用于指导公司特别是整机业务的质量管理工作。

(1) 产品设计研发质量:需要关注和解决在设计研发环节可能产生的质量问题。

(2) 合同质量:在合同签订过程中可能存在与客户要求不吻合的质量问题。

(3) 制造及供应链质量:工厂内部制造过程和供应链过程中可能产生的质量问题。

(4) 包装发运质量:工厂内部装箱和发运过程中的质量。

(5) 工程安装质量:在安装过程中的质量控制。

(6) 维保质量:售后服务和维护保养的质量。

(7) 安装过程沟通质量:在安装过程中,与工厂、甲方、分包方和政府监管方等多方面沟通不当而产生的质量问题。

"七个质量"涉及电梯产品业务中对产品质量有重要影响的各个过程。这一理念的提出,标志公司开始进入全面质量管理阶段。

第四节 产品认证

一、许可证

2004年8月,江苏康力电梯集团有限公司获江苏省质量技术监督局颁发的特种设备制造许可证,获准制造9种型号、规格的电梯、扶梯和自动人行道。

表11-4　　　　　　2004年8月江苏康力电梯集团有限公司电梯、扶梯产品情况表

名　称	型　号	规　格	名　称	型　号	规　格
曳引式客梯	KLKI	≤1.75 m/s	液压货梯	KLY	≤3 000 kg
无机房客梯	KLW	≤1.0 m/s	杂物电梯	KLZW	≤250 kg
观光电梯	KLG	≤1.75 m/s	自动扶梯	KLXF	≤10 m
病人电梯	KLB	≤1.75 m/s	自动人行道	KRF	≤35.745 m
曳引式货梯	KLH	≤3 000 kg			

2006年3月,康力集团有限公司开发测试完成3 m/s曳引式客梯、1.75 m/s无机房客梯、2 m/s观光电梯、5 000 kg曳引货梯和液压货梯,获制造许可证增项评审。2007年12月,康力电梯股份有限公司完成更名后许可证评审。

2008年5月,公司完成提升高度14.4 m自动扶梯特种设备制造许可证换证评审。7月,公司开发4 m/s载重1 600 kg的高速电梯,通过国家电梯质量监督检验中心的型式试验,获A级制造许可证,通过改造维修许可证换证评审。

2009年2月,公司开发完成4 m/s曳引机客梯、42.99 m自动人行道,通过增项制造许可证评审。8月,公司开发完成16.5 m公交型自动扶梯、4 000 kg汽车电梯,通过制造许可证增项评审。11月,公司开发完成20.16 m公交型自动扶梯、49.5 m自动人行道,通过制造许可证增项评审。

2010年6月,公司开发完成82.1 m自动人行道,通过制造许可证增项评审。

2011年12月,在湖北省张家界天门山安装工地现场,公司开发完成30 m自动扶梯提升、118.32 m自动人行道、7 m/s曳引式客梯,通过制造许可证增项评审。

2012年7月,公司的特种设备制造许可证完成换证评审,开发测试完成8 m/s曳引式客梯,取得型式试验合格证。

2013年4月,公司开发的上置式无机房客梯新型梯在试验塔测试验证,符合相关标准,取得型式试验合格证。

2014年11月,5 000 kg曳引驱动载货电梯4∶1新梯型在湖北工地安装完成,并进行测试验证,取得型式试验合格证。

2015年4月,公司通过4 000 kg无机房载货电梯和6 000 kg液压货梯的制造许可证增项评审。

2016年7月,公司的特种设备制造许可证完成换证评审(A、B、C级),通过KLK2 2000/10.0高速乘客电梯、KLG2000/5.0观光电梯、KLWZ 300/1.0杂物电梯的许可证评审。8月,康力电梯股份有限公司广东康力电梯有限公司获特种设备制造许可证与特种设备安装改造维修许可证。是月,公司的特种设备安装改造维修许可证完成换证评审(A级)。

2017年10月,公司特种设备制造许可证增加广东康力电梯有限公司和成都康力电梯有限公司的制造地址完成三证合一的评审。2017年12月,公司全面完成新版TSG T7007-2016电梯型式试验要求的部件和整机的换证工作,同月完成KLW 4 000 kg无机房客梯的型式试验取证。2018年4月,公司取得提升高度为12 m的单驱动自动扶梯型式试验报告;是年9月完成600 mm浅底坑无机房加装电梯的委托检验工作,同时完成成都地铁17号线公交型自动扶梯样机的检验报告;12月份完成石家庄地铁3号线和徐州地铁2号线的公交型自动扶梯样机检验报告。

二、安全认证标志

2004年9月,江苏康力电梯集团公司获由法国国际检验局颁发的安全认证标志(CE证书)。

2007年,康力电梯股份有限公司获韩国EK认证、俄罗斯电扶梯GOST认证、哈萨克斯坦电梯认证。

2008年,康力电梯获ISO 9001∶2000质量管理认证。

2014年,公司所属18家营销分公司获ISO 9001质量管理认证。

2015年7月,公司获无机房电梯KLW、乘客电梯KLK1、载货电梯KLZ的电梯整机俄罗斯EAC认证。12月,公司获由南德KUV认证的无机房KLW、乘客电梯KLK1、住宅电梯KLZ电梯整机绿色能效认证。2016年3月,公司获无机房电梯控制距IP54防尘防水等级认证。是年,公司获德国TUV颁发的ISO3834-2焊接质量认证证书。

2017年5月,公司获KLK2、KLK1、KLW型号的整机CE安全认证。8月,苏州新里程电控系统有限公司获3C认证。11月,获自动扶梯与自动人行道控制柜防尘防水等级认证。12月,公司ENI2015∶2014、ENI2016∶2013电磁兼容标准获电梯电气系统KL/VF的EMC测试的安全认证。是年,广东广都电扶梯部件有限公司获CWB北美焊接认证、欧标EN1090认证等。

2018年1月,自动扶梯与自动人行道驱动链取得破断强度认证;8月获得KLG、KLW、KLK1、KLK2、KLKS型号的电梯整机ISO 25745-1∶2012、ISO 25745-2∶2015的A级等级认证;10月份取得电梯层门符合GB/T27903标准的防火性能EW120等级认证。

三、产品测试

公司为提高电梯、扶梯产品可靠性保证,周期性对电梯、扶梯产品进行检验检测,确保产品质量。

2005年,公司有计量管理人员33人、计量检定员2人、产品检验人员32人、设备试验人员5人,建有测量设备台账2 000余台件、计量标准3项、标准计量器具30余件,引进电梯制造和安装领域先进检测、试验设备。主要实验检测设备有合金分析仪、电能质量分析仪、电梯加速度测量仪、电梯限速器测试仪、钢丝绳张力测量仪、逻辑分析仪(68通道、4通道)台式示波器、高性能双通道任意波形发生器、全站仪、EMC电磁兼容测试系统。康力电梯股份有限公司总部建有高95 m、288 m两座电梯测试塔,广东康力电梯有限公司建有高100 m电梯测试塔,成都康力电梯有限公司建有高120 m电梯测试塔,最高测试速度21 m/s电梯和提升高度50 m自动扶梯,具备完善的电梯、扶梯整机型式试验与新产品开发检测能力。

2006年12月,公司开发测试完成3 m/s曳引式电梯、1.75 m/s无机房电梯、2 m/s观光电梯、5 000 kg曳引货梯和液压货梯,并取得型式试验合格证。

2008年5月,开发测试完成提升高度14.4 m自动扶梯,取得型式试验合格证。7月,康力电梯研发完成4 m/s载重1 600 kg的高速电梯,通过国家电梯质量监督检验中心的型式试验。

2009年2月,公司开发测试完成4 m/s曳引式客梯、42.99 m自动人行道,取得型式试验合格证。8月,公司开发测试完成16.5 m公交型自动扶梯、4 000 kg汽车电梯,取得型式试验合格证。11月,公司开发测试完成20.16 m公交型自动扶梯、49.5 m自动人行道,取得型式试验合格证。

2010年6月,公司开发测试完成82.1 m自动人行道,取得型式试验合格证。

2011年12月,公司开发测试完成提升高度30 m自动扶梯、118.32 m自动人行道、7 m/s曳引式客梯,取得型式试验合格证。

2012年7月,公司开发测试完成8 m/s曳引机客梯,取得型式试验合格证。12月,苏州润吉驱动技术有限公司(简称"润吉子公司")开发测试完成KGT-T系列(载重量800 kg和1 000 kg)无齿轮永磁同步曳引机,取得型式试验合格证。

2013年4月,公司开发的上置式无机房新梯型经试验塔进行测试验证,符合相关标准,取得型式试验合格证。

2014年5月,润吉子公司开发测试完成KGT-U和KGT-Y系列无齿轮永磁同步曳引机,取得型式试验合格证。9月,润吉子公司开发测试完成KGT-TS系列无齿轮永磁同步曳引机,取得型式试验合格证。11月,康力电梯5 000 kg曳引驱动载货电梯4∶1新型梯在湖北工地安装完成,并进行测试验证,符合相关标准,取得型式试验合格证。12月,润吉子公司开发测试完成KGT-T系列(载重量630 kg)无齿轮永磁同步曳引机,取得型式试验合格证。

2015年4月,公司开发测试完成4 000 kg无机房货梯和6 000 kg液压货梯,取得型式试验合格证。5月,润吉子公司开发测试完成KGT-Y系列无齿轮永磁同步曳引机增大功率设计的产品,取得型式试验合格证。

2016年3月,润吉子公司开发测试完成KGT-G系列无齿轮永磁同步曳引机,取得型式试验合格证。

2017年5月,公司通过EN81-20∶2014、EN81-50∶2014电梯新标准换证审核,取得KLK2、KLK1型号的整机安全认证。截至10月,康力法维莱子公司共测试完成47份层门摆锤式试验报告、6份门锁型式试验报告,均取得型式试验合格证。12月10日,公司通过ENI2015∶2014、ENI2016∶2013电磁兼容标准,取得电梯电器系统 EMC 测试的安全认证。12 月 20 日,公司全面完成按《型式试验规则》(TSG T7007-2016)要求的换证取证工作,取得新版整机型式试验报告,电梯整机有 39 种型号,自动扶梯与自动人行道整机有 13 种型号。

表 11-5　　2018 年公司通过型式试验的电梯整机产品

名　称	型　号	规格 速度(m/s)	规格 载重量(kg)
曳引式客梯	KLK1	≤2.0	≤2 000
曳引式货梯	KLH	≤1.0	≤3 000
载货电梯	KLH	≤1.0	≤1 000
载货电梯	KLH	≤0.5	≤5 000
无机房观光梯	KLWG	≤1.75	≤2 000
病床电梯	KLB	≤2.0	≤2 000
曳引式货梯	KLH	≤2.0	≤2 000
观光电梯	KLG	≤5.0	≤2 000
乘客电梯	KLK2	≤10.0	≤2 000
杂物电梯	KLZW	≤1.0	≤300
乘客电梯	KLKS	≤2.0	≤1 050
乘客电梯	KLK2	≤8.0	≤1 600
消防电梯	KLKX	≤2.5	≤1 600
家用电梯	KLJ/VF	≤0.4	≤400
曳引式客梯	KLK1	≤2.5	≤1 600
观光电梯	KLG	≤2.5	≤1 600
汽车电梯	KLQ	≤0.5	≤4 000
无机房货梯	KLW	≤1.0	≤4 000
无机房加装电梯	KLWE	≤1.0	≤800
曳引式客梯	KLK2	≤4.0	≤2 000
消防电梯	KLKX2	≤4.0	≤2 000
无机房消防员电梯	KLWX	≤2.0	≤2 000
无机房客梯(一体式)	KLW	≤2.0	≤2 000
无机房客梯(分体式)	KLW	≤2.0	≤2 000
无机房货梯(一体式)	KLW	≤2.0	≤2 000
无机房货梯(分体式)	KLW	≤2.0	≤2 000
无机房客梯(顶吊式)	KLW	≤2.0	≤2 000
无机房客梯(底托式)	KLW	≤2.0	≤2 000
病床电梯	KLB	≤2.5	≤2 000
曳引式客梯	KLK1	≤2.5	≤2 000
无机房客梯	KLW	≤1.0	≤4 000

表 11-6　　　　　　　　　　2018年公司通过型式试验的扶梯、自动人行道产品

名　称	型　号	规　格		
		速度(m/s)	倾斜角度(度)	提升高度/区间长度(m)
重载公共交通型自动扶梯	KLXF	≤0.65	≤30	H≤50.4
重载公共交通型自动扶梯	KLXF	≤0.65	≤30	H≤42
大高度无支撑自动扶梯	KLXF	≤0.65	≤30	H≤20
重载公共交通型自动人行道	KLRP	≤0.50	0	L≤66
重载公共交通型自动扶梯	KLXF	≤0.65	≤30	H≤24
自动扶梯	KLF	≤0.50	≤35	H≤6
自动扶梯	KLXF	≤0.50	≤30	H≤36
自动人行道	KRF	≤0.50	≤12	L≤43.97
自动人行道	KRF	≤0.50	≤12	L≤30
自动人行道	KRF	≤0.50	0	L≤118.32
自动扶梯	KLXF	≤0.65	≤27.3	H≤16.62
重载公共交通型自动扶梯	KLXF	≤0.65	≤30	H≤10.86
公共交通型自动扶梯	KLT	≤0.75	≤30	H≤9.72

注：H为提升高度，L为区间长度。

表 11-7　　　　　　　　　　2018年康力实验室主要检测设备情况表

设　备　名　称	制　造　企　业	先　进　性
合金分析仪	美国伊诺斯公司	国际先进
电能质量分析仪	上海世禄公司	
电梯加速度测量仪	美国PMT公司	
电梯限速器测量仪	合肥中科智能公司	
钢丝绳张力测量仪	德国henning公司	
逻辑分析仪-68通道	美国泰克公司	
四通道台式示波器	美国安捷伦公司	
高性能双通道任意波形发生器	福禄克公司	
全站仪	瑞士徕卡公司	
EMC电磁兼容测试系统	瑞士特测TESEQ公司	
智能寿命测试仪	杭州创惠公司	国内先进
布氏硬度计	上海奥龙星迪公司	
振动台	苏州苏试公司	
钢丝绳疲劳试验机	上海申力公司	
电梯按键寿命试验机	苏州苏益公司	
表面粗糙度仪	北京时代之峰公司	
金相显微镜	重庆奥特公司	
门摆锤撞击试验机	昆山嘉德源公司	

(续表)

设 备 名 称	制 造 企 业	先 进 性
超声波探伤仪	欧能达公司	国内先进
高低温(湿热)交变试验箱	上海广品公司	
冷热冲击试验箱	上海林频公司	
沙尘试验箱	台湾宝元通公司	

第五节　制造过程质量管理

2002年起，公司在企业内部建立一系列产品质量验收标准和产品检验作业指导书，对电梯门机、渐进式安全钳、电梯曳引机、电梯限速器、电梯控制柜、电梯导轨、扶梯主机、扶手带、龙头、上下部等制定验收标准和检验作业指导。对桁架从原材料、焊接、尺寸严格把关，建立完整的检验流程，重要焊接部位进行无损探伤，确保焊接内部质量，对电泳与镀锌部件严格根据要求控制厚度。整机装配完后，检验各部位的装配间隙，整机尺寸完好。

2010年，随着电梯原有产品零部件混合装箱模式改为按照安装顺序，将整梯分成若干组件，以组件为单位进行包装，质量中心设立专门的包装检验人员，严格进行包装检验工作。

2012年，公司开始引入BARCODE条码系统，针对不同运输方式和场所的要求，以及面向现场安装的包装要求，优化产品的装箱工艺和方式，从产品出厂到工地现场全程张贴条码并扫描进入系统，确保产品质量可追溯。

2015年，质量中心协同电梯事业部成功推行车间生产过程质量控制方案，全面推行过程质量控制"三检制"，即实行操作者的自检、员工之间的互检和专职检验员的专检相结合的检验制度。通过过程质量控制方案的实施，使生产过程的不合格行为得到及时有效纠正、制止，同时防止不合格的产品在本道工序使用或流入下道工序。

2016年成立产品认证部门，专门对应部件、成品进行各项性能方面的测试，更加全面地对康力的产品进行测试，确保产品的匹配性。

2017年QMS系统上线，系统化地管理质量相关工作，实现部分工作的无纸化，同时能实时统计质量相关数据，大幅提高质量工作的效率。

截至2018年，公司根据质量管理日常运作过程中出现的问题和最新的国家/行业标准规定，不断对电、扶梯生产制造所涉及的检验规定、检验作业指导及验收标准等进行更新完善，形成循环改进机制。

表11-8　　2018年公司主要质量验收标准和检验规范文件

标 准 号	文 件 名 称	生 效 日 期
KL.C-QM46	曳引轮的检测方法	2014年5月20日
KL.C-QM14	印度地铁D700控制系统检验作业指导书	2015年1月1日
KL.C-QM15	KLF/KLM整梯机械检验作业指导书	2015年1月1日
KL.C-QM16	扶梯整梯拆梯包装检验作业指导书	2015年1月1日
KL.C-QM17	扶梯桁架制作及检验作业指导书	2015年1月1日
KL.C-QM18	扶梯驱动主机检验作业指导书	2015年1月1日

(续表)

标 准 号	文 件 名 称	生 效 日 期
KL.C-QM19	扶梯玻璃检验作业指导书	2015年1月1日
KL.C-QM20	扶梯前沿板部件检验作业指导书	2015年1月1日
KL.C-QM23	扶梯梯级检验作业指导书	2015年1月1日
KL.C-QM25	扶梯电气整机验收作业指导书	2015年1月1日
KL.C-QM26	扶梯梯级链检验作业指导书	2015年1月1日
KL.C-QM27	扶梯扶手带检验作业指导书	2015年1月1日
KL.C-QM50	扶梯滚轮测试作业指导书	2015年1月1日
KL.C-QM51	扶梯弹簧测试作业指导书	2015年1月1日
KL.C-QM52	扶梯壁板测试作业指导书	2015年1月1日
KL.C-QM53	制动器线圈测试作业指导书	2015年1月1日
KL.C-QM58	KLXF整机检验作业指导书	2015年1月1日
KL.C-QM59	材料、零部件控制程序	2015年3月11日
KL.C-QM60	机械加工检验程序	2015年3月11日
KL.C-QM21	扶梯上下部总成检验作业指导书	2016年1月1日
KL.C-QM22	接近光电开关进料检验作业指导书	2016年1月1日
KL.C-QM28	扶梯棘爪组件检验作业指导书	2016年1月1日
KL.C-QM55	钢焊缝手工超声波探伤检验规范	2016年1月12日
KL.C-QM02	电扶梯制造过程检验规定	2016年6月1日
KL.C-QM03	成品检验规定	2016年6月1日
KL.C-QM04	吊顶部件的包装及标识的规定	2016年6月1日
KL.C-QM05	电梯门机质量验收标准	2016年6月1日
KL.C-QM06	渐进式安全钳质量验收标准	2016年6月1日
KL.C-QM07	电梯曳引机质量验收标准	2016年6月1日
KL.C-QM08	电梯限速器质量验收标准	2016年6月1日
KL.C-QM09	电梯控制柜质量验收标准	2016年6月1日
KL.C-QM10	电梯导轨质量验收标准	2016年6月1日
KL.C-QM11	电梯层门装置质量验收标准	2016年6月1日
KL.C-QM12	电梯操纵箱 轿顶接线盒 召唤盒质量验收标准	2016年6月1日
KL.C-QM29	产品证书编制、发放管理规定	2016年6月1日
KL.C-QM30	镀锌产品验收规范	2016年6月1日
KL.C-QM31	电泳产品验收规范	2016年6月1日
KL.C-QM35	杂物梯验收规范	2016年6月1日
KL.C-QM40	LED灯检验标准	2016年6月1日
KL.C-QM43	电梯光幕检验标准	2016年6月1日
KL.C-QM56	KTL韩国项目扶梯检验作业指导书	2016年6月1日

(续表)

标 准 号	文 件 名 称	生 效 日 期
KL.C-QM32	焊接工序检验规范	2016年8月18日
KL.C-QM63	扶梯功能安全板及主控系统测试作业指导书	2016年9月1日
KL.C-QM34	原材料质量验收标准	2016年9月20日
KL.C-QM64	扶梯外装潢检验规范	2016年10月15日
KL.C-QM33	油漆及喷塑验收规范	2017年7月11日
KL.C-QM01	进料检验规定	2017年9月1日
KL.C-QM47	产品型式试验管理流程	2018年4月1日

第六节 供应链质量管理

公司是大型电梯、扶梯整机生产企业，其中50%零部件由供应商提供，供应商产品的质量很大程度上影响电梯、扶梯整机产品的质量。公司为提高电梯、扶梯整机产品质量和客户满意度，实现供需双方共赢，必须做好供应商质量管理工作。

一、供应商准入制度

2007年，康力电梯股份有限公司对供应商的审核还没有制定详细的准入流程和考核打分条款，审核关注的重点是产品本身的质量。

2010年，随着在供应商质量管理上的发展，公司提高准入门槛，制定相关准入制度，采取样品测试流程和全面审核流程。样品测试流程包括初试样品检验报告、外观分析报告、材料测试结果报告、可靠性及性能性测试报告、型式试验报告、工艺流程图、控制计划、检验指导文件、匹配性试验。全面审核流程包括管理职责、文件与合同控制、资源管理、产品实现和分析改进，形成对供应商准入的详细流程与条款，对供应商各个方面的能力进行系统的考量。

2014年，公司对25家供应商进行全面审核，其中16家获通过，9家被淘汰。

2015—2018年，公司对111家供应商进行全面审核，其中88家获通过，23家被淘汰。

二、供应商质量保证协议

2014年，康力电梯股份有限公司与测试评审合格的165家供应商签署质量保证协议，有效期2年。协议明确了产品名称、范围、生效与终止时间、审核质量保证、与零件相关的变更、样品确认、进货检验、不合格产品的赔偿及处罚、不合格产品的处理、售后服务、质量绩效管理、安全部件验证、主要部件和其他部件的质保期限等内容（条款），将质量责任的划分和整改要求落实到位，避免后续推诿扯皮现象发生。2018年，公司与供应商签订协议179份，实现对供应商质量管理的全覆盖。

三、供应商质量绩效考核

2010年，公司对供应商供货部件进行严格把关。电梯方面，包括主机、控制柜、门机、轿厢、导轨、钢丝绳、对重架、对重块、门板、轿壁等；扶梯方面，包括扶梯主机、扶手带、主驱动、扶手龙头、玻璃、前沿板、上下部导轨组件、梯级、梯级链、外装潢、控制柜。公司对这些部件建立专门的检验流程，确保供货产品合格。

2014年起，康力电梯股份有限公司质量管理中心每月组织供应商进行质量绩效考核，以此评估和激励供应商，通过考核促使供应商对产品存在的不足之处进行整改，实现持续改进。

2016年，公司对质量绩效考核实行百分制，其中交货品质30%、质量服务30%、工地补件及时率20%、重大质量问题按时关闭率20%。

2018年，公司实行全面系统质量绩效考核，形成针对供应商质量优劣的全面考核评估，通过宣讲和激励，使供应商自觉提升产品质量绩效。

四、供货质量问题调查分析

2007年，康力电梯股份有限公司在厂区内和工地上有投诉、反馈供应商不良信息的情况，公司将信息尽快反馈供应商，协助供应商一起调查分析，找出问题的原因并提出改进措施。

截至2013年，公司对工地反馈的供应商提供的产品存在的质量问题，都在现场进行点对点处理。

2014年起，公司对工地的不良部件全部收回总部进行分析，从中找出问题的症结所在，并每月公布电梯、扶梯不良单跟踪辅导和年度工地累计退件排名情况。

2017年，公司对按钮氧化锈蚀字片脱落、门机变频器拨码失灵、五方对讲应急电源电池无电、变压器烧毁等质量问题，分别召开产品质量案例分析会，找出问题的根源，提出整改措施，使问题得以解决。

五、产品审核

2014—2017年，公司供应链质量改进部定期对重要部件供应商进行审核，对供应商准入、小批量生产前进行审核，使供应商能长期、稳定地提供合格产品。公司对供应商采购部组织结构、供应商选择、供应商管理、供应商工厂设备、测试设备和量器具严格审核，对供应商的生产计划、订单履行、物流管理、质量体系和供应链质量控制都制定技术文件管理和审核流程。

截至2018年，公司每年对供应商产品审核件数、审核问题点数量、审核合格率、整改完成率进行统计公布，推动供应商产品质量持续改进的良性循环，确保供应链健康发展。

第七节　质量改进活动

公司为推进产品质量可持续发展，开展以质取胜的质量战略，开展全员质量活动和技术攻关，推动实施重大质量改进和技术改造项目，培育形成以技术为核心的质量新优势，将技术创新、质量提高作为抓手，加快科技成果转化为生产力。

一、重大技术质量攻关

2013年，公司在张家界天门山观光隧道安装的自动扶梯正式交付运行。该超大高度重载公交型自动扶梯的总提升高度340 m、总跨距692 m，因山体陡峭、地形复杂，重型机械进出困难，且隧道空间有限，不能使用机械吊装，整个工程施工难度极大，同时客户质量要求极高。公司经过现场测量、三维仿真模拟、头脑风暴、实地考察、缜密研究、规划,量身定制出一套完整确保产品质量的施工方案,包括16台提升高度达30 m的超大高度重载公交型自动扶梯和3台提升高度为20 m的大高度重载公交型自动扶梯,产品凝结着康力在重载公交型自动扶梯领域的最新研究成果,技术水平、制造安装质量达到国内领先水平。该工程荣获"2015年度电梯世界工程奖——新安装自动扶梯"一等奖,是中国民族电梯品牌首次获此荣誉,成就民族品牌唯一殊荣。

2015年,公司为改善大链轮的运行质量,降低故障率、提高性能,通过材质比对、加工工艺调整、计算机模拟、对比试验、DOE分析、对大链轮动力仿真进行深入分析,彻底改善大链轮的运行质量。

2016—2017年,为攻克主机漏油这个行业难题,康力对主机内部做大量的实验和测试,通过系统稳定性分析、计算机模拟、多品牌多规格对比试验、部件交叉配置分析,最终优选出一套方案,在可能漏油的位置优化设计一个特殊结构(已经申请专利),防止轴承内部的油漏出来对制动器产生影响,提高主机的运行质量稳定性。

2018年,公司为不断优化桁架的受力情况,对每个部件进行强度测试,对焊接效果进行拉拔力测试,对桁架进行有限元分析,优化桁架结构,对关键部位进行补强,确保桁架的强度质量。其中20 m无中间支撑及30 m、42 m大提升高度的行业难题顺利解决,实际重载扰度测试完全优于国标要求。

二、质量QC小组活动

从2014开始,公司在每年9月举办的"质量月"系列活动中设置"QC小组"评选活动。2014—2018年,公司共组织成立65个QC小组,涉及QC质量改进的成果共计282万元。

2014年,"力拓""飞跃彩虹"等2个QC小组被评为"全国建机与电梯优秀质量管理小组",其中"飞跃彩虹"小组获"2014年全国优秀质量管理小组"称号。

2015年,"致远""至善""我心飞翔""超越梦想"等4个QC小组被评为"全国建机与电梯优秀质量管理小组",其中"致远"小组获"2015年全国优秀质量管理小组"称号。

表11-9 　　　　　康力电梯股份有限公司历年获奖QC小组及项目情况

年　份	公　司	课　题　名　称	名　　称	组　长	奖　项
2014年	康力总部	降低金色粉末喷塑不良率	飞跃彩虹	秦成松	优秀奖
	康力总部	附加制动装置工艺改进	力拓	吴洪枣	
2015年	康力总部	提高电梯控制柜交货合格率	卓越	陈建明	一等奖
	康力总部	光幕进水腐蚀改进	至善	丁　涛	二等奖
	康力总部	KLM型扶梯出入口结构改进	致远	吴　超	
	康力总部	提高电梯装箱准确率	我心飞翔	陈昌华	
	康力总部	降低上下梁焊接不良率	超越梦想	张　贤	三等奖
	奔一机电	改善梯级齿距测量	志诚	张　澄	
	康力分公司	改善查阅图纸的效率	天天向上	杨文露	
	新达	钢丝绳装配工艺改进	精益生产	王志新	
2016年	广东广都	消除自动扶梯楼层板安全隐患	安全线	何先学	一等奖
	成都康力	改善下陷保护装置的装配效率	丝淼	张先俊	
	康力总部	降低双稳态开关不良	卓越质量	戴东亮	二等奖

(续表)

年份	公司	课题名称	名称	组长	奖项
2016年	新里程	降低控制柜并线不良率	精益品质	毛亮	二等奖
	奔一机电	改善梯级副轮座测量	志诚	张澄	
	成都康力	关于提高扶梯急停钥匙开关定位改进	熊猫	杨文露	三等奖
	成都康力	改善计量器具的管理	精益求精	唐彬	
	成都康力	减少装配领料时间提高装配效率	活力无限	朱俊刚	
	成都康力	解决相同部件不同物料编码	团结就是力量	陈思吉	
2017年	康力总部	提高控制柜原材料交货合格率	卓越	陈建明	
	康力总部	降低型材类物料库存金额	扶梯事业部改善家	周彦军	一等奖
	康力总部	提高硅烷密封胶利用率	卓越	陈建明	二等奖
	广东广都	践行零缺陷,提高交验合格率	零缺陷	刘晓波	三等奖
	新达	提升表面处理质量	劲取	吴鑫	
2018年	广东广都	桁架冲孔问题改善	奋进	李长志	一等奖
	新达	提升表面处理质量	劲取	吴鑫	二等奖
	康力总部	主机转子磨动力线改进项目	驱动	赵金华	
	新达	提升表面处理质量	劲取	吴鑫	
	广东广都	镀锌桁架厚度问题改善	和谐号	叶社冲	三等奖
	新里程	液晶板光损改善	持续改进	陈良	
	奔一机电	降低梯级生产成本5%	志诚	翟恩锁	

第八节 质量管理主要荣誉

2007年起,公司在质量管理方面受到各级政府和组织的多次表彰,取得多项荣誉。

表11-10　　　　　　　　康力电梯股份有限公司历年主要质量获奖情况表

获奖年份	获得质量荣誉	颁奖单位
2007年	江苏省质量管理先进企业	江苏省质量奖审定委员会
2009年	全国重质量、守信誉先进单位	中国产品质量安全监督中心
2009年	江苏省质量诚信双十佳单位	江苏省质量监督管理委员会
2012年	全国质量诚信倡仪先进典型企业	中国质量检验协会
2013年	全国建筑机械与电梯行业质量金奖	中国质量协会建设机械(含电梯)行业分会
2015年	中国质量服务信誉AAA级企业	中国合作贸易企业协会、商务部国际贸易经济合作研究院
2015年	苏州市市长质量奖	苏州市人民政府
2015年	全国电梯行业质量领先品牌	中国质量检验协会
2015年	全国质量诚信标杆典型企业	中国质量检验协会

(续表)

获奖年份	获得质量荣誉	颁奖单位
2015年	江苏省AAA级质量信用企业	江苏省质量技术监督局、江苏省社会信用体系建设领导小组办公室
2015年	世界工程品牌	Elevator World
2016年	全国电梯行业质量领先品牌	中国质量检验协会
2017年	江苏省质量奖	江苏省人民政府
2018年	2018年全国产品和服务质量诚信示范企业	中国质量检验协会
2018年	2018年度全国质量诚信标杆典型企业（2018年全国"质量月"活动"企业质量诚信倡议"公告）	中国质量检验协会
2018年	江苏省质量标杆	江苏省经济和信息化委员会

第十二章 企业文化

康力电梯股份有限公司注重企业文化建设,在吸收传统文化及其他企业先进文化的基础上,结合自身特点,优化、凝练和培育创建出了富有自身特色的企业文化。公司企业文化是康力人的意志所在,企业文化增强企业凝聚力,最终汇聚到企业发展的大方向,使企业蒸蒸日上。

公司设有文化及公共关系部,该机构担负传承传统文化、营造企业文化的使命。公司文化设施完备,文化活动丰富多彩。公司加强理念文化建设,理念文化熏陶康力人精神境界。公司加强制度文化建设,制度文化激励康力人规范行为、铸造人格力量;制度文化规范生产流程,造就康力电梯品牌的辉煌。公司加强网络文化建设,向国内外传递公司正能量、展示公司实力,助力公司腾飞。公司企业文化的课题研究与建设实效,企业文化成为康力企业的宝贵财富和无形资产。

第一节 企业文化组织机构

一、企业文化管理部门

2006年之前,公司未设有专门的文化部门。文化推进的职责由人力资源部负责。2003年,凌晚仙被任命为人力资源部副经理,主要负责《康力电梯》杂志编辑及相关企业文化推广工作。2006年,公司成立企业文化推进委员会,凌晚仙任副主任。2007年,凌晚仙任企业文化推进委员会顾问。

2008年,公司成立企业文化推进部。崔清华任副部长,主持工作。

2009—2011年,崔清华任企业文化推进部部长。

2012年,公司将文化及公共关系职责合并为一个部门,成立文化公关部,崔清华任部长。

2013年,文化公关部更名为文化及公共关系管理部。

2016年,文化及公共关系管理部更名为文化及公共关系部。

截至2018年,文化及公共关系部员工致力公司文化建设,营造和谐的人际关系,遵循公司弘扬传统文化的宗旨,把传统文化的精髓融入企业文化建设中,使企业文化释放的能量成为企业的精神财富和无形资产。

表12-1　　　　　　　　　　　　　历年企业文化工作主要负责人

年　份	部门/岗位	主　要　负　责　人
2003—2005年	人力资源部/副经理 《康力电梯》杂志编辑/主编	凌晚仙
2006—2007年	企业文化推进委员会	2006年副主任:凌晚仙 2007年顾问:凌晚仙
2008—2011年	企业文化推进部	部长:崔清华(2008年为副部长)
2012年	文化公关部	部长:崔清华(副总监级)
2013—2015年	文化及公共关系管理部	总监:崔清华
2016年至今	文化及公共关系部	总监:崔清华(总经理级)

第十二章　企业文化

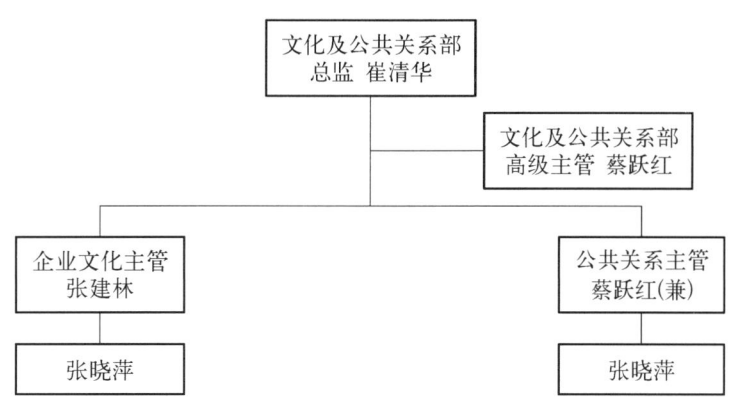

图 12-1　2018 年文化及公共关系管理部组织机构图

二、《康力电梯》杂志编辑部

2003 年 7 月,江苏康力电梯集团有限公司《康力电梯》编辑部成立,编辑部编委由于国强、王友林、陈金云、李福生、金云泉、顾兴生、凌晚仙 7 人组成,编委会主任王友林,主编凌晚仙,设计装帧沈国平,编辑林玲。日常编辑工作由文化部负责。2008 年 8 月,《康力电梯》编辑部编委会由王友林、孙全根、刘占涛、陈水清、陈金云、李福生、金云泉、顾兴生、凌晚仙、崔清华 10 人组成,编委会总编辑凌晚仙,主编崔清华。

2009 年,《康力电梯》编辑部编委会由王友林、孙全根、刘占涛、陈金云、李福生、金云泉、朱瑞华、凌晚仙、崔清华 9 人组成。

2012 年 8 月,《康力电梯》编辑部编委由王友林、孙全根、刘占涛、陈金云、顾兴生、朱瑞华、凌晚仙、崔清华 8 人组成,编辑部增设编辑 1 人,由张建林担任。

2014 年 7 月,《康力电梯》编辑部编委由王友林、孙全根、陈金云、顾兴生、朱瑞华、凌晚仙、崔清华 7 人组成。9 月,除原 7 位编委外,新增沈舟群、张利春、秦成松、吴贤、毛桂金、金云泉、宋丽红、陈振华、朱林荣、朱玲花、袁春其、王立凡 12 人。编辑新增蔡跃红、张晓萍 2 人。

截至 2018 年 12 月,《康力电梯》编辑部组织机构不变,机构运转正常有序。

表 12-2　　　　　　　　　2003—2018 年《康力电梯》编辑部编委

年　　份	编　　委	总编辑	主　编	编　辑
2003 年 7 月—2008 年 8 月	王友林、于国强、陈金云、李福生、金云泉、顾兴生、凌晚仙	无	凌晚仙	林　玲
2008 年 8 月—2009 年	王友林、孙全根、刘占涛、陈水清、陈金云、李福生、金云泉、顾兴生、凌晚仙、崔清华	凌晚仙	崔清华	林　玲
2009 年	王友林、孙全根、刘占涛、陈金云、李福生、金云泉、朱瑞华、凌晚仙、崔清华	凌晚仙	崔清华	林　玲
2012 年 8 月	王友林、孙全根、刘占涛、陈金云、顾兴生、朱瑞华、凌晚仙、崔清华	凌晚仙	崔清华	张建林
2014 年 7 月	王友林、孙全根、陈金云、顾兴生、朱瑞华、凌晚仙、崔清华	凌晚仙	崔清华	张建林

（续表）

年　　份	编　　委	总编辑	主　编	编　辑
2014年9月	王友林、孙全根、陈金云、顾兴生、朱瑞华、凌晚仙、崔清华、沈舟群、张利春、秦成松、吴贤、毛桂金、金云泉、宋丽红、陈振华、朱林荣、朱玲花、袁春其、王立凡	崔清华	崔清华	张建林
2018年9月	王友林、沈舟群、张利春、秦成松、朱瑞华、吴贤、孙全根、毛桂金、金云泉、陈金云、顾兴生、宋丽红、陈振华、朱林荣、朱玲花、崔清华、袁春其、王立凡、凌晚仙	崔清华	崔清华	蔡跃红 张建林 张晓萍

第二节　文化理念建设

2011年，结合第一个五年发展战略（2012—2016年）的制定，公司对企业发展十余年形成的独特的文化理念进行分析和梳理，正式书面确定公司的企业宗旨：用户满意、员工成长、企业发展、社会认可。同时，以此为核心将企业文化进一步具体化，落实到实际行动，形成企业目标、作风和行动方针。

企业目标：打造现代化先进企业，力求国内领先，国外知名。

企业作风：踏实、勤奋、前瞻、敏锐。

企业方针：以员工为本，以技术为先，以管理为实，以品牌为重。

创新观：只有创新，才有出路，创新从我开始，人无我有，人有我新，人新我优。

质量观：人以企业为家，心以质量为本。

人才观：人才创造康力，康力造就人才。

2013年初，结合企业和社会的发展，公司对企业文化描述进行重新修订。

企业目标：世界品牌，中国领跑。

企业宗旨：服务全球，勇担责任，创新引领，安全舒适。

企业精神：诚信、感恩、超越、创新。

企业作风：敬业、争先、担当、和合。

2016年，公司再次对企业文化描述进行修订，最终确定以愿景、价值观和使命为基本要素的企业文化理念。

公司愿景：世界品牌，基业长青。

公司价值观：诚信、感恩、创新、引领。

公司使命：为用户提供亲人般的电梯和卓越的服务。

公司在核心文化理念指引下，为创世界品牌、促基业长青的愿景拼搏着。

第三节　制　度　建　设

1998年，新达作为外资品牌的供应商，应顾客"供应商管理"的要求，逐步在产品质量控制方面建立一些基本的制度和标准。

2000—2002年，伴随申办电梯整机制造许可证和质量管理体系的建立，公司按照"许可证"验收准则和ISO9001标准要求，制定涉及管理体系的所有制度文件，包括手册、程序文件和操作指引的文件。

2006年，公司管理层开始全面促进制度建设，统一组织内部各机构以部门为单位编制各自业务运营和管理工作手册,明确各自实际工作流程和标准。

2007—2010年,各部门的工作手册和管理制度相继发布,涵盖营销、技术、制造、质量和职能管理部门,人力资源和行政管理部门建立较为全面的制度文件,发布《员工手册》(第1版)、《文化手册》和《安全手册》。

2010年3月12日,公司成功登陆资本市场,并依据上市公司要求等制定一系列企业内控管理制度。上市之后,公司依据现代化企业管理机制,对内部管理制度和流程进行梳理和完善。

2011年4月,公司制定专门计划,对管理制度进行系统化的梳理和补充编制。

2012年9月,《康力电梯企业管理制度汇编》(1~4分册)正式印刷发布,包括第1分册《综合管理制度汇编》(含25个制度)、第2分册《人事行政及培训管理制度汇编》(含25个制度)、第3分册《财务管理制度汇编》(含5个制度)和第4分册《安全管理制度汇编》(含2个手册)。是年,技术、生产、制造、营销和工程等各个业务机构,陆续发布管理制度、标准流程和操作规范等制度文件。

截至2018年,随着公司各类管理体系建设和信息系统的建设,公司的制度建设日趋完善。通过OA及各类信息系统,制度的发布、宣传及流程的履行都更加标准化。

表12-3　　　　　　　　　　　2018年各类制度、标准和规范数量

序号	制度规范分类	份数	
		总公司	子公司
1	产品和工艺标准/规范	246	45
2	技术管理类	13	15
3	生产管理类	39	95
4	营销管理类	39	12
5	工程服务规范和管理类	82	0
6	质量标准和规范	72	60
7	体系管理/质量管理类	105	131
8	综合/职能管理类	111	103
9	环境和安全类	21	83
10	绩效管理类	37	29
	合　计	765	573

第四节　教育、文化平台及体育场馆

一、康力学院

2016年1月,康力电梯股份有限公司在培训部基础架构上又成立康力学院,以学院的组织形式运行和管理模式建立并运营集团各层级培训工作。

是年12月,新建成的1 400 m² 的学院教室正式投入使用。学院拥有计算机教室1间(电脑40余台),能同时容纳300余人的理论教室6间。

是年,结合康力学院的成立,制定《康力学院章程和运行管理规定》。

二、文化展厅

2008年12月,康力电梯股份有限公司营销大楼展示厅建成。展示厅位于公司营销大楼一楼东侧,

展厅总面积 970 m²。

2008 年 10 月 18 日，康力电梯股份有限公司办公大楼文化展厅建成。展厅设于办公大楼的一楼与二楼，展厅总面积 600 m²。

2016 年 7 月，康力电梯股份有限公司党建文化长廊建成。展厅面积 1 000 m²，展厅有宽度，更有长度，故称之为"文化长廊展厅"。

三、党群服务中心

2016 年 7 月 1 日，康力电梯股份有限公司党群服务中心正式启用，建筑面积 1 500 m²。党群服务中心设有办公室、会议室、党员活动室、远程教育室、谈心室、图书阅览室、教育培训室、文化宣传长廊等功能模块，为基层党支部、广大党员、职工提供"一站式服务"。

四、车间宣传栏

2012 年，公司在康力工厂运营中心建立可视化看板系统以及宣传栏，并由电梯事业部、扶梯事业部负责不定期更新内容。车间宣传栏主要介绍部门机构组成、生产制度、生产进度、生产安全、生产工艺、操作流程等内容。

2013 年，成都康力和广东广都等各子公司参照总公司看板内容和形式，建立车间看板和宣传栏。

此外，阅报栏上有公司出版的《康力电梯》及各类宣传品、汾湖高新区出版的多种刊物、《吴江日报》等。

截至 2018 年，车间宣传栏宣传内容定期更新。

五、图书室和阅览室

2017 年 3 月，康力电梯股份有限公司图书室正式向公司员工开放。图书室位于子公司苏州新里程电控系统有限公司五楼党群服务中心。图书室面积 200 m²，内有大书架 6 顶，图书全部上架，分门别类排放整齐。公司图书馆主要涵盖专业技能、经济、军事、政治、法律、哲学、文学、生活休闲、杂志期刊等门类较齐全的各类书刊，共藏书 2 800 余册。图书馆开放时间为隔周（培训周）周五中午 12：00—13：30。员工可以在图书室内阅读或凭员工卡外借。图书室有管理制度，包括总则、借书对象及开放时间、借书方式及规定、注意事项、其他，共 5 款 19 条。

公司阅览室设于图书室内，一室两用，室内前半部分供员工阅读之用。阅览室正面墙上置有"学习是素质的修炼　读书是知识的积累"的宣传标语，一进阅览室，让员工领略到读书、学习的氛围。室内安放 6 张大书桌、36 把椅子供员工使用。阅览室开放时间与图书室开放时间同步，唐悦为公司阅览室管理员。

六、体育活动场所

（一）篮球场

2010 年 9 月，康力电梯股份有限公司篮球场建于子公司苏州新达电扶梯部件有限公司宿舍楼的北侧。该篮球场是公司员工进行体育锻炼的主要场地之一，全天开放。篮球场总面积 900 m²，其中赛场是

26 m×14 m的标准球场,是水泥混凝土机架的灯光球场。公司举行员工篮球赛及其他篮球邀请赛一般都在该球场进行。

2018年底,公司在总公司建立一处标准篮球场,球场总面积1 200 m²,以满足员工需求。

(二)乒乓球场所

2013年4月,康力电梯股份有限公司乒乓球场所设于子公司苏州新里程电控系统有限公司一楼院内。乒乓球场所面积100 m²,院内有小桥流水、花草树木,环境较幽雅。院内设置1套木结构乒乓台,供员工活动。

(三)羽毛球场所

2013年4月,康力电梯股份有限公司建羽毛球场。羽毛球场设在子公司新里程一楼院内,面积625 m²。一条小水道将羽毛球场与乒乓球场隔开,一水之隔的羽毛球场在水道西侧,乒乓球场在水道东侧,均是员工业余活动的好去处。

(四)职工健身房

2015年11月6日,康力电梯股份有限公司职工健身房正式启用。健身房位于子公司苏州新里程电控系统有限公司厂区2楼东区,健身房面积300 m²。健身房健身器材健全、专业,有跑步机、动感单车、卧推、大飞鸟、倒蹬腿、深蹲架、拉背、划船等大小器械62件。

职工健身房对公司员工开放,凡康力员工凭工卡健身,首次免费体验。为方便管理,员工可买健身卡,每半年每人300元,刷卡入场。开放时间为每周周一至周五,17:30—21:30;周六至周日,14:00—21:00。

第五节 宣 传 载 体

一、公司官网

2005年,康力电梯股份有限公司建立康力官网。公司官网建设,引领公司进入网络时代。输入康力官网网址,人们可在康力官网内纵览公司方方面面的文化,了解公司在国内国际的动态。康力官网文化建设是康力网络建设的灿烂一角,康力官网设置七大块的网络文化,图文并茂地宣传公司实力,展示公司风采。

2018年,康力官网稍作改版,在"新闻资讯"部分,增加"新闻热点",突出康力新闻的新、大、热。

二、OA自动化办公信息系统

2011年,公司引进OA自动化办公信息系统,解决发展中远程办公带来的问题,大大提高办公效率。系统于11月5日正式上线。首页主要有OA办公、应用中心、IT通道、人力资源、电梯秀等板块。

新闻发布是OA系统的重要板块之一,分总部新闻、子公司新闻两大类,包括新闻速递、通知公告、党委工作、纪委工作、党纪工团组织、质量在线等子栏目。新闻发布是公司重要事件的主要发布窗口,主要由总部文化及公共关系部、市场传媒及国际业务中心、子公司有关部门管理发布,并向外部相关媒体推送。根据OA发布的新闻,公司每年举办十大新闻评选活动。

三、微信公众号

康力电梯股份有限公司官方微信公众号名称为"康力电梯股份有限公司",创建于2013年11月,由市场传媒部负责编辑、推送,其主要功能为品牌传播、企业资讯、客户服务,及时发布公司各类重要新闻及其他信息,包括领导来访、市场营销、典型工程、各种会议、会展以及其他与公司建设有关的内容,是了解公司信息的主要平台之一。

"康力学习与发展"公众号,创建于2016年7月1日,创建时公众号名称为"康力HR",第一篇推文为"学习、创新、超越——井冈山革命教育基地参观学习和企业战略发展论坛"。最初由人力资源中心人事部员工关系维护,2017年4月由培训部负责编辑、推送。此公众号作为公司官微的补充,主要面对集团内部员工。功能主要为宣传公司企业文化,营造"康力梦幸福家"的良好企业氛围,展现内部员工在学习、活动等方面的风采,树立良好企业形象。员工通过参与公众号推出的各项父亲节、母亲节、儿童节的活动,感受公司"家"文化。同时作为员工学习成长的平台,可以随时随地在线学习康力学院各类在线视频课程,进行在线考试,阅读每期"康力知识乐园"及各项知识分享。

2018年11月,"康力HR"更名为"康力学习与发展",设置"爱康力""爱学习""爱分享"三个模块,继续由培训部负责编辑、推送。

"康力审计监察"公众号,创建于2018年4月10日,由审计部负责编辑、推送。其内容包括"公司资讯""诚信宣传""欢迎举报"三大模块,创立目的是充分利用网络优势搭建风险防范长效机制,把合规管理理念渗透到日常经营的各个层次,增强全员合规经营的自觉性,促进公司可持续健康发展。

四、内刊

2003年8月18日,苏州康力电梯有限公司的《康力电梯》杂志创刊,董事长王友林题写刊名,并亲自担任编委会主任。

《康力电梯》创刊号栏目广泛,有创刊特稿、见我风采、共创财富、品牌建设、样板效应、人才高地、人物访谈、服务社会、康力论坛、管理趣闻等,员工争相阅读。

2013年10月,《康力电梯》得到中国企业内部报刊(通讯)大会认可,获2013年度第八届中国优秀企业文化建设传播奖、中国优秀企业报刊奖、中国企业报刊封面(头版)奖等3项奖项。编辑张建林获中国企业内部报刊(通讯大会)授予的2013年度"第八届中国企业报刊好新闻奖"。

截至2014年7月,《康力电梯》共出版18期。

2014年8月,期刊改版为《康力电梯》报,每月1期。

2017年年底报纸停办。2018年9月复刊,该年度内刊出版两期。

截至2018年,《康力电梯》刊/报共出版60期。

表12-4　　　　　　　　　　　　《康力电梯》历年出版情况

年　份	当年出版期数	期　刊　形　式
2003年	2	2013年8月创刊,16开杂志形式
2004年	1	杂志形式
2005年	2	杂志形式

(续表)

年　　份	当年出版期数	期　刊　形　式
2006 年	1	杂志形式
2007 年	1	杂志形式
2008 年	1	杂志形式
2009 年	1	杂志形式
2010 年	1	杂志形式
2011 年	1	杂志形式
2012 年	2	杂志形式
2013 年	3	杂志形式
2014 年 1—8 月	2	杂志形式
2014 年 9—12 月	4	报纸形式
2015 年	12	报纸形式，每月 1 期
2016 年	12	报纸形式，每月 1 期
2017 年	12	报纸形式，每月 1 期，2017 年底《康力电梯》报纸停办
2018 年	2	2018 年 9 月《康力电梯》复刊
合　　计	60	

五、电子杂志《康力点滴知识乐园》

2014 年 2 月，康力电梯股份有限公司的《康力点滴知识乐园》创刊。《康力点滴知识乐园》是公司人力资源管理中心培训部主办的刊物，为月刊。该月刊主编宋丽红，编委杨玉敏。是年，《康力点滴知识乐园》出版 11 期。

《康力点滴知识乐园》内容丰富，栏目众多。设有点滴理念、点滴阳光、点滴职场、点滴故事、点滴管理等，给员工传授无数的学问；《康力点滴知识乐园》设有电梯知识、社保知识、健康安全、五险一金、制度学习、制度法规等栏目，扩展员工知识面，让员工知法、懂法、守法；《康力点滴知识乐园》设有境界故事、管理故事、职场礼仪、员工关系等小栏目，小话题演绎大道理，吸引员工的眼球，让员工在点滴知识乐园中陶冶情操，提高品位。

从 2016 年 3 月第 26 期开始，《康力点滴知识乐园》栏目改版，依据电梯生产企业整体业务流程，每期设定相应知识主题。主题包括：电梯销售技巧知识、合同评审法律知识、电扶梯项目合同订单技术处理知识、生产制造-技术采购知识、生产制造-精益生产知识、生产制造-生产现场精细管理知识、电梯质量检验流程知识、扶梯质量检验流程知识、工程安装、调试、交付验收、售后服务及维保知识等，使全体员工能完整地了解公司的业务流程。

截至 2017 年 7 月，《康力点滴知识乐园》共出版 38 期。

六、《康力电梯·论文专辑》和《康力特刊》

公司在企业业务管理和重大活动上不定期推出各类特刊。2014 年 3 月，公司将员工们历年刊登在《康力电梯》刊物上的论文整理，择优选辑，将《康力电梯》第 17 期编辑为康力论文专辑，选录论文 33 篇，供员工们探讨研究,营造撰写论文氛围,掀起撰写论文热潮,促进企业技术革新。这是康力电梯股份有限公司员工的亮点之一:钻业务、善总结、撰论文。

2017年9月,康力电梯股份有限公司在喜庆20周年华诞的日子里,编印康力电梯20周年征文集——《光荣与梦想》。特刊《光荣与梦想》名誉主编王友林,主编崔清华,副主编凌晚仙、张建林,编委蔡跃红、张晓萍。董事长王友林为征文集写序。《光荣与梦想》收录一等奖文稿6篇、二等奖文稿10篇、三等奖文稿30篇、入围奖文稿103篇,共149篇。

表12-5　　　　　　　　　　2017年"康力电梯20周年征文"一等奖名册表

作　品	作　者	所在部门
平凡的伟大	王东升	康力工程中心
康力二十周年咏	凌晚仙	康力文化及公共关系部
康力给了我一个家	刘　鹏	康力电梯项目技术部
四季·事迹·世纪	王晓惠	湖北分公司
人生的每一个回头,都应该是厚爱的感恩	牟　浩	四川营销分公司
我与康力的不解之缘	冯　梅	康力人事部

七、画册、样本

1998年,康力电梯股份有限公司前身吴江市新达电扶梯成套配件有限责任公司开始编制、印刷彩色画册,宣传公司生产、经营、安装、维修等方面的水平与能力。

截至2018年,康力电梯股份有限公司宣传画册款式多、内容丰富、印刷品位高。有彩色公司样本、企业版宣传册、经典工程册、产品手册等。随着海外市场的不断开拓,印刷彩色中英文画册,向国内外展现康力的鸿鹄志,宣传康力超强的研发实力、领先的科研成果、卓越的品牌优势、高质的企业文化。一本本画册,展示了康力岁岁成长、年年发展,稳步迈向国际市场的历程。

八、著作

2012年10月,康力电梯股份有限公司董事长王友林撰写的《求索》由复旦大学出版社出版发行,字数234千字。《求索》的著书立意、书名内涵,正如作品副标题所言"谨与竞争最激烈却最具活力、创造力的民企同仁共求索"。董事长从一个管理者的角度对民营企业发展所面临的一些核心问题进行分析;对企业经营管理所涉及的一些具体问题,如公司治理、团队建设、品牌管理、质量提升等进行论述;对企业文化建设、社会责任理念的建立、管理者的心态等"软"实力因素进行探讨。著作分三个部分:上篇"苦练内功求真务实",收录20篇(第3—156页);中篇"若有所悟　与时俱进",收录17篇(第157—260页);下篇"放飞梦想　任重道远",收录17篇(第261—567页)。作者对企业管理的研究,通过对一个个通俗易懂的案例归纳上升,形成公司管理理念和经营模式。《求索》富哲理,又具可读性,业内外读者颇多。

第六节　文　化　活　动

一、经典阅读和征文活动

2014年3月,公司举办"梦里歌唱——纪念康力电梯上市四周年"征文活动。文化部、人力资源管理中心联合发布征文启事后,员工们热烈响应,踊跃投稿。4月16日,公司举行简洁而又庄重的颁奖仪式。公司扶梯事业部谢兰青撰写的《我为你骄傲》获征文一等奖,郭朝晖、肖霞、张建林3人的作品获征文二等奖,单禹晧、钱金华、王宝玉、谢岗岗、薛腊梅5人的作品获征文三等奖,戴娟等10人的作品获征文优秀奖,还有33人的作品获征文鼓励奖。

2016年3月,公司组织全体员工参加传统文化系列学习,发起"强化管理、完善自我,成为合格康力人"的学习读书活动,要求员工养成每天阅读的习惯。公司启发员工们阅读《活法》《六项精进》《燃料的斗魂》《阿米巴》等书籍,使传统文化理念深入人心;指导全体员工学习康力内刊《员工手册》,激励员工做合格的康力人。

是年7月,苏州奔一机电有限公司举办学习"稻盛和夫经营哲学和方法"读书活动,有仓储部、制造部、技术部、质量部、人事行政部、总经办全体人员参加。大家认真阅读、领会文章内容,彼此启发、探讨文章内涵,微信交流读书心得、发表感言。在读书活动中,许多员工在微信上留下富有哲理的人生感悟,思想境界得到提升。

2017年,是康力电梯股份有限公司成立20周年,公司举办"光荣与梦想——纪念康力电梯成立20周年"征文活动。

二、主要体育活动

(一)篮球赛

自2009年,公司每年组织"康力电梯职工篮球赛",至今已举办8届。每届均有6~8支代表各机构/子公司或部门的代表队参赛。历届篮球赛的举办,提高了企业的凝聚力和向心力,对打造积极向上、和谐奋进的企业文化,推动公司跨越式发展有着深远的影响。

2009年至今,公司职工篮球队多次参加外部篮球赛,并取得名次。

2009年,参加汾湖高新区"远通杯"首届篮球赛获亚军。

2010年,参加"远通杯"篮球赛获第四名。

2014—2017年,每年参加无锡"大明杯"男子篮球邀请赛,四届比赛共获得两次冠军、一次亚军、一次季军。

2015—2017年,在公司冠名举办汾湖高新区"康力杯"三届篮球赛中,连续两年夺得冠军;2017年获亚军。

2018年,参加汾湖首届全运会三人制篮球赛获第四名;参加吴江区总工会汾湖分工会首届职工篮球赛获冠军;代表汾湖工会参加吴江区总工会职工篮球赛获亚军。

(二)足球赛

2013—2014年,公司职工足球队参加汾湖高新区"欧普照明杯"足球联赛,获冠军;2014年获亚军。

2017年,公司职工足球队参加第四届汾湖高新区"碧桂园十里江南"足球联赛获第四名。

2018年,公司职工足球队参加汾湖首届全运会五人制笼式足球赛获亚军。

(三)其他比赛

2009年至今,公司适时举办乒乓球、羽毛球、拔河等各类比赛,乒乓球比赛共举行四届;羽毛球比赛共举行两届;拔河比赛共举行三届。

2009年7月,康力电梯股份有限公司龙舟队参加汾湖高新区龙舟比赛,康力参赛队员在汾湖大渠荡获优秀成绩。

2014年参加汾湖区第二届"总商会杯"乒乓球赛获亚军。2018年参加汾湖全运会乒乓球男子团体赛获团体冠军。

（四）职工运动会

2012年起，公司及部分子公司适时举办综合性的职工运动会。

2012年至2016年，中山广都工厂连续举办五届运动会，运动会项目包括篮球、台球、羽毛球、乒乓球、象棋、接力赛、跳绳等。

2017年，为庆祝公司成立20周年展示康力人健康、团结、奋发向上的精神面貌，公司举行20周年职工运动会，本次运动会项目多、参与人员广泛，运动员、工作人员等共850余人。比赛项目有篮球、羽毛球、跳绳、拔河、定点投篮，为期半个月。

是年，成都康力举办趣味运动会，项目包括拔河、2人3足、乒乓球接力、爱的抱抱和一分钟跳绳。

2018年，公司参加汾湖全运会，公司选手在男子1 500 m比赛中获亚军；在女子100 m比赛中获亚军和季军；在铅球比赛中获女子组亚、季军；在拔河比赛中获汾湖区冠军、吴江区亚军；在跳八字比赛中获汾湖区亚军。

三、主要文艺活动

2009年9月20日，公司组织百人方队参加在吴江体育场举办的"CCTV·激情广场"爱国歌曲大合唱活动，公司百人方队尽情欢歌，沉浸在祖国生日的幸福和快乐中。

2011年，公司举行康力电梯征文歌咏比赛暨首届迎新晚会，现场进行歌咏比赛及节目表演，同时给征文获奖的选手颁奖。

是年，3月12日，公司为纪念在深圳证券交易所成功上市一周年，进行庆祝活动。庆祝活动分为上篇"咱们工人有力量——篮球及拔河比赛"，下篇"汇聚成长的力量——文艺晚会"。文艺晚会共26个节目，全部由内部员工表演。

是年，公司也举办职工琴棋书画表演赛。表演赛项目分为象棋、书法及素描表演及笛子表演。

2012年，第二届迎新晚会举办，19个职工节目，4轮现场抽奖活动。

是年，9月28日，公司举办庆祝公司成立15周年文艺晚会暨首届质量月系列活动颁奖盛典暨国庆、中秋文艺晚会。公司领导为质量月标语口号和logo征集活动及"梦想与收获"主题演讲比赛的获奖者颁奖。

2013年，公司承办吴江区汾湖赛区第六届职工文艺汇演，公司出演的锡剧"双推磨"节目获二等奖。

2014年9月27日，公司举行第三届质量月系列活动颁奖盛典暨国庆晚会，将质量月活动推向高潮。晚会上，公司员工放声歌唱，展现着康力人的活力；相声、小品演绎着康力人的睿智。

是年，公司舞蹈"好运来"参演吴江区汾湖赛区第七届职工文艺汇演获汾湖赛区二等奖。

2015年10月8日，公司举行第四届质量月颁奖盛典暨文艺晚会。第四届质量月晚会是历届质量月晚会中最大型、最隆重的晚会。整个晚会节目丰富，有诗朗诵、康力好声音（歌曲联唱）、情景舞蹈、相声、小品、戏曲等，还有游戏"疯狂猜词默契大比拼"。还利用微信平台，请观众留言，在大屏幕上滚动播出，精彩留言由主持人选读。在表演节目的同时，穿插颁奖仪式。颁奖环节包括客户评审金点子、征文、摄影、CAD比赛、折弯工比赛、电焊工竞赛以及分公司完成订单质量奖、QC小组、质量之星、优秀质量班组、体系推广优秀内审员、体系推广优秀单位共12大类质量月活动奖项。

第十二章　企业文化

2015年,公司职工舞蹈"江南雨"参演吴江区工会第八届职工文艺汇演获吴江区优秀奖。

2016年,舞蹈"十送红军"参演吴江区工会汾湖赛区第九届职工文艺汇演获优秀奖。

2017年9月26日,为庆祝20周年华诞,公司举行大型庆典晚会。晚会由央视《综艺大观》主持人周涛、苏州著名主持人李松巍主持。晚会分四个篇章:第一篇章,"硕果累累,不忘初心";第二篇章,"脚踏实地,常怀感恩";第三篇章,"砥砺前行,造梦明天";第四篇章,"肩负未来,再创辉煌"。晚会穿插颁发20年老员工奖、20年五星员工奖和第六届质量月系列活动奖。著名歌唱家蒋大为和著名演员陈蓓蓓等特邀演出,为公司带来祝福和欢笑。晚会长达两个小时,在员工大合唱《升腾》的雄壮歌声中达到高潮,在全体演职人员谢幕与领导的合影中闭幕。"康力20周年庆典"成为公司历史长河中灿烂的浪花。

是年,公司组织职工参加吴江区工会第十届职工文艺汇演,舞蹈"青花瓷"获汾湖区二等奖,吴江区优秀奖;二胡"良宵"获汾湖区二等奖,吴江区优秀奖。

图12-2　公司20周年庆典大型文艺晚会现场

四、讲座和演讲

2006年3月18—21日,公司参加在河北廊坊举行的"2006年中国国际电梯展"。展会期间,董事长王友林在《中国电梯》主办的"创新、自主知识产权、自主品牌"论坛上,发表了《坚持自主创新,发展民族品牌》的演讲。

2012年7月15日,公司举办"梦想与收获"主题演讲比赛,员工踊跃参加,展示演讲才华,表达自己的梦想、进步的喜悦和收获的感悟。

2012年9月20日,公司举办首场"道德讲堂"演讲活动。公司党委、各支部、团委、文化公共部以及部门领导及党、团员约百人参加这次活动。

2013年4月和7月,公司又连续举办两场"道德讲堂"活动,通过唱一首道德歌曲、看一部先进事迹短片、讲一个美德故事、诵一段传统经典等活动流程,巩固提升职工的道德认知和道德情感。

2017年10月,公司邀请汾湖高新区老年大学人员到公司"道德讲堂"进行演讲,并以生动活泼的文艺表演形式,进行传统道德宣传;公司邀请吴江区道德模范到公司讲述生动、真实的事例,使公司员工深受感动;公司请公司内部五星级员工讲述自己面对困难的决心和勇气,用身边人的事迹带动全厂,营造出深厚的道德文化氛围。

第七节 精神文明建设

1998年2月—1999年10月,公司在莘塔镇创建苏州市卫生镇、江苏省卫生镇的工作中,将企业的精神文明建设工作落实到创建卫生镇的实处中。新达建立以王小林为组长的卫生创建工作领导小组,开展爱国卫生健康教育工作。

2003年,公司被吴江市精神文明建设指导委员会评为"十佳民营企业文明单位"。

2005年6月,公司对生产区域进行水泥混凝土地面全覆盖,创造无烟蒂纸屑,无噪声、废水、废气污染,环境洁净。

在2007—2009年年度省级文明单位创建活动中,公司获"江苏省精神文明建设工作先进单位"称号。

在2009—2011年年度市级文明单位创建活动中,公司获"苏州市级文明单位"称号。

2012年2月,公司精神文明建设领导小组建立,领导小组人员具体分工,责任到人。组长王友林负责规章制度建设,副组长孙全根负责科学文化建设,组员金云泉负责社会诚信建设,王立凡负责环境卫生建设,崔清华负责思想道德建设。公司精神文明建设领导小组下设精神文明办公室,精神文明办公室构筑工作网络,确保上下畅通,包含党委(6个党支部)、工会(含女工组织)、团委、青年志愿者等相关组织,为文明创建提供有力的组织保障。公司坚持宣传教育全面覆盖原则,利用电子宣传屏、门户网站、文化电子终端、宣传海报和企业文化墙等多种载体宣传社会主义核心价值观。在精神文明建设中,公司获"2010—2012年度江苏省文明单位"称号。

2013年6月,公司制定年度文明建设计划,通过召开职工大会开展宣传教育活动,加强企业精神文明建设;召开党员大会,进行日常党课教育;组织开展"中国梦、康力梦"系列活动,进行"七一红色追梦之旅"。9月18日,董事长王友林在汾湖高新区首届"文明之星"表彰大会上获"诚信之星"称号,并作为获奖代表在会上发言。至2014年,公司将文明建设工作不断引向深入,提高广大干部职工整体素质,推动公司各项工作全面完成,公司获"2013—2014年度苏州市文明单位"称号。

2015年,公司在深入贯彻《公民道德建设实施纲要》基础上,广泛开展各种主题实践活动,把社会主义荣辱观教育与实际工作紧密联系起来,不断提升全体干部道德水准,构筑抵御不良风气的道德防线。2013—2015年,公司被江苏省精神文明建设指导委员会评为"江苏省文明单位"。

2016年6月,公司直属高管及外部专家等31人赴井冈山革命教育基地参观学习。观看大型革命斗争实景演出《井冈山》,前往烈士陵园敬献花圈、重温誓词,参观纪念碑、雕塑,听取《井冈山精神永放光芒》演讲,接受革命传统教育。

截至2018年,公司的精神文明建设及文化活动形成制度化、常态化。走进康力企业,洁净,无纸屑烟蒂;进入大楼,书香,文化气息浓;走入办公区,宁静,职员有素质;走进车间,无三废(噪声、废水、废气)不扰人,员工敬业;走至食堂,整洁有序,文明用餐无狼藉。公司营造良好的企业环境,提高员工素质,丰富精神文明建设的内涵,使企业成为求真务实的精神文明单位。

第十三章 人力资源管理

第一节 人力资源组织机构

1993—1997年11月,公司前身阶段基本属于个体经营时期,没有正规的人力资源管理,人员管理相关事宜由创始人负责。

1997年11月—2000年,人力资源工作由总经理和常务副总经理代管。

2001—2003年,公司设专职人事和劳资管理岗位。

2004年,公司人事和行政工作由办公室主任金云泉负责,办公室共有3名工作人员。

2005年,公司优化组织机构,成立人力资源部和行政部,人力资源部部长由孙全根担任,行政部部长由金云泉担任,人力资源部人数为2人,分管劳资和人事。

2007年,孙全根任人事行政部部长。是年10月,公司完成股份制改革,并依据股份制公司要求,建立现代化管理机构和体制,设立董事会、监事会,设立包含薪酬管理委员会在内的专业委员会,王友林任董事长兼总经理。

2008年,康力电梯股份有限公司第一届董事会第四次会议设战略决策委员会、提名委员会、薪酬与考核委员会、审计委员会(内有审计部),并设人力资源部,部长由公司办公室主任孙全根兼任,负责人才招聘引进、公司各部门人事安排、人事管理、劳动管理、人员培训等工作。

2010年,公司成功上市,康力电梯人力资源部重组组织机构,总经理办公室主任孙全根兼任人力资源部部长,严雪飞任副部长,人力资源部组织机构有人事管理人员8人。

2011年起,公司人力资源部的人事机构逐步完善,总监孙全根,副总监宋丽红,副部长李雪芳、严雪飞(分别管理招聘员工、公共关系和员工薪酬工作),培训中心副主任杨卯英主管员工培训。各子公司设有人力资源管理部门或岗位,在总部人力资源政策指导下工作。

2012年,孙全根任人力资源与行政管理中心总经理,李雪芳、严雪飞任人力资源部副部长。培训管理从人力资源与行政中心分离,划归"企业管理和培训中心"。

2013年初,孙全根任人力资源与行政管理中心总经理,李雪芳、严雪飞任人力资源部副部长。是年8月,人力资源部与行政管理中心分成两个部门,人力资源中心由宋丽红任总监,行政中心由孙全根任总经理。

2014年,宋丽红任人力资源中心总监,兼管企管办,李雪芳任人事部长,严雪飞任劳资部长,杨卯英任培训部部长。

2016年,宋丽红任人力资源中心总经理,主持并全面负责"人力资源中心"的运行和管理工作;冼玉萍任人力资源中心副总经理,分管康力营销区域/分公司人力资源工作;李雪芳任人事部部长、人力资源中心办公室主任;严雪飞任劳资部部长;杨茂英任培训部部长。各子公司和营销区域设立人事行政管理部门或岗位,在总部人力资源政策和原则下处理相关工作。

2017年,宋丽红任人力资源中心总经理,冼玉萍任人力资源中心副总经理,李雪芳任人事部部长、人力资源中心办公室主任;严雪飞任劳资部部长;杨茂英任培训部部长。是年12月,冼玉萍调至幸福加装梯子公司。

第十三章 人力资源管理

2018年,宋丽红任人力资源中心总经理兼企管办总监,杨玉敏任培训部副部长(主持工作)。

2018年11月,顾兴生调任人力资源中心任总经理;李雪芳任人事部长兼中心办公室主任;严雪飞任劳资部部长。培训部从人力资源中心分离,划归"企业管理及培训中心"。

表13-1　　2001—2018年人力资源管理部门及主要负责人

年　　份	岗位/部门	主　要　负　责　人
2001—2003年	设立专职人事管理人员	人事劳资管理:吴莉萍、严雪飞
2004年	人力资源部	金云泉 人事劳资管理:吴莉萍、严雪飞
2005年	人力资源部(2005年1月—2005年6月)	孙全根
2005年	行政部(2005年7月—2005年12月)	金云泉
2006年	人事行政部	集团董事长助理兼人事行政部长:孙全根 人事劳资管理:李雪芳、严雪飞
2008年	人力资源部	集团办公室主任兼人力资源部部长、培训中心主任:孙全根 人力资源科长:严雪飞
2009年	人力资源部	总经理助理兼人力资源部部长、资产管理部部长:孙全根 人力资源部副部长:明望云 人力资源部部长助理:严雪飞
2010年	人力资源部	集团办公室主任兼人力资源部部长、培训中心主任:孙全根 人力资源部副部长:严雪飞;培训中心副主任:杨卯英
2011年	人力资源部	人力资源总监兼行政部部长:孙全根 人力资源副总监:宋丽红 副部长:李雪芳;劳资管理副部长:严雪飞;培训中心副主任:杨卯英
2012年	人力资源与行政管理中心	人力资源与行政管理中心总经理:孙全根 副部长:李雪芳;副部长:严雪飞
2013年8月—2015年	人力资源管理中心	人力资源管理中心总监:宋丽红 人事部部长:李雪芳;劳资部部长:严雪飞;培训部部长:杨卯英
2016—2017年	人力资源中心	人力资源中心总经理:宋丽红 人力资源副总经理:冼玉萍 人事部部长兼中心办公室主任:李雪芳 劳资部部长:严雪飞;培训部部长:杨卯英
2018年1月—2018年10月	人力资源中心	人力资源中心总经理:宋丽红 人事部部长兼人中心办公室主任:李雪芳 劳资部部:严雪飞;培训部副部长:杨玉敏
2018年11月至今	人力资源中心	人力资源中心总经理:顾兴生 人事部长兼中心办公室主任:李雪芳 劳资部部长:严雪飞

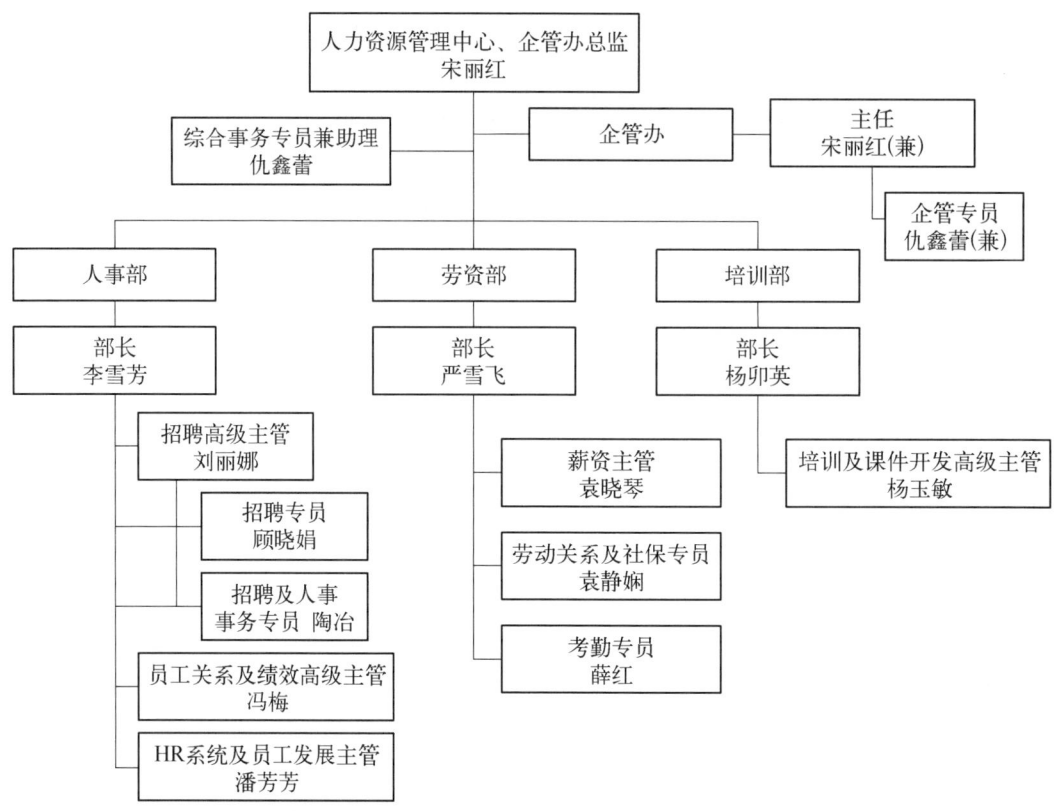

图 13-1　2014 年人力资源管理中心组织架构

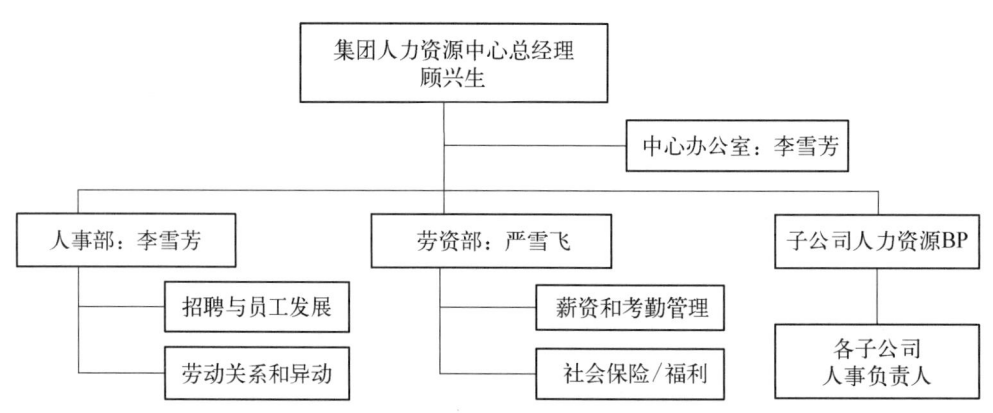

图 13-2　2018 年 12 月人力资源中心组织架构

第二节　员 工 概 况

1997 年，吴江新达电扶梯成套部件有限公司组建时，员工 25 人，以生产作业人员为主，管理人员和技术人员占比很少。

1998—1999 年，公司业务有所发展，产值快速攀升，员工人数有所增加。员工全部为当地人员，除创始人王友林具有大学学历，其他员工的学历普遍偏低。

2000—2004 年，公司注册成立吴江康力电梯有限公司，开始从事电扶梯整机业务，在场地、设备和人才等资源方面增加投入。在人员方面，着手引进若干有经验的整机厂管理人员和技术人员。由于业务的稳步发展和规模的扩大，员工人数快速增加。技术人员占比明显提高。

2006年,公司更名为"康力集团",开始逐步进行纵向产业链布局,除苏州新达以外,又成立奔一机电等子公司,至年底,员工总数增加到875人。

2007—2017年,公司进入高速发展期,一方面加大制造基地投入,另一方面逐步建立和完善公司营销网点战略布局,到2017年底,员工总数超过5 000人。

2018年公司以减员增效为人员管理主导思想,至年底,公司员工总数4 737人。

表13-2　　　　　　　　　　　　康力电梯股份有限公司历年员工人数及构成

年　份	期末人数	生产人员	销售人员	技术人员	财务人员	其他人员
1997年	25	18	1	3	1	2
1998年	40	23	1	6	2	8
1999年	46	25	3	6	2	10
2000年	68	41	6	6	2	13
2001年	135	95	8	8	2	22
2002年	180	125	12	14	3	26
2003年	230	157	20	18	5	30
2004年	468	293	31	63	6	75
2005年	580	358	34	79	10	99
2006年	875	567	39	68	15	186
2007年	1 124	687	99	143	15	180
2008年	1 189	723	85	123	14	244
2009年	1 583	840	237	196	16	294
2010年	1 966	1 130	396	275	36	129
2011年	2 418	1 348	556	312	40	162
2012年	2 569	1 172	791	257	68	281
2013年	3 163	1 557	942	212	88	364
2014年	3 953	1 881	1 208	443	104	317
2015年	4 727	1 892	1 510	569	113	643
2016年	4 933	1 903	1 718	637	104	571
2017年	5 060	1 866	1 832	639	100	623
2018年	4 737	1 921	1 454	828	87	447

表13-3　　　　　　　　　　　　康力电梯股份有限公司历年员工学历分布情况

年　份	期末人数	硕士以上	大学本科	大学专科	高中/中专	初中及以下
1997年	25	/	1	/	3	21
1998年	40	/	1	/	4	35
1999年	48	/	2	3	4	39
2000年	70	/	2	4	6	58

(续表)

年份	期末人数	硕士以上	大学本科	大学专科	高中/中专	初中及以下
2001 年	135	/	3	8	36	88
2002 年	180	/	9	15	42	114
2003 年	230	/	9	20	50	151
2004 年	468	1	23	25	134	285
2005 年	580	2	36	32	190	320
2006 年	875	2	47	66	276	484
2007 年	1 124	4	88	120	385	527
2008 年	1 189	3	111	131	400	544
2009 年	1 588	7	179	256	508	638
2010 年	1 966	10	253	348	605	750
2011 年	2 418	13	354	499	712	840
2012 年	2 569	15	390	555	820	789
2013 年	3 163	15	545	668	902	1 033
2014 年	3 953	17	766	897	1 090	1 183
2015 年	4 727	27	973	1 114	1 250	1 363
2016 年	4 933	30	997	1 208	1 359	1 339
2017 年	5 060	33	987	1 272	1 438	1 330
2018 年	4 737	38	914	1 173	1 314	1 298

第三节　人力资源管理的主要发展历程

一、初级阶段（1997—2000 年）

1997—2000 年，公司初创阶段，主要着力于业务发展，力求在市场上站稳脚跟，人事行政工作由公司常务副总兼管，未单独设立人事管理部门及人事专职人员。这一时期人事管理工作的主要特点是精干、垂直管理。只设置必要的部门：生产部、质量部、技术部、营销部、财务部等；只制定和遵循必要的基本人事管理制度：考勤制度、基本薪酬分配制度、人员招聘制度。

二、起步阶段（2000—2003 年）

2000 年 11 月，公司单独成立整机制造企业"康力电梯"，进入品牌和业务快速发展阶段。

2002—2003 年，公司设立专职人事管理岗位，负责招聘入职、考勤和薪酬等事务性工作，人事工作由主要负责基建的办公室主任兼管。由于整机业务发展的需要，公司开始加大整机制造所需人才的招聘和引进，包括有经验的管理人员和专业技术人员。

在这一阶段，由于当时当地的实际情况，人事和劳资管理工作相对简单。

三、职能化阶段(2004—2010年)

2004年,随着公司业务规模不断扩大,从事整机业务的康力搬迁至康力一期新的场地,管理人员和操作人员与从事部件业务的新达分离。集团公司员工人数明显增长,特别是技术人员增加,人力资源管理职能的重要性凸显。是年,公司发布第一版《员工手册》,与员工签订正规的劳动合同。

2005年,康力正式成立人力资源部,统一行使人事招聘、入职、离职、考勤、工资结算、社保缴纳职能。人力资源部管理人员有所增加,分工趋于细化,设立专职招聘、考勤和绩效考核、薪资发放等岗位,人事劳资管理相关事务工作开始实施。

2006—2007年,随着业务的不断发展,公司员工总数超过1000人,并且人才的需求日益增加。这一阶段,对外招聘和引进一些人才,充实了一些管理岗位、技术人员。2007年,伴随着股份制改革的进行,人事行政管理工作,特别是劳动关系和薪酬管理方面逐步走向专业化和正规化,人力资源部自身职能结构作出相应调整,新增培训、员工关系职能,并设专人负责;对原有职能模块(招聘、考勤、工资福利、社保等)进行职责细化和重新分工。

2008—2009年,公司完成股份制改革,依据股份制公司的要求建立公司治理组织机构。人力资源部依据公司统一的制度建设要求,制定人事和劳资管理的制度和标准,建立人事和劳资工作流程,加大人员招聘力度,充分利用政府吸引人才的政策,主动推进政府人才政策实施及争取公司政策匹配,薪资、考勤和劳动关系等管理工作逐步正规化。

四、系统化、专业化阶段(2010—2018年)

2010年3月,公司成功登陆资本市场。上市后,作为一个公众公司,业务布局、组织扩张以及管理提升等方面对人力资源管理的专业化和系统化的要求非常迫切。

2011年,公司开始对标先进的人力资源管理理念、工具,系统化地提升人力资源管理水平。是年年底,对人力资源管理制度和流程进行系统化修订和完善。

2012年,公司在集团层面成立人力资源及行政管理中心,统筹管理人力资源和行政工作,统一制定集团层面的制度和政策。

是年6月,在董事长亲自主持下,公司建立专业的标准职位体系,并依据新的标准职位体系标准对员工进行职级评定,依据职级进行系统薪酬制度改革,建立宽带薪酬体系。

是年8月,公司依据劳动法以及内部管理制度、政策等,对《员工手册》进行彻底改版,明确劳资双方的义务和要求。新版《员工手册》发布后,人力资源中心按照法规要求,发放至全体员工,并组织全体员工进行学习和考试。

2013年8月,人力资源管理和行政管理职能分开,人力资源管理中心成立。人力资源管理中心内部按照工作职能设立人事、劳资和培训三个部门,促进相关工作向专业化和纵深化发展。

是年,人力资源中心配合公司五年发展战略规划要求,编制"2013—2016年人力资源发展战略规划",对公司现有人员及人力资源管理现状进行盘点和分析,对未来五年的人员需求做出预测,明确公司中长期人力资源管理工作的方向和行动纲领。

是年11月,人力资源中心修订完善员工满意度调查制度和流程,设置工作本身、工作回报、管理和沟通、员工关系、公司资源提供和员工敬业精神等6个维度共35道问题,通过匿名和纸质问卷方式,对全体员工进行满意度调查,了解员工真实感受,明确后续工作改进方向。

2014年,人力资源中心加大技术人员招聘力度,制定校园招聘标准流程,包括明确应届生薪酬待遇,制作宣讲演示PPT,印制招聘现场宣传资料等,提高公司知名度和吸引力。

是年9月,为规范人事档案管理,人力资源中心内部成立专项小组,对康力全体员工人事档案和电子信息档案进行全面梳理和重建,补充确实的信息和证明文件,规范档案标准格式和管理要求,同时制订"人事信息和档案管理规定"。

是年,为促进员工发展,人力资源中心制订公司《能力素质模型手册》,基于各标准岗位,编制《职位说明书》,为公司招聘选拔人才、岗位调动和人才梯队培育等提供依据。

2015年7月,公司引进E-HR信息管理系统,该系统于2016年6月成功上线,实现基于互联网的人力资源管理流程化和自动化。是年,借系统上线,梳理和规范车间计件工资结算和劳动定额信息标准。

2015—2016年,人力资源中心通过梳理、完善和改进,建立月度薪酬结算、调薪及年终奖金测算的标准、流程和操作指引,并形成书面的标准化工作手册。同时建立年度市场薪酬调查制度,并依据调查结果和公司内部实际情况,每年编制"康力各岗位员工参考定薪表",为人力资源招聘定薪、异动、调薪等提供参考依据。

2017—2018年,人力资源中心遵循公司"开源节流,提高效益"的原则,依据国家相关法律法规和市场调查分析结果,梳理和规范各类补贴,重新确定相关标准。同时,充分研究并积极争取政府各类人才政策,控制薪酬成本。同时,在主要业务机构大力推行绩效工资,加强绩效考核。

第四节 人力资源管理体系建设

2013年下半年,公司开始以构建专业性和系统性的人力资源管理体系为指导思想,开展人力资源管理工作。

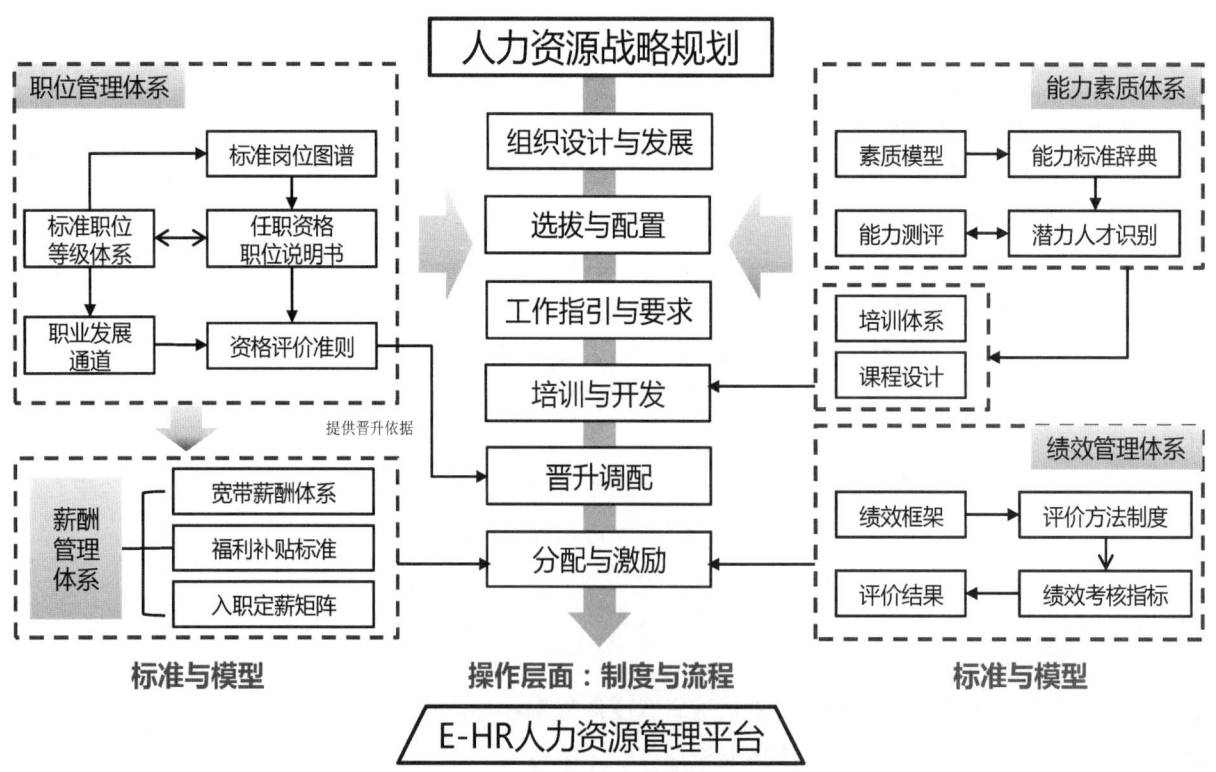

图13-3 康力电梯战略人力资源管理体系框架图

一、人力资源战略规划

2013年,人力资源中心配合公司的五年战略规划制定、编制"2013—2016年人力资源发展战略规划",填补康力人力资源管理六大模块的空白。人力资源中心进行了长期规划,通过对电梯行业及人力资源现状的盘点分析:电梯行业上市公司盈利能力比较、劳动生产率比较、劳动分配率比较,人力资源静态以及动态数据分析等,找出问题和差距并制定相应对策。以历年人数和人员结构为基础,通过科学的方法预测人力资源需求和内部供给的总量、质量和人员层次结构;以人力资源需求和供给预测结果为基础,制定未来五年人力资源的招聘策略、职能规划要求以及后备人才梯队培养规划,最终形成对人力资源管理工作提升改进的具体行动计划。

2016年初,根据市场及行业的发展形势,结合公司实际情况,人力资源中心再次制订"2016—2020年人力资源发展战略规划",本次规划在原有规划框架的基础上,增加薪酬与福利、培训管理方面的具体分析、预测和改进规划。

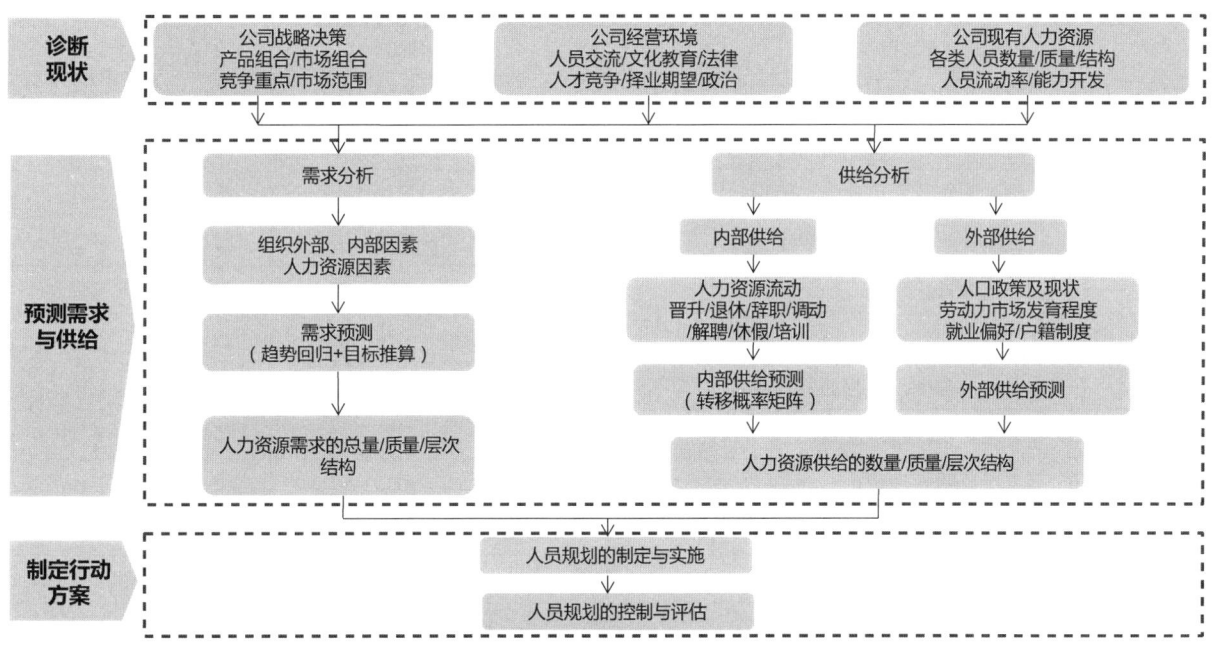

图13-4　康力人力资源战略规划整体内容架构和编制流程

二、人力资源管理制度建设

2004年9月,公司编制第1版《员工手册》。

2008年,人力资源部集中编制基本的人力资源管理制度,包括人事、劳资和培训内容。

2011年下半年,人力资源部依据公司制度建设统一部署,编制、修订和完善人力资源和行政管理各项制度,包括人力资源管理制度23条,行政后勤管理制度13条。

2012年,人力资源中心重新修订编制《员工手册》,依据国家法律、法规以及公司管理文化和用工制度,补充完善相关内容,明确劳资双方的职责和义务,特别是员工应履行的职责和义务,使得《员工手册》成为人力资源管理的重要依据和原则性文件。之后,《员工手册》定期随法律和公司实际情况进行修订改版。2017年6月,发布第4版。

2016年,依据E-HR系统上线运行以及人力资源管理实施中发现的问题,人力资源中心系统性地对所有制度进行评审以及全面修订和补充。

2017—2018年,相关的管理制度依据运行和人力资源管理的需要,随时编制和修订。

截至2018年年底,人力资源管理共发布常规制度文件75个。

表13-4　　　　　　　　　　　　　　　2018年康力人力资源管理制度清单

分类	序号	文件制度名称	文件编号	生效日期
人事类	1	员工手册	V4	2017年6月1日
	2	人力资源招聘和录用管理规定	KL.C-HR01.V5	2018年3月1日
	3	人力内部推荐奖励规定	KL.C-HR31.V4	2017年6月1日
	4	标准职位体系及任职资格管理	KL.C-HR05.V3	2016年5月1日
	5	员工奖惩管理规定	KL.C-HR11.V5	2017年5月1日
	6	员工离职管理规定	KL.C-HR04.V3	2017年5月1日
	7	内部异动管理规定	KL.C-HR03.V2	2017年5月1日
	8	退休及返聘管理规定	KL.C-HR09.V5	2017年4月1日
	9	员工关系及员工活动管理规定	KL.C-HR12.V2	2016年5月1日
	10	员工工作行为表现评估管理规定	KL.C-HR10.V4	2016年5月1日
	11	专业及业务通道晋升规定	KL.C-HR78.V1	2017年7月1日
	12	建造师管理制度	KL.C-HR73.V1	2017年6月1日
	13	知识管理规定	KL.C-HR74.V1	2017年3月1日
	14	劳动关系维护和沟通管理规定	KL.C-HR70.V1	2017年1月1日
	15	合理化建议管理规定	KL.C-HR26.V2	2016年5月1日
	16	人事证明管理规定	KL.C-HR15.V2	2016年5月1日
	17	员工证件管理规定	KL.C-HR14.V2	2016年5月1日
	18	内部沟通管理规定	KL.C-HR13.V5	2016年5月1日
	19	专业技术职称管理规定	KL.C-HR08.V2	2016年5月1日
	20	核心人才管理规定	KL.C-HR07.V2	2016年5月1日
	21	人事信息和档案管理规定	KL.C-HR02.V2	2016年5月1日
	22	人才补贴操作细则	KL.N-RS01.V1	2015年8月1日
劳资类	23	员工出差安全守则	KL.C-HR47.V3	2016年7月1日
	24	出差管理规定	KL.C-HR23.V6	2018年2月1日
	25	员工体检管理规定	KL.C-HR24.V2	2016年7月1日
	26	工伤保险管理规定	KL.C-HR21.V2	2016年7月1日
	27	加班管理规定	KL.C-HR19.V2	2016年7月1日
	28	工作时间、假期和考勤管理规定	KL.C-HR18.V4	2016年7月1日
	29	劳动合同管理规定	KL.C-HR17.V4	2016年7月1日
	30	保密管理规定	KL.C-HR16.V4	2016年7月1日

(续表)

分类	序号	文件制度名称	文件编号	生 效 日 期
劳资类	31	福利补贴管理规定	KL.C-HR22.V3	2015年7月15日
	32	薪酬管理规定	KL.C-HR05.V1	2012年8月1日
	33	分支机构员工薪酬管理办法(试行)	KL.C-HR34.V5	2019年1月1日
	34	分支机构总经理薪酬管理办法(试行)	KL.C-HR33.V2	2017年1月1日
	35	分公司工程类绩效管理规定	KL.C-HR39.V2	2017年1月1日
	36	售后服务绩效政策	KL.C-HR71.V2	2018年1月1日
	37	战略客户奖励政策-总部(试行)	KL.C-HR38.V2	2017年1月1日
	38	战略客户奖励政策-分公司(试行)	KL.C-HR37.V2	2017年1月1日
	39	轨道交通项目奖励政策(试行)	KL.C-HR35.V2	2018年1月1日
	40	国际业务外销支持绩效考核与薪酬管理办法(试行)	KL.C-HR44.V3	2018年1月1日
	41	国际业务外销员绩效考核与薪酬管理办法(试行)	KL.C-HR43.V3	2018年1月1日
	42	国际业务区域负责人绩效与薪酬管理办法(试行)	KL.C-HR42.V3	2018年1月1日
	43	国际业务大区总经理绩效与薪酬管理办法(试行)	KL.C-HR41.V3	2018年1月1日
	44	国际业务中心外销特别奖励政策	KL.C-HR.J45.V2	2017年1月1日
	45	商务接待人员薪酬管理办法	KL.C-HR77.V1	2015年1月1日
	46	驾驶员薪酬管理办法	KL.C-HR76.V2	2015年1月1日
	47	智能部件研发部绩效考核管理制度	KL.C-HR79.V1	2017年8月1日
	48	技术中心绩效考核管理办法	KL.C-HR51.V1	2016年10月1日
	49	技术中心部门负责人绩效考核管理办法	KL.C-HR52.V1	2016年10月1日
	50	工厂办公室绩效考核管理办法	KL.C-HR69.V1	2016年10月1日
	51	电梯开发部绩效考核管理办法	KL.C-HR53.V1	2016年10月1日
	52	扶梯开发部绩效考核管理办法	KL.C-HR54.V1	2016年10月1日
	53	电气开发部绩效考核管理办法	KL.C-HR55.V1	2016年10月1日
	54	项目技术部(电梯、扶梯、电气)绩效考核办法	KL.C-HR56.V1	2016年10月1日
	55	数据管理部绩效考核管理办法	KL.C-HR57.V1	2016年10月1日
	56	工艺部绩效考核管理办法	KL.C-HR58.V1	2016年10月1日
	57	技术中心实验室绩效考核管理办法	KL.C-HR59.V1	2016年10月1日
	58	院士工作站绩效考核管理办法	KL.C-HR60.V1	2016年10月1日
	59	资料室绩效考核管理办法	KL.C-HR61.V1	2016年10月1日
	60	工厂运营中心事业部绩效考核管理办法	KL.C-HR62.V1	2016年10月1日
	61	电梯事业部绩效考核管理办法	KL.C-HR63.V1	2016年10月1日
	62	扶梯事业部绩效考核管理办法	KL.C-HR64.V1	2016年10月1日
	63	供应商管理部绩效考核管理办法	KL.C-HR65.V1	2016年10月1日
	64	发运管理部绩效考核管理办法	KL.C-HR66.V1	2016年10月1日
	65	安全保卫部绩效考核管理办法	KL.C-HR67.V1	2016年10月1日
	66	成本管理部绩效考核管理办法	KL.C-HR68.V1	2016年10月1日

三、人力资源信息管理系统建设

2014年,人力资源中心开始策划引入E-HR信息管理系统,并开始按照E-HR信息系统要求,先行补充完善员工基础数据信息,规范基础信息储存格式和字段等,为系统建设做准备。

2015年4月,人力资源中心召开人力资源管理信息系统(E-HR)项目启动会,经过系统选型及前期数据准备工作,2016年6月E-HR系统正式上线运行,系统整合包括组织架构管理、人事档案管理、人才招聘管理、员工考勤管理、薪酬福利管理、培训发展管理等内容的所有人力资源管理模块,在决策者、管理者和员工之间构建起一个快捷透明的信息沟通渠道。

2016年6月—2017年3月是E-HR系统试运行阶段,通过9个月的试运行,对人力资源各环节流程进行彻底梳理和优化,大大提高了人力资源中心常规工作的效率,使人力资源管理人员能够对公司现有人力资源进行系统的开发和培养,从速度和质量上满足公司战略的需要。

四、人力资源管理体系标准和模型建设

2013—2017年,通过5年多系统化、专业化建设,康力人力资源工作基本完成。组成人力资源管理体系的主要标准和模型,包括职位体系、薪酬体系、能力素质模型以及绩效管理体系;加上顶层"人力资源规划"以及支持操作的基础部分"E-HR"信息平台和制度流程的完善,人力资源管理体系初步成型。

表13-5　　　　　　　　　　　　　人力资源管理体系主要建设工作

类　别	标准与模型	建立时间
人力资源战略规划	2013—2016五年人力资源发展规划	2013年
	2016—2020五年人力资源发展规划	2016年
职位管理体系	标准岗位图谱	2012年
	标准岗位任职资格及职位说明书	2014—2015年
	双通道职位发展矩阵表	2012年
	专业及业务职级评定标准(用于薪酬套改)	2012年
能力素质体系	标准岗位能力素质模型手册	2015年
	技术职称及职业技能等级标准	2014—2017年
	中层(班)骨干人才选拔标准	2015年
培训体系	培训制度、课程体系、内部讲师管理体系等	2012年开始
薪酬管理体系	宽带薪酬体系标准模型	2012—2013年
	集团福利补贴标准	2014—2018年
	标准岗位定薪参考标准(每年更新)	2015年
	应届大学生定薪标准(定期更新)	2014年
	计件工资核算标准(配合E-HR系统建设)	2016年
绩效管理体系	员工年度行为表现评估标准	2014年
	营销类员工绩效薪酬制度(不断修订完善)	2012年
	接待中心人员绩效工资标准	2016年

(续表)

类　　别	标 准 与 模 型	建 立 时 间
绩效管理体系	工程维保类员工绩效薪酬制度	2015年
	技术中心绩效考核薪酬制度	2016年
	生产类员工绩效考核薪酬制度	2016年
	计件工资核算标准操作手册等	2016年
制度和流程建设	人力资源管理制度和流程系统性补充、修订和完善	2012年、2016年
信息管理平台	人力资源信息系统(E-HR)	2016年

第五节　主要人力资源管理工作实施

一、招聘和人才引进

1997年公司成立初期，主要招聘方式以公司员工介绍、申请人员自主报名为主。员工，特别是管理人员主要为当地人。

2000年，公司单独注册，成立吴江康力电梯有限公司，从事电扶梯整机业务，对行业内人才的需求加大。2001—2006年，在董事长王友林的感召下，多个有整机厂管理经验人员加入公司。

2002年，康力第一次以校园招聘的形式，招聘首批应届本科大学生，开始充实和培养整机技术人员。此后，公司每年通过举办校园说明会、参加政府和学校组织的各种校招活动等，招收各类专业的应届大学生。

2007年，公司完成股份制改革，对整体技术创新能力的提升和市场拓展的需求加大，人力资源部开始拓宽招聘渠道，加大社会招聘力度。

2008年，为吸引人才，公司一方面对特别需要的人才提供有竞争力的薪酬待遇，另一方面充分利用当地政府推出的人才政策，积极为加入公司的专业人才申请各类补贴，并按相应的比例匹配。

2010年3月，公司成功登陆资本市场，生产规模不断扩大，并大举推进营销网络建设，人员需求快速增加，人员招聘渠道和方式更加多样化，包括员工推荐、主流招聘网站和校园招聘等方式。

2011年，公司与电梯专业领域的电梯英才网签约合作，开始线上线下相结合的招聘模式。此后，公司不断拓展网络招聘渠道，先后开通汾湖人才网、前程无忧、智联招聘及吴江开发区人力资源市场等渠道招聘中基层人员。

2013年10月，人力资源中心提升校园招聘操作方式和水平，组织人员前往东南大学和南京工业大学等著名院校，举办康力电梯校园招聘宣讲会，宣传公司雇主形象，收到良好的招聘效果。

2014年，人力资源中心制定校园招聘相关流程和标准，包括现场面试考核打分表，进一步规范校园招聘操作，提高校园招聘质量。

2014—2015年，这是集团公司(包括分公司和子公司)招聘应届大学生最多的两年，合计招聘259人，这些硕士及本科毕业生主要来自东南大学、南京工业大学、南京理工大学、南京农业大学、南京林业大学、南京财经大学、中国矿业大学、苏州大学、苏州科技大学、西安工业大学、江苏大学、东北大学等高校。

2016年开始，公司实施"减员增效"措施，减少校招数量，特别增加对有经验技术和专业人员的招聘数量，从行业其他厂家引进多名5年以上经验的技术人员。

表 13-6　　历年公司引进的主要管理人员

姓名	进入公司时岗位	原单位	原公司主要职务	入职年份
陈金云	工厂管理	吴江电梯厂	副厂长	1998年
顾兴生	销售管理	上海建达电梯厂	副厂长	1999年
金云泉	行政和基建管理	农行吴江支行	副主任	2000年
毛桂金	生产制造管理	申龙电梯	副厂长	2002年
高玉中	技术、质量管理	西安电梯厂	技术处处长	2002年
李福生	技术管理	齐齐哈尔建华电梯厂	副厂长	2002年
孟庆东	技术管理	齐齐哈尔建华电梯厂	工程师	2002年
于国强	工厂管理、技术管理	上海自动扶梯有限公司	副厂长	2003年
朱瑞华	市场和销售管理	上海自动扶梯有限公司	市场部经理/总经理助理	2004年
康莉	技术/生产管理	西安安迪斯电梯有限公司	合同控制中心经理	2005年
孙全根	人事行政管理	东太湖水产养殖场	副厂长	2005年
沈舟群	财务管理	苏州信成会计师事务所	项目经理	2006年
张利春	技术管理	蒂森克虏伯电梯中山工厂	扶梯工程部经理	2006年
刘占涛	证券投资	中国建银投资证券有限公司	研究员	2007年
李革	技术管理	辽宁富士电梯有限公司	副总经理、总工程师	2008年
韩公博	营销管理	上海三菱电梯	华南区总经理	2010年
宋丽红	人力资源管理	蒂森克虏伯电梯(中山工厂)	质量部经理	2011年
陈振华	信息管理	埃森哲(中国)有限公司	资深咨询顾问	2011年
黄维纲	技术管理	上海三菱电梯有限公司	技术研发	2011年
秦成松	质量管理	成都西子孚信科技有限公司	总经理	2012年
黄伟华	营销管理	奥的斯电梯(中国)有限公司	运营副总裁	2015年
吴贤	证券投资	东吴创业投资有限公司	副总经理	2016年

表 13-7　　历年应届大学生招聘情况

年份	人数	年份	人数
2001年	1	2010	18
2002年	6	2011	44
2003年	—	2012	70
2004年	4	2013	79
2005年	14	2014	159
2006年	10	2015	100
2007年	23	2016	28
2008年	20	2017	37
2009年	42	2018	68

表 13-8　　公司历年为员工申请的政府人才补贴及公司匹配金额

年份	政府补贴(万元)									公司匹配金额(万元)	合计(万元)
	购房补贴	苏州优秀人才	安家补贴	柔性人才	名校优生补贴	退税补贴	技能补贴	姑苏人才	小计		
2008年	12			80					92	16.2	108.2
2009年	91			45					136	22.8	158.8
2010年	55								55	26	81
2011年	48			80					128	13.9	141.9
2012年	40			35	2	31.5			108.5	3.6	112.1
2013年	46					1.8			47.8	14.5	62.3
2014年	42			31		2.5			75.5	18	93.5
2015年	48		18	5					71	14	85
2016年	102		17	7		2.5			128.5		128.5
2017年	128						5	66	199	35.2	234.2
2018年	91	15.3	18	14					138.3	29	167.3
合计	703	15.3	53	240	59	33.3	10	66	1 179.6	193.2	1 372.8

二、职位与职务管理

2005年开始,公司每年年初发布集团各公司组织机构以及主要高层管理人员的正式任命文件。

2011年起,公司每年年初发布总公司(含分公司)和各子公司组织机构以及所有岗位主管以上职务的正式任命文件,并装订成册。

2012年,公司发布第一版标准职位体系及员工发展通道文件,在对各工种进行工作分析的基础上,将公司各职位按序列、职能群和标准岗位统一划分归类,形成《康力电梯标准岗位图谱》(第1版),图谱将公司所有岗位分成五大序列:技术序列、业务序列、专业序列、辅助序列和操作序列,涵盖30个职能群、159个标准岗位。同时,制订"各标准岗位职级职衔矩阵表",明确双通道员工发展路径。

标准职位体系的建立,对职务管理、岗位职责的明细以及公司各项政策的实施提供标准和依据,为公司人力资源管理奠定基础。

2014年和2016年,根据标准职位体系应用过程中发现的问题,人力资源中心对标准职位体系进行两次修订,使得最终《标准岗位图谱》(第3版)包含4个序列、23个职能群和97个标准岗位。

2014年,发布第一版《职务晋升和任命管理规定》,统一规范公司各级管理职务的名称、明确规定管理职务晋升标准以及职务晋升操作流程和方法。此后,在2015年、2016年分别进行两次修订,主要增加分支机构职务晋升批准权限表及修订各级管理职位晋升的具体工作年限要求。

是年,为与职务晋升管理相配套,人力资源中心出台《专业技术职称管理规定》,并以此为标准,每年系统化地组织进行国家技术职称评定工作,积极帮助员工适时获得技术职称和水平认证,以增强员工队伍实力,提高人员整体素质。

2017年,为不断提高工程项目施工管理专业人员素质,人力资源中心出台《建造师资格管理规定》,鼓励集团内符合条件的员工报考注册建造师资格,并对考取后注册在集团公司者给予适当奖励。

表 13-9　　集团历年各层级管理人员人数

年 份	集团管理人员总数	主管级	部 级	副总及以上	康力管理人员总数	主管级	部 级	副总及以上
1997 年	4	1	1	2	4	1	1	2
1998 年	6	2	1	3	6	2	1	3
1999 年	8	2	1	5	8	2	1	5
2000 年	12	4	2	6	12	4	2	6
2001 年	15	6	3	6	15	6	3	6
2002 年	25	16	3	6	25	16	3	6
2003 年	40	22	8	10	40	22	8	10
2004 年	49	5	35	9	36	2	28	6
2005 年	62	8	38	16	43	1	30	12
2006 年	88	21	46	21	59	14	30	15
2007 年	136	38	74	24	102	27	58	17
2008 年	151	57	72	22	109	47	45	17
2009 年	192	101	67	24	145	81	47	17
2010 年	259	115	107	37	192	91	75	26
2011 年	341	99	202	40	233	72	133	28
2012 年	367	130	186	51	211	75	104	32
2013 年	436	168	207	61	252	94	123	35
2014 年	555	221	270	64	378	160	174	44
2015 年	716	270	377	69	473	176	254	43
2016 年	848	347	423	78	547	203	294	50
2017 年	910	411	423	76	590	251	291	48
2018 年	810	376	374	60	527	240	247	40

表 13-10　　历年工程师序列、经济序列职称及建造师人数

年 份	工程序列				经济序列				建造师	
	正高级	高级	中级	初级	正高级	高级	中级	初级	一级	二级
1997—2007 年	未统计									
2008 年		12	20	51		2	1	16		5
2009 年		9	21	81		2	1	20		6
2010 年		9	24	93		3	6	27		8
2011 年		12	32	96		3	7	37		9
2012 年		12	38	102		5	7	38		10
2013 年		13	44	110		7	11	77	2	12
2014 年		12	51	155		8	15	95	2	14
2015 年	1	18	71	238	1	8	20	109	4	17

(续表)

年 份	工程序列				经济序列				建造师	
	正高级	高级	中级	初级	正高级	高级	中级	初级	一级	二级
2016年	1	19	84	272	1	8	19	126	3	21
2017年	1	21	106	279	1	11	21	124	4	22
2018年	1	23	140	279	1	12	23	123	7	32

三、劳动关系和员工关系管理

(一)劳动关系管理

2002年开始,公司除正常缴纳五险外,每年为一线员工和工程维保人员另增购买商业意外险。

2004年,公司与全体员工签订正规书面劳动合同,并发布第1版《员工手册》,劳动关系管理开始起步。

2008年1月,公司对员工社保缴纳现状进行系统梳理,按照国家法律要求,进一步完善和规范全体员工社保缴纳方式。

2009年9月,公司实现全员缴纳住房公积金。

2011年,公司发布第1版《劳动合同管理规定》,对劳动合同的签订、续签、终止、解除及劳动合同的管理等事宜做出全面详细规定,并制订公司劳动合同范本,在集团内使用统一的劳动合同文本。此后,2012—2018年,劳动合同管理规定历经4次修订,主要根据国家及地方最新的劳动法律法规,对劳动合同期限、劳动合同签订流程及合同范本内容进行适应性修订。

2012年,公司全面修订和完善《员工手册》,明确劳资双方的责任和义务,特别是明确在法律框架下劳动关系的条款,修订后的《员工手册》为公司人力资源管理以及处理劳动争议等提供依据。之后,根据人力资源管理中遇到的实际情况以及国家法律法规的变更等,《员工手册》在2015年和2017年进行两次修订改版。

2014年,人力资源部制订并发布《员工离职管理规定》,明确离职申请流程和审批权限,规定特定中高层岗位人员离任审计要求。与此同时,为合理而规范地调配全集团的人力资源,制定并发布《内部异动管理规定》,明确定义调岗、外派、借调和轮岗,并分别设置各类异动的标准程序,使集团内部员工异动管理得以标准化、规范化。

2015年,为规范工作时间和加班管理,人力资源中心发布《加班管理规定》,对加班及其申请流程进行明确规定,进一步提升劳动关系管理的合规性。

是年,公司被评为"苏州市AAA级劳动保障信用单位"。

2017年4月,为使劳动时间和薪酬管理更加切合公司实际运行情况及法律规定,人力资源中心针对工程维保、销售、驾驶员等特殊岗位,向吴江区劳动行政部门申报实施特殊工时工作制,并获得政府许可。特殊工时制的实施,使公司的工作时间管理和薪酬结算更加符合实际,操作更加灵活,更加符合法律法规的要求。

2017年,为建立和谐稳定的劳动关系,维护职工合法权益,通过预报、预测、预防等措施,及时发现和化解劳资关系中的摩擦、矛盾和纠纷,人力资源中心制订《劳动关系维护和沟通管理规定》,建立劳动关系预警机制,组建由各级员工参加的劳动关系协调监督委员会,使得劳动关系管理上到一个新台阶。

是年,公司被评为"苏州市AAAA级劳动保障信用单位"。

表 13-11　　　　　　　　　历年康力电梯获得劳动保障类政府荣誉清单

序号	证　书　名　称	颁　发　单　位	获证时间
1	2006年吴江区劳动保障A级诚信单位	吴江区人力资源和社会保障局	2005年3月20日
2	2007年吴江区劳动保障A级诚信单位	吴江区人力资源和社会保障局	2006年3月18日
3	2008年吴江区劳动保障A级诚信单位	吴江区人力资源和社会保障局	2007年4月25日
4	2009年吴江区劳动保障A级诚信单位	吴江区人力资源和社会保障局	2008年3月18日
5	2007年苏州市劳动关系和谐企业	苏州市人民政府	2008年4月18日
6	2008年苏州市劳动关系和谐企业	苏州市人民政府	2009年4月18日
7	2010年吴江区劳动保障A级诚信单位	吴江区人力资源和社会保障局	2009年5月20日
8	2009年苏州市劳动关系和谐企业	苏州市人民政府	2010年4月18日
9	2010年苏州市劳动关系和谐企业	苏州市人民政府	2011年4月23日
10	江苏省模范劳动关系和谐企业	江苏省协调劳动关系三方委员会	2011年12月6日
11	2011年苏州市劳动关系和谐企业	苏州市人民政府	2012年4月25日
12	2011年度吴江区劳动保障A级诚信单位	吴江区人力资源和社会保障局	2012年4月26日
13	2012年度吴江区劳动保障A级诚信单位	吴江区人力资源和社会保障局	2013年3月18日
14	2012年苏州市AA级劳动保障诚信单位	苏州市人力资源和社会保障局	2013年5月23日
15	2012年苏州市劳动关系和谐企业	苏州市人民政府	2013年7月1日
16	2013年度缴存住房公积金先进单位	苏州市住房公积金管理中心	2014年1月1日
17	2013年度吴江区劳动保障A级诚信单位	吴江区人力资源和社会保障局	2014年5月21日
18	2014年度缴存住房公积金先进单位	苏州市住房公积金管理中心	2015年1月1日
19	2014年度吴江区劳动保障A级诚信单位	吴江区人力资源和社会保障局	2015年4月1日
20	2013—2014年度苏州市劳动关系和谐企业	苏州市人民政府	2015年4月22日
21	2013—2014年度苏州市AAA级劳动保障信用单位	苏州市人力资源和社会保障局	2015年10月19日
22	2015—2016年度吴江区劳动保障A级诚信单位	吴江区人力资源和社会保障局	2017年7月1日
23	2015—2016年度苏州市劳动关系和谐企业	苏州市人民政府	2017年10月13日
24	2015—2016年度苏州市AAAA级劳动保障信用单位	苏州市人力资源和社会保障局	2017年11月29日

(二) 工作沟通管理

2003年5月,苏州康力电梯有限公司第一届工会成立,工会代表职工与企业签订集体合同,并依照法律规定通过职工代表大会形式,组织职工参与本单位的民主决策、民主管理和民主监督。人力资源中心针对员工手册、涉及员工利益的制度和文件、工时制度改革等内容,广泛听取职工代表意见,依法履行民主协商程序。

2011年6月,为全面规范和改进公司内部沟通的方式和要求,营造通畅和高效的内部沟通环境,促进各类信息在公司内部的流动和共享,提高公司的管理效率和工作效率,人力资源部发布《内部沟通管理规定》,此后随着公司信息化的提升而不断发展。

2012—2016年,公司详细规定各级员工工作汇报和沟通流程、原则以及形式和内容要求。

2013年,人力资源管理中心建立例行员工面谈和座谈制度,包括年度绩效面谈、离职面谈、反馈面谈等,并依据不同情况定期召开基层员工座谈会,听取员工的意见和建议,改进各方面的工作。

2014年,人力资源中心全面修改完善《员工满意度调查表》,通过6个维度35个题目,采用无记名问卷的方式,统一组织发放和回收问卷。针对调查结果反映的问题,人力资源中心负责进行分析和改进。2014—2016年,连续三年保持问卷题目相同,用于评估员工满意度变化情况。数据显示,员工满意度连续三年保持提升。

2016年,人力资源面向全公司组织并推行"合理化建议"活动,制订《合理化建议管理规定》,从制度层面规范和保障合理化建议活动的持续常态开展。2016—2018年,公司员工共提出228条合理化建议,采纳98条。这些建议涉及公司日常管理、生产、技术、营销、工程等方方面面,树立群众性持续改善文化。

是年,公司专门组织中层员工对高层管理人员的工作作风和工作能力的意见反馈,设计统一的调查问卷进行打分,以了解中层员工的工作想法和感受,增强层级之间的工作沟通。

2016—2018年,公司分别组织高层领导在井冈山和西塘,召开头脑风暴会,促进管理层深度沟通,分析问题,统一思想,为公司战略和政策的制定提供依据。

(三)员工关系和活动

从1997年公司成立起,每年年末公司都组织召开员工总结表彰大会,总结全年工作成绩并评选和表彰优秀员工与优秀团队,1997—2018年累计评选出优秀员工1 482人,优秀团队100个,优秀党员77人。具体名单详见本志第二十二章。

除每年年末的总结表彰大会外,人力资源部每年还例行组织开展员工活动,如表13-12和表13-13所示。

表13-12　　　　　　　　　　　　　康力例行员工活动

序　号	例行员工活动
1	元宵节和中秋节外地员工聚餐活动
2	每年定期召开大学生座谈会,了解工作及生活情况
3	每年定期召开骨干核心员工座谈会,听取意见和建议,制定对策,落实改善
4	2002—2007年,每年组织一次员工献血,康力累计17人参加,新达累计9人参加
5	2007—2012年,每年元宵节组织全员参加大型烟花燃放活动
6	2013—2016年,每年组织开展端午节包粽子比赛
7	2015年开始,员工生日祝福:生日礼券(150元/人)、祝福邮件、短信、贺卡
8	2015年开始,开展全员"合理化建议"活动,至今共收集228条合理化建议,采纳98条

表13-13　　　　　　　　　　　　　公司历年主要员工活动

年　月	员工活动项目
2005年2月	中层以上干部参观学习永鼎和亨通
2007年10月	中层以上干部参观学习金莱克公司
2010年5月	举办康力电梯第二届篮球赛
2010年6月	全体员工上海世博会一日游
2010年8月	举办康力电梯第一届乒乓球赛

(续表)

年　　月	员工活动项目
2010年9月	参加汾湖开发区大学生中秋联谊活动
2010年10月	参加汾湖开发区纪念费孝通文艺汇演活动
2010年12月	举办康力电梯第一届拔河比赛
2011年1月	举办康力电梯"征文、歌咏"比赛
2011年3月	举办上市一周年庆典晚会及第二届拔河比赛
2011年4月	参加汾湖区工会职工文艺大赛
2011年5月	举办康力电梯第三届职工篮球比赛
2011年7月	举办首届职工琴棋书画比赛
2011年8月	与汾湖区联合举办职工文艺慰问演出
2011年9月	参加汾湖开发区大学生联谊晚会
2012年4月	举办公司双职工儿女爱心捐款活动
2012年6月	举办康力电梯第四届职工篮球赛
2012年8月	举办女子健身健美班和男子跆拳道班
2012年9月	举办首届质量月颁奖暨中秋国庆晚会活动
2012年9月	举办首届质量月口号、标语征集、演讲比赛
2012年10月	举办公司十五周年庆典
2014年10月	组织公司员工参加汾湖高新区举办的"情系汾湖　牵手格林"活动
2014年11月	组织公司员工参加汾湖科创园举办的"青春微聚会"活动
2014年12月	组织员工参加汾湖高新区单身青年人才交友沙龙
2015年10月	组织员工参加汾湖高新区举办的"人才杯"书法比赛
2016年3月	组织举办健康倡议活动,旨在提高员工自我保健意识
2016年5月	举办"感动康力"征集活动,形式为文章、照片、短视频或微页作品,评审后进行现金及奖品奖励,作品在康力报、微信公众号上推送
2017年7月	与枫华学校联合组织单身青年员工联谊活动

四、薪酬管理

(一) 薪酬管理

1997—2003年,公司处于发展初期,人员相对较少,薪酬结构较单一,科室人员薪酬结构主要是月固定工资及年终奖金,最终以年收入作为评估依据,一线操作员工以计件工资为主,再根据工作性质给予各类补贴津贴,如满勤奖、夜班津贴、班组长带班补贴等。

2003年开始,司机工资结构从固定工资改为基本工资加上按当月实际行驶公里数结算的公里工资。

2004—2011年,公司进入快速发展期,人员逐年增加,一线操作人员仍然维持计件工资制,非一线岗位开始进行季度绩效考核,并将考核结果与薪酬挂钩,薪酬结构相应地改为"月度工资＝固定工资＋

绩效工资＋年终奖金"模式。

2012年,公司进行薪酬体系改革,规范中基层员工的薪酬结构组成,并依据标准职位体系,建立以职级为基础的宽带薪酬体系,按照新的体系,对全体月薪制的员工进行工资套改,使得员工的工资与资历、水平和教育背景相匹配。薪酬改革之后,康力员工平均月工资提高22%,技术序列员工工资平均增长32%。员工年收入平均增长29.8%。此次薪酬改革,公司制定的《薪酬管理规定》和《薪酬政策和体系实施细则》为之后的薪酬管理奠定基础。

2014年,人力资源中心部建立例行地区市场及行业薪酬调查工作,对周边企业以及行业薪酬水平和当年度涨薪情况进行调研,再根据公司当年度经营业绩和实际薪酬水平确定当年度薪酬政策。

2015年,为使招聘、异动等伴随的定薪具有科学依据,人力资源中心依据每年年初所做的"薪酬调研结果",采用科学、系统的方法,编制《年度员工参考定薪矩阵表》,从标准岗位、学历、工作年限三个维度详细界定各职能群人员的具体薪酬范围(起薪点和最高点),作为招聘时薪酬协商的依据,同时作为公司薪酬调整和绩效工资方案的参考。该定薪参考矩阵表每年上半年进行更新。

2016年,康力E-HR系统上线,康力的薪酬核算和发放实现信息化,人力资源中心依据公司薪酬和绩效管理的情况,在系统中建立"标准薪酬""绩效薪酬"和"计件薪酬"3个类别,6个"工资核算套"。

表13-14 康力E-HR系统薪资(核算)套

序号	适用人员	工资核算标准
1	总部员工(包括绩效和非绩效工资)	康力总部人员标准工资核算套
2	营销中心绩效工资人员	康力营销中心人员工资核算套
3	电梯计件工人	计件工资核算套:电梯
4	扶梯计件工人	计件工资核算套:扶梯
5	桁架车间计件工人	计件工资核算套:桁架
6	仓储计件工人	计件工资核算套:仓储

(二)绩效薪酬机制

1997年,公司对所有一线操作人员实施计件薪酬制,鼓励多劳多得。除此之外,所有员工以年收入核算薪酬。

2006年,为进一步调动员工工作积极性和合理分配薪酬,公司首次提出绩效考核的思路和政策,确定出各部门和岗位的主要KPI项目和工作表现标准,按季度进行考核打分,按照实际得分确定绩效系数,将绩效系数与薪酬挂钩,最终将阶段性绩效情况反映到员工个人薪酬上。

2014年开始,公司营销系统开始以有效订单金额为基础进行季度销售绩效考核,销售类人员薪酬开始逐步向绩效导向转型。

2016年,为进一步扩大销售规模,营销系统从考核金额转向考核有效订单数量。同时,开始对分公司工程类人员、分公司综合财务人员等进行绩效考核;另外,工厂运营中心、智能部件研发部、市场传媒及国际业务中心、工程售后服务部、轨道项目部相继制定并出台符合本部门业务实际的绩效考核管理规定。

截至2018年年底,公司各机构/部门分别制定并实施34份绩效考核相关政策,具体如表13-15、表13-16和表13-17所示。

表 13-15　　　　　　　　　　　　　　康力主要绩效薪酬方案

分 类	序号	绩效薪酬方案	实 施 时 间
营销类	1	分支机构员工薪酬管理办法（试行）	2014 年 1 月 1 日
	2	分支机构总经理薪酬管理办法（试行）	2014 年 1 月 1 日
	3	商务接待人员薪酬管理办法	2015 年 1 月 1 日
	4	驾驶员薪酬管理办法	2015 年 1 月 1 日
	5	分公司工程类绩效管理规定	2016 年 1 月 1 日
	6	战略客户奖励政策-总部（试行）	2016 年 1 月 1 日
	7	战略客户奖励政策-分公司（试行）	2016 年 1 月 1 日
	8	轨道交通项目奖励政策（试行）	2016 年 1 月 1 日
	9	国际业务中心外销支持员工绩效考核与薪酬管理办法（试行）	2016 年 1 月 1 日
	10	国际业务中心外销类员工绩效考核与薪酬管理办法（试行）	2016 年 1 月 1 日
	11	国际业务中心区域负责人绩效考核与薪酬管理办法（试行）	2016 年 1 月 1 日
	12	国际业务中心大区总经理绩效考核与薪酬管理办法（试行）	2016 年 1 月 1 日
	13	国际业务中心外销特别奖励政策	2017 年 1 月 1 日
	14	售后服务绩效政策	2017 年 4 月 30 日
技术类	15	技术中心绩效考核管理办法	2016 年 10 月 1 日
	16	技术中心部门负责人绩效考核管理办法	2016 年 10 月 1 日
	17	工厂办公室绩效考核管理办法	2016 年 10 月 1 日
	18	电梯开发部绩效考核管理办法	2016 年 10 月 1 日
	19	扶梯开发部绩效考核管理办法	2016 年 10 月 1 日
	20	电气开发部绩效考核管理办法	2016 年 10 月 1 日
	21	项目技术部（电梯、扶梯、电气）绩效考核管理办法	2016 年 10 月 1 日
	22	数据管理部绩效考核管理办法	2016 年 10 月 1 日
	23	工艺部绩效考核管理办法	2016 年 10 月 1 日
	24	技术中心实验室绩效考核管理办法	2016 年 10 月 1 日
	25	院士工作站绩效考核管理办法	2016 年 10 月 1 日
	26	资料室绩效考核管理办法	2016 年 10 月 1 日
	27	智能部件研发部绩效考核管理制度	2017 年 8 月 1 日
生产类	28	工厂运营中心事业部绩效考核管理办法	2016 年 10 月 1 日
	29	电梯事业部绩效考核管理办法	2016 年 10 月 1 日
	30	扶梯事业部绩效考核管理办法	2016 年 10 月 1 日
	31	供应商管理部绩效考核管理办法	2016 年 10 月 1 日
	32	发运管理部绩效考核管理办法	2016 年 10 月 1 日
	33	安全保卫部绩效考核管理办法	2016 年 10 月 1 日
	34	成本管理部绩效考核管理办法	2016 年 10 月 1 日

表 13-16　　　　　　　　　　　　　2009—2018 年康力电梯薪酬总额

年　份	薪酬总额(万元)	
	（集团）公司	康　力
2009 年	6 568	3 786
2010 年	9 071	5 617
2011 年	12 399	7 571
2012 年	17 138	10 842
2013 年	23 860	14 095
2014 年	31 514	19 230
2015 年	37 686	23 052
2016 年	42 236	26 394
2017 年	46 302	30 031
2018 年	47 944	31 257

表 13-17　　　　　　　　　　　　　2018 年公司主要现金补贴项目

序　号	现金补贴种类	备　注
1	汽车补贴	依据员工"私车公用"情况报销
2	通讯费补贴	中层以上干部及工作需要的岗位
3	住房/租房补贴	依据员工实际情况
4	午餐和通勤补贴	分公司员工现金补贴,总部员工食堂补贴
5	生日津贴	所有员工
6	职称津贴	含工程师类职称、二建、一建津贴(公司经营需要资质)
7	电瓶车补贴	分公司工程维保员工及轨交维保人员
8	高温费	依据国家政策法规
9	焊工高温补贴	桁架车间焊工
10	焊工营养补贴	桁架车间焊工
11	高原补贴	常驻西藏人员
12	内部讲师授课补贴	按公司内部讲师讲课课时核算
13	工作服补贴	不需要配发当年度工作服的员工
14	探亲补贴	非本地籍高管及本科大学生员工
15	年夜饭聚餐补贴	全体员工
16	驻外补贴	总部/总公司外派管理人员
17	师带徒补贴	

五、人事档案和信息管理

2005 年,公司开始对人事档案信息进行建档管理,采用牛皮纸档案袋封存方式,对员工个人的基本信息、学历情况以及从入职开始的一系列招聘录用、异动、晋升、离职等信息材料建档保存。

2013—2014年,人力资源部组成人事信息档案专项工作小组,对康力全员书面人事档案和电子人事信息进行系统梳理和重建,建立标准档案内容和组成目录,重新采集所有人员基本信息,对学历和各类资格证书进行登记确认,并搜集复印件,彻底规范人事档案管理,同时建立标准化的员工人事信息电子文件,为后期 E-HR 系统的建立奠定基础。

2014年9月,人力资源部发布《人事信息和档案管理规定》,其中包括电子人事信息标准化登记维护手册及人事档案储存、借阅、转移等管理要求,规范人事档案和人事信息管理。

表 13-18　　　　　　　　　　　　　　康力员工标准人事档案内容及组成结构

分　类	存 放 内 容	分　类	存 放 内 容
P1	照片	P5	职称证复印件
P1	个人简历	P5	资格证复印件
P1	招聘评审表	P5	其他证书复印件
P2	录用通知单	P6	体检报告
P2	离职证明	P6	入职考试卷
P2	银行卡回执	P7	培训资料
P2	新员工报到表	P7	部门级岗前培训记录表
P2	员工手册签署单	P7	公司级岗前培训记录表
P3	身份证复印件	P8	绩效考核
P3	毕业证复印件	P8	奖惩记录
P3	学位证复印件	P8	试用期评估表
P4	往届合同	P9	调薪单
P4	求职登记表	P9	异动单
P4	返聘协议	P9	其他单据
P4	实习协议	P10	工伤材料
P4	安全协议	P10	社保材料
P4	保密协议	P10	证件原件
P4	服务协议	P10	最新合同
P4	其他协议	P10	其他材料

第十四章

财务管理

第一节 财务管理组织机构

一、财务机构设置的变化

(一) 前期财务模式部门设置

这个阶段指公司从1997年康力电梯成立至2007年之前的第一个十年期间,公司的财务管理架构属于相对传统的类型,公司从各项业务规模较小到逐步拓展经营内容,从开始成立财务小组到每个公司各自成立财务科室。相应的财务组织形式采用的是分权管理架构,各公司有独立的财务设置,其工作对所在的公司总经理负责。

总体来说,该阶段的公司规模不是很大,且涉及的公司数量少(仅有康力电梯、苏州新达、苏州奔一、运输公司4家),采用公司独立设置财务部门的方式符合当时公司的管理现状。财务组织架构形式如图14-1所示。

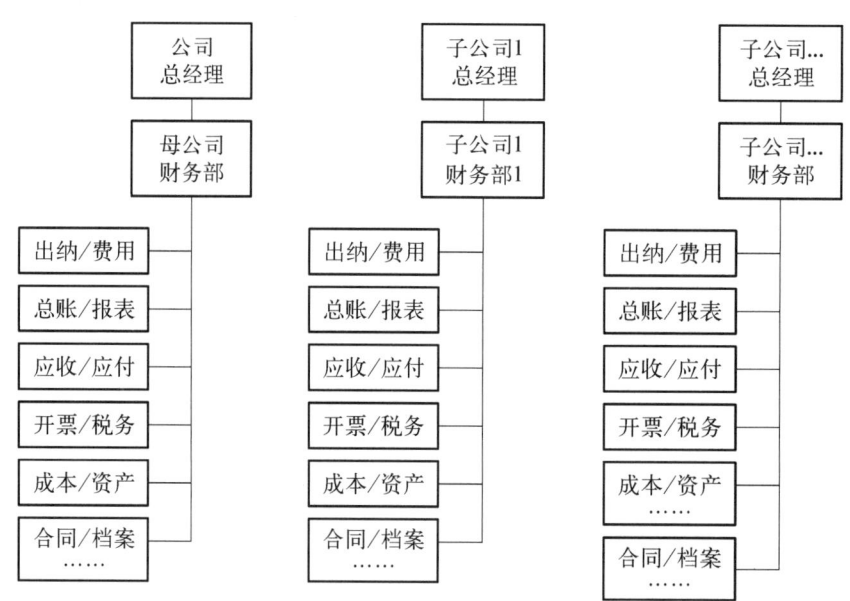

图14-1 1997—2007年财务组织架构形式

(二) 财务中心模式部门设置

这个阶段主要指2008年至2017年的第二个十年期间,在此期间公司经历了前期股份制改革,2009年新的德国SAP-ERP系统全面上线,2010年公司在深交所A股成功上市等重大事项,公司的业务规模迅速扩大,大量分支机构与子公司相继成立,在苏州、成都、中山建立生产基地,营销服务网络遍及全国,成立数十家分公司和服务中心。康力电梯所有子公司及分公司都是独立财务核算,要管理好这些分支机构,需要建立完善的财务制度和高效的财务管理体系。原有的财务架构模式是无法满足新的公司管理需要的,必须有一种新的财务组织形式来替代原有管理模式。

在第二个管理阶段,公司财务高层着眼于集团公司未来的发展,考虑到会出现传统的财务管理模式不能适应新的需要,着手做大量调整过渡的准备工作。这个阶段的财务组织形式是采用集权管理架构,又称之为"财务垂直管理"模式,即将集团公司所有财务部门集中统一管理,有利于统一财务口径,规范财务操作,提高财务数据处理效率。相应的财务组织架构形式如图 14-2 所示。

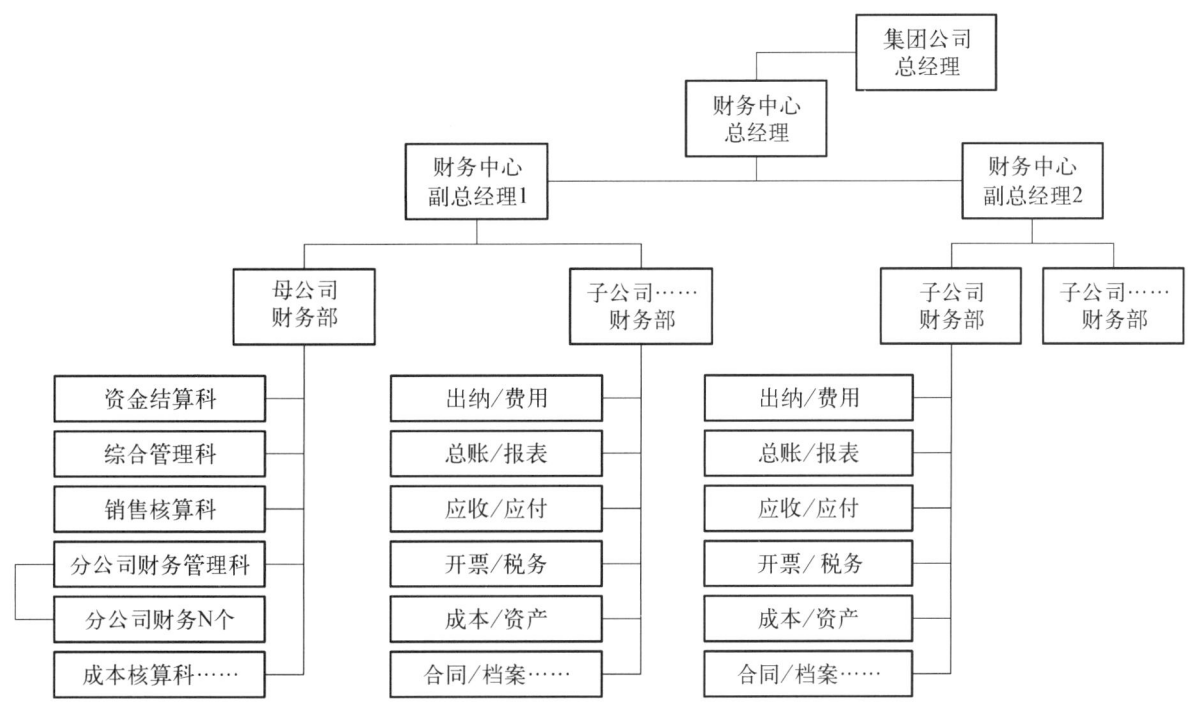

图 14-2　2008—2017 年财务中心模式组织架构形式

(三) 共享服务模式财务部门设置

经过 10 年的财务中心垂直管理模式的运作,通过内部各项统一规范的管理措施,相应财务运作模式逐渐成熟,财务数据处理质量与效率有明显的提高。这一时期,随着集团公司规模的不断扩张,在日常管理过程中发现了新的管理问题。财务机构人员队伍随同公司扩大在同步增长,因为公司间业务规模的差异,财务人员的工作效率与饱和度存在差异,财务需要有效提升效率。

由于所有的分支机构及部分子公司存在异地化管理问题,人员变动对财务处理质量的影响较大,总部财务的管控难度增大。

公司发展提高对财务的要求,财务机构从前期侧重于会计核算逐步转向于在保证核算的同时,需要最大限度地服务于提升公司管理,包括更多地向公司提供财务分析数据与报告,服务于公司战略决策;对公司业务部门提供专业化的财务指导,规范业务部门的操作,优化公司流程等,通过控制管理过程以决定管理结果。

在这个背景下,公司进一步向更高阶段的财务管理模式发展,称之为"财务共享服务组织架构",形象地称为"财务工厂"模式。财务工厂是针对财务核算而言,是对整个集团的财务按职能模块分工,核算按照流水线的标准操作,传统的财务核算管理转向会计集中核算、凭证集中存档、报表集中处理、人员集中配置、资金集中调拨、流程标准化运作、模块流水线化分步骤操作的新模式,最终实现整个财务管理的标准化、自动化和高效化。按照"财务工厂"的构建,涉及母子公司及分公司的所有账务处理都由总部完成,分公司、子公司的部分财务人员转岗为业务财务,深入各业务部门,为规范和服务公司业务提供更全面的支持,同时为财务共享服务中心收集更多的业务信息,使财务分析更全面更深入。财务共享服务中心建立后,提供强大的财务信息系统,与企业其他信息系统对接起来,实现信息共享。

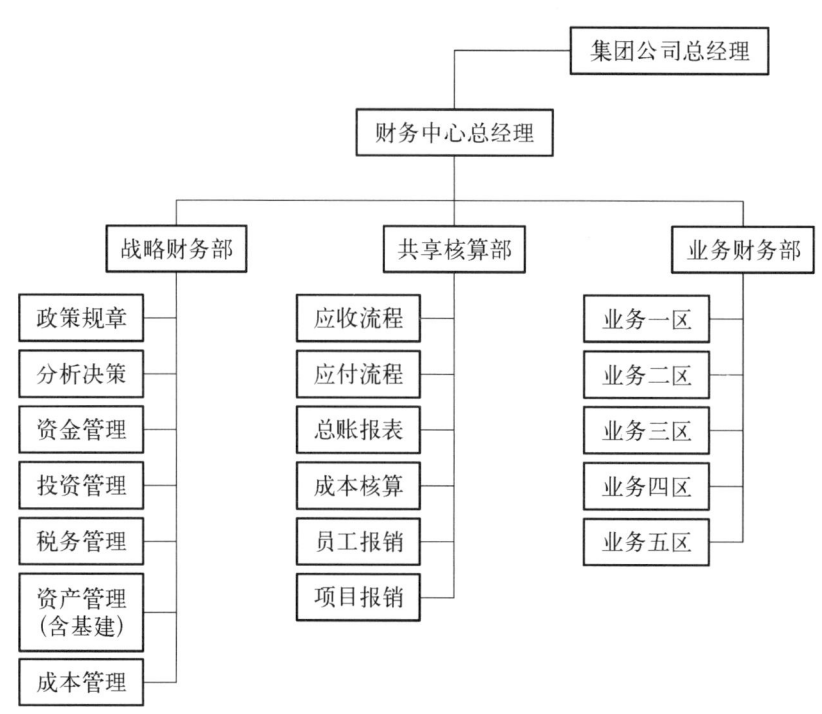

图 14-3　2018 年财务共享中心组织架构模式

二、1997—2018 年财务中心机构及主要负责人情况

表 14-1　　　　　　　　　　　1997—2018 年财务中心机构及主要负责人

公　司	部　门	职位/负责人/任职区间
集团	财务中心	副总监:沈舟群(2006 年 5 月—2007 年 12 月)
集团	财务中心	总监/总经理:沈舟群(2008 年 1 月—2018 年 12 月)
集团	财务中心	副总经理:周国良(2013 年 1 月—2018 年 2 月)
集团	财务中心	助理总经理:陈建春(2013 年 1 月—2014 年 1 月)
		副总经理:陈建春(2014 年 2 月—2018 年 12 月)
集团	财务中心	助理总经理:范杰(2015 年 11 月—2018 年 12 月)
集团	财务中心	助理总经理:包海山(2018 年 2 月—2018 年 12 月)
康力电梯	母公司财务部	主管会计:顾巧生(1997 年 10 月—2002 年 6 月)
		财务经理:徐留林(2002 年 7 月—2004 年 8 月)
		部长:朱玲花(2004 年 9 月—2009 年 2 月)
		部长:周国良(2009 年 3 月—2018 年 2 月)

(续表)

公　　司	部　　门	职位/负责人/任职区间
苏州新达	子公司财务部	主管会计：顾巧生（2000年11月—2002年6月）
		财务经理：徐留林（2002年7月—2006年6月）
		副部长：周国良（2006年7月—2009年2月）
		兼部长：陈建春（2009年3月—2018年12月）
运输公司	子公司财务部	兼部长：朱玲花（2005年10月—2009年2月）
		兼副总经理：周国良（2009年3月—2018年2月）
		兼助理总经理：范杰（2018年3月—2018年12月）
苏州奔一	子公司财务部	副部长：陈建春（2006年3月—2008年2月）
		副部长：陆少敏（2008年3月—2013年2月）
		兼副总经理：陈建春（2013年3月—2018年12月）
广州广都	子公司财务部	部长：徐留林（2006年7月—2010年8月）
		副部长：周梅凤（2010年9月—2011年7月）
		部长：王玉英（2011年8月—2012年12月）
广东康力	子公司财务部	副部长：周梅凤（2010年9月—2011年7月）
		部长：王玉英（2011年8月—2018年4月）
		副部长：林琼珍（2018年5月—2018年12月）
苏州新里程	子公司财务部	兼副总经理：陈建春（2011年1月—2018年12月）
成都康力	子公司财务部	副部长：沈希荣（2011年10月—2013年2月）
		部长：陆少敏（2013年3月—2014年2月）
		部长：陈勇政（2014年3月—2018年12月）
苏州润吉	子公司财务部	副部长：沈希荣（2013年3月—2015年9月）
		兼副总经理：陈建春（2015年10月—2018年12月）
粤立电梯	子公司财务部	副部长：张寅杰（2012年12月—2015年6月）
		副部长：于欢（2015年7月—2017年3月）
		兼助理总经理：范杰（2017年4月—2018年12月）
粤立安装	子公司财务部	副部长：张寅杰（2012年12月—2015年6月）
		副部长：于欢（2015年7月—2017年3月）
		兼助理总经理：范杰（2017年4月—2018年12月）
和为工程	子公司财务部	兼副总经理：周国良（2013年5月—2018年2月）
		兼助理总经理：范杰（2018年3月—2018年10月）

(续表)

公司	部门	职位/负责人/任职区间
广东广都	子公司财务部	部长：王玉英（2015年10月—2018年4月）
		副部长：林琼珍（2018年5月—2018年12月）
康力机器人	子公司财务部	兼副总经理：周国良（2016年6月—2018年2月）
		兼助理总经理：范杰（2018年3月—2018年12月）
杭州法维莱	子公司财务部	兼副总经理：陈建春（2016年7月—2018年12月）
幸福加装梯	子公司财务部	兼助理总经理：范杰（2017年11月—2018年12月）
苏州电梯秀	子公司财务部	兼副总经理：陈建春（2018年1月—2018年12月）

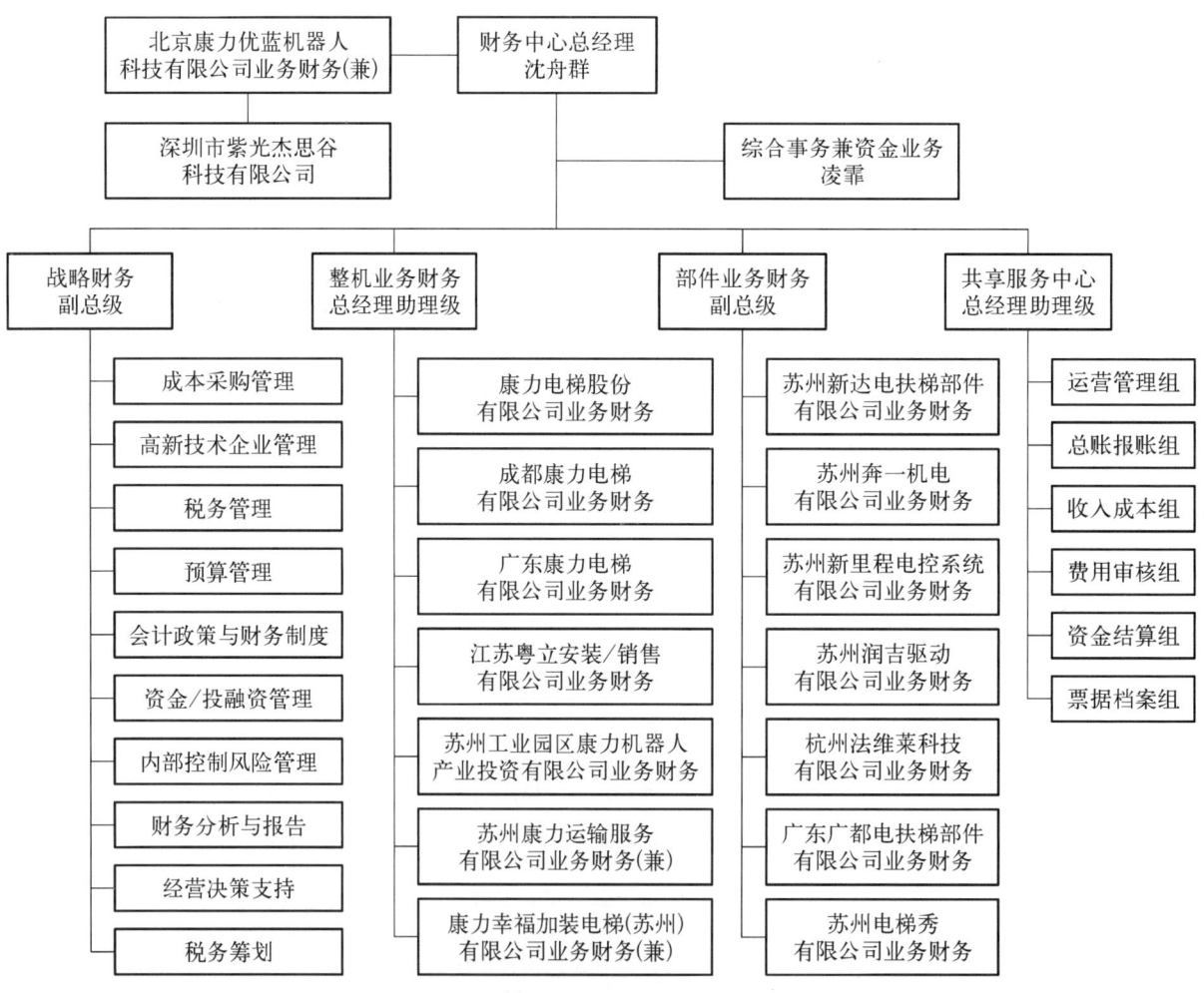

图14-4 2018年年底财务中心组织机构图

第十四章 财务管理

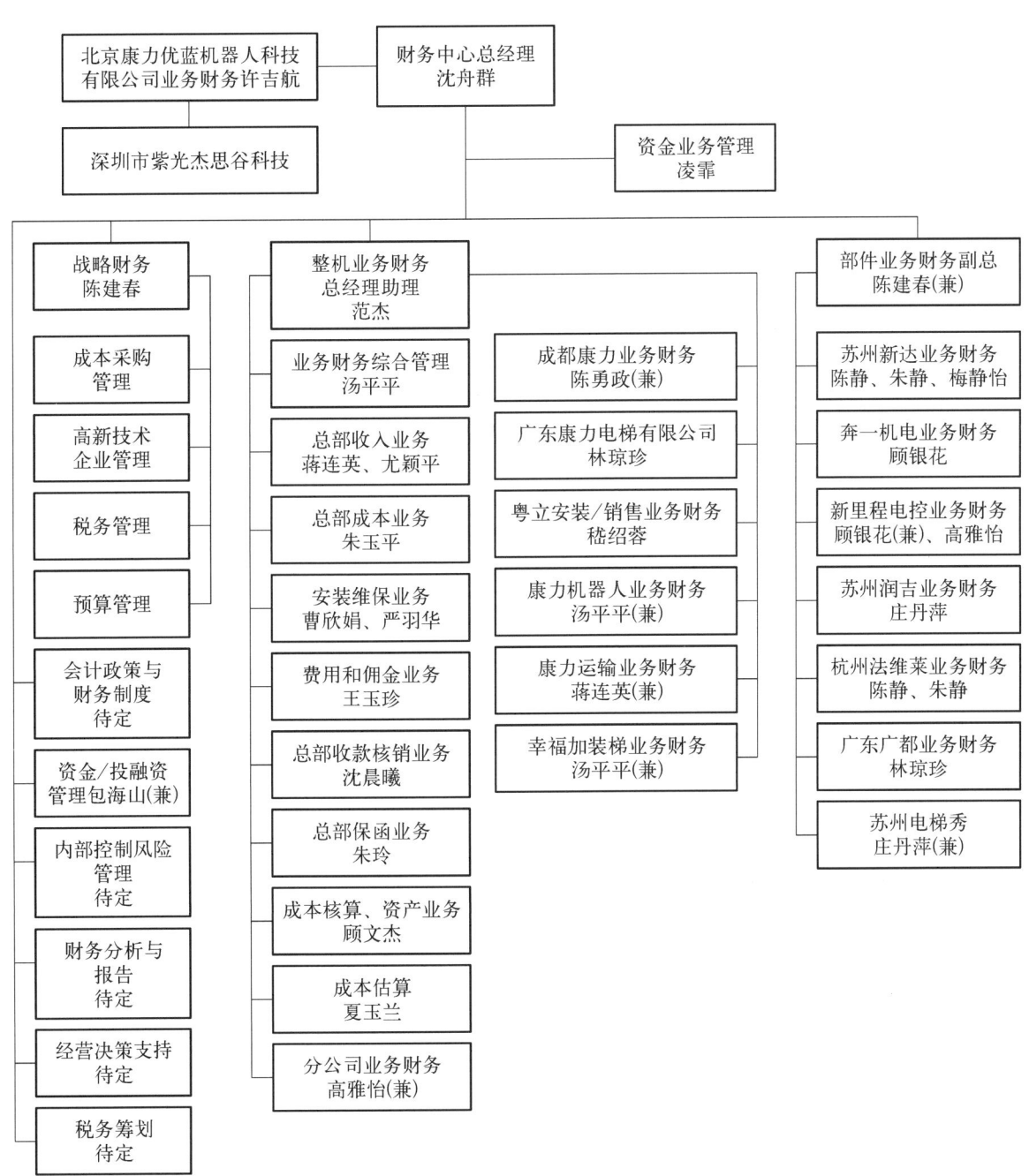

图 14-5　2018 年年底财务中心组织机构图——业务财务

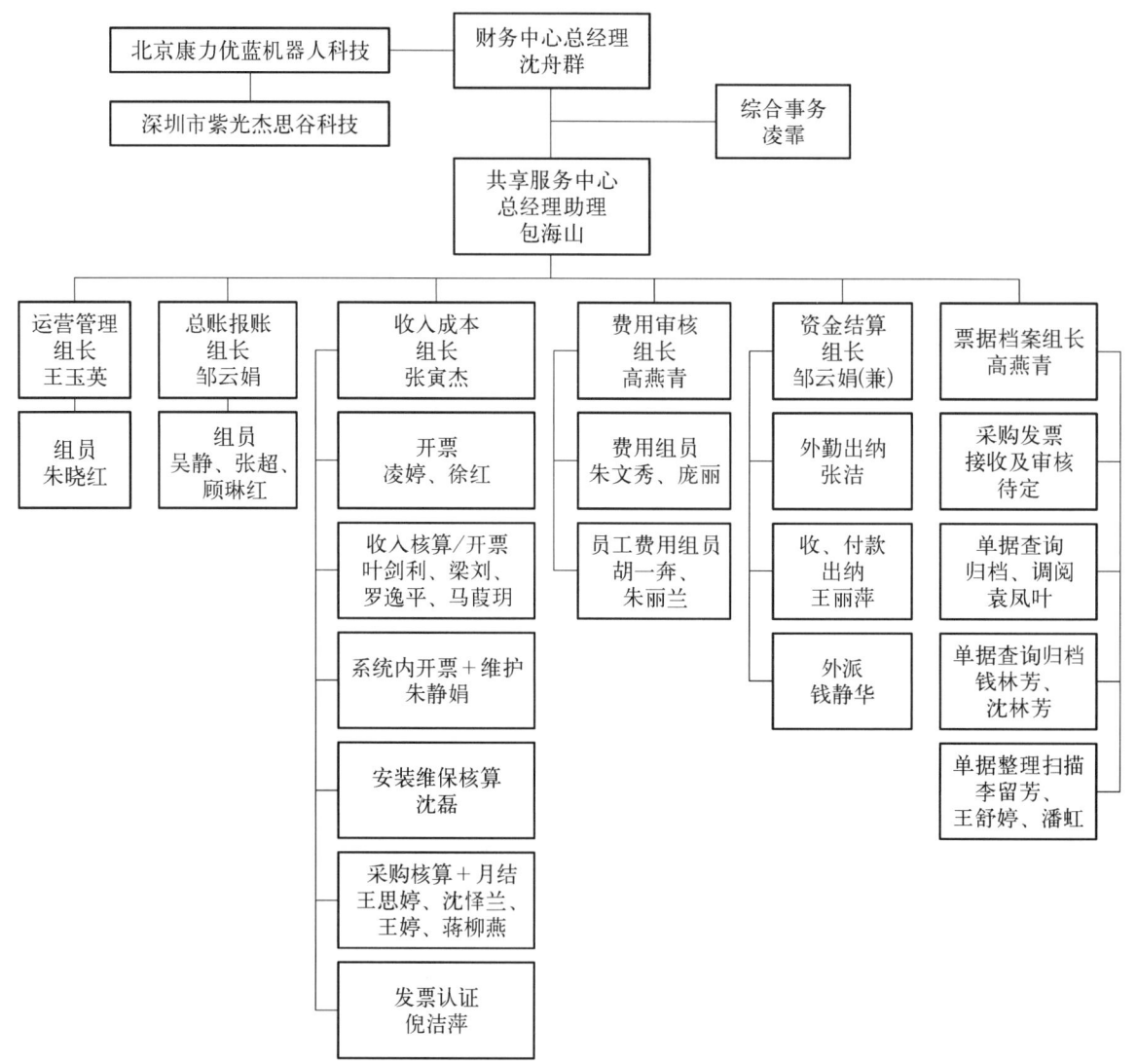

图 14-6　2018 年年底财务中心组织机构图——核算财务

第二节　财务管理情况

一、公司初期的财务管理（1997—2004 年）

康力电梯股份有限公司是一家迅速成长起来的民营企业，公司当前的财务管理水平发展较好，工作运转高效，建立了较完善的制度和流程。在公司发展初期，主要在 2005 年前期发展阶段，相关的会计基础工作较为薄弱，主要表现在以下五个方面。

（1）相关会计管理制度尚不完善，未形成比较完整规范的管理文件，已有财务制度缺乏精细化。

（2）会计从业人员水平有限，职业或专业化水平有待提高，对会计制度、财经法规等方面的理解不足，影响会计工作处理质量。

（3）会计工作处理手段比较原始，基础账务处理还使用手工记账及电脑辅助台账处理方式，财务数据的统计准确性有待提高。

（4）财务分析管理信息输出较少，财务基本业务主要集中在会计账务处理上，很少提供公司管理层有效的财务分析信息。

(5) 各公司财务会计处理口径存在差异,同时不同的财务处理效率差异导致财务数据信息的提供存在不同步的问题。

财务管理工作的不足,除部门自身的问题外,与公司的整体发展状态有着较大的关系。公司在发展初期,相关的管理模式与经验缺乏,使得财务管理工作都是在不断摸索探索中前行,同时公司快速的发展给管理的提升带来了不小的压力。

二、公司股改前阶段的财务管理(2005—2007年)

在这个发展阶段,公司正处于股份制改革的前后,随着公司规模的不断发展壮大,如何使原本比较薄弱的财务工作,在更高的起点上形成比较完善的管理体系,进一步地提高是一项艰难的工作。公司建立 ERP 供应链管理软件系统,把系统运用到销售、采购、库存等非财务部门,不仅提高财务人员的财务管理意识,还有效提高非财务人员的财务管理意识,同时部分地实现财务业务一体化。在物流管理上,通过对生产用料、成品发货等物流管理制度及管理新模式的探索和物资供应方式的优化,成本开始得到有效控制。此外,公司还加强对经营策略的成本效益分析,同时采取常规分析和专题分析相结合的做法,将分析范畴从经营成果延伸到经营过程和经营质量上。

针对公司在发展过程中表现出的在财务管理中的不足,结合公司信息化手段 ERP 管理系统的运行,对现有财务工作进行规范化管理,包括公司治理结构的规范、内控制度的建立和完善、财务核算的规范等。财务制定了有效的改进措施。

(1) 从财务人员的岗位设置上入手,包括不相容职务的分离、岗位职责的明确,使每个财务人员都能清楚自己的职责,明确责任。

(2) 针对企业会计理论知识不足,实践经验缺乏的问题,加强会计人员培训,对财会人员业余时间参加的各种与本职工作相关的学习给予大力的支持,并不定期召开业务会议,对财务部门工作人员在实际工作中出现的问题进行交流和指导;为使会计法规和会计制度深入人心,以组织会计知识大赛等方式,大力宣传《中华人民共和国会计法》(简称《会计法》)《企业会计制度》,增强会计人员的法制观念、提高会计人员的实务操作技能。

(3) 对公司的具体情况及财务管理中存在的问题做细致而全面的调研,对照《会计法》《企业会计制度》编写《财务管理手册》,并在实施中不断对《财务管理手册》进行补充和完善。针对以前本公司财务管理上存在的一些重点问题进行详细规定,包括预算管理、应收账款管理、投资管理、固定资产管理、应付账款管理等。结合财政、税务等部门对企业财务制度的有关规定,对公司内部的相关制度进行修改和补充。

(4) 在日常工作中,以效益管理为核心,结合内控要求不断完善财务管理制度,把财务管理贯穿到公司运营的全过程中,采取一系列具体措施,促进资金流、信息流和物流管理紧密结合,紧紧围绕公司的财务目标和效益目标进行运行。

(5) 在资金流管理上,先后出台公司材料采购和公司物资审批流程实施办法以及财务工作业务流程、操作流程等,优化资金支出审批流程,提高应对市场变化的反应能力和管理水平。同时建立健全一整套内控制度,保证资金主要流向生产建设和市场经营等方面,并逐步向建立对项目投资的效益及市场营销方案的测算机制迈进。

(6) 财务对业务部门的规范,要求业务部门严格按财务的要求操作业务,特别是销售部门。电梯公司是以销定产的企业,销售人员的业务水平和操作的规范性会直接影响到财务结果。通过定期对销售人员进行培训,宣传财税法规并提出具体的财务要求;通过实施 ERP 对销售人员在管理流程上进行规范,公司选取德国SAP公司ERP管理软件,实施的模块包括销售与分析(SD)、财务会计(FI)、管理会计(CO)、物料管理(MM)、生产管理(PP)、质量管理(QM),从订单、原材料采购、制造、销售以及售后服务等环节提高企业信息化管理水平,提高市场快速应变能力,促进资金流、信息流和物流紧密结合,实现业务财务一体化。

三、公司股改后阶段的财务管理(2008—2015年)

公司规模的不断扩大,要求有一种更先进的、更科学的管理手段与之相适应。企业开始逐步实施全面信息化管理,目的是使企业实现财务业务一体化、成本核算精细化动态化、产供销运作一体化,做到公司和子公司实现统一平台,未来各子公司和母公司之间使用统一系统实现业务自动化,实现交易信息自动共享,财务数据自动合并。

2010年3月12日,经过前三年时间的各项繁杂的筹备工作,康力电梯股份有限公司在深交所成功上市。为完善和加强康力电梯的企业内部治理制度,促进企业有序发展,降低企业经营风险,进一步规范财务运作,根据公司规模和发展需要以及控股子公司、分支机构财务运营现状,结合上市公司规范化管理的财务运营和管理方式,实施集团公司财务垂直化管理模式。

(一)公司总部、分公司和控股子公司财务会计人员管理体系

公司设立财务中心,实行财务中心总经理负责制,设置若干副职,负责对分公司、控股子公司财务部门和财务人员实行垂直化管理,保证和加强财务部门在公司管理体系中的相对独立性。其所在企业中的各项与财务相关工作对公司财务中心负责。

整个公司财务部门实行分级管理、分工负责的管理模式:公司及各控股子公司财务部长对公司财务中心总经理负责,财务中心总经理授权财务中心副总级人员管理指定的子公司;分公司财务经理、公司财务部门各主管对公司财务部长负责;各控股子公司财务人员对本公司财务部长负责。

(二)财务人员的任免管理

除财务中心总经理直接领导的副职由公司总裁任免外,其他财务中心机构下的所有母/子公司、分支机构下的财务部长/经理、主管、报账员等均由集团财务中心总经理及相应负责人任免。

(三)财务人员的岗位和职责的设置

公司和各分公司、控股子公司必须按《会计法》的规定和要求设置财务部门和财务、会计工作岗位,工作岗位的设置必须获公司财务中心总经理批准。

(四)财务管理和会计核算工作的原则的设定

公司及分公司、控股子公司财务部门严格按照《会计法》《企业会计准则》《会计基础工作规范》的要求和公司的财务管理制度和会计核算制度要求组织本部门的财务管理、会计核算和管理工作。

(五)财务人员统一薪酬管理及业绩考核与奖惩

公司财务中心在执行公司薪酬管理制度的前提下,制定相对独立于分公司、控股子公司其他部门的财务统一薪酬体系。对财务人员的考核采取定性和定量相结合的方法进行,以定性考核为主。根据考核的内容设置定性和定量的考核指标。

（六）实施财务垂直管理的管理提升

财务中心通过实施垂直化管理模式，管理效果有明显提升。财务作为公司核算与监督的部门，独立性得到有效保证，可以不受其他机构部门的管理影响。财务内部管理模式可以有效统一，财务管理流程与账务处理方式更加规范，可以实施统一的标准要求，工作效率得到有效提高。

四、共享模式下的财务管理（2016—2018 年）

（一）项目的背景和实施目标

财务共享服务起源于 20 世纪 80 年代的西方发达国家，90 年代开始推广，21 世纪初加快推广步伐。由美国通用、福特等大型制造业企业集团率先提出并应用。在之后的 30 年间，随着共享理念和实践应用的进一步发展，依托信息化手段的提升，财务共享模式被广泛应用于世界各地不同行业的企业集团的财务等不同部门，并成为一种行之有效的财务职能运营模式。

在公司现有财务模式下，总部和各子公司都有独立的财务组织和人员，资源分散，而且日常实务中内部管理和入账方式或有差异，难以密切协同。而财务共享模式不是简单地将会计操作集中处理或者人员集中办公，而是一种将所涉及战略、组织、人员、流程和系统等众多要素重新整合，形成持续改善、不断创新的管理模型。从小作坊制作模式转化为流水线高效处理，整合更多资源用于业务支持。

2016 年 12 月初召开的财务共享中心项目启动会，梳理总部财务各模块的核心流程和相关责任人，在 2016 年完成 46 家分公司的会计集中核算的基础上，确定财务共享中心在全集团逐步推进的任务。

财务转型的目标主要在以下四个方面：

（1）合规管控——降低运营风险，标准化运作；

（2）降低成本——提高流程自动化和资源使用效率，降低总支出；

（3）增值化服务——基于高质量的核算数据，提供决策的参考信息；

（4）业务洞察力——作为"业务合作伙伴"更有效地支持公司目标达成。

为相对容易地在集团内部推进财务共享中心项目，减少实施阻力，对集团内其他机构可以宣传以"提供财务附加值"为导向，实际推行中还是偏重于"内部管控"，通过强化内控点、优化流程等方式降低公司的运营风险，并提高效益。而"业务合作伙伴"的定位，让财务从事后记账和报告的角色，前置为对业务前端的充分支持，使得业务从一开始就在符合会计政策、财税法规、公司规范的框架下运作，这能大大降低现有模式下时常冲销订单重新录入、退回税率错误的发票重新开具等的返工成本和资源耗费。

（二）项目的关键要素和实施方法

（1）财务共享中心建立的四大要素是战略、组织和人员、流程、系统和技术。财务构想由战略财务部、共享核算部、业务财务部三驾马车组成的转型后财务组织架构，完全从以传统会计核算模块架设的组织架构中蜕变出来，分工更明确，运行更高效，对营销的支持更贴合。当然，很多管理岗位是可以由同一个人兼任的，实际运作时并不需要每个模块都单独配置人员。

（2）财务转型的战略指明集团财务中长期的发展方向，是集团层面总战略的重要组成部分。财务从各分子公司，各模块独立核算和报告的传统模式，转向会计集中核算、凭证集中存档、报表集中处理、人员集中配置、资金集中调拨、流程标准化运作、模块流水线化分步骤操作的新模式。

（3）基于优化后的财务流程，依据各环节的实际工作量设定合理的岗位、配置技能符合要求的人力资源，安排合适的人选，创造更多的转岗机会，让有潜力、有能力、有行动力的财务人员展示自己，从而使公司受益。而各体系间的职能清晰化能使相互间的协调效应更明显,方便集团内其他部门更容易找到对应的业务接待窗口,接受"一站式便捷服务"。

(三)推行财务共享的提升作用

(1)财务与业务一体化:财务的定位是为企业发展提供强有力的数据支持。在分散核算的情况下,第一是财务数据汇总到集团不及时,第二是因为核算标准受人为因素影响多,不真实。采用共享模式后,标准在共享系统中统一建立,极大减少人为因素,真实性极大提高;其次,能够很快从财务数据追溯到业务底层数据,准确及时定位问题,深入业务,为决策提供支持。

(2)财务内部结构可以更偏重战略层面:财务是企业的一个核心部门,为企业的战略提供重要支持。在分散核算情况下,大量的人力都耗费在基础核算和内部沟通上,决策分析能力跟不上企业发展。采用共享模式后,系统直接从业务中采集数据,按照预设规则核算,基础核算部分效率提高,人员减少,财务部有更多的精力放在战略层面。

(四)财务共享中心相关项目实施概况

2017年6月22日参加中兴通讯西安公司的培训,7月初开始和中兴财务云团队预约财务共享现场调研的事宜,并于7月11日进行第一次在康力的面对面沟通,就合作意向进行沟通。

8月29日,与中兴进行第二次的面对面沟通,主要围绕"康力电梯财务共享中心建设项目方案建议书"做探讨,双方基本达成合作意向,中兴公司起草"财务共享中心建设项目方案建议书"。

10月9号,邀请中兴通讯集团副总裁陈虎、中兴财务云执行副总裁白月、中兴财务云信息副总裁扶冰清、中兴财务云华东区总经理王明恺到康力,并召集公司总部各机构负责人、各子公司总经理和参与项目的康力资深财务同事等约50人参加"财务共享服务中心"模式推广暨康力中兴项目启动会,财务共享项目正式启动。

从2017年10月16日开始,中兴通讯项目组进驻康力,开始正式实施,对财务组织人员、财务职能、财务流程等几大模块进行较为详细的调研,并对调研获取的信息进行分析总结。根据相关信息,结合公司实际情况,进入对公司所有财务业务流程的梳理整合阶段,并由信息中心对应负责OA系统单据开发。同时,财务中心根据共享模式的实施要求,重新编制整理流程操作手册,包括SAP系统权限的重新设置等大量基础准备工作。

在公司的全面支持下,财务中心通过与社会专业咨询服务团队中兴通讯的合作,经过数月的内部整合与专业培训,于2018年上半年完成所有准备工作并成功上线运行。其中,为降低上线风险,确保业务正常运行,2018年3月1日,在汾湖本地的新达等子公司先实行财务共享中心系统,康力母公司于4月1日开始上线实行。异地子公司根据母公司上线情况,延后至7月1日上线。

(五)财务共享实施中重要信息管理工具

在公司财务共享中心建设过程中,除完善人员组织架构外,需要同步加强财务信息化、自动化的建设,对此财务中心在资金收付管理、员工差旅管理等方面投入大量的资源配置服务。

1. 跨银行现金管理平台

为防范集团资金风险,提高资金使用效率,财务中心决定建立跨银行现金管理平台(Cross-Banking Solution,CBS),通过统一平台实现对所有银行账户的集中控制和管理。2016年9月,经过与各大银行以及软件商充分沟通,最终确定招商银行的CBS作为公司的资金管理系统。

CBS通过标准数据接口,对外与各商业银行的网上银行或核心业务系统在线对接,实时获取分散在各银行系统中的账户数据信息并进行有机整合,并通过系统直联渠道,向银行传递账户交易指令和接收反馈信息;对内与企业财务系统或 ERP 系统直联对接,实现企业一体化系统运作和数据交互。同时,在银企协定和系统设置的前提下,CBS 能自动进行集团内部同行或跨行资金归集和下拨的操作,企业事先自定义集团内资金划拨模式(如划款时点、金额、间隔、方式等),系统按所设定模式自动执行,集团资金集中管理更加高效和智能。

截至 2018 年 3 月底,集团公司账户基本都纳入 CBS,一般款项支付全部在 CBS 操作,分公司及子公司账户实行日终归集及联动支付。真正做到把集团资金集中统一管理。

2. 以供应链管理平台推动改进结算模式

供应链管理(Supply Chain Management,SCM)是利用互联网资源,以公司制造为核心,将产业上游原材料和零配件供应商与公司的日常业务合作通过信息化手段对供应、需求、原材料采购、市场、生产、库存、订单、分销发货等业务进行管理,降低采购成本和物流成本,提高企业对市场和最终顾客需求的响应速度,提高企业产品的市场竞争力。

由供应链平台的物料采购需求相应产生的物料结算需要,为改变传统的公司与各供应商单位的业务结算模式,统一按照系统内传递的数据为依据,从初始的物料需求、采购执行、价格维护至最后的订单结算等一系列业务处理,全部在系统内完成数据提取,供应单位直接通过互联网公共端用户登录即可查询。按照新的结算模式,满足条件的供应商采用每月一次集中开票结算方式完成整月所有入库物料的结算处理,提高操作效率的同时,简化发票开具数量,同时发票入账系统核对优化,用户体验满意度提高。

相关项目在 2017 年 2 月,经公司财务中心与信息中心内部沟通协调,通过不同阶段的信息开发与系统测试,不同批次的供应商应用与改进,顺利完成对该结算优化方案的应用。2018 年 7 月,相关结算模式扩展至集团其他子公司。

图 14-7 康力电梯 SCM 供应链管理平台

3. 影像管理系统

在财务共享服务中心组织模式下,其中面临的一个问题是集中办公的要求与大量原始会计凭证分散存在相矛盾,为此,影像管理系统的建设能有效地解决问题。该系统可以对各地区、各项目产生的原始凭证扫描形成电子化文件,并传送至财务共享服务中心,解决实物文件传递的安全性、准时性以及文件审阅的方便性问题。影像管理系统的建设对财务共享服务中心业务处理规模效益形成有力支撑,使企业能在较低的成本和较小的风险下,扩充业务处理能力,提高运营效率。

影像管理系统支持对票据影像的采集、上传和集中管理(审核、调阅),并实时跟踪影像文件、纸质票据的状态和位置信息。通过电子影像系统与电子报账系统的集成,实现基于影像的业务审批和财务审核。同时,对后续产生历史资料的查询需求可以直接在OA流程中实现调取相关信息,节省人员现场翻阅原始纸质档案的时间,不仅便利且不受空间限制。

从2017年10月财务共享项目实施开始,在同步梳理各项流程、单据的同时,针对系统的使用测试同步进行,影像系统作为共享端重要的实施工具,在实际测试过程中经数次评测,最终达到最优化状态。

(六) 财务共享模式实施的阶段性效果

公司实施新的财务共享服务模式,是经过前期不同阶段财务基础工作的提升,结合公司的发展需要而推行的新财务管理模式,这方面公司正处于不断摸索并提升的阶段,通过初期的运行改进,取得阶段性成果。财务共享是基于提高工作效率与成本效益两方面考虑而实施的,相应取得的提升也紧紧围绕这三个方面。

1. 有效整合、优化原有的管理流程

通过运行财务共享服务模式,原有财务模式下的管理流程无法适应需要,在调整既有流程的同时,梳理总结并调整既有流程中的不合理、不适宜的细节问题,根据新的需求增加调整,使之符合管理要求。

仅2018年11—12月就组织大小会议41次,参与约1 000人次,累计花费时间超过2 500小时,对财务共享中心的12个主流程和131个子流程进行落地讨论、沟通、修改优化,经过反复评估关键业务环节处理方案,所有可行性流程于12月中旬全部完成成型发布。

2. 提升集团财务管控能力,优化财务人力配置

财务共享模式的实施,有效强化公司总部的财务统一处理,改变原来的公司总部与分支机构分散的财务管理方式,有目的性地弱化分支机构的财务职能,相应提高服务功能,有效解决公司异地经营带来的财务处理口径差异与管控不力的问题。

为实现财务共享服务管理,财务中心在前期过渡准备阶段,应通过逐步调整集团财务人力资源,根据不同财务岗位的人员需求,优化分配服务不同职能,淘汰不适合岗位要求的人员,优化压缩人员结构。集团财务人员配备从原有母子公司、分支机构独立财务时期最高的130余人,调整至2018年度不足90名,压缩人员比例超30%,较好地实现了人员降本效果。

3. 财务职能转向服务业务端,提升专业化程度

实施财务共享后,根据新财务模式的规划要求,公司财务职能的其中一项是逐步从原来的重点关注核算功能转为偏向服务于公司各业务端,站在公司财务管理的角度,逐渐介入业务端并给予规范、专业的指导与流程规范,使之管理提升。财务中心从已有从业人员中,筛选出业务水平高、沟通能力强的业务骨干充实到业务财务队伍中,同时通过组织内部培训等方式培养储备专业人员。

2018年,财务服务业务职能的实施,优先在销售与采购业务端介入,前者重点在于销售合同的签订过程规范,把控销售价格等一系列项目的计算控制,降低合同风险以提高合同质量。后者作为公司产品成本的主要来源,加强对采购管理的过程参与,主动规避采购风险以有利于采购成本的控制。

财务通过对常规业务的逐步介入,找到业务部门在日常流程处理中的薄弱环节,促使其加以改进提高。同时积累服务经验,为后续进一步扩大财务服务业务创造有利条件。

第三节　财务发展中的其他重要事项

一、资金募集

2010年3月2日，康力电梯向社会首次公开发行人民币普通股（A股）33 500 000股，每股面值1元，发行价格为每股人民币27.10元，共募集资金人民币907 850 000.00元。扣除审计费、律师费、信息披露费和发行登记等费用后，公司本次募集资金净额为人民币846 708 550.00元，其中超募资金为人民币612 708 550.00元，公司将募集资金存入募集资金专户管理。上述募集资金经江苏天衡会计师事务所有限公司验证，并由其出具天衡验字〔2010〕011号验资报告。

2016年7月25日，公司向7名特定对象非公开发行人民币普通股（A股）59 052 563股新股，每股面值1元，每股发行价格为人民币15.41元，募集资金总额为人民币909 999 995.83元，扣除承销费和保荐费后募集资金为人民币894 299 995.83元，由主承销商广发证券股份有限公司于2016年8月1日汇入公司募集资金专户。另扣除律师费等发行费用后，本次募集资金净额人民币878 999 995.83元。上述资金到账情况由天衡会计师事务所验证，并出具天衡验字〔2016〕00151号验资报告。用于电梯智能制造、基于物联网技术的智能电梯云服务平台、电梯试验中心3个项目建设，募投项目全面建设后，公司电梯产品流程进行进一步技术升级，智能制造领域深化，打造新康力电梯体系。

二、对外投资

公司自成立以来，一直致力于发展电梯相关的主营业务，经过多年的努力，成为电梯行业民族品牌的龙头企业。2014年度，考虑到公司的长远发展，经公司第三届董事会第六次会议审议通过，以现金方式出资5 330万元增资参股北京紫光优蓝（北京紫光优蓝机器人技术有限公司），增资转让完成后，公司共持有紫光优蓝40%的股权，并更名为康力优蓝。本次投资康力优蓝是公司介入快速发展的机器人行业的需要，有助于公司业务的进一步丰富和拓展，整体业务结构将更为多样化，完善产业战略布局。

借助康力电梯优秀的品牌形象、完善的销售渠道及智能制造优势等，围绕相关产业多元化，公司正在工业自动化、服务机器人、物联网、人工智能应用等与制造业产业升级及创新的相关领域，进行广泛投资，关注新产业发展方向。

2015年5月，以自有资金2亿元设立全资子公司苏州工业园区康力机器人产业投资有限公司，机器人公司自成立至今，共参与5个股权投资项目和1个人工智能基金项目。

（1）2016年4月，公司向苏州瑞步康医疗科技有限公司投资300万元，以外骨骼机器人中的关节技术为突破口，重点开发智能假肢的智能膝关节和踝关节产品，在康复机器人、外骨骼机器人领域有广阔的拓展空间。

（2）2016年12月，公司向常州市璟胜自动化科技有限公司投资330万元，2017年12月追加投资66.67万元，常州璟胜主要从事钣金行业自动化、机器人周边产品及机器人的后市场服务业务。

（3）2017年7月，公司向苏州元泰智能科技股份有限公司投资500.12万元，苏州元泰是一家专业设计及制造自动化设备的企业，主要为汽车零部件、3C和新能源行业提供定制化的自动化设备。

（4）2017年7月，公司向苏州坤厚自动化科技有限公司投资380万元，坤厚自动化在工业领域移动机器人定位导航和调度领域核心拥有领先的技术及解决方案，同时能够为客户提供智能无人叉车系统及解决方案。

（5）2017年8月，公司向原微软创投加速器团队创办的北京将门管理的人工智能基金投资800万元，致力于人工智能技术在垂直领域的落地应用。

（6）2018年1月，公司向上海音锋机器人股份有限公司投资1998.2万元，音锋股份主要从事自动化仓储和物流领域，为国内领先的子母穿梭车及子母车库供应商。

2017年3月，康力电梯成立康力君赢物联网股权投资中心（有限合伙），依托基金合伙人的专业团队优势、项目资源优势和平台优势，积极为公司寻找具有良好发展前景的项目，拓宽投资渠道，提高公司对新项目的开发和投资能力，以提升公司综合竞争力。

2018年，康力电梯加入代表中国机器人发展水平的中国机器人产业联盟，有利于促进行业之间的交流与合作，丰富公司产品结构，扩大公司在智能机器人领域的竞争优势。

2018年3月，康力电梯同江苏天一机场专有设备有限公司签署战略合作协议，双方以投资为纽带，相互入股，实现跨界联合，围绕民航基建领域，相互促进，强强联手，共同构建一流的智能制造民族品牌。

三、收购兼并

2012年，公司为进一步扩大销售与安装维保团队建设，经过前期考察与评估后，康力电梯与江苏粤立电梯、江苏粤立安装正式确定收购意向，粤立电梯经营范围为电梯、机械式停车设备销售、吊装服务，售后服务及咨询服务，楼宇电子工程安装及零部件销售；粤立安装经营范围包括电梯与机械式停车设备的安装、改造、维修、保养，装饰工程、工程咨询、电梯配件销售、砝码租赁服务。

2012年12月19日，康力电梯以自有资金现金出资1800万元受让原股东所持有的100%的股权。本次收购完成后，公司持有粤立电梯和粤立安装100%股份。经公司第二届董事会第十三次会议《关于收购江苏粤立电梯有限公司和江苏粤立电梯安装工程有限公司的议案》的批准收购上述公司，并于2012年12月将其纳入公司合并报表范围，工商变更登记于2013年1月完成，收购时上述公司的公允价值为1643.52万元，商誉为156.48万元。

四、对外合作

2013年，康力电梯与沈阳蓝光驱动技术有限公司正式合资经营，后者单位是一家注册于辽宁省沈阳市，主要从事永磁同步无齿轮曳引机开发、生产和销售。合资公司的业务范围为研发、生产、销售电梯KGT系列永磁同步无齿轮曳引机，双方同意通过提高公司自主研发能力，不断创新和研发先进的曳引机技术，不断推出具有自主知识产权的产品，使合资公司具备强大的竞争力。

沈阳蓝光向合资公司提供KGT系列永磁同步无齿轮曳引机专有技术的所有权，经过具有资质的评估公司评估价值后作为无形资产投入，康力电梯以投入货币资金方式参与合资。经公司第二届董事会第十六次会议审议通过，公司以现金增资方式对苏州润吉驱动技术有限公司进行增资，增资后持有其55%的股份，并于2013年6月将其纳入公司合并报表范围，合并日苏州润吉的公允价值为5468.81万元，公司按照股权比例享有价值3007.84万元，商誉为47.16万元。

第十五章 行政后勤管理

第一节 机构建设

行政管理是康力电梯股份有限公司承上启下、沟通内外、协调左右、联系四方的保障,需要对公司的物业管理、保洁、维修、安防、车辆、绿化、餐厅、宿舍和档案等工作进行有效管理监督,涉及面广、工作量大,工作细小而繁杂。

1999年10月,公司行政、办公室以及基建工作由金云泉负责。

2006年,公司设立人事行政部,部长孙全根。

2007年,公司人事行政部下设行政科、人事科,孙全根任部长。

2008年,人事行政部更名为人力资源部,行政工作由人力资源部管理。

2012年,人力资源部更名为人力资源与行政管理中心,孙全根任总经理。

2013年8月,公司将行政职能与人力资源管理职能分离,单独成立行政管理中心,孙全根任行政中心总经理。

2014年,公司规模扩大,人员增多,行政管理中心内部分工进一步明确。孙全根任总经理,郭朝辉任行政部副部长,朱彩娟任北区食堂经理,孙丽丽任南区食堂经理。

2015年,行政管理中心新成立资产与档案管理部,吴静任副部长。

2016—2018年,行政管理中心更名为行政中心。行政中心下设办公室,办公室主任郭朝辉。办公室下辖行政部,副部长郭朝辉;档案管理部,副部长吴静;北区与新里程食堂,经理朱彩娟;南区食堂,经理孙丽丽。

表 15-1 1999—2018 年康力电梯行政管理主要负责人

年　　份	岗位/部门	主　要　负　责　人
1999年10月—2004年	行政部	部长:金云泉
2005年	行政部	部长:金云泉
2006—2007年	人事行政部	部长:孙全根
2008—2010年	人力资源部(含行政)	部长:孙全根
2011年	人力资源部	人力资源总监兼行政部长:孙全根
2012—2013年8月	人力资源与行政管理中心	人力资源与行政管理中心总经理:孙全根
2014—2015年	行政管理中心	行政管理中心总经理:孙全根 行政部副部长:郭朝辉;北区食堂经理:朱彩娟 南区食堂经理:孙丽丽;资产档案部副部长:吴静
2016—2018年	行政中心	行政中心总经理:孙全根(兼集团监察部部长)

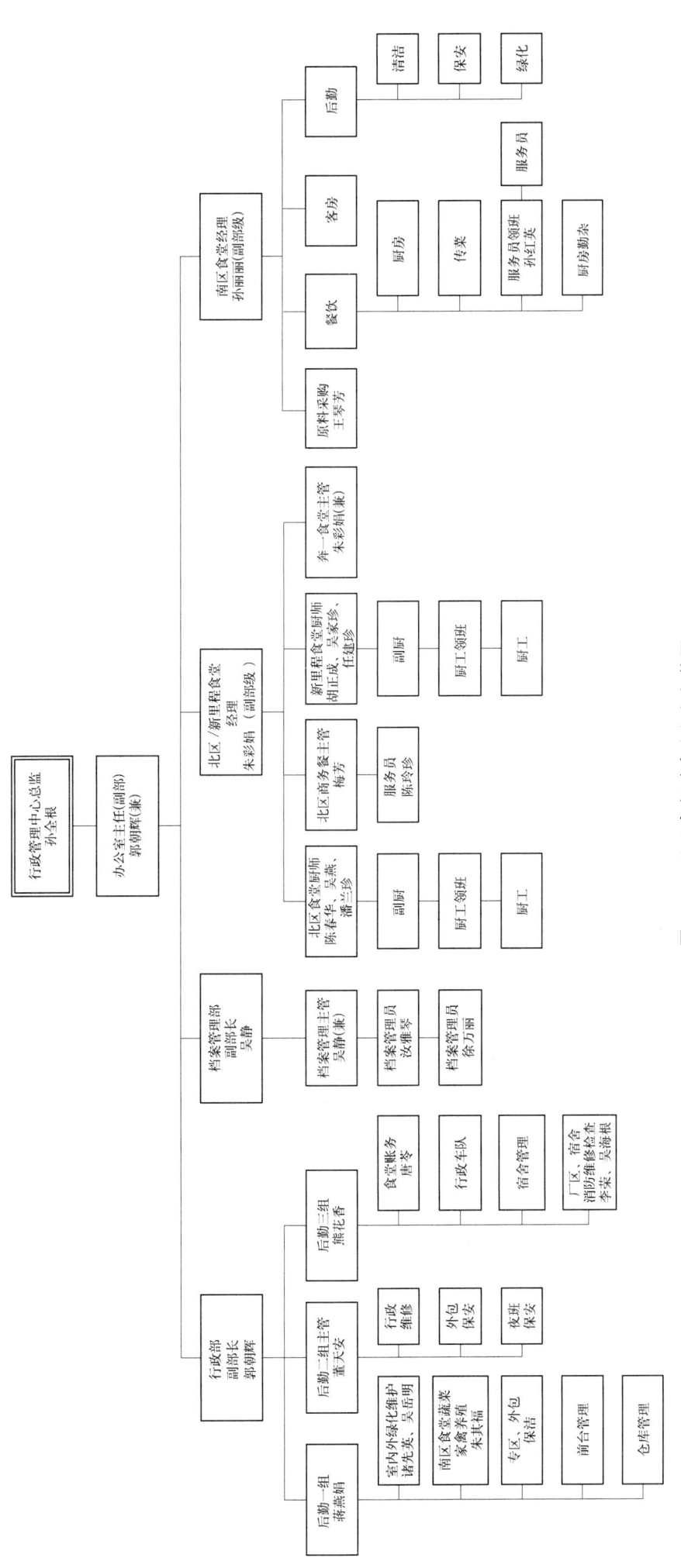

图 15-1 2018 年行政中心组织机构图

第二节　厂区设施与环境管理

1997年，吴江市新达电扶梯成套配件有限责任公司成立，公司规模不大、场地较小，厂区内环境卫生由门卫兼管。在厂区设施维修管理上，对企业内维修管理未有明确规定，有关部门和个人提出维修申请，公司负责人同意即可。

1998年9月，苏州新达电扶梯成套部件有限公司首期工程在莘塔镇府时路57号开工，建造厂房4 480 m^2 及办公楼、仓库等辅助设施，2000年5月竣工并投入使用，配两名环境卫生专职人员。

2000年11月，公司单独注册成立整机制造工厂——苏州康力电梯有限公司。2002年11月，在康力大道（原莘塔镇联南路）888号开始建造新的厂房和办公楼。

2004年5月，整机制造及公司总部迁入新建的"康力一期"厂区和办公楼，企业规模扩大，职工人数增多。行政管理工作范围扩大，内容不断增加。行政管理部门开始制定相应的制度和标准，规范管理。

2005年，康力集团有限公司针对企业在维修管理方面存在的问题，制定一些维修管理方面的规章制度，随着形势的变化和企业规模的进一步扩大，有些制度和规定不适应企业发展的需要，存在监管盲区和漏洞，公司有的放矢进行修改完善。

2010年7月，公司为保持厂区整洁的工作环境，需要对南北厂区门窗、雨棚、外墙进行清洗，以及对地面石材进行养护，与吴江市汾湖镇莘塔小陆家政保洁服务签订外包协议，进行定期清洗及养护。

2011年6月，公司为保持厂区内干净整洁的工作环境，制定了"厂区内外部环境清洁卫生作业要求及标准"。2012年9月，此文件经重新修订，对环境卫生区域的作业方法、作业频率提出更高要求，环境卫生责任人和环境卫生标准制定工作细则及考核办法。保洁区域包括办公楼、车间、车间外场地、人工湖、绿化带、天桥、电梯、扶梯、门框立柱、天花板、会议室等，保洁工作厂区内全覆盖。

2013年9月，为加强公司的环境管理工作，提高保洁工作的效率和效果，公司与苏州市新狮人力资源有限公司签订外包保洁合同，由外包保洁负责一期、二期办公楼的保洁工作。

2014年，在环境管理中，开展自查、互查和行政中心不定期抽查，并开展评先创优活动，把责任区域的卫生工作落实到人，对责任心强、工作认真负责的集体和个人进行表扬、奖励。

2014年3月，将电梯和扶梯制造车间的保洁工作外包给苏州市新狮人力资源有限公司。

2016年3月，通过对外包保洁的工作及公司发展多方位评估后，将扶梯生产车间的保洁工作承包方更换为上海佳和云保洁服务有限公司。

是年5月，康力电梯股份有限公司规范零星维修工程，明确维修与管理责任，提高维修效率与质量，制定《基建零星维修工程管理规定》。

是年8月，康力一期办公楼改造完成，公司的办公环境得到很大程度上的改善，办公设施的更换和增添，同时办公面积大幅度的增加，使保洁和维护工作量加大。

是年12月，公司与吴江市汾湖镇莘塔小陆家政服务签订协议，增加一期综合楼二区的外墙清洗以及所在区域的地面石材养护工作。

2017年9月，公司与苏州市新狮人力资源有限公司续签外包保洁合同时，增加技术大楼的保洁范围。是年，一期、二期的车间的保洁工作都与上海佳和云保洁服务有限公司进行合作。

截至2018年年底，公司有外包保洁员34人，其中办公楼保洁员13人、车间保洁员21人。

表 15-2　　　　　　　　　　2004—2018年康力电梯总公司各区域保洁人员数量

区　域	建筑面积(万 m²)	年　份	保洁人员数量
康力一期综合楼（含老试验塔及办公楼电扶梯保洁）	0.23（改造前）	2004—2012 年	6
		2013—2014 年	1
	1.65（改造后）	2015—2016 年	13
		2017 年	12
		2018 年	9
康力一期车间	1.68	2004—2012 年	2
		2013—2014 年	3
		2015 年	4
		2016 年	7
	4.68	2017 年	9
		2018 年	10
康力二期办公楼	1.09	2004—2014 年	3
		2015 年	5
		2016 年	7
		2017 年	5
		2018 年	3
康力二期车间	3.32	2004—2014 年	3
		2015—2017 年	6
		2018 年	6
康力技术中心大楼	0.83	2017—2018 年	4
288 m 试验塔工程(含天桥)	1.73	2017—2018 年	1
新里程东楼	0.74	2004—2018 年	1
"新达"南区食堂	0.17	2018 年	1
厂区绿化带	/	2016—2018 年	1

第三节　厂区安防管理

1997年11月,吴江市新达电扶梯成套配件有限责任公司成立之初,有门卫1人。

2000年5月,新达部件迁入府时路57号新建成的厂房,设有安保(门卫)人员2人,负责外来人员和车辆进出,做好防盗防火工作。

2004年,康力迁入"康力一期"厂房和办公楼,厂区面积扩大,设有两个大门和门卫室,按照每个大门各设一个白班和夜班配置保安人员。同时,原府时路57号厂房用于子公司生产和办公,行政和安保工作由子公司按照总部的基本原则和政策实施。

2007年7月,"康力二期"扶梯生产车间以及办公大楼建成投入使用,新厂区设有两个大门,同样按照每个大门各设一个白班和夜班配置保安人员。

2008年1月，位于康力大道的新达二期工程竣工，新达部件迁入新址，其厂区安保工作由新达部件行政部负责。

2009年9月，为加强公司的安防管理，与吴江市保安服务公司签订外包保安合同，由外包保安负责康力整个厂区的安防工作。

2010年，康力厂区有门卫室4个，北厂区2个、南厂区2个，安保人员16人。

2011年9月，通过对外包保安工作以及公司发展的多方面评估，选择更换合作安保公司，与苏州圣洁保安服务有限公司进行合作，由该公司负责整个康力厂区白天的安保工作。

2017年，为规范公司大门出入管理以及方便员工快递收取，行政部在公司2、3、8号门设立丰巢快递柜，同时在9号门门卫处设立快递货物架，由保安做好快递的登记。

2018年，康力共有门卫室9个。北厂区5个、南厂区4个。公司对大门进行编号，内部门牌号分为：北厂区1号、3号、5号、7号、9号，南厂区2号、4号、6号、8号。是年，公司规范各大门出入管理，缩减保安人员，缩减后共有安保人员37人，其中外包安保人员17人，分两班制值守，每班12小时。

是年，公司制定《保安管理规定》和《厂区例行巡查管理规定》等文件，特别对夜班人员制定巡逻标准。公司对安保人员的资质与职责、基本礼仪、工作纪律、仪表着装、上岗姿态、站岗要求、巡查要求、交接班、应急事件处理和室内环境卫生等作出详细的规定。安保人员上班时间不准喝酒、聊天，不准容留外来人员和擅离工作岗位。

第四节　员工宿舍管理

一、宿舍资源建设情况

2004年7月，府时路宿舍建立，分东西楼，每栋各3层，共23间宿舍，可容纳50人入住，改善员工的住宿条件。

2006年7月，府时路新达部件宿舍建成，共32间宿舍，可容纳50人入住，改善员工的住宿条件。

2008年8月，北区宿舍1、2号楼建立，共有44间宿舍，可容纳124人入住，满足公司员工的住宿需求。

2012年6月，中山工厂建立职工宿舍1号楼，共4层，共设置139间宿舍，可容纳278人，极大程度上满足了员工的住宿要求。

2012年7月，为满足日益增长的员工住宿需求，公司建立东区宿舍，共有30间宿舍，可容纳72人，以缓解公司宿舍不足的情况。

2013年7月，公司对在北区宿舍1、2号楼旁的一层楼进行重新修建，竣工后新增一栋3层楼的北区宿舍3号楼，共有17间宿舍，可容纳34人，这3栋宿舍距离公司生产和办公区域很近，为员工带来便利。

2013年10月，公司租赁莘东新村宿舍，共有大学生公寓楼和集体宿舍楼两栋，共有74间宿舍，可容纳182人入住。

2014年7月，"成都康力"建立职工宿舍，共设置152间，可容纳323人入住。

2017年4月，随着中山工厂规模扩大、员工增加，职工宿舍无法满足当前住宿需求，中山工厂建立2号楼职工宿舍，共9层，房间数为250间，可容纳1000人入住，现仅2层用于安置员工，其余7层因无员工住宿需求而对外出租。

分布在全国各地的分公司员工，由分公司依据各自实际情况，通过租赁或购买的方式，解决员工住宿问题。

表 15-3　　　　　　　　　　　　　　康力电梯宿舍基础设施情况表

宿舍名称		投入使用日期	房间数	可住人数
府时路宿舍	康力宿舍	2004 年 7 月	23	50
	新达部件宿舍	2006 年 7 月	32	50
北区宿舍	1、2 号楼	2008 年 8 月	44	124
	3 号楼	2013 年 7 月	17	34
东区宿舍		2012 年 7 月	30	72
莘东新村宿舍		2013 年 10 月	74	182
成都康力职工宿舍		2014 年 7 月	152	323
中山工厂职工宿舍	1 号楼	2012 年 6 月	139	278
	2 号楼	2017 年 4 月	250	1 000
合　计			761	2 113

二、宿舍管理

2004 年，公司建成第一栋宿舍，公司的宿舍便一直由总公司行政管理部门统一调配和管理，符合条件的员工免费住宿。

2008 年，为加强宿舍的安保工作，府时路宿舍设立 24 小时保安，其余宿舍在投入使用后就设立了 24 小时保安。

2011 年 6 月，康力电梯股份有限公司针对公司宿舍区域日益扩大，宿舍分布较为分散的特点，制订并颁布《员工宿舍管理规定》，从合理使用宿舍资源、顾全每一位居住员工的住宿需求，公平分配、爱护宿舍设施，规范员工住宿秩序，保持良好的卫生习惯，降低公司宿舍安全隐患等方面考虑。对员工宿舍管理的部门职责、申请要求、住宿相关费用及宿舍日常管理、奖惩、退宿等作出明确规定。

2014 年，公司新员工，特别是大学生入职人数增加，为改善员工住宿条件，行政中心统一对宿舍设备和设施进行大范围增添、更换和维修，包括电视、空调、衣柜和桌椅等。是年 6 月，为丰富员工的非工作日的活动，公司在东区宿舍修建了一个篮球场，为员工业余体育活动提供方便。

2015 年，公司行政中心建立员工宿舍例行检查制度，依据检查结果进行评比考核，对当月检查总分前三名红榜公示并给予奖励，发放奖品一般为毛巾、香皂、洗衣粉等日常生活用品。对于检查中发现的卫生状况比较差的，采取在宿舍公告栏张贴告示提醒的方式，督促改正。

2018 年，由于宿舍资源紧张，公司重新修订《员工宿舍管理规定》，进一步明确申请条件和腾退要求，并依据新的政策，集中腾退一批宿舍，分配给符合条件的员工，大大提高员工宿舍的利用率。

第五节　车　辆　管　理

2004 年，江苏康力电梯集团有限公司有轿车 2 辆，主要负责接送客人和外出洽谈业务。

2011 年 6 月，随着公司业务的快速发展，车辆需求量大幅上升，康力电梯股份有限公司为规范和有效地管理和使用车辆，最大限度地提高车辆利用率，确保行车安全，减少费用支出，制订《公务车辆使用和管理规定》以及《厂区外来人员和车辆管理规定》。

2011年9月,为保证员工车辆有足够区域停放,同时为充分利用厂区外马路的绿化带,经过实际考量,对二期厂区外绿化带进行改造,总长度200 m,共建设80个停车位。

2012年9月,《公务车辆使用和管理规定》修订发布。

2013年1月,为加强对员工车辆的管理,以及对非员工车辆的管控,公司对员工发放车辆通行证,方便保安在员工入场时进行检查,避免非本公司员工随意驾驶车辆入内。是年2月,公司为确保车辆有序停放,规范了车辆的管理,分类规划车辆的停放地点,明确管理人员、员工以及访客的车位,并进行日常管理。是年3月,由于员工私人汽车的数量增加,以及客户频繁拜访,车位需求上升,因此在康力二期办公楼前的绿化片区增加车位54个。是年4月,对康力一期车位进行规划增补,在一期综合楼北规划停车位15个,原技术楼以西空地规划停车位18个,合计新增车位33个。至此,康力一期共有停车位113个。

2014年3月,由于员工车辆数量持续增加,南北两厂区的停车位无法满足需求,为解燃眉之急,另从南厂区南围墙外沿墙东西长290 m规划新建停车场,约130个车位。是年7月,公司将营销用车和行政用车分开管理,分出4部车辆组成行政车队,由行政中心管理。

2015年1月,公司修订《厂区外来人员及车辆管理规定》,对于外来人员车辆入场,需要填写登记表以及会客单,货运车辆入场需要填写物料放行单,加强对外来车辆的管控。

2018年12月,公司有车辆130辆,其中公司总部24辆、子公司17辆、营销分公司89辆。按车辆的类别和用途分,客车(含大巴车)2辆、货车1辆、工程车27辆、商务车27辆、轿车71辆、其他车2辆。确定在2019年4月30日前完成对子公司及分公司车辆改革,目标总体留存73辆,其中总部车辆留存23辆,分公司50辆,即减少车辆57辆。

表15-4 2004—2018年康力电梯股份有限公司购置车辆情况表 单位:辆

年 份	车辆小计	车 辆 类 型						备注
		轿车	客车	商务车	工程车	货车	其他	
2004年	2	2						
2007年	2	2						
2009年	1	1						
2010年	7	1	1	4	1			
2011年	16	8		4	4			
2012年	8	7		1				
2013年	26	14		8	3	1		
2014年	21	13		1	7			
2015年	31	18		5	7		1	
2016年	8	4	1	2			1	
2017—2018年	8	1		2	5			
合 计	130	71	2	27	27	1	2	含大巴

备注:表中车辆数量为康力集团公车数量,包含各子公司。

第六节 绿 化 管 理

1997年,新达电扶梯成套配件有限责任公司成立初期,厂区面积不大,绿化面积不足100 m²,由企业门卫管理绿化。

2005年,康力集团有限公司有绿化棚32 m²,2名企业勤杂人员管理绿化养护,以自行培育为主。绿化棚内有大、中型盆栽绿化30盆,品种为龙须、幸福树等;有小盆景绿化200余盆,品种为一串红、鸡冠花、吊兰等,数量最多的是一串红。

2013年10月,康力电梯股份有限公司扩建绿化大棚,面积450 m²,专职绿化养护管理员2人,开展室内绿化培育工作。培育的方式主要是扦插、压枝,自主扦插培育的品种有绿萝、鸭脚木、摇钱树、橡皮树、万年青、天竺葵、黄金阁等,成活率90%以上。在绿化棚内,根据不同植物的生长习性,采取不同的管理方式,分区域放置,便于管理,并使整体布局协调美观。

2015年综合楼平台的空中绿化,投入约20万,有麦冬、红叶、石楠等绿化品种,区域管理人员为一位保洁人员。

2016年7月,公司开展办公区域绿化认养活动,参加绿化认养活动的员工有109人,认养绿植200余盆。行政中心根据各部门认养绿化清单建立认养台账,台账记录绿植编号、品名、数量、认养时间、认养部门、认养人姓名、绿植单价等,在认养绿植盆上贴上认养标签,写上编号、部门、姓名、认养时间。

2018年12月,公司厂区绿化面积2万余 m²,其中草坪绿化面积1万余 m²、绿化带面积5 000 m²、花坛绿化面积3 000余 m²,其他零星绿化面积2 000 m²。公司把厂区内绿化工作承包给汾湖绿化公司管理,并与承包方签订承包合同,督促承包方做好浇水、施肥、防病除虫、定期修剪等日常管理工作。

第七节 食堂管理

1997年11月,新达电扶梯成套配件有限责任公司成立之时,食堂创办,面积50 m²,炊事员2人,就餐员工30余人。

2004年,苏州康力电梯有限公司联南路(今康力大道)食堂投入使用,面积200 m²,炊事员4人,就餐员工300余人。子公司新达部件拥有自己的职工食堂。

2011年5月,康力电梯股份有限公司南区食堂建成,建筑面积1 670 m²,总投资2 980万元,可供员工600余人同时就餐。

是年8月,伴随着"中山广都"工厂的竣工,新建的职工食堂投入使用。"中山工厂"食堂面积672 m²,可以容纳300名员工同时就餐。

2012年,公司为规范食堂管理,提供卫生、舒适、良好的用餐环境,确保员工的身体健康,制订《员工食堂管理规定及作业标准》。对食堂从业人员基本要求、原材料的采购与验收、食品放置与加工、就餐管理与服务等制订详细规定。

2013年8月,"成都康力"工厂建成,新建的职工食堂投入使用,该食堂建筑面积720 m²,至少可以满足350名员工三餐需求。

2015年7月,新达电扶梯部件有限公司在部件产业园建设食堂,面积3 000 m²,可同时容纳1 000人就餐。

2015年12月,北区食堂进行整改、扩建、装修,厨房炉灶柴油改燃气,新添自动洗碗机1台,总投资150余万元。

2016年,食堂对就餐模式进行更改,由原来的固定价位套餐,改为员工自选菜品核算价格模式,增加员工就餐的可选择性,同时增设自助套餐,使员工餐更加多样化。

2016年4月,公司东区食堂经改造装修后启用,总投资131万元。7月,公司发起拒绝"舌尖上的浪费"暨光盘行动和文明用餐倡议书,对员工提出餐前、餐中、餐后的文明就餐要求。

2018年12月,公司食堂有炊事员20人,北区、南区食堂各10人,就餐员工1 000余人。

第八节 员工福利

一、节假日物资

公司自成立以来,一直重视员工的物资福利发放,主要是中国传统节日中秋节和春节,为员工发放适合的节日物资。

表15-5　　　　　　　　　　　1999—2018年康力电梯节假日物资汇总表

年　份	中　秋　节		春　节	
	物　资　种　类	人均标准（元）	物　资　种　类	人均标准（元）
1999年	月饼等	110	鱼、食用油、水果等	120
2000年	月饼等	110	鱼、食用油、水果等	120
2001年	月饼等	110	鱼、食用油、水果等	120
2002年	月饼等	120	鱼、食用油、水果等	130
2003年	月饼等	120	鱼、食用油、水果等	130
2004年	月饼等	120	鱼、食用油、水果等	130
2005年	月饼等	120	鱼、食用油、水果等	140
2006年	月饼等	120	鱼、食用油、水果等	140
2007年	月饼等	140	鱼、食用油、水果等	140
2008年	月饼等	140	鱼、食用油、水果等	150
2009年	月饼等	160	鱼、食用油、水果等	170
2010年	月饼等	160	鱼、食用油、水果等	160
2011年	月饼等	170	鱼、食用油、水果等	170
2012年	月饼、食用油	180	水果、食用油、鱼	340
2013年	月饼、水果、油、红酒	410	油、红酒、鱼、水果、红酒	320
2014年	水果、油、红酒、购物卡	240	油、红酒、水果、食用油	720
2015年	月饼、水果、油、红酒、购物卡	300	水果、油、红酒、购物卡、干货、草鱼、黄酒	660
2016年	月饼、水果、油、红酒	280	水果、油、红酒、购物卡、干货、草鱼、黄酒	660
2017年	月饼、水果、油、红酒	290	水果、食用油、红酒、购物卡、干货、草鱼	680
2018年	月饼、水果、食用油	240	水果、油、红酒、干货、草鱼	510

二、员工体检

公司自成立以来,非常重视员工的职业健康管理,自1999年,定期为员工提供免费体检。

2013年，公司制定员工体检相关制度和标准，规定副总以上级别和45岁以上员工每年提供一次免费体检，45岁以下员工每两年提供一次免费体检。文件还规定了不同级别员工的体检项目。对于特种作业员工，公司严格按照国家职业卫生相关法规，提供专业的体检。

2014年，公司严格按照制度规定，为员工进行身体检查。为提高体检的质量和性价比，公司将直属副总的体检地点安排在上海著名的三甲医院，其他员工体检安排在全国著名的专业体检机构。

2015年，为提高专业体检机构的质量和性价比，公司引进另一个专业体检机构，这一措施大大增加同等价位所检查的项目。至此，大范围高质量的体检为员工身体健康和疾病预防提供保障和支持。

表15-6 员工体检项目标准

主要体检项目	检查频次
一般情况、胸透、腹部B超 尿常规、血常规、血脂4项、肾功能3项、肝功能7项、心电图、肿瘤5项。男性和女性特殊常规检查。	每次体检时
胸部CT、头部CT、胃镜、肠镜	每4年1次，每次1项

注：高层管理人员体检项目依情况单独确定。

表15-7 1999—2018年公司为员工提供的体检

年 份	员工分类	频 次	人均标准（元/人）	体 检 机 构
1999—2013年	全体员工	三年一次	240	芦墟卫生院
2014年	直属副总	每年一次	男：1 500	复旦大学附属中山医院
			女：1 700	
	其他副总	每年一次	1 000	苏州爱康体检医院
	其他员工	满45周岁员工	300	吴江区第五人民医院、苏州永鼎医院
2015—2018年	直属副总	每年一次	男：1 500	复旦大学附属中山医院
			女：1 700	
	其他副总	每年一次	800	苏州爱康体检医院、美年体检医院
	其他员工	全员	350	苏州爱康体检医院、美年体检医院

三、员工工作服

1999年，公司开始为员工提供工作服，包括春秋季和夏季工作服。春秋季工作服为长裤和外套夹克上衣，夏季工作服为长裤和短袖上衣。还为车间工人提供劳动保护用品。

2011年，为祝贺公司成功上市，给每一位员工发放西服。

2013年，公司统一改善工作服档次和品质，春秋外套和车间员工夏季短袖上衣由灰色改为藏青色，由大型服装厂设计制作,面料品质和做工明显提高。办公室员工的夏季白衬衫由正规衬衫厂制作。同时,公司依据企业统一的文化视觉系统,规范工作服 Logo 标志,子公司工作服总体样式与总公司相同,依据各子公司的名称设计标志。员工的工作形象有所提升。

2014 年,公司为工程维保人员增加厚棉冬装。是年,公司为所有正部级以上员工在正规西服厂定制西装,副总以上人员每人两套,副总以下(不含)干部每人一套。

2016 年,为提高工程服务人员形象,突出公司的品牌,对工程维保人员工作服进行全面改版,改为三防面料,增加并美化各类公司标志。

表 15-8　　　　　　　　　　1999—2018 年康力电梯工作服基本情况

年 份	普通工作服			特殊工作服		
	种 类	发放人员类别	单 价(元/套)	种 类	发放人员类别	单 价(元/套)
1999—2010 年	灰色夏装	全员	80	/	/	/
	灰色冬装		100	/	/	/
2011 年	白色衬衫夏装	科室员工	55	西服	全员	350/600
2013 年	藏青色夏装	一线及工程人员	160	/	/	/
	藏青色冬装	全员	170	/	/	/
2014 年	加厚棉冬装	工程人员	224	西服	副总和分总	350/600
2015 年	/	/	/	长袖白衬衫	全员	72
2016 年	三防面料夏装	工程人员	195	西服	部分营销人员	370/520
	三防面料冬装		230			
	三防面料加厚冬装		244			

第九节　档　案　管　理

公司在运营过程中产生的各类档案资料必须以档案法规要求的统一模式归档:在研发、生产、服务、经营和管理等活动过程中形成的各门类和载体的原始记录建立完整全面的归档模版,且保证它的连续和完整性,才可以全面地展现公司发展历程。

2015 年,公司成立档案部,全面推进档案管理进程,在区政府和市档案局的专业指导和在典型企业现场学习之后,从管理架构和档案制度入手,设置档案管理员,组织学习档案法规,编制出符合康力管理特色和流程的归档文件对照表和分类细则,管理架构延伸到机构、部门,使归档工作落实到每个工作节点的实操人员,建立起集团性的档案管理架构体系。

2015 年 3 月,康力电梯股份有限公司档案管理部成立,隶属于行政中心,有工作人员 3 人,集团档案管理架构体系内兼职档案人员 325 人。

2016 年,档案馆随康力一期改造工程竣工而投入使用。档案馆由档案接受室和档案资料库两部分组成,占地面积 414 m²。其中档案接收室占地面积 27 m²,用于整理档案与查阅档案;档案资料库占地面积 384 m²,用于贮存和保管档案。

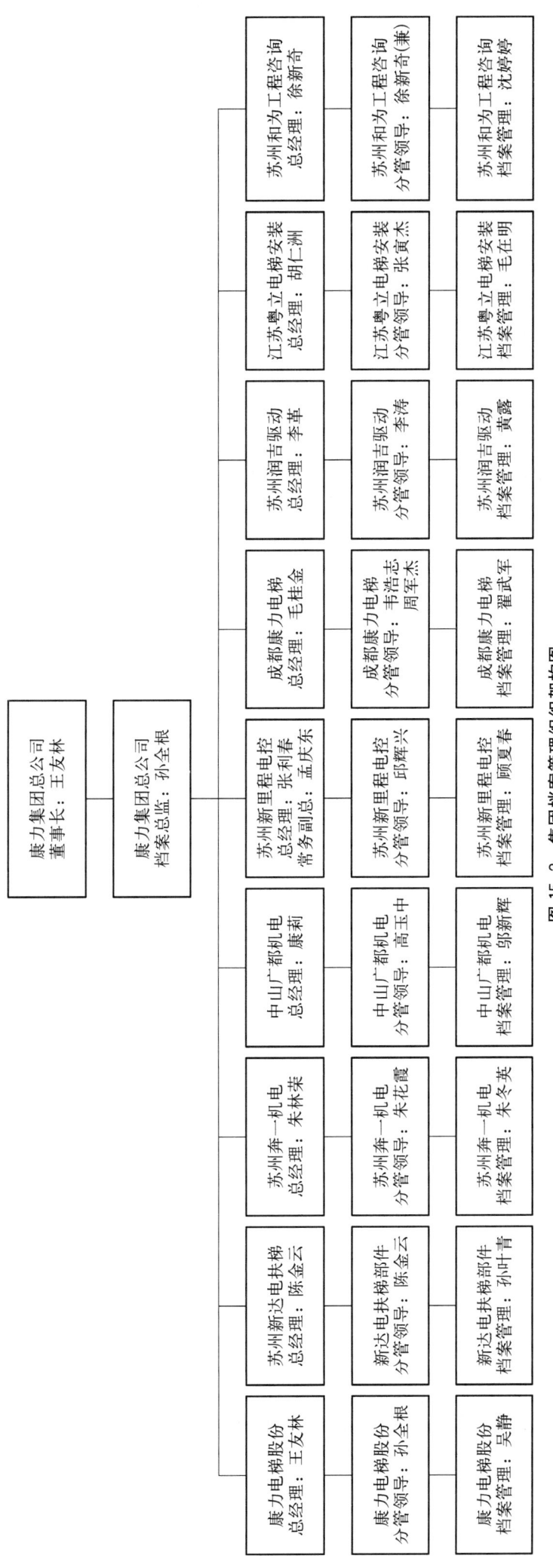

图 15-2 集团档案管理组织架构图

一、档案管理职能及制度建设

2015年,公司档案管理部成立后,立即着手制订档案管理职责体系规定、档案管理制度。

2016年5月,公司成为民营企业档案协作组成员,档案管理部人员参加协作组首次会议。是年9月,吴江档案局领导至档案管理部指导档案管理工作,指出整理中出现的不足以及提供改正方案,档案部修订并发布相应制度。是年10月,吴江档案局领导再次到档案管理部进行指导,对公司的客户档案整理提出整理指导意见,根据指导意见,档案部再次修订制度,并下发各相关部门参照整理。

表15-9　　　　　　　　　　　　档案管理类文件制度清单

序号	文　件　名　称	文　件　编　号	生　效　日　期
1	档案管理职责体系规定	KL.C-GM10.V2	2016年4月1日
2	档案管理制度	KL.C-GM11.V3	2017年4月1日
3	文件材料归档范围及保存期限规定	KL.C-GM12.V3	2017年4月1日
4	管理类档案分类整理细则	KL.C-GM13.V4	2019年3月1日
5	科技档案分类整理细则	KL.C-GM14.V3	2017年4月1日
6	会计档案分类整理细则	KL.C-GM15.V3	2017年4月1日
7	人事档案分类整理细则	KL.C-GM16.V1	2015年10月1日
8	实物档案分类整理细则	KL.C-GM17.V3	2017年4月1日
9	声像档案分类整理细则	KL.C-GM18.V3	2017年4月1日
10	电子文件归档与管理办法	KL.C-GM19.V1	2015年10月1日
11	档案借阅异常惩处制度	KL.C-GM22.V1	2017年8月8日
12	三纳入四参加四同步	KL.C-GM23.V1	2017年9月1日

二、档案管理员培训取证

2017年6月,档案部在集团范围内开展网上档案资格证书自学活动,历时1年,共114人参训,通关取证51人,按档案法规的要求,关键资料管理岗位全部持证上岗。同时,全面启动子公司档案分类和档案制度的编制工作,使整个集团的档案资料在最短的时间内有效、安全、完整地管控起来。

表15-10　　　　　　　　　　集团各公司档案人员学习及持证上岗情况

序号	公　司　名　称	参训人数	已取证人数
1	康　力	70	24
2	运输公司	1	1
3	新　达	25	13
4	新里程	3	3
5	奔一机电	1	1
6	润吉驱动	5	4

(续表)

序号	公司名称	参训人数	已取证人数
7	和为	1	1
8	粤立	1	1
9	法维莱	7	3
10	幸福加装梯	1	1
	总计	115	52

三、档案归档管理

2015年,档案管理部成立,对历史档案集中进行梳理和归档。

2016年,档案部按照制度规定,持续致力于收集、整理、归档公司的各类档案资料,具体如表15-11所示。

表 15-11　　　　　　　　2015—2018年康力各类档案归档情况

序号	年份	档案类别						合计
		管理类档案	实物档案	科技档案	客户档案	声像档案	会计档案	
1	2015年	140	1 313	0	217	0	3 732	5 402
2	2016年	1 465	1 157	29	989	0	1 798	5 438
3	2017年	4 106	808	204	1 395	128	766	7 407
4	2018年	1 479	667	893	8 687	67	3	11 796
	合计	7 190	3 945	1 126	11 288	195	6 299	30 043

四、档案借阅管理

2015年8月档案室成立,10月开始正式投入使用,在完成收进工作后,同时进行档案的借阅工作,为各部门提供所需档案的电子档或原件;档案借阅主要为公司投标使用,为了解档案利用的成效,2016年开始记录档案利用效果。

截至2018年,档案管理部查阅或外借档案15 030卷,为公司各类业务运营和管理工作提供资料服务。

表 15-12　　　　　　　　2015—2018年档案借阅情况

序号	年份	借阅数量(份)
1	2015年	35
2	2016年	1 819
3	2017年	4 860
4	2018年	8 316
	合计	15 030

第十六章 教育与培训

第一节 培训管理组织机构

1997年,职工教育培训职责由人事行政部管理,未设专人负责。2009年,人力资源部副部长明望云负责教育培训及绩效考核工作。2009年下半年,明望云离任,杨卯英由技术部调动至人力资源部,专职负责教育培训工作。

2010年3月,公司设立培训中心,由孙全根兼任培训中心主任,杨卯英任培训中心副主任。2011年10月,培训中心由公司直属副总宋丽红分管,另有专职员工2~3人。

2013年8月,培训工作纳入人力资源中心,由人力资源中心培训部负责。

2016年1月,集团公司在培训部基础架构上又成立康力学院,以学院的组织运行和管理模式开展并运营集团各层级培训工作。

2018年1月,杨卯英调离培训部,培训工作由杨玉敏负责。

2018年11月,培训部从人力资源中心分离,与企业管理办公室合并,由公司直属副总宋丽红分管。

表16-1　　　　　　　　　　　　康力历年教育培训主要负责人

年　份	机构/部门	主　要　负　责　人
1997—2007年	人事行政部	职工教育培训职责由人事行政部管理
2009年3月	人力资源部	人力资源部副部长明望云负责人力资源培训及绩效考核工作
2010年3月—2011年10月	培训中心	孙全根兼任培训中心主任;培训中心副主任:杨卯英
2011年10月—2013年8月	培训中心	宋丽红兼任培训中心主任;副主任:杨卯英
2013年8月—2016年1月	人力资源中心培训部	培训中心纳入人力资源管理中心,成立培训部 分管领导:宋丽红;部长:杨卯英
2016年1月—2017年12月	培训部/康力学院	执行院长:宋丽红;部长:杨卯英
2018年1—11月	培训部/康力学院	院长:宋丽红;培训副部长:杨玉敏
2018年11月至今	企业管理及培训中心/康力学院	院长:宋丽红;培训副部长:杨玉敏

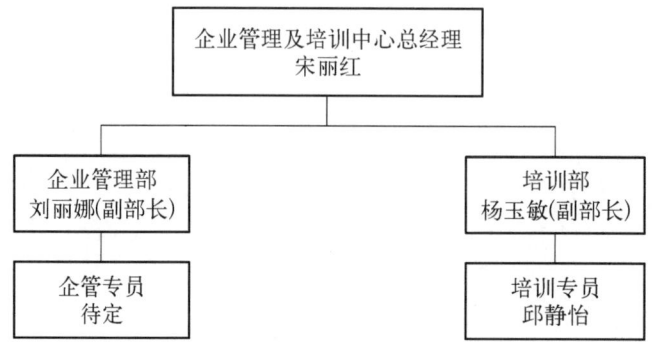

图16-1　企业管理及培训中心组织架构图

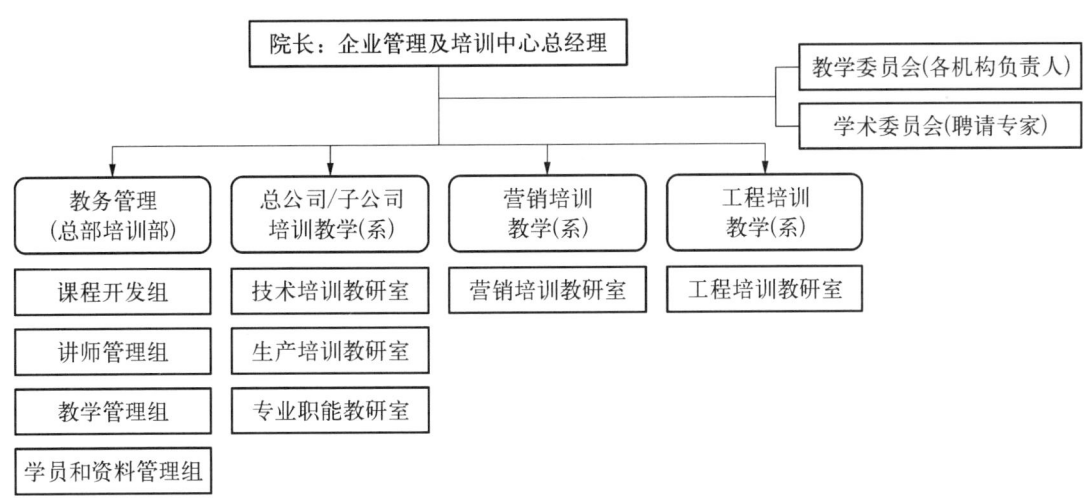

图 16-2　康力学院组织机构图

第二节　培训体系建设

一、硬件设施

2008年之前，培训没有专门的培训教室，一般的培训活动都在各部门的会议室里举行。

2008年，公司二期厂房投入使用。二期厂房专门规划了可容纳230人的阶梯教室1间，60人的理论教室1间。2010年，又建成计算机多媒体教室1间，共有计算机30台，专门用于培训教学。

2011年，康力建成工程实训教室，教室面积720 m^2，配有教学电梯3台、扶梯1台、曳引机、控制柜电气和机械模拟设备等。

2016年12月，新建成的1400 m^2 的学院教室正式投入使用。学院拥有计算机教室1间（电脑40余台），可同时容纳300余人的理论教室6间。

二、制度建立

2011年，公司发布《培训管理规定》。

2012年，对培训制度进行全面评审和修订，发布《培训管理规定》（第2版）、《特种作业证书和技能鉴定管理规定》，对特种作业上岗操作证及各项技能等级鉴定工作进行管理。

2016年，结合康力学院的成立，制定《康力学院章程和运行管理规定》。

2017年，集中发布《培训课程开发管理规定》《内部讲师管理规定》《新员工入职培训实施细则》《师带徒管理规定》《知识管理规定》等数项有关培训方面的管理规定。

表 16-2　　　　　　　　　　　　　培训管理制度一览表

序号	制　度　名　称	版　　本	发布年份
1	培训管理规定	KL.C-HR.T01.V3	2011年
2	特种作业人员及资格证书管理规定	KL.C-HR.T02.V2	2012年
3	培训课程开发管理规定	KL.C-HR.T03.V1	2017年

(续表)

序号	制　度　名　称	版　本	发　布　年　份
4	内部讲师管理规定	KL.C-HR.T04.V1	2017年
5	新员工入职培训实施细则	KL.C-HR.T05.V1	2017年
6	操作类职业技能等级评定及管理办法	KL.C-HR.T06.V1	2017年
7	师带徒管理规定	KL.C-HR.T07.V1	2017年
8	康力学院章程和运行管理规定	KL.C-HR30.V1	2016年
9	知识管理规定	KL.C-HR74.V1	2017年

三、内部讲师队伍建设

2012年开始，公司逐步有计划、有系统地搭建、培养内部讲师团队。通过集中试讲会、管理人员公开课和自然认定等形式，组建一支内部讲师团队。

2012年，根据管理职责要求，培训部从中、高层管理人员中，选拔12名高级内部讲师及19名中级内部讲师，确定56门课程。

2014年3月，开展第一场"金讲台"内部讲师试讲会，通过集中试讲的方式，在主管及以上员工中聘任3名中级讲师，12名初级讲师。

2015年，采用"金讲台"管理人员公开课形式，截至年底聘任15名部级管理人员担任内部讲师。截至2018年教师节，正式聘任的在职初、中、高各级内部讲师共计55名。

内部讲师每年授课均达200～300场次，包括内部讲师公开课，至其他部门授课、专题培训授课、外部课程转训等课程，授课内容涵盖产品技术、生产质量、工程维保、办公技能、职业素养、市场销售等各业务模块。

2016年开始，公司在每年教师节举办内部讲师特别活动，除了为内部讲师发放节日福利外，更重要的是组织进行工作坊、研讨会及论坛活动，再辅以外聘讲师对内部讲师进行专业培训，提升内部讲师专业技能。

四、课程体系建设

课程体系建设的依据分为三个方面，一是依据公司战略规划以及企业文化、经营理念和核心价值观；二是基于双通路的员工职业发展进阶要求，设计的课程包括专业通道进阶课程和综合管理通道进阶课程；三是依据不同岗位序列能力素质模型和任职要求设计的岗位课程。其中，战略和文化的培训嵌入在各个类别和系列的课程中。

2012年之前，课程体系尚未系统性地梳理和建设，基本都是零散性地进行一些课程开发和实施。

2012年，培训中心集中精力建立标准化的新员工入职培训全套课程，包括公司简介、规章制度、安全入职培训等。这些课程根据公司发展及制度更新，每年做出调整与更新，并不断完善。

2014年，针对公司集中招聘的应届大学生，培训部开发系统的"新入职大学生启航培训"标准课程，课程内容包括制度文化、职业技能、职业素养、团队建设、车间及工程实训、项目改善活动六大模块，共30节课程。

是年，组织内部讲师开发专业培训课程，包括业务专业、办公技能、职业素养、领导力等各类课程。

2015年，根据公司各标准岗位的任职要求，设计岗位知识和培训课程结构组成，编制针对标准岗位知识和技能要求的课程清单，并依据课程清单，逐步推进各类课程开发。

是年，为快速培养内部讲师队伍，培训部开发系统的内部讲师技能培训课程体系，包括课程设计开发、课堂呈现技巧及内部讲师促动技术等课程。

2016年，为配合康力学院首期中层管理培训班开班，组织开发"中层干部能力提升标准课程体系"，课程涵盖中层管理人员必备的"文化理念和通用技能、职业素养、领导力和产品及业务知识"四个方面，共25门课程。

是年，对工程"雏鹰"实训班系统课程进行改版，组织内部讲师针对现有课程内容进行梳理、分析及再次开发，并推进课程标准化。具体开发的课程分为质检、调试、维保三个模块，共12门。

2017年，组织并指导各业机构，开发整机业务流程系列课程，包括整机投标报价、销售流程、合同执行、电扶梯技术开发、项目处理流程、策略采购、供应商选择流程及电扶梯制造、质量检验流程、工程安装、质检、调试及维保全过程的运作流程及控制要点，对整机业务全过程进行系统的知识梳理和讲解。

截至2018年开发的各类标准培训课程共84门。标准课程在每次培训之后都进行不断的优化。

表16-3　　　　　　　　　　　　　　　常规新员工入职培训标准课程

序号	课　程　名　称	标　准　课　时
1	公司简介	2小时
2	公司各类规章制度培训课程	2小时
3	公司级安全入职培训课程	4小时
4	基本职业素养——做一个受欢迎的职业人	4小时
5	电扶梯产品基础知识培训课程	4小时

表16-4　　　　　　　　　　　　　　应届大学生"启航"入职培训标准课程

序号	模　块	课　程　名　称	标　准　课　时
1	制度与文化	公司企业文化与发展历史简介	2小时
2	制度与文化	公司规章制度培训课程	2小时
3	制度与文化	职业安全入职培训课程	4小时
4	制度与文化	论新员工成长（可选）	2小时
5	职业技能	电梯行业发展历史和趋势	2小时
6	职业技能	电梯技术设计与技术人员成长	1小时
7	职业技能	电梯质量管理的7个方面	2小时
8	职业技能	公司信息系统及其应用	2小时
9	职业技能	公司整体业务流程及控制点	1小时
10	职业技能	合同评审培训	2小时
11	职业技能	电梯井道布置土建图知识培训	2小时
12	职业技能	公司主要产品及项目执行	2小时

(续表)

序号	模块	课程名称	标准课时
13	职业技能	生产计划及物料控制方法	1.5小时
14		生产制造基本工艺流程及过程管理	2小时
15		生产现场5S及可视化管理	2小时
16		财务知识及财务管理	2小时
17		合规及职业道德	3.5小时
18	职业素养	服从与执行	2小时
19		公司VIS及标准文件格式的使用	1小时
20		时间管理	3小时
21		职场积极心态	3小时
22		目标管理	3小时
23		有效沟通与职场人际关系处理	3小时
24		如何制作PPT	2小时
25		Excel使用技巧	1.5小时
26		如何书写电子邮件	2小时
27	团队建设	团队拓展培训	1天
28	现场与实训	车间实训	1月
29		电扶梯拆装实训	1月
30	行动学习	精益项目改善实施(可选)	0.5月

表16-5　　　　　2014—2018年开发的系统课程清单(仅限内部开发课程)

序号	课程类别	年份	课程名称
1	管理类——中层管理	2016—2017年	学习、创新、超越(董事长专题课程)
2			康力企业文化解读
3			《员工手册》和公司奖惩制度
4			卓越绩效管理体系和实施
5			电梯市场研究策略与方法
6			康力信息管理系统详解
7			职业道德与合规管理
8			营销策略
9			课程的设计与开发
10			生产制造管理
11			电扶梯产品技术概览
12			整机业务流程
13			数据分析与基本统计工具
14			组织行为和人力资源管理

(续表)

序号	课程类别	年份	课程名称
15	管理类——中层管理	2016—2017年	QEHS管理体系
16			康力的质量管理(7个方面)
17			电梯制造、安装、维修和改造许可证审核规则详解
18			分公司总经理系统培训课程
19	管理类——项目管理	2018年	电扶梯安装项目经理课程——电扶梯主要产品概述
20		2018年	电扶梯安装项目经理课程——电扶梯项目合同和标书分析
21		2018年	电扶梯安装项目经理课程——电扶梯安装流程及控制点
22		2018年	电扶梯安装项目经理课程——电扶梯安装维修国家标准要求
23		2018年	电扶梯安装项目经理——电扶梯设备安装工艺流程/规范
24	安全生产类	2014年	国家安全法规
25		2014年	危险化学品管理
26		2014年	环保安全知识
27		2014年	起重吊运安全
28		2015年	冲、剪、压危险设备安全培训
29		2015年	厂内机动车安全
30		2015年	一线管理人员安全培训
31		2016年	消防知识培训
32		2016年	电工、焊工安全培训
33		2016年	事故案例与应急救援
34		2016年	职业安全危害
35		2017年	高温时期安全生产培训
36		2017年	喷涂喷漆安全操作
37		2018年	安全生产管理手册(A)工厂部分
38		2019年	安全生产管理手册(B)工程部分
39	通用办公技能类	2014年	如何书写电子邮件
40		2014年	公司VIS及标准文件格式的使用
41		2017年	Excel操作初级
42		2017年	Excel操作中级
43		2017年	PPT制作初级
44		2017年	PPT制作中级
45		2017年	Outlook邮箱使用功能及注意事项
46	业务专业类	2014年	工程"雏鹰"实训系统课程——工程安全培训
47		2014年	工程"雏鹰"实训系统课程——电扶梯整机/部件知识(机械)
48		2014年	工程"雏鹰"实训系统课程——电扶梯整机/部件知识(电气)
49		2014年	工程"雏鹰"实训系统课程——电扶梯拆装实训

(续表)

序号	课程类别	年 份	课 程 名 称
50	业务专业类	2016年	工程"雏鹰"实训班改版课程——电扶梯检验要求
51		2016年	工程"雏鹰"实训班改版课程——电扶梯标准(国标)
52		2016年	工程"雏鹰"实训班改版课程——电梯安装木样架认识制作
53		2016年	工程"雏鹰"实训班改版课程——常规问题解决方案
54		2016年	工程"雏鹰"实训班改版课程——仪器仪表的使用
55		2016年	工程"雏鹰"实训班改版课程——KLS、KLB系列控制系统
56		2016年	工程"雏鹰"实训班改版课程——KLXF系列控制系统
57		2016年	工程"雏鹰"实训班改版课程——各类门机调试
58		2016年	工程"雏鹰"实训班改版课程——电梯保养作业要求
59		2016年	工程"雏鹰"实训班改版课程——电梯初级调整技能
60		2016年	工程"雏鹰"实训班改版课程——电梯初级维修技能
61		2016年	工程"雏鹰"实训班改版课程——扶梯维保技能
62		2016年	技术序列新员工培训课程
63		2017年	机械识图课程
64		2016年	轨道交通项目客户及代理商培训系列标准课程
65		2017年	营销人员以考代练题库
66		2017年	整机业务流程——流程概述
67		2017年	整机业务流程——电梯销售流程
68		2017年	整机业务流程——合同执行流程
69		2017年	整机业务流程——电、扶梯技术开发、项目处理流程
70		2017年	整机业务流程——策略采购、供应商选择流程
71		2017年	整机业务流程——电扶梯制造流程
72		2017年	整机业务流程——电扶梯质量检验流程
73		2017年	整机业务流程——工程安装、质检、调试、维保流程
74		2017年	扶梯土建图绘制课程
75		2016年	生产制造管理
76		2016年	电梯制造、安装、维修和改造许可证审核规则详解
77		2016年	康力的质量管理——零缺陷管理
78		2016年	康力信息管理系统详解
79	职业素养类	2014年	压力与情绪管理
80		2015年	同理心沟通技巧
81		2016年	职业道德、合规管理
82	内部讲师课程	2017年	课程设计与开发
83		2016年	内部讲师促动技术——世界咖啡
84		2017年	内部讲师促动技术——团队共创

五、移动学习系统建立和线上课程开发

2016年6月,首次引入移动学习形式,员工可以随时随地,利用碎片化时间在线学习,可以用手机在线签到、考试、评估及完成要求的行动项。在传统课堂授课、外派或外请讲师培训、视频培训的基础上增加了一种新的、更灵活的培训方式。

2017年5月,康力学院"自我管理类"在线学习课程全面上线,19大能力提升课程,共计67门,包含255门微课。

2018年,新上线"人力资源系统微课"。

表16-6　　　　　　　　　　　康力学院"自我管理类"在线课程清单

序号	能力	课程名称	序号	能力	课程名称
1	问题解决能力	提高问题分析能力	27	压力与情绪管理能力	应对生活压力
2		开展头脑风暴	28		保持健康心态
3		解决工作问题	29		提高抗压能力
4		解决思想问题	30	工作情绪管理能力	控制情绪
5	沟通能力	与不同性格的人沟通	31		缓解敌对情绪
6		与上级沟通	32		建立自信心
7		与同级沟通	33		面对挫折
8		与下属沟通	34		自我放松
9		成为沟通高手	35	创新管理能力	培养创新思维
10		提升职场沟通力	36		学会结构思维方法
11	说服能力	提高语言说服力	37		开展创新活动
12		提高肢体语言的说服力	38		应用创新成果
13	工作效率改善能力	通过资源分配提高工作效率	39	人际关系管理能力	与同事相处
14		通过工作技能提升改善效率	40		建立职场人脉
15		有效地记笔记	41		结交合作伙伴
16	个人执行力	培养执行习惯	42		处理人际关系
17		端正执行态度	43	会议管理能力	做好会议管理
18		提升个人执行效果	44		高效组织会议
19		1小时解决执行力认知	45	谈判技巧	做好谈判准备
20	时间管理能力	合理分配时间	46		使用谈判技巧
21		养成良好的工作习惯	47	魅力形象塑造能力	拥有气质
22		养成良好的生活习惯	48		塑造个人形象
23		有效安排工作	49		运用接待礼仪
24		跨越时间陷阱	50	演讲能力提升	准备公开演讲
25		运用四代时间管理原则	51		掌握演讲技巧
26	压力与情绪管理能力	应对工作压力	52	演示能力提升	组织成功的演示

(续表)

序号	能力	课程名称	序号	能力	课程名称
53	演示能力	做好演示评价	60	基本商务能力	写好商务邮件，关键"五"个心
54	个人目标管理能力	制定职业规划目标	61		20分钟，学会商务PPT
55		制定职业目标实施方案	62	职场职业化素养	职业化素养——敬业精神
56	突发事件处理能力	预防突发事件	63		职业化素养——做事之道
57		处理突发事件	64		职场情绪管理系列课程
58	基本商务能力	开好一次会议	65		职场时间管理系列课程
59		20分钟，学会结构思维方法	66		职场轻淑女/轻绅士礼仪规范
			67		职场逆境中的个人成长(I)
			68		职场逆境中的个人成长(II)

第三节　培训项目实施

培训部依据公司的业务战略、岗位任职要求和员工职业发展等方面的需求，制定年度培训计划，指导培训实施。培训分为公司级培训、部门级培训。公司级培训由培训部主导，部门级培训由各部门主导，培训部给予支持、协助、监督及管控。2016年康力学院建立之后，培训依托康力学院开展。

培训项目根据员工职业发展阶段，如新员工、在职员工、潜力骨干员工等确定，培训类别针对公司业务和管理各个岗位，包括技术、业务、专业职能、操作、管理和领导力6个模块。

培训包括课堂授课、视频观看、移动学习、技能实操、竞赛、参观、座谈会、工作坊、沙盘模拟、师带徒等各种形式。

一、新员工入职培训

（一）常规新人培训

2011年开始，培训部按照标准新员工入职培训课程，按规定的时间对新员工进行系统的入职培训，每次安排1天时间。2013年11月，增加新员工职业素养课程，培训时长由原来的1天延长至1.5天。2014年9月，又新增电扶梯基础知识培训课程，培训时长延长至2天。

2017年，因公司引入移动学习方式，为提高新人培训效率，两天的面授课程变更为一天移动线上学习，一天线下学习。线上课程包括公司简介、规章制度及电扶梯基础知识等，职业素养及安全培训依然在线下进行。

表16-7　　　　　　　　　2012—2018年常规新员工入职培训统计表

年份	总部及总公司			分公司
	场次	参训人次	每场培训时数	
2012年	11	142	7小时	
2013年	11	248	11小时	
2014年	12	318	15小时	
2015年	10	247	15小时	
2016年	8	92	15小时	234

第十六章 教育与培训

(续表)

年份	总部及总公司			分公司
	场次	参训人次	每场培训时数	
2017年	9	116	14.5小时	302
2018年	6	84	14.5小时	212

2013年开始，公司在新员工入职半年后，组织一场董事长授课专场，由董事长亲自给员工讲解公司的企业文化、发展历程和前景，对新员工提出要求和希望，提高新员工归属感，共有858名新员工聆听董事长授课。

(二) 大学生"启航"入职培训

每年7月，是公司招聘的大学毕业生集中入职的时间，培训部针对这部分没有任何职场工作经验的新员工，会增加入职培训的内容和时间。

2012—2013年，对大学生进行3天入职培训。

2014年开始，培训部专门开发"大学生启航"入职培训标准课程体系，依据人数和岗位的不同，组织为期1~3个月的系统入职培训。

"启航"入职培训，纳入全面系统的岗位技能和知识，同时包括大学生团队建设、职业素养类课程、公司制度文化、产品知识、工厂车间实习课程、电扶梯拆装实训课程及精益项目改善等活动以及岗位行动学习等，从而全面提高新入职大学生快速融入企业的能力。

表16-8　　　　　　　　2012—2018年大学生入职培训情况统计表

年份	培训周期	参训人数
2012年	3天	51
2013年	3天	49
2014年	3个月	83
2015年	3个月	59
2017年	1个月	33
2018年	2个月	57
合计		332

二、专业培训班(系统培训课程)

为系统地提高各岗位员工能力水平，公司定期举办各类系统培训班。

表16-9　　　　　　　　历年各类系统培训班一览表

系统培训班名称	年份	实施情况
工程技术培训班	2005年	参加培训的学员12人，培训由公司安装部主办，技术部、电控部技术人员任辅导老师，培训内容为电梯机械电气、安装调试等技术。通过培训，学员系统掌握电梯电机调试技术，进一步掌握公司产品的性能
计算机应用能力系统培训	2010年	对中高层管理人员的基本计算机应用能力的培训，4月开始，8月结束

(续表)

系统培训班名称	年份	实施情况
"千名经理人"系统管理培训课程	2013年	课程内容包括卓越领导力、出色管理者、战略性企业规划、财务管理、销售管理、生产管理、质量管理、安全管理、研发项目管理等12门课程,共30位公司中、高管参加培训
战略人力资源系统研修班	2014年	每月1天课程,持续半年时间。集团人事工作人员45人参加研修培训,更系统地掌握人力资源六大模块专业知识
"生产精英"系统研修班	2014年	车间主任、生产管理、工艺部等41人参加,课程包括优秀班组长培训、精益生产管理、生产线精益布局、TQM全面质量管理、精益推进力、5S及可视化管理及产线员工留任技巧共8门课程
精益生产培训班	2014年	课程内容包括产线布局、标准化、物流、设备维护、班组管理、生产计划与物料控制、现场品质管理、精益人才育成、精益经营与KPI落地、精益推进力共10门精益课程,共16位生产管理人员参加培训
工程"雏鹰"实训班	2014—2018年	针对全国各地入职3个月以内的工程新人。共举办20期,每期1个月,共培训526人
工程维保人员岗位技能培训班	2014—2017年	2014—2017年,针对各大区在职工程人员共举行58场培训,共2 148人次参加培训
安全生产培训班	2014—2018年	每月持续开课,每年开课次数在8~10次
内部讲师培训	2015—2018年	内部讲师培训,课程包括课程设计与开发、课程呈现技巧及培训师促动技术等课程
EOS工程物联网系统培训	2015年	针对分公司/服务中心相关人员,培训18场次,302人参训
中层管理人员系统培训班	2016—2017年	56名中层骨干干部参加,学期一年两个月(2016年6月—2017年8月),共学习25门课程、6本书籍,48名学员顺利结业
分公司总经理培训班	2016—2018年	利用总部召开季度营销会议的时机,将全国各驻外分公司负责人集中起来进行系统培训
传统文化与现代企业管理培训班	2016年	外聘讲师,讲解《传统文化与现代企业管理》课程,共进行7场次课程,1 737人参加
全员读书活动	2016年	以部门为单位,每天早上花10~30分钟时间阅读并分享读后感
营销中心"以考代练"项目	2016年	针对各岗位人员岗位职责和基本技能,进行在线考试
高管秘书及接待礼仪系统培训	2016年	外聘资深讲师,针对集团各高管秘书、前台接待,共42人参加
系列财务培训班	2016—2018年	每年40天次,包括财务、税务及审计方面的外训课程
公司整机业务流程系列课程	2017年	内部开发课程,包括业务流程概述、电梯销售流程、合同执行及电扶梯技术开发、项目处理流程、策略采购、供应商选择流程及电扶梯制造流程、电扶梯质量检验流程、工程安装、质检、调试及维保流程课程。共举办6场次培训,参加人员360人次
电扶梯产品土建图绘制	2017年	举办3次系统课程
机械识图培训	2017年	举办3次系统课程
周末职场训练营	2017—2018年	隔周六举行,课程内容包括职业素养、办公技能及整机业务流程等,授课讲师均为内部讲师。2017年,共进行14场次,参加人员397人次;2018年,举办各类职业素养课程6场次,383人次参加
"项目经理"系统培训班	2018年	内部开发课程,由在线课程和课堂授课两部分组成,内容包括:电扶梯专业知识及通用项目管理等课程。轨道交通项目工程及各地分公司共34名项目经理参加培训

三、单项培训课程

除新人培训、各类系统培训、外派培训、外请讲师培训、内外部竞赛、取证培训及技能鉴定的课程外，公司每年还进行大量的专项内训课程。课程包括通用职业素养、通用知识技能、公司知识、管理知识以及业务和专业知识等。业务和专业知识又包括市场及营销类、产品与技术类、生产及质量类、安全与环境类、工程类、人力资源类、财务与审计类、信息管理类、内部讲师及课程开发类、采购及供应商管理类、行政管理类等。

表 16-10　　　　　　　　　　　历年公司级专项培训课程统计表

年　份	场　次	时　数	人　次
2010 年	35	264	2 156
2011 年	60	689	3 758
2012 年	39	288	2 546
2013 年	56	631	3 087
2014 年	79	1 930	4 290
2015 年	115	3 628	6 336
2016 年	102	3 403	5 756
2017 年	88	3 521	4 342
2018 年	40	863	1 714
总　计	614	15 217	33 985

四、职业技能竞赛

2012 年起，公司每年举办一系列职业技能竞赛，包括焊接作业技能竞赛、叉车作业技能竞赛、行车作业技能竞赛、钳工基本功技能竞赛以及办公技能类竞赛，如 Excel 及 PPT 制作竞赛、CAD 绘图竞赛，还有知识类竞赛如电梯国家标准知识竞赛等。每次竞赛都包括理论和实操两部分，且在竞赛前，还会安排培训课程。

2012—2018 年，共组织内部各类竞赛 25 场，参赛人员 851 名。除公司内部组织各类竞赛外，公司还推荐职工参加省、区、市各项外部竞赛。

表 16-11　　　　　　　　　　　2012—2018 年内部竞赛及获奖一览表

年　份	竞 赛 名 称	参赛人数	主要获奖情况
2012 年	首届焊接作业技能竞赛	32	个人冠军：张建兵（康力扶梯事业部）； 团体冠军：新达扶梯事业部
	首届叉车作业技能竞赛	18	冠军：王草（康力电梯发运中心）
2013 年	第二届焊接作业技能竞赛	32	个人冠军：蔡洁（康力扶梯事业部）； 团体冠军：康力扶梯事业部
	第二届叉车作业技能竞赛	18	冠军：王草（康力电梯物流中心）
	PPT 制作大赛	25	冠军：戴娟（苏州新达电扶梯部件有限公司）

(续表)

年份	竞赛名称	参赛人数	主要获奖情况
2014年	首届行车作业技能竞赛	51	个人冠军：连春风（新达电梯车间）； 团体冠军：康力桁架车间
	Excel操作技能大赛	33	冠军：钱晓峰（电梯事业部）
	第三届焊接作业技能竞赛	39	个人冠军：贾吉勇（新达桁架车间）； 团队冠军：新达桁架车间
	第二届叉车作业技能竞赛	18	冠军：王草（康力电梯物流中心）
2015年	第三届叉车作业技能竞赛	23	冠军：王刘刚（康力电梯物流中心）
	第二届行车作业技能竞赛	42	个人冠军：潘春杰（康力扶梯物流中心）； 团体冠军：康力扶梯物流中心代表队
	第一届电梯国家标准知识竞赛	78	冠军：张建祥、王聪敏、周彧（电梯项目技术部2队）
	第四届焊接作业技能竞赛	31	冠军：陈平（新达扶梯桁架车间）
	首届CAD绘图竞赛	43	冠军：王艳青（电梯技术开发部）
	第一届电梯安装维修工技能竞赛	59	个人冠军：屈力远（湖北分公司）； 团体冠军：郭岩、李波（苏州分公司）
2016年	第三届行车作业技能竞赛	45	个人冠军：潘春杰（康力扶梯物流中心）； 团体冠军：康力扶梯物流中心代表队
	第四届叉车作业技能竞赛	18	冠军：包晓东（新达扶梯-驱动/曳引机车间）
	第二届Excel操作技能竞赛	27	冠军：干晓军（质量保证部）
	第五届焊接作业技能竞赛	53	最佳气保焊能手一等奖：张建兵（桁架车间） "最佳电弧焊能手"奖：潘新
2017年	第五届叉车作业技能竞赛	21	冠军：王草（电梯物流中心）
	第二届CAD绘图竞赛	40	冠军：朱鸿涛（电梯项目技术部）
	第六届焊接作业技能竞赛	35	个人冠军：马喜（康力桁架车间）； 团体冠军：康力扶梯事业部
	全国首届电梯安装维修工竞赛康力预赛	22	个人一等奖：干旻旭（吴江分公司）； 团体一等奖：干旻旭、周建军（工程中心一队）
	首届钳工基本功技能竞赛	24	个人冠军：连跃华（新达金加工车间）； 团体冠军：奔一机电代表队
2018年	第六届叉车作业技能竞赛	24	冠军：吴青刚（电梯物流中心）
合计		851	

表16-12　　　　　　　　　　　　　2012—2018外部竞赛一览表

年份	竞赛名称	所获荣誉
2012年	吴江职工十大工种职业技能竞赛——CAD	吴事锦获三等奖
	苏州市住房公积金经办人员知识竞赛	袁晓琴、包万平、沈倍倍获团体三等奖
2013年	汾湖高新区叉车技能竞赛	王草获一等奖
2014年	全国电梯维修工技能竞赛	张雪勇（工程部）获三等奖

(续表)

年 份	竞 赛 名 称	所 获 荣 誉
2014年	汾湖人事局CAD竞赛	殷荣振(工艺部)及凌扬(营业技术部)获三等奖
	吴江"技能状元竞赛"——维修电工	孙康(电梯设备部)获维修电工三等奖
	汾湖高新区示范党课评比	杨玉敏(培训部)获第一名
2015年	全国首届电梯安装工技能竞赛	周建军(工程部)获个人一等奖； 周建军、沈爱林、孟庆刚(工程部)获团队二等奖； 滕伟、林建、王全(重庆分公司)获团队三等奖
	总工会竞赛：电梯维修工技能竞赛	干旻旭(吴江分公司)、陶羊彬(工程部)获一等奖； 陈志刚(工程部)、干永健(吴江分公司)获二等奖； 姚冬健(工程部)获三等奖
	人社局维修电工技能状元比赛	孙康(电梯事业部)获二等奖；任苏敏(新里程)获优秀奖
	吴江总工会电焊工竞赛	张建兵(扶梯事业部)获三等奖
	汾湖高新区示范党课评比	杨玉敏(培训部)获第一名
2016年	第二届全国电梯维修工技能竞赛	干旻旭(苏州分公司)获个人理论单项一等奖、个人优胜一等奖、操作技能能手称号；郭岩(苏州分公司)获得个人优胜二等奖；苏州分公司代表队获得团体优胜一等奖； 屈力远、廖树明(湖北分公司)分别获得个人优胜三等奖；湖北分公司代表队获得团体优胜二等奖；王东升获得"金牌导师"的称号
	吴江区技能状元人力资源管理师竞赛	冯梅获优秀奖
2017年	全国首届电梯安装维修工总决赛	竞赛团体优胜一、二、三等奖；优秀操作技术团队(维修)优秀操作技术团队(安装)获"最佳组织奖"； 干旻旭获模块个人一等奖及综合一等奖、"全国技术能手"称号、"全国五一劳动奖章"提名；周建军获电梯维修组竞赛二等奖；刘文涛、吴延康获电梯安装组竞赛二等奖；王新新、刘亚飞获自动扶梯维修组竞赛三等奖；孙士全获电梯安装组竞赛三等奖
	吴江状元技能竞赛——人力资源管理师	陶春丽获优秀奖
	吴江状元技能竞赛——安装维修工	孟庆刚获一等奖，获"技能状元"称号
2018年	汾湖高新区电焊工技能竞赛	孙健康获一等奖；徐曙光、朱青松获二等奖；蔡洁、肖红获三等奖
	"e电梯杯"苏州市电梯安装维修工技能竞赛	获团体第一名和团体优胜奖；李荣方获个人一等奖；时进获个人二等奖；任龙云获个人优秀奖
	吴江区"帝奥杯"首届跨省边际电梯维修工技能大赛	时进、任龙云获团体二等奖
	汾湖高新区示范党课评比	邱怡静(培训部)获二等奖

五、特种作业及特殊岗位持证上岗培训及资格考试

作为特种设备行业，公司每年组织员工进行上岗证及各类资格取证。特种设备作业人员上岗证有电梯安装维修(机械)、电梯安装维修(电气)资格证。特种岗位人员上岗证包括熔化焊接与热切割作业、叉车驾驶、观光车驾驶、低压/高压电工等资格证。2012—2018年，均能确保员工持证上岗。

表 16-13　　历年上岗证新取证情况统计

上岗证名称	2012年	2013年	2014年	2015年	2016年	2017年	2018年
电梯安装维修	129	42	36	24	45	54	30
叉车驾驶		7	6		1		
焊接		0	46	11	1	1	5
低压/高压电工		1	0		2		
观光车驾驶		5	0			1	
起重机械	152	52	40	2014年起取消持证上岗规定，后续相关作业人员不必考取上岗证			
总　计	281	107	128	35	49	56	35

表 16-14　　其他资格证书取证情况

证 书 名 称	2012年	2013年	2014年	2015年	2016年	2017年	2018年
电梯检验员	24	17					
电梯质检员		21	11	64	24		
电梯管理员	2						
测量管理体系内审员	3						
董事会秘书资格		1					
危险化学品管理		1					1
电梯安装维修工考评员			9				
电梯安全员			38	65	27		
计量检定员				2			
工厂产品质检员				6			
测量管理体系内审员							3
无损检测-超声探伤			1				
总　计	29	40	59	137	51	0	4

六、职业技能培训和等级鉴定

公司积极组织操作岗位员工的职业技能培训，并且充分利用当地政府和行业资源组织进行职业技能等级鉴定。2011年，公司建立的电梯维保实训室被机械工业职业技能鉴定指导中心评为"机械行业职业技能鉴定电梯吴江点"，聘任通用工种考评员9人。

2013年12月，康力电梯股份有限公司"王东升技能大师工作室"成立，培养出中级工177人、高级工89人、技师10人、高级技师5人。

表 16-15　　历年技能等级晋升人数

取证年份	高级技师	技　师	高级工	中级工	初级工	总　计
2001—2010年			7	12	7	26
2011年	3	1	50	93	24	171

(续表)

取证年份	高级技师	技 师	高级工	中级工	初级工	总 计
2012 年		2	14	18	5	39
2013 年		2	9	7	1	19
2014 年		5	57	6	1	69
2015 年	1	3	6	9	2	21
2016 年		2	9	16	1	28
2017 年	1	24	41	5		71
2018 年		2	5	1	33	41
总 计	5	41	198	167	74	485

七、对客户及合作方的培训

康力学院为各电梯零部件供应商、代理商、项目用户等提供专业实训。2016 年以前,此部分由业务部门直接负责,培训部门未进行统计。2016 年开始,针对客户的相关培训由培训部门组织安排并进行实施。

表 16-16　　　　　　　　　　2016—2018 年客户培训情况统计

年 份	培训对象	课 程	参训人次	时数(小时)
2016 年	西南区域代理商	西南区域工程培训	25	7
	西北区域代理商	西北区域工程培训	24	7
	马来西亚代理商	代理商系统培训	6	14
	常熟理工学院大学生	电梯安装实操培训	37	88
	苏州地铁 2 号线延伸线用户	项目业主培训	5	19
2017 年	韩国代理商	扶梯安装维保培训	17	12
	电扶梯厂家人员	电扶梯厂家培训	59	11
	长沙轨道 1 号线用户	项目使用用户知识	39	20
	深圳龙华有轨电车用户	项目使用用户知识	10	13
2018 年	天门山项目用户	用户使用知识培训	6	37
	长春地铁项目用户	用户使用知识培训	13	52
	长沙轨道交通 4 号线项目用户	用户使用知识培训	14	40
	苏州轨道交通 3 号线用户	用户"扶梯工程系统"培训	24	6
	甘肃代理商	整机装配、调试及故障维保培训	2	24
	南通服务中心代理商	电梯调试及售后维保培训	6	28
总 计			287	378

八、历年培训实施总体数据汇总

表 16-17　　2010—2018 年公司级培训场次、人次、时数统计

年　度	培训场次	单次培训时数累计（小时）	培训人次
2010 年	132	720	533
2011 年	234	2 456	931
2012 年	107	670	5 074
2013 年	130	1 395	4 889
2014 年	229	4 640	8 119
2015 年	304	8 659	7 844
2016 年	227	6 698	8 855
2017 年	333	2 465	10 332
2018 年	212	2 398	5 314
合　计	1 908	30 101	51 891

表 16-18　　2014—2018 年部门级培训场次、人次、时数统计

年　度	培训场次	单次培训时数累计小时	培训人次
2014 年	454	1 164	6 427
2015 年	581	1 165.5	9 003
2016 年	386	752	5 666
2017 年	457	1 025	6 758
2018 年	483	1 177	8 030
合　计	2 361	5 283.5	35 884

第四节　知识管理和分享

自 2012 年，培训部基于课程体系建设，不断组织各岗位员工，特别是内部讲师，进行岗位知识和经验萃取，将优秀骨干员工在工作中积累的知识、经验和技能，形成标准课件，并利用内部培训进行传授。

公司通过 OA 信息平台、邮件、内部期刊、微信公众号、车间看板等形式定期组织知识共享。

2014 年 2 月，培训部创编"康力知识乐园"电子刊物，内容涉及管理理念、职业素养、业务流程、专业知识、安全健康、制度学习、哲理故事等。每 1~2 月一期，截至 2017 年，共刊出 38 期。

2016 年 7 月，注册公众号"康力 HR"，2018 年 11 月，公众号更名为"康力学习与分享"，平台主要致力于为广大员工分享与电梯、管理、职场、质量等相关的各类文化知识及最新的行业热点资讯，公众号粉丝超过 3 000 人。

第十七章 信息管理

第一节　信息管理机构

1997—2004年,信息化管理整体薄弱,工作电脑、网络和信息系统都没有普及使用。随着业务的发展,2004年6月,公司安排专人负责信息化工作,初始阶段只有1人,未设立和挂靠部门,岗位为网络管理员,主要从事网络管理、电脑软硬件维护、外设维护、信息安全、机房运维等工作。2007年,信息化工作职能划入人事行政部,网络管理员岗位人员增加至3人。2008年,行政部成立行政四科,主要负责信息化管理工作,人员增加至5人。

2009年1月,康力电梯股份有限公司设信息管理部,人员增加至14人,由公司管理副总监朱玲花兼任信息管理部部长。2011年,信息管理部由信息管理副总监陈振华负责。2012年起,信息管理部更名为信息管理中心,人员增加至18人,由信息管理总监陈振华负责。2016年部门更名为信息中心,下属职能开始健全,2018年,信息中心下设IT基础管理部、IT项目管理部、IT软件开发部,人员增加至25人。

信息中心IT基础管理部负责公司信息化规划、部署和落实,实时监控公司信息化日常运行。电脑组和网络架构组分别由部长助理主管。电脑组主管会议电话及电话系统、电脑桌面支持、集团信息IT类资产管理;网络架构组主管服务器日常管理、员工AD用户身份管理、邮件管理、系统备份、视频监控、网络架构及信息安全管理、弱电项目建设维护以及机房管理等。

信息中心IT项目管理部负责公司信息化规划、部署和落实,实时监控和维护公司信息化系统的日常运行,设财务业务组、销售及工程业务组、生产业务组、OA系统运维组,主要负责集团信息系统实施推进、运营支持和软件开发等工作;推行公司信息化流程优化和管理优化,支持公司管理改进;在公司范围内推行信息化思想,推行信息化系统建设。

信息中心IT软件开发部负责管理ABAP4开发和Java开发,负责维护和完善软件开发规则的规范化、开发需求的分析与沟通、开发项目和开发资源管理、软件开发测试等工作,主管软件架构设计、系统集成整合、软件平台整合(设计、开发、使用)与日常管理。

信息中心直接负责母公司及各分子公司的信息化垂直管理,同时还负责集团信息管理工作的统筹规划和业务管理。大型的本地子公司(如新达)和大型的异地子公司(如中山工厂和成都工厂)设立本地信息管理部,信息中心对子公司信息管理部有直属业务管理权以及服务支持职责,其他子公司和分公司信息管理相关业务,由信息中心直接支持和管理。

表17-1　　　　2009—2018年康力电梯股份有限公司信息管理部门及主要负责人

年　　度	岗位/部门	主　要　负　责　人
2004—2005年	专职网管员	网络管理员:干雄
2006—2008年	信息管理组(属人事行政部)	信息主管:干雄
2009—2010年	信息管理部	信息管理副总监兼信息管理部部长:朱玲花 副部长:干雄

(续表)

年　度	岗位/部门	主　要　负　责　人
2010年	信息管理部	信息管理副总监兼信息管理部部长：朱玲花 副部长：干雄
2011年	信息管理部	信息管理副总监：陈振华 副部长：干雄
2012年	信息管理中心	信息管理总监：陈振华 副部长：干雄
2013—2014年	信息管理中心	信息管理总监：陈振华 部长：干雄；副部长：褚康
2015—2016年	信息管理中心	信息管理总监：陈振华 IT基础管理部 高级部长：干雄 IT开发运维部 部长：褚康
2017年	信息中心	信息中心总经理：陈振华 IT基础管理部 高级部长：干雄 IT开发运维部 部长：褚康 IT规划部 部长：王涛济
2018年	信息中心	信息中心总经理：陈振华 IT基础管理部 高级部长：干雄 IT项目管理部 副部长：王涛济 IT软件开发部 助理部长：张琦

第二节　信息管理发展历程

公司成立至2004年前，信息工作非常薄弱，工作电脑没有普及，网络和信息系统都没有建设，业务和管理沟通基本依靠非信息化手段进行。2004年开始，随着公司业务不断发展和规模扩大，信息化建设起步，经历从无到有、从初级到高端、从单一到系统集成的发展过程。

一、起步期（1997—2006年）

2004年，公司开始普及工作用计算机，并建立局域网；是年6月，引入新中大财务管理软件。2006年，公司建立内部邮件系统。至此，公司具有基本的文件共享、工作沟通和业务结算信息化功能。

二、快速发展期（2007—2010年）

2007年10月，公司完成股份制改革，明确加强信息化建设的工作方向。2008年6月，公司着手引入世界最先进的企业资源管理软件SAP系统。公司成立以总工程师为项目经理、相关部门骨干参加的项目组，顺利完成系统建立。2009年2月，康力电梯母公司SAP系统成功上线运行，并达到良好的效果。

2009年1月，康力电梯母公司SAP系统成功上线之后，公司正式成立信息管理部，全面指导信息化系统的建设和维护管理。是年初，子公司新达和奔一SAP启动，并于5月成功上线。

2010年,康力SAP优化项目启动,对应收款管理、流程细节以及SAP运行效率进行优化。SAP系统的上线,是公司信息化建设重要的里程碑,不但提高了业务运行和管理的效率和水平,还提升了人员的信息化理念和能力。

三、集团集约期(2011—2014年)

2011年开始,公司信息管理部自主实施广东广都机电SAP项目,2011年7月,随着中山广都工厂的投产和新公司成立,SAP系统进行二次上线。2011年9月,公司启动集团自动化办公OA系统建设项目,该项目由信息管理副总监任项目经理,项目组成员包括各部门骨干。2011年11月,OA系统在集团范围内成功上线,实现了"工作电子化,流程标准化",提高了工作效率,带来了工作沟通的彻底变革。

伴随OA系统的建立,公司开始部署信息化建设规划,同时建立并加强信息管理的基础工作,截至2014年,康力电梯母公司业务机构及各分子公司信息化全覆盖基本完成,信息化的集团集约化管理得到实现,集团数字化进程全面开始。

四、深度融合期(2015—2018年)

2015年开始,基于信息化系统基础,根据业务部门需求反馈,以及业务信息化改善效益分析,信息管理中心与各机构和各分、子公司一起,进行两化深度融合,将原先的流程进行升级和改版,重新做数据和流程的融合、业务和财务的融合。通过深度融合,挖掘系统对业务改善的支撑价值。

截至2018年,公司在数字化转型的道路上,逐步培养出一支自己的信息管理专业队伍,为企业内部客户提供完善的信息化解决方案和运维服务,为企业外部客户提供产品智能化和服务智能化解决方案。

2018年,公司信息化建设取得多项荣誉:
(1) 当选2018年"江苏省工业互联网发展示范企业"。
(2) 当选2018年江苏省"四星级上云企业"。
(3) "EOS电梯工业互联网平台"入选"2018江苏省重点工业互联网平台""苏州市第一批工业互联网重点平台""G60科创走廊九城市第一批工业互联网平台目录"。
(4) 当选2018"江苏省工业互联网服务资源池-数据采集服务商"。
(5) 康力电梯门板智能制造车间和苏州新里程SMT智能车间当选"2018年江苏省示范智能车间"。

第三节　信息管理规划

2011年下半年,公司制定整体五年发展战略规划(2012—2016年),并将信息化战略列为五大发展战略之一。信息管理部据此制定康力电梯"一个中心、四个方向、两个基础"的五年信息化战略目标和方向,并开始按照计划、按照项目逐步实现。信息化战略将建立以ERP为中心,其他信息系统和自主研发为辅的信息系统架构,向四个维度纵深发展,着力发展两个基础建设(信息化人才基础建设和信息化硬件基础建设)。

2016年,结合公司新的五年战略规划的制定以及两化融合体系的建立,信息管理中心制定《康力电梯信息化五年战略规划(2016—2020)》,确定信息化战略目标。

第十七章 信息管理

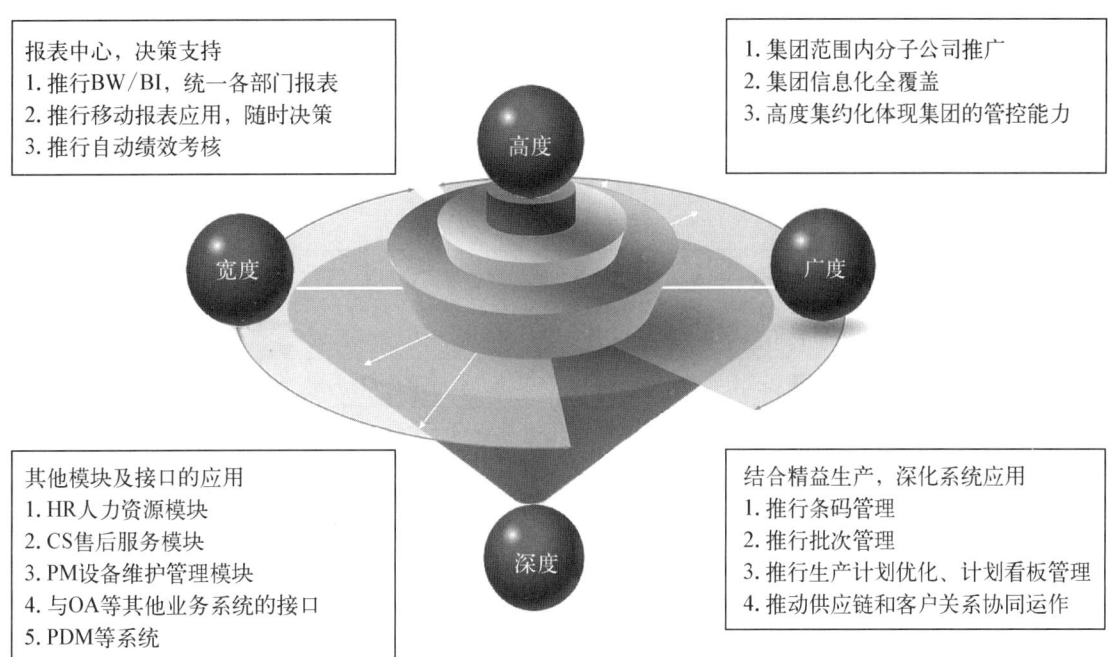

图 17-1 2012—2016 年康力电梯信息化战略目标和方向

一、实现四大战略目标

四大战略目标是提高效率、防范风险、快速响应、高效运作。

二、打造四大信息化核心能力

四大信息化核心能力是流程变革能力、IT 交付能力、运营维护能力、安全能力。

三、实现信息化三大战略转型

信息化三大战略转型是传统 IT 向互联网＋转型、IT 建设向 IT 运营和 IT 经营转型、业务 IT 向智能化转型。

四、战略措施

围绕战略目标和发展规划,公司制定了信息化发展的具体措施——"12345",即 1 个统一(统一的IT)、2 个整合(整合集团流程、整合集团数据)、3 个智能化(生产过程智能化、售后服务智能化、电梯产品智能化)、4 个移动化(营销移动化、工程安装移动化、维保移动化、车间物流移动化)、5 个协同(研发协同、供应链协同、客户关系协同、财务协同、质量协同)。

第四节　制度建设

2009 年,信息管理部依据公司要求,制定信息管理工作手册,明确职责、基本工作流程和标准。

2011—2012年,信息管理部系统地制定基本信息管理制度(共5个),对集团基本信息管理做出明确规定。

2016年,公司通过国家两化融合管理体系体系贯标评定。结合公司两化融合体系的建设,信息中心补充制定相关管理制度,并对原有制度进行系统修订和改版。

表17-2　　　　　　　　　　　　2018年信息管理制度文件清单

序号	文　件　名　称	文　件　编　号	生　效　日　期
1	计算机设备和器材管理规定	KL.C-IT01.V2	2016年6月1日
2	内部信息网络系统管理规定	KL.C-IT02.V2	2016年4月1日
3	SAP系统主数据维护管理规定	KL.C-IT03.V2	2016年6月1日
4	SAP运维管理规定	KL.C-IT04.V2	2016年4月1日
5	计算机机房管理规定	KL.C-IT05.V2	2016年6月1日
6	信息资源管理制度	KL.C-IT06.V1	2016年1月1日
7	信息安全管理制度	KL.C-IT07.V1	2016年1月1日
8	信息系统运行维护管理制度	KL.C-IT08.V1	2016年1月1日
9	数据开发利用管理制度	KL.C-IT09.V1	2016年1月1日
10	两化融合动态调整管理制度	KL.C-IT10.V2	2016年1月1日
11	两化融合监视和测量管理制度	KL.C-IT11.V1	2016年1月1日

第五节　网　络　建　设

一、网络和机房建设

2004年公司搬入联南路888号新厂区时,计算机在工作中逐步普及,公司建立局域网,开始建设OA系统、引入新中大SE财务软件等,由于基础比较薄弱,系统建立后,应用效果不理想。

2012年,康力电梯股份有限公司信息管理中心为机房建设制定《计算机机房管理规定》。该规定具备四个基本要素——结构、系统、服务、管理,并具备一个模块化的、灵活的、可靠性极高的布线网络,以连接话音、数据、图像及各种用于控制和管理的设备与装置。

2015年,公司新综合大楼建成,同时,集团数据中心机房建成,这是公司内部局域网里程碑式的升级。公司机房的主要组成部分是机房装饰具备专业门窗;配电系统具备供电、配电、照明等设施;空调新风系统在机房配备精密空调、新风换气系统;消防报警系统具备消防报警装置及手提式灭火器;防盗报警系统安装红外线报警设施;防雷接地系统具备保护电源防雷击、抗浪涌、电位连接、静电泄放、接地等设施;安防系统设置门卫,安装视频监控。

公司内部网络系统即公司内部的局域网络,分为办公内网和设备专网,采用物理隔离;外部网络系统主要是指通过VPN系统的核心端设备和网络防火墙,接入公司总部机房的全国各营销分公司、子公司网络系统。公司网络系统建立统一认证平台,通过电信和联通的百兆光纤,用双链路接入互联网,采用核心端双核心、会聚端双链接,令千兆到桌面。

公司网络系统主要有两条网络主干道,分布各厂区。网络采用万兆以太网技术和星型拓扑结构、防火墙隔离,支持现在和未来各种网络的应用。

截至2018年,公司建设的信息中心机房分为A、B、C三级：公司总机房为计算机A级机房,又称中心机房;大型驻外独立分支机构机房或公司生产基地备灾机房为计算机B级机房,又称灾备机房;小型异地分支机构机房或公司独立的区域和行政大楼机房为计算机C级机房,又称分机房。

二、服务器维护和管理

2015年1月,康力电梯股份有限公司总部机房(中心机房)投入使用,有38个标准服务器机柜、2台艾默生精密空调、2台艾默生环控报警器。

是年,公司A级机房有大量的服务器、监控录像机、网络设备、电话程控交换机;B级机房有少量的服务器、监控录像机、网络设备、电话程控交换机;C级机房无服务器,有网络设备、电话程控交换机。

2016年,公司信息中心的服务器管理,实行核心机房物理隔离,分中心机房、电池组和值班室,设备分区域摆放。核心机房全部采用防静电地板,占地面积211 m²,其中机房面积135 m²、电池组面积38 m²、值班室面积38 m²。具备供配电系统、不间断电源、联合接地子系统、浪涌防护子系统、专用机柜子系统、动力环境监测系统、综合管网子系统、温湿度管控等服务器系统。

截至2018年,相关工作人员定时巡检机房,A级机房每天一次,B级机房每周一次,C级机房每月两次(1号和15号);对服务器定时检查,查看是否需要安装补丁,杀毒软件的病毒库是否更新为最新版本,交换机、防火墙及接入设备的工作状态是否正常;遇到停电,及时关闭服务器和电源;定时备份重要数据,备份资料有安全设施,并进行必要的有效验证。机房安全使用,清洁卫生。机房人员对用电设施规范操作,发现隐患及时解决;按规则操作机房设备,不随意向外传播机房文档、数据等资料,防止遗失或泄漏;遇有紧急事故及时处理,避免或减小损失。

三、基础应用系统

2004年,公司总部及整机业务正式迁址到新建成的办公楼和生产工厂,开始普及计算机配置,建立内部局域网,基础应用系统建设起步。

2006年,公司开始建立邮件系统,采用华美科技的Winmail邮件系统。

2011年,由于公司不断发展,员工数量增加,原有的Winmail邮件系统架构无法支撑,信息管理部对康力邮件系统进行升级,采用微软公司的Exchange邮件系统,硬件方面采用双机热备的形式。相对于Winmail系统,新系统架构采用双机冗余,保障系统的高可用性、稳定性,系统的整体性能提高一个层级。

2012年,公司开始建立AD域系统、邮件服务器系统、文件服务器系统、一卡通系统、上网行为管理系统、无线系统管理、集团VPN管理系统等。

AD域系统实现员工账号集中式管理,管理员工的入职、变动、离职。用户登录需验证身份信息,为确保信息安全,需定期更改密码。

邮件服务器系统用于管理员工的邮件账号信息,负责员工正常邮件收发。

文件服务器系统由专门的计算机承载,实现文件数据共享。公司有3台文件服务器,对全网统一管理。

一卡通系统包含考勤、就餐、门禁、梯控等功能,形成综合安全管理系统。上网行为管理系统用于公司对管理员工上网的身份和建立上网行为日志查询,对上网行为进行统计分析,确保上网人员的合法性、接入企业网的合法性和安全性。

无线系统管理用于实现用户上网认证、管控用户权限、控制流量及审计上网行为。集团VPN管理系统与全国各地营销分公司、子公司对接，管理员管理员工访问权限，基础应用系统做好各类日常维护及管理工作。

四、远程会议系统

2009年，随着公司业务布局的延伸和各地分子公司的建立，为提高公司会议沟通效率，降低差旅成本，信息管理部开始实施并安排集团远程视频会议和电话会议，并逐渐完善。

2013年，公司在成都工厂、中山工厂和总部建立宝利通高清视频会议系统，系统主要用于日常的总经理办公会议或者业务沟通会议。是年，公司租赁WebEx网络视频会议平台，为各分公司提供业务培训和远程会议的低成本、高保障的会议支持。

2015年，公司引进全时电话会议系统，为分公司双周例会提供高保障的语音会议支持。

五、网络安全管理

2009年，公司为保障网络安全，建立信息安全措施，在网络的入口处使用防火墙，以防止外部信息攻击。是年，公司使用KOTA加密软件，加密公司的重要图纸等资料，确保网络安全。

2010年12月，公司使用赛门铁克杀毒软件，全面保障公司电脑安全。

2012年，信息管理部建立集团人事编码规则，统一集团内人事编号管理，为集团内人事信息的追索提供良好的制度保障，为信息化系统进行统一的身份认证和权限管理提供保障。

2012年，信息管理部依业务发展统筹规划，将标准化的信息资源（人、财、物、产、供、销）结合IT项目，组织相关部门确定编码规则和主数据管理流程，并按其实施信息管理。

2013年，信息管理中心建设信息系统集中存储，并定期进行数据备份，避免数据因故障而丢失。

2014年9月，公司使用赛门铁克SMG邮件网关，并使用赛门铁克备份机备份服务器信息，管控公司往来邮件。

2018年，信息中心引入EMC总和备份系统，提高保护信息数据的能力。是年，信息中心在设备专网上设置监控、报警装置，对网络系统网络不通、连接故障、网卡故障、病毒故障等网络故障等进行及时预警、排查、消除、解决。

第六节　应用软件系统建设

一、ERP系统建设

2003年，公司引入新中大银色快车SE软件、新中大国际ERP/A3软件信息化管理软件，仅包括财务模块和库存模块。

2006年7月，公司将新中大SE财务系统升级成新中大A3 ERP系统，主要使用财务模块和库存模块。

2008年6月，公司引进德国SAP软件系统，实施ERP企业信息资源的系统化管理，信息化进入快速发展阶段。SAP包括SD、PP、MM、QM、FI、CO等6大模块，其中销售与客户信用（SD）模块从销售凭证源头（包括销售合同、销售订单、工程安装订单及运输状态等）开始，建立严格的客户信用等级管理，涉及产品参数定义、订单计划控制、订单交货及开票控制等功能。生产与计划管理（PP）模块管理与生产相关的计划数据(物料需求、工艺路线、工作中心等),管理企业的核心计划资源和生存过程。物料采购与仓储(MM)模块主要管理物料基础数据、采购价格管理、采购订单管理、批次管理及物料的仓储管理。质量管理(QM)模块管理物料的质量过程,包括IQC进料检、PQC过程检、FQC终检,从各检验指标的结果,分析产品的质量。财务会计(FI)模块也称外部会计,主要依据法律向企业外部人员公布各种报表信息(资产负债、损益、现金流量等),包括总账、应收、应付、资产、合并等子模块。成本管理(CO)模块也称管理会计,主要为满足企业内部各级管理人员需求,实现对企业内部经营状况的管理和监督。ERP系统从计划、采购、工程核算、技术数据、质量、仓储、营销、财务管控等方面全方位涵盖公司核心业务运作流程,SD、PP、MM等6大模块让公司信息化全面启航,进而实现公司内部信息化的协同管理,通过营销商机管理、供应商协同、质量协同以及工程售后服务信息化使客户拥有更好的交付和服务体验。

2009年2月,康力电梯母公司SAP系统成功上线运行。SAP系统使业务操作模式发生根本性变革,使各项业务运作专业化和标准化,管理效率明显提升、效果明显改善,例如,财务月末结账从原来的8天时间缩短到3~4小时。公司通过ERP的成功实施,提高了对客户的交付和服务能力,成为电梯行业ERP成功实施运行的典范。

2011年,信息管理部自主实施广东广都SAP项目。该项目从3月启动,6月初上线运行,8月初,由于广都机电迁址更名,又进行广州广都到中山广都的系统切换工作,二次上线SAP系统。这一项目完全依靠公司内部力量完成,标志着集团ERP推广和运维踏上一个新的台阶。

是年,信息管理部又在5个分公司成功上线ERP系统,并就系统操作和数据维护等进行培训。是年年底,公司一共有4家生产公司、12家销售分公司通过ERP系统实现集团集约化信息管理,快捷、高效、集中地反映业务数据。

2012年,信息管理中心实施新里程公司以及9家分公司的ERP系统上线,并推进多个SAP管理优化项目。

2013年,公司又有8家分子公司SAP系统成功上线。截至年底,集团内共有5家制造类公司、26家销售工程分公司,以及3家非制造类子公司成功上线SAP系统。

2014年,信息管理中心自主实施的成都康力SAP项目顺利上线,为成都工厂的标准生产和快速发展奠定基础。

2015年,公司对SAP服务器存储系统进行升级,使各分子公司SAP运行效率提升5~8倍,广泛提升用户体验和工作效率。

2016年,信息中心完成子公司瑞吉和法维莱的SAP系统建立,并成功上线运行。

2018年,公司新成立的子公司苏州电梯秀建立SAP系统。至此,集团公司所有业务单位全部运行SAP系统。

二、OA办公自动化系统建设

2011年9月,公司在集团范围内引入OA办公自动化系统,一场以"沟通的变革"为主题的信息化革新全面展开。11月25日,OA标准系统成功上线,有138个流程在系统中运行。截至12月底,流程共运行2 107次。OA系统的移动App审批同时上线,标志着康力电梯移动信息化的开始。OA系统的成功运行,实现了信息的集约化管理,集团范围内的数字化进程全面开始。

2012年,公司OA系统开发特定的流程和功能,应用范围广泛,运行平稳。截至12月底,集团范围内通过OA提交和审批流程达到8 234次,平均每天有329条流程被提交。

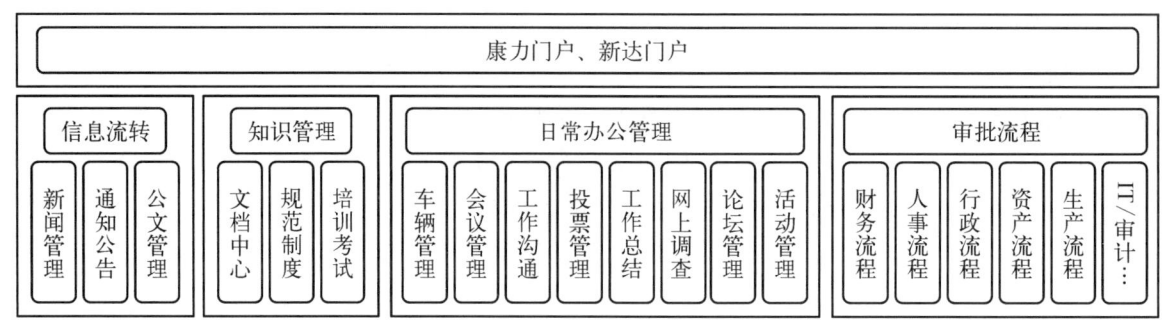

图 17-2 公司 OA 标准功能组成

2013 年,信息管理中心采取多项措施,推进和拓展 OA 系统应用。当年,系统运行的流程数量达到 90 090 条,12 月份单月突破 1 万条。

是年,信息管理部基于 OA 系统,开发了一些业务管理应用功能,例如 OA 报销和费用预算实时集成管控体系、预算管理系统以及质量成本统计报表等。

2015 年,公司全面推进 OA 流程移动审批,并且与微信绑定。移动化让工作变得更简单,显著提高了工作沟通效率、改善了工作效果。

2016 年,OA 门户数达到 13 个,对接其他系统接口数超过 10 个,用户 5 132 名,年度累计使用 OA 流程 16.6 万次,累计登录 237 万次。

三、营销及工程应用系统建设

2012 年,为配合公司全国范围内销售渠道和分公司建设,加强营销和工程业务的管理,信息管理中心开始建设销售售前报价系统、IS 工程安装管理系统以及合同应收款管理系统,并规划售后服务管理系统。

2013 年,IS 工程安装系统、SS 维保服务系统、销售报价系统、应收款管理系统和土建参数图系统五大营销系统的推行有实质性的突破。

是年,公司开发建立 400 呼叫中心系统,为产品售后服务提供保障,使售后服务部更好地做好售后服务工作。

是年,公司引入工程人员的 EOS(工程运营系统)手机操作 APP,并为工程人员免费配备手机。通过该系统,工程人员能够实时从调试和维保工地传递回来各种产品数据信息,并能在勘查现场时,利用手机及时反馈现场工程安装进度,通过 EOS 派单管理现场维保计划任务,通过手机现场注册电梯物联网信息,实时查看物联网信息,第一时间响应故障报警。

2014 年,公司对销售报价系统进行全面优化和改良,增设图形化的选配界面,改善应用效果。是年,工程 IS 安装管理系统全面使用,SS 维保系统在年底前得到大幅推进。经过 3 年多的建设,营销和工程信息化系统发展成售前、合同执行、工程管理、维保服务管理全业务生态链信息系统。

2015 年,公司推广自己开发研制的电梯物联网远程监控系统,将大数据、云计算、移动互联网和物联网技术应用到业务管理中,并在全国安装一定数量的电梯。根据各分公司工程反馈意见以及即将出台的国家电梯物联网标准,公司对物联网进行程序升级。作为物联网应用的先行者,公司成为中国移动在江苏省的第一批物联网卡的使用者。

2016 年,公司在前期营销系统的基础上,推动并建立移动营销 CRM(客户关系管理)系统,通过将项目分成 5 个阶段,对销售商机进行细化管理。CRM 的结果被作为销售预测输出到营销双周例会上,

CRM不仅仅是员工自助的项目管理工具,还是各管理层销售预测准确性的依据,是之后推出的营销报价、土建参数图等系统的源头。是年,公司与百度公司签约建立战略合作伙伴关系,借助"百度天工"建设物联网、大数据平台,推进物联网、云计算、大数据、人工智能等技术发展,使电梯预测性维保服务成为可能,提升公司电梯安装、维保服务的竞争力。

2017年,公司针对营销中心营业技术工作,建立土建在线制图系统,提升土建图制作标准化程度和效率。是年,公司启动建立应收款管理系统,帮助营销团队更好地管理应收款。

四、生产制造应用系统建设

2012—2013年,康力电梯母公司生产制造启动ITS物料条码系统建设,提高物料的管控能力和可追溯性。

2014年,公司在新里程电控车间、新达门机车间和康力门板装箱线逐步推行以车间看板、条码扫描为核心的车间信息化。是年,公司开发电梯关键部件维保信息一览系统,并在新里程使用。

2015年,公司在康力、新达和新里程生产制造领域建立自主开发的SCM(供应链管理平台)系统。供应商利用该系统可以实时查看、签收、打印自己的采购订单,在线打印送货条形码,在线浏览考评结果,在线接受2次交货计划等。借助此平台,可以将供应商信息融入公司,让供应商与康力的协同更加紧密,让按天交货甚至按小时交货成为可能,进而推进整体计划的响应能力。

2017年,公司对生产物料条码系统进行升级并全面推广使用。

2018年,QMS质量协同管理平台在康力和新里程两个公司上线,随后在新达和广东康力公司推广使用。QMS系统进一步规范公司的质量管理,加强质量体系化建设和供应商质量协同概念。

是年,结合"威猛线"门板职能车间的建设,公司建立MES生产执行管理系统,对车间生产过程信息化全面升级,推出过程管控和在线电子看板显示一体化解决方案,加强生产过程智能化和精益化管控。

五、其他主要管理应用系统建设

2015年4月,公司启动E-HR人力资源管理信息系统建设。

2016年6月E-HR系统正式上线运行,系统整合包括组织架构管理、人事档案管理、人才招聘管理、员工考勤管理、薪酬福利管理、培训发展管理等内容的几乎所有人力资源管理模块,在决策者、管理者和员工之间构建一个快捷、透明的互动信息沟通渠道。

2017年,公司启动财务共享中心建设,建立信息化的财务共享平台。

2018年,围绕财务共享平台,信息中心开发大量流程、单据处理程序和系统接口等,并重新调整优化公司的核心流程,报销、付款、财务资金管理得到充分的共享和集约。财务共享平台的启用,大大提高了财务服务的效率和能力。

是年3—7月,财务共享平台先后在集团各公司上线运行。

表17-3　　　　　　　　2003—2018年康力电梯股份有限公司主要信息化系统建设情况

年　份	信息系统名称	年　份	信息系统名称
2003年	新中大银色快车SE财务模块	2009年	康力SAP系统
2004年	新中大银色快车SE销售模块	2010年	子公司新达、奔一SAP系统
2005年	新中大国际ERP-A3_6.0	2011年	子公司中山广都SAP系统

(续表)

年 份	信息系统名称	年 份	信息系统名称
2011 年	OA 办公自动化系统	2016 年	子公司润吉、法维莱 SAP 系统
2012 年	子公司新里程 SAP 系统	2016 年	人力资源管理 E-HR 系统
2013 年	EOS 工程服务管理系统	2017 年	财务共享中心信息系统
2014 年	子公司成都康力 SAP 系统	2018 年	电梯秀 SAP 项目、康力智能车间项目
2014 年	电梯物联网 1.0		

第七节　系统应用开发

2009 年,信息管理部开始进行 SAP 系统二次应用开发工作,主要涉及 REPORT 报表、SMARTFORM 打印、RFC 接口、Enhancement 增强、ITS 网页、BW 数据仓库、BO 数据展现等信息工作。

REPORT 报表是运用软件 SAP,通过强大的二次开发语言 ABAP4,做一些应用开发和查询,制作一些特殊的报表,为公司做财务开票、收款、销售拆分等工作。

SMARTFORM 打印是选择必用的数据后,嵌入报表打印。RFC 接口用来对接公司 SAP 外围系统,主要对接 OA 系统、MES 生产执行管理系统、QMS 质量管理系统、SCM 供应商管理系统等系统。

Enhancement 增强使标准程序满足特定需求,以增强出口功能。ITS 网页直接生成网页代码,应用于公司车间条码扫描装箱。BW 数据仓库用于实现海量数据的抽取、转换。BO 数据展现通过图表将处理好的数据以合适的形式展示给客户。

2012 年,应用系统开发主要针对实现业务层、管理层、决策层三个层面的统一应用需求,利于企业内部从面向职能到面向流程的管理转变,利于提升公司运作机制和管理水平。

至 2018 年,公司信息中心系统开发中主要使用 Java 语言、ABAP4 语言、前端技术、数据库等技术,为销售、制造、供应链工程、采购、财务、人力资源等提供贴合业务价值的解决方案,使公司职员、供货商、客户以及合作伙伴得以非常方便地协同工作,提高工作效率。

第八节　信息设备及耗材管理

一、信息硬件设备和耗材管理

2007 年,公司建立基本的信息类资源管理制度,信息类硬件设备和耗材的管理,一直都严格执行公司基本的采购制度和流程,并按照公司固定资产相关制度进行登记和盘点。

2011 年 11 月 OA 系统上线之后,硬件采购、维修等都按照规定的流程和审批权限在 OA 系统中履行申请和批准程序。

2016 年,公司信息中心自主开发固定资产盘点系统,通过信息系统进行资产盘点操作,实现固定资产管理和盘点的信息化。

二、信息化建设投入

公司于 2010 年上市之后,非常重视信息化建设,不断增加信息化投入。截至 2018 年年底,集团 IT

第十七章 信息管理

表17-4 2002—2018年康力电梯集团信息化投入概览（按公司分）

单位：万元

公司\年份	2002年	2003年	2004年	2005年	2006年	2007年	2008年	2009年	2010年	2011年	2012年	2013年	2014年	2015年	2016年	2017年	2018年	合计
康力	2.12	1.77	21.22	117.72	58.26	113.69	318.87	175.07	406.63	402.46	449.18	219.77	393.41	390.23	151.42	274.94	343.42	3 840.17
新达	5.20	3.50	1.76	13.41	18.29	22.79	34.50	45.81	19.30	25.29	16.83	50.10	118.71	207.09	222.46	3.99	1.99	811.02
分公司	—	—	—	—	—	—	—	—	—	119.44	54.28	70.98	129.09	144.41	83.38	57.49	45.96	705.02
广东康力	—	—	—	—	2.27	7.92	—	1.38	5.20	60.60	9.81	13.46	66.50	69.80	25.98	8.15	2.87	273.93
成都康力	—	—	—	—	—	—	—	—	—	—	13.87	15.47	25.63	22.74	12.68	7.78	1.65	99.82
新里程	—	—	—	—	—	1.95	—	—	—	6.64	16.89	10.01	11.30	9.69	2.36	8.00	4.19	69.08
广东广都	—	—	—	—	—	—	—	0.69	2.17	4.82	3.26	2.77	3.96	2.59	8.00	5.09	0.34	35.64
粤立	—	1.16	2.14	0.41	0.58	5.33	0.31	0.22	0.59	0.38	4.34	8.86	—	1.63	6.46	2.07	0.32	34.78
乔一	—	—	—	—	7.32	1.64	1.60	0.17	—	5.47	2.00	2.00	2.39	3.17	0.47	4.76	1.50	32.49
法维莱	—	—	—	—	—	—	—	—	—	—	—	0.49	0.20	1.08	8.76	17.49	1.57	29.59
润吉	—	—	—	—	—	—	—	—	—	—	15.79	3.52	3.91	0.33	2.30	1.28	1.93	29.06
和为	—	—	—	—	—	—	—	—	—	—	—	9.80	0.88	11.17	2.32	0.91	—	25.09
幸福加梯	—	—	—	—	—	—	—	—	—	—	—	—	—	—	—	—	6.62	6.62
康力机器人	—	—	—	—	—	—	—	—	—	—	—	—	—	—	—	—	1.02	1.02
电梯秀	—	—	—	—	—	—	—	—	—	—	—	—	—	—	—	—	0.49	0.49
总计	7.32	6.43	25.12	131.54	86.72	153.32	355.28	223.34	433.89	625.09	586.25	407.23	755.99	863.92	526.57	391.94	413.88	5 993.83

表17-5 2002—2018年康力电梯集团信息化资本性投入概览（按类别分）

单位：万元

类型\年份	2002年	2003年	2004年	2005年	2006年	2007年	2008年	2009年	2010年	2011年	2012年	2013年	2014年	2015年	2016年	2017年	2018年	合计
电脑	6.30	4.50	17.81	32.87	50.87	78.03	102.64	71.83	83.27	219.25	177.92	179.76	222.67	232.43	129.84	92.69	85.86	1 788.54
弱电项目	—	—	—	30.72	11.30	15.47	—	58.28	18.41	53.00	153.24	35.38	141.31	235.41	205.82	4.87	87.88	1 051.09
软件license	—	—	—	11.97	—	—	113.08	53.40	59.92	32.50	171.89	21.75	155.56	93.59	37.19	7.69	123.94	882.48
软件开发购置	—	—	—	48.10	14.02	18.10	—	14.22	207.33	16.96	10.92	98.87	69.34	115.52	40.41	157.72	57.97	869.47
办公设备	1.02	1.93	7.31	7.44	9.60	20.03	33.63	24.15	35.70	86.12	53.55	58.20	80.30	96.23	72.30	41.79	30.74	660.04
服务器	—	—	—	0.44	0.93	18.48	102.77	0.13	23.65	166.74	1.88	1.73	20.32	67.48	41.00	84.16	27.48	557.20
机房	—	—	—	—	—	3.22	3.16	1.33	5.61	50.51	16.86	11.54	66.49	23.26	—	3.02	—	185.00
总计	7.32	6.43	25.12	131.54	86.72	153.33	355.28	223.34	433.89	625.08	586.26	407.23	755.99	863.92	526.56	391.94	413.88	5 993.83

资本性投入累计 5 993.93 万元。其中,电脑等设备硬件投入约占 30%,主要是人员引进和电脑新旧更替费用;弱电项目费用约占 18%,主要涉及公司基建、办公室搬迁等网络线路布置或更新;软件许可(License)费用约占 15%,主要是人员增加产生的正版软件的购置费用;其余为软件开发购置 14%、办公设备 11%、服务器 9%、机房 3%。

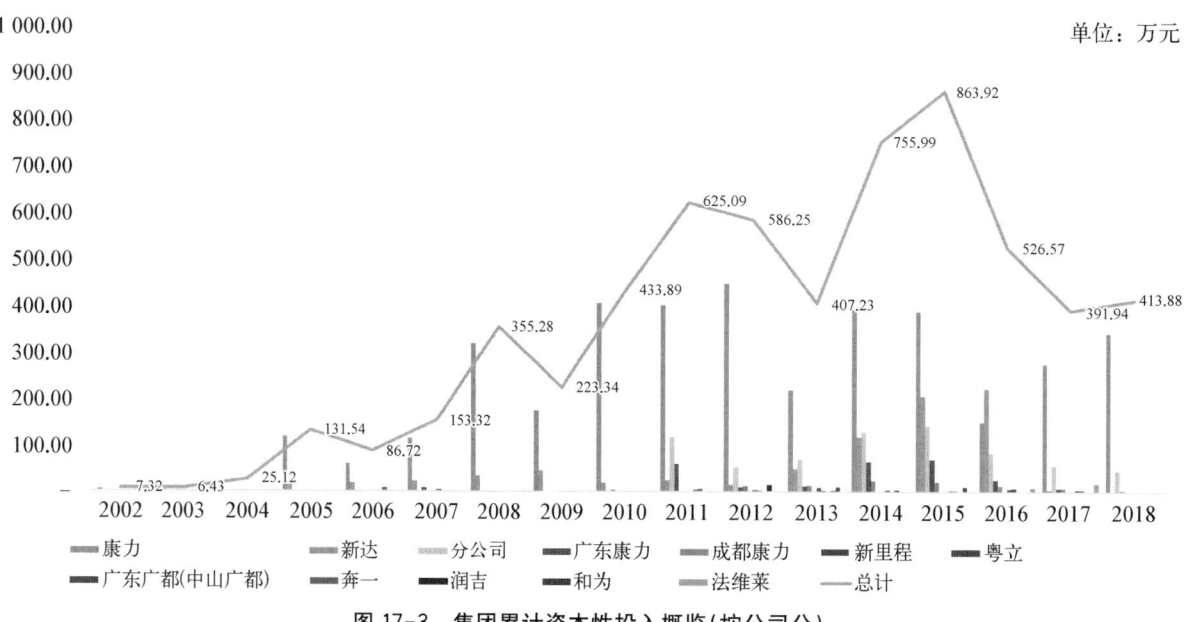

图 17-3 集团累计资本性投入概览(按公司分)

第十八章

资本运作

2005年年末,为适应公司未来发展目标,提升核心竞争力,打破高端电梯市场基本被外资品牌垄断的局面,保持公司产品在国内民族品牌中的领先地位,公司开始谋划成为中国电梯行业首家上市公司。

2007年10月22日,公司由康力集团有限公司整体变更设立为康力电梯股份有限公司。受美国雷曼兄弟破产、金融危机影响,中国证监会于2008年9月16日至2009年7月10日暂停IPO审核,并展开史上最严格的IPO公司财务大检查。公司最终于2009年12月4日通过中国证监会发审委审核。经证监许可〔2010〕187号文核准,2010年3月公司首次公开发行股票3 350万股,并于3月10日在深圳证券交易所中小企业板上市交易,证券代码002367。至此,公司正式成为中国电梯行业首家上市公司。

第一节 资本运作组织机构

2007年4月,公司开始进行股份制改革,成立证券部,负责人刘占涛。是年11月,证券部新增一名成员(陆玲燕)负责上市准备辅助工作。

2008—2010年,公司任命刘占涛为公司副总经理兼董事会秘书,负责证券部和董秘办工作,包括公司股东大会、董事会、监事会运行相关事宜和上市筹备工作等。

2011年,刘占涛任公司副总经理兼董事会秘书,陆玲燕任证券事务代表,俞浩任证券主管。他们主要负责处理公司和相关当事人与证券交易所及其他证券监管机构之间的沟通和联络;按照规定进行信息披露;按照法定程序筹备董事会会议和股东大会,例如准备和提交拟审议的董事会和股东大会的文件等工作。

2012年,刘占涛任公司副总经理、董事会秘书兼投资管理部部长,陆玲燕任董事会办公室副主任、公司证券事务代表,俞浩任证券部部长助理。

2013年,刘占涛任公司副总经理、董事会秘书兼投资管理部部长,陆玲燕任董事会办公室副主任、公司证券事务代表。

2014—2015年,刘占涛任公司副总经理、董事会秘书兼投资管理部部长,陆玲燕任董事会办公室主任、公司证券事务代表、证券部部长,证券部及董事会办公室有3人。

2016年1—9月,刘占涛任公司副总裁兼证券与战略投资部总经理,陆玲燕任董事会办公室主任、公司证券事务代表、证券部部长,俞浩任投资管理部部长。

2016年10月—2017年,吴贤任公司副总经理兼证券与战略投资部总经理,陆玲燕任董事会办公室主任、公司证券事务代表、证券部部长,俞浩任投资管理部部长。

2018年,吴贤任公司副总裁兼证券与战略投资部总经理,陆玲燕任董事会办公室主任、公司证券事务代表、证券部部长,俞浩任投资管理部部长。

表18-1 公司证券与战略投资部组织及主要负责人

年 份	机构/部门	主 要 负 责 人
2007年4月	证券部	证券部负责人:刘占涛 证券部成员:陆玲燕
2008—2010年	董事会办公室、证券部	公司副总经理兼董事会秘书:刘占涛 证券部成员:陆玲燕

(续表)

年份	机构/部门	主要负责人
2011年	董事会办公室、证券部	公司副总经理兼董事会秘书：刘占涛 证券事务代表：陆玲燕
2012年	董事会办公室、证券部、投资管理部	公司副总经理、董事会秘书兼投资管理部部长：刘占涛 董事会办公室副主任、公司证券事务代表：陆玲燕
2013年	董事会办公室、证券部、投资管理部	公司副总经理、董事会秘书兼投资管理部部长：刘占涛 董事会办公室副主任、公司证券事务代表：陆玲燕
2014—2015年	董事会办公室、证券部、投资管理部	公司副总经理、董事会秘书兼投资管理部部长：刘占涛 董事会办公室主任、公司证券事务代表、证券部部长：陆玲燕
2016年1—9月	证券与战略投资部	公司副总裁兼证券与战略投资部总经理：刘占涛 董事会办公室主任、公司证券事务代表、证券部部长：陆玲燕 投资管理部部长：俞浩
2016年10月—2017年	证券与战略投资部	公司副总经理兼证券与战略投资部总经理：吴贤 董事会办公室主任、公司证券事务代表、证券部部长：陆玲燕 投资管理部部长：俞浩
2018年	证券与战略投资部	公司副总裁兼证券与战略投资部总经理：吴贤 董事会办公室主任、公司证券事务代表、证券部部长：陆玲燕 投资管理部部长：俞浩

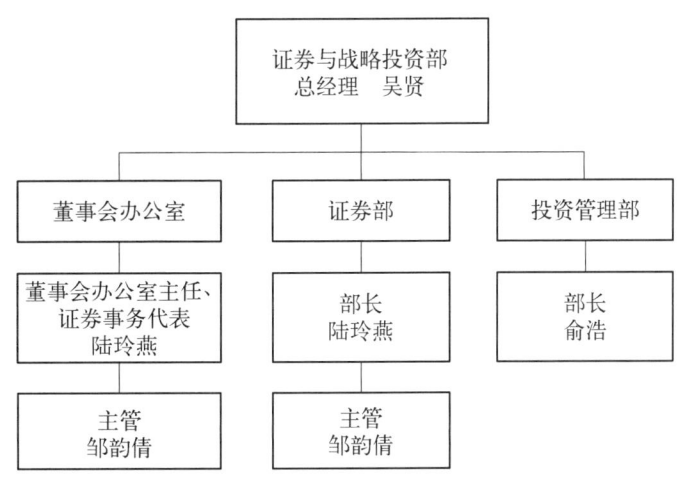

图18-1　2018年证券与战略投资部组织机构图

第二节　上市历程

一、股份制改革

2005年年末，公司开始谋划在国内A股市场上市，并与多家中介机构接触。

2006年2月，公司初步接受东吴证券有限责任公司（现更名为东吴证券股份有限公司）投资银行部全面尽职调查。

2007年年初，公司选聘刘占涛负责筹划公司上市工作，成立公司证券部。

2007年3月，公司正式选定东吴证券作为首发上市的财务顾问，选定江苏苏州新天伦律师事务所作为主办律师,选定江苏天衡会计师事务所作为审计事务所,设计公司股份制改造、上市方案。公司全面展开业务结构重组、股权结构重新设计,引进高管层持股、战略投资者持股制度,以优化业务架构、股权结构,使治理科学化和规范化。

公司按照整体上市、减少关联交易与同业竞争的原则拟定资产重组和改制方案,将与主营业务有关的业务全部重组进股份公司,包括增持苏州新达、奔一机电、广都配件、运输公司股权;对与主营业务关系不大或者没有实际业务的子公司进行转让或者注销,包括注销苏州康力电梯销售有限公司和苏州康力电梯安装有限公司,转让苏州康力房地产有限公司和苏州康力物业有限公司全部股权,转让嘉和别墅电梯公司,转让郑州康力、深圳康力两家代理商全部股权。

2007年9月,为进一步完善公司的法人治理结构、促进公司管理水平的提升和业务发展,公司原大股东决定转让部分股权引进新投资者。至此,公司上市前股东结构搭建完毕,公司实际控制人未发生变化。

2007年9月28日,公司股东大会通过关于将有限责任公司整体变更为股份有限公司的决议,同意将经审计的净资产按比例折合为股份有限公司的股份,每股面值1元,将该股份按照股东原占有限公司出资比例分配,净资产中多余部分划入公司资本公积。

2007年10月10日,公司在国家工商行政管理局获得《企业名称变更核准通知书》。10月16日,江苏天衡会计师事务所出具《审计报告》(天衡审字〔2007〕913号)。公司经审计的净资产为15 312.86万元,按1∶0.653的比例折为10 000万股,各发起人按原出资比例依法享有股份有限公司的股份,原公司的债权、债务由股份有限公司承继。10月20日,江苏天衡会计师事务所对股份变更进行验资,出具《验资报告》(天衡验字〔2007〕89号)。10月22日,康力电梯股份有限公司召开成立大会。

表18-2　　　　　　　　2007年整体变更后康力电梯股份有限公司股东持股情况表

股东名称	股份数额（万股）	股份比例（%）	股东名称	股份数额（万股）	股份比例（%）
王友林	6 539	65.39	朱美娟	155.75	1.56
尼盛国际	600	6	苏州博融	150	1.50
苏州伟晨	600	6	陈金云	65	0.65
苏高新风投	500	5	顾兴生	65	0.65
苏州国发	400	4	刘占涛	40	0.4
鑫汇安泰	400	4	沈舟群	17	0.17
海利众诚	280	2.80	朱瑞华	12	0.12
朱奎顺	164.25	1.64	张利春	12	0.12
合　计				10 000	100

二、上市过程

2007年10月,东吴证券向中国证监会江苏监管局报送公司相关上市辅导材料。公司于2007年10月22日进入辅导期。是年11月8日,公司纳入吴江市企业启动上市工作备案。

辅导工作为期3个月,通过中介机构的努力以及公司的配合,工作进展顺利,股份公司独立于控股股东,具有完整的供应、生产和销售系统;股份公司建立、健全符合上市公司要求的股东大会、董事会、监事会等组织结构,并实现规范运行,同时,建立、健全财务会计制度、内部控制制度,各项生效制度的运作和执行情况良好。通过辅导和规范,股份公司实现科学、规范、高效运作,现代企业制度基本完善,在各方面达到股票发行上市公司的要求。

2008年1月8日,东吴证券向中国证券监督管理委员会江苏监管局报送辅导工作总结材料。

2008年1月31日,公司正式向中国证监会递交首次公开发行股票并上市的申请文件,并于2008年2月18日取得中国证监会行政许可受理通知书(080183号)。

2008年3月7日,公司参加江苏省政府牵头召开的关于康力电梯上市项目的论证会,公司就康力电梯的发展情况及上市的想法向各主管部门进行汇报。

2008年5月18日,公司再次向中国证监会递交首次公开发行股票的申报材料(修订稿)。

2008年8月20日,公司向中国证监会递交关于《中国证监会行政许可项目审查反馈意见通知书080753号》的回复。

2008年9月17日,公司向中国证监会递交关于《中国证监会行政许可项目审查反馈意见通知书080753号》的补充回复。

2008年10月15日,公司就2008年三季报数据向中国证监会递交更新的发行申请材料。

2009年3月4日、4月20日,公司就2008年年报数据向中国证监会递交更新的发行申请材料。

2009年7月14日,公司就2009年半年报数据向中国证监会递交更新的发行申请材料。

2009年8月12日,公司获得江苏省国资委《关于同意康力电梯股份有限公司国有股转持的批复》(苏国资复〔2009〕60号)。

2009年11月30日,公司向中国证监会递交发行监管函〔2009〕200号的回复材料。

2009年11月24日、12月3日,公司向中国证监会递交上会前补充材料。

2009年12月4日,公司通过中国证监会发审委审核。

2009年12月7日,公司收到中国证监会证发反馈函〔2009〕201号,并于2009年12月11日进行回复。

2010年2月2日,公司向中国证监会递交首次公开发行股票发行方案。2月8日发行方案取得证监许可〔2010〕187号文核准。

2010年2月9日,公司向深圳证券交易所递交发行申请书,采用网下向股票配售对象询价配售与网上向社会公众投资者定价发行相结合的方式,向社会公开发行人民币普通股(A股)3 350万股,并于2月10日刊登招股意向书。

2010年2月23日—2010年2月25日,公司进入发行初步询价时期。公司采取一对多的推介方式分别在上海、深圳和北京三地与投资者交流,共有131家询价对象参与路演推介,其中基金公司46家、保险机构3家、证券公司70家、财务公司8家、信托公司4家。通过推介会,询价对象对公司的基本面有了更为深入的了解。最终确定公司发行价格为27.10元/股。

2月26日,公司刊登网上路演公告,3月1日刊登发行公告,3月4日刊登网下配售结果公告,3月5日发布网上中签率公告。

3月5日,江苏天衡会计师事务所出具天衡验字〔2010〕011号验资报告,主承销商东吴证券将募集资金汇入公司账户。

3月10日,公司在深圳证券交易所成功上市。上市当日上证综指收于3 013.41,较前一日下跌37.87个点,深证成指收于12 169.11,较前一日下跌198.58个点。公司上市首日开盘价34.05元,较发行价上涨25.65%;收盘价36.53元,较发行价上涨34.80%;最高价38.02元,较发行价上涨40.30%。

首日成交量216 275手,换手率为80.70%。

3月24日,公司办理工商变更登记手续,公司注册资金变更为13 350万元。

表18-3 2010年上市后康力电梯股份有限公司股东持股情况表

股东名称	股份数额（万股）	股份比例（％）	股东名称	股份数额（万股）	股份比例（％）
王友林	6 539	48.89	苏州博融	150	1.12
尼盛国际	600	4.49	陈金云	65	0.49
苏州伟晨	600	4.49	顾兴生	65	0.49
苏高新风投	165	1.24	刘占涛	40	0.29
苏州国发	400	3	沈舟群	17	0.13
鑫汇安泰	400	3	朱瑞华	12	0.09
海利众诚	280	2.2	张利春	12	0.09
朱奎顺	164.25	1.23	社保基金理事会	335	2.51
朱美娟	155.75	1.17	社会公众	3 350	25.08
合　计				13 350	100

三、上市后股本变化

2010年4月29日,康力电梯股份有限公司实施2009年度权益分配方案(以资本公积金每10股转增2股),公司总股本增加至16 020万股。

2011年3月30日,公司实施2010年度权益分配方案(以资本公积金每10股转增5股),公司总股本增加至24 030万股。

2011年9月19日,公司召开2011年度第三次临时股东大会,大会审议通过限制性股票激励计划。限制性股票的来源为公司向激励对象定向发行的公司人民币普通股(A股)股票。2011年9月26日,公司向172名激励对象授予限制性股票1 218万股。授予完成后,公司股本增加至25 248万股。

2012年3月28日,公司实施2011年度权益分配方案(以资本公积金每10股转增5股),公司总股本增加至37 872万股。

2012年8月17日,公司向52名激励对象授予预留限制性股票195万股。授予完成后,公司总股本增加至38 067万股。是年末,公司总股本无变化,仍为38 067万股。2011年11月10日—2012年11月9日,董事长王友林通过深圳证券交易所交易系统累计增持公司股份55.59万股。

2013年年末,公司总股本无变化,仍为38 067万股。是年,公司实施股份回购,全年累计回购股份1 106.318 8万股。

2014年1月7日,公司注销回购股份,公司总股本变更为36 960.681 2万股。

2014年3月31日,公司实施2013年度权益分配方案(以资本公积金每10股转增10股),以总股本36 960.681 2万股为基数,公司总股本增加至73 921.362 4万股。

2014年11月19日,公司对不符合股权激励条件的共计61.35万股限制性股票在中国证券登记结算有限责任公司深圳分公司办理回购注销手续,公司总股本变更为73 860.012 4万股。是年末,公司总股本无变化。

2015年,公司总股本无变化,年末总股本仍为73 860.012 4万股。董事长王友林于2015年通过深圳证券交易所证券交易系统以集中竞价方式增持公司股份60万股。

2016年,公司年初股份总数73 860.012 4万股。经中国证监会《关于核准康力电梯股份有限公司非公开发行股票的批复》(证监许可〔2016〕1046号)核准,公司向7名特定投资者授予非公开发行股份5 905.256 3万股,8月19日非公开发行股票上市,公司总股本变更为79 765.268 7万股。

2017—2018年,公司总股本无变化,为79 765.268 7万股。2018年末,董事长王友林持股35 859.130 6万股,占公司总股本44.96%;股东朱美娟持股1 728万股,占公司总股本2.17%;公司15名董事、监事和高级管理人员持股(含董事长王友林持股)36 446.670 6万股;康力电梯股份有限公司第一期员工持股计划持股3 008.428 6万股,占公司总股本的3.77%。

四、募集资金

2010年3月2日,康力电梯股份有限公司发行普通股(A股)3 350万股,每股面值1元,发行价格为每股27.1元,共募集资金90 785万元。扣除承销费和保荐费5 500万元后的募集资金为85 285万元,另减除审计费、律师费、信息披露费和发行登记费等其他发行费用614.15万元后,公司募集资金净额84 670.85万元。募集资金经江苏天衡会计师事务所验证,出具天衡验字〔2010〕011号《验资报告》。12月28日,根据财政部《关于执行企业会计准则的上市公司和非上市企业做好2010年年报工作的通知》的有关规定,公司将首次公开发行股票过程中产生的广告费、路演费、上市酒会费等费用404.03万元计入当期损益。

2011年2月21日,公司把首次公开发行股票过程中产生的广告费、路演费、上市酒会费等费用归还募集资金专储账户。

表18-4　　2010年IPO康力电梯股份有限公司募集资金投资情况表　　单位:万元

投资项目名称	募集资金金额	实际投资金额
中高速电梯柔性生产线项目	8 200	8 325.93
大高度、公交型扶梯生产线项目	6 520	6 808.31
建设国家级企业技术中心项目	3 200	3 306.97
电梯、扶梯关键部件生产线项目	2 980	3 091.33
控制系统生产线项目	3 700	3 714.32
建设营销服务网络项目	14 562	15 378.38
建设广东中山电扶梯配件项目	8 000	8 030.38
购置土地和建设新研发大楼	1 500	1 500
购置土地和新建供募投项目中门机及层门装置生产线项目使用的厂房	6 000	6 043.71
成都康力电梯有限公司项目	24 008.86	26 543.28
补充流动资金	6 000	6 000
合计	84 670.86	88 742.61

第三节 股权激励

2010年,康力电梯股份有限公司实施首次限制性股票激励计划,激励计划有效期为48个月,以定向发行新股的方式向公司董事(不包括独立董事)、高级管理人员及核心技术(业务)人员等骨干授予1 350万股限制性股票,其中首次授予1 218万股,拟预留132万股用于计划有效期内授予新进入的激励对象;并制订《康力电梯股份有限公司限制性股票激励计划实施考核办法》。激励计划经2011年9月1日公司第二届董事会第五次会议、2011年9月19日公司2011年度第三次临时股东大会审议通过,经中国证券监督管理委员会审核。

2011年9月26日,公司第二届董事会第六次会议审议确定公司限制性股票激励计划首期授予激励对象172人,股票1 218万股,价格每股10.34元。激励计划有效期为48个月。公司授予激励对象的限制性股票自授予之日起12个月为锁定期,锁定期后36个月为解锁期。解锁期内,在满足激励计划规定的解锁条件时,激励对象可分三次申请解锁,自授予之日起12个月后、24个月后、36个月后,分别申请解锁获授限制性股票总量的30%、30%、40%。

表18-5　　　　　　　　　　　　　　　首次限制性股票解锁条件

解锁安排	考核标准	解锁比例
首次限制性股票的第一个解锁期	2011年度扣除非经常性损益后归属于上市公司股东的净利润较2010年增长24.37%,即达到13 789.61万元;且2011年度扣除非经常性损益后全面摊薄的净资产收益率不低于10%	30%
首次限制性股票的第二个解锁期	2012年度扣除非经常性损益后归属于上市公司股东的净利润较2010年增长61.68%,即达到17 926.49万元;且2012年度扣除非经常性损益后全面摊薄的净资产收益率不低于11%	30%
首次限制性股票的第三个解锁期	2013年度扣除非经常性损益后归属于上市公司股东的净利润较2010年增长110.18%,即达到23 304.43万元;且2013年度扣除非经常性损益后全面摊薄的净资产收益率不低于12%	40%

注:此净利润的计算口径是剔出股票支付成本会计处理对净利润的影响,扣除非经常性损益后全面摊薄的净资产收益率(简称"净资产收益率")。

2012年8月11日,公司第二届董事会第十次会议审议确定公司限制性股票激励计划预留股票授予的激励对象54人,股票198万股,价格每股4.14元。在授予股票的过程中,2名激励对象放弃认购,公司激励计划实际授予的限制性股票由198万股减少到195万股,授予对象由54人减少到52人,授予完成后公司总股本38 067万股。公司授予激励对象的限制性股票自授予之日起12个月为锁定期,锁定期后24个月为解锁期。解锁期内,在满足激励计划规定的解锁条件时,激励对象可分两次申请解锁,自授予之日起12个月后、24个月后,分别申请解锁获授限制性股票总量的50%、50%。

表18-6　　　　　　　　　　　　　　　预留限制性股票解锁条件

解锁安排	考核标准	解锁比例
预留限制性股票的第一个解锁期	2012年度扣除非经常性损益后归属于上市公司股东净利润较2010年增长61.68%,即达到17 926.49万元;且2012年度扣除非经常性损益后全面摊薄的净资产收益率不低于11%	50%
预留限制性股票的第二个解锁期	2013年度扣除非经常性损益后归属于上市公司股东净利润较2010年增长110.18%,即达到23 304.43万元;且2013年度扣除非经常性损益后全面摊薄的净资产收益率不低于12%	50%

2014年11月底,公司限制性股票激励计划实施完毕,其中共有8名激励对象不符合激励条件,回购股份61.35万股。公司对不符合激励条件的61.35万股限制性股票在中国证券登记结算有限责任公司深圳分公司完成回购注销手续。

第四节 股份回购

经2012年12月18日公司第二届董事会第十三次会议及2013年1月8日公司2013年度第一次临时股东大会审议通过,公司于2013年首次实施以集中竞价方式回购公司部分社会公众股份。根据回购方案,回购资金总额不超过2.6亿元,回购股份价格不超过每股11元,回购期限为自2013年度第一次临时股东大会审议通过回购股份方案之日起12个月内,即到2014年1月7日止。鉴于2012年年度权益分派方案的实施,公司对回购股份价格上限进行调整,回购社会公众股的价格调整为不超过每股10.74元。

2014年1月,公司首次股份回购实施完毕,公司回购股份1 106.32万股,占公司总股本36 960万股的2.99%;最高成交价为每股10.73元,最低成交价为每股9.29元;支付总金额11 151.08万元(含印花税、佣金等交易费用);公司总股本由380 670 000元减少至369 606 812元。依据相关规定,股份自过户到回购专用证券账户之日即失去其效力。是月,天衡会计师事务所(特殊普通合伙)出具天衡验资〔2014〕000002号验资报告。是年,公司在中国证券登记结算有限责任公司深圳分公司办理完回购股份注销手续。

2018年,公司召开的第四届董事会第十次会议、2018年度第三次临时股东大会审议通过《关于回购公司股份的议案》。公司通过集中竞价交易方式以自有资金回购公司股份,回购总金额不低于6 000万元、不超过1.2亿元,回购价格不超过每股6.5元,回购股份期限自股东大会审议通过回购股份方案之日起6个月内,即自2018年12月3日至2019年6月3日止。

截至2018年12月28日,公司通过股份回购专用账户以集中竞价交易方式累计回购股份3 152 200股,约占回购股份方案实施前公司总股本的0.40%;最高成交价为每股5.73元,最低成交价为每股5.52元;成交总金额为17 718 118.00元(不含交易费用)。

第五节 非公开发行股票

2015年10月27日,公司召开第三届董事会第十一次会议。11月13日,公司召开2015年度第二次临时股东大会。两次会议审议通过《关于公司符合非公开发行A股股票条件的议案》《关于公司非公开发行A股股票发行方案的议案》等非公开发行股票相关议案。

2016年1月,公司向中国证监会行政许可受理部门回复公司非公开发行A股股票意见。3月11日,公司提交非公开发行A股股票申请文件,经中国证监会发行审核委员会审核通过。6月29日,公司收到中国证监会核准批文(证监许可〔2016〕1046号)。7月25日,公司非公开发行A股股票5 905.26万股,发行对象为财通基金管理有限公司、上海爱康富罗纳资产管理有限公司、上海隆源资产经营有限公司、国泰基金管理有限公司、五矿资本控股有限公司、国投瑞银基金管理有限公司、汇添富基金管理有限公司,发行股份价格为每股15.41元,合计发行A股股票5 905.26万股,募集资金总额90 999.99万元,扣除各项发行费用3 100万元,实际募集资金净额87 899.99万元。8月10日,中国证券登记结算有限责任公司深圳分公司出具《股份登记申请受理确认书》,公司办理非公开发行股票5 905.26万股股份的预登记手续。8月19日,公司非公开发行股票在深圳证券交易所上市,股份限售期为12个月。发行完成后,公司的总股本为 79 765.27 万股。

2018 年,经第四届董事会第十次会议、2018 年度第三次临时股东大会审议通过,公司终止 2016 年度非公开发行募集资金投资项目,将剩余募集资金及利息收入 62 412.09 万元(具体金额以实际划款时该项目专户资金余额为准)永久补充流动资金用于公司日常经营活动。

表 18-7　　　　　　　　　2016 年康力电梯股份有限公司非公开募集资金情况表　　　　　　　　单位:万元

项　目　名　称	募集资金金额
新建电梯智能制造项目	38 500
新建基于物联网技术的智能电梯云服务平台项目	25 400
新建电梯试验中心项目	24 000
合　计	87 900

第六节　员　工　持　股

2016 年 10 月 25 日,公司召开第三届董事会第十八次会议暨第三届监事会第十四次会议,审议《康力电梯股份有限公司第一期员工持股计划(草案)及摘要》等议案。11 月 11 日,公司 2016 年度第三次临时股东大会审议通过《康力电梯股份有限公司第一期员工持股计划(草案)及摘要》议案,同意公司实施员工持股计划,并委托东吴证券设立的"东吴-招行-康力电梯员工持股计划 1 号定向资产管理计划"进行管理,通过二级市场购买的方式取得并持有公司股票。会上规定员工持股计划资金总额上限为 47 000 万元,锁定期 12 个月,存续期 36 个月,存续期届满后自行终止。是年,康力电梯股份有限公司第一期员工持股 1 059.92 万股,占公司总股本的 1.33%。

至 2017 年 3 月 9 日,"东吴-招行-康力电梯员工持股计划 1 号定向资产管理计划"通过深圳证券交易所交易系统累计购买公司股票 2 972.51 万股。至 5 月 10 日,"东吴-招行-康力电梯员工持股计划 1 号定向资产管理计划"通过深圳证券交易所交易系统累计购买公司股票 3 008.43 万股,成交金额 41 923.61 万元,成交均价为每股 13.94 元,买入股票数量占公司总股本的 3.77%。该部分股票将按照规定予以锁定,锁定期 12 个月,存续期为股东大会审议通过员工持股计划之日起 36 个月。公司员工持股计划锁定期届满后,公司将根据员工持股计划意愿、整体安排、市场情况决定是否售出股票,选择法律法规允许的方式处置股票。

截至 2018 年年末,东吴-招行-康力电梯员工持股计划 1 号定向资产管理计划通过深圳证券交易所交易系统累计购买公司股票 3 008.43 万股,买入股票占公司总股本的 3.77%。

第七节　股　东　回　报

在企业稳步成长的同时,公司履行企业对股东的责任,与投资者分享企业发展、效益增长的成果,2008—2017 年,公司现金分红合计金额达到 179 162.05 万元。

2008 年年度利润分配方案:以总股本 10 000 万股为基数,向全体股东每 10 股派 1.00 元人民币现金,共计派发现金 1 000.00 万元。

2009 年年度利润分配方案:以总股本 13 350 万股为基数,向全体股东每 10 股派 2.50 元人民币现金,共计派发现金 3 337.50 万元。

2010年利润分配方案：以总股本16 020万股为基数，向全体股东每10股派3.00元人民币现金，共计派发现金4 806.00万元。

2011年利润分配方案：以总股本25 248万股为基数，向全体股东每10股派3.00元人民币现金，共计派发现金7 574.40万元。

2012年利润分配方案：以总股本36 980.021 2万股为基数，向全体股东每10股派2.573 484元人民币现金，共计派发现金9 516.75万元。

2013年利润分配方案：以总股本36 960.681 2万股为基数，向全体股东每10股派3.00元人民币现金，共计派发现金11 088.20万元。

2014年利润分配方案：以总股本73 860.012 4万股为基数，向全体股东每10股派2.50元人民币现金，共计派发现金18 465.00万元。

2016年半年度利润分配方案：以总股本79 765.268 7万股为基数，向全体股东每10股派2.00元人民币现金，共计派发现金15 953.05万元。

2017年半年度利润分配方案：以总股本79 765.268 7万股为基数，向全体股东每10股派1.00元人民币现金，共计派发现金7 976.53万元。2017年年度利润分配方案：以总股本79 765.268 7万股为基数，向全体股东每10股派1.50元人民币现金，共计派发现金11 964.79万元。

2018年半年度利润分配方案：以总股本79 765.268 7万股为基数，向全体股东每10股派6.00元人民币现金，共计派发现金47 859.16万元。2018年年度利润分配方案：以总股本79 765.268 7万股为基数，向全体股东每10股派5.00元人民币现金，共计派发现金39 620.67万元。

表18-8　　　　　　　　2008—2018年康力电梯股份有限公司利润分配情况表

分红年份	分配前股本（万股）	现金分红金额（万元）	普通股股东净利润（万元）	普通股股东净利润比率（%）
2008年	10 000	1 000.00	—	—
2009年	13 350	3 337.50	8 420.45	39.64
2010年	16 020	4 806.00	11 987.47	40.09
2011年	25 248	7 574.40	15 110.24	50.13
2012年	36 980	9 516.75	18 697.88	50.90
2013年	36 960	11 088.20	27 777.03	39.92
2014年	73 860	18 465.00	40 240.80	45.89
2016年	79 765	15 953.05	42 406.83	37.62
2017年	79 765	19 941.32	32 616.10	36.68
2018年	79 765	87 479.83	1 554.78	5 626.51

第八节　对外投资

上市后，围绕相关产业多元化，公司在工业自动化、服务机器人、物联网、人工智能应用等与制造业产业升级及创新的相关领域，开始进行广泛投资。

2014年公司迈出寻求新业务、以资本获取新产业链资源的第一步。2014年12月17日，经公司第三届董事会第六次会议审议通过，公司以现金方式出资5 330万元增资参股北京紫光优蓝（北京紫光优蓝机器人技术有限公司)。增资转让完成后,公司共持有紫光优蓝40%的股权,紫光优蓝更名为康力优蓝。投资康力优蓝是公司在主业以外的第一次产业投资,涉足新兴的服务机器人行业,以开启全新的产业战略布局。

同时,公司投资设立机器人产业投资公司,加深产业领域观察的深度;并实行大、小投资联动,母公司投资与投资基金协同,单一资本运作向产业链运作延伸。

2015年5月,公司以自有资金2亿元设立全资子公司苏州工业园区康力机器人产业投资有限公司。康力机器人自成立至今,共参与5个股权投资项目和1个人工智能基金项目,分别如下:

① 2016年4月,公司向苏州瑞步康医疗科技有限公司投资300万元。瑞步康以外骨骼机器人中的关节技术为突破口,重点开发适用于智能假肢的智能膝关节和踝关节产品,在康复机器人、外骨骼机器人领域有广阔的拓展空间。

② 2016年12月,公司向常州市璟胜自动化科技有限公司投资330万元。常州璟胜主要从事钣金行业自动化、机器人周边产品及机器人的后市场服务业务。2017年12月,公司向常州璟胜追加投资66.67万元。

③ 2017年7月,公司向苏州元泰智能科技股份有限公司投资500.12万元。苏州元泰是一家专业设计及制造自动化设备的企业,主要针对汽车零部件、3C和新能源行业提供定制化的自动化设备。

④ 2017年7月,公司向苏州坤厚自动化科技有限公司投资380万元。坤厚自动化在工业领域移动机器人定位导航和调度领域核心拥有领先的技术及解决方案,同时能够为客户提供智能无人叉车系统及解决方案。

⑤ 2017年8月,公司向原微软创投加速器团队创办的北京将门管理的人工智能基金投资800万元,致力于投资人工智能技术在垂直领域的落地应用。

⑥ 2018年,公司加入代表中国机器人发展水平的中国机器人产业联盟,促进行业之间的交流与合作,扩大公司在智能机器人领域的竞争优势。

2017年3月,康力电梯成立康力君赢物联网股权投资中心(有限合伙),依托基金合伙人的专业团队优势、项目资源优势和平台优势,积极为公司寻找具有良好发展前景的项目,利用产业基金寻找、孵化新领域、新项目,提升公司综合竞争能力。

2018年1月,公司向上海音锋机器人股份有限公司投资1998.2万元。音锋股份主要涉足自动化仓储和物流领域业务,为国内领先的子母穿梭车及子母车库供应商。

2018年4月,公司以自有资金2000万元通过股权转让和增资的方式投资江苏天一机场专有设备有限公司。双方以投资为纽带,相互入股,实现跨界联合,围绕民航基建领域,促进相互发展,强强联手,共同构建一流的智能制造民族品牌。

第九节 证券事务管理

一、证券事务日常管理

2007年9月,公司整体改制为股份有限公司,证券部相应承担董事会办公室的工作职责,负责三会机构的日常工作,与董事会办公室合署办公。

证券部的主要工作包括按照有关规定组织上市公司定期报告、临时公告等的编制,并准确、及时向相关部门报送和发布;负责处理公司信息披露事务,建立并完善信息披露制度、重大信息内部报告制度,促使公司和相关当事人依法履行信息披露义务,进而保证公司信息披露的及时性、准确性、真实性、完整性;负责配合相关部门做好募集资金的使用和监督工作;负责上市公司资本市场工作研究、策划和组织实施,监测公司股票走势、相关板块上市公司动态,并研究分析证券市场运行趋向;负责公司与相关当事人、证券交易所及其他证券监管机构、中介机构之间的及时沟通和联络,办理相关事务;负责投资者关系管理,接待投资者来访,回答投资者咨询,向投资者提供公司披露的资料等;负责公司在证券媒体的形象宣传工作;参与公司合规管理及内部控制相关制度的建设、执行。

董事会办公室的主要工作包括负责统筹公司法人治理工作,参与完善相关管理制度,组织股东大会、董事会、监事会会议,协助开展与股东、董事、监事的沟通联系。

上市公司须设董事会秘书1名。董事会秘书由董事会聘任或解聘,是上市公司与证券交易所之间的指定联络人。

二、董事会

(一)董事会成员

康力电梯股份有限公司董事会是股东大会的业务执行机构,全面负责公司业务经营活动的指挥和管理。董事会每年向股东大会报告工作,执行股东大会决定的重大事项。董事会由股东大会选举产生,设董事长1人,董事若干人。为完善公司董事会的结构、保护中小股东利益、加强董事会的决策功能,每届董事会均设3名独立董事。独立董事自设立以来,依据有关法律法规、上市规则及公司章程参与公司重大经营决策,发表意见。

2007年10月20日,康力电梯股份有限公司第一届董事会组建,董事长王友林,董事倪祖根、陈金云、顾兴生、刘占涛、王忠,独立董事任天笑、马建萍、顾峰。

2011年4月8日,公司第二届董事会换届,董事长王友林,董事倪祖根、陈金云、顾兴生、刘占涛、陈孝勇,独立董事杨菊兴、马建萍、顾峰。

2014年5月9日,公司第三届董事会换届,董事长王友林,董事陈金云、顾兴生、刘占涛,独立董事杨菊兴、强永昌、徐志炯。

2017年5月12日,公司第四届董事会换届,董事长王友林,董事沈舟群、张利春、朱琳懿,独立董事耿成轩、强永昌、夏永祥。

(二)董事会专业委员会

2008年3月21日,公司第一届董事会第四次会议审议通过关于设立战略决策委员会、提名委员会、薪酬与考核委员会及审计委员会的议案;并选举各专业委员会委员。截至2018年年末,公司四届董事会期间各届专业委员会委员名单如表18-9所示。

表18-9　　　　　　　　康力电梯股份有限公司各届董事会专业委员会成员任职情况表

年份	战略决策委员会		提名委员会		薪酬与考核委员会		审计委员会	
	主任	委员	主任	委员	主任	委员	主任	委员
2008年	王友林	任天笑	任天笑	王友林	顾峰	顾兴生	马建萍	王友林
		陈金云		顾峰		马建萍		任天笑
2011年	王友林	杨菊兴	杨菊兴	王友林	顾峰	顾兴生	马建萍	王友林
		陈金云		顾峰		马建萍		杨菊兴

(续表)

年份	战略决策委员会		提名委员会		薪酬与考核委员会		审计委员会	
	主任	委员	主任	委员	主任	委员	主任	委员
2014年	王友林	顾兴生	杨菊兴	王友林	强永昌	徐志炯	徐志炯	王友林
		强永昌		强永昌				杨菊兴
2017年	王友林	张利春	夏永祥	王友林	强永昌	耿成轩	耿成轩	王友林
		强永昌		强永昌		沈舟群		夏永祥

战略决策委员会的主要职责包括对公司长期发展战略规划进行研究并提出建议，对公司章程规定须经董事会批准的重大投资融资方案进行研究并提出建议，对公司章程规定须经董事会批准的重大资本运作、资产经营项目进行研究并提出建议，对其他影响公司发展的重大事项进行研究并提出建议。

提名委员会的主要职责包括研究、拟定公司董事、总经理及其他高级管理人员的选择标准和程序，并提出意见或建议；广泛搜寻、提供合格的董事、总经理及其他高级管理人员的人选；对董事、总经理及其他高级管理人员的候选人进行审查、核查，并提出意见或建议；处理董事会交办的其他事宜。

薪酬与考核委员会的主要职责包括根据董事及高级管理人员管理岗位的主要管理范围、职责、重要性以及其他相关企业相关岗位的薪酬水平制定薪酬计划或方案，薪酬计划或方案包括但不限于绩效评价标准、程序及主要评价体系，奖励和惩罚的主要方案和制度等；审查公司董事（非独立董事）及高级管理人员履行职责的情况并对其进行年度绩效考评；对公司薪酬制度执行情况进行监督；处理董事会交办的其他事宜。

审计委员会的主要职责包括提议聘请或更换外部审计机构，监督公司的内部审计制度及其实施，负责内部审计与外部审计之间的沟通，审核公司的财务信息及其披露，审查公司内控制度，处理董事会交办的其他事宜。

三、监事会

康力电梯股份有限公司监事会是公司的监督机构，由股东大会选举和员工民主选举产生的监事组成。监事会在股东大会领导下，对董事会和总经理行政管理系统进行监督。

2007年10月20日，康力电梯股份有限公司股东大会选举产生第一届监事会，监事会主席王惠忠，监事金云泉、任建华，任建华为职工监事。

2011年4月8日，公司第二届监事会换届，监事会主席莫林根，监事金云泉、任建华，任建华为职工监事。

2014年5月9日，公司第三届监事会换届，监事会主席莫林根，监事金云泉、任建华，任建华为职工监事。

2017年5月12日，公司第四届监事会换届，监事会主席莫林根，监事朱玲花、崔清华，崔清华为职工监事。

四、股东大会

康力电梯股份有限公司股东大会是公司的最高权力机构，对公司重大事项执行决策，对董事进行选任和罢免。

2007年10月20日,公司召开第一届股东大会,审议通过《康力电梯股份有限公司设立工作报告》《关于康力电梯股份有限公司设立费用的报告》《康力电梯股份有限公司章程》《康力电梯股份有限公司设立的议案》,选举产生康力电梯股份有限公司第一届董事会董事,选举产生康力电梯股份有限公司第一届监事会监事。

自股份公司设立至2018年,公司共召开39次股东大会,审议通过191项议案。

五、信息披露

公司制定《信息披露管理制度》《内幕信息知情人登记制度》《重大信息内部报告制度》,明确重大信息的范围、内容以及未公开重大信息的传递、审核、披露流程,并明确各子公司的重大信息报告义务人及范围;规范信息披露的基本原则、一般规定、管理措施、责任划分、披露内容和程序、媒体及保密措施,加强对信息披露工作的管理,规范公司信息披露的行为,保证公司真实、准确、完整地披露信息,维护中小投资者利益。

表18-10　　　　　　　　　2010—2018年公司信息披露情况汇总

年　　份	各类公告数目	深交所信息披露考评
2010年	41	良好
2011年	53	B
2012年	68	B
2013年	73	A
2014年	59	A
2015年	87	A
2016年	121	A
2017年	141	A
2018年	142	B

六、投资者关系管理

康力电梯股份有限公司2010年上市后,遵循《深圳证券交易所上市公司投资者关系管理指引》《投资者关系管理制度》等规定,公平、真诚地接待投资者,回复投资者提问,促进公司与投资者之间的沟通,增进投资者对公司的了解。公司通过现场接待、接听投资者来电、电子邮件、网络业绩说明会、深交所互动易平台、策略会和路演等途径与投资者进行沟通交流,交流时与投资者签订调研承诺书,及时记录并上传投资者关系活动记录表,充分维护投资者合法权益。

董事长全面负责公司投资者的管理工作,在全面深入了解公司运作、管理、经营状况和发展战略的情况下,负责策划、安排和组织各类投资者管理活动。公司设立、披露董秘办电子邮箱,指定专人负责管理公司与投资者的联系电话、传真及电子邮箱,在不违反规定的前提下,客观、真实、准确、完整地介绍公司经营情况。公司在网站上设立投资者管理专栏,建立与投资者沟通交流的互动易平台。公司对每一个到访者均热情接待,记录到访者关心的问题,接待实地调研的投资者。

自有记录以来,公司通过互动易平台、投资者热线、董秘邮箱、接待投资者现场调研等方式与投资者、投资机构建立了良好的互动关系。

2015年,公司共接待投资者现场调研126人次,接听投资者电话145人次,网络业绩说明会回复投资者提问56次,互动易平台回复率100%。2016年,公司共接待投资者现场调研113人次,接听投资者电话167人次,网络业绩说明会回复投资者提问40次,互动易平台回复率100%。2017年,公司发布各类公告141项,进行信息披露,确保所有投资者公平获取公司信息。投资者通过使用互动易平台、投资者热线、董秘邮箱、公司网站,直接到访公司,参与网络业绩说明会和策略报告会等方式与公司进行广泛交流。

2018年,公司共接待投资者现场调研77人次,接听投资者电话211人次,深交所互动平台回复投资者提问41个,网络业绩说明会回复投资者提问20个,加强了投资者对公司的了解,促进了公司与投资者之间的良性互动。

第十九章 审计与风控

第一节 审计与风控组织机构

一、审计组织机构

1995—2009年,康力电梯股份有限公司委托苏州信成会计师事务所进行审计。

2010年10月,康力电梯股份有限公司审计部成立,审计人员3人。审计部是公司设置的经济业务监督部门,隶属于审计委员会。

2013年1—12月,审计部分两个审计组,人员扩充至7人。审计项目有工程类审计、售后服务类审计、预算执行审计和基建类审计等10类,推进工程数据的准确性、及时性及相关报表的优化与完善。

2014年3月,审计部成立党委和行政两个监督检查小组,党委监督检查小组由公司党委纪委人员组成,行政监督检查小组由审计部和企管办人员组成。监督检查小组要求部级(含)以上员工及特殊岗位人员每年签订廉洁自律承诺书,从思想源头杜绝违规违纪违法事件的发生,树立公司的良好形象。

2017年,审计部有专职审计人员7人。审计工作分为常规审计和绩效评估两类。

2018年,审计部有专职审计人员6人,包括审计总监朱玲花,其中本科学历3人、大专学历2人。

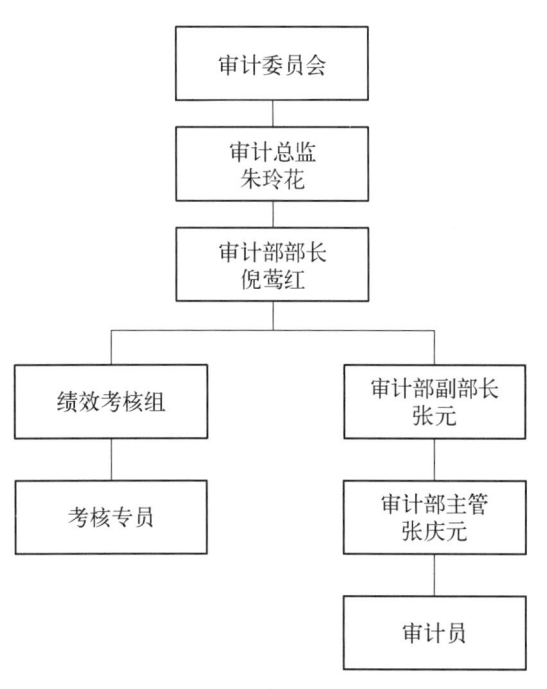

图19-1 康力电梯股份有限公司审计部2018年架构图

表19-1 公司历年审计管理主要负责人

年 份	岗位/部门	主 要 负 责 人
2007年10月	审计委员会	主任委员:马建萍
2010年7月	审计工作负责人	管理副总监:朱玲花(兼)
2010年10月	审计部	审计部部长:朱玲花;助理部长:倪莺红;审计员:钟惠娥
2012年	审计部	审计总监:朱玲花 审计部副部长:倪莺红、张元
2015年	审计部	审计总监:朱玲花 审计部常务副部长:倪莺红;副部长:张元; 审计部主管:张庆元、杨利勤
2016—2018年	审计部	审计总监:朱玲花 审计部部长:倪莺红;副部长:张元

二、风控中心组织机构

1997—2003年,公司法律事务主要以委托法律顾问的方式处理。

2004年,公司成立法务部,正式聘任袁春其为法务部部长。

2005—2011年,公司法务部负责人为袁春其。

2012—2017年,袁春其任公司法务总监,负责法务部工作,并兼任应收款管理办公室主任。

2018年,法务部正式更名为风控中心。风控中心下设法律事务部和应收款管理办公室,袁春其任风控中心总监,马仲林任风控中心副总监兼应收款管理办公室主任,沈鸣任法务部部长。

表 19-2　　　　　　　　　　公司历年法律事务管理主要负责人

年　　　度	岗位/部门	主　要　负　责　人
1997—2003 年	—	委托法律顾问处理法务相关事宜
2004—2011 年	法务部	法务部部长:袁春其
2012—2017 年	法务部	法务部部长:袁春其;副部长:沈鸣 应收款管理办公室主任:袁春其;副主任:袁明德
2018 年	风控中心	风控中心总监:袁春其;副总监:马仲林 法律事务部部长:沈鸣 应收款管理办公室主任:马仲林(兼);副主任:袁明德

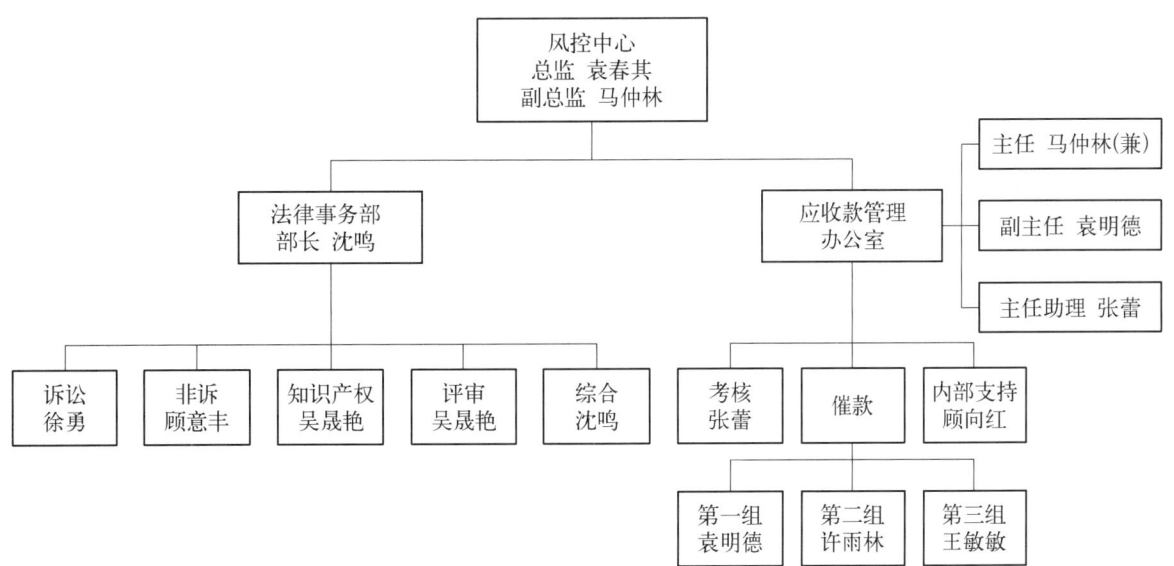

图 19-2　康力电梯股份有限公司风控中心 2018 年组织架构图

三、监察部组织机构

2018年,公司成立监察部,直属董事长领导,孙全根任监察部部长,朱玲花、毛桂金、周国良任副部长。监察部主要负责对集团内各机构和子公司管理层人员的工作效能、合规情况等实施监察,负责集团内各子公司、各机构及合作伙伴（包括但不限于供应商、代理商、承包方）对公司廉洁政策及相关规章制度的贯彻执行、绩效情况及结果的监察，负责受理各项举报并合法、依规地调查处理。

表 19-3　　　　　　　　　　　　康力集团监察管理主要负责人

年　度	岗位/部门	主　要　负　责　人
2018年	监察部	监察部部长：孙全根；副部长：朱玲花、毛桂金、周国良

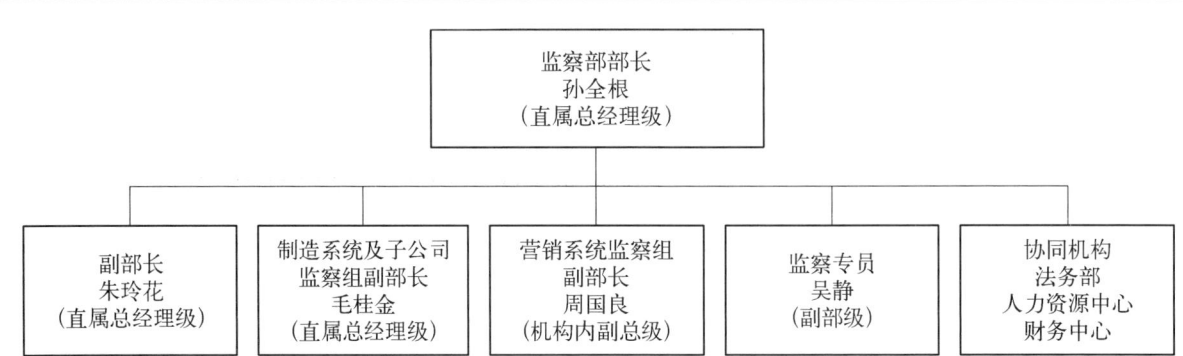

图 19-3　2018年集团监察部组织架构图

第二节　审计监察工作主要发展历程

2010年，审计部正式成立，依据国家法律、法规和公司有关规定，建立部门规章制度，明确权利与义务，发布《内部审计工作手册》和合规管理规定，为内部审计人员按统一、规范的工作标准提供指导，内部审计体系初步建立。审计部确定拥有监督、评价、咨询和服务等职能。

一、遵循审计阶段(2011—2013年)

该阶段审计团队重点进行内控合规性审计，对本公司各内部机构、控股子公司内部控制制度的完整性、合理性及实施的有效性进行检查和评估，通过审计工作摸清各公司的业务流程以及不合规之处，发挥动态监督职能。

二、管理控制审计阶段(2013—2016年)

该阶段审计团队扩充至7人，审计方式从以遵循审计、财务审计为主，转向管理审计方向，不仅关注解决与公司规章制度是否相符，更注重提高运营的效益与效率，减少资源的浪费与低效率使用；审计范围相应扩大，包括常规性审计（采购付款审计、销售收款审计、生产成本审计、资产审计、货币资金审计等）、对外投资审计、离任审计、募集资金使用审计、理财产品审计等。

审计部在评价企业计划、预决算方案、投资可行性方面，在评价内控制度的有效性方面，在揭示企业经营中存在的弊端方面，发挥出越来越重要的作用，管理控制职能逐渐显现并日益重要。

三、全面风险管理审计阶段(2016年至今)

该阶段审计团队趋于成熟，在重点做好事后审计的同时，注意参与项目事中管理咨询，以达到风险

第十九章 审计与风控

控制的目的。

审计范围进一步扩大。审计部大力开展专项审计调查,提高尽职调查参与度,对收购的企业财务、运营情况进行调查,提出问题供管理层决策,对重大经营业务、项目投资等进行风险评估以防止决策失误、避免经济损失。在审计全过程中融入风控内控建设、反舞弊廉洁教育,充分体现审计部的风险管理、决策服务职能。

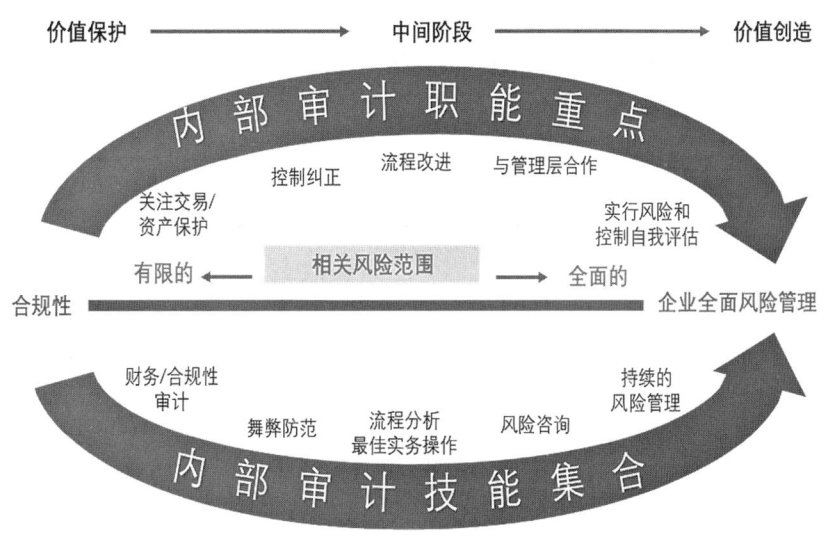

图 19-4 公司内部审计职能演变模型

第三节 制度建设

审计部建立与完善了审计管理制度,对过去一些审计相关制度进行修订完善,对缺失的制度进行补充,具体包括《内部审计工作手册》《分公司审计管理规定》《合规管理规定》《员工廉洁自律准则》《离任审计管理规定》等8个制度。

表 19-4 审计管理相关制度文件清单

序号	编号	制度名称	发布日期
1	KL.C_CA01	内部审计工作手册	2011年8月15日
2	KL.C_CA02	分公司审计管理规定	2015年2月1日
3	KL.C_CA03	合规管理规定	2011年8月15日
4	KL.C_CA04	业务招待费管理规定	2016年3月28日
5	KL.C_CA05	防止利益冲突管理规定	2016年7月20日
6	KL.C_CA06	员工廉洁自律准则	2017年3月15日
7	KL.C_CA07	离任审计管理规定	2018年4月8日
8	KL.C_CA08	投诉举报管理制度	2018年4月16日

第四节 审计工作开展

审计工作由审计部总监直接负责,审计部按照审计工作计划,遵循各项审计法规及审计工作准则开展工作。

一、重大投资项目审计

2012年6—8月,审计部受董事会办公室/证券部的委托,对公司拟收购的江苏粤立公司进行尽职调查,通过几轮核对分析,给予管理层一份完整的债权债务清单,为收购价格的确定奠定基础,为后期大量应收账款的催讨提供充分的依据。是年12月18日,根据公司业务经营发展需要和战略考虑,公司收购江苏粤立电梯有限公司和江苏粤立电梯安装工程有限公司的全部股权。

2012年9—10月,审计部对吴江康力电梯有限公司、苏州久诺招投标咨询服务有限公司、吴江华瑞光电科技有限公司、迅佑电梯(苏州)有限公司进行调查研究,基本完成对吴江康力的调查。

2014年6—8月,审计部受董事会办公室和证券部的委托,对公司拟投资的北京紫光优蓝机器人技术有限公司进行尽职调查。调查结果发现该公司在财务管理方面非常薄弱,审计部朱玲花与倪莺红进行前期数据整理与分析,为天衡会计师事务所进场做好充分的基础工作,保证投资的顺利进行。是年12月16日,康力电梯股份有限公司与北京紫光优蓝机器人技术有限公司及其原股东刘雪楠、沈刚、紫光股份有限公司签订"增资协议""股权转让协议",公司以现金方式出资5 330万元增资参股紫光优蓝。

2016年12月,审计部受董事会办公室/证券部的委托,对公司拟投资的苏州天亿达科技有限公司2014年度、2015年度及2016年1—10月的财务状况、经营成果进行尽职调查,并通过调查报告提出在收购运作过程中面临的潜在风险,包括公司净利润波动风险、税务风险、劳动纠纷风险等,为管理层决策提供参考和依据。

2017年,审计部对福建快科城建增设股份有限公司、福建快科电梯工业有限公司、福建快科家用电梯有限公司、福建快科机电工程有限公司2014年度、2015年度及2016年度的财务状况、经营成果进行尽职调查,向管理层反映该公司存在的税务风险、房产等固定资产缺失、资质风险等潜在风险,为管理层决策提供参考和依据。

是年,审计部开展对上海音锋机器人股份有限公司2015年度、2016年度及2017年1—12月的财务状况、经营成果的尽职调查,向管理层反映在收购运作过程中面临的财务及管理风险,包括偿债能力低、营业资金流紧张,市场开拓风险等,为收购工作赢得主动。

2018年,审计部开展对康力电梯股份有限公司(包含子公司)截至2017年12月31日的对外投资项目进行审计,共计10个,主要开展对此类项目基本运营情况、收益情况、投资项目实际状况与投资目标对比情况等数据的审核工作,为领导层后续工作提供参考,以促使投资项目达到投资目标。

表19-5　　　　　　　　　　　公司历年投资项目审计工作

年　份	类　别	审计报告名称/编号	项　目　名　称
2011年	对外投资	内审〔2011〕第028~29号	收购上海今日及上海新里程技术
2011年	对外投资	内审〔2011〕第030~33号	康力新达对外投资
2012年	对外投资	尽调报告	尽调江苏粤立电梯有限公司
2012年	对外投资	尽调报告	尽调吴江康力电梯有限公司
2014年	对外投资	尽调报告	尽调北京紫光优蓝机器人技术有限公司
2016年	对外投资	审字〔2016〕第027号	常州璟胜常州乐美喜尽职调查报告
2016年	对外投资	审字〔2016〕第041号	2016年苏州天亿达尽职调查报告

(续表)

年 份	类 别	审计报告名称/编号	项 目 名 称
2017年	对外投资	审字〔2017〕第005号	福建快科尽职调查报告
2017年	对外投资	审字〔2017〕第024号	上海音锋尽职调查报告
2018年	对外投资	内审〔2018〕第003号	截至2017年12月31日集团对外投资审计

二、经济活动审计

2010—2011年,审计部开展以财务活动为对象的内部财务审计和以经营管理活动为对象的经济效益审计两大类审计。2011年,审计部共审计28个项目,对12家分公司进行财务收支的审计,通过货币资金管理、费用管理、固定资产管理、人事管理等进行审计,针对发现的问题,给出初步的整改意见。

2012年1月,审计部首次对营销中心、市场营销中心、工程中心及工厂运营中心实施目标考核制,令其签订"目标责任状",每季度进行考核,督促员工实现业绩目标,达成公司销售目标,确保绩效考核试点运行。截至年底,审计部共审计7家子公司和营销分公司。审计部通过子公司和营销分公司审计,督促营销中心制定一系列报价管理规定、费用考核管理规定等措施,提升公司合同管理的水平,规范费用考核的标准。

2013年,审计部完成7大类审计工作,包括审计、调查项目53项,整理审计建议103项。重点审计项目包括:

① 预算管理与目标考核。审计部开展对营销中心、工程中心、工厂运营中心各大机构的预算审计工作,进一步推进全面预算的完整化,使其成为与整个公司业务流、资金流等要求相一致的经营指标体系。

② 应收账款管理。从2013年开始,审计部加大对公司应收账款数据的核对与分析力度,加强对应收账款账龄的分析,将账龄较长的应收款纳入考核制度,关注应收款动态趋势变化。

2014年,审计部共完成31个常规审计项目报告。审计部通过对合同在SAP系统中的记录状态与实际进展情况进行排查,提高工程收入的准确性,优化工程管理台账;协助工程部门通过合同建立项目管理台账,清晰地记录项目的合同签订、订金到账、投产、提货款到账、发货、应收款、安装合同分包、维保(免保)等一系列过程;对收付款和发票作为财务重要控制点严格记录。营销分公司可以按月与总部核对。通过共享数据,释放台账的价值。

2015年,审计部完成审计项目60项,其中,分公司审核项目14个,并发布《分公司审计管理规定》,规范营销分公司的审计频率、审计内容及审计分工。通过经营指标分析及内部控制审计,审计部建立了科学、规范、系统的审计评估方法和流程,加强对各分支机构(营销分公司、服务中心)经营者业绩责任的管理和监督。是年,审计部进一步关注应收账款的趋势变化,对应收账款进行审计,揭示应收款管理存在的风险与薄弱环节。

2016年,审计部人员7人,开展审计项目并出具报告42个,其中营销分公司审计11个,子公司审计15个,专项审计项目3个,其他审计项目13个,收到各类整改回复170余项,为企业经营管理做出较好的内部监督指导作用。在工程维保专项审计过程中,审计部重新梳理安装、维保交接流程,强调客户移交环节,明确免保开始日期的确认依据(电梯、扶梯资料及使用移交单),同时增设临时免保程序,明确设备验收、客户未移交期间的保养费用的划分及归属部门。

2017年，审计部实施以"优化内控、强化考核、促进降本增效，实现公司可持续发展"为主题的重点审计方向及实施路径，从预防、控制等不同角度，督促加速回笼呆滞应收款，完善采购审批、采购价格核算及招待费控制预算等。是年，审计部为公司节支增效共1430万元。

绩效考核工作是审计部的工作内容之一。2017年审计部首次将公司内部机构全部纳入系统考核中，共编制完成16个机构和8家子公司的目标责任状，对属于考核机构重中之重的营销中心，共完成69份目标责任状。

2018年，审计部为有效防范和控制重大风险，促进集团公司各项业务在合法、合规，风险可测、可控、可承受的前提下稳健开展，针对性地开展审计项目共计41项，出具审计报告35份，审计发现问题共计100项，审计建议采纳84条。审计部对整机厂的采购管理进行专项审计，审计重点主要是紧盯供应商选择与准入环节及价格控制；对子公司开展经营业绩审计，围绕子公司的经营业绩考核，除查错防弊、及时发现问题并予以纠正外，更重要的是找出影响业绩提高的主要因素，分析原因，抓住关键，提出建议和意见，进而促进子公司加强经营管理，提高经济效益。

表 19-6　　　　　　　　　　　　　　　公司历年经济活动审计工作

年　份	类　　别	审计报告名称/编号	项　目　名　称
2010年	经济效益	内审〔2010〕第001号	基建招标流程审计
2010年	经济效益	内审〔2010〕第002号	中山广都机电有限公司一期工程招标审计
2010年	经济效益	内审〔2010〕第003号	SAP小型机采购招标流程
2010年	财务审计	内审〔2010〕第004号	财务2010年第三季度报表资产项合规审计
2010年	募集资金	内审〔2010〕第005号	募集资金使用专项审计
2010年	经济效益	内审〔2010〕第006号	相关供应商2010年采购付款业务审计
2010年	经济效益	内审〔2010〕第007号	康力电力工程报价议标
2010年	经济效益	内审〔2010〕第008号	康力零星工程
2010年	经济效益	内审〔2010〕第009号	康力数控冲床招标项目
2010年	经济效益	内审〔2010〕第010号	资产供应商2010年采购付款业务审计
2010年	募集资金	内审〔2010〕第011号	募集资金使用专项审计
2011年	经济效益	内审〔2011〕第001号	销售与收款业务审计
2011年	经济效益	内审〔2011〕第002号	采购与付款业务审计（康力）
2011年	募集资金	内审〔2011〕第003号	第一季度募集资金使用审计
2011年	经济效益	内审〔2011〕第004号	采购与付款业务审计（新达、奔一）
2011年	分公司审计	内审〔2011〕第005号	南京分公司
2011年	分公司审计	内审〔2011〕第006号	苏州分公司
2011年	分公司审计	内审〔2011〕第007号	上海分公司
2011年	分公司审计	内审〔2011〕第008号	河北分公司
2011年	分公司审计	内审〔2011〕第009号	广东分公司
2011年	分公司审计	内审〔2011〕第010号	辽宁分公司
2011年	分公司审计	内审〔2011〕第011号	湖南分公司
2011年	募集资金	内审〔2011〕第012号	第二季度募集资金使用审计

(续表)

年 份	类 别	审计报告名称/编号	项 目 名 称
2011年	经济效益	内审〔2011〕第013~14号	人力资源
2011年	经济效益	内审〔2011〕第015号	成本中心采购与成本中心领用专项审计
2011年	经济效益	内审〔2011〕第016号	关键部件
2011年	分公司审计	内审〔2011〕第017号	重庆分公司
2011年	分公司审计	内审〔2011〕第018号	山东分公司
2011年	分公司审计	内审〔2011〕第019号	安徽分公司
2011年	分公司审计	内审〔2011〕第020号	陕西分公司
2011年	分公司审计	内审〔2011〕第021号	四川分公司
2011年	募集资金	内审〔2011〕第022号	第三季度募集资金使用审计
2011年	募集资金	内审〔2011〕第023号	第四季度募集资金使用审计(全年)
2011年	经济效益	内审〔2011〕第024~25号	生产与存货循环
2011年	经济效益	内审〔2011〕第026号	"相关"供应商采购付款业务审计(康力)
2011年	经济效益	内审〔2011〕第027号	"相关"供应商采购付款业务审计
2011年	募集资金	内审〔2011〕第034号	"中高速电梯"募投项目竣工结算审计
2011年	调查报告	调查报告	钢材采购
2011年	调查报告	调查报告	基建办、设备科项目投资审计
2012年	专项审计	内审〔2012〕第001号	康力工程维保管理审计
2012年	专项审计	内审〔2012〕第002号	康力销售审计
2012年	子公司审计	内审〔2012〕第003号	新达销售审计
2012年	子公司审计	内审〔2012〕第004号	奔一销售审计
2012年	子公司审计	内审〔2012〕第005号	新里程销售审计
2012年	募集资金	内审〔2012〕第006号	季度募集资金使用情况审计(第一季)
2012年	募集资金	内审〔2012〕第007号	募集资金使用情况审计(第二季)
2012年	募集资金	内审〔2012〕第008号	大高度、公交型扶梯生产线项目竣工审计
2012年	专项审计	内审〔2012〕第009号	康力销售后续审计
2012年	业绩快报	内审〔2012〕第010号	半年度业绩快报审计
2012年	募集资金	内审〔2012〕第011号	控制系统项目竣工审计
2012年	募集资金	内审〔2012〕第012号	募集资金使用情况审计(第三季)
2012年	专项审计	内审〔2012〕第013号	康力生产审计
2012年	分公司审计	内审〔2012〕第014号	安徽分公司审计
2012年	分公司审计	内审〔2012〕第015号	陕西分公司审计
2012年	分公司审计	内审〔2012〕第016号	河北分公司审计
2012年	子公司审计	内审〔2012〕第017号	中山审计
2012年	子公司审计	内审〔2012〕第018号	新里程采购审计
2012年	募集资金	内审〔2012〕第019号	募集资金使用情况审计(第四季)

(续表)

(续表)

年 份	类 别	审计报告名称/编号	项 目 名 称
2012 年	子公司审计	内审〔2012〕第 020 号	奔一工厂审计
2012 年	子公司审计	内审〔2012〕第 021 号	新里程工厂审计
2012 年	专项审计	内审〔2012〕第 022 号	康力采购审计
2012 年	专项审计	内审〔2012〕第 023 号	新达生产审计
2012 年	专项审计	内审〔2012〕第 024 号	康力薪工审计
2012 年	专项审计	内审〔2012〕第 025 号	新达薪工审计
2012 年	专项审计	内审〔2012〕第 026 号	康力货币资金审计
2012 年	子公司审计	内审〔2012〕第 027 号	奔一采购审计
2012 年	子公司审计	内审〔2012〕第 028 号	奔一生产审计
2012 年	子公司审计	内审〔2012〕第 029 号	新达采购审计
2012 年	子公司审计	内审〔2012〕第 030 号	新里程生产审计
2012 年	子公司审计	内审〔2012〕第 031 号	奔一薪工审计
2012 年	子公司审计	内审〔2012〕第 032 号	新里程薪工审计
2012 年	子公司审计	内审〔2012〕第 033 号	成都工厂审计
2012 年	子公司审计	内审〔2012〕第 034 号	新达货币资金审计
2012 年	子公司审计	内审〔2012〕第 035 号	奔一货币资金审计
2012 年	子公司审计	内审〔2012〕第 036 号	新里程货币资金审计
2012 年	分公司审计	内审〔2012〕第 037 号	南京分公司审计
2012 年	分公司审计	内审〔2012〕第 038 号	湖南分公司审计
2012 年	分公司审计	内审〔2012〕第 039 号	苏州分公司审计
2012 年	分公司审计	内审〔2012〕第 040 号	上海分公司审计
2012 年	分公司审计	内审〔2012〕第 041 号	辽宁分公司审计
2012 年	分公司审计	内审〔2012〕第 042 号	山东分公司审计
2012 年	分公司审计	内审〔2012〕第 043 号	成都分公司审计
2012 年	分公司审计	内审〔2012〕第 044 号	重庆分公司审计
2012 年	分公司审计	内审〔2012〕第 045 号	广东分公司审计
2012 年	募集资金	内审〔2012〕第 046 号	中山募集项目竣工
2012 年	募集资金	内审〔2012〕第 047 号	关键部件项目竣工审计
2012 年	绩效考核	专项报告	预算执行情况审计
2012 年	绩效考核	专项报告	预算执行情况审计
2013 年	募集资金	审字〔2013〕第 001 号	关键部件项目竣工审计
2013 年	专项审计	审字〔2013〕第 002 号	2013 年"相关"供应商审计
2013 年	业绩快报	审字〔2013〕第 003 号	2012 年度业绩快报
2013 年	离任审计	审字〔2013〕第 004 号	安徽分公司财务经理离任审计
2013 年	专项审计	审字〔2013〕第 005 号	2013 年外销毛利率审计

第十九章　审计与风控

(续表)

年　份	类　别	审计报告名称/编号	项　目　名　称
2013 年	分公司审计	审字〔2013〕第 006 号	广东分公司审计
2013 年	募集资金	审字〔2013〕第 007 号	中门机及层门项目厂房竣工审计
2013 年	募集资金	审字〔2013〕第 008 号	募集资金使用情况审计(第一季)
2013 年	专项审计	审字〔2013〕第 009 号	工程台账整合
2013 年	分公司审计	审字〔2013〕第 010 号	苏州分公司审计
2013 年	分公司审计	审字〔2013〕第 011 号	山东分公司
2013 年	分公司审计	审字〔2013〕第 012 号	北京分公司
2013 年	分公司审计	审字〔2013〕第 013 号	黑龙江分公司
2013 年	子公司审计	审字〔2013〕第 014 号	江苏粤立电梯/粤立安装
2013 年	分公司审计	审字〔2013〕第 015 号	南京分公司
2013 年	子公司审计	审字〔2013〕第 016 号	奔一工厂审计
2013 年	募集资金	审字〔2013〕第 017 号	募集资金使用情况审计(第二季)
2013 年	子公司审计	审字〔2013〕第 018 号	新达工厂审计
2013 年	子公司审计	审字〔2013〕第 019 号	润吉工厂审计
2013 年	子公司审计	审字〔2013〕第 020 号	新里程审计
2013 年	募集资金	审字〔2013〕第 021 号	募集资金使用情况审计(第三季)
2013 年	子公司审计	审字〔2013〕第 022 号	成都工厂审计
2013 年	子公司审计	审字〔2013〕第 023 号	中山工厂审计
2013 年	专项审计	审字〔2013〕第 024 号	工程售后服务
2013 年	子公司审计	审字〔2013〕第 025 号	中山工厂审计
2013 年	分公司审计	审字〔2013〕第 026 号	成都分公司
2013 年	分公司审计	审字〔2013〕第 027 号	重庆分公司
2013 年	子公司审计	审字〔2013〕第 028 号	成都工厂审计
2013 年	子公司审计	审字〔2013〕第 029 号	新达工厂审计
2013 年	子公司审计	审字〔2013〕第 030 号	新里程审计
2013 年	子公司审计	审字〔2013〕第 031 号	奔一工厂审计
2013 年	募集资金	审字〔2013〕第 032 号	国家级企业技术中心竣工审计
2013 年	专项审计	调查报告	2013 年基建业务审计
2013 年	分公司审计	专项报告	营销中心分公司考核指标分析
2013 年	绩效考核	专项报告	2012 年营销中心目标考核打分
2013 年	绩效考核	专项报告	2012 年市场运营中心考核打分
2013 年	绩效考核	专项报告	2012 年工程维保系统考核打分
2013 年	绩效考核	专项报告	2012 年工厂运营中心考核打分
2013 年	绩效考核	专项报告	2013 年营销中心预算
2013 年	绩效考核	专项报告	2013 年市场运营中心预算

(续表)

年份	类别	审计报告名称/编号	项目名称
2013年	绩效考核	专项报告	2013年工程维保系统预算
2013年	绩效考核	专项报告	2013年工厂运营中心预算
2013年	绩效考核	专项报告	2013年营销中心目标考核打分(第一季)
2013年	绩效考核	专项报告	2013年营销中心目标考核打分(半年度)
2013年	绩效考核	专项报告	2013年市场中心目标考核打分(半年度)
2013年	绩效考核	专项报告	2013年工厂中心目标考核打分(半年度)
2013年	绩效考核	专项报告	2013年工程维保目标考核打分(半年度)
2013年	绩效考核	专项报告	2014年营销中心预算
2013年	绩效考核	专项报告	2014年市场运营中心预算
2013年	绩效考核	专项报告	2014年工程维保系统预算
2013年	绩效考核	专项报告	2014年工厂运营中心预算
2013年	绩效考核	专项报告	工厂运营中心考核指标分析
2013年	业绩快报	专项报告	2013年半年度业绩快报
2014年	绩效考核	专项报告	2013年营销中心目标考核打分
2014年	绩效考核	专项报告	2013年市场运营中心考核打分
2014年	绩效考核	专项报告	2014年一季度营销中心目标考核打分
2014年	绩效考核	专项报告	2014年二季度营销中心目标考核打分
2014年	绩效考核	专项报告	2014年二季度市场中心目标考核打分
2014年	绩效考核	专项报告	2014年三季度营销中心目标考核打分
2014年	专项审计	审字〔2014〕第001号	2013年度销售与收款业务审计-康力
2014年	离任审计	审字〔2014〕第002号	黑龙江分公司总经理离任审计
2014年	募集资金	审字〔2014〕第003号	2014年一季度募集资金审计
2014年	分公司审计	审字〔2014〕第004号	辽宁分公司审计
2014年	专项审计	审字〔2014〕第005号	2013年度采购业务审计-康力
2014年	子公司审计	审字〔2014〕第006号	2013年运输公司审计
2014年	专项审计	审字〔2014〕第007号	2013年度公司经营管理审计
2014年	分公司审计	审字〔2014〕第008号	成都分公司审计
2014年	分公司审计	审字〔2014〕第009号	重庆分公司审计
2014年	子公司审计	审字〔2014〕第010号	苏州润吉绩效管理审计
2014年	专项审计	审字〔2014〕第011号	2013年度生产与存货业务审计-康力
2014年	募集资金	审字〔2014〕第012号	2014年二季度募集资金审计
2014年	子公司审计	审字〔2014〕第013号	新里程内部审计
2014年	理财产品	审字〔2014〕第014号	2014年1—6月理财产品审计
2014年	子公司审计	审字〔2014〕第015号	奔一机电内部审计
2014年	离任审计	审字〔2014〕第016号	天津分公司总经理离任审计

(续表)

年份	类别	审计报告名称/编号	项目名称
2014年	子公司审计	审字〔2014〕第017号	新达部件内部审计
2014年	离任审计	审字〔2014〕第018号	营销中心总经理离任审计
2014年	募集资金	审字〔2014〕第019号	2014年三季度募集资金审计
2014年	子公司审计	审字〔2014〕第020号	南京粤立电梯销售安装业务审计
2014年	子公司审计	审字〔2014〕第021号	新里程经济责任审计
2014年	子公司审计	审字〔2014〕第022号	中山广都工厂内部审计
2014年	子公司审计	审字〔2014〕第023号	成都工厂内部审计
2014年	分公司审计	审字〔2014〕第024号	湖南分公司审计
2014年	专项审计	调查〔2014〕第001号	2014年1—3月内销毛利率调查报告
2015年	募集资金	审字〔2015〕第001号	2014年度募集资金审计
2015年	理财产品	审字〔2015〕第002号	2014年理财产品审计
2015年	绩效考核	审字〔2015〕第003号	2014年分公司绩效考核打分
2015年	绩效考核	审字〔2015〕第004号	2014年市场运营中心绩效考核打分
2015年	绩效考核	审字〔2015〕第005号	2014年工程服务中心绩效考核打分
2015年	业绩快报	审字〔2015〕第006号	2014年度业绩快报
2015年	离任审计	审字〔2015〕第007号	无锡分公司总经理离任审计
2015年	分公司审计	审字〔2015〕第008号	南京分公司审计
2015年	分公司审计	审字〔2015〕第009号	安徽分公司审计
2015年	分公司审计	审字〔2015〕第010号	山东分公司审计
2015年	分公司审计	审字〔2015〕第011号	河北分公司审计
2015年	分公司审计	审字〔2015〕第012号	广东分公司审计
2015年	分公司审计	审字〔2015〕第013号	广西分公司审计
2015年	分公司审计	审字〔2015〕第014号	湖南分公司审计
2015年	分公司审计	审字〔2015〕第015号	湖北分公司审计
2015年	分公司审计	审字〔2015〕第016号	分公司审计报告(总报告)
2015年	分公司审计	审字〔2015〕第017号	中南区审计报告
2015年	分公司审计	审字〔2015〕第018号	华东一区审计报告
2015年	理财产品	审字〔2015〕第019号	2015年第一季度理财产品审计
2015年	募集资金	审字〔2015〕第020号	2015年第一季度募集资金审计报告
2015年	专项审计	审字〔2015〕第021号	工程服务中心审计
2015年	专项审计	审字〔2015〕第022号	有偿维保项目审计
2015年	募集资金	审字〔2015〕第023号	前次募集资金使用情况审计
2015年	绩效考核	审字〔2015〕第024号	绩效管理审计
2015年	绩效考核	审字〔2015〕第025号	绩效管理审计
2015年	离任审计	审字〔2015〕第026号	徐州分公司总经理离任审计

(续表)

年份	类别	审计报告名称/编号	项目名称
2015年	专项审计	审字〔2015〕第027号	销售与收款管理
2015年	理财产品	审字〔2015〕第028号	2015年第二季度理财产品审计
2015年	专项审计	审字〔2015〕第029号	有偿维保项目跟踪审计
2015年	募集资金	审字〔2015〕第030号	2015年第二季度募集资金审计报告
2015年	绩效考核	审字〔2015〕第031号	2015年上半年子公司目标考核报告
2015年	离任审计	审字〔2015〕第032号	大连分公司副总离任审计
2015年	离任审计	审字〔2015〕第033号	福建分公司副总离任审计
2015年	离任审计	审字〔2015〕第034号	重庆分公司副总离任审计
2015年	离任审计	审字〔2015〕第035号	成都分公司副总离任审计
2015年	子公司审计	审字〔2015〕第036号	成都工厂内部审计
2015年	募集资金	审字〔2015〕第037号	募集资金使用情况审计（截至6月30日）
2015年	分公司审计	审字〔2015〕第038号	福建分公司审计
2015年	业绩快报	审字〔2015〕第039号	2015年半年度业绩快报
2015年	离任审计	审字〔2015〕第040号	广西分公司总经理离任审计
2015年	专项审计	审字〔2015〕第041号	销售与收款管理（外销）
2015年	专项审计	审字〔2015〕第042号	销售与收款管理（内销）
2015年	分公司审计	审字〔2015〕第043号	重庆分公司审计
2015年	分公司审计	审字〔2015〕第044号	成都分公司审计
2015年	绩效考核	审字〔2015〕第045号	绩效管理审计
2015年	分公司审计	审字〔2015〕第046号	辽宁分公司审计
2015年	分公司审计	审字〔2015〕第047号	黑龙江分公司审计
2015年	分公司审计	审字〔2015〕第048号	吉林分公司审计
2015年	离任审计	审字〔2015〕第049号	辽宁分公司总经理离任审计
2015年	离任审计	审字〔2015〕第050号	上海分公司总经理离任审计
2015年	分公司审计	审字〔2015〕第051号	分公司审计报告（辽宁、吉林、黑龙江）
2015年	理财产品	审字〔2015〕第052号	2015年第三季度理财产品审计
2015年	绩效考核	审字〔2015〕第054号	绩效管理审计
2015年	专项审计	审字〔2015〕第055号	采购与付款管理审计
2015年	绩效考核	审字〔2015〕第056号	绩效管理审计
2015年	分公司审计	审字〔2015〕第057号	苏州分公司审计报告
2015年	募集资金	审字〔2015〕第058号	2015年第四季度募集资金审计报告
2015年	募集资金	审字〔2015〕第059号	前次募集资金使用情况（截至12月31日）
2015年	理财产品	审字〔2015〕第060号	2015年第四季度理财产品审计
2015年	子公司审计	审字〔2015〕第061号	"成都康力"募投项目竣工审计报告
2016年	专项审计	审字〔2016〕第001号	2015年集团业务招待费审计报告（一）

(续表)

年 份	类 别	审计报告名称/编号	项 目 名 称
2016年	业绩快报	审字〔2016〕第002号	2015年度业绩快报
2016年	专项审计	审字〔2016〕第003号	2015年集团业务招待费审计报告(二)
2016年	子公司审计	审字〔2016〕第004号	苏州新达电扶梯部件有限公司食堂审计报告
2016年	子公司审计	审字〔2016〕第005号	2015年集团业务招待费审计报告(三)
2016年	子公司审计	审字〔2016〕第006号	2015年新达运输审计
2016年	理财产品	审字〔2016〕第007号	2016年第一季度理财产品审计报告
2016年	绩效考核	审字〔2016〕第008号	2016年一季度子公司考核报告
2016年	分公司审计	审字〔2016〕第009号	2016年分公司审计(陕西)
2016年	分公司审计	审字〔2016〕第010号	2016年分公司审计(河南)
2016年	分公司审计	审字〔2016〕第011号	2016年分公司审计(福建)
2016年	分公司审计	审字〔2016〕第012号	2016年分公司审计(宁波)
2016年	分公司审计	审字〔2016〕第013号	2016年分公司审计(浙江)
2016年	分公司审计	审字〔2016〕第014号	2016年分公司审计(云南)
2016年	分公司审计	审字〔2016〕第015号	2016年分公司审计(贵州)
2016年	分公司审计	审字〔2016〕第016号	2016年分公司审计(甘肃)
2016年	分公司审计	审字〔2016〕第017号	2016年河南分公司业务招待费审计报告
2016年	分公司审计	审字〔2016〕第018号	2016年分公司应收账款审计报告
2016年	专项审计	审字〔2016〕第019号	2016年度维保业务审计
2016年	离任审计	审字〔2016〕第020号	新疆分公司总经理离任审计
2016年	理财产品	审字〔2016〕第021号	2016年第二季度理财产品审计报告
2016年	子公司审计	审字〔2016〕第022号	2016年奔一内部审计报告
2016年	募集资金	审字〔2016〕第023号	2016年上半年度募集资金审计
2016年	子公司审计	审字〔2016〕第024号	2016年润吉内部审计报告
2016年	子公司审计	审字〔2016〕第025号	2016年新里程内部审计报告
2016年	子公司审计	审字〔2016〕第026号	2016年新达内部审计报告
2016年	理财产品	审字〔2016〕第028号	2016年第三季度理财产品审计报告
2016年	募集资金	审字〔2016〕第029号	2016年三季度第一批募集资金审计报告
2016年	募集资金	审字〔2016〕第030号	2016年三季度第二批募集资金审计报告
2016年	子公司审计	审字〔2016〕第031号	2016年中山广都内部审计整改通知书
2016年	子公司审计	审字〔2016〕第032号	2016年广东广都内部审计整改通知书
2016年	子公司审计	审字〔2016〕第033号	2016年中山广都内部审计报告
2016年	子公司审计	审字〔2016〕第034号	2016年成都康力内部审计整改通知书
2016年	子公司审计	审字〔2016〕第035号	2016年成都康力内部审计报告
2016年	离任审计	审字〔2016〕第036号	浙江大区总经理离任审计
2016年	子公司审计	审字〔2016〕第037号	南京粤立电梯安装内部审计报告

(续表)

年 份	类 别	审计报告名称/编号	项 目 名 称
2016 年	分公司审计	审字〔2016〕第 038 号	2016 年分公司审计（南京）
2016 年	子公司审计	审字〔2016〕第 040 号	2016 年江苏粤立内部审计整改通知书
2016 年	募集资金	审字〔2016〕第 042 号	2016 年四季度第二批募集资金审计报告
2016 年	理财产品	审字〔2016〕第 043 号	2016 年四季度理财产品审计报告
2016 年	募集资金	审字〔2016〕第 044 号	2016 年第一批募集资金审计报告
2016 年	子公司审计	审字〔2016〕第 045 号	2016 年广东广都内部审计报告
2017 年	业绩快报	审字〔2017〕第 001 号	2016 年度业绩快报
2017 年	子公司审计	审字〔2017〕第 002 号	江苏粤立电梯经营管理审计
2017 年	募集资金	审字〔2017〕第 003 号	国家级企业技术中心项目竣工报告
2017 年	离任审计	审字〔2017〕第 004 号	云南大区总经理离任审计
2017 年	募集资金	审字〔2017〕第 006 号	第二批募集资金一季度报告
2017 年	专项审计	审字〔2017〕第 007 号	康力销售与收款审计
2017 年	理财产品	审字〔2017〕第 008 号	一季度理财产品审计报告
2017 年	理财产品	审字〔2017〕第 009 号	二季度理财产品审计报告
2017 年	子公司审计	审字〔2017〕第 010 号	苏州新达内部控制审计报告
2017 年	募集资金	审字〔2017〕第 011 号	第二批募集资金二季度报告
2017 年	子公司审计	审字〔2017〕第 012 号	苏州奔一内部控制审计报告
2017 年	子公司审计	审字〔2017〕第 013 号	杭州法维莱内部控制审计报告
2017 年	理财产品	审字〔2017〕第 014 号	三季度理财产品审计报告
2017 年	募集资金	审字〔2017〕第 015 号	第二批募集资金三季度报告
2017 年	业绩快报	审字〔2017〕第 016 号	2017 年 1—9 月业绩考核分析报告
2017 年	子公司审计	审字〔2017〕第 017 号	苏州润吉驱动技术有限公司内部控制审计
2017 年	子公司审计	审字〔2017〕第 018 号	苏州新里程电控系统有限公司内部控制审计
2017 年	子公司审计	审字〔2017〕第 019 号	成都康力电梯有限公司内部控制审计报告
2017 年	子公司审计	审字〔2017〕第 020 号	广东康力内部控制审计报告
2017 年	专项审计	审字〔2017〕第 021 号	南区食堂审计报告
2017 年	子公司审计	审字〔2017〕第 022 号	广东广都内部控制审计报告
2017 年	离任审计	审字〔2017〕第 023 号	江西大区总经理离任审计
2017 年	募集资金	审字〔2017〕第 025 号	第二批募集资金四季度报告
2017 年	理财产品	审字〔2017〕第 026 号	四季度理财产品审计报告
2017 年	募集资金	审字〔2017〕第 027 号	电梯试验中心项目报告
2018 年	分公司审计	监察〔2018〕第 001 号	苏州大区监察报告
2018 年	分公司审计	监察〔2018〕第 002 号	6 家分公司检查报告
2018 年	分公司审计	监察〔2018〕第 003 号	安徽分公司监察报告
2018 年	分公司审计	监察〔2018〕第 004 号	南京分公司监察报告

(续表)

年 份	类 别	审计报告名称/编号	项 目 名 称
2018年	绩效考核	内审〔2018〕第001号	2018年1—2月分公司绩效考核分析报告
2018年	业绩快报	内审〔2018〕第002号	2017年度业绩快报
2018年	廉政建设	内审〔2018〕第004号	关于叶如超被举报内容的联合调查报告
2018年	离任审计	内审〔2018〕第005号	福建分公司总经理离任审计
2018年	离任审计	内审〔2018〕第006号	成都康力总经理离任审计
2018年	离任审计	内审〔2018〕第007号	和为、康力机器人总经理离任审计
2018年	理财产品	内审〔2018〕第008号	2018年一季度理财产品审计
2018年	募集资金	内审〔2018〕第009号	2018年一季度募集资金审计
2018年	子公司审计	内审〔2018〕第010号	2018年成都、广东供应商现场调查报告
2018年	离任审计	内审〔2018〕第011号	和为总经理离任审计
2018年	离任审计	内审〔2018〕第012号	广东康力、广东广都总经理离任审计
2018年	离任审计	内审〔2018〕第013号	吉林分公司总经理离任审计
2018年	廉政建设	内审〔2018〕第014号	关于叶如超被举报调查的跟踪报告
2018年	子公司审计	内审〔2018〕第015号	2018年新里程内部审计
2018年	子公司审计	内审〔2018〕第016号	2018年润吉内部审计
2018年	募集资金	内审〔2018〕第017号	2018年二季度募集资金审计
2018年	理财产品	内审〔2018〕第018号	2018年二季度理财产品审计
2018年	离任审计	内审〔2018〕第019号	黄伟华离任审计报告
2018年	子公司审计	内审〔2018〕第020号	粤立安装内部管理审计
2018年	子公司审计	内审〔2018〕第021号	杭州法维莱内部管理审计
2018年	理财产品	内审〔2018〕第022号	2018年三季度理财产品审计
2018年	募集资金	内审〔2018〕第023号	2018年三季度募集资金审计
2018年	离任审计	内审〔2018〕第024号	湖北分公司总经理离任审计
2018年	离任审计	内审〔2018〕第025号	苏州分公司总经理离任审计
2018年	离任审计	内审〔2018〕第026号	无锡分公司总经理离任审计
2018年	离任审计	内审〔2018〕第027号	吉林分公司总经理离任审计
2018年	离任审计	内审〔2018〕第028号	黑龙江分公司总经理离任审计
2018年	离任审计	内审〔2018〕第029号	广东康力总经理离任审计
2018年	募集资金	内审〔2018〕第030号	电梯试验中心项目竣工报告
2018年	子公司审计	内审〔2018〕第031号	康力幸福加装电梯（苏州）有限公司
2018年	子公司审计	内审〔2018〕第032号	苏州电梯秀装饰有限公司

三、干部廉洁自律审计

2014年开始，公司提出"廉洁反腐败诚信反舞弊"，由审计部落实廉洁诚信建设责任制，在全集团范围内要求部级（含）以上员工及特殊岗位人员每年签订《廉洁自律承诺书》，廉洁诚信建设成为公司日常管理工作的核心要素。

2016年7月,审计部发布《防止利益冲突管理规定》,规范领导干部从业行为,防止利益冲突,有效预防腐败。

2017年3月,审计部发布《员工廉洁自律规定》,规范管理行为,提高公司各级管理人员廉洁自律意识,加快公司作风效能建设进程,保障公司可持续发展。是年4—12月,审计部对干部进行履职调查,对离职和调岗人员进行离任审计。是年开始,审计部每年通过开展"告合作伙伴书"等多种方式开展宣传,使廉洁、诚信意识延伸到康力集团的供应商、代理商和经销商等合作伙伴中,促进全价值链廉洁诚信体系的构建。

2018年,为及时、有效地宣传审计工作,提升审计影响,审计部创建"康力审计监察"微信公众号,利用微信这一网上交流平台,有针对性地定期发布公司与审计、监察相关的工作动态、权威信息及专业知识。审计部主要发挥审计监察公众号的独特优势,用审计宣传引导,讲好审计故事、发好审计声音,助推审计工作更好地发挥"免疫系统"功能。

第五节　风险管理与控制

一、风险管理组织形式

内控与风险管理体系是一个企业长期发展的重要保障,也是企业发展的护航器。公司建立规范的公司治理结构和议事规则,明确董事会、监事会、高级管理层、业务部门、风险管理部门和内审部门在风险管理中的职责分工,建立多层次、相互衔接、有效制衡的运行机制。董事会是企业风险管理的最高决策机构,确保企业有效识别、计量、监测和控制各项业务所承担的各种风险,对风险管理工作的有效性负责并承担企业风险管理的最终责任;监事会是企业所特有的监督机构,对股东大会负责;高级管理层的主要职责是执行风险管理政策。

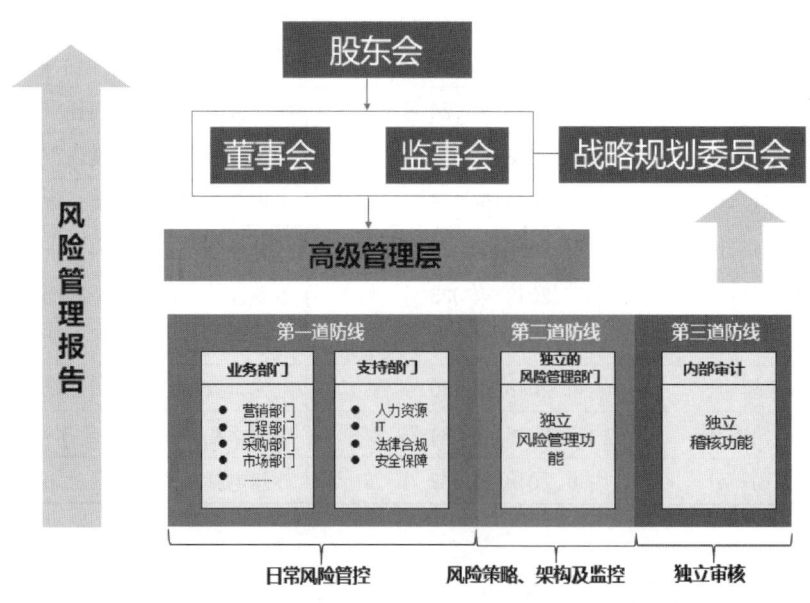

图 19-5　公司风险管理组织形式

在开展风险管理的工作中,公司把风险管理各项要求融入企业管理和业务流程中,构建起风险控制的三道防线:以营销、工程、采购等相关业务部门和支持部门为第一道防线,了解企业战略目标及可能影响企业达标的风险，识别风险类别，对相关风险做出评估，实施风险策略的相关内部控制；以法务部、财务部、质量部等风险管理部门为第二道防线，领导和协助公司内部各单位在风险管理方面的工作，包括对业务单位的风险进行组合管理等；以内部审计部门为第三道防线，通过系统的方法评价和改进企业的风险管理、控制和治理流程效益，帮助企业实现经营目标。

二、风险管理发展历程

（一）手工报表阶段（2003年之前）

各业务部门初步建立规章制度，凭借手工的信息记账管理财务。财务内控管理和风险防范工作还都依赖于传统的计算工具，由手工计算。制度与审批单据都是通过纸质方式流转，人为控制。

（二）财务内控和信息化阶段（2003—2007年）

公司启用新中大银色快车财务管理软件，对财务、仓库进行信息化管理，初步实现财务、仓库信息化控制，并于2006年进行系统升级，增加销售、采购模块，财务信息化控制和风险防范工作进一步完善。在这阶段中各部门的制度与流程得到进一步规范，每个部门均编制工作手册，对岗位职责、业务流程、审批单据进行规范统一。业务台账控制基本完善。

（三）全面信息化和监控阶段（2009—2018年）

2009年2月，公司SAP-ERP管理软件成功上线运行，系统实施控制的模块涵盖营销（SD）、采购（MM）、生产与存货（PP）、财务报表（FICO）和质量管理（QM）。这一系统明确各部门的管理责任，规范业务运营和管理的标准流程和权限，并使得信息化流程的环节和操作保留数据和痕迹，形成行之有效的日常运作机制，降低业务运营各环节风险，并为风险控制和审计工作提供有效的数据和资料信息。

2010—2018年，公司在营销、工程、生产制造、财务和人力资源管理等各个职能部门建立多个信息管理系统，包括办公自动化（OA）、工程管理软件系统（IS、SS和EOS）、人力资源管理系统（E-HR）及财务中心信息系统等。利用这些信息管理系统，通过治理结构、组织结构、业务流程和信息系统的重构，公司实现风险管理与公司业务流程和管理活动的无缝连接。同时，公司运用信息技术加强内部控制和风险防范，通过建立与经营管理相适应的信息系统，促进内部控制流程与信息系统的有机结合，识别、计量、评估、监测、控制或缓释各类运营风险，实现对业务和事项的自动控制，减少或消除人为风险操纵因素。

2018年法务部升级为风控中心，专职制定风险管理政策与程序，协调风控部门和业务部门、其他职能部门的关系，把风险管理工作提升到新的高度。

三、风险管理的实施

公司将潜在风险分为战略风险、运营风险、法律风险、财务风险和市场风险，针对不同的风险，采取合适的风险评估与控制方式。

2010年公司上市起，公司依据《深圳证券交易所中小企业板上市公司规范运作指引》和《企业内部控制基本规范》，制定和完善组织构架，部门规章，规范性文件，流程、风险管理政策与程序，通过加强和规范企业内部控制，提高企业的经营管理水平和风险防范能力。为适应公司战略发展需要、增强公司核心竞争力、确定公司发展规划、防范战略风险、完善公司治理结构，公司在董事会下特别设立战略委员会，并制定职责权限、决策程序及议事规则。

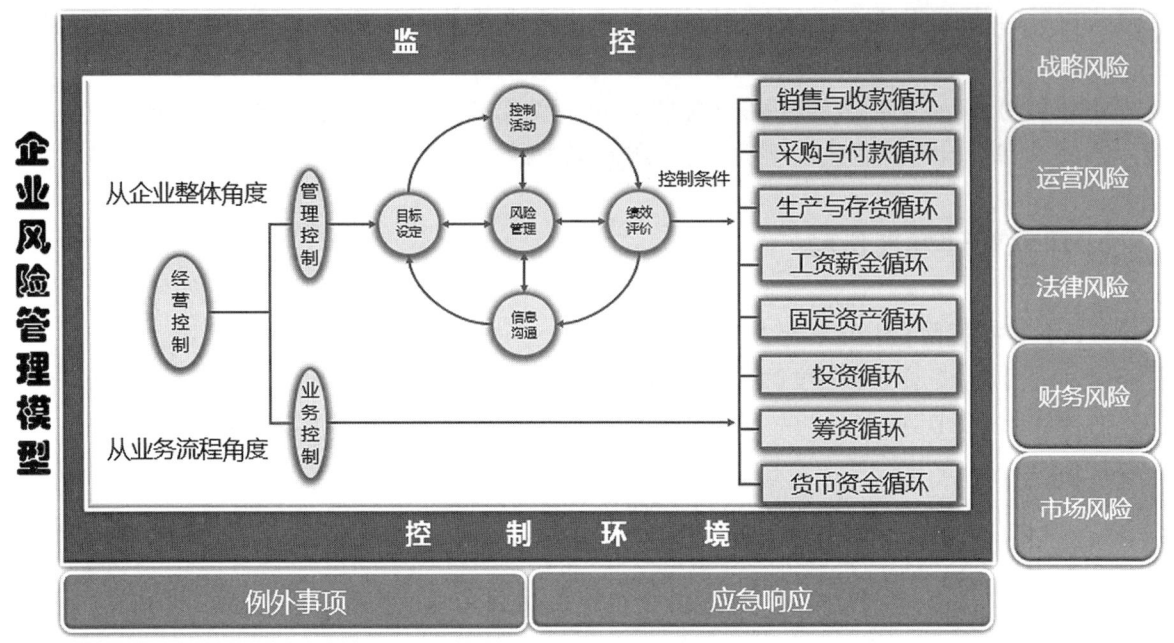

图 19-6　公司风险管理模式

2011年12月，公司制定《五年发展战略规划（2012—2016）》，并依据市场经济发展状况和公司实际运营情况，适时进行战略调整，对战略加以监控，合理控制战略风险水平，确保公司战略目标的实现。

上市后，证券部通过巨潮资讯网发布《内幕信息知情人登记制度》《防止大股东及关联方占用上市公司资金管理制度》《对外担保决策制度》《风险投资管理制度》《重大信息内部报告制度》《内部控制管理制度》《突发事件应急处理制度》《年报信息披露重大差错责任追究制度》等共计33个制度，有效地控制运营风险。

企业法律风险可能造成企业经营损失，公司法务部负责对企业法律风险事前防范、事中控制及事后补救，全面落实企业管理层、各部门和各员工的各个岗位在法律风险防范机制中的职责和任务，主要包括子公司（分公司）设立中的法律风险、合同法律风险、企业并购法律风险、重大经营决策行为的法律风险、知识产权法律风险、劳动用工风险等。例如，法务部根据本企业情况组织拟定常用合同示范文本，建立不同类的合同范本库；对非标合同，实施合同评审。法务部以合同的谈判、起草、审查和审批、应收账款等各个流程监控为基础，从风险管理的角度，落实对合同管理各环节风险的管控。

财务风险存在于财务管理工作的各个环节，任何环节的工作失误都会给企业带来财务风险，所以财务管理人员必须将风险防范贯穿于财务管理工作的始终。除健全财务管理规章制度，强化财务管理的各项基础工作，包括对每项存在风险的财务活动实行责任制，使企业财务管理系统有效运行外，财务部还采用科学的决策方法，例如，资金筹备和回收、投资与利益分配。审计部时时关注理财产品、重大投资、资金运用等领域，设置控制目标，在内部控制审计过程中及时进行风险提示。

为了防范与化解市场风险，市场传媒部牵头、负责架构市场风险预警机制，增强风险事件快速反应和处置能力。例如，在开展市场营销活动过程中，市场传媒部首先对市场进行调查，分析市场营销可能出现的风险，并进行提前布局，紧跟宏观经济形势的变化，及时调整营销、采购等各方面策略，加大重大重点项目的风险评估。

审计部顺应时势，在越来越多的领域发挥着积极的审查、评价和促进作用，工作目标从过去的查错纠弊变为主动地帮助企业增加价值。无论是在开展重大项目投资尽职调查工作、募集资金使用、理财产品审计等专项审计，还是在常规内控审计中，审计部强化风险意识，在公司内部控制实施过程中予以风险识别,向管理层建议采取风险回避、风险转移、风险降低等不同的策略和措施,从而帮助公司直接、有效规避和防范风险。一是进行人员培训。2016年9月,审计部对中层干部进行合规与风险培训;2017年11月,对分公司总经理进行培训并考核,培训围绕合规管理、职业道德及公司的相关制度流程,讲述合规管理与风险防范的概念及其必要性,并通过多方面案例展示,强化被培训人员对合规与风险的印象及重视度,为合规工作与风险防范的顺利开展打下坚实基础。另外进行制度控制。审计部发布《合规管理制度》《员工廉洁自律规定》,从源头规范员工行为,规避法律风险。

第二十章

党工团

第一节 党组织

2002年5月,苏州康力电梯有限公司党支部成立,党员3人。随着公司发展,员工人数增多,党员人数不断增加。2006年9月,中共康力集团有限公司党总支成立,党员增加至45人。2012年4月,中共康力电梯股份有限公司委员会(简称康力电梯党委)成立,党员149人。截至2018年年底,党员人数327人。

公司党建工作实施"一个加强、两个抓好、三个结合"的工作机制:加强领导班子建设;抓好党员队伍建设,抓好党建活动;将党建工作与企业发展相结合,党建工作与企业文化和精神文明建设相结合,党建工作与构建企业社会责任相结合。

一、党组织建设

2002年5月,苏州康力电梯有限公司党支部成立,金云泉任党支部书记,党员3人:金云泉、王希生、刘菊华。

2004年3月,王友林任中共江苏康力电梯集团有限公司党支部书记,党员7人。2005年,公司党支部党员增加至16人。

2006年9月18日,中共康力集团有限公司党总支成立,王友林任党总支书记,党员45人。下设3个党支部:制造支部,支部书记孙全根;科室支部,支部书记金云泉;营销支部,支部书记王立凡。

2012年4月3日,康力电梯党委成立。王友林任党委书记,副书记孙全根、金云泉,委员顾兴生、高新其、王立凡、朱玲花,党员149人。康力电梯党委下设6个党支部,分别为制造支部,支部书记宁奎兴,党员38人;营销支部,支部书记王立凡,党员48人;科室支部,支部书记金云泉,党员29人;新达支部,支部书记孙叶青,党员18人;中山广都机电支部,支部书记顾兴生,党员8人;成都康力支部,支部书记孙全根,党员8人。

2016年,康力电梯党委下设7个党支部,公司共有党员280人其中女党员占36%,组织关系在康力电梯股份有限公司的有158人。制造支部,支部书记宁奎兴,党员41人;营销支部,支部书记王立凡,党员28人;科室支部,支部书记金云泉,党员29人;工程质量支部,支部书记秦成松,党员19人;新达支部,支部书记孙叶青,党员14人;中山广都机电支部,支部书记马发朝,党员12人;成都康力支部,支部书记聂朝辉,党员15人。

2016年11月,康力电梯党委换届选举。通过民主选举,王友林、孙全根、金云泉、王立凡、顾兴生、高新其、朱玲花等当选康力电梯党委委员,党委书记王友林,副书记孙全根、金云泉。

2017年底,康力电梯党委有党员282人。党员性别情况:女党员占36%,男党员占64%。党员年龄情况:35岁以下的党员占66%,36~45岁的党员占16%,45岁以上的党员占18%。党员学历情况:中学学历的党员占19%,大专及本科学历的党员占78%,研究生以上学历的党员占3%。

2018年底,康力电梯党委共有党员327人。康力电梯党委下设7个支部,其中中山广都机电支部因党员组织关系需属地管理撤销,新增技术中心支部,支部书记张建宏,党员26人;其余未变。

表20-1　　　　　　　　　　2002—2018年康力党组织及主要负责人

时　　间	机构/部门	主　要　负　责　人	党员人数
2002年5月—2004年2月	苏州康力电梯有限公司党支部	党支部书记：金云泉	7人
2004年3月—2006年8月	苏州康力电梯有限公司党支部	党支部书记：王友林（2004年3月起担任）	45人
2006年9月—2012年3月	中共康力电梯股份有限公司党总支	党总支书记：王友林 制造支部支部书记：孙全根 科室支部支部书记：金云泉 营销支部支部书记：王立凡	149人
2012年4月—2016年10月	中共康力电梯股份有限公司委员会	党委书记：王友林；副书记：孙全根、金云泉；委员：顾兴生、高新其、王立凡、朱玲花 制造支部支部书记：宁奎兴 营销支部支部书记：王立凡 科室支部支部书记：金云泉 工程质量支部支部书记：秦成松（2016年新增） 新达支部支部书记：孙叶青 中山广都机电支部支部书记：顾兴生（兼） 成都康力支部支部书记：孙全根（兼）	280人
2016年11月	中共康力电梯股份有限公司委员会	党委书记：王友林；副书记：孙全根、金云泉；委员：王友林、孙全根、金云泉、顾兴生、高新其、王立凡、朱玲花 制造支部支部书记：宁奎兴 营销支部支部书记：王立凡 科室支部支部书记：金云泉 工程质量支部支部书记：秦成松 新达支部支部书记：孙叶青 中山广都机电支部支部书记：马发朝（2016年变更） 成都康力支部支部书记：聂朝辉（2016年变更）	
2016年12月—2018年11月	中共康力电梯股份有限公司委员会	党委书记：王友林；副书记：孙全根、金云泉；委员：王友林、孙全根、金云泉、顾兴生、高新其、王立凡、朱玲花 制造支部支部书记：宁奎兴 营销支部支部书记：王立凡 科室支部支部书记：金云泉 工程质量支部支部书记：秦成松 新达支部支部书记：孙叶青 中山广都机电支部支部书记：马发朝（2016年变更） 成都康力支部支部书记：聂朝辉（2016年变更）	327人
2018年12月	中共康力电梯股份有限公司委员会	党委书记：王友林；副书记：孙全根、金云泉；委员：王友林、孙全根、金云泉、顾兴生、高新其、王立凡、朱玲花 制造支部支部书记：宁奎兴 营销支部支部书记：王立凡 科室支部支部书记：金云泉 工程质量支部支部书记：秦成松 新达支部支部书记：孙叶青 成都康力支部支部书记：聂朝辉 技术中心支部支部书记：张建宏	

二、思想建设

2002年5月，苏州康力电梯有限公司党支部成立。党支部抓组织建设、思想建设。党支部一班人通过学习党章、科学发展观理论,增强党性、执政意识和为员工服务意识。

2004年,公司党支部组织党员学习中共十六届三中、四中全会精神,提高党员思想意识,发挥党员先锋模范作用。

2006—2009年,公司党总支建立企业党员干部例行政治理论学习制度。政治理论学习内容包括马列主义、毛泽东思想、邓小平理论、党和国家的路线、方针、政策,上级重要会议文件、国际国内形势、时事等;政治理论学习时间为每月最后一个星期的星期六下午;政治理论学习方式为集中学习与个人自学相结合,并组织不定期答卷活动。公司党总支一班人的政治理论学习制度化、常态化、实效化,有力地促进了全体党员在企业经济发展中发挥骨干引领作用。

2010年,公司党总支按照中共吴江市委组织部《关于做好2010年民主评议党员工作的通知》精神,结合公司自身党建工作特点,开展民主评议党员的教育活动,并将民主评议与学习实践相结合,学习党的十七届四中、五中全会精神。参加民主评议的共70人,其中正式党员51人、预备党员7人、群众12人。经民主评议、表决,康力全体党员均为合格党员,1名党员为优秀党员。

2011年,公司党委确立"一个支部一个堡垒、一个党员一面旗帜"的党建目标,开展每季一个主题的学习实践活动,即党建"主题季"系列活动。第一季度,开展"讲三心、强三感、树三观"主题座谈会。讲"三心"为讲党心,讲民心,讲良心;强"三感"为强化责任感、紧迫感、自豪感;树"三观"为树立良好的事业观、政绩观、工作观,尤其突出党员干部的工作观。第二季度,开展"做诚信尽职表率,当企业发展先锋"主题演讲活动。第三季度,开展"团结、奋进、创新、奉献,智慧成长十五年"康力电梯股份有限公司15年主题征文活动。活动回忆十五年的艰苦创业、奋勇拼搏、点滴灿烂历程,展现康力人"团结、奋进、创新、奉献"的精神和再创辉煌的雄心。第四季度,总结系列主题季活动成效,全体党员和其他员工谈心得体会。季度主题活动增强了全体党员在企业工作中的责任意识、奉献意识。

2012年,公司党委组织党员干部学习中共中央总书记习近平"中国梦"的理论,全体党员达成"实现中华民族伟大复兴,就是中华民族近代以来最伟大的梦想"的共识,并决心为实现中华民族伟大复兴而努力工作。是年,开展全体党员创先争优"一句话承诺"活动,将所有党员承诺张贴在墙上,以接受群众监督,激励自己做出表率。

2013—2014年,公司党委组织开展3项主题学习活动,即开展十八大报告学习会;进行"道德讲堂"主题活动,对全体党员进行优良传统文化及道德教育,提高其思想素养;落实"金点子创意"工作及评比,使领导干部、党员职工的正确思想、正能量转化为科技创新的金点子,转化为公司的生产力。公司党委重视基层党支部建设,发挥党支部一班人的作用,以支部为单位开展各类活动,增强支部的战斗力和凝聚力。

2013年,公司党委在各支部开展"党员示范岗"活动,每个支部评选出一名在岗位上表现优异的优秀党员,发放锦旗,做出表率,树立标杆,激励全体党员争当岗位工作先锋。

2014年,公司党委召开全体党员冬训大会,组织学习汾湖高新区党委副书记吴新明"立足新常态、谋求新发展,全力以赴加快建设'苏州桥头堡'"党课,感召企业党员们为共建汾湖经济做出自己的贡献。共107名党员参加学习。

2015年,公司党委全体成员学习2015年国家发展改革委、外交部、商务部联合发布的《推进共建丝绸之路经济带和21世纪海上丝绸之路的愿景与行动》,学习国家主席习近平在2015年博鳌亚洲论坛开幕式上发表的主旨演讲,学习习近平在北京举行的"一带一路"国际合作高峰论坛上的主旨讲话。通过学习,党委一班人提高了对"一带一路"的认识,领会了"中国制造2025"的重要意义,并联系公司实际,加强两化融合,建立两化融合管理体系,并增加投入,提高公司智能化制造水平。

2015年4月,公司党委立项"青春党建培育工程",将培育青年党员与助力青年进步结合起来,搭建成长成才平台;将引导青年党员奉献与疏导心绪结合起来,营造党内和谐环境;将青春党建与其他党建工作结合起来,形成互促互进局面。

2015年年底,公司党委召开"推进依规治党　贯彻落实好党内两项重要法规"的冬训大会,重点解读《中国共产党廉洁自律准则》和《中国共产党纪律处分条例》这两项新修订的党内重要法规。

2016年,为隆重庆祝建党95周年,深入开展"两学一做"学习教育活动,公司党委召开全体党员大会,重温入党誓词。党委副书记孙全根做题为"努力学习党章党规,学习习近平系列讲话,争做合格党员"的主题党课,深入解读"两学一做"学习教育内容。全体党员还观看《亨通集团党委书记崔根良同志先进事迹报告会》视频,号召全体党员学习时代楷模,发挥先锋模范作用。

2016—2018年,公司党委开展"两学一做"学习教育活动,学习内容包括《中国共产党章程》《中国共产党廉洁自律准则》《中国共产党纪律处分条例》,以及习近平关于党的建设的各类重要讲话,还学习了《党支部书记及委员工作规程与方法》《关于加强基层服务型党组织建设的意见》《中国共产党发展党员工作细则》《党委会的工作方法》等。

2012—2018年,公司每年举行迎"七一建党节"主题活动,利用主题活动进行党员思想教育、组织队伍建设。

表20-2　　　　　　　　　　　　历年迎"七一建党节"主题活动统计表

年　份	活　动	时　间	地　点	人　数
2010年	瞻仰召开过"一大"的红船,追寻红色革命足迹	6月30日	嘉兴南湖	23人
2011年	缅怀革命先烈,茅山红色之旅	6月30日	句容茅山	28人
2012年	前往绍兴鲁迅故居、大禹陵、东湖等地考察学习	7月1日	绍兴	19人
2013年	迎七一红色拓展之旅	6月30日	苏州阳澄湖	25人
2014年	参观苏中七战七捷纪念馆,进行革命传统教育	6月28日	南通海安	45人
2015年	组织党员赴上海参观一大会址、博物馆	7月5日	上海	22人
2016年	观看华西村艺术团的精彩演出、参观高科技农业生态园	7月2日	无锡华西村	56人
2016年	第六支部(成都支部)参观建川博物馆,接受爱国主义教育	6月17日	成都大邑县	12人
2017年	参观新四军苏浙军区纪念馆,学习艰苦奋斗的革命精神	7月1日	湖州长兴县	38人
2018年	再游南湖,重追"一大"红船足迹	6月30日	嘉兴南湖	43人

三、党内纪检监察工作

2012年9月3日,中共康力电梯股份有限公司纪律检查委员会(简称纪委)成立,第一届纪委书记高新其,副书记朱玲花,委员宁奎兴、张建宏、陈连兴。

纪委成立后,开始健全党内监督制度,制定党员领导干部廉政从政准则,加强对领导干部的监督和管理。

2014年,公司举办全体中层以上干部参加的干部廉政建设动员会,由纪委副书记朱玲花做系统的培训和讲解。公司中高层管理人员130余人参加会议,会后现场签署《廉洁自律承诺书》。

2015年1月,公司纪委召开2015年度纪检监察工作会议。会议总结上年度纪检监察工作,布置当年度纪检工作要点:一是加强清廉文化企业惩防体系建设;二是继续开展清廉务实主题教育活动;三是规范流程,开展供应商协议共廉洁活动;四是深入现场,开展专项监督检查工作。

2016年11月15日,中共康力电梯股份有限公司纪委换届选举,选出中共康力电梯股份有限公司第二届纪委委员高新其、朱玲花、陈连兴、宁奎兴、张建宏等5人。11月16日,纪委召开会议,选举书记高新其,副书记朱玲花。

2018年,公司成立监察部,由党委副书记任部长,纪委副书记任副部长。监察部制订检查巡视计划,按计划对分公司进行纪检监察巡视,对发现的问题及时进行处理和教育,树立廉政之风。

四、党建荣誉

2006年,董事长王友林被中共江苏省委组织部评为江苏省先进个人。

2008年,康力电梯股份有限公司被中共苏州市委员会评为2006—2008年度苏州市非公有制企业"党建工作示范点"。

至2010年,康力电梯股份有限公司党组织连续3年(2008—2010年)被中共苏州市委员会评为苏州市先进基层党组织。中共吴江市委员会授予王友林"2010—2012年度吴江市创新争优优秀共产党员"称号。

2013年6月,康力电梯股份有限公司党委被中共苏州市委员会评为苏州市非公企业先锋党组织。

2016年,康力电梯股份有限公司党委获"汾湖高新区先进基层党组织"称号。

第二节 工 会

一、工会组织机构

2003年5月,公司工会成立,毛桂金任工会主席,有工会委员4人,工会会员230人,其中女会员25人。

2007年9月,工会主席毛桂金,增补孙全根、陈连兴为副主席,女职工委员会主任李雪芳。

2013年1月,工会主席王小林,副主席孙全根、马仲林、陈连兴,委员任建华、周国良、李雪芳、严雪飞、朱琳懿、叶建芳、郭朝辉、谢兰青。康力电梯工会下设5个委员会。经费审查委员会,主任任建华,委员周国良、严雪飞;女职工委员会,主任李雪芳,委员朱琳懿、谢兰青、叶建芳、郭朝辉;劳动争议调解委员会,主任孙全根,副主任陈连兴,委员李雪芳、严雪飞、郭朝辉;劳动保护监督检查委员会,主任马仲林,副主任李雪芳,委员谢兰青、朱琳懿、叶建芳;劳动法律监督委员会,主任陈连兴,副主任严雪飞,委员郭朝辉、叶建芳、谢兰青。当年公司工会会员1799人,其中女会员432人。

2014年,工会干部12人,工会会员2279人,其中女会员530人。是年,子公司苏州新里程电控系统有限公司、苏州润吉驱动技术有限公司均成立分工会,工会主席均由王小林兼任,并设工会委员。苏州新里程电控系统有限公司分工会设工会委员6人,委员朱雄广、杨祖荣、许吉航任经费审查委员会(简称经审委)委员,委员王丹任、赵尹清、陈紫英任女工委委员。苏州润吉驱动技术有限公司分工会设委员7人,委员姚志林、徐雷雷、沈希荣、朱冬军任经审委委员,委员黄露任女工委主任,委员高丽芳、丁爱琴任女工委委员。

2016年8月,工会主席王小林逝世,由副主席孙全根代理主席,副主席陈连兴、马仲林。女工委员会主任李雪芳,委员谢兰青、叶建芳、郭朝辉;劳动保护监督检查委员会主任马仲林,委员李雪芳、谢兰青、王全林、叶建芳。劳动争议调解委员会主任孙全根，副主任陈连兴，委员李雪芳、严雪飞、郭朝辉；劳动法律监督委员会主任陈连兴，副主任严雪飞，委员郭朝辉、叶建芳、谢兰青；经费审查委员会主任任建华，委员周国良、严雪飞。

2017年，工会主席孙全根（代），副主席孙全根、陈连兴、马仲林。工会下设5个委员会，女职工委员会人员做调整，主任李雪芳，委员谢兰青、叶建芳、郭朝辉；劳动保护监督检查委员会人员做调整，主任马仲林，委员李雪芳、谢兰青、王全林、叶建芳。其他3个委员会人员不变。

2018年，公司工会主席孙全根，副主席陈连兴（于2018年12月退休）。工会下设5个委员会，劳动争议调解委员会人员做调整，主任孙全根，委员李雪芳、严雪飞、郭朝辉；劳动保护监督检查委员会人员做调整，副主任李雪芳，委员谢兰青、王全林、叶建芳；劳动法律监督委员会人员做调整，副主任严雪飞，委员郭朝辉、叶建芳、谢兰青。其他2个委员会人员不变。

表20-3　　　　　　　　　　　　　康力电梯历届工会组织机构及主要负责人

届次	年份	主要负责人
第一届	2003年	工会主席：毛桂金　　　委员：4人（略）
第二届	2007年	工会主席：毛桂金　　　副主席：孙全根、陈连兴 女职工委员会主任：李雪芳
第三届	2013年	工会主席：王小林 副主席：孙全根、马仲林、陈连兴 委员：任建华、周国良、李雪芳、严雪飞、朱琳懿、叶建芳、郭朝辉、谢兰青 经费审查委员会：主任任建华，委员周国良、严雪飞 女工委员会：主任李雪芳，委员朱琳懿、谢兰青、叶建芳、郭朝辉 劳动争议调解委员会：主任孙全根，副主任陈连兴，委员李雪芳、严雪飞、郭朝辉 劳动保护监督检查委员会：主任马仲林，副主任李雪芳，委员谢兰青、朱琳懿、叶建芳 劳动法律监督委员会：主任陈连兴，副主任严雪飞，委员郭朝晖、叶建芳、谢兰青
第四届	2016年	工会主席：孙全根（代） 副主席：陈连兴、马仲林 女职工委员会：主任李雪芳，委员谢兰青、叶建芳、郭朝辉 劳动保护监督检查委员会：主任马仲林，委员李雪芳、谢兰青、王全林、叶建芳 劳动争议调解委员会：主任孙全根，副主任陈连兴，委员李雪芳、严雪飞、郭朝辉 劳动法律监督委员会：主任陈连兴，副主任严雪飞，委员郭朝辉、叶建芳、谢兰青 经费审查委员会：主任任建华，委员周国良、严雪飞
第四届	2018年	工会主席：孙全根 副主席：陈连兴 经费审查委员会—主任：任建华；委员：周国良、严雪飞 女职工委员会—主任：李雪芳；委员：谢兰青、叶建芳、郭朝辉 劳动争议调解委员会—主任：孙全根，委员：李雪芳、严雪飞、郭朝辉 劳动保护监督检查委员会—副主任：李雪芳；委员：谢兰青、王全林、叶建芳 劳动法律监督委员会—副主任：严雪飞，委员：郭朝辉、叶建芳、谢兰青

二、工代会、职代会与民主协商机制

公司坚持依据国家法律和法规要求，建立并规范职工代表大会制度，针对法律、法规要求的情况以及企业实际需要，及时召开工代会和职代会，履行民主协商制度，保障并行使职工民主权利。

2003年5月18日，公司工会在公司大会议室召开第一届工会会员大会，宣布公司工会成立。大会选举产生公司第一届工会，通过《康力电梯公司工会会员的权利》《康力电梯公司工会会员的义务》《康力电梯公司工会委员会工作制度》《康力电梯公司职工(会员)代表大会制度》《康力电梯公司工会劳动争议调解程序》和《康力电梯公司工会年度工作安排》等章程,并进行公示。

工会的职代会是实现民主管理的基本形式,职代会成为职工行使民主管理权利的机构,促使厂务公开、内容细化、形式丰富,同时维护职工权益,稳定职工队伍。职代会开展职工心理疏导,健全和完善劳动关系预警和调处机制。

工会每年定期召开职代会,畅通民主管理渠道,尊重职工代表的权利和意愿,贯彻落实《企业民主管理规定》。

截至2007年,公司工会第一届工会代表大会期间召开5次工代会、职代会,对公司管理中涉及职工利益的事项进行民主协商。

2008年5月,公司工会委员会召开第二届工会代表大会。大会由工会主席毛桂金做工会工作总结,表彰工会工作积极分子,部署第二届工会工作计划与目标。大会选举产生第二届工会委员会,委员5人,工会主席毛桂金。至2012年年底,康力电梯工会第二届工会代表大会期间召开4次工代会暨职代会,推进工会工作。

2011年,公司统一开展各项管理制度的制定、补充和完善,针对与员工利益相关的制度和政策,如《员工手册》及其他人力资源管理制度,制定明确的民主协商程序,并按照程序,通过职工代表履行协商手续。

2013年1月5日,公司工会委员会召开第三届第一次工会代表大会,出席代表56人。大会选举产生第三届工会委员会12人,第三届职工代表大会任期5年。

2014年4月14日,公司工会委员会召开第三届第三次职工代表大会,出席代表46人。会议主要议题是选举职工监事5人。职工监事依照法律程序进入董事会、监事会,代表职工行使决策和监督权利。

2015年1月21日,公司工会委员会召开第三届第四次工会会员代表大会暨职工代表大会,出席代表151人。工会主席王小林做2014年工会工作总结,提出2015年工会工作指导思想、奋斗目标和工作重点。

2016年1月8日,公司工会委员会召开第三届第五次工会会员代表大会暨职工代表大会,公司各部门包括新里程子公司、润吉子公司在内的工会会员132人出席大会。大会由公司党委副书记、工会副主席孙全根主持,会议主要议程是工会主席王小林做2015年工会工作总结报告,部署2016年工会工作要点,工会领导班子调整。调整后的公司工会委员会委员11人。是年10月21日,工会委员会召开第三届第六次职工代表大会,出席代表107人。全体与会人员听取第三届工会委员会说明公司第一期员工持股计划的相关事宜,并就拟实施员工持股计划事宜充分发表意见,对《关于第一期员工持股计划相关事宜》进行表决。经投票表决,同意票107票,《关于第一期员工持股计划的相关事宜》获得通过。

2017年4月21日,工会召开第四届第一次职工代表大会。代表们听取《康力电梯股份有限公司特殊工时工作制实施方案(草案)》的情况说明,讨论并进行表决,结果为同意票86票、弃权票13票。大会随即形成《关于申报特殊工时工作制的决议》。

公司坚持并规范职工代表大会制度,根据企业实际需要及时召开工代会、职代会,保障并行使职工民主权利。

三、工会工作

(一) 组织各项内外部职工文体竞赛及活动

2009—2016年,工会每年组织"康力电梯职工篮球赛",每届有6～8支代表各机构、子公司或部门的代表队参赛。历届篮球赛的举办,提高了企业的凝聚力和向心力,对打造积极向上、和谐奋进的企业文化,推动公司跨越式发展有着深远影响。

除篮球赛外,工会还经常举办其他各类内部职工文体竞赛,如乒乓球、羽毛球、歌咏、拔河比赛等,还会组织文艺晚会等活动,丰富职工业余生活。

表20-4　　　　　　　　　　　　历届康力职工篮球赛举行情况统计表

届　次	年　份	队伍数量	比　赛　结　果
第一届	2009年	6支	冠军:康力科室联队;亚军:康力车间联队
第二届	2010年	8支	冠军:康力科室队;亚军:康力电控车间队;季军:新达科室队
第三届	2011年	8支	冠军:康力营销中心队
第四届	2012年	8支	冠军:康力营销中心队;亚军:康力电梯事业部;季军:新达科室联队
第五届	2013年	7支	冠军:康力营销中心队;亚军:新里程队;季军:康力电梯事业队;体育道德风尚奖:新达二队
第六届	2014年	8支	冠军:康力营销中心队;亚军:康力质量部代表队;季军:康力开发部队
第七届	2015年	8支	冠军:营销中心队;亚军:新里程队;季军:工厂运营中心队;体育道德风尚奖:新大学生队
第八届	2016年	8支	冠军:营销中心队;亚军:康力工厂运营中心队;季军:和为联合队

表20-5　　　　　　　　　　历年其他各类内部职工文体竞赛、活动、晚会统计表

年　份	名　称	竞赛结果/活动概况
2010年	首届职工拔河赛	男子组冠军:新达大鹰队;亚军:康力骏马队;季军:康力飞虎队 女子组冠军:新达穆桂英队
2011年	第一届职工乒乓球赛	男子冠军:凌国兴 女子冠军:徐全英
2011年	康力职工琴棋书画表演赛	象棋冠军:陈卫其;书法冠军:陈卫其;画(素描)表演奖:孙艳;琴(笛子)表演奖:陈超
2011年	上市一周年庆活动	上篇:咱们工人有力量——篮球赛、拔河比赛 拔河比赛男子组冠军:新达代表队;女子组冠军:行政食堂代表队 下篇:汇聚成长的力量——文艺晚会 晚会共26个节目全部由内部员工表演
2011年	康力电梯征文歌咏比赛暨首届迎新晚会	现场进行歌咏比赛及节目表演,同时给征文获奖的选手颁奖
2012年	康力电梯第二届迎新晚会	晚会共19个职工节目,4轮现场抽奖活动
2012年	第二届职工乒乓球赛	男子冠军:张育祥;亚军:项羽峰;季军:凌国兴 女子冠军:杨卯英;亚军:曾庆菊;季军:郭朝辉
2013年	第一届职工羽毛球赛	男子组冠军陈吉 女子组冠军:徐秋萍
2013年	第三届职工乒乓球赛	男子冠军:李涛(润吉);亚军:干卯红(新里程);季军:马春平(新里程) 女子冠军:曾庆菊;亚军:杨卯英;季军:李冬英(新达)
2014年	第四届职工乒乓球赛	男子冠军:李涛(润吉);亚军:叶献(奔一);季军:杨斌(新达) 女子冠军:曾庆菊;亚军:李冬英(新达);季军:杨卯英

(续表)

年份	名称	竞赛结果/活动概况
2017年	建厂20周年庆职工运动会-拔河	女子组冠军：新达一队；亚军：新里程队；季军：电梯事业部 男子组冠军：新达二队；亚军：电梯事业部；季军：新达一队 男女混合冠军：扶梯事业部；亚军：工程质量队；季军：电梯事业部
2017年	建厂20周年庆职工运动会-羽毛球	女子冠军：仲叶（新里程）；亚军：高敏（新达）；季军：丁爱芹（润吉） 男子冠军：钱叙忠；亚军：陈吉（新里程）；季军：陆马刚（新里程）
2017年	建厂20周年庆职工运动会-跳绳	团体冠军：新里程队；亚军：电梯事业部；季军：技术中心队 个人女子冠军：连芳芳；亚军：宁秋琼（新里程）；季军：马丹霞 个人男子冠军：程威；亚军：陈健；季军：顾誉豪
2017年	建厂20周年庆职工运动会-定点投篮	冠军：新达一队；亚军：技术中心；季军：电梯事业部
2017年	建厂20周年庆大型文艺晚会	晚会邀请著名主持人周涛主持，著名歌唱家蒋大为、当红艺人许诺演唱
2017年	成都康力趣味运动会	项目包括拔河、2人3足、乒乓球接力、爱的抱抱和1分钟跳绳

表20-6　　　　　　　　　　　子公司中山广都历届运动会情况统计表

届次	年份	项目	结果（各项目冠军）
第一届	2012年	篮球、台球、羽毛球、乒乓球	篮球赛：科室队；台球赛：程伟成 男子羽毛球：梁培文；女子羽毛球：林琼珍 男子乒乓球：郑杰；女子乒乓球：成守香
第二届	2013年	篮球、拔河、台球、羽毛球、象棋、乒乓球	篮球赛：科室队；拔河：桁架车间队 男子羽毛球：程志杰；女子羽毛球：林琼珍 台球赛：胡伟仁；象棋：官斌 男子乒乓球：郑杰
第三届	2014年	篮球、拔河、台球、羽毛球、象棋、乒乓球	篮球赛：事业二部；拔河：桁架车间队 男子台球赛：赖奕锦；象棋：林海杰 男子羽毛球：程林佳；女子羽毛球：洪素心 男子乒乓球：林志华
第四届	2016年	篮球、拔河、接力、台球、羽毛球、跳绳	篮球赛：广都一队；拔河：电梯车间队 男子接力赛：郑杰、严健宏、刘龙锋、李炬文 女子接力赛：薛腊艳、严嘉铉、严井平、苏春凤 男子台球赛：赖奕锦；羽毛球：赖奕锦 跳绳：张晓英
第五届	2016年	篮球、拔河、接力、台球、羽毛球、乒乓球	篮球赛：康力一队；拔河：电梯一组 男子接力赛：严健宏、刘龙锋、罗日聪、李炬文 女子接力赛：梁淑芳、张晓英、童翠萍、曹翠红 男子台球赛：农有才；男子羽毛球：曾仕杰 男子乒乓球：闫书伟

表20-7　　　　　　　　　　　历年外部文体竞赛及获奖情况

项目	年份	名称	结果
足球	2013年	首届汾湖高新区欧普照明杯足球联赛	冠军
	2014年	第二届汾湖高新区欧普照明杯足球联赛	亚军
	2015年	第三届汾湖高新区欧普照明杯足球联赛	未获奖

(续表)

项目	年份	名称	结果
足球	2015年	"京浦杯"汾湖高新区男子足球赛	未获奖
	2017年	第四届汾湖高新区"碧桂园十里江南"足球联赛	第四名
	2018年	汾湖(黎里镇)首届全运会五人制笼式足球赛	亚军
篮球	2009年	汾湖高新区"远通杯"首届篮球赛	亚军
	2010年	汾湖高新区"远通杯"第二届篮球赛	第四名
	2011年	汾湖高新区"远通杯"第三届篮球赛	未获奖
	2015年	汾湖高新区"康力杯"首届篮球赛	冠军
	2016年	汾湖高新区"康力杯"第二届篮球赛	冠军
	2017年	汾湖高新区"康力杯"第三届篮球赛	亚军
	2014年	无锡"大明杯"首届男子篮球邀请赛	冠军
	2015年	无锡"大明杯"第二届男子篮球邀请赛	亚军
	2016年	无锡"大明杯"第三届男子篮球邀请赛	季军
	2017年	无锡"大明杯"第四届男子篮球邀请赛	冠军
	2015年	"康力杯"国际篮球挑战赛	冠军(中国队)
	2018年	汾湖(黎里镇)首届全运会三人制篮球赛	第四名
	2018年	吴江区总工会汾湖分工会首届职工篮球赛	冠军
	2018年	吴江区总工会职工篮球赛	亚军
乒乓球	2013年	汾湖区第一届总商会杯乒乓球赛	未获奖
	2014年	汾湖区第二届总商会杯乒乓球赛	亚军
	2015年	汾湖区第三届总商会杯乒乓球赛	未获奖
	2015年	汾湖区第二届"人才杯"乒乓球赛	未获奖
	2017年	汾湖(黎里镇)"法制汾湖杯"乒乓球赛	未获奖
	2018年	汾湖(黎里镇)全运会乒乓球男子团体赛	团体冠军
龙舟	2009年	汾湖高新区龙舟比赛	优秀奖
羽毛球	2018年	汾湖(黎里镇)全运会羽毛球赛	未获奖
田径	2018年	汾湖(黎里镇)全运会1 500米比赛	男子组亚军
	2018年	汾湖(黎里镇)全运会100米比赛	女子组冠、亚、季军
	2018年	汾湖(黎里镇)全运会铅球比赛	女子组亚、季军
拔河	2018年	汾湖(黎里镇)全运会拔河比赛	汾湖区冠军、吴江区亚军
跳绳	2018年	汾湖(黎里镇)全运会跳八字比赛	汾湖区亚军
文艺	2009年	吴江市"CCTV激情广场"爱国歌曲大合唱	康力100人合唱方阵
	2013年	吴江区汾湖赛区第六届职工文艺汇演	康力锡剧"双推磨"获二等奖
	2014年	吴江区汾湖赛区第七届职工文艺汇演	舞蹈"好运来"获汾湖区二等奖
	2015年	吴江区工会第八届职工文艺汇演	舞蹈"江南雨"获吴江区优秀奖
	2016年	吴江区工会汾湖赛区第九届职工文艺汇演	舞蹈"十送红运"获优秀奖

(续表)

项　目	年　份	名　　称	结　果
文艺	2016年	第三届汾湖区"康力杯"篮球赛颁奖晚会	康力节目：锣鼓队康力雄风
	2017年	吴江区工会第十届职工文艺汇演	舞蹈"青花瓷"获汾湖区二等奖、吴江区优秀奖 二胡"良宵"获汾湖区二等奖、吴江区优秀奖

（二）爱心送暖及工会福利

2003年，工会成立之初即着手建立困难职工档案，建立企业帮扶基金。是年起，每年春节前夕，工会给困难员工送温暖，发放补助金；给企业员工送上过年礼物与节日问候。

2005年起，夏季高温时段，工会代表公司除发放高温补助外，对一线员工另发防暑降温用品和饮料，并及时调整工作时间，改善生产条件，为有条件的生产车间安装空调等设施；冬季严寒时段，对长期在北方作业的工程人员，配发加厚棉服冬装御寒。2006年起，为改善部分居住苏州的员工的交通条件，工会协助公司增开苏州至公司的周末班车。工会每年在三八妇女节等女性节日发放福利品、组织竞赛活动，丰富妇女生活；对孕期女职工实行柔性管理，为孕期女职工合理调整岗位，给予产假、产假福利；给予女职工哺乳假，男职工陪产假；为产假回岗女职工合理安排工作岗位。

2012年，公司发起"命运无情人有情，爱心捐助暖人心"集体募捐活动。公司员工1 828人伸手援助，爱心捐款10.3万元，帮助公司双职工夫妇度过出治疗病女高额医疗费的困境。

2014年，公司专项慰问结婚、直系亲属去世的职工共计106人次，使员工真正感受到工会这个大家庭的温暖。

2014—2015年，每年年底，除公司春节福利外，工会还额外给每位职工发放工会福利。

2015年，康力电梯工会抓实"职工之家"建设，开展会员评议"职工之家"的评"家"活动。公司工会请会员寻找工会在"职工之家"建设中存在的薄弱环节与不足之处，征求会员对"职工之家"建设的希望和要求，倾听会员对"职工之家"建设提出的方法与措施，共同探索"职工之家"的职工书屋、职工餐厅建设新途径。工会为完善职工书屋、提升职工餐厅服务质量等"职工之家"建设广泛征求"金点子"，进行反复研讨商议，制定一系列切实可行的措施，使"职工之家"成为职工们名副其实的"家"。

2016年12月，康力电梯董事长爱心帮扶基金会正式成立，并于12月23日晚在康力电梯总部召开爱心基金启动大会。在基金募集活动的首批爱心捐款中，董事长个人捐款100万元，全集团助理部级以上共有516名领导干部踊跃参与，共捐款104 396元，活动共筹款1 104 396元。

表20-8　　　　　　　　　　　爱心基金启动资金捐款明细表

捐款机构/个人	捐款人数	捐款金额（单位：元）
王友林	1	1 000 000
康力电梯股份有限公司	336	66 586
苏州新达电扶梯部件有限公司	79	20 200
苏州奔一机电有限公司	9	900
广东康力电梯有限公司	10	2 700
苏州新里程电控系统有限公司	19	2 500
成都康力电梯有限公司	14	4 000

(续表)

捐款机构/个人	捐款人数	捐款金额（单位：元）
苏州润吉驱动技术有限公司	6	700
江苏粤立电梯安装工程有限公司	15	1 710
苏州和为工程咨询管理有限公司	3	700
广东广都电扶梯部件有限公司	14	1 800
苏州工业园区康力机器人产业投资有限公司	1	100
杭州法维莱科技有限公司	9	2 500
总　计	516	1 104 396

董事长爱心帮扶基金会是康力集团内部员工参加的互助组织机构，是企业内部公益性基金会。基金会以"企业倡导、员工参与，关爱员工、服务员工"为基本原则，筹备用于资助个人或家庭有特殊困难的职工的专项基金。

2017—2018年，"董事长爱心帮扶基金会"共帮助困难职工25人次，总计资助金额为23.66万元。

表20-9　　　　　　　　　　"董事长爱心帮扶基金会"员工自愿缴纳标准

级　别	缴纳标准	缴纳频率
员工级	2元	每月
主管级（含高级主管级）	5元	每月
部长级（含助理部长级）	10元	每月
总经理（含助理副总级）	20元	每月
副总裁级	50元	每月

2018年，为了更好地服务职工，特别是关爱女职工，公司在固定楼层设置私密、干净、舒适、安全的休息场所，统一张挂"妈妈驿站"标识，满足怀孕期和哺乳期女职工的特殊需要。"妈妈驿站"里提供舒适的沙发及小冰箱，方便哺乳期妈妈备奶、休息。

（三）"工人先锋号"创建活动

2014年，康力电梯股份有限公司的桁架车间桁架组14名员工在班组长陆小明带领下，投入创建吴江区"工人先锋号"活动；萨瓦尼尼柔性生产线班组7名员工在班组长沈林杰带领下，开展创建"工人先锋号"活动。2014年，康力电梯苏州轨道交通维保组陈志红班组获"工人先锋号"称号。

2015年，康力电梯机器人焊接组孙健班组获"工人先锋号"称号。

2016年，康力电梯苏州轨道交通维保组李晓明班组获"工人先锋号"称号。

2017年，康力工程中心干旻旭在中国技能大赛"鲁班杯"全国首届电梯安装维修工职业技能大赛上获得竞赛综合成绩第一名和电梯维修个人优胜一等奖，被报请全国总工会优先推荐参选"全国五一劳动奖章"提名。是年，康力电梯工程技术班组孟庆刚班组获"工人先锋号"称号。

四、工会荣誉

2007年4月，康力集团有限公司被吴江市总工会评为"劳动关系和谐企业"。

2009年5月,康力电梯股份有限公司工会被吴江市妇女联合会评为"中国就业创业实践基地"。

2014年4月,康力电梯工会职工服务中心被苏州市吴江区总工会评为"全区企业工会优秀职工服务窗口"。

2014年,康力电梯工会被苏州市厂务公开协调小组评为"苏州市厂务公开民主管理先进单位"。

2015年4月,康力电梯工会被江苏省总工会授予"江苏省五一劳动奖状"。

第三节 共 青 团

一、共青团组织机构

2004年7月,江苏康力电梯集团有限公司团支部成立。团支部书记李雪芳,团员85人。

2006年5月,康力集团有限公司团总支成立。团总支书记吴伊静,团委委员5人,团员155人。公司团总支下设制造团支部,支部书记干雄;营销团支部,支部书记李雪芳;科室团支部,支部书记严雪飞。

2013年5月,经共青团吴江区委员会批准,康力电梯股份有限公司团总支升格为康力电梯股份有限公司共青团委员会。朱琳懿为团委书记,陆跃峰为团委副书记,共有团员923人。康力电梯团委下设5个团支部:康力制造支部,支部书记华斌;康力科室支部,支部书记汤平平;新达支部,支部书记陶春丽;新里程支部,支部书记李小智;奔一支部,支部书记朱冬英。

截至2018年,公司团委领导班子不变,有团员839人。

表20-10　　　　　　　　　　　康力电梯共青团组织机构及主要负责人

时　　间	机　　构	主　要　负　责　人
2004年7月	江苏康力电梯集团有限公司团支部	团支部书记:李雪芳
2006年5月	康力集团有限公司团总支	团总支书记:吴伊静;团支部书记:干雄、李雪芳、严雪飞
2013年5月	康力电梯股份有限公司共青团委员会	团委书记:朱琳懿;团委副书记:陆跃峰 制造支部书记:华斌;科室支部书记:汤平平;新达支部书记:陶春丽;新里程支部书记:李小智;奔一支部书记:朱冬英
2017年1月	康力电梯股份有限公司共青团委员会	团委书记:朱琳懿;团委副书记:陆跃峰 制造支部书记:刘鹏;科室支部书记:汤平平;新达支部书记:陶春丽;新里程支部书记:朱晓强;奔一支部书记:朱冬英
2018年1月	康力电梯股份有限公司共青团委员会	团委书记:朱琳懿;团委副书记:陆跃峰 制造支部:支部书记刘鹏;康力科室支部:支部书记汤平平;新达支部:支部书记李君;奔一支部:支部书记朱冬英;新里程支部:支部书记朱晓强

二、共青团工作

公司团委在党委的带领下,联合工会、妇联等,经常开展丰富多彩的职工活动。

2004年11月,江苏康力电梯集团公司共青团组织注重团员技术水平的提升,推荐团员参加公司举办的培训。是年,团组织加强团员的文明礼仪教育,要求团员时时、处处注意行为规范,认真执行《员工手册》,讲文明、懂礼貌,成为康力的优秀员工。

第二十章　党工团

多年来,团组织组织团员参加爱心活动,关心社区少年儿童的成长,每逢儿童节,开展大手牵小手关爱活动,给孩子送上节日礼物,与孩子共庆节日。

截至2010年,康力电梯股份有限公司共青团组织重视并加强团干部队伍建设,选拔培养优秀骨干,提高团组织干部队伍的工作魄力与领导能力。团组织重视青年的进步,引导青年努力求上进,加入团组织;关心团员的学习与素质提高,通过政治学习例会、网络团校、送外培训等途径提高团员的思想品质和业务能力。

2011—2013年,康力电梯股份有限公司共青团组织在公司党委领导下,配合公司工会开展普法工作宣传教育活动。公司建立以董事长王友林为组长的法制宣传领导小组,制定法制教育工作计划,建立普法工作台账;建立法制学校,制定法制学校章程,制订法制学校年度工作计划,进行普法知识系列学习和培训;组织一支以共青团为主体的普法志愿者队伍,由徐福林、王亮亮、朱琳懿、王清济、陈超、陈莹、薛晨燕、徐雪琴、汤檬等团干部和团员积极分子为志愿者,开展普法活动;组织收听法制专题广播、观看法制电视节目、阅读普法报刊,组织法律咨询,布置法制宣传橱窗,进行法制文艺演出、法制灯谜竞猜、法制征文活动,组织学法考试、法制演讲等。普法教育活动,使公司上下普及法律知识,营造学法、讲法、知法、守法、执法的氛围。

2013年,公司正式成立"康力阳光志愿队",并根据团委组织架构,设置制造、营销、科室、新达、中山广都、成都康力六支分队,分别开展活动,志愿队中80%以上为公司团员,小部分为非团员青年。志愿队设置几项常规活动内容,包括敬老爱老活动,如中秋、端午等节日至敬老院慰问孤寡老人;阳光助学活动,如至民办子弟学校帮助家庭困难的学生;环保活动,如参加植树节活动、维护公共环境等。

2013—2017年,每年六一儿童节前夕,公司团委都提前在公司发动团员为民办子弟学校的孩子们捐赠书籍、文具等。节日当天,公司团委组织志愿者至芦墟民办子弟学校进行"手拉手、心连心"公益活动,为学校的孩子们送去文体用品、各种书籍。公司团委每年都积极参加上级团委组织的植树节、清明节等各项节日活动。

2013年4月16日,公司团委参加上级团委组织的"燃青春之火,传大爱之心"汾湖青年志愿者行动专题会。在行动专题会上,康力阳光志愿队主要负责人之一郭朝辉获得"优秀志愿活动组织者"称号。

2015年,在纪念中国人民抗日战争暨世界反法西斯战争胜利70周年之际,公司团委组织团员与非团员青年聆听中共中央总书记、国家主席、中央军委主席习近平在纪念大会上的重要讲话,铭记历史启示的真理——正义必胜、和平必胜、人民必胜;观看阅兵式,感受祖国强大的军威。全体团员接受了一次深刻的爱国主义教育。

截至2018年,康力电梯的共青团员朝气蓬勃求上进,吃苦耐劳走在前,钻研业务搞创新,一个个脱颖而出,成为企业骨干。

三、共青团荣誉

2013年5月,共青团苏州市委员会授予朱琳懿"苏州市非公企业百名团建带头人"称号,授予顾敏健"苏州市非公企业百名青年岗位能手"称号。

2014年1月,共青团苏州市吴江区委员会授予康力电梯股份有限公司电梯制造团支部2013年度吴江区"优秀团支部"称号。

2015年2月,共青团苏州市吴江区委员会授予康力电梯股份有限公司新达团支部2014年度吴江区"优秀团支部"称号,授予陶春丽2014年度吴江区"优秀团支部书记"称号。

2016年1月,共青团苏州市吴江区委员会授予康力电梯股份有限公司团委2015年度"吴江区优秀团委"称号,授予陆跃峰2015年度吴江区"优秀团支部书记"称号,授予孟庆刚2015年度吴江区"青年岗位能手"称号。

2017年1月,共青团苏州市吴江区委员会授予康力电梯股份有限公司团委2016年度"吴江区优秀团委"称号,授予汤平平2016年度吴江区"优秀团支部书记"称号,授予崔力健2016年度吴江区"青年岗位能手"称号。

第二十一章 社会责任

公司创办以来,始终秉持货真价实、诚实守信原则合法经营,在追求经济效益的同时,始终承担着应尽的社会责任。

第一节　股东权益保护

2007年,公司进行股份制改革,严格按照《公司法》《证券法》要求,对《公司章程》《股东大会议事规则》《募集资金专项管理制度》不断进行相应的修订和完善,促进公司各机构高效运作,完善法人治理机制,健全内部管控制度,确保公司各项管理有法可依、有章可循。

是年,公司为上市作准备,召开多次股东大会,将股份分为自然人股、社会法人股、国有法人股三类,共计10 000万股。审议事宜严格按照规定程序执行,由律师事务所律师现场见证并出具法律意见书,广大股东现场投票或通过网络投票进行表决。审议事项影响中小投资者利益时,进行单独计票表决,以确保投资者(股东)利益。

2008年,公司向全体股东共分配1 000万元(含税)。

2009年,公司向全体股东派发现金红利3 337.5万元(含税)。

2010年3月,公司在深圳证券交易所上市。是年,公司披露临时公告38个、定期报告3个,披露公司经营、对外投资、股权激励等情况,让股东和债权人了解、掌握公司运营、财务状况,为投资者提供充分可靠的投资依据。是年,公司共接待基金公司、证券公司访问120人次,互动中与投资者建立相互信任、利益一致关系。是年,公司股份总数13 500万股,供股东分配的利润11 987.5万元;向全体股东每10股派发现金红利3元,分配现金红利4 806万元。

2011年,公司股份总数25 248万股,供股东分配的利润15 110.24万元;向全体股东每10股派发现金红利3元,分配现金红利7 574.4万元。2012年,公司股份总数36 890万股,供股东分配的利润9 516.75万元;向全体股东每10股派发现金红利2.5元,分配现金红利9 516.75万元,确保公司股东获得稳定、持续的投资回报。

2014年,公司与投资者(股东)建立良好互动关系。在年度报告说明会上,董事长、董事会秘书、独立董事、财务总监出席会议,对投资者在线提问进行详细解答与说明。通过互动易平台,投资者热线、董秘邮箱、接待投资者现场调研,公司与投资者、投资机构良好沟通,提升公司信息披露透明度。是年,公司现场接待投资者126人次,接听投资者来电145人次,网络业绩说明会上回复投资者提问56个,互动易平台回复率100%。是年,公司股份总数73 860万股,向全体股东每10股派发现金红利2.5元,分配现金红利18 465万元。

2015年,公司在世界金融危机中,依照"一带一路"倡议,按公司目标,在继续抢占国内市场的同时,走出国门,凭业绩确保公司经济利益和股东利益最大化。股东大会共发布公告87个,获深圳证券交易所信息披露考评A级。

2016年,公司召开4次股东大会,9次董事会,7次监事会,持续提高信息披露透明度,发布各类公告121个,接待投资者现场调研113人次,接听投资者来电167人次,网络业绩说明会上回复投资者提问40个,互动易平台回复率100%。是年,公司股份总数79 765万股,向全体股东每10股派发现金红利2元,分配现金红利15 953.05万元。为确保股东权益,公司对涉及定期报告、董事会决议、监事会决议、股东大会决议、制度建设、非公开发行股票、对外投资信息的事宜,先后共发布公告87个。

2017年,公司召开6次股东大会,平等对待所有股东,保障中小股东权益。公司发布各类公告141个,不存在应披露而未披露情形。与投资者沟通中,接待投资者现场调研17场、123人次,接听投资者来电246人次,互动易平台回复投资者提问79个。公司指定《证券时报》《证券日报》和巨潮资讯网作为信息披露媒体,确保所有投资者公平获取公司股市信息。是年,公司股份所有者权益(股东权益)37.85亿元,股份总数79 765.27万股,向全体股东每10股派发现金红利2.5元(含税),分配现金红利19 941.32万元。

2018年,为加强与投资者的沟通,公司逐步建立起多元化的投资者沟通机制。除法定信息披露渠道外,投资者还可以通过互动易平台、投资者热线、董秘邮箱、公司网站、直接到访公司、参与网络业绩说明会和策略报告会等平台与方式,与公司广泛交流,全方位了解公司经营动态。

是年,公司共现场接待投资者调研77人次,接听投资者来电211人次,互动易平台回复投资者提问41个,网络业绩说明会回复投资者提问20个,加深投资者对公司的了解,促进公司与投资者之间的良性互动。

公司根据中国证监会《关于进一步落实上市公司现金分红有关事项的通知》(证监发〔2012〕37号)以及《上市公司监管指引第3号——上市公司现金分红》《公司章程》《未来三年股东回报规划(2018—2020年)》等要求,重视投资者合理回报,科学派发现金红利。2018年半年度利润分配时,公司向全体股东每10股派发现金红利6元(含税),分配现金红利47 859.16万元,给投资者带来丰厚回报。

第二节 税 收 上 缴

康力电梯股份有限公司自创办以来,依法经营,主动纳税,每年都向国家和地方上缴各项税费,为国家和地方财政税收增长做出贡献。

表21-1 2009—2018年康力电梯股份有限公司上缴税收情况表 单位:万元

年 份	金额(集团)	年 份	金额(集团)
2009年	5 342	2014年	27 546
2010年	6 949	2015年	33 604
2011年	8 341	2016年	32 700
2012年	12 015	2017年	20 500
2013年	22 305	2018年	17 200
2009—2018年合计纳税			186 503

第三节 慈 善 捐 款

2008年5月19日下午,康力电梯股份有限公司员工集会向四川汶川地震灾区受难同胞捐款70万元。7月,公司向四川绵竹市城南中学捐赠价值3万元的文化、体育用品。是年,公司捐款共计350万元。

2010年,公司参加社会公益活动,向社会和地方各机构、部门捐款,践行企业社会责任,为构建和谐家园做出应有贡献。公司向吴江市慈善基金会捐款60万元,并通过吴江市慈善基金会向甘肃玉树地震灾区捐款 20 万元；向苏州大学教育发展基金会捐款 30 万元，并通过吴江市慈善基金会定向捐款吴江市总商会"光彩事业"奖助学金 20 万元；捐赠吴江市见义勇为基金会基金款 40 万元。是年，公司捐款共计 170 万元。

2011 年 1 月，公司向南京工业大学教育基金会、吴江市慈善基金会和癌症康复协会捐款 414 万元。

2012 年 2 月，公司向吴江市党员关爱基金会捐款 1.2 万元。4 月 23 日，党总支牵头，联合工会、团组织，发起"命运无情人有情，爱心捐助暖人心"活动，有 1 828 人参与，为员工沈林、吴红霞的女儿治病捐款 10.3 万元，其中，党员 54 人捐款 1.09 万元。是年，公司向吴江区慈善基金会捐款和资助学校、扶贫、敬老、医疗捐款共计 634 万元。

2013 年，公司向苏州市慈善基金会、吴江区慈善基金会吴江区慈善万人行活动捐款 748 万元。其中，公司给企业内部工厂运营中心和营销中心 8 名困难职工发放慰问金，人均 800 元。

2014 年，公司向社会公益捐款 561 万元，其中苏州市吴江区慈善基金会 500 万元、苏州市教育发展基金会 30 万元、江苏省汾湖高新区工会委员会 10 万元、吴江区劳动模范协会 8 万元、黎里镇龙泾村 251 名 75 周岁以上老人慰问金 5.02 万元、莘南村村民委员会 65 周岁以上老人慰问金 2 万元、广东省中山市红十字会（慈善万人行）3.6 万元、其他公益活动 1.82 万元。

2015 年，公司向社会公益捐款 516 万元，其中苏州市吴江区慈善基金会 500 万元、南朗慈善万人行 3.6 万元、社会其他公益活动 12.7 万元。是年，公司补助公司内 3 名困难职工每人 1 000 元，共计 3 000 元。

2016 年 12 月，公司董事长爱心帮扶基金会启动暨募捐仪式在公司总部举行。董事长王友林个人捐款 100 万元，全公司部长级以上领导干部 516 人，慷慨解囊，共捐款 21.83 万元。是年，公司热心慈善公益事业，全年累计为各类基金会、学校、社会团体捐款 523 万元，其中吴江区慈善基金会 500 万元、龙泾村 75 周岁以上老人春节慰问金 4.82 万元、莘南村 65 周岁以上老人慰问金 3 万元、广东省中山市南朗镇慈善万人行 3.6 万元、苏州市光彩事业促进会（苏州新四军研究会）3 万元、陕西省宁陕县马婷大学资助金 1 万元、其他公益活动 7.58 万元。

2017 年，公司为各类基金会、学校、社会团体等捐款 710 万元，其中苏州市吴江区慈善基金会 300 万元、江苏大学教育发展基金会 8.73 万元、扶贫公益基金 401.27 万元。公司荣获第七届中国公益节"年度责任品牌奖"、第三届"江苏慈善奖"。

2018 年，公司在稳健发展的同时，积极参与社会公益事业，为和谐社会建设贡献自己的力量。公司全年累计为各类基金会、学校、社会团体等捐款 351.33 万元。为持续传递安全乘梯理念，公司举办"安全乘梯幸福生活"系列公益活动，与各利益相关方建立良好的公共关系，促进社会繁荣。

至 2018 年，公司各类社会捐款捐物合计超过 5 500 万元，董事王友林个人捐款捐物合计 1 500 万元。

表 21-2　　　　　　　　　　　　　公司历年主要公益慈善捐款捐物

年　份	金额（元）	主要捐助对象
2002 年	180 000	吴江市芦墟镇村建、芦墟镇 70 岁以上老人及党员
2003 年	120 000	20 名贫困学生（共 6 年）
2004 年	190 000	步步高女子排球联赛、苏州市游泳协会等
2005 年	1 150 000	汾湖开发区办公楼、第十届全运会、世界速度轮滑锦标赛
2006 年	540 000	吴江市慈善总会、吴江区中小学建设及助学基金等

(续表)

年　份	金额(元)	主要捐助对象
2007年	2 750 000	苏州市慈善总会、吴江市慈善总会
2008年	3 500 000	吴江市慈善总会(2008年四川地区抗震救灾)
2009年	150 000	苏州青少年发展基金、吴江红十字会等
2010年	1 700 000	苏州大学教育发展基金会、吴江慈善基金会等
2011年	4 140 000	南工大教育基金会、吴江市慈善基金会和癌症康复协会等
2012年	6 340 000	吴江慈善基金会、吴江党员关爱暨帮扶困难群众基金会等
2013年	7 480 000	苏州慈善基金会、吴江区慈善基金会、慈善万人行活动等
2014年	5 610 000	中山红十字会、吴江区慈善基金会、龙泾村等建设慰问金等
2015年	5 160 000	吴江区慈善基金会、莘南村、龙泾村、莘西村及元荡村建设等
2016年	5 230 000	慈善万人行、吴江区慈善基金会、乡村建设、莘塔小学、贫困慰问等
2017年	7 100 000	大学教育基金、慈善万人行、吴江区慈善基金会和癌症康复协会等
2018年	3 510 000	苏州光彩事业、慈善万人行、吴江区慈善基金会、乡村建设等
合　计	55 450 000	

第四节　爱心活动

2011年1月,康力电梯股份有限公司组织员工参加义务献血等爱心活动。

2012年,公司注重创造社会价值,把履行社会责任的重点放在参加社会公益事业的爱心活动上。是年,公司员工54人共捐款10 900元。

2013年年初,公司在自身发展的同时,不忘回报社会,以高度社会责任感打造公司良好的社会形象,开展"康力阳光志愿队"的各类志愿活动。2月5日,在公司工会主席、副主席带领下,志愿队到莘塔敬老院慰问35名老人,并赠送给每人200元的红包。3—4月,志愿队探访敬老院孤寡老人,参加植树节活动、清明烈士公园扫墓活动。5月30日,志愿队20名队员发起"六一"献爱心活动,走进民工子弟学校,向学生捐赠、分发学习用品。是年,公司购买488套文具送给民工子弟学校学生。

2014年1月27日,公司工会走访敬老院,给30名老人发放每人200元的红包,共计6 000元。6月4日,公司党委召开党员大会,举办党员关爱基金捐赠活动,各党支部党员99人共捐献爱心善款14 250元,用于帮助困难群众和贫困大学生。8月,公司开展"安全乘梯幸福生活"知识普及公益活动。9月5日,公司在苏州市吴江区湖滨华城对300余人进行安全乘梯知识宣传,活动丰富多彩,有知识宣讲,有安全文明乘梯规范歌唱,有模拟应急演练,并发放《安全乘梯手册》。

2015年春节,公司领导走访莘塔敬老院、元荡村、龙泾村、莘南村,关怀老年人健康状况,送上新春祝福及节日慰问金。6月1日儿童节,公司开展"大手拉小手"活动,向民工子弟学校赠送书籍、文具、体育用品。是年,公司举办多场爱心义卖活动,义卖所得钱款全部用在爱心募捐基金;向元荡村村民委员会捐献爱心资助款5万元,给龙泾村75周岁以上老人发放资助款4.52万元,给莘南村村民委员会发放慰问金2万元。6月13日,公司在江西省赣州开展"安全乘梯幸福生活"公益讲座,普及安全乘梯知识。6月27日,公司在湖南省长沙市进行"安全乘梯幸福生活"公益安全宣传活动,宣讲安全使用电梯、规避风险的知识及应急救援措施,参与居民有600余人。10月24日,公司在山东省聊城、金柱、康城等地开展"安全乘梯幸福生活"公益宣传活动。

2016年4月24日,公司在苏州开展"安全乘梯幸福生活"系列公益爱心活动,普及安全乘梯知识,传递安全乘梯理念。5—8月,公司多次赞助全国、苏州市、吴江区的足球、篮球、游泳、跆拳道等体育赛事,还登陆美国纽约时代广场,为中国奥运健儿加油喝彩资助。是年,党员128人捐款17 500元。公司工会和董事长爱心帮扶基金会向21名因病或家庭经济困难的员工发放爱心扶贫帮困金3.7万元。公司在上海市,河北省唐山市、石家庄市,河南省洛阳市、濮阳市,福建省福州市等地开展安全乘梯大型宣传活动,深入街区、学校。公司荣获第六届"中国公益节2016年度责任品牌奖",此荣誉为中国电梯行业首例。

2017年5月下旬,公司赞助莘塔小学女子足球队成功晋级"省长杯"总决赛。6月5日,莘塔小学女子足球队甲组获苏州市"市长杯"冠军。是年,公司投入扶贫公益基金308.4万元。公司登上"吴江区社会各界慈善捐款爱心榜",荣获第七届"中国公益节2017年度责任品牌奖"、第三届"江苏慈善奖"。公司还不定期开展志愿者服务活动,参与无偿献血,先后有10余人参与义务献血。公司进一步在全国范围内推动安全乘梯理念,共举办"安全乘梯幸福生活"系列公益活动9场,传递安全乘梯知识,先后在山东省淄博市碧桂园周村区、河北省石家庄市北关小学、河南省濮阳市越秀花园、江苏省苏州地铁4号线察院场站、吴江区站、南京市站、山东省泰安市站、福建省三明市站等地开展大型安全乘梯宣传活动。

2018年7月,成都市金堂县连日暴雨发生险情。成都康力志愿队在洒水车及抗洪工具紧缺的情况下,有秩序地兵分三路进行清淤行动。中高层领导干部和党员作为先锋带头,头顶烈日,会同全体成都康力志愿者一起冲洗路面淤泥,及时疏通排水口,争分夺秒清理每一寸道路。在耍都河边道路上,面对陷脚的淤泥,志愿者仍然一把铁锹一把铁锹努力完成任务,一步步将面目全非的街道打扫得干净整洁。7月,康力电梯辽宁分公司维保部举行"安全乘梯·乐享生活"康力电梯乘梯安全进社区大型活动,走进盛京绿洲和荣盛城两个小区。此次活动中,辽宁分公司维保部用展板、挂画等形式向小区居民生动地讲解电梯乘梯安全注意事项、自救方法等,并向居民赠送小纪念品,活动得到居民们的高度认可。是年,公司在苏州市2018年企业行业协会社会责任报告发布会上发布社会责任报告,被授予苏州市2018年社会责任发布证书。康力电梯作为公益事业先行者,以实际行动弘扬公益精神,传递公益力量,荣获第七届中国公益节"年度责任品牌奖"。公司不定期开展志愿者服务活动,并号召员工参与无偿献血,先后有10余人参加义务献血。

第五节 村企结对

康力电梯股份有限公司自创办以来,一直关注并热心参与社会慈善公益事业,为地方、为家乡解决劳动就业问题、改善民生、发展经济做出贡献。董事长王友林一直关心家乡汾湖高新区龙泾村的建设和发展,多次以个人名义捐款资助龙泾村村庄建设、环境治理、修筑石驳岸、建桥、筑路;为村民出资,敬老助学。

2008—2015年,为贯通龙泾村中石佛浜与任家湾两个自然村,董事长王友林出资200万元修建一路一桥:一条村道,长700 m,宽5 m,水泥路面,作为村间公路,命名为康力路;一座桥梁,贯通石佛浜与任家湾两个自然村,桥长30 m,宽8 m,水泥平板结构,可通行汽车,命名为康力桥。

2016年,公司为《龙泾村志》提供出版资金资助款12余万元。是年,公司为龙泾村捐款160余万元,并承诺此后每年为建设投入100万元,继续帮助龙泾村建设道路、桥梁、驳岸、绿化、路灯、运动场、停车场、文体活动中心等基础设施,实施"村企结对"共建。董事长王友林本人为龙泾村生态治理捐款900万元。

2017年7月19日,康力电梯股份有限公司与龙泾村"村企结对"揭牌仪式在龙泾村村委会举行,开启共建"村企结对"新模式。

2018年,康力电梯股份有限公司为社会公益事业做出巨大贡献,享誉地方和民间,尽到社会责任。

表21-3　　　　　　　2003—2018年康力电梯股份有限公司社会公益事业获奖情况表

年　　月	荣　　誉	颁　奖　单　位
2003年5月	抗击"非典"捐款荣誉证书	吴江市红十字会
2005年1月	2004年度全民健身活动贡献奖	吴江市体育局
2007年4月	劳动关系和谐企业	吴江市劳动局人事局等部门
2007年5月	劳动关系和谐企业	苏州市人民政府
2008年1月	2005—2006年度江苏省文明单位	江苏省精神文明指导委员会
2010年10月	江苏省民营企业纳税大户	中共江苏省委统战部、省国税地税局 江苏省工商联合会
2010年10月	江苏省民营企业就业先进单位	中共江苏省委统战部 江苏省商业联合会 江苏省人力资源和社会保障厅
2010年12月	2007—2009年度江苏省精神文明建设工作先进单位	江苏省精神文明指导委员会
2012年2月	苏州市慈善奖楷模	苏州市人民政府
2012年3月	热衷社会公益事业荣誉奖章	中国质量监督检验检疫总局 中国国家教育部基础一司 上海市电梯行业协会
2013年4月	吴江区非公企业关心下一代工作"五好"先进单位	苏州市吴江工商行政管理局 吴江区关心下一代工作委员会 吴江区非公经济关心下一代工作委员会
2013年10月	2010—2012年度江苏省文明单位	江苏省人民政府
2015年4月	江苏省五一劳动奖章	江苏省人民政府
2015年12月	江苏慈善奖捐赠单位	江苏省人民政府
2016年	苏州市文明单位	苏州市精神文明建设指导委员会
2016年9月	江苏省文明单位	江苏省精神文明建设指导委员会
2017年11月	江苏省民营企业纳税大户	江苏省人民政府
2017年12月	第三届"江苏慈善奖"	江苏省人民政府
2018年7月	江苏省慈善奖	江苏省人民政府
2018年9月	第三届"苏州慈善奖"	苏州市人民政府

第二十二章

人物与荣誉

第一节　人　　物

一、集团公司主要管理人员

王友林

男,汉族,1963年5月生,江苏吴江人,1983年7月参加工作,2004年5月加入中国共产党,大学学历,高级工程师、正高级经济师,现任康力电梯股份有限公司党委书记、董事长、总裁。

1977年9月—1979年7月	莘塔中学(高中)
1979年11月—1980年7月	莘塔中学(高考复习)
1980年9月—1981年7月	芦墟中学(高考复习)
1981年7月—1983年7月	务农、自谋职业
1983年7月—1993年6月	南汽吴江跃进客车厂工人、技术员、科长(其间:1984年9月—1987年2月在江苏大学汽拖工程系汽车专业全日制学习,取得本科学历)
1993年6月—1995年7月	辞去公职,下海创业,挂靠经营南灶金属制品厂
1995年7月—1997年10月	承包经营莘塔通用机械厂
1997年11月—2000年10月	创立新达电扶梯部件有限公司,任董事长、总经理
2000年10月—2004年2月	创立康力电梯有限公司,任董事长、总经理
2004年2月—2004年11月	新达电扶梯部件有限公司董事长、康力电梯董事长、康力党支部书记(2004年5月—2005年5月在复旦大学经济管理学院MBA总经理班学习)
2004年11月—2005年11月	江苏康力电梯集团董事长、康力党支部书记(2004年11月—2004年12月在新加坡国立大学EMBA学习)
2005年11月—2007年10月	康力集团董事长,康力电梯董事长、总裁,康力党支部书记
2007年10月—2012年4月	康力电梯股份有限公司董事长、总裁,康力党支部书记
2012年4月至今	康力电梯股份有限公司董事长、总裁,康力党委书记(其间:2013年5月—2013年6月在清华大学人文学院MBA学习;2018年3月—2020年3月在清华大学五道口EMBA学习;2016年开始,在北大光华管理学院EMBA学习)

社会职务:
江苏省第十三届人大代表
苏州市第十五届、第十六届人大代表
中共苏州第十次、第十一次、第十二次党代会代表
吴江区(市)第十一届、第十二届、第十四届、第十五届、第十六届人大代表
中共吴江区(市)第十一次、第十二次、第十三次党代会代表

吴江区政协第十二届委员,第十三届委员、常委
中国国际商会第八届理事会副会长
江苏省工商联第十一届执委会执委
苏州市工商联第十三届常委、第十四届执委会副主席
吴江区工商联第七届、第八届、第九届执委会副主席(区总商会副会长)
汾湖高新技术产业开发区总商会第一届、第二届理事会会长
中国电梯协会第七届、第八届理事会副会长
上海市电梯行业协会第四届、第五届、第六届理事会副会长
苏州轨道交通产业协会第一届、第二届、第三届理事会会长
苏州市电梯业商会第一届、第二届理事会会长
苏州市吴江区电梯行业协会第一届、第二届、第三届、第四届、第五届理事会会长
苏州市游泳协会第四届、第五届、第六届理事会会长
苏州大学第二届董事会董事,第三届、第四届董事会常务董事
常熟理工学院第一届董事会董事、第二届理事会常务理事、第三届理事会常务理事

王小林

男,汉族,1955年3月生,江苏吴江人,1973年7月参加工作,初中学历,高级经济师,2016年因病去世。

1970年9月—1972年6月	龙泾中学(初中)
1972年7月—1980年3月	莘塔公社火箭大队生产队会计、手扶拖拉机司机
1980年3月—1994年1月	吴江电梯厂机修组长、设备科长
1994年1月—1995年12月	南灶金属制品厂钣金加工师傅
1995年12月—1997年12月	莘塔通用机械厂车间主任
1997年12月—2004年2月	新达电扶梯部件有限公司副总经理
2004年2月—2005年5月	康力电梯销售中心副总经理兼销售七、八部经理
2005年5月—2006年2月	康力电梯营销总经理助理(副总经理级)、销售二部经理
2006年2月—2007年2月	康力营销副总监
2007年2月—2013年12月	康力营销(中心)副总经理,并担任上海分公司总经理、西部大区总经理
2014年1月—2016年8月	康力电梯股份有限公司工会主席、营销中心副总经理、东北大区经理
2016年8月	因病去世

朱林荣

男,汉族,1956年10月生,江苏吴江人,1972年7月参加工作,2015年7月加入中国共产党,初中学历,高级经济师,现任苏州奔一机电有限公司总经理、康力集团战略采购二部副总经理。

1970年9月—1972年6月	莘塔中学(初中)
1972年7月—1993年6月	龙泾村生产队务农、龙泾村生产队会计、副队长,龙泾村副业队花木公司副队长,龙泾村副业队承包砖瓦厂会计
1993年6月—1995年7月	南灶金属制品厂工人

1995年7月—1998年1月	莘塔通用机械厂车间主任、会计
1998年1月—2006年2月	新达副总经理兼采购部部长
2006年2月—2007年2月	新达副总经理、康力电梯采购部经理
2007年2月—2008年2月	新达副总经理、苏州奔一机电有限公司副总经理、康力集团采购中心副总经理
2008年2月—2011年2月	新达公司副总经理、奔一公司总经理、集团采购中心副总经理
2011年2月—2018年3月	奔一公司总经理、新达副总经理、集团策略采购部总监
2018年3月—2018年11月	集团战略采购部总经理,新达副总经理,苏州奔一机电有限公司总经理
2018年至今	集团战略采购二部副总经理,苏州奔一机电有限公司总经理

陈龙海

男,汉族,1976年9月生,江苏吴江人,1995年7月参加工作,中专学历,现任广东广都电扶梯部件有限公司、广东康力电梯有限公司副总经理(主持工作)。

1992年9月—1995年6月	芦墟成人教育中心(中专)
1995年7月—1997年10月	莘塔通用机械厂工人
1997年10月—2006年10月	新达电扶梯部件有限公司工人、检验员、车间主任
2006年10月—2011年1月	广州广都制造部经理
2011年1月—2016年2月	中山广都副总经理、事业一部总经理
2016年2月—2018年1月	广东广都制造部总经理
2018年2月—2018年11月	广东广都副总经理(主持工作)
2018年12月至今	广东广都电扶梯部件有限公司副总经理(主持工作)、广东康力电梯有限公司副总经理(主持工作)

社会职务:

广东中山南朗镇商会副会长

高新其

男,汉族,1967年2月生,江苏吴江人,1986年7月参加工作,2008年7月加入中国共产党,初中学历,高级经济师,现任新达公司营销中心总经理、康力党委纪委书记。

1982年9月—1984年7月	莘塔中学(初中)
1984年7月—1995年10月	木工(建筑行业)
1995年10月—1997年11月	莘塔通用机械厂采购发运员
1997年11月—2004年2月	新达电扶梯部件有限公司销售部经理
2004年2月—2007年2月	新达副总经理、康力销售九部经理、销售部经理
2007年2月—2008年2月	新达营销总监、广州广都副总经理
2008年2月—2012年2月	新达副总经理、广州广都常务副总经理
2012年2月—2013年2月	新达营销中心总经理
2013年2月—2015年2月	历任任新达公司常务副总经理、营销中心总经理,中山广都销售部副总经理

2015年2月—2017年2月	新达公司扶梯事业部总经理、中山广都公司销售部总经理
2017年2月—2018年11月	新达公司营销中心总经理,广东广都常务副总经理、副总经理
2018年12月至今	新达公司营销中心总经理(2012年4月至今,任康力党委委员;2012年9月至今,任康力党委纪委书记)

陈金云

男,汉族,1957年10月生,江苏吴江人,1976年7月参加工作,初中学历,工程师、高级经济师,现任康力电梯智能部件研发中心总经理。

1973年9月—1975年6月	龙泾中学(初中)
1976年7月—1998年6月	吴江伟达电梯厂工人、质检员、车间主任、副厂长
1998年6月—2004年2月	新达常务副总经理
2004年2月—2005年2月	新达总经理
2005年2月—2008年2月	新达总经理、奔一总经理、广州广都总经理
2008年2月—2016年2月	新达总经理
2016年2月—2018年10月	康力电梯副总裁、新达总经理
2018年11月至今	康力电梯智能部件研发中心总经理

社会职务:

2006年12月—2011年12月	汾湖镇第一届人民代表大会代表
2007年12月—2012年12月	吴江区第十四届人民代表大会代表
2012年12月—2016年12月	汾湖镇第二届人民代表大会代表

顾兴生

男,汉族,1963年4月生,上海嘉定人,1980年7月参加工作,1993年4月加入中国共产党,大专学历,工程师、高级经济师,现任康力电梯人力资源中心总经理、康力党委委员。

1977年1月—1980年7月	上海嘉定区黄渡中学(高中)
1980年10月—1991年5月	上海建达电梯厂技术员(其间:1984年9月—1987年6月在上海铁道学院机械制造及设计专业学习,取得大专学历)
1991年5月—1992年6月	上海电瓷水泥制品厂厂长助理
1992年6月—1998年10月	上海建达电梯厂副厂长
1998年10月—1999年6月	上海嘉定区马陆镇镇政府招商引资办公室主任
1999年6月—2004年2月	新达销售部高级经理
2004年2月—2008年2月	康力电梯有限公司销售总经理
2008年2月—2011年2月	康力电梯副总经理、营销中心总经理
2011年2月—2014年2月	中山广都总经理
2014年2月—2016年2月	康力电梯董事长助理(其间:2012年4月—2015年12月任康力党委中山广都支部书记)
2016年2月—2017年2月	康力电梯副总裁、智能部件研发部主任
2017年2月—2018年2月	康力智能部件研发中心总经理、部件营销中心总经理
2018年2月—2018年11月	康力智能部件研发中心总经理

| 2018年11月至今 | 康力人力资源中心总经理(其间:2012年4月至今,任康力党委委员) |

陆斌云

男,汉族,1964年6月生,江苏吴江人,1980年6月参加工作,2011年8月加入中国共产党,大专学历,高级工程师、高级技师,现任江苏粤立电梯安装工程有限公司总经理。

1978年9月—1980年7月	莘塔中学(高中)
1980年7月—1998年6月	吴江电梯厂电梯安装工、维保工、安装检验工,后吴江电梯厂改名吴江伟达电梯集团,任集团赛勒瓦自动扶梯厂安装队队长、集团电梯厂副厂长、集团安装公司总经理
1998年6月—2000年5月	吴江伟达电梯集团公司改制后,在外从事电扶梯安装、大修、改造、调试
2000年5月—2005年2月	新达电控技术部经理兼电控车间主任
2005年2月—2006年2月	康力总师办副主任,兼工程技术调试部经理
2006年2月—2012年2月	康力维保部部长、工程维保二部总经理(其间:2011年取得四川农业大学自考大专学历)
2012年2月—2015年2月	历任康力营销中心副总经理、重大项目部总经理
2015年2月—2016年2月	康力工程服务中心副总经理兼江苏粤立工程有限公司副总经理
2016年2月至今	江苏粤立电梯安装工程有限公司总经理

金云泉

男,汉族,1957年5月生,江苏吴江人,1976年2月应征入伍,1978年5月加入中国共产党,初中学历,高级经济师,现任基建办公室主任、科技创新委员会主任。

1973年9月—1975年6月	莘塔中学(初中)
1976年2月—1987年2月	应征入伍,两次参加对越自卫反击战,先后任班长、排长、团参谋
1987年2月—2000年11月	中国农业银行吴江支行莘塔分理处副主任、信贷主任
2000年11月—2004年3月	康力人力资源部经理兼办公室主任(其间:2002年5月—2004年3月任康力电梯有限公司党支部书记)
2004年3月—2006年2月	康力人力资源/行政部经理,兼办公室主任、基建办主任
2006年2月—2007年2月	管理副总监,集团基建办主任
2007年2月—2008年2月	集团基建办主任、公司监事
2008年2月—2011年2月	分别担任集团科技创新委员会主任、行政部部长、基建办主任、公司监事
2011年2月—2017年2月	分别任基建办主任、科技创新委员会副主任、主任、公司监事(2006年9月—2012年4月任康力党总支科室支部书记)
2017年2月至今	基建办公室主任、科技创新委员会主任(2012年4月至今,任康力电梯党委副书记兼科室支部书记)

毛桂金

男,汉族,1963年8月生,江苏吴江人,1981年9月参加工作,大专学历,工程师,现任康力集团资产管理部总经理、集团监察部副部长。

1979年9月—1981年6月	莘塔中学（初中）
1981年9月—1986年10月	钣金工（个体户）
1986年11月—1991年12月	吴江三友五金厂车间主任
1992年1月—2002年1月	苏州申龙电梯制造有限公司副厂长（其间：2001年取得江苏省计划与经济委员会成人高等教育经济管理专业大专学历）
2002年1月—2004年2月	新达电扶梯部件有限公司、苏州康力电梯有限公司生产副总经理
2004年2月—2005年2月	康力集团副总经理、物流部经理，康力工会主席
2005年2月—2007年2月	康力生产副总经理、生产总监、康力工会主席
2007年2月—2008年2月	康力制造中心副总经理、运输公司副总经理，康力工会主席
2008年2月—2012年2月	康力制造中心副总经理、康力工会主席
2012年2月—2017年2月	成都康力电梯有限公司总经理
2017年2月—2018年4月	康力副总裁、成都康力电梯总经理
2018年4月至今	集团资产管理部总经理、集团监察部副部长

社会职务：

2013—2018年	先后任成都市金堂县政协政协委员、政协常委
2016—2018年	成都市名优产品供需企业联盟副会长

孟庆东

男，汉族，1966年12月生，黑龙江齐齐哈尔人，1989年7月参加工作，本科学历，高级工程师，现任苏州新里程电控系统有限公司总经理。

1985年9月—1989年6月	华东工学院机械制造电子控制与检测专业（本科）
1989年7月—2002年1月	齐齐哈尔建华电梯厂工程师
2002年1月—2008年2月	康力电气技术部副经理、电气技术部部长
2008年2月—2009年2月	康力总工程师助理
2009年2月—2015年2月	康力副总工程师
2015年2月—2015年12月	新里程公司常务副总经理
2016年1月至今	新里程公司总经理

刘立军

男，汉族，1979年5月20日生，黑龙江宾县人，2001年8月加入中国共产党，2002年7月参加工作，本科学历，现任康力幸福加装电梯（苏州）有限公司副总经理。

1998年9月—2002年6月	山西大学工程学院电气及其自动化专业（本科）
2002年7月—2004年7月	康力电梯技术部技术员、调试员
2004年7月—2007年2月	康力电梯销售部销售助理、销售八部副经理
2007年2月—2010年11月	湖南、湖北办事处/服务中心总经理
2010年11月—2012年2月	湖南分公司总经理
2012年2月—2017年11月	苏州分公司总经理、苏州大区副总经理、苏州营销中心副总经理、苏州区域总经理

| 2017 年 11 月至今 | 康力幸福加装电梯（苏州）有限公司副总经理 |

朱玲花

女，汉族，1975 年 5 月生，江苏吴江人，1995 年 7 月参加工作，2010 年 7 月加入中国共产党，大专学历，会计师，现任康力电梯审计部总监、集团监察部副部长、康力党委纪委副书记。

1991 年 9 月—1995 年 7 月	苏州商业学校财会专业（中专）
1995 年 7 月—1997 年 11 月	吴江市土产棉麻总公司、吴江市供销批发总公司会计
1997 年 11 月—1998 年 11 月	吴江丝路保险箱有限公司助理会计
1998 年 11 月—2003 年 3 月	吴江东方大王保险箱有限公司主办会计
2003 年 3 月—2005 年 2 月	康力电梯财务部会计
2005 年 2 月—2009 年 2 月	康力电梯财务部部长（其间：2004—2006 年在中央广播电视大学财会专业学习，取得大专学历）
2009 年 2 月—2010 年 2 月	康力电梯信息管理部部长
2010 年 2 月—2012 年 2 月	康力电梯管理副总监、信息管理部部长、内部审计部长、资产部部长
2012 年 2 月—2018 年 2 月	康力电梯审计部总监
2018 年 2 月至今	康力电梯审计部总监、集团监察部副部长（兼）（其间：2012 年 4 月至今，任康力党委委员；2012 年 9 月至今，任康力党委纪委副书记）

朱瑞华

男，汉族，1971 年 5 月生，上海奉贤人，1993 年 7 月参加工作，研究生学历，工程师、高级经济师，现任集团副总裁、市场传媒及国际业务中心执行总裁。

1989 年 9 月—1993 年 6 月	上海交通大学机械工程系起重运输与工程机械专业（本科）
1993 年 7 月—2004 年 12 月	上海自动扶梯有限公司技术员，销售经理，市场部经理，总经理助理（其间：2000—2002 年在华东理工大学在职学习工商管理，取得硕士研究生学历）
2004 年 12 月—2007 年 2 月	康力电梯市场部副总经理、海外部经理
2007 年 2 月—2011 年 2 月	康力电梯市场总监
2011 年 2 月—2016 年 2 月	康力电梯市场运营总经理
2016 年 2 月至今	康力集团副总裁、市场传媒及国际业务中心执行总裁

孙全根

男，汉族，1954 年 12 月生，江苏吴江人，1973 年 3 月参加工作，1975 年 5 月加入中国共产党，大专学历，高级经济师，现任行政中心总经理、集团监察部部长。

1971 年 9 月—1973 年 1 月	莘塔中学（高中）
1973 年 3 月—1975 年 4 月	莘塔公社火箭大队生产队会计、大队团支部书记
1975 年 5 月—1983 年 8 月	莘塔公社火箭大队党支部副书记、大队长
1983 年 8 月—1984 年 10 月	莘塔乡吴湾村村长、党支部副书记
1984 年 10 月—1987 年 12 月	莘塔乡农业公司副经理、乡农技站站长

1987年12月—2005年2月	吴江市东太湖农场副场长、国营吴江县(市)东太湖水产养殖总场副场长(其间：1997—1999年在中共中央函授学院吴江党校学习经济管理,取得大专学历)
2005年3月—2011年2月	康力电梯人事行政部部长、集团董事长助理
2011年2月—2013年8月	人力资源总监兼行政部长、人力资源与行政管理中心总经理
2013年8月—2018年2月	行政管理中心总经理
2018年2月至今	行政中心总经理、集团监察部部长(其间：2012年4月至今,任康力党委副书记)

沈舟群

女,汉族,1969年8月生,江苏吴江人,1990年7月参加工作,本科学历,注册会计师、注册资产评估师、高级经济师,现任康力电梯集团副总裁、财务中心总经理、公司董事。

1987年9月—1990年6月	江苏省广播电视大学吴江分校(大专)
1990年7月—1991年9月	平望大隆机器厂车间管理员
1991年9月—1993年10月	吴江机电研究所助理会计
1993年10月—2002年2月	吴江市机电设备总公司主办会计
2002年2月—2006年5月	苏州信成会计师事务所有限公司审计项目经理、评估项目经理(其间：2005年取得上海财经大学会计学本科学历)
2006年5月—2008年2月	康力电梯集团财务副总监
2008年2月—2012年2月	集团财务总监
2012年2月—2016年2月	集团财务中心总经理
2016年2月至今	集团副总裁、财务中心总经理、公司董事

社会职务：
苏州农村商业银行监事

张利春

男,汉族,1961年2月生,山西大同人,1984年7月参加工作,本科学历,高级工程师,现任康力电梯股份有限公司副总裁,兼工厂运营中心执行总裁、总工程师、公司董事。

1980年9月—1984年7月	天津大学机械系金属塑性成形专业(本科)
1984年7月—1996年2月	内蒙古包头钢铁公司设计院助理工程师、工程师
1996年2月—2000年4月	内蒙古包头钢铁公司设计院项目经理、高级工程师
2000年4月—2006年8月	蒂森克虏伯电梯(中国)有限公司工程部(技术部)经理
2006年8月—2008年3月	康力电梯副总工程师
2008年3月—2010年12月	康力电梯总工程师
2010年12月—2016年12月	康力电梯工厂运营中心总经理、总工程师
2016年12月—2017年5月	康力电梯副总裁,兼工厂运营中心执行总裁、总工程师、集团技术中心主任
2017年5月至今	康力电梯副总裁,兼工厂运营中心执行总裁、总工程师、集团技术中心主任、公司董事

崔清华

男,汉族,1971年6月生,山东德州人,1993年9月参加工作,1995年12月加入中国共产党,研究生学历,高级经济师,现任康力电梯职工监事、文化及公共管理管理部总监。

1989年9月—1996年6月	苏州大学世界近代史专业(本科、硕士)
1993年9月—1998年11月	苏州大学教务处干部
1998年11月—2002年11月	《苏州日报》编辑、记者
2002年11月—2005年8月	中国出版集团《长三角》杂志总编辑
2005年8月—2007年11月	香港文汇报上海办事处副总编辑、苏南办事处主任
2007年11月—2010年2月	康力电梯企业文化推进部部长
2010年2月—2012年2月	康力电梯办公室副主任、企业文化推进部部长
2012年2月—2017年5月	康力电梯文化与公共关系管理部总监,总经理秘书办主任
2017年5月至今	文化及公共管理管理部总监、康力电梯职工监事

袁春其

男,汉族,1971年2月生,江苏吴江人,本科学历,律师,现任康力电梯风控中心总监。

1990年9月—1994年6月	华东政法大学法律专业(本科)
1994年7月—1996年7月	苏州郊区人民检察院工作
1996年8月—1998年7月	江苏东方国际集团法务经理
1998年8月—2001年1月	苏州百年英豪律师事务所律师
2001年1月—2003年12月	苏州拙正律师事务所合伙人
2004年1月—2005年2月	康力电梯法律事务部经理
2005年2月—2012年2月	康力电梯法务部经理、法务部总监
2012年2月—2018年2月	康力电梯法务部总监,营销中心应收款管理办公部主任
2018年2月至今	康力电梯风控中心总监

李 革

男,汉族,1968年1月生,辽宁沈阳人,1989年7月参加工作,本科学历,高级工程师,现任康力集团苏州润吉驱动技术有限公司总经理。

1985年9月—1989年6月	沈阳工业学院机械制造及工艺专业(本科)
1989年7月—2001年6月	金杯公司沈阳汽车制造厂模具设计、汽车车身设计工作
2001年6月—2005年6月	许继电梯有限公司(现为西继迅达)副总经理、总工程师
2005年6月—2008年6月	辽宁富士电梯有限公司副总经理、总工程师,兼辽宁三洋电梯有限公司常务副总
2008年6月—2012年2月	苏州新达电扶梯部件有限公司总工程师
2012年2月至今	苏州润吉驱动技术有限公司总经理

陈振华

男,汉族,1980年2月生,江苏张家港人,2002年7月参加工作,本科学历,现任康力电梯信息中心总经理。

1998 年 9 月—2002 年 6 月	同济大学会计电算化专业（本科）
2002 年 7 月—2007 年 6 月	宝时得机械（中国）有限公司财务会计、SAP 主管
2007 年 6 月—2010 年 5 月	源讯高维资讯（上海）有限公司资深咨询顾问/项目经理
2010 年 5 月—2011 年 2 月	埃森哲（中国）有限公司资深咨询顾问
2011 年 2 月—2012 年 2 月	康力电梯信息管理中心副总监
2012 年 2 月—2016 年 2 月	康力电梯信息管理中心总监
2016 年 2 月至今	康力电梯信息中心总经理

宋丽红

女，汉族，1963 年 8 月生，山东烟台人，1985 年 7 月参加工作，本科学历，高级工程师，现任康力电梯企业管理及培训中心总经理、康力学院院长。

1981 年 9 月—1985 年 6 月	内蒙古大学化学系化学专业（本科）
1985 年 7 月—1989 年 2 月	原兵器工业部第 52 研究所助理工程师
1989 年 2 月—2000 年 5 月	中冶集团包头钢铁设计研究院助理工程师、工程师、高级工程师
2000 年 5 月—2011 年 4 月	蒂森克虏伯电梯体系主管、质量部经理
2011 年 4 月—2012 年 2 月	康力电梯人力资源部副总监
2012 年 2 月—2013 年 2 月	康力电梯企业管理及培训中心总监
2013 年 2 月—2016 年 2 月	康力电梯人力资源管理中心总监、企管办总监
2016 年 2 月—2018 年 11 月	康力电梯人力资源中心总经理、企管办总监、康力学院执行院长
2018 年 11 月至今	康力电梯企业管理及培训中心总经理、康力学院院长

秦成松

男，汉族，1972 年 7 月生，江苏淮安人，1998 年 9 月加入中国共产党，本科学历，高级经济师，现任康力电梯副总裁兼营销中心/工程中心执行总裁，兼质量中心总监。

1988 年 9 月—1991 年 6 月	涟西中学（高中）
1992 年 1 月—1995 年 9 月	吴江新联纺织厂机修工
1995 年 9 月—1998 年 6 月	中国人民解放军南京空军第一职工大学机电一体化专业（大专）
1999 年 1 月—2007 年 4 月	威特电梯部件（苏州）有限公司品质经理
2007 年 4 月—2009 年 1 月	西子孚信科技有限公司品质总监、营销总监、总经理助理（其间：2008 年取得南京大学电子信息工程本科学历）
2009 年 1 月—2010 年 8 月	西子优迈科技有限公司执行副总经理
2010 年 8 月—2012 年 6 月	成都西子孚信科技有限公司总经理
2012 年 6 月—2014 年 2 月	康力电梯集团质量管理中心总监
2014 年 2 月—2016 年 2 月	康力电梯工程服务中心总经理、质量管理中心总监
2016 年 2 月—2018 年 1 月	康力电梯副总裁，兼工程中心执行总裁，兼质量中心总监
2018 年 1 月至今	康力电梯副总裁，兼营销中心/工程中心执行总裁，兼质量中心总监（其间：2016 年 1 月至今，任康力党委工程质量支部书记）

李七斤

男，汉族，1962 年 3 月生，江苏泰兴人，1980 年 12 月参加工作，大专学历，现任成都康力电梯有限公司副总经理（主持工作）。

1977 年 9 月—1979 年 6 月	马甸中学（初中）
1980 年 12 月—1992 年 12 月	上海建达电梯厂电控车间主任、技术部电气设计开发副科长、科长（其间：1981 年在上海科技大学在职学习，取得大专学历；1985 年 10 月上海自动化研究所接受自动控制及编程培训）
1993 年 1 月—1999 年 12 月	上海美菱达电梯有限公司技术课长、制造课长、总经理助理、副总经理
2000 年 1 月—2002 年 10 月	承包上海美菱达电梯有限公司
2002 年 11 月—2013 年 6 月	上海汉京自动控制设备有限公司、昆山阿尔卑斯电梯有限公司法人代表、总经理
2013 年 6 月—2014 年 12 月	康力电梯中山广都机电有限公司事业二部总经理助理
2015 年 1 月—2016 年 12 月	中山广都机电有限公司事业二部总经理、副总工程师、副总经理
2017 年 1 月—2017 年 12 月	广东康力制造部总经理、副总工程师
2018 年 1 月—2018 年 11 月	广东康力副总经理（主持工作）、工会主席
2018 年 12 月至今	成都康力电梯有限公司副总经理（主持工作）

社会职务：

淮州新城商会副会长

吴　贤

女，汉族，1980 年 1 月生，江苏南通人，2000 年 6 月加入中国共产党，2002 年 7 月参加工作，本科学历，现任康力电梯股份有限公司副总经理、董事会秘书，兼证券与战略投资部总经理。

1998 年 9 月—2002 年 6 月	苏州大学商学院投资经济学专业（本科）
2002 年 7 月—2016 年 4 月	东吴证券股份有限公司投资银行总部项目经理、投资银行事业五部副总经理、南通分公司副总经理
2016 年 4 月—2016 年 10 月	东吴创业投资有限公司副总经理
2016 年 10 月至今	康力电梯股份有限公司副总经理、董事会秘书兼证券与战略投资部总经理（其间：2017 年 9 月至今在北京大学光华管理学院攻读工商管理硕士）

社会职务：

江苏省上市公司协会第一届董事会秘书专业委员会委员

朱琳懿

女，汉族，1987 年 12 月生，江苏吴江人，2010 年 5 月加入中国共产党，2011 年 3 月参加工作，本科学历，现任集团战略采购一部副总经理，公司董事、团委书记。

2006 年 9 月—2010 年 6 月	中国传媒大学语言文学系汉语言文学专业（本科）
2011 年 3 月—2012 年 2 月	康力电梯上海分公司综合管理部经理
2012 年 2 月—2013 年 2 月	康力电梯企业管理办公室主任助理
2013 年 2 月—2014 年 2 月	康力电梯企业管理和培训中心助理总监、奔一机电有限公司助理总经理、康力电梯团委书记（其间：2013 年在浙江大学创二代综合能力提升培训班学习）
2014 年 2 月—2015 年 2 月	奔一机电总经理助理兼管理者代表、康力电梯团委书记
2015 年 2 月—2017 年 2 月	康力电梯供应商管理部部长、团委书记
2017 年 2 月—2018 年 11 月	集团战略采购部总经理助理、供应商管理部部长、团委书记、公司董

	事(其间:2017年在吴江"薪火计划创二代"培训班学习)
2018年12月至今	集团战略采购一部副总经理、供应商管理部部长,康力团委书记、公司董事

社会职务:
汾湖开发区团委副书记

朱琳昊

男,汉族,1992年10月生,江苏吴江人,2015年7月参加工作,2017年9月加入中国共产党,本科学历,助理经济师、助理工程师,现任新达电扶梯部件有限公司总经理助理(主持工作)。

2011年9月—2015年6月	南京工业大学电气工程及其自动化专业、财务管理专业(本科)
2015年7月—2016年10月	康力电梯各部门实习生(其间:2016年至今,在中国人民大学苏州分校在职攻读硕士)
2016年11月—2017年11月	新达公司电梯事业部副总经理
2017年12月—2018年10月	新达公司扶梯事业部总经理
2018年11月至今	新达公司总经理助理(主持工作)

李晓红

男,汉族,1963年9月生,江苏吴江人,1980年7月参加工作,中专学历,工程师,现任新达电扶梯部件有限公司总工程师。

1978年9月—1980年6月	龙泾中学(初中)
1980年11月—1996年5月	南汽吴江跃进客车厂工人、技术科员、技术科长、车间主任(1984年9月—1986年6月在苏州电子职工学校学习,取得中专学历)
1996年5月—1997年11月	莘塔通用机械厂技术经理
1997年11月—2004年2月	新达电扶梯部件有限公司技术部经理
2004年2月—2005年2月	康力扶梯技术部经理、新达技术部经理
2005年2月—2006年2月	康力总师办副主任,兼扶梯技术部经理、新达技术部经理
2006年2月—2007年2月	新达公司副总经理
2007年2月—2008年2月	新达生产总监
2008年2月—2012年2月	新达副总经理
2012年2月—2015年2月	新达公司总工程师
2015年2月—2017年2月	新达公司总工程师,兼扶梯事业部技术模块副总经理
2017年2月至今	新达公司总工程师

王立凡

男,汉族,1978年1月生,江苏吴江人,1997年7月参加工作,2006年1月加入中国共产党,大专学历,高级经济师,现任康力电梯营销中心执行副总裁(营销中心常务副总经理),苏州康力运输服务有限公司总经理。

1994年9月—1997年6月	淮阴电子工业学校计算机及应用专业(中专)
1997年7月—1999年9月	吴江东吴机械有限公司科员、技术经理
1999年9月—2004年2月	新达电扶梯部件公司副经理
2004年2月—2005年11月	康力合同执行部经理、报价中心副主任

2005 年 11 月—2006 年 2 月	康力合同管理部经理
2006 年 2 月—2007 年 2 月	康力管理总监助理，兼合同管理部部长
2007 年 2 月—2008 年 2 月	康力董事长助理
2008 年 2 月—2011 年 2 月	康力副总经理（其间：2008 年取得南京财经大学自考大专学历）
2011 年 2 月—2012 年 2 月	营销中心常务副总经理，兼苏州分公司、无锡服务中心总经理
2012 年 2 月—2013 年 2 月	营销中心常务副总经理（其间：2006 年 9 月—2012 年 4 月任康力党总支营销支部书记）
2013 年 2 月—2014 年 2 月	营销中心常务副总经理，兼华北一区总经理、江苏粤立电梯安装工程有限公司执行董事
2014 年 2 月—2015 年 2 月	营销中心常务副总经理、苏州康力运输服务有限公司总经理、江苏粤立电梯安装工程有限公司执行董事
2015 年 2 月—2016 年 2 月	营销中心常务副总经理、苏州康力运输服务有限公司总经理
2016 年 2 月—2018 年 2 月	营销中心执行副总裁（营销中心常务副总经理），兼华东一区营销中心总经理、华东一区营销中心销售部部长、苏州康力运输服务有限公司总经理
2018 年 2 月—2018 年 10 月	营销中心执行副总裁（营销中心常务副总经理）、苏州康力运输服务有限公司总经理
2018 年 11 月至今	营销中心执行副总裁（营销中心常务副总经理）、苏州康力运输服务有限公司总经理、幸福加装梯总经理（其间：2012 年 4 月至今，任康力党委委员兼营销支部书记）

王东升

男，汉族，1962 年 11 月生，江苏吴江人，1978 年 7 月参加工作，2016 年 9 月加入中国共产党，本科学历，工程师，高级技师，现任营销中心副总经理、营销中心工程总部总经理。

1976 年 9 月—1978 年 6 月	莘塔中学（高中）
1978 年 7 月—1983 年 1 月	吴湾二队务农
1983 年 2 月—1996 年 2 月	苏州伟达电梯厂电梯安装工
1996 年 3 月—1998 年 6 月	莘塔镇吴湾村工业社社长
1998 年 7 月—2000 年 1 月	苏州伟达电梯有限公司电梯安装工
2000 年 2 月—2001 年 6 月	东莞南峰电梯有限公司安装经理
2001 年 7 月—2004 年 2 月	苏州康力电梯有限公司安装经理
2004 年 2 月—2006 年 2 月	康力电梯工程部经理
2006 年 2 月—2007 年 2 月	管理总监助理，兼工程部部长
2007 年 2 月—2009 年 2 月	工程部部长
2009 年 2 月—2012 年 2 月	工程维保一部总经理
2012 年 2 月—2013 年 2 月	营销中心副总经理、工程部总经理
2013 年 2 月—2014 年 2 月	营销中心副总经理、工程总部总经理（兼）、售后服务部部长（兼）
2014 年 2 月—2018 年 11 月	工程中心副总经理（其间：2014 年取得中国人民解放军南京政治学院经济与行政管理专业本科学历）
2018 年 11 月至今	营销中心副总经理、营销中心工程总部总经理

马仲林

男,汉族,1962年6月生,江苏吴江人,1980年7月参加工作,2014年7月加入中国共产党,初中学历,现任康力电梯风控中心副总监,兼应收款管理办公室主任。

1975年9月—1977年6月	龙泾中学(初中)
1977年7月—1979年6月	务农
1980年7月—1989年1月	莘塔建筑公司木工
1989年1月—1992年2月	自营承包中巴车
1992年2月—2001年11月	吴江伟达电梯厂司机
2001年11月—2006年2月	康力电梯南京服务中心经理
2006年2月—2008年2月	康力销售三部经理、康力销售四部总经理、南京办事处总经理
2008年2月—2016年2月	南京服务中心总经理、南京分公司总经理、南京地区总经理
2016年2月—2018年11月	南京营销中心总经理、康力电梯股份有限公司工会第三届委员会副主席兼劳动保护监督检查委员会主任
2018年11月至今	风控中心副总监,兼应收款管理办公室主任

韦浩志

男,壮族,1978年5月生,广西武鸣人,2002年7月参加工作,本科学历,高级工程师,现任康力电梯股份有限公司技术中心副总工程师、扶梯事业部总经理。

1998年9月—2002年6月	沈阳建筑工程学院机械设计及制造专业(本科)
2002年7月—2005年2月	康力电梯扶梯技术部工作
2005年2月—2006年2月	康力扶梯技术部工艺、工装设计科副科长
2006年2月—2014年2月	康力扶梯技术部技术主管、扶梯技术开发部副部长、扶梯开发部部长
2014年2月—2015年2月	康力副总工程师,兼扶梯开发部长
2015年2月—2018年2月	成都康力电梯有限公司总经理助理、扶梯制造部部长(兼)
2018年4月—2018年11月	成都康力电梯副总经理(主持工作)
2018年12月至今	康力技术中心副总工程师、扶梯事业部总经理

社会职务:

2018年5月至今	四川省特种设备安全管理协会副会长
2018年11月至今	成都淮州新城商会常务副会长

张建宏

男,汉族,1977年3月出生,湖南绥宁人,2002年7月参加工作,2010年7月加入中国共产党,本科学历,高级工程师,现任技术中心副总工程师、科技创新办主任、电梯技术开发部部长。

1998年9月—2002年6月	沈阳建筑工程学院机械设计及制造专业(本科)
2002年7月—2005年2月	康力电梯技术部工作
2005年2月—2006年2月	康力技术部设计开发科副科长
2006年2月—2007年2月	康力技术部技术主管
2007年2月—2008年2月	康力技术开发部副部长
2008年2月—2015年2月	康力技术开发部部长

| 2015年2月至今 | 康力技术中心副总工程师、科技创新办主任、电梯技术开发部部长（其间：2018年12月至今，任康力党委技术中心支部书记） |

陈建春

男，汉族，1981年2月生，江苏吴江人，2001年7月参加工作，本科学历，会计师，CMA美国注册管理会计师，现任康力电梯财务中心副总经理。

1997年9月—2001年6月	南京经济学院（大专）
2001年7月—2003年1月	吴江鹰翔织造有限公司财务部会计
2003年1月—2006年3月	新达财务部会计、财务部副部长
2006年3月—2008年3月	苏州奔一财务部长，兼苏州新达财务部副部长
2008年3月—2009年3月	苏州新达仓储物流部部长（其间：2008年取得中央广播电视大学会计专业本科学历）
2009年3月—2011年1月	苏州新达财务部长，兼成本核算部部长
2012年1月—2013年2月	康力电梯财务中心总经理助理新达财务部长兼新达副总经理、新达采购部部长（兼）、新达成本核算部部长（兼）
2013年2月—2018年2月	康力电梯财务中心总经理助理（分管部件子公司财务）、新达副总经理（兼）、成本核算部部长（兼）
2018年2月—2018年12月	康力电梯财务中心副总经理（分管部件子公司业务财务）

周国良

男，汉族，1964年5月生，浙江海宁人，1979年8月参加工作，大专学历，会计师，现任康力电梯监察部副部长兼集团资产管理部副总经理。

1977年9月—1979年6月	莘塔中学（初中）
1979年8月—2003年5月	吴江市莘塔供销社营业员、司账员、商店会计、财务科长、主办会计、总会计（1985年9月—1988年6月在苏州供销中专全脱产学习企业管理专业，取得中专学历）
2003年6月—2004年9月	吴江市莘塔宾馆有限公司财务经理（其间：2003年取得苏州职业大学会计专业大专学历）
2004年10月—2006年6月	康力电梯财务部副经理
2006年7月—2009年2月	苏州新达财务部部长
2009年3月—2012年2月	康力电梯财务部部长，兼苏州康力运输服务有限公司、苏州润吉驱动技术有限公司会计主管
2012年2月—2018年3月	康力电梯财务中心副总经理，兼母公司财务部部长
2018年3月至今	康力电梯监察部副部长，兼集团资产管理部副总经理

社会职务：
吴江区黎里镇第三届人民代表大会代表

杭文荣

男，汉族，1965年8月生，江苏吴江人，1983年7月参加工作，初中学历，现任康力电梯营销中心副总经理。

1981年9月—1983年6月	莘塔中学（初中）
1983年7月—1993年2月	南汽吴江跃进客车厂修理工、检验员、检验主管
1993年2月—1998年1月	自营承包汽车修理厂
1998年1月—2003年6月	莘塔宾馆总经理
2003年6月—2008年2月	康力电梯销售五部高级经理、销售部高级经理兼苏州办事处副总经理、苏州办事处主任、销售二部总经理兼苏州办事处总经理
2008年2月—2011年2月	康力苏州分公司/服务中心总经理、无锡服务中心副总经理（兼）
2011年2月—2012年2月	康力营销中心轨道交通部总经理
2012年2月至今	康力营销中心副总经理、重大项目部部长（兼）、轨道项目部总经理

张宝顺

男，汉族，1960年1月生，河北唐山人，1983年7月参加工作，1987年6月加入中国共产党，本科学历，高级工程师，现任营销中心副总经理、山西分公司总经理。

1980年9月—1983年6月	河北电大机械专业（大专）
1983年7月—1993年3月	唐山变压器厂设备科、动力车间工程师（其间：1993年取得河北机电学院机电一体化本科学历）
1993年3月—2001年8月	唐山自动扶梯厂厂长
2001年8月—2007年3月	北京北方康力电梯有限公司总经理、苏州康力电梯有限公司北方地区销售总经理、苏州新达电扶梯成套部件有限责任公司北方地区销售总经理（上述公司为与公司合作的代理公司）
2007年3月—2009年2月	康力北京分公司总经理
2009年2月—2013年2月	营销中心副总经理、大区总经理、北京服务中心总经理（兼）
2013年2月—2015年2月	营销中心副总经理、华北二区总经理（兼）、山西分公司总经理（兼）、天津服务中心总经理（兼）
2015年2月至今	营销中心副总经理、山西分公司总经理（兼）

高　敏

女，汉族，1976年11月生，浙江海宁人，2007年6月加入中国共产党，本科学历，现任苏州电梯秀装饰有限公司总经理。

1993年9月—1996年6月	浙江职业技术学院财务与审计专业（中专）
1996年7月—2009年7月	海宁红狮电梯装饰有限公司设计科科长、设计技术部副部长、总经理助理（其间：2007年在上海同济大学工业设计进修班学习）
2009年7月—2013年6月	杭州西子孚信科技有限公司装潢开发部部长
2013年6月—2015年2月	康力电梯装潢开发部部长（其间：2014年取得浙江大学本科学历）
2015年2月—2016年2月	康力技术中心副总设计师、装潢开发部部长（兼）
2016年2月—2018年2月	新达装潢事业部总经理
2018年3月至今	苏州电梯秀装饰有限公司总经理

社会职务：

海宁市作协理事

李慧勋

男,汉族,1980年11月生,浙江杭州人,2001年4月加入中国共产党,2001年7月参加工作,研究生学历,现任杭州法维莱科技有限公司总经理。

1998年9月—2001年6月	中国计量学院应用电子专业(大专)
2001年7月—2002年7月	杭州家和智能控制有限公司研发项目经理
2002年8月—2005年8月	西子奥的斯电梯有限公司研发项目经理(其间:2005年取得浙江大学通信工程专业本科学历)
2005年8月—2013年9月	杭州西子孚信科技有限公司技术部长、事业部总监
2013年9月—2016年9月	苏州新达副总经理(其间:2014年取得浙江大学集成电路工程在职工程硕士研究生学习)
2016年10月至今	杭州法维莱科技有限公司总经理

康 莉

女,汉族,1957年8月生,陕西西安人,1980年12月参加工作,本科学历,工程师,现任广东康力电梯有限公司及广东广都电扶梯部件有限公司顾问。

1976年9月—1980年6月	西安电子科技大学(本科)
1980年12月—2003年3月	西安电梯厂电梯研究所副所长
2003年3月—2005年6月	西安安迪斯电梯有限公司合同控制中心经理
2005年6月—2009年2月	新达副总工程师
2009年2月—2012年11月	新达电梯事业部副总经理
2012年11月—2016年1月	广都机电副总经理、总经理
2016年1月—2018年4月	广东康力及广东广都总经理
2018年4月至今	广东康力及广东广都顾问

姚宝妹

女,汉族,1964年4月生,江苏扬州人,1986年7月参加工作,大专学历,截至2018年年底任康力电梯股份有限公司营销中心副总经理,于2019年4月15日退休。

1983年9月—1986年6月	南京大学工商管理专业(大专)
1986年7月—1989年1月	扬州扬子江贸易有限公司销售
1989年1月—1992年1月	扬州机关卫生局科员
1993年1月—2003年12月	扬州进口汽车配件商行私营企业法人
2004年1月—2007年12月	劲达技术河源有限公司销售副总经理、营销副总裁
2008年1月—2009年10月	厦门金龙汽车空调有限公司常务副总经理
2009年10月—2012年2月	康力电梯营销中心副总经理
2012年2月—2013年2月	康力电梯营销中心副总经理、华东区总经理
2013年2月—2016年2月	康力电梯管理副总监、营销中心副总经理
2016年2月—2018年2月	康力电梯管理总监、营销中心副总经理

| 2018年2月—2018年12月 | 康力电梯营销中心副总经理 |

侯志伟

女,汉族,1957年11月生,黑龙江哈尔滨人,1976年7月参加工作,1979年3月加入中国共产党,研究生学历,现任康力电梯股份有限公司顾问。

1973年9月—1976年6月	高中
1976年7月—1981年1月	黑龙江绥化第一良种厂
1981年1月—1988年1月	黑龙江省纺织进出口公司开发部经理
1988年1月—1990年1月	北京服装进出口公司计划科科长
1990年1月—2012年6月	迅达电梯总裁特别助理、党委书记、工会主席(其间:1996年取得中国人民大学EMBA硕士研究生学历)
2012年6月—2014年2月	康力电梯营销中心副总经理、直辖区(北京、上海)总经理
2014年2月—2015年2月	康力电梯董事长/总经理助理、营销中心副总经理、直辖一区总经理、上海分公司总经理
2015年2月—2016年2月	董事长/总经理助理、营销中心副总经理、上海分公司总经理
2016年2月—2018年12月	董事长/总裁助理

二、历届"董监高"

表22-1　　　　　　　　　　公司历届"董监高"名单(不含独立董事)

届次	姓名	任职时间	本人单位/职务/职称
第一届	王友林	2007年10月20日—2011年4月9日	高级工程师、高级经济师、董事长、总经理
	陈金云	2007年10月20日—2011年4月9日	工程师,董事、副总经理
	顾兴生	2007年10月20日—2011年4月9日	工程师,董事、副总经理
	刘占涛	2007年10月20日—2011年4月9日	董事、副总经理、董事会秘书
	王惠忠	2007年10月20日—2011年4月8日	监事会主席,苏州伟业投资集团有限公司董事长、苏州伟晨投资发展有限公司董事长
	金云泉	2007年10月20日—2011年4月8日	监事,现任康力电梯基建办公室主任
	任建华	2007年10月20日—2011年4月8日	职工监事,现任康力电梯国内轨道交通工程总监
	沈舟群	2007年10月20日—2011年4月9日	注册会计师、注册资产评估师,财务总监
	张利春	2010年12月2日—2011年4月9日	高级工程师,工厂运营总经理、总工程师

(续表)

届次	姓名	任职时间	本人单位/职务/职称
第一届	朱瑞华	2010年12月2日—2011年4月9日	工程师,市场运营总经理
	韩公博	2010年12月2日—2011年4月9日	营销中心总经理
	毛桂金	2010年12月2日—2011年4月9日	工程师,制造总监
	高玉中	2010年12月2日—2011年4月9日	高级工程师,副总工程师、质量总监
	富曙华	2010年12月2日—2011年4月9日	工程师,新里程总经理
第二届	王友林	2011年4月9日—2014年4月23日	高级工程师、高级经济师,董事长、总经理
	陈金云	2011年4月9日—2014年4月23日	工程师,董事、副总经理
	顾兴生	2011年4月9日—2014年4月23日	工程师,董事、副总经理
	刘占涛	2011年4月9日—2014年4月23日	董事、副总经理、董事会秘书
	莫林根	2011年4月8日—2014年5月9日	监事会主席,现任江苏永鼎控股有限公司、江苏永鼎投资有限公司董事长兼总经理
	金云泉	2011年4月8日—2014年5月9日	监事,现任康力电梯基建办公室主任
	任建华	2011年4月8日—2014年5月9日	职工监事,现任康力电梯国内轨道交通工程总监
	沈舟群	2011年4月9日—2014年4月23日	注册会计师、注册资产评估师,财务总监
	张利春	2011年4月9日—2014年4月23日	高级工程师,工厂运营总经理、总工程师
	朱瑞华	2011年4月9日—2014年4月23日	工程师,市场运营总经理
	韩公博	2011年4月9日—2014年4月23日	营销中心总经理
	毛桂金	2011年4月9日—2014年4月23日	工程师,制造总监
	高玉中	2011年4月9日—2013年6月14日	高级工程师,质量总监
	富曙华	2011年4月9日—2014年4月23日	工程师,副总工程师、新里程总经理
	秦成松	2013年6月14日—2014年4月23日	经济师,质量总监、工程服务中心总经理

(续表)

届次	姓名	任职时间	本人单位/职务/职称
第三届	王友林	2014年4月23日—2017年5月12日	高级工程师、正高级经济师、董事长、总经理
	陈金云	2014年4月23日—2016年12月16日	工程师、高级经济师、董事、副总经理
	顾兴生	2014年4月23日—2016年12月16日	工程师、董事、副总经理
	刘占涛	2014年4月23日—2016年5月30日	董事、副总经理、董事会秘书
	莫林根	2014年5月9日—2017年5月12日	监事会主席,现任江苏永鼎控股有限公司、江苏永鼎投资有限公司董事长兼总经理
	金云泉	2014年5月9日—2017年5月12日	监事,现任康力电梯基建办公室主任
	任建华	2014年5月9日—2017年5月12日	职工监事,现任康力电梯国内轨道交通工程总监
	沈舟群	2014年4月23日—2017年5月12日	注册会计师、注册资产评估师,财务总监
	张利春	2014年4月23日—2017年5月12日	高级工程师,工厂运营总经理、总工程师
	朱瑞华	2014年4月23日—2017年5月12日	工程师,市场运营总经理
	韩公博	2014年4月23日—2014年11月14日	营销中心总经理
	毛桂金	2014年4月23日—2014年5月9日	工程师,制造总监
	富曙华	2014年4月23日—2014年12月31日	工程师,副总工程师、新里程总经理
	秦成松	2014年4月23日—2017年5月12日	经济师、质量总监、工程服务中心总经理
	黄伟华	2016年7月8日—2017年5月12日	副总经理、营销中心执行总裁
	吴贤	2016年11月28日—2017年5月12日	副总经理、董事会秘书
	陈振华	2016年12月23日—2017年5月12日	信息管理中心总经理
第四届	王友林	2017年5月12日至今	高级工程师、正高级经济师,董事长、总经理
	沈舟群	2017年5月12日至今	注册会计师、注册资产评估师,董事、副总经理、财务总监
	张利春	2017年5月12日至今	高级工程师、董事、副总经理、工厂运营总经理、总工程师兼技术中心主任
	朱琳懿	2017年5月12日至今	董事、集团战略采购一部副总经理、供应商管理部部长

(续表)

届次	姓名	任职时间	本人单位/职务/职称
第四届	莫林根	2017年5月12日至今	监事会主席,现任江苏永鼎控股有限公司、江苏永鼎投资有限公司董事长兼总经理
	朱玲花	2017年5月12日至今	监事,现任康力电梯审计部总监
	崔清华	2017年5月12日至今	职工监事,现任康力电梯文化及公共关系部总监
	朱瑞华	2017年5月12日至今	工程师,副总经理、市场运营总经理
	秦成松	2017年5月12日至今	高级经济师,副总经理、质量总监、工程服务中心总经理兼营销中心执行总裁
	黄伟华	2017年5月12日—2018年8月30日	副总经理、加装电梯运营中心执行总裁兼康力幸福加装电梯(苏州)有限公司总经理
	吴贤	2017年5月12日至今	副总经理、董事会秘书、战略投资部总经理
	陈振华	2017年5月12日至今	信息管理中心总经理

三、历届独立董事

表22-2　　　　　　　　　　　　　公司历届独立董事名单

届次	姓名	任职时间	本人单位/职务/职称
第一届	任天笑	2007年10月20日—2011年4月9日	教授级高级工程师,时任中国电梯协会理事长、全国电梯标准化技术委员会主任委员,2011年因病去世
	马建萍	2007年10月20日—2011年4月9日	注册会计师(具有证券从业资格)、注册资产评估师,时任立信大华会计师事务所合伙人
	顾峰	2007年10月20日—2011年4月9日	律师从事证券法律业务资格,现任北京市中伦律师事务所合伙人、律师
第二届	杨菊兴	2011年4月9日—2014年4月23日	QSM高级审核员,曾任江苏省苏州市质量技术监督局调研员,当时已退休
	马建萍	2011年4月9日—2014年4月23日	注册会计师(具有证券从业资格)、注册资产评估师,现任立信大华会计师事务所合伙人
	顾峰	2011年4月9日—2014年4月23日	律师从事证券法律业务资格,现任北京市中伦律师事务所合伙人、律师
第三届	杨菊兴	2014年4月23日—2014年9月3日	QSM高级审核员,曾任江苏省苏州市质量技术监督局调研员,当时已退休
	强永昌	2014年4月23日—2017年5月12日	现任复旦大学经济学院教授、博士生导师、世界经济系党支部书记、学位委员会委员、国际贸易研究中心主任,中国美国经济学会理事,*Journal of Chinese Economics and Foreign Trade Studies* 编委会委员
	徐志炯	2014年4月23日—2014年11月6日	现任上海联合产权交易所顾问、上海联合钢铁交易所董事长、上海联合矿权交易所董事长、上海积分桥电子商务公司董事长
	夏永祥	2014年11月22日—2017年5月12日	现任苏州大学东吴商学院教授、博士生导师、乡镇经济研究所所长

(续表)

届次	姓名	任职时间	本人单位/职务/职称
第三届	耿成轩	2014年11月22日—2017年5月12日	现任南京航空航天大学经济与管理学院教授、博士生导师、财务与会计研究所所长
第四届	强永昌	2017年5月12日至今	现任复旦大学经济学院教授、博士生导师、学位委员会委员、国际贸易研究中心主任,中国世界经济学会理事,中国美国经济学会理事,Journal of Chinese Economics and Foreign Trade Studies 编委会委员
	夏永祥	2017年5月12日至今	现任苏州大学东吴商学院教授、博士生导师、乡镇经济研究所所长
	耿成轩	2017年5月12日至今	现任南京航空航天大学经济与管理学院教授、博士生导师、财务与会计研究所所长、会计专业学位研究生培养指导委员会主任

四、曾任主要管理人员

表 22-3　　　　　　　　　　公司成立以来曾任主要领导名单

姓名	起始任职年份	主要职务	离职时间
于国强	2003年	康力集团副总裁	2006年12月
韩公博	2010年	营销中心总经理	2014年11月
富曙华	2010年	康力副总工程师、新里程总经理	2014年12月
谭正荣	2001年	销售中心大区总经理	2015年1月
刘占涛	2007年	副总裁、证券与战略投资部总经理	2015年7月
朱美娟	1993年	新达法定代表人	2015年9月
顾楠森	2006年	总工程师、总公司顾问	2016年2月
徐新奇	2013年	苏州和为工程咨询有限公司总经理	2018年4月
高玉中	2002年	康力质量总监、管理者代表、广东康力副总经理	2018年4月
康莉	2005年	广东康力有限公司总经理	2018年4月
黄伟华	2015年	副总裁,兼加装梯运营中心执行总裁	2018年8月
李福生	2002年	营销中心副总经理,兼苏州分公司总经理	2018年10月

五、其他主要高层和中层干部

表 22-4　　　　　　　　　　营销岗位主要高中层

姓名	入职时间	主要职务(截至2018年年底)
陈爱林	1998年4月	康力商务接待部高级部长
朱留全	2000年6月	新达营销中心副总经理
杨菊平	2003年2月	康力营销中心副总工程师

(续表)

姓　名	入　职　时　间	主要职务（截至 2018 年年底）
芦晓明	2004 年 5 月	康力山东分公司副总经理（主持工作）
郭家川	2005 年 6 月	康力销售技术部部长
钟　慰	2005 年 6 月	康力商务接待部副部长（部长级）
金永盛	2006 年 3 月	康力华东二区副总经理
吴伊静	2006 年 5 月	康力市场传媒及国际业务中心/国际业务中心大区总经理
陈洪生	2006 年 5 月	康力江苏区域总经理（除苏州和无锡），南京分公司总经理
郑　平	2006 年 7 月	康力河南分公司总经理
陈雪明	2006 年 8 月	新达/信息管理部部长
顾冬芳	2006 年 11 月	新达营销中心市场部部长
张　磊	2007 年 1 月	康力重庆分公司总经理
许　毅	2010 年 9 月	广东分公司总经理
文永兴	2010 年 12 月	康力营销中心副总经理
王胜勇	2011 年 7 月	北京分公司总经理
陆永祥	2017 年 4 月	康力营销中心副总经理

表 22-5　　　　　　　　　　　技术岗位主要高中层干部

姓　名	入　职　时　间	主要职务（截至 2018 年年底）
杨　巍	1999 年 7 月	康力工厂运营中心扶梯项目技术部部长
顾丽红	2000 年 9 月	新达扶梯事业部机械技术部高级部长
翟恩锁	2003 年 5 月	奔一总工程师
陈昌喜	2004 年 3 月	成都康力副总工程师
李跃平	2004 年 3 月	康力工厂运营中心电气项目技术部部长
沈　康	2005 年 6 月	康力工厂运营中心数据管理部部长
俞　诚	2005 年 7 月	康力工厂运营中心电梯项目技术部部长
朱森峰	2006 年 8 月	康力工厂运营中心电气开发部部长
沈金权	2011 年 2 月	新里程技术部部长
何根盛	2015 年 3 月	新达副总工程师

表 22-6　　　　　　　　　　　其他岗位主要高中层干部

姓　名	入　职　时　间	主要职务（截至 2018 年年底）
王全林	1993 年 6 月	康力基建管理办公室副部长
朱引根	1993 年 6 月	新达扶梯事业部型材制造部高级部长兼型材轧制车间主任
顾永中	1995 年 7 月	新达营销中心销售五部总经理
朱秋华	1996 年 2 月	新达/电梯事业部仓储物流部部长

(续表)

姓 名	入 职 时 间	主要职务（截至2018年年底）
陈志红	1996年5月	康力工程中心轨道交通维保部高级部长
梅建康	1996年6月	新达扶梯事业部扶梯制造部高级部长
殷阿龙	1996年6月	康力运输公司运输管理部部长
姚建新	1998年7月	新达资产管理部高级部长
朱玉平	1998年8月	康力财务中心康力电梯成本核算管理部部长
陈丽勤	1999年3月	新达供应商管理部部长
孙健育	2000年2月	康力工程中心工程技术二部部长
顾才龙	2000年5月	新达行政管理部部长
王立飞	2000年8月	康力工程中心总经理助理
邹明锋	2000年8月	新达成本管理部部长
陈俭红	2000年9月	新达营销中心售后服务部部长
蒋祥根	2000年9月	新达扶梯事业部质量部高级部长
毛 亮	2000年9月	新里程副总经理
朱雄广	2001年9月	新里程电控车间主任
马春平	2001年11月	新里程计划采购部部长
张学兵	2001年11月	成都康力计划采购部部长
李雪芳	2001年12月	康力人力资源中心人事部高级部长
史新华	2002年1月	康力质量中心产品质量改进委员会副主任
陆国平	2002年4月	康力工厂运营中心扶梯桁架车间主任
沈爱林	2002年4月	康力工程中心工程质检部部长
任建华	2002年8月	康力工程中心国内轨道交通工程总监（高级部长）
王太林	2002年8月	康力工厂运营中心电梯事业部总经理助理
陆建明	2002年10月	新达电梯事业部制造部部长兼制造三车间主任
陈建春	2003年1月	康力财务中心财务中心副总经理
陆建新	2003年2月	康力工厂运营中心电梯一车间主任
袁明德	2003年3月	康力风控中心应管办副主任（部长级）
干雨花	2003年4月	新达人力资源部部长
严雪飞	2003年8月	康力人力资源中心劳资部部长
周军杰	2003年9月	成都康力制造部高级部长
盛建其	2004年5月	康力工厂运营中心扶梯物流中心主任
干 雄	2004年6月	康力信息中心信息中心IT基础管理部高级部长
陆宇露	2004年8月	康力工程中心工程管理部部长
殷雪芳	2004年9月	广东广都公司人事行政部部长
周国良	2004年10月	康力集团资产管理部集团资产管理部副总经理、监察部副部长

(续表)

姓　名	入职时间	主要职务（截至2018年年底）
吴莉萍	2004年10月	康力市场传媒及国际业务中心市场传媒部部长
王喜华	2005年4月	奔一生产制造部部长
陈兴荣	2005年6月	康力质量中心质量中心副总监
李孟园	2005年7月	新达电梯事业部副总经理（主持工作）
吴　鑫	2006年2月	新达电梯事业部质量部部长
袁　其	2006年2月	新达电梯事业部技术部部长
沈瑞红	2006年2月	新达扶梯事业部驱动总成制造部高级部长
宁奎兴	2006年3月	康力集团战略采购部集团战略采购部副总经理
徐永明	2006年7月	广东广都销售二部经理
周国平	2006年9月	康力工厂运营中心扶梯事业部总经理助理（主持工作）（高部级）
朱　芳	2007年10月	康力董事长总裁秘书
杨成广	2010年3月	康力电梯事业部总经理

六、司龄20年以上老员工（截至2018年底）

表22-7　　　　　公司司龄20年以上老员工名单（截至2018年底）

序号	姓名	入职时间	序号	姓名	入职时间
1	王友林	1993年6月	17	陈龙海	1995年7月
2	王全林	1993年6月	18	高新其	1996年10月
3	朱林荣	1993年6月	19	朱小娟	1995年9月
4	王小林	1994年1月	20	张荣根	1997年5月
5	陈奇峰	1995年2月	21	陈向红	1997年6月
6	朱引根	1995年2月	22	任爱平	1997年6月
7	朱万红	1995年12月	23	朱彩娟	1995年7月
8	祝遵祥	1995年2月	24	陈爱林	1998年6月
9	顾永中	1995年4月	25	陆土平	1998年6月
10	朱秋华	1996年2月	26	陈金云	1998年6月
11	沈其龙	1996年3月	27	姚建新	1998年6月
12	陈志红	1996年5月	28	朱玉平	1998年8月
13	李晓红	1996年5月	29	李留芳	1998年10月
14	梅建康	1996年6月	30	陈丽勤	1998年10月
15	沈　荣	1996年6月	31	张培东	1998年12月
16	殷阿龙	1996年2月			

七、中层以上党员干部

表22-8　　　　　　　　公司中层以上党员干部名单（按入党时间排序）

序号	姓名	性别	入党时间	序号	姓名	性别	入党时间
1	孙全根	男	1975年9月1日	33	吴事锦	男	2009年3月12日
2	吴国华	男	1978年1月1日	34	郭朝辉	女	2009年6月15日
3	金云泉	男	1978年5月1日	35	王立飞	男	2009年6月30日
4	王胜勇	男	1992年12月15日	36	朱琳懿	女	2010年5月10日
5	崔清华	男	1993年4月1日	37	王立新	男	2010年5月10日
6	宋业峰	男	1994年11月30日	38	张建宏	男	2010年7月3日
7	毛亮	男	1996年4月1日	39	朱玲花	女	2010年7月3日
8	张华	男	1996年8月1日	40	陆玲燕	女	2010年7月3日
9	秦成松	男	1998年9月10日	41	宁奎兴	男	2010年8月13日
10	金银卫	男	1998年9月15日	42	毛林	男	2010年8月13日
11	吴贤	女	2000年6月1日	43	杨雪芳	女	2010年11月30日
12	杨玉敏	女	2001年6月15日	44	陈泽民	男	2011年1月1日
13	刘立军	男	2001年8月1日	45	周国平	男	2011年8月13日
14	陈兵	男	2001年10月26日	46	陆斌云	男	2011年8月13日
15	谢兰青	女	2001年11月1日	47	任苏敏	男	2011年12月15日
16	吴伊静	女	2002年6月1日	48	盛建其	男	2012年9月19日
17	陈兴荣	男	2002年11月15日	49	杨卯英	女	2012年9月19日
18	王友林	男	2004年6月1日	50	李雪芳	女	2012年9月19日
19	郑平	男	2004年11月15日	51	严雪飞	女	2012年9月19日
20	王立凡	男	2006年1月20日	52	张建华	男	2012年11月30日
21	包万平	女	2006年3月15日	53	杭剑伟	男	2013年7月17日
22	任建华	男	2006年6月25日	54	陈莹	女	2013年7月17日
23	高敏	女	2006年11月30日	55	孙国梁	男	2014年7月4日
24	孟庆刚	男	2006年12月31日	56	郭家川	男	2014年7月11日
25	刘红	女	2007年12月15日	57	王燕华	女	2014年7月11日
26	郑尧	男	2008年1月1日	58	马仲林	男	2014年7月11日
27	王圣慧	男	2008年1月5日	59	朱瑞华	男	2014年7月11日
28	马发朝	男	2008年6月17日	60	吴莉萍	女	2015年7月28日
29	高新其	男	2008年7月1日	61	朱林荣	男	2015年7月28日
30	朱花霞	女	2008年7月29日	62	倪莺红	女	2016年9月20日
31	史新华	男	2008年7月29日	63	凌霏	女	2016年9月20日
32	孙佳秀	女	2008年11月30日	64	王东升	男	2016年9月20日

(续表)

序号	姓名	性别	入党时间	序号	姓名	性别	入党时间
65	陈志红	男	2016年9月20日	68	陈谱	男	2017年9月21日
66	吴志学	男	2016年9月20日	69	干卯红	男	2017年9月21日
67	朱巧弟	女	2016年11月30日	70	朱琳昊	男	2017年9月22日

八、早期技术和专业老专家

表22-9　　　　　　　　　　公司早期技术和专业老专家

姓　名	在职时间	主要职务
李鸣晓	2005年3月—2006年5月	康力总工程师
过丽华	2005年3月—2006年5月	康力扶梯标准化部部长
赵汉清	1998年6月—2011年	康力核算部部长
林家秋	1998年6月—2005年8月	康力技术工程师
凌品吉	1996年10月—2010年3月	康力技术工程师
芦卯荣	2002年5月—2014年9月	康力产品质量改进部部长
翟恩锁	2003年5月—2018年12月	奔一公司技术部部长
凌晚仙	2001年10月—2015年12月	文化推进委员会副主任
顾巧生	1998年7月—2007年3月	康力财务部会计

九、早期主要退休干部和人员(不包括已经列入专家的人员和在职返聘人员)

表22-10　　　　　　　　　　公司早期主要退休干部和员工

姓名	入职时间	公司	退休前职务	退休离职时间
朱奎仁	1997年6月	康力	后勤工作	2000年12月
朱美其	1995年5月	新达	食堂工作	2012年7月
谭正荣	2001年5月	康力	康力销售中心大区总经理	2015年1月
马正逵	2013年5月	康力	康力营销中心办公室负责人	2015年2月因病去世
殷凤菊	2003年3月	康力	新达车间主任	2015年9月
陈雅静	1994年3月	康力	康力行政部仓储管理	2016年2月
王根发	2008年7月	新达	新达企业管理部部长	2016年12月
徐留林	2002年2月	康力	公司主办会计	2017年5月
任巧林	1999年12月	康力	康力车间主任和集团采购部	2018年3月
陆坤元	2002年1月	康力	扶梯事业部总经理助理	2018年11月
孙阿妹	2004年11月	康力	电梯四车间车间主任	2018年11月

(续表)

姓 名	入职时间	公 司	退休前职务	退休离职时间
陈连兴	2004年11月	康力	安全生产保卫部负责人	2018年11月
周小萍	2005年8月	新达	新达和法维莱业务财务负责人	2018年5月

第二节 荣 誉

一、集体荣誉

表22-11　　　　　　　　　　　公司历年获得的荣誉

分 类	荣 誉 名 称	获奖时间
国家级/行业	2004年度中国优秀民营科技企业创新奖	2004年11月
国家级/行业	国家火炬计划重点高新技术企业	2006年6月
国家级/行业	AAA级资信单位	2006年7月
国家级/行业	国家重点新产品(KLK2/VF 1600/3.0(VVVF)高速乘客电梯)	2006年11月
国家级/行业	2007年度全国市场同类产品国产品牌销量第一名	2008年3月
国家级/行业	用户满意产品　乘客电梯,自动扶梯,自动人行道	2008年11月
国家级/行业	用户满意服务单位	2008年11月
国家级/行业	2008年度政府采购电梯自主创新品牌	2009年1月
国家级/行业	国家火炬计划重点高新技术企业	2009年3月
国家级/行业	2008年度全国市场同类产品国产品牌销量第一名	2009年3月
国家级/行业	2009最具竞争力的商品商标	2009年11月
国家级/行业	全国重质量、守信誉先进单位	2009年12月
国家级/行业	中国优质名牌　自动扶梯,自动人行道	2009年12月
国家级/行业	2009年度政府采购电梯自主创新品牌	2010年1月
国家级/行业	中国电梯行业十大用户满意品牌	2010年1月
国家级/行业	2009年度全国市场同类产品国产品牌销量第一名	2010年3月
国家级/行业	国家重点新产品(梯级轮外置自动扶梯)	2010年5月
国家级/行业	用户满意企业	2010年10月
国家级/行业	用户满意产品　电梯,自动扶梯,自动人行道	2010年10月
国家级/行业	用户满意服务单位	2010年10月
国家级/行业	2010年度政府采购电梯自主创新品牌	2010年12月
国家级/行业	用户满意产品　客梯,自动扶梯,自动人行道	2010年12月
国家级/行业	第七届(2010)中国电梯行业最具影响力品牌	2011年1月
国家级/行业	第七届(2010)中国电梯售后服务用户满意最佳品牌	2011年1月
国家级/行业	2006—2010年康力电梯连续5年荣列市场同类产品国产品牌销量第一名	2011年3月

(续表)

分 类	荣 誉 名 称	获奖时间
国家级/行业	2010年全国市场同类产品国产品牌销量第一名	2011年3月
国家级/行业	国家火炬计划重点高新技术企业	2011年10月
国家级/行业	2012年度政府采购电梯自主创新品牌	2011年12月
国家级/行业	2011年度全国市场同类产品国产品牌销量第一	2012年3月
国家级/行业	国家重点新产品[KLK2/VF1600/7.0(VVVF)高速乘客电梯]	2012年5月
国家级/行业	全国用户满意产品——客梯、自动扶梯、自动人行道	2012年9月
国家级/行业	用户满意服务单位	2012年9月
国家级/行业	全国质量诚信倡议先进典型企业	2012年9月
国家级/行业	2012年度全国市场同类产品国产品牌销量第一	2013年3月
国家级/行业	国家发展和改革委员会公告(2013年第40号)——企业技术中心	2013年10月
国家级/行业	2013年第二届全国建设机械与电梯行业质量金奖	2013年11月
国家级/行业	用户满意企业	2013年12月
国家级/行业	2013年度全国市场同类产品国产品牌销量第一	2014年3月
国家级/行业	2012—2013年度"守合同重信用"企业公示证明	2014年6月
国家级/行业	全国实施卓越绩效模式先进企业(2014年)	2014年10月
国家级/行业	全国用户满意产品	2014年12月
国家级/行业	用户满意服务单位	2014年12月
国家级/行业	中国AAA级信用企业	2015年2月
国家级/行业	中国梦品牌梦2015康力电梯行业用户优选十大信赖整梯品牌	2015年9月
国家级/行业	2015年中国房地产关联服务优秀品牌企业	2015年9月
国家级/行业	2015年全国质量诚信标杆典型企业	2015年9月
国家级/行业	2016年全国产品和服务质量诚信示范企业	2016年3月
国家级/行业	2014—2015年度"守合同重信用"企业公示证明	2016年7月
国家级/行业	全国电梯行业质量领先品牌(2013—2016年度公告证明)	2016年9月
国家级/行业	全国质量检验稳定合格产品(2013—2016年度调查汇总证明)	2016年9月
国家级/行业	2016年全国质量诚信标杆典型企业	2016年9月
国家级/行业	2016年中国品牌价值评价:品牌强度851,品牌价值43.63亿元	2016年12月
国家级/行业	全国用户满意产品(2016年)	2016年12月
国家级/行业	用户满意服务单位(2016年)	2016年12月
国家级/行业	"中国梦、品牌梦"2017电梯行业"一带一路"高效践行企业	2017年1月
国家级/行业	"中国梦、品牌梦"2017电梯行业用户优选十大年度智能制造企业	2017年1月
国家级/行业	"中国梦、品牌梦"2017电梯行业用户优选十大知名整梯品牌	2017年1月
国家级/行业	2017年全国产品和服务质量诚信示范企业	2017年3月
国家级/行业	2017值得资本市场关注的房地产服务商	2017年5月
国家级/行业	2012—2017年度全国电梯行业质量领军企业	2017年8月

(续表)

分类	荣誉名称	获奖时间
国家级/行业	2017年全国质量诚信标杆典型企业	2017年9月
国家级/行业	中国商业联合会科学技术奖 全国商业科技进步奖	2017年12月
国家级/行业	2018年全国产品和服务质量诚信示范企业	2018年3月
国家级/行业	中国AAA级信用企业	2018年5月
国家级/行业	2017年度中国企业信用500强	2018年5月
国家级/行业	2017年度中国上市公司信用500强	2018年5月
国家级/行业	中国合格评定国家认可委员会实验室认可证书	2018年6月
国家级/行业	2015—2018年度全国电梯行业质量领先品牌	2018年8月
国家级/行业	2018年度全国质量诚信标杆典型企业	2018年9月
省级/行业	2003年江苏省乡镇企业名牌产品称号	2003年1月
省级/行业	江苏省著名商标(电梯 升降机、自动梯、升降设备等)	2004年12月
省级/行业	2005年江苏省用户满意产品(自动扶梯)	2005年10月
省级/行业	重合同守信用企业	2005年12月
省级/行业	江苏省质量管理先进企业	2006年9月
省级/行业	高新技术企业认定	2007年12月
省级/行业	2005—2006年度江苏省文明单位	2008年1月
省级/行业	江苏省明星企业	2008年1月
省级/行业	江苏省十佳民营科技型企业	2008年12月
省级/行业	江苏省质量诚信双十佳单位	2009年5月
省级/行业	江苏省电梯行业标兵单位	2009年8月
省级/行业	江苏省优秀企业	2009年11月
省级/行业	2007—2009年度江苏省精神文明建设工作先进单位	2010年12月
省级/行业	江苏名牌产品称号 康力电梯,自动扶梯,自动人行道	2010年12月
省级/行业	优秀新产品——大高度重载交通型自动扶梯	2011年1月
省级/行业	2011—2013年度江苏省重点培育和发展的国际知名品牌	2011年1月
省级/行业	2010年度吴江市工业基建办公室先进企业	2011年2月
省级/行业	江苏省模范劳动关系和谐企业	2011年12月
省级/行业	优秀新产品奖-提升高度25 m自动扶梯	2012年1月
省级/行业	江苏重点名牌产品自动扶梯,自动人行道	2012年12月
省级/行业	2010—2011年度"守信用重合同"企业公示证明	2013年5月
省级/行业	苏州市信用管理示范企业	2014年1月
省级/行业	2014—2016年度江苏省重点培育和发展的国际知名品牌	2014年1月
省级/行业	康力电梯被授予"榜样苏商"	2014年6月
省级/行业	江苏省地标型企业	2014年11月
省级/行业	2013—2014年度"守合同重信用"企业	2015年1月

(续表)

分　　类	荣　誉　名　称	获　奖　时　间
省级/行业	江苏省信用管理示范企业	2015年2月
省级/行业	江苏省五一劳动奖状	2015年4月
省级/行业	江苏省质量协会第三届理事会先进会员单位	2016年10月
省级/行业	江苏省民营科技企业	2016年11月
省级/行业	高新技术企业	2017年11月
省级/行业	2015—2016年度"守合同重信用"企业	2017年12月
省级/行业	安全生产标准化二级企业（机械）	2018年5月
省级/行业	2018年汾湖高新区"创新创业"先锋党组织	2018年6月
苏州市级/行业	2003年度私营企业科技十强	2004年1月
苏州市级/行业	重合同守信用企业	2004年8月
苏州市级/行业	康力集团爱心捐款200万	2007年1月
苏州市级/行业	2007—2008年度苏州市消费者权益保护委员会推荐商品称号	2008年2月
苏州市级/行业	江苏康力2008年捐款100万救助地震灾区人民	2008年5月
苏州市级/行业	苏州市企业知名字号	2011年8月
苏州市级/行业	2010—2012年度江苏省文明单位	2013年10月
苏州市级/行业	2013年度苏州市质量奖	2014年2月
苏州市级/行业	最佳企业文化奖	2014年10月
苏州市级/行业	2015—2016年度重合同守信用企业	2017年8月
苏州市级/行业	第三届"苏州慈善奖"最具爱心捐赠企业	2018年9月
吴江区级/行业	支持抗击"非典"捐赠荣誉	2003年5月
吴江区级/行业	十佳民营企业文明单位	2003年12月
吴江区级/行业	2002—2004年度吴江市先进生产者称号	2005年11月
吴江区级/行业	2004—2005年度科协系统先进生产者称号	2005年12月
吴江区级/行业	2006年度吴江市纳税大户	2007年2月
吴江区级/行业	吴江市十佳文明示范企业	2007年12月
吴江区级/行业	2007年度吴江市百强企业	2008年2月
吴江区级/行业	2007年度吴江市纳税大户	2008年2月
吴江区级/行业	最具社会责任感企业	2009年2月
吴江区级/行业	2008年度苏州市吴江区百强企业	2009年2月
吴江区级/行业	2009年度"吴江市百强企业"	2010年2月
吴江区级/行业	2009年度"吴江市纳税大户"	2010年2月
吴江区级/行业	2009年度吴江市工业基建办公室先进企业	2010年2月
吴江区级/行业	康力电梯捐款40万（向见义勇为基金会）	2010年6月
吴江区级/行业	康力集团爱心捐款350万	2011年1月
吴江区级/行业	吴江市2009—2010年度"爱心企业"	2011年1月

(续表)

分　类	荣　誉　名　称	获　奖　时　间
吴江区级/行业	2010吴江市纳税大户	2011年2月
吴江区级/行业	康力电梯向吴江红十字会捐款30万(定向捐款)	2011年12月
吴江区级/行业	康力爱心捐款380万	2012年1月
吴江区级/行业	2011年度"吴江市百强企业"	2012年1月
吴江区级/行业	2011年度吴江市工业基建办公室先进企业	2012年1月
吴江区级/行业	2011年度吴江市纳税大户	2012年1月
吴江区级/行业	吴江区2011—2012年度"十佳爱心企业"	2013年1月
吴江区级/行业	2012年度苏州市吴江区百强企业	2013年2月
吴江区级/行业	2012年度苏州市吴江区基建办公室先进企业	2013年2月
吴江区级/行业	2012年度苏州市吴江区纳税大户	2013年2月
吴江区级/行业	2013年度苏州市吴江区百强企业	2014年2月
吴江区级/行业	2013年度苏州市吴江区基建办公室先进企业	2014年2月
吴江区级/行业	吴江区2013—2014年"爱心企业"	2015年2月
吴江区级/行业	2014年度苏州市吴江区百强企业	2015年2月
吴江区级/行业	2014年度吴江区十大纳税企业	2015年2月
吴江区级/行业	2011—2015年度最具爱心企业	2016年2月
吴江区级/行业	2015年度苏州市吴江区百强企业	2016年2月
吴江区级/行业	2015年度苏州市吴江区基建办公室先进企业	2016年2月
吴江区级/行业	2015年度苏州市吴江区十大纳税企业	2016年2月
吴江区级/行业	康力电梯捐赠500万元	2016年2月
吴江区级/行业	2016年度房地产开发企业500强首选供应商	2016年3月
吴江区级/行业	2016年度苏州市吴江区百强企业	2017年2月
吴江区级/行业	2016年度苏州市吴江区工业企业基建办公室先进企业	2017年2月
吴江区级/行业	2016年度苏州市吴江区十大纳税企业	2017年2月
吴江区级/行业	吴江区慈善总会荣誉会长单位	2017年12月
吴江区级/行业	2017年度苏州市吴江区百强企业	2018年2月
吴江区级/行业	2017年度苏州市吴江区工业企业科技创新先进企业	2018年2月
吴江区级/行业	2017年度苏州市吴江区纳税大户	2018年2月
吴江区级/行业	2017年度"手拉手、送温暖"爱心企业	2018年2月
其他类	第十三届全国发明展览会银奖	2001年9月
其他类	康力集团向2007年上海世界特殊奥林匹克运动会捐款	2007年10月
其他类	国际发明展览会获铜奖——电梯的曳引传动装置	2008年10月
其他类	国际发明展览会获铜奖——电梯轿厢消毒装置	2008年10月
其他类	2010年苏商500强	2011年1月
其他类	2013年度第八届中国企业报刊封面/头版奖	2013年10月

(续表)

分　类	荣　誉　名　称	获奖时间
其他类	2013年度第八届中国优秀企业报刊奖	2013年10月
其他类	2013年度第八届中国优秀企业文化建设传播奖集体	2013年10月
其他类	2015房地产开发500强首选供应商·电梯类	2015年3月
其他类	2015—2016羊年年度电梯行业最具影响力转型创新企业TOP10	2016年4月
其他类	2017中国房地产开发企业500强首选供应商·电梯类	2017年3月
其他类	2016—2017年度电梯行业持续创新企业奖	2017年4月
其他类	2016—2017年度中国电梯行业TOP10十大影响力品牌奖	2017年4月
其他类	国内单体最大星级酒店群成都龙之梦酒店电梯项目获得2016—2017年度电梯行业经典工程奖	2017年4月
其他类	2017—2018年度陕西白鹿原影视城观光天梯项目荣获"全球电梯经典工程"奖	2018年5月
其他类	2017—2018年度"全球电梯品牌影响力TOP10荣誉"	2018年5月

二、个人荣誉(不包括科学技术类获奖人员)

表22-12　　　　　　　　　　历年获得荣誉称号的个人及荣誉

获奖个人	获奖年份	荣　誉　名　称
王友林	2004年	2003年度吴江市优秀民营企业家
王友林	2006年	苏州市2003—2005年度劳动模范称号
王友林	2007年	"关爱员工优秀民营企业家"
王友林	2008年	2007年度吴江市优秀企业家
王友林	2009年	2008年度吴江市优秀企业家
王友林	2009年	第三届"吴江优秀人才奖"
王友林	2009年	江苏省优秀企业家
王友林	2009年	2009年度吴江市优秀企业家
王友林	2009年	2008—2009年度全市关爱员工优秀民营企业家
王友林	2009年	中国行业自主创新十大优秀企业家
王友林	2009年	苏州市优秀中国特色社会主义事业建设者
王友林	2011年	中国优秀民营企业家
王友林	2011年	中国经营管理创新杰出贡献奖
王友林	2011年	苏州市十佳魅力科技人物
王友林	2011年	苏州市第三届"优秀中国特色社会主义事业建设者"
王友林	2011年	第七届(2010)中国经营管理创新杰出贡献奖
王友林	2012年	苏州市慈善楷模
王友林	2012年	吴江市创先争优优秀共产党员

(续表)

获奖个人	获奖年份	荣誉名称
王友林	2012年	国务院颁发"全国就业创业优秀个人"荣誉称号
王友林	2012年	2011年度吴江市优秀企业家
王友林	2012年	全国就业创业优秀个人
王友林	2013年	2012年度苏州市吴江区优秀企业家
王友林	2013年	第二届"吴江杰出人才奖"
王友林	2014年	2013年度苏州市吴江区优秀企业家
王友林	2015年	2014年度全国优秀诚信企业家
王友林	2015年	"中国梦·品牌梦"2015电梯行业十大年度风云人物奖项
王友林	2015年	"苏州市优秀基层党组织带头人"荣誉称号
王友林	2016年	中共苏州市吴江区"优秀共产党员"称号
王友林	2016年	2016江苏新经济领军人物
王友林	2017年	苏州市首届"创业苏州魅力总裁"称号
王友林	2017年	江苏制造突出贡献奖·融合创新发展优秀企业家称号
王友林	2017年	江苏省优秀中国特色社会主义事业建设者
王友林	2018年	2016—2017年度苏州市优秀民营企业家
王友林	2018年	"2017—2018年度行业评选"活动中荣获"全球电梯领军人物"
王友林	2018年	"2017—2018年度行业评选"活动中荣获"全球电梯领军人物"
王友林	2018年	第十三届中国上市公司董事会"金圆桌奖"——最具战略眼光董事长
王友林	2018年	2017年度苏商智能制造领军人物
王友林	2019年	全区基层商会优秀会长
朱林荣	2011年	吴江区劳动模范
王小林	2015年	非公企业优秀工会主席
李晓红	2013年	吴江区企业优秀工会主席
陈爱林	2014年	苏州市五一劳动奖章
顾兴生	2002年	吴江区劳动模范
王东升	2017年	2017年度党员先锋岗
李雪芳	2016年	吴江区三八红旗手
李雪芳	2016年	优秀人才工作者
陆坤元	2013年	苏州市五一劳动奖章
孟庆东	2014年	吴江区劳动模范
沈爱林	2015年	全国首届电梯安装工职业技能竞赛综合成绩个人优胜二等奖
沈爱林	2015年	2015年度电梯整机行业"用户满意服务明星"
沈爱林	2016年	汾湖工匠
蔡明强	2017年	吴江区劳动模范
张建宏	2009年	2009年度苏州市科学技术进步奖三等奖

(续表)

(续表)

获奖个人	获奖年份	荣誉名称
张建宏	2011年	2011年度吴江市科学技术进步奖一等奖
张建宏	2011年	2011年度苏州市科学技术进步奖二等奖
张建宏	2012年	2012年度吴江市青少年科技创新市长奖提名奖
张建宏	2015年	2015年度中国知识产权（电梯产业）创新创业优秀奖
严雪飞	2012年	2012年度吴江区"优秀工会积极分子"
陈连兴	1986年	吴江区劳动模范
朱瑞华	2018年	2018年苏州市优秀人才贡献奖
杨卯英	2017年	全国首届电梯安装维修工职业技能竞赛金牌教练
孙全根	2014年	江苏省劳动模范
陈建明	2016年	吴江区优秀高级工
周振宇	2015年	第三届机械工业高技能人才优秀论文优秀奖
孙康	2015年	2015年度吴江区技术能手
孙康	2016年	吴江技能大赛维修电工二等奖
吴鑫	2013年	吴江区技术能手
沈舟群	2018年	2018年苏州市优秀人才贡献奖
张利春	2011年	2011年度苏州市攻关杯杰出工程师奖
张利春	2018年	2018年苏州市优秀人才贡献奖
任建华	2008年	苏州市劳动模范
任建华	2017年	江苏省五一劳动奖章
孙龙兴	2015年	全国首届电梯安装工职业技能竞赛"优秀工作人员"称号
孟庆刚	2015年	全国首届电梯安装工职业技能竞赛综合成绩个人优胜二等奖
周建军	2015年	全国首届电梯安装工职业技能竞赛综合成绩个人优胜一等奖
周建军	2015年	全国首届电梯安装工职业技能竞赛模拟安装单项奖
周建军	2015年	全国首届电梯安装工职业技能竞赛个人理论单项奖
周建军	2017年	全国首届电梯安装维修工职业技能竞赛电梯维修组个人优胜二等奖
周建军	2018年	吴江区优秀高级工
冯梅	2016年	吴江技能状元大赛优胜奖
王草	2016年	江苏省五一劳动奖章
林建	2015年	全国首届电梯安装工职业技能竞赛综合成绩个人优胜三等奖
陶羊彬	2016年	"吴江区技术能手"荣誉称号
王新新	2017年	全国首届电梯安装维修工职业技能竞赛自动扶梯维修组个人优胜三等奖
秦成松	2018年	2018年苏州市优秀人才贡献奖
滕伟	2015年	全国首届电梯安装工职业技能竞赛综合成绩个人优胜二等奖
任苏敏	2016年	吴江技能大赛维修电工优胜奖
干永健	2015年	"吴江区技术能手"荣誉称号

(续表)

获奖个人	获奖年份	荣誉名称
陈志刚	2016年	"吴江区技术能手"称号
干旻旭	2017年	全国首届电梯安装维修工职业技能竞赛电梯维修组个人优胜一等奖
干旻旭	2017年	"全国五一劳动奖章"提名
王全	2015年	全国首届电梯安装工职业技能竞赛综合成绩个人优秀奖
吴延康	2017年	全国首届电梯安装维修工职业技能竞赛电梯安装组个人优胜二等奖
刘亚飞	2017年	全国首届电梯安装维修工职业技能竞赛自动扶梯维修组个人优胜三等奖
刘文涛	2017年	全国首届电梯安装维修工职业技能竞赛电梯安装组个人优胜二等奖

三、科技类获奖项目和人员

表 22-13　　　　　　　　　　公司历年科技类获奖项目和人员

获奖项目名称	奖项名称	获奖单位/人员	获奖时间
TWJ1000/1.0-JXW 无机房电梯	"2003年度吴江市科技进步奖"一等奖	王友林、高玉中、于国强、陆斌云、卢卯荣、孟庆东、陈金云	2004年6月
TWJ1000/1.0-JXW 无机房电梯	2004年度苏州市"讲理想比贡献科技进步双杯奖"攻关杯奖	王友林、高玉中、于国强、陆斌云、卢卯荣、孟庆东、陈金云	2004年12月
TWJ1000/1.0-JXW 无机房电梯	苏州市科学技术进步奖三等奖	江苏康力电梯集团有限公司	2004年12月
大高度自动扶梯驱动总成	2005年度吴江市科技成果奖二等奖	唐莉、陈金云	2005年12月
自动扶梯和自动人行道控制系统	2005年度吴江市科技成果奖二等奖	唐莉、陈金云	2005年12月
自动扶梯设计	2005年度吴江市科技成果奖一等奖	李晓红	2005年12月
KLT30-1000 自动扶梯	2005年度吴江市科技进步奖一等奖	王友林、于国强、高玉中、李晓红	2006年5月
KLT30-1000 自动扶梯	2005年度苏州市科技进步奖三等奖	王友林、于国强、高玉中、李晓红	2006年12月
KLK2/VF1600 kg-4.0 m/s 高速乘客电梯	2008年度吴江市科技进步奖二等奖	王友林、张利春、顾楠森、陈金云、杨菊平、王立凡	2009年3月
KLK2/VF1600 kg-4.0 m/s 高速乘客电梯	2008年度苏州市"讲理想、比贡献科技进步双杯奖"攻关杯奖	王友林、张利春、顾楠森、陈金云、杨菊平、王立凡	2009年3月
KLJ/VF320 kg-0.4 m/s 家用电梯	2008年度吴江市科学技术进步奖三等奖	康力电梯股份有限公司	2009年9月
轮外置自动扶梯	2009年度吴江市科技进步奖二等奖	张利春、王友林、韦浩志	2010年3月
KLK2/VF1600 kg-4.0 m/s 高速乘客电梯	2009年度苏州市科技进步奖三等奖	王友林、张利春、顾楠森、王立凡	2010年3月

(续表)

获奖项目名称	奖项名称	获奖单位/人员	获奖时间
KLK2/VF1600 kg-4.0 m/s 高速乘客电梯	2009年度苏州市"讲理想、比贡献科技进步双杯奖"攻关杯奖	王友林、张利春、顾楠森、王立凡	2010年2月
KLK2/VF1600/7.0 VVVF 高速乘客电梯	2011年度吴江市科技进步奖一等奖	王友林、张利春	2011年12月
KLK2/VF1600/7.0 VVVF 高速乘客电梯	2011年度苏州市科技进步奖二等奖	王友林、张利春、毛桂金、高玉中	2012年2月
30 m 大高度重载交通型自动扶梯	2012年度吴江区科技进步奖一等奖	张利春、高玉中、孟庆东	2013年
30 m 大高度重载交通型自动扶梯	2012年度苏州市"讲理想、比贡献"科技创新奖	张利春、高玉中、孟庆东	2013年
目的层群控电梯	2013年度苏州市吴江区科学技术进步奖二等奖	王友林、张利春、孟庆东、高玉中、顾楠森	2014年1月
一体化电梯控制系统	2016年度吴江区科技进步奖二等奖	黄维纲、朱森锋、张利春、孟庆东、张建宏	2016年9月
一体化扶梯控制系统	2017年度苏州市科技进步奖二等奖	黄维刚、朱森锋、陈羽波、孟庆东、许晨	2018年2月
电梯永磁同步曳引机系统关键技术及应用	2017年度中国商业联合会科学技术奖一等奖	李革、宁奎兴	2018年2月

四、获表彰的优秀员工

表 22-14　　　　　　　　　　公司历年获表彰的优秀员工

年份	优秀员工			其他
	五星级	四星级	三星级	
2007年	任建华	干爱明、刘立军、张建宏、陆建新	王玉英、左孝中、乐明、任其龙、江宇、孙四兴、孙存款、孙建康、孙健育、严雪飞、李孟园、杨庆明、吴志学、吴秋妹、陈永兴、陈建明、周国平、姚志宏、顾伟兵、顾雪龙、潘仁	
2008年		任建华、李孟园、吴新华、张元	干卯红、王玉珍、朱巧林、朱春弟、李雪强、杨卯英、吴玉琴、吴伊静、汪马林、沈子强、沈康、张文春、张建中、张建宏、陆强、陈天红、陈雪、陈谱、杭文荣、周国平、孟庆刚、凌士强、高业松、浦家春、褚康	
2009年	任建华、徐春林	干爱明、朱国强、朱留全、李娟英、陆宇露、周国平、周爱其、袁其、郭劲峰	干菊英、王玉英、王银文、王琴、邓富军、史涛、宁奎兴、朱巧珠、朱永东、朱森峰、任建兵、李云祥、李国娟、李翔、杨巍、吴泉敏、吴莉萍、吴海元、吴海其、吴菊花、沈希荣、沈林、沈国平、沈金根、沈燕军、怀琳、陈水林、陈平、陈全荣、陈兴荣、陈丽、陈丽勤、陈迎春、陈明霞、陈海峰、杭剑伟、杭振囡、周东平、周建军、庞永林、庞燕华、孟庆刚、俞诚、祝贺、姚卫中、姚杰、贾吉勇、顾冬芳、顾兰、顾建林、顾秋二、顾晓锋、徐利锋、唐俊、唐海峰、盛建其、蒋子良、韩红燕、蔡明强、翟建垒、薛雄星、戴向根	

(续表)

年份	优秀员工			其他
	五星级	四星级	三星级	
2010年	任建华、陈向红	朱森峰、许晨、沈勇、张喜荣、项雨峰、顾永中、徐利锋、郭岩、唐留海	干卯红、马越强、王文兵、王圣慧、王建、王玲、王草、王莉、王海芹、王震洪、邓海英、邓富军、冯梅、朱卫民、朱英、任宏兴、任国英、江宇、孙四兴、孙国梁、杨建荣、吴泉敏、沈亚红、沈其民、沈春龙、沈洪平、张孝荣、张明宏、张建兵、张振宏、陆留弟、陈夫玉、陈正春、陈永兴、陈吉、陈兵、陈其生、陈昌华、陈明娟、陈金林、陈海根、陈海峰、陈雪丰、陈雪明、周丹、周国忠、郑红英、屈力远、郝达志、段海涛、俞悦洪、袁品根、袁健、顾为丰、顾佩忠、顾银花、钱中于、倪荣、徐永强、徐志华、徐海民、徐桑桑、郭劲峰、唐荣、陶春丽、陶春雄、黄露、崔吉成、梁汉生、程友生、蔡建东、薛静荣	
2011年	朱留全、任建华	毛林、史俞林、朱金成、朱喜林、陈小英、陈水林、陈平、陈建红、陈雪、郑尧、徐雷雷	丁作长、干爱明、马越强、王飞、王文龙、王杰、王凯南、王留弟、王海明、王震洪、王燕、邓海英、邓富连、叶剑利、冯梅、朱春弟、朱勇、朱雪峰、朱敏、任远、任建兵、孙方亮、孙存款、孙健、芦刚、李徐、吴宏觉、吴泉敏、吴菊花、吴雪强、吴新华、邹云娟、沈林、张永兵、张全林、张来根、张玺、张海明、张敏君、张雅珍、陆严冬、陈军、陈杰、陈明霞、陈晓、陈爱红、陈勤育、杭晓敏、连跃华、季锦华、周阿兴、周振宇、庞菊华、孟庆良、钟慰、姚志宏、袁小弟、顾卫中、顾卫平、顾永中、顾奔金、钱中于、钱杭、钱晓峰、徐祖钢、高伟、高丽芳、唐俊、唐留海、陶利平、曹业宝、崔娥、蒋明荣、蒋振兴、蒋跃中、蔡小红、蔡小根、潘仁荣、薛雄星	
2012年	朱喜林、任建华	干靖、王怀娟、朱玉琳、朱金龙、朱晓、杨帆、陈梅芳、顾晨健、顾敏健、钱金华、崔娥、蒋明荣、程友生	万剑雄、王文龙、王永强、王涛济、王海明、左孝中、叶建芳、史庆强、包新泉、朱国强、朱栋梁、任远、任定英、庄丹萍、刘之兵、刘龙锋、刘春韶、许传威、许晨、孙龙兴、孙丽芳、孙康、芦刚、李伟伟、李国华、李晓飞、李浩、李勤华、李新燕、杨静、吴林、吴秋妹、吴海根、何庆波、沈志刚、沈其龙、沈春龙、宋杰、张明宏、张建荣、张政、张映昌、张健、陆全林、陆林峰、陆明亮、陆雪民、陈飞、陈玉生、陈孙和、陈志红、陈其兴、陈建华、陈香东、陈娟、陈继红、杭春芳、周国荣、周振芳、庞文卫、郑光军、郑向荣、郑育伟、祝贺、姚卫中、袁定如、顾国林、顾建平、顾爱明、顾敏强、顾群丰、徐卫新、徐栋梁、徐胜泉、徐勇、殷荣振、凌东、高丽芳、陶利平、陶冶、黄象鹰、蒋连英、蒋俊、惠海伟、覃志军、程学凤、蔡丙超、蔡永平、蔡明强、滕卫星、潘东霞	
2013年	朱喜林、吴事锦、徐光辉、程友生	王海芹、王震洪、双冬梅、朱勇、汤建军、许伟东、李丽、李浩、张建祥、陆小明、陆跃峰、陈羽波、陈明霞、段冠军、钱中于、钱荣、唐亮	丁作长、刁正华、于浩、干卯红、干吉明、干敏华、王刚、王伟荣、王全明、王凯南、王金荣、王建、王玲、王荣丽、王俭、王浩、牛增光、尹友明、邓山涛、邓海英、甘威、龙勇、旦唐华、代叶贝、乐明、冯金龙、冯梅、宁燕、吕品、朱冬军、朱永东、朱宇成、朱金、朱建中、朱春红、朱顾静、朱惠芳、任远、任其龙、刘龙锋、刘光暑、刘余辉、刘睿哲、汤檬、许吉航、许传威、孙方亮、孙龙兴、孙四兴、严嘉铉、苏波、李迁、李勤伟、杨玉敏、杨利勤、杨建荣、杨春荣、杨洪艳、杨歌、步龙龙、肖友、吴应凯、吴静、邹东华、沈刚、沈芳、沈丽、沈林杰、沈金根、沈建华、沈荣、沈燕、沈燕军、宋杰、张化伟、张巧珠、张世发、张永兵、张建兵、张维芳、张蕾、陆其荣、陆佰敏、陈卫强、陈水林、	王恒、毛林、朱金龙、吴宏觉、张琦、周青、袁晓琴、徐栋梁、郭岩、潘利刚

(续表)

年份	优秀员工			其他
	五星级	四星级	三星级	
2013年			陈方良、陈冬生、陈永兴、陈向红、陈庆、陈庆中、陈江、陈其华、陈卓坤、陈建兴、陈建纲、陈晓、陈雪、陈煜、陈静忠、林琼珍、连志红、连丽娜、连迎梅、连国华、连信荣、季锦华、金兰、周红、周振宇、庞志荣、庞燕华、孟庆宝、赵尹清、胡桐金、钟栩蔚、侯瑞杰、洪芳、费杰洲、袁品根、顾文华、顾兰、顾建林、顾建留、顾建新、钱月红、钱东、钱晓峰、倪全弟、徐旭洋、徐利锋、徐宝生、徐海民、徐曼、唐军伟、唐学东、唐亮、陶凤珍、黄乾、黄薇、梅芳、曹欣娟、盛聪冬、崔力建、蒋子良、蔡小根、蔡静超、廖树明、熊雪松、滕大庆、滕卫星、潘小龙、潘惠荣、潘群、薛晨燕、薛静荣、濮磊	
2014年	朱喜林、任建华、李孟园、李浩	王震洪、任娟娟、许开东、孙康、杨程、张东芳、张建兵、陆宇露、陈羽波、陈迎春、陈昌华、金芳、洪意、高伟、覃敏	干爱民、万莉、马春萍、马喜、马静娟、王文瀛、王玉珍、王亚玲、王成、王伟、王志新、王佳囡、王宝玉、王剑、王素芬、王莉、王浩、王聪敏、韦华登、邓海英、邓富连、甘威、左庆红、石楼、叶贻天、乐明、包新泉、冯鹏、吉鸿斌、朱小强、朱玉龙、朱巧弟、朱冬妹、朱孙钢、朱荣林、朱留妹、任叶凯、危城、刘友全、刘建平、刘晓风、刘象艳、许克喜、农有才、农向宁、孙成云、孙红英、孙健、李小龙、李少欢、李文强、李玉东、李达、李宏坚、李忠、李雪强、杨生强、杨加雷、杨光华、杨钊林、杨祖荣、杨祥英、杨萍、杨辉、杨晶林、吴伟刚、吴国强、吴秋妹、吴晓春、吴海元、吴新其、吴燕、何正彬、沈卯华、沈国平、沈春龙、沈娟、沈燕萍、张世发、张亚平、张来根、张宏宇、张国华、张佶、张育红、张剑、张艳分、张莹、张维芳、张颖、陆小明、陆东燕、陆全红、陆其来、陆林根、陆佰敏、陆玲燕、陆晓楠、陆海明、陆雪民、陈以杰、陈平、陈叶、陈冬生、陈伟、陈良、陈明娟、陈岳滨、陈建华、陈思吉、陈莹、陈海峰、陈静、武德根、范琳琼、林建、连丽梅、季锦华、金立功、金新跃、郑联英、孟彬、项华、项雨峰、赵成洋、赵锋、胡军、胡玉燕、胡正成、胡德、段少军、施建华、袁飞、袁荣根、袁清青、顾卫平、顾建林、顾晓玲、顾敏健、顾燕涛、钱巧珍、钱欢、钱金华、徐利锋、徐拥军、徐宝生、徐桑桑、殷阿龙、郭明阳、郭新勇、唐诗明、唐留海、唐瑜、陶羊彬、陶春雄、黄小明、黄小辉、黄守金、黄春容、黄家颖、黄梦龙、梅晓丽、崔力建、崔吉成、彭功琳、蒋正龙、蒋丽芳、蒋丽兵、蒋德俊、蒋霞萍、程友生、曾维茂、谢岗岗、鲍杰、慕士进、蔡明强、蔡建东、管井忠、缪中英、潘芳芳、潘龚明、薛雄星、薛腊艳	丁涛、刘晨、孙长勇、纪罗涛、吴飞飞、吴冬、沈怿兰、沈娇、张骏华、张献丰、范国方、周俊、徐斌、黄新峰、薛明杰
2015年	朱喜林、李浩、周建军、郑尧	于彬、王杰、张博、张晴、陈迎春、陈磊、连雨新、郑光军、胡广、顾健峰、徐利锋、徐斌、廖春蓉、潘玉红	丁作长、丁骏、干旻旭、干靖、马占祥、马春萍、马喜、马强、王小丽、王引芳、王平、王成、王成、王伟荣、王丽萍、王凯、王宝玉、王彬彬、王棋、王新冬、毛水伟、文易艺、方伍、尹友明、邓海英、石楼、叶健杰、冯梅、朱永东、朱杨、朱幸芳、朱建元、朱泰贤、朱根荣、朱峰、任苏敏、任爱明、全备、刘之兵、刘长国、刘火明、刘龙锋、刘娟娟、刘琴、阮云强、孙叶青、孙康、严嘉铉、芦刚、苏动动、杜岩松、巫俊、李小智、李国华、李波、李荣方、李钢、李勇、李莎、李海燕、李慷慨、李燕、李霞、杨月顺、杨红林、杨建林、肖霞、时建平、吴卫星、吴海根、吴勤剑、吴熙、邱永忠、何尤刚、何志勇、何雷、汪玉林、沈全珍、沈红阳、	叶良、仲叶、刘川伟、刘承明、孙奥、吴文达、沈飞、沈涛、范士强、姜宏宇、秦平贵、莫立志、常延鹏、商林扣

(续表)

年份	优秀员工			其他
	五星级	四星级	三星级	
2015年			沈英杰、沈春龙、沈笔峰、沈留兴、沈跃萍、张一丹、张力、张东、张永兵、张亚平、张芬、张英刚、张宝民、张建林、张俊、张艳艳、张家勇、张维芳、张蕾、陆才弟、陆正杰、陆全红、陆严冬、陆春方、陆晓峰、陈天佑、陈夫玉、陈伟、陈羽波、陈红新、陈志远、陈卓坤、陈建明、陈承飞、陈春霞、陈跃、武德根、范东来、林蔼珊、杭春芳、连志群、金利荣、金敏侠、周贤辉、庞志荣、庞静燕、郑红英、赵龙山、赵富林、胡军、胡栋、查明初、段恩广、段竟、姜晓维、祝贺、费春、姚文娟、姚冬健、袁振峰、顾方圆、顾李斌、顾坤龙、顾爱华、顾森林、钱金华、徐广强、徐卫新、徐志丹、徐胜泉、徐亮、徐彩萍、高来友、高然、唐中才、唐彬、诸先英、黄小明、黄小明、黄正、黄海岭、黄润、黄聪、梅振涛、戚伟平、盛晓宇、崔力建、康波、章清芳、屠雅芳、屠斌、彭杰、彭景攀、蒋正龙、蒋林林、蒋振兴、韩福森、程志杰、焦莉、曾天瑞、蒲元和、蔡丙超、蔡洁、谭露、滕卫星、潘元芳、潘群、潘毅泉、薛欢、薛冠洲、薛静荣、霍丰波、戴娟、魏建军	
2016年	朱喜林、张建祥、陆宇露、覃敏	干旻旭、朱晓、朱雄广、杨帆、吴振忠、怀琳、陈磊、唐杰炘	于仁、干俊峰、马凤丹、王中君、王礼媛、王远进、王孝红、王志豪、王怀娟、王佳囡、王玲、王贵荣、王振国、王鸿松、王强、王强、王禛、牛玉川、毛剑辉、尹友明、邓山涛、左孝中、石楼、叶献、白海涛、乐明、包晓东、朱万辉、朱孙钢、朱佳丽、朱育新、朱建中、朱奎、仲叶、仲青林、任苏敏、任晓英、刘韦韦、刘凤军、刘占军、刘欢、刘明明、刘建华、刘彦文、刘洋、刘浦、刘理想、刘鹏、闫书伟、关晓娜、汤平平、汤利荣、许海诚、孙云龙、孙丽芳、孙佳秀、孙春华、严井平、芦刚、苏波、李玉东、李立军、李任民、李林、李晓聪、李爱强、李超、李道靖、李媛、李勤华、李想、杨军德、杨岳高、杨春荣、杨祖荣、杨鑫、肖虎、时进、吴成红、吴进、吴来来、吴建军、吴洪颜、吴雪红、吴雪强、吴婧、何金、余胜千、沈天、沈刚、沈辰、沈林、沈政达、沈留毛、沈敏芳、张小举、张飞飞、张为庆、张正军、张仕丽、张亚琴、张宇、张来根、张希怀、张明宏、张育红、张隶荣、张晓英、张维芳、陆全红、陆菊兰、陆梦婷、陈才荣、陈小英、陈卫强、陈永林、陈伟、陈仲、陈芷晴、陈丽红、陈利、陈雨芳、陈怡、陈建华、陈春华、陈秋荣、陈娉婷、陈培东、陈静、林海、杭伟婷、杭建芳、杭春芳、杭晓金、罗静雯、连跃华、周兰、周成、周庄、周国荣、庞雪弟、赵国荣、荆必成、胡军、姜玉其、姚志林、姚敏、贺诚、袁荣根、袁品根、耿豪锋、顾丰、顾方圆、顾信鹏、顾敏强、顾誉豪、顾群丰、倪树华、倪莺红、徐旭洋、徐春龙、徐娟红、徐景中、凌扬、凌霏、高冬青、高永、高刚刚、郭岩、郭静、唐俊、陶利平、陶建荣、桑玲桦、黄显探、曹有兵、梁耀飞、董丽芳、董建光、蒋子良、蒋跃中、韩立芬、韩福森、程志杰、曾庆桂、雷州、褚建昌、褚晓伟、褚强、蔡文希、廖利明、廖凤凤、谭玉春、黎健雄、滕永娟、潘仁其、潘为明、薛红、薛坤云、薛凯林、戴文光	干晓军、王钦、王涛、王涛、朱金龙、朱秋红、刘炎、杨立勇、邱晓洋、张明建、陈向红、陈昌华、屈力远、侯庆仓、顾敏健、徐宇惠、徐乾秋、郭坤、蒋叶、惠文龙、谭春明、樊冬冬

(续表)

年份	优秀员工			
	五星级	四星级	三星级	其他
2017年	干旻旭、王新新、朱喜林、徐旭洋	马春平、叶锐锋、李继闯、沈芳、陆小明、周浩东、倪建龙、徐斌	干爱明、马小山、马然、王义海、王韦、王协裕、王同伟、王先进、王全、王栋梁、王贵荣、王科雷、王晓燕、王继爱、王婷、文敏、双冬梅、石继明、卢书海、卢孝丽、叶社冲、叶茎茂、史俞林、付海涛、代辉、朱栋、朱留妹、朱静文、任远、任苏敏、任秋元、孙长勇、孙君、孙健、孙鑫鑫、阳初斌、严建斌、巫俊、李忠、李思羽、杨刚、杨志华、杨其、杨祖荣、杨雪芳、肖旭、吴长明、吴红霞、吴运韬、吴青刚、吴晓龙、吴斌、邱红标、沈芳、沈国平、初伟康、张永刚、张佶、张宪庆、张涛、张雅珍、张慧、张增贺、张耀文、陆才弟、陆小燕、陆中强、陆曼、陆敏敏、陈王佳、陈平、陈立、陈全红、陈庆、陈建华、陈涛、陈浩东、陈海根、陈雪、武德根、范志萍、林俊杰、杭国强、罗永菊、罗兆盛、罗军、迮芳芳、迮丽娜、迮俊峰、金明、周乐彬、周兴明、周孝华、周洪武、郑红英、孟彬、柳丽花、段竟、侯杰、姚冬健、姚林峰、袁杰、袁值、夏晓忠、顾琳红、倪树华、徐云兵、徐正旭、徐利锋、徐佩佩、徐秋萍、徐胜泉、高占锋、唐失志、诸连生、黄祖潮、黄耀、曹文军、曹祥硕、商宁、梁军龙、梁佳燕、彭伟铮、彭军、彭湖、董彬、蒋思思、蒋祥林、程冬祥、蒲云勇、赖奕锦、蔡阿敏、蔡明强、管小妹、管生凤、谭玉春、翟海飞、潘颖霞、戴雪雁、濮少华	王婷、尤晓蕾、申德云、李国斌、杨仪君、周兰、赵茹轩、顾俊达
2018年	王草、朱喜林、任龙云、张宪庆	仲峰、任苏成、张书渊、张海明、陈红苗、唐振兵、黄文	马宇卫、马喜、马璐璐、王凡、王凤杰、王刚、王凯、王玲、王贵荣、王鹏、韦燕飞、邓鹏、叶木根、朱迎红、朱建中、刘红、刘红、刘红波、刘常辉、刘象艳、刘智朗、刘傅彬、江白清、汤占东、许吉航、许晨、孙奇、苏昭华、杜远飞、杜俊超、李国娟、李波林、李晓聪、李海燕、李耀华、杨志华、杨森、肖旭、时建平、吴友志、吴龙金甫、吴成红、吴思颖、吴耿、吴惠娟、吴燕、邱干秀、余滔、汪言欢、沈林、张先美、张迎榜、张金晓、张俊、张晓萍、张彬、陆云青、陆龙飞、陆全红、陆林晓、陆育华、陆海明、陈夫玉、陈江、陈利、陈间俊、陈良、陈杰、陈秋实、陈峰、陈培东、陈敏、武德根、林庆仙、林浩、迮跃华、金观根、金明、周平、周乐彬、周兰、周法平、周桂圆、庞志荣、赵年喜、赵锋、胡桐金、侯庆仓、俞晓情、俞益奇、姜娜娜、袁少华、袁品根、顾垚、顾雪健、晏早春、钱晴、徐欢、徐娟、徐琛、徐路路、高奇、唐富强、桑小毛、黄伟、黄庚雄、黄柱杰、黄烈辉、黄润、黄继炎、黄德光、梅晓丽、曹翠红、崔京杰、屠学娟、彭磊、董燕萍、蒋正龙、蒋虎、喻茂花、程志杰、舒哲、雷长全、雷永能、褚建昌、蔡文星、蔺向京、熊花香、滕大庆、潘贤桃、潘萍、潘蓝、薛东芳、魏志杰	叶超、李静、吴健、郑渲彰、蔡元力、薛峰

五、历年优秀党员

表22-15　　　　　　　　　　　公司历年表彰的优秀党员

年　份	所属党支部	姓　名	入党时间
2014年	康力制造支部	陈连兴	1978年11月
2014年	康力营销中心	刘立军	2001年6月

(续表)

年　份	所属党支部	姓　名	入党时间
2014 年	康力营销中心	陈兴荣	2002 年 11 月
2014 年	康力营销中心	郑　平	2003 年 5 月
2014 年	中山广都支部	马发朝	2006 年 6 月
2014 年	康力制造支部	史新华	2007 年 7 月
2014 年	康力科室支部	朱花霞	2008 年 7 月
2014 年	康力新达支部	高新其	2008 年 7 月
2014 年	康力新达支部	孙叶青	2009 年 5 月
2014 年	康力制造支部	朱琳懿	2010 年 5 月
2014 年	康力制造支部	王立新	2010 年 5 月
2014 年	成都康力支部	杨文露	2011 年 6 月
2014 年	康力科室支部	严雪飞	2012 年 8 月
2014 年	康力科室支部	李雪芳	2012 年 11 月
2015 年	康力制造支部	孙阿妹	1983 年 5 月
2015 年	康力营销中心	王胜勇	1992 年 12 月
2015 年	康力工程质量支部	毛　亮	1996 年 4 月
2015 年	康力制造支部	金银卫	1998 年 9 月
2015 年	康力科室支部	陈　兵	2001 年 11 月
2015 年	康力制造支部	谢兰青	2001 年 11 月
2015 年	新达支部	顾群丰	2001 年 11 月
2015 年	康力营销中心	吴伊静	2002 年 6 月
2015 年	康力科室支部	郭朝辉	2009 年 1 月
2015 年	康力工程质量支部	王立飞	2009 年 8 月
2015 年	广东康力支部	陈展程	2010 年 5 月
2015 年	康力制造支部	朱琳懿	2010 年 5 月
2015 年	新达支部	顾文华	2011 年 12 月
2015 年	成都康力支部	王朝波	2012 年 6 月
2015 年	康力科室支部	王丽利	2012 年 12 月
2015 年	康力营销中心	王燕华	2014 年 7 月
2016 年	营销中心康力	宋业峰	1995 年 6 月
2016 年	新达支部	徐胜泉	1998 年 11 月
2016 年	康力科室支部	杨玉敏	2001 年 6 月
2016 年	康力制造支部	朱琳懿	2010 年 5 月
2016 年	康力科室支部	陆玲燕	2010 年 7 月
2016 年	广东康力支部	刘龙锋	2011 年 12 月
2016 年	康力科室支部	朱　熙	2011 年 12 月

(续表)

年　份	所属党支部	姓　名	入党时间
2016 年	成都康力支部	徐秋萍	2012 年 5 月
2016 年	康力工程质量支部	顾　宁	2012 年 5 月
2016 年	康力制造支部	刘　鹏	2012 年 5 月
2016 年	康力工程质量支部	顾燕南	2012 年 6 月
2016 年	康力制造支部	盛建其	2012 年 9 月
2016 年	新达支部	杨志华	2012 年 12 月
2016 年	康力制造支部	孙国梁	2014 年 7 月
2016 年	营销中心康力	郭家川	2014 年 7 月
2016 年	营销中心康力	吴莉萍	2015 年 7 月
2017 年	成都支部	朱俊刚	1997 年 7 月
2017 年	新达支部	屠雅芳	2004 年 12 月
2017 年	康力营销支部	任　远	2005 年 12 月
2017 年	康力工程质量支部	孟庆刚	2006 年 12 月
2017 年	康力营销支部	唐　瑜	2007 年 6 月
2017 年	康力制造支部	刘　红	2007 年 12 月
2017 年	康力制造支部	孙佳秀	2009 年 4 月
2017 年	康力科室支部	袁晓琴	2009 年 5 月
2017 年	康力制造支部	朱琳懿	2010 年 5 月
2017 年	康力制造支部	周国平	2011 年 8 月
2017 年	康力营销支部	戴　娟	2012 年 11 月
2017 年	广都支部	韦华登	2013 年 6 月
2017 年	新达支部	陶春丽	2013 年 7 月
2017 年	康力科室支部	吴卫峰	2015 年 7 月
2017 年	康力工程质量支部	王东升	2016 年 9 月
2017 年	康力科室支部	凌　霏	2016 年 9 月
2018 年	康力制造支部	顾兴生	1993 年 4 月
2018 年	成都支部	胡　军	1997 年 7 月
2018 年	康力营销支部	任　远	2005 年 12 月
2018 年	康力工程质量支部	任建华	2006 年 6 月
2018 年	康力营销支部	唐　瑜	2007 年 6 月
2018 年	康力制造支部	王圣慧	2008 年 1 月
2018 年	康力技术支部	郭　坤	2009 年 5 月
2018 年	新达支部	孙叶青	2009 年 5 月
2018 年	康力科室支部	郭朝辉	2009 年 6 月
2018 年	新达支部	杨雪芳	2011 年 6 月

(续表)

年　　份	所属党支部	姓　　名	入党时间
2018年	康力科室支部	严雪飞	2012年9月
2018年	康力工程质量支部	郑启斐	2012年11月
2018年	康力科室支部	王丽利	2012年12月
2018年	康力技术支部	陈　莹	2013年7月
2018年	康力营销支部	陈　谱	2017年9月

六、历年优秀集体

表22-16　　　　　　　　　　　　　　公司历年表彰的优秀集体

年　　份	公司优秀集体
2007年	扶梯班组、电梯班组、新达WEMO班组、新达金工班组
2008年	桁架车间落料组、电控车间电梯控制屏组
2009年	桁架车间桁架组、发运中心扶梯发货组、新达零部件车间(机架、对重架)、新达金工车间(驱动装配)
2010年	桁架车间落料组、扶梯车间发运组、新达上下部车间喷涂组、新达电梯车间(钣金组)
2011年	电梯车间井道部件组、桁架车间桁架组、新达电梯车间(钣金组)、新达桁架车间(单片组)、奔一优秀班组
2012年	下料车间激光组、桁架车间桁架组、轨道交通部优秀维保团队、新达轿底焊接组、新达扶梯装配组、成都康力电梯车间优秀班组
2013年	喷涂车间金属漆组、扶梯一车间电气组、营销优秀团队(2个)、工程优秀团队(1个)、新达电梯车间(钣金组)、新达桁架车间(单片组)、新里程ERP项目关键用户组、粤立维保部3组、成都康力电梯车间优秀班组、奔一优秀班组
2014年	轨道交通维保部、电梯三车间门板轿壁装箱组、扶梯二车间电气组、安徽分公司、福建分公司、新达上下部车间装配组、新达电梯车间(钣金组)、新里程PCB板后处理、粤立优秀工程维保团队、广东广都整机装配组、成都康力桁架车间优秀班组、奔一优秀班组
2015年	优秀工程维保团队、电梯一车间优秀班组、扶梯车间优秀班组、北京分公司优秀团队、湖南分公司优秀团队、云南分公司优秀团队、新达层门流水线组、新达扶梯装配组、新里程电梯控制柜接线组、广东广都2D焊接组、成都康力装配发运车间优秀班组、奔一优秀班组
2016年	轨道交通部、电梯物流中心发货组、桁架车间小工装组、安徽金源维保部、龙之梦维保团队、长沙地铁1号线项目部、项目款回收优秀团队、新达层门装配装箱组、新达外电控安装组、新里程扶梯电控接线组、广东广都开料组、广东康力整机装配组、成都康力电梯车间优秀班组、奔一优秀班组
2017年	WEMO组、扶手组、辽宁分公司龙之梦小组、长沙地铁4号线项目部、河北分公司安装部、优秀工程维保团队、新达开源节流突出组、新达导轨支架装箱组、新里程SMT贴片组、广东广都3D后焊接组、广东康力装配装箱组、成都康力电梯车间优秀班组
2018年	电气轿架组、发运组、青连高铁突击队、西宝高铁、渝万高铁、长沙地铁4号线项目部、新达节支降本突出组、新达扶梯装配组、广东广都桁架3D后焊接组、广东康力数控折弯组、成都康力桁架车间优秀班组

第二十三章

公共关系

第一节　公共关系管理组织机构

2010年以前,公司未设立专门的公共关系部门。2009—2010年,行政部下设公共关系组,由金云泉统管公共关系工作。2011年,行政部长孙全根负责公共关系工作。

2012年,随着公司规模的发展壮大,文化及公共关系相关的工作日益增多,公司将文化及公共关系职责合并为一个部门,成立文化公关部,崔清华任部长。

2013年,文化公关部更名为文化及公共关系管理部。

2016年,文化及公共关系管理部更名为文化及公共关系部。

公共关系工作内容包括:内部管理,负责沟通及协调管理层与其他职能部门以及各职能部门之间的关系,提供信息,协助决策;外部经营,介于组织与公众之间,通过传播保持组织与公众环境之间的双向沟通。因此,它在组织总体中扮演"中介""边缘"的角色。

表23-1　　　　　　　　　　　　　　公共关系管理主要负责人

年　　度	岗位/部门	主要负责人
2009—2010年	行政部公共关系组	行政部长:金云泉
2011年	行政部公共关系组	行政部长:孙全根
2012年	文化公关部	部长:崔清华
2012年	文化公关部	部长:崔清华(副总监级)
2013—2015年	文化及公共关系管理部	总监:崔清华
2016年至今	文化及公共关系部	总监:崔清华(总经理级)

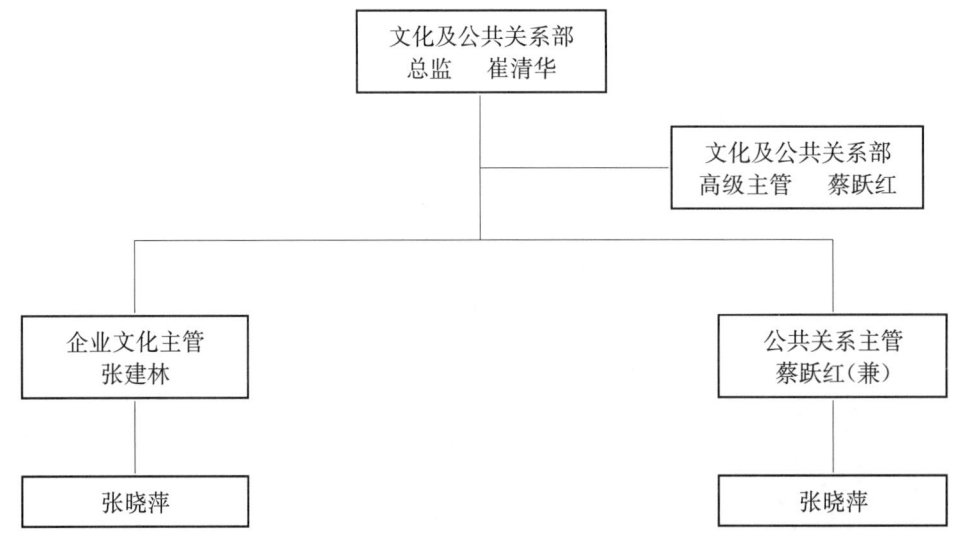

图23-1　2018年文化及公共关系管理部组织机构图

第二节　产学研活动

公司与国内多家知名科研单位、机构合作,走"产、学、研"相结合的道路。

2002 年,苏州康力电梯有限公司与南京工业大学电梯研究所组建康力电梯测试中心。2004 年,江苏康力电梯集团有限公司与南京工业大学电梯技术研究所组建"南京工业大学康力研发基地"。

2003 年 4 月 18 日,苏州康力电梯有限公司与中国建筑科学研究院建筑机械化研究分院合作组建"康力电梯研发中心"。

2006 年,3 月 18—21 日,康力集团有限公司参加在河北廊坊举行的"2006 年中国国际电梯展",展位面积 432 m²。展会期间,公司举办"创新、自主知识产权、自主品牌"论坛。

2006 年 10 月 16 日,康力集团有限公司与哈尔滨工业大学联合攻关的国家科技支撑计划课题《既有建筑设备改造关键技术研究》正式启动。

2006 年 12 月,苏州大学聘请王友林为苏州大学董事会常务董事。

2009 年 6 月 26 日,"康力电梯——浙江大学院士工作站"正式成立。浙江大学教授谭建荣院士与时任中共吴江市委常委、组织部部长钱能共同为工作站揭牌。

2012 年 1 月 15 日,康力电梯股份有限公司与常熟理工学院签约成立康力电梯学院。该学院是校企共建的国内首个本科类电梯专业院校。

第三节　董事长重要活动

2004 年 4 月 27 日—5 月 7 日,江苏康力电梯集团有限公司董事长王友林等一行应乌克兰共和国利沃夫州州长邀请,赴乌克兰考察访问。先后考察该州的优里电梯公司与基尼赫电梯公司,与两家电梯公司总经理进行亲切友好交流。

2006 年 6 月 14—17 日,康力集团有限公司董事长王友林一行三人前往韩国参加韩国 G&P 电梯公司举办的康力电梯韩国市场说明推介会,并考察韩国大田地铁、光州地铁、火车站工地。

2014 年 8 月 25—28 日,康力电梯股份有限公司董事长王友林一行七人赴韩国考察,访问韩国中小型电梯企业协会及公司在韩国的部分重要客户。

2014 年 12 月 13—15 日,康力电梯股份有限公司董事长王友林应中国经贸代表团邀请,随同国务院总理李克强访问哈萨克斯坦,参加中哈企业家代表委员会第二次会议,并在"创新与深化中小企业合作"分组会议上发言。

2015 年 11 月 16—18 日,康力电梯股份有限公司董事长王友林参加国家主席习近平率团的在菲律宾马尼拉举行的亚太经合组织(APEC)工商领导人峰会。

2016 年 9 月 4 日,全球政、商、学、研精英云集的 2016 年二十国集团工商峰会(简称 B20 峰会)在杭州盛大开幕。康力电梯股份有限公司董事长助理朱琳昊出席 B20 峰会,现场聆听国家主席习近平所作的主旨演讲。

2016 年 11 月 17—18 日,康力电梯股份有限公司董事长王友林参加在秘鲁首都利马举行的亚太经合组织高峰论坛。

2017 年 3 月 22—24 日,康力电梯股份有限公司董事长王友林出席"中国-澳大利亚经贸合作论坛",聆听国务院总理李克强与澳大利亚总理特恩布尔的主题演讲。

2017 年 9 月 3—5 日,金砖国家领导人第九次会晤在著名旅游城市厦门举行。公司董事长王友林以中国国际商会副会长的身份,参加金砖峰会开幕式,并现场聆听习近平总书记在2017年金砖国家工商论坛上所作的主旨演讲。

2017年10月17—20日,康力电梯股份有限公司董事长王友林带队参加在德国奥格斯堡卡拉奇展览中心举行的2017德国国际电梯、零部件及配件展览会。

2017年11月8—10日,康力电梯股份有限公司董事长王友林参加在越南岘港召开的2017年亚太经合组织(APEC)工商领导人峰会。

2018年7月25—27日,中国国际商会副会长、康力电梯股份有限公司董事长王友林随团出访南非约翰内斯堡,参加2018年南非金砖国家工商论坛。

第四节　社会团体、协会情况

2005年1月28日,江苏康力电梯集团有限公司当选为中国电梯协会第六届理事单位。

2006年12月,康力电梯股份有限公司当选吴江区第一届电梯行业协会会长单位。

2010年,康力电梯股份有限公司当选吴江区第二届电梯行业协会会长单位。

2013年,康力电梯股份有限公司当选吴江区第三届电梯行业协会会长单位。

2016年6月16—18日,康力电梯股份有限公司当选吴江区第四届电梯行业协会会长单位。

2007年5月,康力电梯股份有限公司当选为上海市电梯行业协会第四届理事会副会长单位。

2011年7月14日,康力电梯股份有限公司当选为上海市电梯行业协会第五届理事会副会长单位。

2015年4月2日,康力电梯股份有限公司当选为上海市电梯行业协会第六届理事会副会长单位。

2008年4月23日,苏州市轨道交通产业协会正式成立,康力电梯股份有限公司当选为苏州市轨道交通产业协会会长单位。

2009年12月,康力电梯股份有限公司当选吴江区工商联第七届执委会副主席(区总商会副会长)单位。

2011年11月,康力电梯股份有限公司当选吴江区工商联第八届执委会副主席(区总商会副会长)单位。

2016年11月,康力电梯股份有限公司当选吴江区工商联第九届执委会副主席(区总商会副会长)单位。

2011年2月28日,在苏州市电梯业商会成立大会上,康力电梯股份有限公司当选苏州市电梯业商会第一届理事会会长单位。

2016年4月8日,康力电梯股份有限公司当选苏州市电梯业商会第二届理事会会长单位。

2011年2月28日,康力电梯股份有限公司当选苏州市工商联第十三届常委单位。

2016年12月28日,康力电梯股份有限公司当选苏州市工商联第十四届执委会副主席单位。

2012年1月10日,康力电梯股份有限公司当选汾湖经济开发区总商会第一届总商会会长单位。

2012年1月15日,康力电梯股份有限公司与常熟理工学院签约成立康力电梯学院。该学院是校企共建的国内首个本科类电梯专业院校。康力电梯股份有限公司董事长王友林当选常熟理工学院第一届董事会董事、第二届理事会常务理事、第三届理事会常务理事单位。

2014年2月,康力电梯股份有限公司当选江苏省苏商发展促进会副会长单位。

2014年12月,康力电梯股份有限公司当选苏州市游泳协会第六届理事会会长单位。

2015年12月17—19日,在中国电梯协会第七届第六次理事会暨第八次会员大会上,康力电梯股份有限公司当选中国电梯协会副会长单位。

2016年12月22日,康力电梯股份有限公司董事长王友林出席中国国际商会第八届会员大会暨2016年中国国际商会年会,康力电梯股份有限公司当选中国国际商会第八届理事会副会长单位。

2017年12月15日,在苏州市吴江区慈善总会第五届第一次会员代表大会暨第五届第一次理事会上,康力电梯股份有限公司受聘为吴江区慈善总会荣誉会长单位。

第二十四章 典型工程

经过二十余年发展,康力电梯股份有限公司屹立于世界电梯企业之林,创下中国民族品牌,并连续十年获电梯自主品牌主要经济指标第一。在超高速、超大高度、节能环保、智能化与集成化群控等国际前沿、尖端技术方面,公司具备强大的研发能力及全面的工程服务能力,取得骄人的业绩和市场影响力。公司为全国各地的公共交通工程、商业工程、城市综合体工程、其他工程及国外工程等典型工程,提供大量的超高速电梯、普通乘客电梯、无机房电梯、观光电梯、别墅电梯、货用电梯、商用型自动扶梯、公共交通型自动扶梯、自动人行道等。

第一节 公共交通项目

公司打破世界电梯巨头垄断,开创国产电梯品牌在公共交通领域的先河,先后承接苏州、长沙、深圳、成都、西安、石家庄、济南、乌鲁木齐、长春、哈尔滨、常州、徐州等城市地铁,及京沪高铁、京张高铁、成贵高铁、连镇高铁、西宝高铁、渝万高铁、呼张高铁、穗莞深城轨、莞惠城轨、金普城轨、深圳有轨电车、南昌昌北国际机场、张家界天门山等公共交通项目,彰显中国电梯品牌的崛起与地位。

一、张家界天门山观光隧道天梯

张家界天门山是著名的旅游胜地,其间的天门洞海拔超过 1 300 m,是世界海拔最高的天然穿山溶洞。公司为张家界天门山观光隧道天梯工程提供 24 台超大高度重载公交型自动扶梯,其中 20 台提升高度 30 m 的重载公交型自动扶梯和 4 台提升高度 20 m 的重载公交型自动扶梯,安装总提升高度 340 m,总跨距 692 m,使景区形成一个循环的游览通道,日均人流量达到 7.2 万人次,工程于 2014 年 12 月 28 日安装竣工。

张家界天门山观光隧道天梯工程是全球首例山体隧道扶梯,被誉为世界电梯史上一项挑战人类极限的经典工程,被美国《世界日报》誉为"创造六个世界之最":环境最恶劣、难度最大、提升高度最高、总跨距最大、海拔地势最高、重载最大,并荣获"2014 年度电梯世界工程奖——新安装自动扶梯"一等奖。

二、苏州轨道交通 1 号、2 号、3 号、4 号线

苏州轨道交通项目是作为文化名城苏州市投资规模最大的城市工程建设项目,对电扶梯性能、工程工期、维保服务等提出更高的要求。康力电梯依托雄厚的企业实力和精心定制的客流运输解决方案,在与众多外资品牌的竞争中脱颖而出,成为苏州轨道交通最主要的电扶梯供应商,打破外资品牌在轨道交通项目上的垄断。从 2007 年起,公司为该项目提供量身定制的大高度重载公交型自动扶梯、大载重无机房电梯及高速电梯共计 1 227 台(1 号线全线 199 台自动扶梯、2 号线全线 450 台自动扶梯、3 号线全线 220 台电扶梯、4 号线全线 352 台自动扶梯及轨道交通控制中心主楼 6 台 3.5 m/s 高速电梯),并提供全线贴身保姆式工程服务,专设"地铁服务站"保障客流运输安全顺畅。

三、深圳地铁 3 号、5 号、9 号线

深圳是我国经济最发达的城市之一,是中国大陆地区第 6 个建设地铁的城市,轨交线网密集,客流巨大,对电扶梯品质和服务效率的要求极为严苛。2011—2017 年,公司为深圳地铁 3 号线、5 号线、9 号线,共提供 167 台电扶梯,全面满足一线城市轨道交通大客流安全高效运载需求。

四、长沙地铁 1 号、4 号线

长沙地铁项目是湖南省首个轨道交通项目。2014 年 9 月—2017 年 12 月,公司为项目提供 291 台电扶梯产品,其中 1 号线 103 台电扶梯,4 号线 188 台电扶梯。

五、成都地铁 3 号、17 号线

成都是中国西部中心城市,轨道交通网络规划庞大且完备。2018 年,公司为成都地铁项目共提供 210 台电扶梯产品,其中 3 号线 71 台电扶梯产品,17 号线 139 台电扶梯产品。

六、乌鲁木齐地铁 1 号线

乌鲁木齐地铁 1 号线项目是新疆首个城市轨道交通项目,总投资 179.1 亿元,全长约 27.6 km,全线设 21 座车站,是一条南北向沟通乌鲁木齐新老城区和主要交通枢纽的骨干线路。至 2018 年 12 月,公司为乌鲁木齐地铁 1 号线工程提供 150 台电扶梯产品,其中电梯 20 台、自动扶梯 130 台。

七、福州地铁 2 号、6 号线

福州地铁项目是福建省首个城市轨道交通项目。2017—2018 年,公司为其提供 208 台电扶梯产品,其中 2 号线 125 台电扶梯,6 号线 83 台电扶梯。

八、常州地铁 2 号线

常州地铁 2 号线项目线路全长约 19.7 km,贯穿常州主城区东西方向,建成后将有效改善常州城市交通结构。截至 2017 年 12 月,常州地铁 2 号线一期工程竣工。公司为其提供 89 台自动扶梯。

九、长春地铁 2 号线

长春地铁 2 号线线路全长 36 km,是贯通长春市东西方向的骨干级交通网络。其中一期工程长 20.5 km,全线设 19 座车站,全部为地下车站。截至 2017 年 12 月,公司为长春地铁 2 号线工程提供 92 台电扶梯产品,其中电梯 12 台、自动扶梯 80 台。

十、哈尔滨地铁 1 号线

哈尔滨 1 号线是中国第一条耐高寒地铁,是黑龙江第一条城市地铁线。1 号线线路全长 14.4 km,总投资 58.9 亿元,是改变哈尔滨城市发展布局的重大公共项目。该项目于 2016 年 9 月竣工。公司为其提供 45 台节能电梯。

十一、石家庄地铁 3 号线

石家庄地铁 3 号线全长 19.61 km,是该市最重要的南北向客运走廊。截至 2017 年 12 月,公司为石家庄地铁 3 号线一期工程提供 42 台电扶梯产品,其中电梯 8 台、自动扶梯 34 台。

十二、大连地铁 5 号线

大连地铁 5 号线全长 23.8 km，全线设车站 18 座。线路贯通大连核心区南北，以大容量、高速度的交通走廊为纽带，构建"一湾两岸"的城市新格局。2018 年 11 月，公司中标大连地铁 5 号线工程 93 台电扶梯产品，其中电梯 10 台、自动扶梯 83 台。

十三、徐州地铁 2 号线

徐州地铁 2 号线为西北、东南走向的骨干线路，全长约 35.3 km，是中国淮海经济区首个城市轨道交通项目。2018 年 10 月，公司中标徐州地铁 2 号线一期工程 254 台电扶梯产品，其中电梯 44 台、自动扶梯 210 台。

十四、东莞至惠州城际轨道交通

莞惠铁路项目西起东莞西站,东至惠州小金口站,是珠江口东岸地区的骨干项目之一,全长 99.8 km,全线设 17 座车站。公司为莞惠城际轨道工程提供 135 台电扶梯产品,其中电梯 47 台、扶梯 88 台。该工程于 2017 年 12 月竣工。

十五、穗莞深城际铁路

该项目是珠三角城际轨道交通线网规划的主轴线之一,是广东首个由本省主导的城际轨道交通建设项目,线路全长约 116 km,总投资 196.9 亿元。2017 年 12 月,工程竣工。公司为其提供 49 台电扶梯产品,其中电梯 12 台、自动扶梯 37 台。

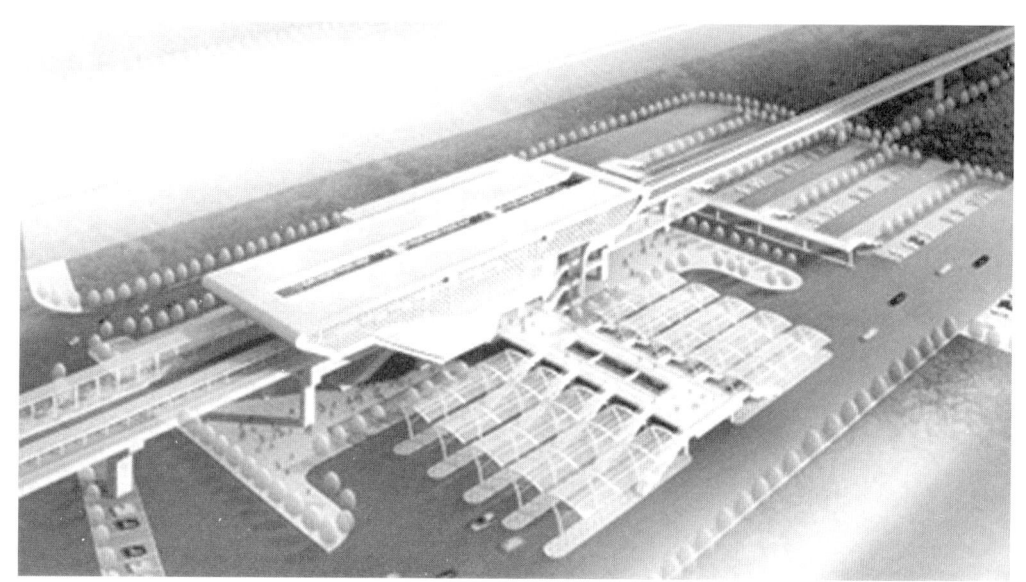

十六、大连金州新区至普湾新区城际铁路

该铁路项目构建起连接大连主城区与新区,引领城市向北发展的纵向交通通道。公司为该项目提供 45 台重载公交型自动扶梯。

十七、江西上饶高铁站

该项目为中国第一座"骑跨式"高铁站,是江西省高铁列车停靠数量最多的高铁站。截至 2015 年 8 月,公司为上饶高铁站工程提供 43 台自动扶梯。

十八、西宝高铁

西宝高铁为西部铁路客运大动脉,东起西安,西至宝鸡,线路全长约 138 km,是中国重大铁路基础设施建设重点项目。公司为其提供 25 台电扶梯产品,其中 17 台特殊规格公交型自动扶梯。该项目自 2009 年 11 月开工,于 2013 年 12 月竣工。

十九、无锡东站

无锡东站是京沪高铁、无锡地铁、锡虞城际铁路的综合换乘站,是无锡地区重要的交通枢纽。2011 年公司为该项目提供 44 台电扶梯产品,其中电梯 23 台、自动扶梯 21 台。

二十、呼张高铁

呼张高铁为内蒙古首条高速铁路,是内蒙古通往北京的首条铁路客运专线。公司为该项目提供57台电扶梯产品。

二十一、京张高铁

京张高铁是全球第一条最高设计时速350 km/h的高寒、大风沙高速铁路。全线长约174 km,建成后不仅是2022年北京冬奥会的重要公共交通设施,更是推动京津冀一体化协同发展的重要纽带。2018年10月,公司中标京张高铁工程189台电扶梯产品,其中电梯61台、自动扶梯128台。

二十二、石济高铁

该项目西起河北石家庄,东至山东济南,线路全长 323 km,连接京广高铁和京沪高铁两大干线,进一步加强山东省与京津冀的联系。公司为其提供 54 台电扶梯产品,其中电梯 20 台、自动扶梯 34 台。该工程于 2017 年 12 月竣工。

济南东客站南广场鸟瞰效果图

二十三、渝万铁路

渝万铁路是连接重庆主城区至万州区的城际铁路,线路全长 247.2 km,是中国铁路网中长期规划内的重要客运专线郑渝铁路(郑州-重庆)的组成部分。该工程于 2016 年 5 月竣工。公司提供 34 台电扶梯产品,其中电梯 7 台、自动扶梯 27 台。

二十四、青连铁路

青连高铁线路全长 194 km,连接山东青岛、日照和江苏连云港,进而实现与盐通铁路、连盐铁路、沪苏通铁路无缝对接,打通青岛至上海的快速铁路通道。截至 2017 年 12 月,公司为青连铁路工程提供 86 台电扶梯产品,其中电梯 21 台、自动扶梯 65 台。

二十五、深圳龙华新区有轨电车

该项目为深圳市首条有轨电车线路,位于深圳龙华新区,无缝接驳轨交 4 号线,打造新区北部快速出行通道。2017 年 6 月,工程竣工。公司为其提供 32 台电扶梯产品,其中电梯 30 台、自动扶梯 2 台。

二十六、南昌昌北国际机场

南昌昌北国际机场扩建工程是政府投资项目，新建航站楼面积 9.6 万 ㎡。该项目是中国民族电梯品牌首次进驻的省会城市机场项目。2009 年 6 月，南昌昌北机场与公司签订合同。2011 年 3 月，工程竣工。公司为其提供 13 台自动扶梯产品，其中 12 台重载公交型自动扶梯、1 台 1.4 m 宽的自动人行道扶梯。

二十七、成贵高铁

该项目为又一条联通川云贵的交通大动脉。线路全长约 632.6 km，总投资约 780 亿元，设计时速为 250 km/h。2018 年 11 月，公司中标成贵高铁乐山至贵阳段 63 台电扶梯产品，其中电梯 19 台、自动扶梯 44 台。

二十八、白鹿原影视城观光天梯

白鹿原影视城是首个陕西关中民俗文化产业示范基地,是以影视拍摄服务为主,兼具观光旅游、文化娱乐、休闲度假等功能的综合性旅游区。公司为其提供3台室外观景自动扶梯,该工程于2016年9月竣工。此标志性工程中有一条亚洲最长、提升高度最大的室外全景观光"天梯",总长158.47 m,3台自动扶梯分别由30 m、36 m、11.5 m三段提升高度,总提升高度77.5 m,并建两个观景平台,每小时可运送游客9 000人次。

第二节 大型商业综合体项目

一、四川成都新世纪环球中心

四川成都新世纪环球中心是成都天府新区地标性建筑,是全球最大的单体建筑。工程总建筑面积

约 176 万 m²,集游艺、展览、商务、传媒、购物、五星级酒店为一体。康力电梯为四川成都新世纪环球中心工程提供 161 台电梯和 142 台自动扶梯,其中有 2 台提升高度 21 m 的自动扶梯。项目于 2011 年 5 月签订合同,于 2014 年 9 月安装竣工。

二、上海龙之梦雅仕大厦

上海龙之梦雅仕大厦是位于上海长宁区核心区的甲级写字楼,是中国民族电梯品牌首个投入商业运行的超高速电梯项目,改写外资品牌垄断我国高层高端写字楼的历史。公司为上海龙之梦雅仕大厦工程提供代表国产电梯最高水平的 14 台电梯,其中 6 台 6 m/s 超高速电梯和 8 台 4 m/s 高速电梯,该项目是电梯民族品牌首个投入运行的高速梯项目。上海龙之梦雅仕大厦工程自 2010 年 9 月开工建设,2012 年 3 月 2 日竣工。

三、太湖龙之梦乐园

太湖龙之梦乐园位于太湖之滨的浙江湖州长兴,由上海长峰集团倾力打造,规划总投资逾 200 亿元,总占地面积 770 万 m²,建成后总规模达上海迪士尼的 4 倍,是集酒店群、古镇、野生动物园、海洋世界、马戏城、盆景园、主题乐园、会展中心、湿地公园、太湖药师道场、购物中心、特色农产品交易市场等 13 个大业态于一体的全球超大型旅游综合体。截至 2018 年,12 月公司为其提供 559 台电扶梯产品,其中电梯 458 台、自动扶梯 101 台。

四、成都龙之梦商业综合体

成都龙之梦星级酒店群是国内单体规模最大的星级酒店集群。酒店群毗邻成都东站综合交通枢纽,涵盖从准四星级酒店公寓到豪华五星级四家酒店,拥有 3 240 间各具特色的客房及套房、总面积达 4 000 m² 的会议中心。公司为该项目提供 85 台电扶梯产品,包括 6 台 6 m/s 超高速电梯、21 台 4 m/s 高速电梯。

五、沈阳龙之梦商业综合体

沈阳龙之梦位于沈阳市大东区,项目总投资逾 200 亿元,是沈阳东部最具影响力的标志性建筑群,堪称中国商业综合体典范。公司为其提供乘客电梯、货用电梯、观光电梯等 669 台电梯,其中 12 台 6 m/s 超高速电梯。该项目自 2008 年 12 月开工,于 2010 年 11 月竣工并开业。

六、重庆中迪广场

重庆中迪广场是百强房企——中迪禾邦开发项目,位于重庆杨家坪核心商圈,总建筑面积约 80 万 m^2,是集 258 m 城市双塔写字楼、国际五星级酒店、高端精品公寓、时尚休闲购物中心于一体的商业新地标。公司为其提供 263 台电扶梯产品,其中电梯 125 台、自动扶梯 138 台,电梯中有 59 台 6 m/s 超高速电梯和 4 m/s 高速电梯。该工程自 2017 年 4 月开工,于 2018 年 12 月竣工并开业。

七、贵阳世纪城

贵阳世纪城是由百强房企——世纪金源集团投资逾百亿元兴建的超大型、复合型地产项目,项目总体规划面积 5 000 余亩,是贵阳市最大规模的高尚综合社区之一。公司为其提供 1 322 台电扶梯产品,产品涵盖无机房电梯、观光电梯、乘客电梯、4 m/s 高速电梯、自动扶梯等。该工程于 2015 年 12 月竣工。

八、贵安新天地

贵安新天地位于福建贵安温泉旅游度假区,总占地面积约 500 万 m^2,是世纪金源巨资打造的"海西首席旅游商住综合体",是福建首个商住复合型独栋群。公司为贵安新天地工程提供 1 045 台电扶梯产品。

九、河北塔坛国际商贸城

该项目为河北省最大综合体项目群,位于石家庄新火车站商圈核心。项目规划投资 104 亿元,总占地面积 900 余亩,总建筑面积 300 万 m²,集商业、会展、住宅、物流多种业态于一体。该工程于 2016 年 11 月竣工。公司为其提供 336 台电扶梯产品。

十、郑州百荣世贸商城

该项目为河南省重点项目,总投资逾 400 亿元,总占地面积 3 000 余亩,总建筑面积 1 500 m²。商城涵盖国际主题娱乐中心、甲级品质写字楼、高档酒店等,是集商贸、酒店、餐饮、休闲、办公于一体的全业态、全品类一站式国际化商贸城市综合体和超大型现代物流商贸中心。该工程于 2017 年 12 月竣工。公司为其提供 378 台电扶梯产品,其中电梯 162 台、自动扶梯 216 台。

十一、贵阳西南国际商贸城

该项目位于贵阳市观山湖区,总投资600亿元,建筑面积1 420万 m²,是集市场经营、国际贸易、现代物流、电子商务、次级CBD于一体的大型综合性商业集群,影响力辐射东南亚的西南商贸新标杆。该工程于2017年10月竣工。公司为其提供211台电扶梯产品,其中电梯81台、自动扶梯130台。

十二、重庆朝天门国际商贸城

该项目总占地面积3 000亩,总投资260亿元,是国家级大型综合批发市场,是立足重庆、辐射中西部、面向全球的商贸综合体。公司为重庆朝天门国际商贸城工程提供253台电扶梯产品。

十三、重庆綦江红星国际广场

重庆綦江红星国际广场是 TOP50 房企——红星地产合作项目,总占地面积 27 万 m^2,总建筑面积 100 万 m^2,集娱乐、休闲、购物、餐饮、商务、办公、家具等为一体的全球首创双 MALL 大型商业综合体。公司为重庆綦江红星国际广场工程提供 215 台电扶梯产品。

十四、苏州湾水秀天地

该项目位于吴江太湖新城。工程由享誉全球的地标制造者英国贝诺设计事务所担纲总体设计,集商业、国际商务、岛居酒店、临水公寓、生态文旅五大业态于一体,总建筑面积 47 万 m^2。该工程于 2017 年 9 月竣工。此工程获"2017—2018 年度中国百城建筑新地标"荣誉。公司为其提供 91 台电扶梯产品,其中电梯 56 台、自动扶梯 35 台。

十五、苏州花样年喜年广场

该项目位于苏州新区核心,是集城市建筑、文化、体育、娱乐、消费于一体的多业态有机融合的高端商业综合体,该工程于2017年12月竣工。公司为其工程提供88台电扶梯产品,其中电梯23台、自动扶梯65台。

十六、重庆国际博览中心

该项目位于重庆两江新区的核心区,总建筑面积60万 m^2,是中国第二、西部最大的综合性场馆。公司为重庆国际博览中心工程提供74台电扶梯产品。

十七、万达西双版纳国际度假区

万达西双版纳国际度假区位于西双版纳州景洪市，占地 5.3 km²，是万达集团斥巨资打造集七大业态于一体的综合型文化旅游项目。截至 2017 年 12 月，公司为该项目提供 381 台电梯，为国家西南边境高原地区打造一项示范性典型工程。

十八、苏州知音温德姆酒店（五星级）

酒店位于苏州吴江汾湖高新区，隶属于全球规模最大、业务最多元化的酒店集团企业——温德姆酒店集团，是该地区唯一的五星级酒店。公司为其提供 21 台电扶梯产品，其中电梯 15 台、自动扶梯 6 台。于 2017 年 9 月 1 日，酒店竣工并开业。

十九、拉萨圣地天堂洲际大饭店(五星级)

该项目为国际知名酒店集团 IHG 合作项目,是世界海拔最高、西藏规模最大的五星级酒店。2012年3月,公司与拉萨圣地天堂洲际大饭店签订合同,为其提供37台电扶梯产品,其中电梯33台、自动扶梯4台。2014年9月,酒店开业。

二十、贵阳世纪金源大饭店(五星级)

该项目位于贵州省贵阳市金阳新区,总投资4亿元,总建筑面积7.1万 m²,是集各地饭店设计精华而倾力打造的超五星级标准大饭店。该工程自2007年6月开工,于2009年2月竣工。公司为贵阳世纪金源大饭店工程提供17台高速电梯和自动扶梯,其中11台群控4 m/s高速电梯、6台自动扶梯。自此,公司先后为福州、宁波等多个世纪金源大饭店提供电梯。

二十一、福州贵安君豪大饭店

福州贵安君豪大饭店是世纪金源集团在贵安新天地打造的第二座五星级综合型酒店。2014 年 10 月,酒店正式开业。公司为其提供 11 台电梯和 2 台自动扶梯。

二十二、贵州六盘水福朋喜来登酒店

该项目由上市公司深圳洪涛股份与全球知名万豪酒店集团联合打造,是中国"凉都"六盘水第一家配套完善的国际品牌酒店。2012 年 10 月,公司与贵州六盘水福朋喜来登酒店签订合同,并为其提供 16 台电梯。2018 年 7 月,酒店正式开业。

第三节 城市综合体项目

一、罗源湾滨海新城

该项目为总投资 200 亿元打造的综合体项目,总占地面积 5 740 亩,总建筑面积 680 万 m²。项目位于福建省东部沿海的罗源湾畔,被誉为闽东"夏威夷"。2012 年 6 月,罗源湾滨海新城与公司签订合同,向其提供电扶梯产品。截至 2018 年 12 月,公司为其提供 1 114 台电扶梯产品。

二、合肥世纪城

该项目为 400 亿打造的安徽省最大综合体项目,由滨湖世纪城、北城世纪城组成,总占地面积超 380 万 m²。公司为合肥世纪城工程提供 1 346 台电扶梯产品。

三、宁波杭州湾世纪城

该项目为总投资 268 亿元打造的浙江第一大盘,占地面积 2 600 亩,总建筑面积 600 万 m^2 的超级城市综合体。公司为宁波杭州湾世纪城工程提供 550 台电扶梯产品。

四、长沙湘江世纪城

该项目为总投资 168 亿元打造的综合体项目,位于长沙市开福区湘江东岸百里风光带的核心地段,占地面积 1 500 亩,建筑面积 400 万 m^2。此项目有长沙城独一无二的大规模豪华观光电梯工程,沿江有 6 km 江景。2009 年 7 月,长沙湘江世纪城与公司签订合同,向其提供电扶梯产品并开工。2011 年 1 月,工程竣工。公司为其提供观光电梯、乘客电梯、自动扶梯等各类电扶梯产品 481 台。

五、金州体育城

该项目为贵州黔西南地区最大城市综合体,位于贵州省兴义市,总占地面积1900亩,总建筑面积550万 m²,是贵州省政府列入"5个100工程"中首期规划开发的全省22个特大型城市综合体之一。截至2018年12月,公司为金州体育城工程提供289台电扶梯产品。

第四节 国外工程

康力电梯股份有限公司走出国门,坚持"植根中国,服务全球"理念,拓展海外市场,截至2018年,先后获欧洲CE认证、德国TUV认证、韩国KC认证、俄罗斯EAC认证,于2017年、2018年连续2年跻身"全球电梯制造商Top10",并亮相美国纽约时代广场,建立64个海外代理营销服务网点,产品远销100余个国家和地区,在海外承建大量工程,向全世界展示中国"康力"品牌的独特魅力。

一、印度德里地铁

德里地铁位于印度首都新德里,是印度投资规模最大的城市基础设施工程,是印度最重要的政府投资基建工程,曾多次接受国家政要视察。三期工程有4条线,线路总长119 km,日均客流量400万人次。截至2018年12月,公司作为德里地铁自动扶梯最重要的供应商之一,为其提供291台重载公交型自动扶梯。印度总理莫迪在考察德里地铁时,亲自乘坐康力扶梯。

二、韩国地铁

韩国地铁为世界第五大地铁系统,是韩国境内规模最大的公共交通系统,日均载客量约1 000万人次。2006—2018年,公司持续为韩国地铁交通系统工程提供552台重载公交型自动扶梯。

三、伊朗地铁

2014—2017年,公司为伊朗伊斯法罕、设拉子、马什哈德等城市的多条地铁线路提供重载公交型扶梯和电梯共314台。

四、土耳其地铁

2011年,公司先后中标土耳其西格玛地铁、伊兹密尔奥兹塔斯地铁和伊兹密尔保罗华地铁项目,共提供76台重载公交型扶梯。

五、墨西哥地铁

该项目位于墨西哥第二大城市瓜达拉哈拉,属于地铁 2 号线改造工程。截至 2018 年 12 月,公司为该项目提供 2 台自动扶梯。

六、印度尼西亚雅加达国际机场

该机场为全球最大国际航空港之一,建有印度尼西亚国内最先进的航站楼。2014 年 5 月,公司中标印度尼西亚雅加达国际机场 3 号航站楼工程,为该项目提供 109 台电梯,其中有 41 台公共交通型自动扶梯,60 台水平型自动人行道,8 台倾斜角度 12 度自动人行道。2017 年 12 月,工程竣工。

七、韩国济州岛江汀港人行道

济州岛是韩国第一大岛,是著名的旅游胜地,被誉为"韩国的夏威夷"。江汀港所需人行道产品在户外,需要满足大宽度、大流量、长距离等运输要求。2016年12月,公司中标韩国济州岛江汀港超宽自动人行道工程,为其提供18台超长超宽自动人行道,其中16台长95 m、2台长55 m,梯级净宽1.4 m,属大跨距水平式自动人行道,满足大宽度、大流量、长距离运输,兼具实用性和美观性,达到行业领先水平。2017年12月,工程竣工。

八、土耳其伊兹密尔人行天桥

该项目位于土耳其第三大城市伊兹密尔。当地政府为改善交通,投资惠民,在公路上架设5座横跨天桥。2009年4月,公司为工程提供20台公共交通型自动扶梯。

九、俄罗斯克拉斯诺亚尔斯克国际机场

克拉斯诺亚尔斯克新机场自2012年扩建,于2017年建成,是西伯利亚中东部地区最大的机场,通航于全球及俄罗斯境内各大城市。2016年9月,公司中标该机场电扶梯工程,为其提供25台电扶梯产品,其中电梯21台、自动扶梯4台。2017年12月,工程竣工。

十、墨西哥火车站

该项目是连接墨西哥国家首都墨西哥城至墨西哥州首府托卢卡的电气化铁路客运专线,线路全长58 km,日均运送乘客27万人次。截至2018年12月,公司为其提供30台重载公交型自动扶梯。

十一、卡塔尔多哈 E 环路人行天桥

作为 2022 年世界杯主办地,卡塔尔政府积极启动城市基础设施升级改造。其中 E 环路人行天桥是其首都、波斯湾明珠——多哈市政府投资建设的重点基建工程。2018 年 6 月,公司中标该工程,提供 10 台大载重无机房电梯。

十二、印度火车站

印度火车站客运专线是印度公共交通基础设施的重要建设工程,是运行环境恶劣、复杂的工程。截至 2018 年 12 月,公司为印度火车站客运专线工程提供 105 台重载公交型自动扶梯。

十三、坦桑尼亚摩洛哥广场

该项目位于坦桑尼亚首都达累斯萨拉姆的核心商业区,是坦桑尼亚最大的城市综合体。截至 2018 年 12 月,公司为工程提供 33 台电扶梯产品,其中电梯 27 台、自动扶梯 6 台。

十四、墨西哥普特广场

该项目位于墨西哥第二大城市瓜达拉哈拉,是中美洲最大的城市综合体,集购物中心、万豪酒店、高级公寓等多种业态于一体,占地面积 21 万 m²,总投资 1.9 亿美元。2016 年 5 月项目开工,公司为其提供 74 台电扶梯产品,其中电梯 22 台、自动扶梯 52 台。

十五、马来西亚关丹电讯塔

该项目为马来西亚东海岸最大城市关丹的地标建筑,坐落于风景优美的关丹河畔,塔高 180 m,设有两个大型观光平台,关丹美景尽收眼底。截至 2018 年 12 月,公司为该项目提供 3 台提升高度超过 100 m 的电梯。

十六、马来西亚关丹别墅区

Mahkota Heights 别墅区位于西马东海岸最大城市关丹的核心区,是由当地最大开发商打造的顶级生活社区。康力为该项目提供 34 台家用电梯。

第二十四章　典型工程

十七、菲律宾敦洛区综合体

Deca 综合体为菲律宾最具规模的城市综合体之一,位于首都马尼拉敦洛区,占地面积 8.4 万 m²,由菲律宾最大的房地产开发商倾力打造,建有 1 座购物中心、24 栋高层住宅和 1 座医院。公司为该项目提供 28 台电扶梯产品。

十八、俄罗斯格拉夫奥尔洛夫高级公寓

公寓位于俄罗斯西北部中心城市圣彼得堡中心城区,交通便利,配套完备。截至 2017 年 12 月,公司为该项目提供 24 台电梯。

十九、意大利那不勒斯坎普弗莱格瑞和梅格利那火车站

该两个火车站于 1925 年开始运营,分别是意大利那不勒斯地区第二和第三大火车站。2009 年火车站开始翻新装修,公司共提供 5 台自动扶梯。

二十、中国援卢旺达政府综合办公楼

该项目为中国政府援建卢旺达政府改善办公环境的标志性工程,自开工以来,受到中国及卢旺达国家领导的多次视察。项目占地 2 万 m^2,总建筑面积 1.6 万 m^2,主楼共 8 层,两侧扇形翼楼为 6 层,服务于包括总理府在内的多个政府机构,可容纳 1 100 余人办公。截至 2018 年 12 月,公司为该项目提供 7 台电梯,其中 1 台为总理专用梯。

二十一、哥伦比亚财政部大楼

该项目位于哥伦比亚首都波哥大,属于政府项目。截至 2018 年 12 月,公司为该项目提供 7 台货用电梯。

二十二、哥伦比亚 Solsticio 高级公寓

该项目位于哥伦比亚首都波哥大自由经济贸易区,建有公寓约 3 000 套,地理位置优越,配套齐全,服务园区内众多知名企业。截至 2018 年 12 月,公司为该项目提供 19 台电梯。

丛录

一、新闻选录

不 止 电 梯
——记康力电梯股份有限公司董事长王友林

作者：刘砚军

新电梯中国网讯

2015 年 4 月 9 日

据中国证券数据信息披露：2014 年前三季度，康力电梯公司收入 19.9 亿元，同比增长 26.22%；净利润 2.63 亿元，同比增长 46.27%。业绩强突预期，大幅领跑行业增长。第三季度末在手订单和新增订单，同比各增 30%，后季发力不可逆转。

擅长书法，与狂草大家张旭同出吴郡，儒雅而又"野心"狂放的王友林自从出道电梯，就以法道自然的雄魂和胆识，致力于打造着民族产业旗舰的惊喜和传奇。率先触及资本市场后的王友林更是如鱼得水，似虎添翼，在朝阳似火的电梯板块风云叱咤，强势领跑；在牛熊变换，起伏跌宕的资本大潮中，劈波斩浪，深耕着那片浩瀚的蓝海。他甚至就像把满腔情感倾注于点画之间的狂草大家"颠张醉素"一样，把毕生的精力和"野心"致力于正在壮怀以及未尽的梦想与事业上，但不止电梯。

心涌翰墨　挥毫如流星

洒脱不羁的癫狂张旭，书始二王，草效张芝，嗜酒畅怀之下，开创一代纵横跌宕的人间狂草，在杜甫笔下：张旭三杯草圣传，脱毛露顶王公前，挥毫落纸若云烟。

不胜酒力，但兴来畅怀，书不大家，却深谙道法的王友林，把颠放、大气的疏朗之风倾心于为之奋斗的事业上，如痴如醉，欲颠欲狂。

被媒体称作敢于"吃螃蟹"的"野心"家，王友林在改革开放伊始便投身电梯产业这片蓝海。在"合资合作"的激流中，曾经著名的北京、上海等"八大国有"电梯厂，期待改革中浴火重生，却举步维艰，最终都"壮烈"于大潮之下，销声匿迹。而包括康力电梯在内不曾"起眼儿"、白手起家的民营"作坊"，却在 20 世纪 90 年代初，为合资或独资企业供应零部件的艰辛中，渐渐风生水起。

到 21 世纪初，刚刚从零部件转为整机生产的民营小企业名声大噪。在业界，一提王友林，无不"如雷贯耳"，他那犹如狂草书家卓尔不群的品格，信马由缰的思维确实令人赞叹和敬仰。

笔者有幸漫步在康力电梯曾经的厂区大道，与董事长海阔天空，感慨后留下了点滴文字——《康力之路》和《崛起的脊梁》。

时任康力电梯运营总经理的朱瑞华，当时就颇有感慨：曾经的康力虽说位居江南，不乏荒凉凄冷。从"大上海"到吴江，从知名企业到名不见经传的"康力"，朱瑞华说他"易主"和"下海"，并非好高骛远，而是对康力这位大老板王友林"狂草大家般豪放的视野和胸怀"充满了敬仰、信心和期待。

"康力的理想是做中国民族电梯的 No.1。"王友林的确有气吞山河的"野心"和信念。他要做大做强民族品牌，让中国的制造业屹立于世界制造业的强国之林。

核心技术是制造业的命门。为了打破外资品牌技术垄断的"魔咒"，王友林不惜重金，科研投入年年都在递增,2012年的科研资金突破一个亿。

他与中科院、中国建筑科学研究院联手,打造中国超大规模自主创新为核心的技术"研发基地",被国家五部委授予"国家认定企业技术中心",与浙江大学、南京工业大学等国内一流院校合作创建极具规模的电梯研究基地、院士、博士后工作站和康力电梯学院。

在创新驱动发展的道路上阔步而坚定,相继研发成功自主知识产权的 3 m/s 高速电梯、7 m/s 和 8 m/s 超高速电梯并正在投放市场,创造中国民族品牌超高速电梯技术的奇迹。

"市场的角逐往往是营销理念的博弈。"王友林期待企业营销亦如"狂草"一样,张弛有度,挥洒自如:"科学的差异化营销是实现市场销售稳步增长的一个关键。"

朱瑞华告诉我们,康力"差异化"营销策略是在市场风云的实践中应运而生的:一方面,在稳定一线城市市场的同时,把目光投向发展潜力巨大的二线及三线城市;另一方面,将营销的重点转向地铁、机场及政府公共项目等重大基础建设项目。特别是近十年来,康力电梯与万科集团、SOHO集团、金源集团、上海长峰集团、烟台华信公司等诸多民营地产"大亨"建立起战略合作伙伴关系,为康力电梯的可持续发展拓展更加广阔的市场空间。

从1997年王友林出道,20年来,他始终以书法狂家张旭极尽变化而又浑实劲涩的思维和理念,把一个小小的电梯配件生产企业,发展成为能与跨国电梯巨头一争高下的"民族旗舰",并在"破茧成蝶"的蜕变中创造一个又一个的行业奇迹。

做中国民族电梯的"No.1",这是王友林的信念。"我们要做大做强民族品牌,让我们中国的制造业屹立于世界制造业的强国之林。"

随手万变 而法度具备

狂僧怀素10岁出家,无心禅咏,芭蕉狂书,书法从二王、旭、颜,而皆能推陈出新,自出机杼。擅中锋运笔,任气势狂逸,且扼守法度。

小有书法造诣的王友林却有大家风范,他以狂僧骤雨旋风之功,把事业的"玄机"破解于朗朗书道。

正当国际巨鳄垄断大陆市场,百余民营电梯"作坊"岌岌可危,在"夹缝"里寻求生计的时候,已经被业界视为"民族工业的旗帜与骄傲"的王友林,却借资本市场的运作,以摧枯拉朽的思维和襟怀,开始了他革故鼎新的企业"蜕变"。

投身资本岂非易事,"股市有风险,上市需谨慎"。作为一个家族企业色彩浓厚的企业,要想进入资本市场,实现经济运行形态的颠覆性转变,最根本的"瓶颈"就是要打破理念上的"小农意识",彻底根除家族企业难以摆脱的固有传统管理模式,"革自己的命"。朱瑞华坦言:"否定之否定——善于并勇于自我否定和自我超越,是老板智慧的最高境界。"

王友林以壮士断腕的雄心和气魄,让亲属甚至家眷相继退出企业关键的管理岗位,彻底斩断因血缘关系导致的"封闭型""排他性"的基因"魔咒",把各种利益诉求和个人意志融入现代企业的大思维、大战略之中。

"得人才者得天下",颠覆旧的企业意识和桎梏的王友林,对于人才的企盼更是求贤若渴。在打破和解除各种制度层面的束缚后,推出全面引进人才的"绿色"通道。每当企业重大转折关头,他都会"三顾茅庐",礼贤下士。不过,冥冥之中,也总会遇有"贵人"鼎力相助。

当康力电梯做整机后,极具整机营销经验的朱瑞华来了;当企业改制上市时,有着资本投资运作经验的董秘刘占涛来了……在王友林大智慧、大视野以及人格魅力的感召下,一大批行业精英、有识之士云集太湖,成为康力电梯昂首前行的中流砥柱。

不过,王友林的"纳贤"标准"匠心独具",他讲究核心"价值取向"的趋同性,受传统文化驱使,王友林对"家庭不完整"的竞聘者心存"洁癖",小家难顾,何谈大家。

"酒品亦如人品,两杯酒下肚可识良莠",对于人在行业的口碑,王友林的考量似乎更有"绝招"。

2010年3月12日,经过产业结构的全面整合、改制和经济形态的"脱胎换骨",国内第一家民营整机企业康力电梯,全面涌入资本市场的大潮,在深交所率先登陆A股,震撼上市(公司证券代码为002367)。

上市后的康力电梯,品牌影响彰显个性,特别是通过资本运营,企业的核心竞争力得到大幅度提升,全面拓展国内、国际两个市场,以优异的成就不断回报社会和广大投资者,开启中国民族电梯工业"里程碑"意义的发展之路。

2013年12月28日,康力电梯在世界天险张家界天门山的观光隧道自动扶梯正式交付运行,这个总提升高度为340 m,总跨距为692 m的超大高度重载公交型自动扶梯项目,堪称世界电梯历史的"巅峰之作",首次唱响山体隧道安装自动扶梯的时代乐章。

这一挑战人类极限的壮举,吸引中国乃至世界的目光。美国《世界日报》记者远渡重洋前来"猎奇",称此举创造电梯历史上环境最恶劣、难度最大、提升高度最高等六项"世界第一"。

天门山的招标之举可谓"壮哉",日本、欧洲、美国等世界重量级的电梯"巨无霸"纷纷云集张家界,面对雄关漫道的"天门"之巅,个个惊悸万状,一筹莫展,有专家甚至推出直升机"辅助作业"超常构想,竞标方案一个个被否决。"天门"之难,难于上青天。在"不可能"征服自然的壮举面前,人们只得仰天"兴叹"了。

"舍我其谁!"在这彰显企业责任和社会效益"前无古人"的高难度项目面前,励志做大民族品牌,产业报国,儒雅而谦逊的王友林此时却是那样地斩钉截铁。

王友林携康力团队,几经实地考察,与张家界天门山旅游股份有限公司董事长张同生一拍即合,最终形成一整套为天门山特殊地理环境"专门定制"的"逐级吊装,云梯作业"综合解决方案。在孤峰高耸,临空独尊的天门山险境,王友林和他项目团队入谷登峰,横刀立马,克服重重困难,将共分两段的16台30 m超大高度重载公交型自动扶梯以及3台20 m大高度重载公交型自动扶梯安装在天门山观光隧道内,完成这一惊叹世界的"人间壮举"。

在资本市场,王友林一样收放自如,风云叱咤。上市后,公司品牌知名度和影响力大增,市场拓展受益匪浅。他在大盘向好的条件下,洞观企业三五年的经济预期,在业界率先推出"股权激励"重大决策。

2011年9月20日,康力电梯发布向激励对象授予限制性股票的议案,确定9月26日,授予各部门的技术、业务骨干172人1 218万股,预留132万股,授予价格为10.34元每股。

在房地产不断受中央重拳调控的情形下,股票解锁门槛相对较高,王友林的"股权激励"展现康力电梯抢占更多市场份额的信心。值得称道的是,预留132万股,则是"大老板"以期未来引进人才、招兵买马之需,更加彰显王友林的远见卓识。

上市企业回购股份,通常被认为是股价低估的标志。但深谙资本道法的王友林却反其道而行之,他把"回购"当做上市公司护航股权激励达标、掩护重要股东减持、再融资的"敲门砖",强势"发力"。

2013年1月7日,康力电梯回购方案显示:自股东大会审议通过之日起12个月内,拟用不超过2.6亿元的自有资金回购公司股票,回购价格不超过11元每股,约回购2 364万股,占总股本的6.21%。

在估值(市盈率)处于低位历史关头,王友林舍身"取义",用经营的"中富"余资回购部分股份,强有力的维护企业资本市场形象,保护了广大"股民"的利益。

野心家,特别是一个极尽狂草之道的"野心"家不会就此停歇。"世界品牌、中国领跑",一直在资本市场特别是电梯朝阳版块强势上行的康力电梯的掌门人王友林,在2014年全球代理商年会上亮出"底牌"。

臻于绝诣　以造极登峰

与张旭、怀素作草皆以醉酒进入非理性忘我迷狂状态,纵横挥洒,出神入化不同,黄庭坚痴于茶道,以意使笔,狂于心悟。然其参禅妙宇,亦能大开大合,从容娴雅,纵横跌宕,且行处皆留,留处皆行,妙趣横生,登峰造极。

相对美酒,王友林与"分宁茶客"一样更是"顿悟"并乐此于茶道,予事业于狂草之境界,"与其说因环绕连绵而生,不如说是尽展法势而成。"美轮美奂,大道天成。

"两沿思路"溯产业链而上。在中国,电梯是一个前途的好行业,也是考验人的一个苦行业,这是由它的特殊属性所决定的。电梯是终端产品,拿到订单仅仅是个开始,后续的维保等工作将贯穿每台运行电梯的"一生"。

很早看到这一点的王友林,2014年明确了康力的运营思路,即启动"两沿思路",一是沿着部件、整机整体产业链转型升级,继续坚持科技创新增强核心部件竞争力,康力建成大规模产业化的全国性产业战略布局;二是沿着价值链的微笑曲线转型升级,不仅向前挺进,还要向后延伸,向服务业延伸。"世界上的成熟电梯市场,比如美国,70%以上的收入来自维保,新梯上线项目是很少的。"王友林说。

一直快步发展的康力,还没有长大。2013年,全国生产电梯60万台,而康力订单超过1.92万台,占全国电梯产量的约3%,未来可提升的空间很大。

2015年,内资品牌电梯企业产品占到全国总产量的40%,有400多家中小厂商,比除中国以外所有国家电梯厂商的总和还多,产能已经过剩。

根据行业发展的"筷子原理",当内资品牌市场份额占到全国50%的时候"筷子"最容易折断,也就是说,量变发生质变的速度将进一步加快,而且,随着行业的发展和《特种设备安全法》的正式实施,收购兼并等行业整合的态势将进一步明显,这对于康力等掌握研发实力的知名国产品牌,是一个重要利好。

康力准备通过实施五大战略,建成三大体系,实现两大转型,突破百亿产值。"五大战略"为人才战略、资本战略、品牌战略、信息化战略、文化战略;"三大体系"为研发创新体系、生产能力提升和质量控制体系、营销网络和售后服务体系;"两个转型"为观念和价值转型、企业结构形态和运作模式转型;"一个目标"为2016年突破百亿产值。

2014年12月18日,康力电梯以现金方式出资5 330万元增资参股紫光优蓝。交易完成后,康力电梯共持有紫光优蓝40%的股权。

"当前公司正处于转型升级的关键期,向工业自动化、机器人等领域延伸,开创传统电梯行业未来盈利的新商业模式,最终实现从产品制造商向综合服务商转型。"在康力展示厅中,康力电梯股份有限公司董事长王友林接受记者采访时说:"康力电梯成立于1997年,17年来,从部件到整机,从籍籍无名到蹒跚学步,再到如今成为中国电梯国产品牌的No.1,除了开拓、拼搏、团结外,'创新'成为贯穿17年成长的关键词。"

王友林表示,一般而言,创新有三层含义:创新是更新,创新是创造新的东西,创新是改变。"17年来,我和康力团队披荆斩棘,全力做大做强,创造国产品牌无数个行业第一,经过17年快速稳健的成长和不断优化与深化自主创新,康力终于在外资强者如林的中国乃至世界电梯行业有了自己的一席之地。"

王友林认为,在经济波动中仅有技术创新和产品创新远远不够,只有伴随着产品创新诞生新的商业模式才能有未来。康力由此走上了一切以用户满意为中心、以市场为核心的转型之路,从传统的生产制造转型为工业服务,这是一次经营模式的创新。实现转型升级需要两个必备的条件,即核心技术和围绕客户需求的组织。可喜的是,康力核心技术的突破在行业屡创第一和不断系列化开发新品,为转型升级提供了技术基础和信心。

王友林说,主动应对市场变局所产生的机遇与挑战,改变以往相对单一的销售模式,将服务融于其中,不但提升销售及盈利能力,更是开创工业服务的新模式。未来,围绕客户需求的创新能力是驱动发展的唯一动力,个性化的服务成为未来发展的趋势,以服务提升品牌,以服务赢得市场,以服务创领未来,是康力成长之道,更是康力未来不变的坚持。

王友林同时表示,创新服务的核心是为客户提供更好的服务,客户不光需要好产品,也需要非常快速的服务。中国的产业不断升级,未来面临很多挑战,包括成本不断提升、劳动力价格不断攀升,在智能制造方面,就应该更好地考虑客户的要求,进行量身定做,在电梯制造技术相对成熟的前提下,未来电梯采购将更看重企业的服务能力,谁能为用户提供更加贴心的服务及定制化的解决方案,谁就能占据行业发展的制高点。

向工业自动化、机器人等领域延伸,开创传统电梯行业未来盈利的新商业模式,最终实现从产品制造商向综合服务商转型。

在经济学界,"二次创业"被公认为难于创业。对王友林来说,"二次创业"更重要的是"创",而不是"二"。他说:"康力已经有一定的发展基础,有了一些管理、市场、技术等方面的经验积累,要实现二次创业的新突破,必须以更开放的心态解放思想,打破陈规,以更大的勇气、更强的信心、更足的干劲面对更加繁重的发展任务和市场竞争。"

对王友林而言,只要有目标,就还没成功。有了这些目标,康力就还在成功的路上。

山谷所作《诸上座帖》等佛家经语诸草书帖,乃真得其妙理者。也正由此,黄庭坚开创出了中国草书的又一新境,无笔不曲,无锋不正,无形不奇,笔力恍惚,出神入化。辉煌,永远来自坎坷、磨难过程的壮举和享乐。

二、文章选摘

王友林董事长论康力文化

道可道,非常道。

文化是一个神秘、深奥、复杂的命题,同时又是任何单元和个体在成长和发展中绕不开的课题。康力电梯股份有限公司自1997年成立以来,快速、稳健、持续的成长与发展离不开康力企业文化的支撑与依托,而康力文化的建设更是我们成就未来的动力之源。

康力的企业文化是实现我们战略目标的价值观和方法论。它时时刻刻反映出我们致力于物质生产的精、气、神,也折射出我们的经营哲学与超越自我的生活态度。

企业文化是无形的,更是有形的。有狭义上的企业文化,也有广义上的企业文化;狭义的企业文化是由三个层次构成的:物质文化、制度文化和精神文化。其中,精神文化是企业文化的核心,物质文化和制度文化由它决定,并受其影响。物质文化的表现形态为工作场所、公司产品、建筑设计、造型布局、社区环境、生活环境等;制度文化的表现形态为规章制度、组织结构、管理机制、管理水平、教育培训、娱乐活动等;精神文化表现为企业目标、企业宗旨、企业精神、价值标准、企业道德、团体精神等。

我们经常提到的企业视觉形象识别系统(CIS)也是企业文化的核心组成部分。CIS是企业形象外化的"根",是指导整个企业运行的行为准则,是一种企业的发展规则。这种准则与规则,通过一系列的行为操作,广泛向社会公众传达,以便在公众中建立良好的名牌商标形象。CIS系统是由理念识别(Mind Identity,MI)、行为识别(Behavior Identity,BI)、视觉识别(Visual Identity,VI)三方面组成。在CIS的三大构成中,其核心是MI,它是整个CIS的最高决策层,给整个系统奠定了理论基础和行为准则,并通过BI与VI表达出来。所有的行为活动与视觉设计都是围绕着MI这个中心展开的,成功的BI与VI就是将企业的独特精神准确表达出来。我们这里所说的康力文化不仅是康力的价值观、康力人应遵循的做事原则与方法,更包含康力集体智慧与发展灵魂。

康力文化来源于康力发展的实际,来源于我们这些年创造性思维的管理思想,来源于中国传统文化的精髓。"用户满意、员工成长、企业发展、社会认可"十六字方针是康力的公司宗旨,我们所有的发展、开拓与创新都紧紧围绕这一宗旨。同时,我们的康力文化也应是适度超前的,我们注重汲取国际领先企业的先进管理经验,它使我们站得更高,看得更远。

康力的文化是企业文化,是为公司永续发展、不断增强核心竞争力服务的,而其建设和发展重点永远是以服务为特征的,因为只有服务才能换来商业利益。我们的服务不仅是一般的客户服务,还是客户售前、售中、售后及潜在的要求服务,是帮助客户成功的服务。它无处不在,产品研发、生产优化、员工思想、家庭生活等等不一而足。康力文化是开放和不断发展变化的,实事求是、与时俱进、兼容并蓄,是康力文化生生不息的源头活水。

康力的发展造就康力的企业文化,康力的企业文化反哺指引着康力的远大未来!

"不止电梯,还有梦想"。不断提升的品牌影响力意味着康力更多更大的社会责任,让我们继续努力拼搏,立民族之品牌,担振兴之己任,奋力实现"装备中国,用中国装备;中国装备,能装备中国"的理想目标!

《光荣与梦想——康力电梯20周年征文集》序言

王友林

值此康力电梯二十周年庆之际,挚爱康力的康力人,满怀对康力的深情,饱含浓浓的笔墨,踊跃参加此次"光荣与梦想"的征文活动。参与之广,稿件之多,内容之丰富,形式之多样,成果之丰硕,为历年之最。

作品抒写了他们在康力这个大家庭里温馨、团结、奋进、成长的历程,表现了他们与康力这个生命体同呼吸共命运的坚定信念和豪情壮志,以及不畏艰难、顽强奋进的坚强意志和精神。

字里行间,流淌着康力人筚路蓝缕、开启山林的血液,跳动着康力致力创新的强劲脉搏。读了,令人感动不已。我为你们如此执着于事业,忠诚于康力,表示深深的敬意及由衷的感谢。

康力是一个大家庭,是所有康力人温暖并催人奋进的家。许多个有为的青年男女,在康力牵手,他们深情地写道:"是康力给了我们一个温暖的家,给了我们一个无比美好的梦想。""离开了遥远的家,又千里迢迢找到了一个新的温馨的家。"

这种把康力当作家的感情,是企业文化最宝贵的财富。它所产生的精神能量,是康力持续成长并能战胜一切艰难险阻的力量源泉。

康力是一个大舞台,一个让人充分施展才华的舞台。在这个天地广阔的舞台上,康力人挥洒自如,有了用武之地。有文章写道:"我们要发扬主人翁精神;制造时,认真踏实,一丝不苟;调试时,尽心尽力;维修时,快速精准。"是康力这个舞台,成就了无数个能工巧匠,并切实保障了康力的产品质量。

康力是一所大学校,一所全面提高员工思想、文化素养,历练能力意志,催人奋发有为的学校。来自五湖四海的有志青年来到这所全新的学校后,朝气更加蓬勃,创造力更加旺盛,青春之花绽放得更加绚丽光彩。有文章写道:"走出了校园的大学,又走进企业的大学。一定以全新的姿态,饱满的激情去拥抱并挑战新的生活,更加积极努力地工作、学习,争取成为一名合格的康力员工,为康力的持续发展贡献自己全部的心血和智慧。"

说得多好。正是有这么一批有为青年,贡献了并正在贡献着他们的全部心血和智慧,康力才有今天的辉煌,才对未来抱有更大的信心。

我们这本征文集的名字很有意义:《光荣与梦想》,光荣植根于梦想,梦想永葆其光荣。康力人矢志不移,不忘初心,砥砺奋进。

筑梦是光荣的,也是艰辛的,只有勇于攀登高峰、不畏艰险的人,才有资格和能力去拥抱梦想。

"世界品牌,基业长青",这是康力人筑梦过程中的精神动力。我们坚信:未来永远属于"不止电梯,还有梦想"的康力人。

《求索》序言

强永昌

清明祭祖后的回沪途中,一时兴起顺道探访康力电梯总裁王友林先生。闲话中,王董提及有意将其自创业到公司上市后高速发展过程中的所历所悟着墨付梓,并邀我为之作序。受此之邀,甚感惴惴。一者,虽长期从事经济理论研究,但对管理理论远未臻精通;二者,友林也是国内电梯业界著名民族品牌企业的掌门人,唯恐为其处女作之序未及点睛之效,反致蛇足之憾。然,借数年交往之谊及文中内容之感,欣然提笔略抒陋见,代为之序。

在关注中国民营经济发展过程中,人们会时常为其顽强的生命力所感动。自新中国诞生以来,民营经济从"扶植""改造"后的绝迹,到改革开放后的重生与高速发展,真可谓跌宕婉转,凤凰涅槃! 然而,截至 2010 年年底,民营经济创造的财富已超过我国 GDP 的 50%;其固定资产投资占比超过全社会城镇投资总量的 1/2,超出国有及国有控股企业 8.8 个百分点,达 51.9%;工业增加值增长速度分别超过全国和国有及国有控股企业的平均水平 4.3 和 6.4 个百分点,达 20%;出口规模占全国出口总额的 30.5%,增速达 42.2%,比国有及国有控股企业分别高出 15.6 和 19.9 个百分点。在促民生保就业上,民营经济做出了巨大的贡献。2011 年的前 10 个月,全国新增城镇就业人口 1 082 万,而民营经济中仅私营企业前 9 个月就提供了 800 多万个就业岗位。毫无疑问,民营经济的高速发展与政策禁锢的破除不无关系,但在融资难、融资贵、市场限入等不时地为媒体和学者所诟病的今天,规制缓和似乎已不足以诠释这一现象。

对于这一现象,经济学理论给出的解释是:明确的产权关系对合理的公司治理结构及其激励相容机制的形成具有重要作用。根据制度经济学的观点,只有在产权关系得到明确的条件下,"公地悲剧"才能得以幸免,资产的价值才能得到充分发掘,所有者的内在动力才能够得到有效激发。诚如本书所述:"长期囚禁在'一大二公'经济桎梏里的人们,一夜之间获得了自己经营的资产权,那种精耕细作的热情和专注,那种拼命苦干的劲头,那种 24 小时开机的亢奋状态,是无法形容的。"而更为可贵的是,作者在明确这一产权变革所具有的激励效果的同时,还明确地指出了以家族治理为基础的产权结构对民营企业发展可能产生的制约。认为,要克服这一制约,企业家特别是一个成功的企业家,要善于自我否定和自我超越,并对制度始终保有敬畏之心;要充分利用公司上市的机会完成治理结构的转型,实现管理模式由"家长式"向制度化的转变等。唯有如此,民营企业才能为自我发展奠定常青之基。

这些观点充分展示了一个勤于学习、善于思考的企业家从自我发展过程中总结出的,且对当代中国民营经济发展所面临的理论问题能够给予合理解答的真知灼见。这对充实我国现有民营经济管理理论研究是难能可贵的。笔者之所以持如此观点,是因为现有管理类书籍之多虽可用"汗牛充栋"来形容,但阅后又总让人有种隔靴搔痒之感。究其原因则正如孔茨(H. Koontz,1980)在《再论管理理论丛林》一书中所指出的,"自 50 年代中期以来,从事管理理论研究的主要是高等学府中受过专门训练但却缺乏实际管理经验的人。这有点像医学院里教外科学的教授,却从来不曾给病人做过外科手术,于是难免造成混乱,并失去实际管理人员的信任。"因此,那些接受过良好教育且又勤于思考的企业家们能够参与到管理理论研究中来,必将推动我国管理理论研究及民营经济发展进入一个新的高度。

管理学是一门应用性极强的学科。西方最早的一批管理学著作都源自那些富有实际经验的管理人员,如泰罗的《科学管理原理与方法》、法约尔的《工业管理与一般管理》、歇尔登的《管理哲学》、厄威克的《动态管理学》和《科学的组织原则》等;由于这些著作有效地将管理理论与实践有机地结合起来,才使其成为管理学理论的经典。在中国,由于受多种因素的影响,有关现代企业管理理论,特别是民营企业管理理论研究起步较晚,且所有著作几乎全部由学院派学者在引进国外最新理论研究成果基础上编撰而成。这也就难怪读者对此类著作会产生"理论丰满,实践骨感"之憾啦!然,伴随中国经济的高速成长,一些富于实践经验,且勤于学习和思考的企业家对企业管理理论研究的介入,这种理论与实践的脱节开始得到缓和。《炼狱、涅槃、新生》一书正具有这一特征。作者将现代企业管理理论与中国民营经济实践结合起来,从一个管理者的角度对民营企业发展所面临的一些核心问题进行深入分析。其中的观点虽不能说有多精辟,但对业界及理论工作者还是颇具启发的。

此书的另一重要特征,就是涉及面广、语言精练。本书不仅对企业经营管理所涉及的一些具体问题,如公司治理、团队建设、品牌管理、质量控制等进行了论述;还就企业文化建设、社会责任理念的建立、管理者的心态等,看似不甚重要,但实际上对企业长远、持续发展之根基具有决定作用的"软"实力因素进行了深入探讨。在对这些问题的分析过程中,作者并没有采用管理学理论中常见且晦涩的语言,而是以通俗易懂的案例加以归纳,进而使本书具有了极高的可读性。

最后,我还想就本书的作者谈点自己的认识。与王董相识经年,在我的印象中他除了热情豁达、行为低调、语言幽默之外,似乎就是为做企业而生的!在他的生活中,除了企业似无他物,每当企业取得新的进步或新的成果以及谈及这些话题时,就会露出孩子般的微笑。除了对事业的这一执着追求外,创新则是其另一兴奋点。在他的带领下,不仅新产品、新技术不断涌现,企业管理模式和管理思想也不断得到创新。正是这种执着的追求和不断的创新,康力电梯才得以实现超常规的发展,并成功地跻身国内规模最大、实力最强民营电梯企业之列。

"书要读到博士,公司要做到上市",所隐含的一个草根企业家曾有的志向虽已经成为历史,但众多与友林同志一样怀揣追月之梦的民营企业家必将引领中国民营经济进入一个新的高度。

三、董事长新年致辞

2011年董事长新年致辞

康力电梯股份有限公司将员工的职业健康和安全放在首位，比产品、服务以及成本效益等经营业绩还要重要。

员工是公司最有价值和最重要的资产，公司将员工以及员工的安全利益放在最高、最优先的位置。公司尊重并竭尽所能遵守国家和地方一切职业健康和安全的法律法规和要求。

公司致力于以预防为主的安全管理政策，通过对生产和工作中可能的危险进行识别和评估，确定有效的预防和控制措施，排除危险源或降低风险等级，以防止意外事故发生。

每一次意外都可能给员工及员工的亲人带来伤害和痛苦，我们要求每一位员工都能亲身参与到公司的安全管理策略和活动之中，积极主动识别和报告风险，遵守一切安全操作规范，主动制止不安全行为，协助管理人员改善安全设施和环境。

每一位管理人员都应该意识到，安全生产是最重要的本职工作之一，其必须承担所管辖范围内的所有生产和业务活动所附带的安全职责。安全管理机构的所有监督、管理和控制活动都不能排除各业务管理者本身的责任。各级管理者应以身作则，积极倡导、推动并参与安全管理活动，如出席安全会议、进行例行的安全巡查、持续改善安全业绩等。各级管理者应将安全工作视为最优先的任务。

任何违反或忽视安全要求的行为都将受到严厉惩处，无论这些行为是否是为了生产和经营业务的短期利益。

另外，我们对待公司所有分包方和可能参与公司活动的公众人士采取同等的职业健康和安全政策及标准。所有员工，特别是相关管理人员有责任定期或在需要的时候向分包方传达公司的安全政策和规定，促进分包方加强并不断改进安全管理，杜绝相关作业过程中的事故和伤害。

公司对于安全管理的终极目标是"零事故"，要成功达到这一目标有赖于所有员工的参与。每一位员工应承诺在努力投身事业和工作的同时，保护好自己，保护好他人。

请让职业健康和安全管理工作与康力电梯的经营业绩一同成长，让每一位员工身体安康、家庭幸福。

2014年董事长新年贺词

大家新年好！转眼间，2013年已成为过去，在全体康力人众志一心、共同奋斗下，公司各项指标继续保持快速稳健的提升。在这里，我谨代表公司，并以我个人的名义，向辛苦奋战了一年的全体康力人说声谢谢，谢谢你们！是你们的拼搏、汗水与奉献，创造了康力辉煌！

2013年，是公司成立的第十六年，是上市后的第三年，是"55321"五年发展战略规划全面启动的第二年。一年来，我们以人才、资本、品牌、信息化和文化等五大战略为引领。成立了28个改革小组，从营销管理、产业链整合提升、研发平台与工厂布局、技术与全面质量推进、人才建设、两化融合、品牌与文化建设等方面进行全方位推进，取得阶段性成果，为五年战略规划目标的实现奠定扎实基础。3月，全球最高的康力试验塔奠基。6月,以"世界品牌、中国领跑"的康力核心文化理念凝练完成。7月,公司成功中标印度德里地铁;10月,公司与万达等公司签订战略合作协议。11月,我们摘得"全国电梯行业质量金奖"。12月,代表世界领先水平的康力张家界天门山天门洞扶梯新闻发布会举行。此外,规划中的800亩电梯产业园、中山及成都工厂二期工程也在有序建设中……

我们应清醒地认识到存在的不足与弊端,我们的管理模式还未达到科学高效,我们的文化积淀还很薄弱。康力的实力还不够强,总量还不够大,离中国企业、中国民族企业百强榜单还有不小的距离。

全新的2014年已经开始,更大的机遇与挑战,更艰巨的发展与成长,摆在我们面前。《特种设备安全法》正式实施,给我们电梯行业未来发展带来深远影响,推动着电梯企业从依赖制造向制造、服务并重的大趋势转化,城镇化、保障房及城市轨道交通依然给电梯行业带来利好,但市场竞争在产品趋同、产能过剩的形势下无疑愈演愈烈。继续深入探索总部发展模式,优化各级组织与运行流程,加快人才建设步伐,加大考核、激励力度,坚持产品创新,狠抓营销网络建设,提升品牌实力、形象,突出核心部件发展,全面提升运营质量,将是2014年康力电梯的主旋律。

可敬、可佩的员工是康力最宝贵的财富,是我们事业成长的唯一依托。3 450名康力人组成一个幸福的大家庭,我相信,把企业做幸福了,员工也就幸福了,我们的发展和基业长青也就有了保障。

一分耕耘,一分收获,我们将用汗水收获一个沉甸甸的2014!

中国有梦,中国有未来;康力有梦,康力前程远大。

让我们在扎实的圆梦根基和清晰的圆梦路径基础上,携起手来,振奋精神,精诚拼搏,再次出发!

不忘初心　砥砺前行
——2016年新年贺词

大家新年好!

时间如白驹过隙,匆匆一年已经过去,在这辞旧迎新的时刻,请允许我代表公司向努力奋战了一年的所有康力人致以新年的美好祝福!同时,借此机会,回望来路,继续砥砺前行。

2015年的不平凡在于宏观经济面临产能过剩、结构调整、转型升级的巨大困难和挑战,尽管经济下行压力骤增,但是产业经济的基本面和企业的集体信心并未丧失,正如习近平总书记指出的:中国经济发展长期向好的基本面没有变,经济韧性好、潜力足、回旋余地大的基本特征没有变,持续增长的良好支撑基础和条件没有变,经济结构调整优化的前进态势没有变。

2015年,电梯市场呈现以下几大趋势:需求增量减缓、增幅下降;产业集中度速度加快,发展趋势平稳;制造与服务并重,深度开发电梯后市场已成为行业发展方向;创新驱动发展,创新成果增多。产能过剩、服务能力不足和电梯安全形势依然严峻是行业发展的两大问题。

对康力而言,我们亦切身感受到市场的压力和增长的来之不易。在听得见炮火和看得见硝烟的市场一线,营销和工程团队以敏锐的市场嗅觉、科学的营销决策、精准的客户细分、顽强的拼抢精神、更好的服务实践呈上了2015年弥足珍贵的成绩单。技术、制造、质量管控、供应链、信息管理等全力协同,创新、配合与支持能力进一步提升,成绩显著。7月全新启用的综合大楼渐趋成为集团运行的神经中枢,总部各职能部门通力协作,为全年的任务目标的实现做出了可圈可点的努力与贡献,思维、决策、沟通、支持、综合管理再上一个新台阶。市场考验了我们这支有意志力、战斗力、凝聚力的团队;管理层同气相求,全体员工全力执行,大家勠力同心,是2015年圆满收官的关键保证。

2015年,康力继续加大投入,总部试验塔、科技大楼建设提速,新达全部搬迁,部件产业园二期投入运行。11月初,成都试验塔、部件实验中心与中山工厂试验塔奠基。制造能力进一步释放,成都、中山两工厂与总部同步发展,各部件公司研发、制造、配套水平进一步提升。依据公司发展规划,在工业4.0和中国制造2025大背景下,康力启动"智能制造、智慧管理"项目,以继续深化两化融合为核心,以大数据、大工艺、大工装、更多使用工业机器人提升制造水平,突出供应链网络管理、电梯安装及维保管理的移动端应用,全面综合打造智慧"云工厂"。而以试验塔为标志的综合试验中心与公司国家认定企业技术中心正日益成为康力研发创新的强大引擎。

在新年祥和的节日气氛里,我们迎来了2016年第一缕阳光,我们预测,今年是中国经济持续探底的一年,但是经过2015—2016年新增长源和新动力机制的大力培育,宏观经济预计将在2017年后期出现稳定的反弹,并逐步步入中高速的稳态增长轨道之中。应该说,"经济冬天的雾霾"依然没有散去,借用马云的一句话"今天很残酷,明天更残酷,后天很美好",共克时艰,继续保持稳健的成长,依靠的是冷静、理性、灵活的运行思维,考验的是我们的韧性、耐心和信心,比拼的是我们持之以恒的奋斗与拼搏。

康力迎来了第19个发展年头,我们不忘初心。何为初心:百年康力,基业长青。康力的目标是世界品牌,中国领跑;宗旨是服务全球、勇担责任、创新引领、安全舒适;企业精神是诚信、感恩、超越、创新;企业作风是敬业、争先、担当、和合。建树一个有担当、负责任、受尊敬的企业,是我们的初心和不变的追求。这是我们文化的内核,也是指引我们继续发展的"定海神针"。

依据公司发展实际,面对不断变化的外部形势,保持持续增长,稳步实现由制造型向制造与服务型转变、由速度型向质量效益型转变、由国内品牌向国际品牌转变等三大转型是我们的主体努力方向。

我相信:越是形势危急,越是困难,越是有机遇。但机会总是留给有准备的企业,我们从不打无准备之仗。在这里,还是要强调市场这条生命线,最大限度地发挥现有已较为健全的网络优势,洞察潜在需求,深耕细作,继续以"亮剑精神"向市场要订单,提升我们的服务。同时,满足用户的需要,产品创新没有止境;提升工程服务水平,为用户着想须精益求精;品牌的提升和形象的锻造远不能"毕其功于一役",所有部门、全体员工的通力合作、完美执行是关键,我们有决心更有信心面对挑战和实现目标。

一直以来,我坚信这样的信条:康力最大、最宝贵的财富不是诸多的荣誉和所谓的光环,也不是那些有温度的数据,以"奋斗为本"的康力人,才是我们事业的最根本。康力是个年轻的大家庭,年轻有活力、有空间。我坚信:大家不改初衷,力出一孔,利出一孔,我们的事业和团队将迎来更好的"双赢"未来!

不忘初心,砥砺前行;风雨同路,奋斗见彩虹!

弯道超车　逆风飞扬
——2017年新年献词

日月开新元,光华启新篇。

在这个"寒冬凛冽、期待春暖花开"的时节,我们迎来了2017年的第一缕阳光。时间的年轮刻画下康力20年成长的足迹,我们艰苦奋斗、勠力同心,取得了长足的进步和发展,在2016年异常的市场竞争下,康力仍保持了稳健发展。应该说,20年来,我们无愧于这个时代、这个行业,更无愧于这个让我们安身立命的企业。在新年来临的第一天,我真诚地向大家道一声:新年好!你们辛苦了!

当下,全球经济升级、增长乏力,中国经济的新常态让企业切切实实感受到经济转型带来的阵痛。更加值得警惕的是,依据经济和金融的十年周期,1997年、2007年我们都经历了危机性的经济困局,2017年,类似的风险危机已经隐现。欣慰的是,在1997年、2007年的周期性经济困难面前,康力秉承建树民族品牌的信心和决心,我们非但没有减速,反而实现了"弯道超车",靠的是什么?我想无非是拼劲、韧劲和我们的创新、进取精神。

可以想见的是，2017年的市场压力将进一步加大，电梯行业的竞争无疑将呈现更惨烈的态势，康力如何逆风飞扬，实现再一次"弯道超车"，需要我们冷静的思考和果断的行动。毋庸置疑，这是一次空前的挑战，更是难得的大好机遇。

我们要清晰地认识行业大势和康力的优势及现状。厘清行业态势是找准对策的关键，2017年，电梯用量的增幅将延续之前的回落，市场竞争更加残酷；行业上游用户特别是房地产开发商及代理商发生变化，优胜劣汰，分化洗牌，强者愈强，市场进一步向品牌和实力企业集中，随之而来的，是产品结构、用途、标准、要求也发生深刻变化，要求会越来越高；"巩固房地产，拥抱城基建"，成为品牌电梯企业市场转型的风向标；电梯行业产业链的下游亦即原材料和部件供应"涨声"不止，对整机企业造成巨大的利润挤压。

康力处在品牌向中高端攀升的攻坚期，"攻城略地"的订单获取是持续发展的前提。我们经历了1997年创立以来、2010年上市以来两个快速发展期，眼下，公司的第三次成长、突变刚刚开始，未来美好，任务艰巨。除主业基础优势外，康力上市资本平台的工具箱蓄势待发：产品和供应链电子商务平台，物联网、维保、参股控股基金，主业相关的延伸产品开发等在未来将逐步落地实施。应该说，我们的优势在恶劣的外部环境下进一步凸显，问题是，我们能否抓住机遇和我们怎么办。

我们要进一步坚定信念和事业理想。20年的创业拼搏，康力有了"世界品牌，基业长青"的基础和潜力，但是在理想和目标面前，我们必须重新审视我们的价值观和基本理念。上市6年多来，康力保持了健康、持续、快速地成长，但也要警惕躺在功劳簿上小富即安、小富即满、无所适从、无所作为的怠惰思想，我们需要时刻保持锐意进取、创业创新的思维。事业和人生需要正念，这是一切的根本，2016年，我们系统学习"善、感恩、爱、奉献"的传统理念，团队远赴井冈山进行革命精神的洗礼。所有这一切，让我们不忘初心、保持本色，利他、拼搏、感恩、奉献，不断践行"舍＋缘＝得"的种子运行哲学。

眼下，市场竞争异常激烈，徘徊观望、畏难情绪对我们的事业贻害无穷。越是外部环境困难的时候，越是超越和跨越的大好时机，我相信事在人为，我坚信我们可以做得到。

我们要有超越的自信。经过20年的创业成长，我们站在了一个超越追赶的关键点上。从成长的轨迹上看，康力电梯的发展基本与中国制造发展同步，从粗放经营到做精、做细、做深，从价廉物平到价平物美、价优质优。尽管我们还有不少亟须完善和提高的地方，但瑕不掩瑜，人才和管理团队、产品创新和制造能力、营销网络及策略、质量管控能力、信息化水平、工程服务能力等都是我们的优势所在。我们有完全的自信，通过拼搏，继续实现公司创建以来的超常规、高质量的发展。康力不会妄自菲薄，更不会妄自尊大，我们要虚心向标杆企业看齐，学习它们的经验、技术、管理方法和手段，我相信，成功的追赶将实现超越。

我们要深入探索转型升级的创新实践。创新、品牌、智能制造、物联网和市场国际化将是2017年的关键词。发展的任务很繁重，我们要不断激发新的活力，遵循价值规律、竞争规律，迎来切实的提升和转型。发展离不开创新，2014年汤森路透全球创新百强机构评选，日本有39家入选，中国仅有华为在列。2015年的这份榜单，却没有一家中国企业上榜。这说明，中国企业的创新还有很长的路要走，但也说明潜力的巨大。创新之路漫漫，需要我们心无旁骛、聚精会神。

营销是公司的龙头，营销的创新在于网络、人员、领域、区域及工程上的全新进取。蛋糕就这样大，这是无法改变的事实，在订单的获取上，只有冠军，没有亚军，只有继续发挥"亮剑"精神和狼性拼搏精神，才能保持市场份额的不断扩大和提升。2017年，海外市场上，无疑要以更新的举措开创新局面，提高份额，提升品牌，进一步加快公司国际化进程。

互联网扑面而来，大数据、物联网、电子商务平台等，这些已然成为我们必须践行的课题，创新势在必行。

精益和质量是企业生存的根基,我们提倡工匠精神,更要研究工匠制度。德国制造曾经是粗制滥造的代名词,1887年,英国国会通过的《商品法》,勒令进入英国的德国货必须打上"德国制造"的印记,那时的英国人认为德国制造就是假冒伪劣、价廉货次。德国人发愤图强,几十年扭转了这样的局面。德国可以,中国同样可以。实现全员、全流程质量的提升和跨越,需要制度,需要不折不扣地执行科学的管理体系。我们要以积极申报省长质量奖、中国质量奖为契机,继续发愤图强、一丝不苟、精益求精。

未来,将是一场正规军的作战,我们要避开追赶的陷阱,摆脱原有的路径依赖依循,以归零的心态,打造智慧制造的"互联网+"思维和工匠精神的新发展范式。时不我待,康力厉兵秣马,舍我其谁?

人是一切的根本,不管外界的形势如何变幻,不管前行的路上有多少困难和障碍,都不会阻挡康力人砥砺前行、风雨同舟的脚步。企业成长是一场永无止境的马拉松,苦在其中,也乐在其中,我相信通过持之以恒、艰苦卓绝的拼搏,2017年,康力一定会站在一个更高的平台上,以一份靓丽的成绩单向公司20周年献礼。

"金鸡报晓,一鸣惊人。"全新的2017年,让我们时刻抓住时代的脉搏,顺势而为,逆风飞扬,为康力、康力人的远大梦想高歌猛进、更上层楼!

祝大家新年快乐、身体健康、家庭幸福、万事如意!

新时代 新战略 新路径 新纲领 新目标
——2018年新年贺词

光阴荏苒,白驹过隙,倏忽之间,2017年已近尾声,我们即将迎来2018年的新年钟声。在拥抱全新一年的美好时刻,我谨代表公司董事会向康力全体员工以及你们的家人,向一直以来给予公司关心支持的客户、合作伙伴、社会及各界朋友,表示最衷心的感谢和最诚挚的新年问候!

即将过去的2017年,是康力人难以忘怀的一年。深度转型、调整的宏观经济和纵深整合、升级的电梯行业形势给全年的经营发展带来了前所未有的挑战和增长压力,全体康力人不畏困难险阻,直面原材料大幅上涨、市场竞争更为加剧的外部环境,风雨同舟,砥砺拼搏。回首历历在目的点滴瞬间,我为康力人的使命感、责任感、不折不挠、团结奋斗的精神点赞,并感到由衷的欣慰和骄傲。

一年来,康力继续以"为用户提供亲人般乘坐的电梯和卓越服务"为使命,坚决贯彻年初制定的文化理念、营销模式、技术研发、管理信息化、制度绩效、智能制造、安装与维保、采购和质量零缺陷等9个变革创新,实现了战略客户、轨道交通、新型城镇化经济的市场突围,同时,我们推进了加装及改造市场,海外市场及"一带一路"的拓展,为未来的发展奠定了扎实基础。

过去的一年,适逢公司成立20周年,我们通过新技术和新产品发布、全球最高试验塔落成、行业高峰论坛等活动庆祝公司20岁里程碑。过去的20年,公司紧跟国家改革开放的步伐,筚路蓝缕,一路前行,无论在品牌声誉、技术创新、质量管理、信息化推进、还是营销渠道建设、产业布局、资本投资等领域,都取得了一定的成就。更重要的是,我们很好地总结、回顾、分析了公司的过去与现状,为面向未来的成长,进一步坚定了信心、明晰了方向。

全新的2018年,机遇大于挑战。电梯行业的低位运行及整合的胶着仍将持续,寒意远没有散去,我们清醒地感觉到增长的压力和竞争的残酷。然而,我们也看到行业未来的空间、机遇及对品牌、质量、服务、智能等的日益倚重。

拥抱新时代

党的十九大开启了一个全新时代,"必须把发展经济的着力点放在实体经济上,把提高供给体系质量作为主攻方向……""整体经济将以供给侧改革为主线,推动经济发展的质量、效率、动力变革,提高全要素生产率……"

新时代催生新市场,区域协同发展的城市及公共基础建设、轨道交通、县域经济和城镇化、"一带一路"、医疗养老地产、智能楼宇、维修保养、旧楼加装、更新改造等关键词汇下的市场机遇将为电梯行业带来积极利好。可以预见,未来5～10年,经过一系列结构调整,电梯行业的市场需求将更旺盛及多样化,行业前景十分广阔。但目前,行业集中度提升、原材料价格居高给行业,特别是自主品牌也带来挑战和压力。

康力作为行业首家上市公司,成立20年时间成为中国唯一自主品牌的"全球电梯制造商TOP10",我们有资金、财务共享极强的管控能力、智能制造巨大的产能释放、世界品牌和全球覆盖营销网络建设等方面的优势。我们不自狂,我们清醒认识到,离我们伟大事业还有很大差距,还有很多需要迎头追赶、综合提升的地方。

深刻领会十九大精神,把握新时代经济发展的脉络,结合公司发展现状,我们以高昂饱满的信心、居安思危的思维、自我批判的精神、经验主义的摒弃、锐意进取的举措,保证康力2018年和未来持续成长。

明 确 新 战 略

中国经济增长进入新常态,各产业的跨界融合亦方兴未艾,企业间竞争的焦点正从产品本身转移到包含产品的系统、连接各个系统的体系,跨入共享经济、平台经济新模式。康力更要追求在这个时代全方位、深层次、质变的发展能力。充分接入"大产业"理念,打破资源边界、产业边界,挖掘企业潜能,乃至联合创新,以全新的机制体制、专业高效的核心团队、前瞻性的思维去把产业向外延伸,以更为开阔的产业生态视野探索新发展。

继续做强、做实电梯主业,是康力不变的发展战略。审慎产业投资方向,围绕电梯产业的多元化,在相关相似机械电气、新材料延伸领域,在其他国家和地区的地域延伸领域,大力推进技术含量高、有价值潜力的产业链、相关产业投资,以在多个细分领域弯道超车为目标主动布局;用新兴连接传统,发展适应新时代市场需求的产品、产业,如机器人、物联网、大数据、人工智能应用等;站在新时代的起点,积极关注投资机会是面对新兴产业应有的新视角;依托资金优势,充分发挥上市公司平台作用,体现上市公司价值。

发 展 新 路 径

战略与营销。根据公司确定的战略,首先要提高市场占有率和营销竞争能力。实施"狼性"营销,全面促进营销意识的改变和动力的提升;以客户关注为焦点,为客户提供超值的综合解决方案和卓越服务,主动出击、全力以赴,即使有1%的希望,也要付出100%的努力;推进价值营销,从销售产品、营销费用控制和应收款回笼等多方面提升营销价值和水平。

持续改进机制体制,实现"高质量、高效益"企业目标。根据公司战略,进一步改进现有机制体制,股权结构优化;同时,优化组织机构和人员结构,全面提高组织效能;提高管理人员领导力和执行力;打造忠诚敬业,有极高专业能力和综合管理能力的专业团队;强化以奋斗者为本,进一步强化绩效考核,创建优胜劣汰的组织文化,提高员工积极性,提高整体劳动效率。

全面实现信息化和流程管控。整合和疏通各个信息系统,推进业务管理平台建设,提高信息系统对管理水平和效益的促进作用。

强化审计和监察。强化职业道德和合规要求,创建清正廉洁的工作作风;严格履行审计制度,加强审计结果的问责制和跟踪改进。

落实新纲领

紧跟新时代脚步,通过"九大创新""七个质量"和"组织效能"全方位的协同努力,全面提高公司业绩和盈利水平。

继续坚持文化理念、营销模式、技术研发、管理信息化、制度绩效、智能制造、安装与维保、采购和质量零缺陷等9个变革创新。

进一步通过设计研发、制造供应链、包装发运、合同、工程安装、维修保养和过程沟通等"七个质量"的推进,减少损失,打造"高质量"产品和服务。

提升组织效能。全面优化组织机构,合理划分功能;结合岗位特点,制定科学合理的全员绩效考核方案,加大浮动工资比例;优胜劣汰,优化人员结构,提高劳动效率。降低费用,节约运行成本,增加利润。

实现新目标

全面提升市场竞争力,促进企业全面健康发展,在未来3~5年,实现在电梯行业跨越式发展。在延伸和相关产业有新突破、新贡献。

"雄关漫道真如铁,而今迈步从头越",这绝不是一句轻飘飘的诗词,这是我们新时代必须具备的坚韧决心。对于所有康力人而言,"不止电梯、还有梦想",是我们始终不变的情怀。我们将发扬"二次创业"的精神,团结一致,艰苦奋斗,全心全意创造一个对顾客、员工、股东、公众投资者、合作伙伴和社会尽职尽责的、受尊重的伟大企业!

没有一个冬天不可逾越,没有一个春天不会来临,沐浴新年的阳光,朝向内心的期许会在无尽的努力中诞生,面向世界的梦想会从奋勇的拼搏中升起。对于所有康力人而言,激情与汗水成就过去,智慧与坚韧铸就未来!

祝大家在新的一年里事业有成、身体健康、阖家幸福、万事如意!

四、董事长讲话

董事长在康力电梯二十周年庆典文艺晚会上的讲话

大家晚上好！

九月江南，秋高气爽，在这收获的金秋时节，康力电梯股份有限公司迎来了二十年华诞。二十年来，康力人筚路蓝缕、风雨兼程、砥砺奋进、追求卓越，我们以坚定的步伐，一步一个脚印，取得了长足的进步和成长，成为行业自主品牌领军企业，也成就了一个负责任、受人尊敬的企业公民，在气氛热烈的晚会现场，在这个喜悦的时刻，我们共同庆祝康力二十岁生日。此时此刻，作为公司创始人，我真的心潮澎湃、感慨万千，在晚会精彩节目开始之前，请允许我代表公司向一直以来关心、支持康力电梯成长、发展的各级政府、各级领导、全体用户、电梯界同仁、新闻界的朋友表示最热烈的欢迎和最衷心的感谢！同时利用庆典上的几分钟向公司同仁和朋友说几句话。

一、春江潮水连海平，海上明月共潮生

康力电梯的发展可分为四个阶段，第一阶段（1997—2004 年）为开拓起步阶段。 1989 年，100 元一辆二手三轮车，从此开启了我的创业之路。1993 年 9 月，我正式下海创业，从 2 万元起步，在无资金、无技术、无设备、无业务的"四无"情况下，艰苦创业。

1997 年，康力电梯在国家深化改革开放的历史潮流下，应运而生，康力电梯成立之初，注册资本仅为 128 万元人民币，员工人数只有 30 人。

第二阶段（2005—2007 年）是公司迅速成长阶段。 2005 年，"康力"商标被认定为"中国驰名商标"；2007 年 10 月，康力电梯股份有限公司成立，标志着康力登上了一个崭新的平台。

突破层层艰难险阻，迈上发展快车道。

第三阶段（2008—2010 年）是公司改制上市阶段。 2010 年 3 月，公司在深交所 A 股成功上市；10 月，全资子公司中山广都机电奠基。

第四阶段（2011 年至今）实现质的飞跃。 经过二十年快速稳健的成长和不断优化与深化自主创新，康力终于在外资强者如林的中国乃至世界电梯行业有了自己的一席之地。

二、宝剑锋从磨砺出，梅花香自苦寒来

康力人以"弘扬民族工业、振兴自主品牌"为己任，通过不断的创新拼搏和品牌建设，这些年，在激烈的市场竞争中，迅速成长、发展，成为中国电梯业名副其实的民族旗舰品牌，并见证了中国民营企业的顽强崛起。

公司创建二十年，速度、质量、活力、潜力有目共睹，公司不仅成为中国自主品牌的领袖企业，也一定程度上改写了世界电梯业的格局，**2018 年在国内综合排名约在第 7 位，最新出炉的 2017 全球电梯制造商 TOP10，康力电梯首次进入全球十强电梯榜单。** 本次入选意味着中国自主电梯品牌在全球产业阵营的地位进一步提高，同时，强化了中国品牌在世界的存在感与影响力。以康力电梯为代表的民族电梯品牌强势发力，已经赶超部分外资及合资品牌，比肩世界一流电梯品牌，市场份额进一步扩大。在可预见的未来几年，行业布局与整合将持续进行，自主品牌综合竞争力将更加凸显。

康力电梯凭借企业综合实力连续五年入围"房地产商 500 强十大首选供应商"，以综合服务能力取得市场,成功跻身世界一流电梯品牌行列。

据国家统计局中国行业企业信息发布中心的数据证明,康力电梯销量自 2005 年起连续 13 年在全国市场同类产品国产品牌中排名第一。如今,康力电梯股份有限公司注册资本达 73 860 万元,员工总人数达 5 100 多人。截至 2016 年 12 月底,公司总资产为 52.09 亿元。20 年来,各类电梯、扶梯、人行道出厂累计 15.5 万台;其中,2007—2017 年上缴各类税费达 20 亿元,社会捐款、捐物超过 5 000 万元。员工薪酬及福利约 25 亿元;股权激励和员工持股达 7 000 万股,占股数 9%。

二十年的快速发展,在积累财富、为社会做出贡献的同时,公司赢得了许多荣誉,先后获得"中国质量服务信誉 AAA 级企业""全国机械建设与电梯行业质量金奖""中国房地产开发企业 500 强首选品牌榜""中国质量诚信企业""江苏省质量奖"等称号;我个人也先后荣获"全国就业创业优秀个人""全国优秀诚信企业家""苏州市十佳魅力科技人物""苏州市劳动模范""苏州慈善楷模""2016 江苏省新经济领军人物"等荣誉。

三、千淘万漉虽辛苦,吹尽黄沙始到金

二十年风雨坎坷,二十年传承跨越,二十年并肩携手,成就了今天的康力电梯。**二十年十大成就,创造了中国电梯史上前所未有的辉煌。**

(1) 康力电梯已建成了规模化、产业化的全国性战略格局,包括康力电梯吴江核心部件产业园、成都康力节能电梯产业园、珠三角电梯产业园。

(2) 中国电梯行业首家上市企业,开启里程碑式发展进程。

(3) 先进的生产体系与制造工艺,大幅提高生产效益,使公司生产能力提到前所未有的高度。

(4) 康力电梯已建成一座全球最高的、总高度达 288 m 的电梯试验塔,该试验塔堪称"中国高度、世界高度、世界速度"。

(5) 掌握核心技术,构建核心竞争力。

(6) 不断推出高端产品,在行业内外产生了重大的影响。

(7) 实现技术研发创新重大突破,使公司保持在行业的领先地位。

(8) 品牌影响力与日俱增,塑造中国电梯行业独特的"康力"模式。

(9) 坚持走两化深度融合的新型工业化道路,通过科学的系统方法进一步提升公司两化融合的效果,将康力建设成为一流的智慧型公司。

(10) 积极推动现代化城市发展步伐,为城市的垂直交通提供完美的解决方案。

四、百尺竿头须进步,十方世界是全身

与电梯结缘,康力成了我的全部。作为康力的创始人和掌门人,对行业的精益求精和对自主品牌的执着追求,是我始终不变的情怀。康力今天所取得的成就,既是个人努力的结果,更是我们这个优秀团队团结一致、共同奋斗的结果。二十年来,我全身心地投入企业的建设和发展,真正把企业当作自己的家,把员工当作自己的家人,8 小时上班以外,还跑了 200 万 km 的飞机路程和 60 万 km 的汽车路程。

二十年来,在逐年稳步、快速成长中,康力的目标、愿景渐渐清晰:要做世界品牌、百年老店,基业长青。

我始终认为,人才永远是第一资源、第一战略,是科技创新的最大支撑。康力"以奋斗者为本",把人才作为发展的第一要素,实现人才强企发展目标。

弘扬传统文化、促进公司文化建设,旨在把传统文化的精髓融入企业管理中来,让康力走得更好、更远。

五、雄关漫道真如铁,而今迈步从头越

在行业大洗牌变化趋势下,康力处在关键的爬坡期,面临重大的挑战和机遇,时不我待,不进则退。

面对新常态下的国内宏观经济,面对行业形势的深刻变化,做好继续稳健和快速成长的长期应对准备,我们有充分的决心和信心。

康力的成长,离不开政府领导和职能部门的关心和支持,离不开大家的真诚合作,离不开社会各界朋友的关注和帮助。对此,我们永生铭记,终身感恩。

在这里,我要再次感谢康力的全体员工,正是有了你们对康力始终如一、不离不弃的追随,更为康力的健康持续发展提供了无尽动力! 同时,向一直给予公司关心和支持的所有领导和朋友们,致以深深的谢意!

二十年,是康力电梯发展史上的一个里程碑,同时,也是向百年康力、百亿康力迈出的第一步。康力电梯将围绕"以市场为向导,以效益为中心,以奋斗者为本"的新经营方针政策,持续打造主业优势;其次要控制风险,推动公司转型升级;计划用三年左右时间分别从战略与营销、组织与机制、流程与信息化、审计和监察、人才培养等方面进行系统改革,坚持"世界品牌、基业长青"的愿景,在复杂的竞争环境中放眼长远,坚定信念,持续发展。我们将全力打造康力"SSQS"全面管理模式,持续推进八大体系建设,以九大创新和开源节流为抓手和重点,全面提高公司综合管理和运营能力,为实现公司在行业的跨越式成长和提升继续努力。

企业发展是一场永无休止的马拉松,康力还没有成功,我们一直走在成功的路上。告别昨天和今天,我们将满怀期待、满怀信心地去迎接崭新的、充满挑战的明天! 谢谢大家!

董事长 2017 年系列讲话要旨

一、认清形势,自我审视,增强发展的危机感、紧迫感

2017 年初公司系列工作会议上,董事长就国内经济形势、行业变化和公司所处的发展阶段(优势、不足)进行了重要、精辟分析,指出了全年工作的艰巨性。

经济形势: 新常态下的国内宏观经济复杂焦灼,牵一发动全身;行业形势的深刻变化对电梯企业未来走势"性命攸关"。

董事长指出:经济形势的 L 形判断告诉我们,未来中国经济运行态势总体平稳,既不会出现强劲的反弹,也不会出现明显的失速。一方面,中国经济当前面临很多困难和深层次矛盾,另一方面,中国经济的潜力大、韧性足。当前中国经济面临的问题有周期性因素,但主要是结构性问题,因为内外环境变了,速度调整是必然的、正常的,这不是一两年的事。公司要适应、顺应这种态势,做好继续稳健和快速成长的长期应对准备。

行业变化: 电梯行业受房地产深层次调整、城市基础建设等方面影响发生格局性变化,忧喜参半:市场用量增速进一步放缓;产能严重过剩,同质化严重;房地产洗牌,用户更加向品牌地产企业集中;下游原材料急剧上涨,黑色金属涨幅已达 70%;电梯产品价格不增反降,2016 年总体价格下降约 10%,利润挤压严重;行业竞争、订单争夺更趋激烈;中小电梯企业生存堪忧,2016 年 200 家左右小电梯企业订单锐减,呈现休克状态、濒临死亡;2017 年预计将新增 200 家中小电梯企业进入休克状态,未来无疑将被淘汰出局。

危中有机的是:46 个城市地铁(轻轨、有轨电车)、15 万 km 铁路(高铁)、760 个机场项目给行业带来电梯用量;改造、加装电梯项目明显增加;百强县城镇化方兴未艾;百强房地产企业的发展为品牌电梯企业带来利好;维保业务整合、提档,成为行业新增长点。

公司综合分析: 董事长系列会议重点分析了公司目前发展的定位、优势与不足。公司创建 20 年,速度、质量、活力、潜力有目共睹,公司不仅成为中国自主品牌的领袖企业,也一定程度上改写了世界电梯业的格局,目前在国内综合排名约在第7位,全球排名约在第10位。资本市场、市场网络、制造潜能、前沿研发、信息物联、质量管理、品牌上升等方面,公司在自主品牌中间优势突出,面对未来,我们有底气、有基础,无需妄自菲薄。

但在严峻和变化的市场环境下,在行业全品牌(特别是与外资相比)的竞争中,公司没有妄自尊大的资本,还存在很多问题和不足:与几大外资电梯企业相比,康力有品牌,但知名度、含金量、竞争力有差距,别人100多年,我们仅20年,公司管理经验薄弱,技术积累不足;人员增长过快;综合性人才和团队梯队建设不足;固定资产激增;制度流程需优化、完善;管理不严格,应收款居高不下;动力和激情存在隐忧。

在行业大洗牌变化趋势下,康力处在关键的爬坡期,面临重大的挑战和机遇,时不我待,不进则退。公司上下一定要冷静认清形势,弘扬艰苦拼搏的创业精神,否则存在掉队的危险。

二、统一思想,坚守理念,增强事业心、责任心和荣誉感

系列会议上,董事长针对2017年全年目标和工作提出"九大创新"行动:(1)文化理念创新;(2)营销模式创新;(3)技术研发创新;(4)管理信息化创新;(5)绩效制度创新;(6)智能制造创新;(7)安装、维保创新;(8)采购管理创新;(9)质量零缺陷创新。董事长强调:思想理念的创新,是源头,事关全局,务必坚持、强化和深化。

员工五问:理念和价值观是一切的源头。资源会枯竭,文化生生不息。在公司成立二十周年的重要时间节点上,公司上下、全体员工应审视自身的工作和事业理念。全体员工要围绕上述理念时刻提醒自己以下几个问题:(1)我是谁?(2)这是什么地方?(3)我是来干什么的?(4)我为什么到康力来?(5)康力会带我们到哪里去?希望每位员工认真思考,给自己一个满意的解答。

公司理念:"同甘苦、共未来""不苦不累不做康力人,不乐不富莫做康力人""拼搏、感恩、创新、奋斗""世界品牌、基业长青",这是康力人应该时刻牢记在心的。康力是有理想、有目标、有抱负的公司,在企业发展的同时,我们追求员工的收入、待遇、能力、水平,获得感、幸福感、自豪感的同步提升。大家"心往一处想,劲往一处使",凝心聚力,砥砺前行,公司每上一个台阶,大家的价值感、尊严感、荣誉感、自豪感也加一分。

没有事业心、没有归属感,没有责任心、没有主人翁意识,不努力、不积极、浑浑噩噩混日子,抱怨、怠惰、推诿、不沟通,损害公司利益,对康力的发展贻害无穷,也是对自己的最大不负责任。公司不养闲人,团队不养懒人,对康力而言,我们与有着100年以上历史的外资电梯企业相比,成立时间短,能力积淀浅,更需要加班加点,24小时把心思放在工作和事业上,以4倍的时间把短板补上去,同时不断增加聪明才干,斗智斗勇,才有可能实现追赶和超越。

传统文化:一个人、一个企业,要有正念、正气、正行,才能可持续成长,要坚守和弘扬优秀的道德品质,才能始终立于不败之地。2016年,公司开展传统文化和稻盛哲学等文化建设,取得了一定成效,各单位和每位员工要始终牢记"敬业、忠诚""善、感恩,爱,奉献""舍+缘=得""利他才可以实现自利""我就是工作,就是主人翁""工作是为自己干的""全身心投入,付出不亚于任何人的努力""六项精进""经营需要燃烧的斗魂和岩石般的坚强意志""胸怀梦想,坦荡、正直""将正确的事情以正确的方式贯彻到底"等理念。

率先垂范:"康力是一个幸福的大家庭,作为大家长,我以身作则,也做到身先士卒。公司成立20年来,粗略统计,我汽车公路里程远超50万km,飞行里程200多万km,频繁地出差,多年来几乎没有完整的休息天,所有的努力就是为了公司的发展,为了大家的利益。"要始终坚信,天道酬勤,只有持之以恒的努力付出,才会有事业的精进和成功。按部就班,拈轻怕重,人就会有懒惰和空虚感,结果将不会有幸福感,谈不上价值实现。

总之,正确的理念和价值观是公司长期发展的基石,是个人职业生涯和幸福的关键。面对严峻的环境,面对取得一定成绩同时又负重爬坡的阶段现状,更要警惕安于现状、不思进取的危险,更要增强危机意识和忧患意识。

三、创新行动,迎难而上,扎实高效完成全年工作目标

文化理念创新是九大创新之首和其余八大创新的前提,董事长在系列会议讲话中,总体部署了2017年工作创新计划。

营销模式创新：开拓营销思路,推广"价值营销""解决方案营销"和"服务营销"等手段;拓展营销渠道,深耕基础设施(轨道交通和机场等)、战略客户(百强房地产企业集团)和县域经济;加大海外营销力度,沿着"一带一路"走出去,大幅提高海外市场份额和占比;推进改造和加装电梯业务。

技术研究创新：加强沟通和互动,了解市场需求,以市场和用户为向导研发新产品,提高产品的市场竞争力;持续不断地加强对现有产品的改进和优化,提高产品可靠性和稳定性;加强产品系列化、标准化、通用化,提高产品性价比,同时有利于产品整个环节的质量控制。

管理信息化创新：以生产和业务管理为基础,实现全流程信息化。

制度创新：全方位推进绩效考核制度,在思想理念提升的基础上实现"最小单元"绩效考核。

制造创新：全面提升智能制造水平,包括人员素质和流程管理信息化水平,实现真正的智能制造,即：不只是生产设备自动化,还要生产流程信息化,生产管理精益化。

安装、维保创新：培养高素质的安装维保管理和作业人员,提高对安装过程的管控力度和效果。加大"维保业务"的开展。大幅度增加"质保期外"维保台量。工程服务成为公司今后重要的利润增长点。

采购管理创新：密切跟进市场价格变化,采取各种手段,控制采购价格、质量和交货期;运用信息化手段,建立采购平台,提升采购过程的管理水平和采购物料的性价比。

质量管理创新：进一步推行"质量零缺陷"和卓越绩效管理理念和方法,加强产品销售质量(称为用户需求质量或合同质量)、设计质量、制造质量、装箱发运质量、安装质量、安装过程沟通协调质量和维保质量等全过程七个质量,以及经营管理全流程的质量管理。

董事长指出,九大创新是全年的工作重点,但仅是宏观的纲领,需各单位(部门)以实际创新举措落到实处。

四、开源节流,狠抓落实,奋力迎接关键时期跨越式发展

开展九大创新目的是开源节流,提高效率和效益。董事长在系列会议上对开源节流做了重要阐述。

"开源"：(1)加强新梯营销,全力以赴增加订单。提倡价值营销,提高产品利润空间。(2)加强"维修保养"经营力度,提高维修保养收入和利润占比。(3)子公司要加大对外营销,加强对外营销方面的考核力度,打开对外销售局面。(4)加大逾期应收款回笼力度,意义等同开源。

"节流"：各部门要在部门内部及各自管理的职能范围内,集思广益,采取各种措施节约成本和降低费用,包括但不限于以下5方面。(1)营销部门要采取措施,控制销售费用,减少应收款。(2)所有人员都要本着艰苦奋斗和节约的精神,控制差旅成本,包括提前购买打折机票,适当降低酒店标准,提高工作效率以减少差旅人员,缩短差旅行程等。(3)生产部门要加强生产设备日常维护,降低设备维修成本,延迟设备使用期限,未经批准,不得报废生产设备。(4)行政管理部门要采取措施,减少行政运营和办公成本,包括：提高办公室使用效率,节约电费、水费;控制办公用品购置和更新;节约绿化费用;规范公车使用等。(5)各部门要采取措施,改进工作方法,提高工作效率;精简优化组织结构,控制人员增补。

董事长指出：在严峻、剧变的形势下,公司未来的发展无非有三种局面：行业地位提升、原地踏步、排名及竞争力倒退。这是一个非常关键时期,企业发展,不进则退,市场竞争残酷无情。全体干部职工

要打起百倍精神,以前所未有的信心和决心迎接这场艰巨的挑战,实现公司在行业的跨越式成长和提升。

董事长强调:2017年,以九大创新和开源节流为抓手和重点,全面提高公司综合管理和运营能力,刻不容缓。今年,公司迎来二十周年,公司要以更好的业绩和面貌向"周年庆"献礼,并为未来发展奠定良好的基础,意义重大。

五、《升腾》——康力电梯之歌

作词：金针
作曲：大林

1=A 2/4 ♩=72 激情而时尚地

雄鹰　盘旋在苍穹，　　那是　康力人追寻的　梦。
雄鹰　翱翔在苍穹，　　那是　康力人奋斗的　梦.

世　界　尽在我眼中，　好电梯　　全球颂！　　全力
使　命　总在我心中，　中国造　　中国龙！　　向着

以赴 去行动，　那是 责任必达的 作风；诚信 装在 我心中，　创造
未来 去行动，　那是 永不止步的 作风；创新 装在 我心中，　敢于

第　一　创造 第　一　勋　　功！　　拥抱天　空
挑　战　敢于 挑　战　称　　雄！

风 霜 与 共，飞过 低谷 超越 巅 峰。

拥抱 世 界　信者无 疆，开拓 向前 开拓 向前

第二段从此处反复一次副歌

明天 更成 功！　　　　　向前　明天 更成 功！　　开拓

向前 开拓 向前　明天 更 成 功！

资料来源：康力电梯股份有限公司档案部

六、语录及标语选摘

董事长语录

★ 质量就是生命,产品等于人品。
★ 人才创造康力,康力造就人才。
★ 时间抓住了就是金子,抓不住就是流水。
★ 以企业为家,以质量为本。
★ 小胜依智,大胜惟德。
★ 财散人聚,财聚人散。
★ 事业能不能发展,关键靠体制、机制。
★ 当你工作中推诿时,你的上级和下级对你不信任的时候就到了。
★ 成功是优点的发挥,失败是缺点的积累。
★ 理论只是地图,实践才是大地。
★ 最大的敌人是自己。
★ 只要思想跟得上,办法总比困难多。
★ 德才兼备,破格重用;有德无才,培养使用;有才无德,限制录用;无德无才,坚决不用。
★ 机遇吸引人才,人才引领技术,技术造就产品。
★ 没有完美的品质,就没有企业的明天。
★ 品质、品位、品行的优劣决定品牌。
★ 态度决定一切,细节决定成败。
★ 一件事情,做好了,才算做了。
★ 工作上的消极敷衍,是对自己最大的不负责任。
★ 做事是有风险,可是有时候,不做事风险会更大。
★ 发展不忘稳健,稳健不忘发展。
★ 企业的运行和发展就是一场永不止步的马拉松赛跑,需要智慧,更需要毅力和韧劲。
★ 风险来自你不知道自己正做什么。
★ 技术革新必须与市场相结合,才会产生真正的效益。
★ 公司最大的资产是人。
★ 企业的高效运行在于严格的规章制度。
★ 合格的领导不但要自己成为专家,更重要的是,让自己的部下成为更好的专家。
★ 领导者是决策者,但同时还应扮演教育家、裁判员、运动员、服务员、学习者等多重角色。
★ 管理就是沟通、沟通再沟通。
★ 管理就是复杂的事情简单化,把混乱的事情规范化。
★ 管理就是合理的资源配置,使"人、财、物"发挥最大效能。
★ 市场就是企业的主战场,公司的一切始于市场营销。

★ 品牌寓于文化,经营重在人心,资源贵在整合,矛盾多是误会。
★ 唯具有忧患意识,才能永远长存。
★ 成功没有魔法,也没有点金术,人文精神永远是创新的源泉。
★ 理论是灰色的,唯实践与行动之树常青。
★ 发生任何问题,先从自己身上找原因,要善于"跟自己较真"。
★ 同业竞争者是队友,而非对手。共生共赢,才会推动行业更大、更规范地发展。
★ 单个的企业只是一棵"树",众多业内企业联合才会形成森林,只有森林才能改变气候。
★ 同行不是冤家,也并非一定要"你死我活",竞争也可以"双赢"。
★ 先对自己负责,才有可能为别人负责。
★ 在自己的工作范围内,追求卓越、力求完美是必须的。
★ 学习不仅是技术问题,更是战略问题。选择师傅很关键,"高徒择名师"。
★ 作为决定座位,布局决定结局。
★ 成功的秘诀是:谦虚、认真、方法。
★ 我最信任的是员工的力量。

广 告 语

★ 康力电梯、承载梦想　　★ 康力电梯、运道圆梦
★ 康力康力、圆梦之力　　★ 乘坐康力、人生给力

总 部 标 语

★ 企业宗旨:服务全球、勇担责任、创新引领、安全舒适。
★ 企业作风:敬业、争先、担当、和合。
★ 企业目标:世界品牌、基业长青。
★ 企业精神:诚信、感恩、超越、创新。
★ 团队精神:我们承诺制造一个激情、感恩、付出的团队。

部 门 标 语

★ 宁可千日慎重,不可一日疏忽。
★ 增进凝聚力,提升竞争力。
★ 强化管理,遵纪守法,重视质量,顾客满意。
★ 提升技能,提高效力。
★ 人的能力是有限的,而人的努力是无限的。
★ 今天的事,马上去做;每天的事,准备去做;困难的事,勇敢去做;复杂的事,细心去做;不会的事,学着去做;集体的事,带头去做;自己的事,抽空去做。
★ 有改善,才有进步;有品质,才有市场。
★ 爱企业就是爱自己。
★ 成为高效的团队成员,把工作群体建立成为一个高效团队,或者建立跨职能团队、自我管理团

队、最新虚拟团队,并且让所有该团队的成员在体现团队效率的同时,个人的能力得到最大程度的发挥。

★ 立优质精神,构世纪蓝图。
★ 自我提升,良性竞争,互相欣赏,互相支持。
★ 等待是失败的源泉,行动是成功的开始。
★ 时代精神演绎民族灵魂,优质精神构筑时代精神。
★ 追求品质完美,尽显企业精华。
★ 优秀的职员忠于公司、忠于职业、忠于人格。
★ 学习是素质的修炼,读书是知识的积累。

车 间 标 语

★ 品质是做出来的,不是检验出来的。
★ 品为众人之口,质乃斤斤计较。
★ 不要小看自己,人有无限可能。
★ 没有执行力,就没有竞争力。
★ 人命关天,安全在先。
★ 做无差错能手,向零缺陷迈进。
★ 气氛融洽,工作规范,保证安全。
★ 爱惜原料一点一滴,讲究质量一丝一缕。
★ 质量意识在心中,产品质量在手中。

《康力电梯志》参与编纂人员

主　　编　王友林
执行主编　宋丽红　崔清华
编辑人员

章　节	章节名称	责 任 编 辑	主要编辑成员
	图片	宋丽红、崔清华、孙全根	张建林、吴静、刘丽娜
	凡例	宋丽红	陈载、宋丽红
	概述	宋丽红	宋丽红、刘丽娜
	大事记	崔清华	张建林
第一章	企业建设	宋丽红	杨玉敏
第二章	基建管理	金云泉、朱玲花	顾建华
第三章	组织建设	宋丽红	杨玉敏
第四章	品牌管理	朱瑞华	吴莉萍、刘玉
第五章	国内营销	秦成松	汤檬、刘丽娜
第六章	海外营销	朱瑞华	刘玉
第七章	技术开发	张利春	张建宏、刘红、顾伊楠
第八章	生产制造	张利春	杨成广、韦浩志、张晴、唐恩涛
第九章	采购管理	朱林荣、朱琳懿	杭建芳、王玲
第十章	工程管理	秦成松	叶建芳
第十一章	质量管理	秦成松	黄露
第十二章	企业文化	崔清华	张建林
第十三章	人力资源管理	宋丽红、顾兴生	刘丽娜、李雪芳
第十四章	财务管理	沈舟群	朱玉平
第十五章	行政后勤管理	孙全根	郭朝辉、徐潇、汝雅琴
第十六章	教育与培训	宋丽红	杨玉敏
第十七章	信息管理	陈振华	干雄
第十八章	资本运作	吴贤	陆玲燕
第十九章	审计与风控	朱玲花	顾亚婷
第二十章	党工团	孙全根	龚婷婷、杨玉敏
第二十一章	社会责任	崔清华	张建林
第二十二章	人物与荣誉	宋丽红、顾兴生	刘丽娜、李雪芳
第二十三章	公共关系	崔清华	张建林
第二十四章	典型工程	朱瑞华	吴莉萍、吴徐雷
	丛录	崔清华	张建林
	整理汇编	宋丽红	刘丽娜